연세한국학포럼 총서 01

동아시아
혁명의 밤에
한국학의
현재를 묻다

연세한국학포럼 총서 01

동아시아 혁명의 밤에
한국학의 현재를 묻다

초판 1쇄 인쇄 2020년 6월 15일
초판 1쇄 발행 2020년 6월 25일

편저자 연세대학교 국학연구원 · 근대한국학연구소
책임편집 신지영 · 이유정

펴낸곳 논형
펴낸이 소재두
등록번호 제2003-000019호
등록일자 2003년 3월 5일
주소 서울시 영등포구 당산로 29길 5-1 502호
전화 02-887-3561
팩스 02-887-6690

ISBN 978-89-6357-240-6 94910
값 35,000원

* 이 책은 2018년 대한민국 교육부와 한국연구재단의 지원을 받아 수행된 연구임
  (NRF-2018S1A6A3A01081183).
* 이 책은 2017년 대한민국 교육부와 한국연구재단의 지원을 받아 수행된 연구임
  (NRF-2017S1A6A3A01079581).

동아시아
혁명의 밤에
한국학의
현재를 묻다

At the Dawn of East Asia's Revolutions:
Questioning the Present State of Korean Studies

연세대학교 국학연구원 · 근대한국학연구소 편

여는 글

최근 한국학은 '한국'이라는 정체성이나 영토를 넘어서 다양한 주체들에 의해 여러 지역에서 연구되고 있습니다. 그만큼 한국학의 주제도 한국의 역사, 문화, 문학, 사상에 한정되지 않고, 동아시아 및 전지구적 역사와 현재의 역동성을 반영하면서 해체와 혁신을 반복하고 있습니다. 이러한 한국학의 변화는 단지 외부로의 확장이 아니라, 한국학의 역사 안에 존재하는 다양한 갈등 속에서 부단히 고민해 온 내재적 형성 과정을 담고 있습니다. 현재 한국학은 동아시아와 전지구적 지평으로, 식민지를 겪은 지역 간의 비교사적 관점으로, 소수자의 삶과 경험의 기록을 고민하는 방향으로 폭과 깊이를 더하고 있습니다. 이처럼 중층적으로 구성되는 '한국학'의 내/외재적 역동성 속에서 한국학의 실천적 지점들도 더욱 확장되어 갈 수 있으리라고 생각합니다.

올해로 5회째를 맞이하는 〈연세한국학포럼〉은 이러한 변화에 대한 적극적인 응답으로 기획되었습니다. 〈연세한국학포럼〉은 연세대학교 신촌캠퍼스의 국학연구원, 미래캠퍼스의 근대한국학연구소, 그리고 국제캠퍼스의 언더우드국제학부(UIC) 세 곳 캠퍼스의 한국학 기관들이 협력하여 한국학을 둘러싼 변화를 성찰할 기회로 삼고자 2015년 시작했습니다.

〈연세한국학포럼〉은 시작할 때부터 한국에서 활동하는 연구자의 저서를 외국에서 활동하는 연구자가 서평하고, 외국에서 활동하는 연구자의 저서를 한국에서 활동하는 연구자가 서평을 함으로써, 근래에 발표된 한국학 관련 중요 서적들을 논의하는 교류의 장으로 모색되었습니다. 이후 포럼의 형식이나 규모에 조금씩 변화가 있었습니다만, 저서에 대한 서평이나 토론을 중심으로 한국학이라는 틀을 해체하고 혁신할 수 있는 논쟁적인 교류의 장을 지속적으로 만들고자 했습니다.

이 책은 5회째를 맞이한 〈연세한국학포럼〉을 기념하여 2019년 8월 8일과 9일 양일에 걸쳐 국학연구원과 근대한국학연구소가 공동으로 주최한 행사의 성과를 모은 것입니다. 특히 2019년은 3·1운동과 5·4운동 100주년을 맞이한 해였고 이와 관련하여 국내외에서 다양한 행사가 개최되었습니다. 따라서 제5회 〈연세한국학포럼〉은 동아시아 혁명의 연쇄와 교차를 전 지구적 차원에서 조명하고, 혁명에 대한 기록이 내포한 문제를 한국학 및 동아시아학과 연관해 논의하기 위한 자리로 마련되었습니다.

이틀 동안 빽빽하게 짜인 일정에도 수백 명이 발걸음을 해 주셨고 주요 언론의 주목을 받는 행사로 치러졌습니다. 이러한 관심은 〈동아시아의 혁명과 현재의 기록〉이라는 포럼 주제가 시대가 필요로 하는 앎의 요구와 맞아떨어진 결과였다고 생각합니다. 불볕더위에도 뜨거운 관심과 열띤 토론으로 행사장을 꽉 채워주신 발표자, 토론자, 그리고 청중석에서 참여해 주신 여러 분들께 감사한 마음을 전합니다.

누구의 위치에서 혁명이 되는가, 혁명의 장소는 지역적인가 전지구적인가, 혁명의 동력은 순간적인가 지속적인가? 한국학, 혁명, 기록은 바로 이 지점에서 만나고 갈등합니다. 제5회 〈연세한국학포럼〉의 주제는 이 물음을 기반으로 다섯 개의 부문으로 구성되었습니다.

제1부인 〈혁명의 밤〉에서는 3·1운동과 5·4운동을 중심 주제로 놓고, 각 지역에서 일어난 혁명의 연쇄를 살피면서, 동아시아 혁명의 전지구적 동시성과 세계사적 의의를 물었습니다. 제2부인 〈복수의 제국주의와 인종주의〉에서는 봉기, 저항과 같은 힘들이 혁명으로 발현될 때, 그 조건을 형성하는 권력구조를 재인식하기 위하여 식민주의의 문제를 제국주의 및 인종주의와 관련시켰습니다. 특히 조선의 '독립'을 향한 운동과 대만의 '자치'를 향한 운동 사이의 차이점을 생각해 보려 했습니다.

제3부인 〈혁명과 재일조선인의 기록〉에서는 혁명의 순간에도 기록되지 못하거나 소외된 위치에서 혁명과 기록을 생각해 보았습니다. 해방 후 재일조선인의 삶은 투쟁, 봉기, 저항으로 점철되어 있었고, 재일조선인들 속에서도 다시금 언어를 갖지 못한 존재들의 경험은 누락되었다는 점을 문제화했습니다. 제4부인 〈사회주의 지식인의 혁명과 제국의 시선〉에서는 동아시아의 혁명과 사상사를 교차시키면서, 사회주의, 식민주의, 민

족주의, 제국주의의 의미를 역사적 차원에서 다각적으로 접근하기 위해서 마련되었습니다.

마지막인 5부는 〈동아시아 혁명의 연속과 현재〉라는 주제로 우카이 사토시와 백영서의 대담으로 진행되었습니다. 이 섹션은 동아시아의 혁명을 전지구적 차원에서 인식하고 다시금 촛불의 경험과 그 이후의 상황을 통하여 현재의 시각으로 재인식하기 위한 것이었습니다.

제5회 〈연세한국학포럼〉의 형식은 기존의 틀을 유지하면서도 저작소개, 서평논문, 논문, 대담 등의 다채로운 형식이 하나의 이야기로 연결되도록 했습니다. 단절되면서도 연쇄하고, 갈등하면서도 교차하는 동아시아 혁명의 역사와 기록의 현재를 논의하기 위해서였습니다. 우선 최근 1~2년 사이에 한국학 및 동아시아학과 관련된 연구 중 뛰어나면서도 가장 논쟁적인 저서 및 번역서를 선정했습니다. 또한 번역되지 않은 저작이나 논문 중에서도 한국에 소개할 의미가 깊은 연구를 포함시켜, 최종적으로 전체 7편의 저작을 선보였습니다. '서평논문'이란 형식을 시도하여, 책 한 권을 깊이 논평하는 기존방식을 심화시켰고, 책의 현재적 의미를 연구사 안에서 맥락화하여 보다 깊이 있는 토론을 유도했습니다. 이와 동시에 3·1운동과 5·4운동 100주년이라는 현재의 이슈에 발 빠르게 반응할 수 있도록 일반 논문 5편을 함께 넣어 구성했습니다. 마지막인 5부에는 이틀간의 논의를 보다 폭넓은 장소와 시간 속에서 되짚어 볼 수 있도록 〈대담〉으로 구성하여 포럼의 시야를 확장했으며, 청중석의 참가자들과 대화할 수 있는 시간을 충분히 마련하려고 했습니다.

다층적인 만남을 촉발시키는 장으로 기획된 제5회 〈연세한국학포럼〉의 취지를 살려, 또 다른 마주침을 기대하면서 지금 여러분 앞에 한 권의 책으로 기록하여 출판합니다. 책 구성은 기본적으로 〈연세한국학포럼〉의 구성을 따랐으나 수록된 글은 다소 추가되거나 변경된 점이 있습니다.

제1부 〈혁명의 밤〉에서는 3·1 운동 및 5·4운동 100주년을 기념하여, 세계사적 관점에서 3·1운동을 조명하면서도 혁명 내부의 여성의 자리와 무명의 동력을 함께 비추기 위하여 권보드래의 『3월 1일의 밤: 폭력의 세기에 꾸는 평화의 꿈』(돌베개, 2019)과 천핑위안의 『역사 다루기와 5.4운동의 진입』(북경대출판사, 2018)의 두 저작을 각각 소개하는 글을 실었습니다. 이와 함께 3·1운동의 중층성을 '공화주의'라는 관점에서 재해석함으로써 3·1운동에 대한 역사 사상사적 평가를 시도하는 이기훈의 논문 「3·1운동과 공화주의」를 수록했습니다.

또한 권보드래 저작에 대한 후지이 다케시의 서평논문 「100년 전에 반복된 촛불의 기록」과 천핑위안의 저작에 대한 박경석의 서평논문 「역사사건에 대한 문학적 글쓰기의 백미」를 넣었습니다. 후지이 다케시의 서평논문은 3·1운동의 직접성과 무매개성을 포착한 권보드래의 관점을 높이 평가하면서, 예시적 정치의 잠재성을 통해 독립운동의 의미를 현재적 지평으로 끌어냈습니다. 박경석의 서평논문은 현재 중국에서 5·4운동이 충분히 조명되지 못하는 상황에 대한 문제제기로 시작하여, "이미 사라진 역사를 터치한다!"는 천핑위안의 접근 및 서술방식이 지닌 중요성을 부각시켜, 새로운 5·4의 경험 및 기록과 만나도록 해줍니다.

제2부 〈복수의 제국주의와 인종주의〉에서는 혁명 혹은 봉기가 가시화되는 순간은 식민주의의 폭력 그리고 지배와 깊이 결부되어 있다는 인식을 바탕으로, 식민주의를 제국주의 및 인종주의 논의와 관련시켜 살펴볼 수 있는 두 저작을 소개했습니다. 먼저 '복수의 제국주의'를 식민주의적 관점에서 사유하기 위하여 고마고메 다케시의 『세계사 속 대만 식민

지 지배』(이와나미쇼텐, 2015)에 대한 소개글을 실었고, 식민주의와 인종주의의 관계성을 사유하기 위하여 후지타니 다카시의 『총력전 제국의 인종주의』(이경훈 역, 푸른역사, 2019)에 대한 소개글을 실었습니다.

또한 고마고메 다케시의 저작에 대한 서평 논문으로 문명기의 「제국주의 연구와 제국사 연구를 잇는다는 것」을 실었고, 후지타니 다카시의 저작에 대한 송병권의 서평논문인 「보편을 향한 폭력?: 총력전체제하 미일 인종주의의 삼중폭력구조」를 실었습니다. 이 장에 수록된 글들은 그 어떤 부문보다 저자와 서평자 사이의 견해가 첨예하게 부딪쳤던 장면과 함께, 그 과정을 통과하면서 더욱 생산적인 논의를 이끌어 내려고 고투했던 연구자들의 노력을 담고 있습니다. 이처럼 〈복수의 제국주의와 인종주의〉라는 장은 제국사와 식민주의 연구, 서구의 제국주의 비판과 아시아의 식민주의 비판을 함께 살펴봄으로써, 단순비교를 넘어서 중층적으로 얽힌 권력의 구조를 살펴보려는 시도를 담았습니다.

제3부 〈혁명과 재일조선인의 기록〉에서는 혁명의 기록에서도 다시금 주변화되기 쉬운 존재들의 경험을 사유하기 위해서 '재일조선인' 연구에 대한 최근의 성과를 소개하면서 혁명을 문제화합니다. 먼저 오키나와인과 재일조선인의 관계에 대해 연구한 오세종의 『오키나와와 조선의 틈새에서』(소명출판, 2019), 코리안 아메리칸이면서 재일조선인 연구를 하는 크리스티나 이의 『언어의 식민화: 근대 일본과 한국의 문화생산과 언어정치』(컬럼비아대학출판사, 2018), 재일조선인 문학 중 여성의 글쓰기에 초점을 맞추고 있는 송혜원의 『재일조선인 문학사'를 위하여: 소리 없는 목소리의 폴리포니』(소명출판, 2019)에 대한 소개글을 실었습니다. 이를 통해, 재일조선인 내부의 중층성과 일본에서 주변화된 존재들 사이의 갈등 속에서 재일조선인 연구를 새롭게 조명하려 했습니다.

또한 오세종 저작에 대한 심아정의 서평논문 「피해/가해의 틀을 흔들며 출몰하는 오키나와의 조선인」은 오키나와인과 조선인의 관계를 오키나와인들이 스스로의 가해자성과 조우하는 과정으로 재맥락화하면서, 식민주의의 문제를 동물과의 문제로 확장, 심화시켰습니다. 송혜원 저작에 대한 신지영의 서평논문 「부/재의 언어로(가) 쓰다」는 재일조선인 문학에서 다시 주변화된 재일조선인 여성문학의 의의를 부각시키고, 여성들의 문해교육이 이뤄진 과정 전체를 재일조선인 여성문학 공통장의 존재조건으로서 의미화했습니다. 마지막으로 크리스티나 이의 저작이 번역되지 않았기 때문에 저작소개는 키아라 고마스트리의 서평을 실었고, 서평논문 대신 『언어의 식민화』의 5장 「점령기 일본의 식민주의적 유산과 분열된 '나'」를 번역하여 실었습니다. 이 장은 크리스티나 저작의 핵심을 담고 있는데, 대표적 재일작가 김달수의 작품을 통해 식민주의와 '후기' 식민주의의 연속성 및 그 속의 '나'의 분열을 다룹니다.

제4부 〈사회주의 지식인의 혁명과 제국의 시선〉은 동아시아의 혁명, 사회주의, 식민주의, 민족주의, 제국주의라는 여러 교차점을 다양한 시각으로 이해하고 접근하고 있는 네 편의 논문으로 구성하였습니다. 박노자는 「1920·30년대 한국 사회주의 지식인들이 본 실학과 다산」이라는 주제로 민족주의자들과 사회주의자들이 정약용과 실학을 바라보는 입장을 서술했습니다. 정대성의 논문 「신채호의 사상에 내재한 서양근대철학의 언어들」은 '자유, 평등, 민중, 혁명'이라는 개념을 중심으로 신채호의 사상을 검토하고, 그의 민족주의 사상에 내재하는 서양근대철학 및 언어와의 관계를 살펴봅니다.

조형열의 「1930년대 조선 마르크스주의 지식인의 민족이론 수용 양상과 민족형성에 대한 해석」은 1930년대 조선 마르크스주의 지식인들의 민족이론을 수용하는 양상과 민족 형성에 대한 해석을 통하여, 사회주의가 민족주의를 대면해 온 역사를 살펴봅니다. 마지막으로 이유정의 논문 「러일전쟁과 미국의 한국 인식: 잭 런던의 종군 보도를 중심으로」는 제국주의의 팽창이 극에 달했던 20세기 초, 사회주의자를 자처했던 미국의 대중작가이자, 종군기자의 삶을 살았던 잭 런던의 러일전쟁 기록을 통해 그가 꿈꾸었던 혁명의 의미를 되짚어 봅니다. 이러한 논의들을 바탕으로, 4장에서는 전지구적 혁명의 소용돌이 안에 사회주의, 인종주의, 식민주의, 민족주의, 제국주의가 만들어내는 다양한 층위의 역학관계를 조선이라는 공간을 통해 고찰해보고자 합니다.

제5부 〈동아시아의 혁명의 연속과 현재〉는 우카이 사토시와 백영서의 대담 및 질의응답의 녹취록을 담았습니다. 우카이 사토시의 『저항에의 초대』(그린비, 2019)와 백영서의 『백년의 변혁』(창비, 2019) 두 저작을 중심으로, 동아시아의 역사와 현재 속에서 '혁명의 전통'의 차이와 변화를 논의했습니다. 당시 악화 일로를 걷던 한일관계에 대한 견해를 듣는 것으로 시작하여, '혁명적 전통과 반혁명의 발생'과 '장기 20세기 동아시아 변혁'이란 두 키워드를 통한 혁명에 대한 역사적 조명, 3·1운동에 대한 한국의 촛불과 일본의 최근 정치상황을 기반으로 한 현재적 평가, 일본에서 대두되는 '혁명과 타자의 문제'와 중국에서 대두되는 '식민지와 반식민지 속 혁명의 문제', '한계시민'과 '연동하는 동아시아' 개념을 통한 포퓰리즘 비판, 혁명과 타자의 문제와 역사적 다시쓰기의 의미, 번역의 사건과 소통의 가능성에 이르는 다채로운 주제로 대담이 진행되었습니다. 이후 청중석에서 다른 세대의 감각과 문제의식을 담은 열띤 질의가 이어졌으며, 질문해 주신 분들의 승낙을 얻어 녹취하여 수록했습니다. 열정적으로 질문해 주시고 열린 공론장을 위해 게재를 허락해 주신 질문자 및 청

중석의 여러분들께 특별한 감사를 전합니다.

　이처럼 본 저서는 제5회 〈연세한국학포럼〉의 역동적 논의들을 책 속에 구현함으로써, 동아시아의 혁명적 전통과 반혁명적 발생을 둘러싼 논의를 지속적으로 할 수 있는 지면 위의 공론장을 만들어 보려고 했습니다. 따라서 논쟁적인 서평논문, 대담, 그리고 대담에 대한 청중석의 질문을 적극적으로 포함시켰습니다. 무엇보다 〈책 맺음말〉 대신에 이틀간의 포럼을 준비한 두 연구소 선생님들과 깊은 관심을 갖고 참여해 주신 청중 중 두 분을 모시고 〈간담회〉 형식으로 이번 행사에 대한 평가회를 열었으며 그 내용을 녹취해서 실었습니다. 이러한 시도는 책을 출간함으로써 논쟁을 정리하는 것이 아니라, 책을 출간함으로써 새로운 논쟁이 시작될 수 있는 기반을 만들고자 하는 바람을 담고 있습니다.

　귀한 저작을 소개해 주신 저자분들, 서평논문과 논문을 발표 및 집필해 주신 선생님들, 탄탄한 행사가 될 수 있도록 토론과 사회를 맡아 주신 선생님들, 간담회에서 적극적으로 말씀해 주신 선생님들, 청중석에서 열띤 토론과 질문을 해 주신 선생님들 덕분에 제5회 〈연세한국학포럼〉은 풍성하고 긴장감 있는 행사가 될 수 있었습니다. 당시 국학연구원 원장이었던 신형기 선생님은 이 포럼이 초심을 잃지 않도록 염려에 또 염려를 해주셨습니다. 마음 깊이 감사의 말씀을 전합니다. 또한 국학연구원의 이기훈 선생님, 근대한국학연구소의 이태훈 선생님을 비롯한 두 연구소의 선생님들, 그리고 묵묵히 빛나지 않는 일들을 도맡아 주신 통역자, 번역자 선생님들, 그리고 두 연구소의 보조연구원 선생님들께 머리 숙여 감사드립니다. 무엇보다 제5회 〈연세한국학포럼〉의 진행부터 이 책의 출간까지 번거로운 수고를 마다하지 않은 신지영 선생님과 이유정 선생님께 감사드립니다. 끝으로 다양한 언어, 주제, 장르의 글이 섞여 있음에도 흔쾌히 출판을 결정해 주시고, 풍부한 주제와 날카로운 논점을 담은 책으로 만들어주신 만들어주신 소재두 사장님을 비롯한 논형 출판사 분들과 김선 디자이너님께 존경과 감사의 마음을 전합니다.

앞으로도 〈연세한국학포럼〉은 매해 한국학과 관련된 연구성과를 한눈에 확인하고 논의할 수 있는 장이자 흩어져 있던 연구자들이 모여 교류할 수 있는 장이 되고자 합니다. 전지구적 흐름 속에서 한국학의 논쟁적 담론을 만들어내고, 귀중한 저작이나 새로운 연구성과를 발굴 및 소개하는 깊이 있는 '한국학·동아시아학 플랫폼'을 만들어 갈 수 있도록 최선을 다하겠습니다. 〈연세한국학포럼〉이 긴 호흡을 갖고 지속될 수 있도록, 앞으로도 많은 관심과 함께 소중한 비평을 들려주시길 부탁드립니다.

국학연구원 원장 김성보
근대한국학연구소 소장 김영민

차 례

1부

혁명의
밤

3 · 1운동의 해방, 변혁, 평화
『3월 1일의 밤』

권보드래

3월 1일의 밤: 폭력의 세기에 꾸는 평화의 꿈
권보드래 지음
돌베개, 2019

1. 혁명의 시대를 기억하며

2019년은 3 · 1운동 100주년이었을 뿐 아니라 실로 다양한 세계사적 사건들의 100주년이었다. 1919년, 헝가리에서는 1월과 3월에 잇따라 혁명이 일어났고, 이집트에서는 전국적 반영反英 투쟁이 시작됐으며, 중국에서는 5 · 4운동으로 반反식민 운동이 본격화됐다. 독일에서는 스파르타쿠스단 봉기가 시도되었고, 인도 암리차르에서는 민족주의적 봉기가 잔혹하게 진압당했다. 그 뿐만 아니라 1919년은 많은 신생(해방) 국가들의 원년이었다. 1918년 체코슬로바키아와 아이슬란드가 독립한 데 이어 1919년에는 폴란드 · 헝가리 · 유고슬라비아 · 루마니아 · 불가리아 그리고 에스토니아 · 라트비아 · 리투아니아가 독립했다. 1917년 독립선언을 했지만 좌우 내전에 시달렸던 핀란드에서도 이 해 공화국이 출범한다. 그 밖에 아프리카를 비롯한 여러 지역 인원을 망라한 '흑인의회(Black Congress)'가 열려 흑인들의 자결自決을 촉구했고 전 지구적으로 인종 간 평등 문제가 본격적으로 제기됐다. 그뿐이랴, 여름에는 국제노동기구(ILO)가 출범해 8시간 노동제 및 유소년 노동 금지안을 통과시켰고, 프랑스혁명 이후 열렬했던 여성참정권 운동도 이 즈음부터 법안화가 논의되기 시작했다.

3 · 1운동은 이같은 세계사적 사건들의 연쇄 속에서 기억되어야 할 사건이다. 당시의 연쇄를 영향의 선후 관계로, 예컨대 윌슨의 민족자결주의가 3 · 1운동에 영향을 주었다거나 3 · 1운동이 5 · 4운동 발발에 큰 자극을 끼쳤다는 식의 언어로 번역하려는 시도가 적지 않았으나, 1910년대의 세계사적 연쇄는 그보다 '공명(correspondence)'이나 '동시성(simultaneity)'으로 독해하는 편이 더 온당할 사실이라고 생각한다. 3 · 1운동과 5 · 4운동을 "역사적 동시성" 속에서 파악해야 한다는 조언[1]이나 3 · 1운동의 선도성 대신 "약소민족의 해방운동이라는 관점에서 '동시성'"을 포용하자는 제안[2] 역시 같은 맥락에서의 문제 제기였을 터이다. 기억컨대 3 · 1운동에 대한 학술적 연구가 시작된 1960년대부터 베트남과 필리핀, 인도와 아일랜드 등에서 동시적으로 일어났던 저항운동에 주목하려는 시도는 있었

---

1   임형택, 「3 · 1과 5 · 4: 1919년 동아시아, 3 · 1운동과 5 · 4운동」, 박헌호 · 류준필 편, 『1919년 3월 1일에 묻다』(성균관대 출판부, 2019).

2   한승훈, 「'3 · 1운동의 세계사적 의의'의 불완전한 정립과 균열」, 『역사와현실』 108(2018), 239쪽.

다.[3] 더 거슬러 올라가다면, 3·1운동 직후 한용운이 「조선 독립의 서書」(1919)에서 독일혁명과 폴란드·아일랜드·체코슬로바키아 독립선언을 거론했고 박은식이 『한국독립운동지혈사』(1920)에서 벨기에·그리스·이집트의 사례까지 망라하면서 한민족을 격려했던 내력을 기억해 보아도 좋을 것 같다.

바야흐로 제1차 세계대전이 끝나고 새로운 질서가 논의되던 때였다. 프랑스혁명 후에도 완강하던 제국과 군주정과 신분제도가 붕괴하고 있었고, 프랑스혁명 이후 라틴아메리카를 휩쓸었던 해방과 독립의 열기가 아시아와 아프리카에서 자라나고 있었다. 스페인·네덜란드의 뒤를 이어 영국·프랑스·독일 등이 식민지 경쟁을 본격화하기 시작했으나, 그에 맞서 식민지에서의 해방운동이 활발해지면서 한편으로 지역·인종·민족의 경계가 재편성되고 있는 상황이었다. 1914~18년의 제1차 세계대전을 계기로 아시아·아프리카 지역의 인구가 군사 및 노동력으로 동원되어, 예컨대 유럽 전쟁터에서 인도·필리핀과 세네갈·모로코 병사들이 싸우고 중국인과 베트남인이 노무勞務를 감당했으며, 식민지 조선인들마저 미국·러시아의 병사나 중국의 노동자들에 섞여 전 세계적 이동 대열에 내몰렸다. 3·1운동을 비롯한 1919년 전후 동아시아에서의 혁명적 상황은 이 같은 연쇄 속에서의 사건이었다.

돌이켜보면 100년 전 그때는 그야말로 혁명의 시대였다. 프랑스혁명과 산업혁명의 1789~1848년을 '혁명의 시대'라 평가하는 시각도 가능하겠으나[4] 1910년대 후반~1920년대 초반에는 보다 광범위한 지역에서 '혁명'이 폭발했다. 1789~1848년의 정치적 혁명이 프랑스혁명과 아이티혁

---

3   고병익, 「일차대전 후의 아시아 민족운동: 월남을 중심으로」; 김홍철, 「1919년 전후 애란·비(比)·인(印)의 민족운동」, 『3·1운동 50주년 기념논문집』(동아일보사, 1969).

4   에릭 홉스봄, 『혁명의 시대』, 정도영·차명수 역(한길사, 1998).

명으로 상징되는 유럽 및 라틴아메리카에서의 사건이었다면, 제1차 세계대전 전후의 '혁명'은 유럽 주변부와 아시아·아프리카 식민지까지 포함한 사건이었다. 1919년의 격변에 앞서 1910년에는 멕시코혁명이, 1911년에는 중국 신해혁명이 있었고, 1917년에는 러시아혁명과 아일랜드봉기가, 1918년에는 독일혁명이 일어났다. 민주적 변혁에의 열망과 사회주의적 개혁에의 의지가 흘러넘친 시절이었다. 프랑스혁명에서 제기된 의제들이 마침내 보편화되어 "1789년은 1918년으로써 완성"⁵되었으며, 이 시기에 안착한 정치·경제체제는 20세기 내내 세계사를 지배했다. 지금은 20세기 중·후반의 중요 사건들, 즉 파시즘의 발흥과 미·소 중심의 냉전과 사회주의권의 몰락을 겪고도 20년이 훌쩍 넘게 지난 시절이지만, '20세기 너머'는 아직 요원하고, 그런 만큼 100년 전을 돌아보아야 할 필요는 여전히 절실하다.

2. 3·1운동, 혁명의 거시성과 미시성

내가 쓴 책, 『3월 1일의 밤: 폭력의 세기에 꾸는 평화의 꿈』(돌베개, 2019)은 3·1운동 전후의 세계사적 지평을 뚜렷이 의식하는 자리에서 형성됐다. 전략적으로 그런 방향을 잡았던 것은 아니다. 3·1운동에 관심을 갖기 시작했을 때 나를 매혹했던 것은 그저 3·1운동의 놀라운 다면성이었다. 3·1운동을 독립만세운동으로만 배워온 깜냥으로는 3·1운동 관련 보고서나 신문訊問 및 재판 기록의 실제가 충격적일 만큼 낯설었던 까닭이다. 독립을 위해 만세 부른 게 아니라 독립했다고 들어서 만세

---

5 마크 마조워, 『암흑의 대륙』, 김준형 역(후마니타스, 2009).

를 불렀다고? 만세 부르지 않으면 구타하고 방화하겠노라는 위협 때문에 시위에 참여했다고? 노동자들에게 일당을 주고 시위 참여를 독려한 일도 있었다고? 신문조서나 재판기록을 다 신뢰할 수는 없겠으나 이 놀라운 반전 중 상당수에는 그럴 법한 증거마저 따라붙어 있었다. 그런가 하면 3·1운동 속 그들은 무모할 만큼 용감해서, 아무 동조자 없이 홀로 만세 부르고, 이웃이 총 맞아 죽은 그 날 다시 경찰서를 향해 행진하고, "오늘이 이 세상 밥 먹는 마지막 날"이라며 밤새 횃불 들고 면사무소 습격을 도모하기도 했다. 그들은 실로 '조야하면서 장엄하고, 난폭하면서 고귀하고, 무지하면서 드높은' 존재들이었다.[6]

깊은 동질감을 느꼈다. 나의 실존과, 한반도의 역사와 공명하는 동질감이었다. 이토록 하잘것 없고 이토록 무궁한 몸과 마음 ― 1960년과 1987년과 2016년을 공부하고 겪으면서 절감했던 나의, 대중의 복잡다단한 면모가 3·1운동 속에 훨씬 생생하게 살아 있었다. 실증적 기록의 축적이나 민족주의·계급주의 같은 이념적 분석틀은 그 앞에 너무도 앙상해 보였다. 그 생생한 생명력을 고스란히 전하고 해석해 내고 싶었다. 인생을 걸고 만세 불렀으나 잊혀진 3·1운동 속 평범한 사람들에게 조금이나마 그 몫을 돌리고 싶었다. 3·1운동은 대표와 지도자들의 사건이 아니라 그 '몫 없는 자들'의 사건이었음을 설명해 보고 싶었다. 1919년 전후의 세계정세와 한반도의 상황을 생각할 때 3·1운동은 일어나야만 할 종류의 사건이었으나, 운동을 그 정도 규모로 폭발시킨 것은 봉기 대중의 자발적 참여다. 그들은 "만세 부르지 않으면 백정촌이 된다"는 식의 이익 동기에 의해 자극됐고, "독립이 되면 빼앗긴 땅을 되찾게 된다"고 믿었듯이 더 공정한 질서에 대한 갈망에 의해 추동됐으나, 그것을 넘

---

6 『3월 1일의 밤』〈들어가는 글〉에서 쓴 표현이다. 찰스 디킨스가 『두 도시 이야기』에서 프랑스혁명을 가리켜 쓴 표현을 모방한 것임을 적잖은 분들이 알아채셨으리라.

어 자유·정의·평화 같은 새로운 언어를 신뢰하고 세계의 변화를 요청하고자 했다. 그 모습은 1960년, 1987년, 2016년과 겹치면서도 희망의 온도와 결의의 각도에서 이후의 경험을 훨씬 초과하는 것이었다. 아마 3·1운동 이후 지금까지 경험해야 했던 실패와 실망과 회의를 당시의 봉기 대중은 몰랐기 때문이 아니었을까 싶다. 그들은 근대 세계의 일원, 식민지의 백성으로서 느끼기 시작한 불만을 전 지구적 신질서의 전망 속에서 융합·표현하고자 했다.

평범한 농민들, 즉 신교육은 물론이고 한학 교육의 이력도 없는 사람들이 자유·정의·평화를 호출하고 폴란드와 체코슬로바키아 사례를 거론하는 것은 3·1운동을 통해 드물지 않게 목격할 수 있는 장면 중 하나다. 동시에 그들은 "독립이 무슨 말인지 모른다", "왜 만세를 부르는지 몰랐다"고 우겼던, 즉 무지를 주장했던 주체이기도 하다. 지나치게 잘 알고 너무나 모르는 이 이중적 주체 사이의 동요는 3·1운동을 공부하면서 숱하게 부딪혀야 했던 진자운동 중 하나였다. 개인의 이익과 숭고한 민족주의, 민족주의와 세계주의, 폭력과 평화 — 관습적 시각으로 볼 때 공존하기 어려운 이들 요소가 3·1운동 속에서는 공존을 넘어 일체화되어 있곤 했다. 근대 이전의 감각과 근대를 넘어서려는 지향이 복합돼 있는 것도 3·1운동의 특징이었다. 예를 들어 3·1운동의 대중 봉기는 아직 대의제나 의회민주주의에 익숙치 않았으면서도 '대표 너머의 대표'를 추구했고, 선언이라는 형식을 처음 접했으면서도, 아니 처음 접했기 때문에 '선언'의 현실 속 수행을 급진적으로 요청했다. 『3월 1일의 밤』은 이렇듯 결코 하나일 수 없는 3·1운동의 면면을 당시 실감 속에서 복원해 보고자 했다.

제1부 3·1운동 그리고 세계
1장 선언: 현재가 된 미래

『3월 1일의 밤』 제1부는 3·1운동을 당시 세계사적 변동 속에서 겹쳐 읽으면서, 얼핏 불가해하거나 무의미해 보이는 운동의 양상을 정치적 무의식으로 독해하고자 했다. 예를 들어 1919년 3월 1일 당일 서울에서의 시위에 태극기가 등장하지 않았다는 단순한 사실에서 출발해, 3·1운동의 동력으로 근왕주의와 공화주의가 경합한 정황을 재구성하고 나아가 '군주정에서 민주정으로' 이동하고 있던 세계와의 공명까지 그려보고자 했다. 제2부에서는 3·1운동을 그 근과거, 즉 1910년대와의 연속성 속에서 해명할 것을 목표로 했다. 3·1운동과 동학이라든가 3·1운동과 계몽운동 등 더 앞선 시대와의 연결을 추구할 때조차 막상 1910년대에 대한 관심은 박약했다고 느낀 까닭이 크다. 그 방법으로는, 1910년대에도 끊이지 않았던 저항운동을 부각시키는 쪽보다, 식민지적 순종이 주류였던 듯 보이는 1910년대에도 끊임없이 저류에서의 정치적·인식론적 변혁의 시도가 있었음을 밝히는 방향을 취하고자 했다. '혁명'이 비단 한순간의 폭발이 아니라 오래 축적된 운동성이었음을 그로써 밝혀보고 싶었다. 이어 제3부에서는 3·1운동의 시위문화를 재구성하고 폭력/비폭력 문제를 재해석하는 한편, 3·1운동을 통해 새로운 주체로 등장한 존재들, 즉 여성과 노동자를 특별히 추적해 보았다. 마지막으로 제4부는 문화사·문학사의 주제에 할애했다. 내 출발점이 문학 연구인 까닭이 크겠으나, 3·1운동이 의식과 감성 깊숙이 어떤 흔적을 남겼는지를 추적하고자 했기 때문이다.

3. 아직 '운동'인 3·1운동을 위하여

『3월 1일의 밤』을 쓸 때 3·1운동 속 평범한 사람들을 좇는 과정은 번번이 이론적 과제로 귀결되곤 했다. 대표란 무엇인가. 대표의 정치 이후 어떤 길을 개척할 수 있는가. 선언이란, 언어란 무엇인가. 언어를 그대로 믿고 언어의 현실화를 요청할 때 현실은 어떻게 달라지는가. 민족국가란, 그 성원으로서의 국민이란 무엇인가. 국민 아니면 난민일 수밖에 없는 곤경을 어떻게 돌파할 수 있는가. 폭력이란, 비폭력이란 무엇인가. 목적에 의한 정당화나 대항폭력이라는 논리화 외에 폭력/비폭력/평화의 문제를 사유할 수 있는 방법은 없는가. 3·1운동을 공부하면서 '줌인'과 '줌아웃'을 반복해야 했던 까닭이다.[7] 3·1운동 속 갑남을녀를 좇아가다 문득 전 지구적 규모의 지평을 발견하는 일이 잦았다. 그것은 내가 외부에서 끌고 들어온 지평이 아니라 3·1운동 자체에서 연원한 광막한 지평으로 보였다. 어떤 대상에 접근할 때 그 대상 자체의 경험과 시야에서 출발하자는 것은 내 나름의 일관된 공부법이지만[8] 3·1운동은 그 어떤 대상보다 넓은 경험과 깊은 시야를 요청했다. 그것을 다 섭렵하기란 나로선 불가능한 과제였다. 힘닿는 대로 따라가 볼 수밖에 없었는데, 그러다 보니 자연히 '혁명의 시대'였던 1910년대를, 또한 그 전후의 지적·문화적 풍경을 만나게 되었다.

'혁명'을 어떻게 정의할 수 있을지, 어떤 사건을 '혁명'이라 부를 수 있을지는 난제이지만, 3·1운동에 혁명적 성격이 깃들어 있다는 사실은 분명하다. 혁명의 효과가 다름 아닌 자기의 해방과 세계의 변혁이라고 할 때[9] 3·1운동은 무수한 개인들의 삶을 변화시키는 한편 식민지 조선의

---

7 『3월 1일의 밤』을 '줌인'과 '줌아웃'으로 특성화한 표현은 인터넷 게시물 '한반도의 '근대'를 사랑하는 법'에서 빌려 왔다(https://brunch.co.kr/@msg2012/11).

8 예컨대 어떤 작가에 대해 논하려면 그가 읽고 겪고 생각한 것을 어지간히 짐작할 수 있어야 한다는 것이 이 방법론의 원론이지만, 능력과 시야의 부족 때문에 말 그대로 방법론을 실천하기란 지난하다. 대상 작가의 독서 편력을 따라가 보려고 노력하는 것이 고작일 뿐이다. 얼마 전 쓰루미 쑨스케, 『다케우치 요시미: 어느 방법의 전기』, 윤여일 역(에디투스, 2019), 12~13쪽을 통해 프랑스의 루소 연구자 장 게엔노를 만날 수 있었다. 그는 루소의 전기를 쓰면서 "다섯 살의 루소를 쓸 때는 다섯 살 때까지의 자료만을 사용"하는 방식으로 그 생애를 재구성했다고 한다.

9 해방(émancipation)과 변혁(transformation)과 시민다움(civilité)이라는 세 가지 각도에서 '정치'에 접근한 발리바르의 시각을 '혁명'의 문제에 원용할 수도 있지 않을까 싶다. '정치'와 '혁명' 사이 차이와 단절을 어떻게 사유할지 더불어 생각해야겠지만 말이다(진태원, 『을의 민주주의: 새로운 혁명을 위하여』[그린비, 2017], 154쪽 및 298쪽).

정치·사회적 조건을 바꾸어 놓았다. 직접적 목표였던 독립을 달성하진 못했으나 부분적 자율성을 획득해 냈고, 숱한 사람들이 식민지적 양민良民의 삶을 벗어나 다른 가치를 추구하게끔 만들었다. 3·1운동에 대해 공부하는 내내 내 시선을 사로잡았던 것도 3·1운동이 어떻게 저마다의 삶에서 사건화되는지의 문제였다. 만세를 부르고 옥에 갇히고 죽어간 것도 중요하지만, 이후 3·1운동 기간 동안 어떻게들 살았는지가 자꾸 눈에 밟혔다. 예컨대 제3부 4장에서 다룬 박경순(박화성)이나 정금죽(정칠성), 제4부 3장에서 다룬 이장희 등은 3·1운동 때 만세 한번 불러보지 못한 축이다. 10대 중반 소녀 교사였던 박경순은 학생들 가르치기에 골몰했고, 기생이었던 정금죽은 기껏 "종로 네거리에 서서" 시위 행렬을 응원했으며, "처마 밑으로만" 걸어다녔다는 소심한 청년 이장희는 거사擧事의 말석에도 끼지 못했던 것 같다. 그럼에도 이들은 저마다 다른 방식으로 평생 3·1운동을 살았다. 시詩의 정치화·이념화에 반대했고 3·1운동 몇 년 후에 자살해 버린 이장희마저, 3·1운동이 아니었다면 불가능했을 '감히 초월과 절대를 꿈꾸는' 길을 걸었다는 점에서는 3·1운동의 강력한 자장 속에 놓여 있었다.

『3월 1일의 밤』은 통상 3·1운동 연구에서 활용하는 연대기적 접근이나 지역 단위 접근을 채택하지 않았다. 그럴 능력이 없기도 했거니와, 3·1운동 속 생생한 분자운동이 큰 서사 단위 속에서 희미해지는 것을 원치 않았기 때문이다. 3·1운동에 대한 나의 실감, 개개의 인물과 사건에 압도되어 시·공간적 체계성을 도모할 수 없었던 곤혹이 책을 통해 전달될 수 있었으면 했다. 이 책에 대해 "혼자서 쓴 총서"라는 과분한 평가를 주신 서평자가 있었으나[10] 혹 총서라면 이것은 극히 불균형한 총서

---

10 홍종욱, 「3월 1일의 밤은 대한민국의 봄이었다: 권보드래, 『3월 1일의 밤: 폭력의 세기에 꾸는 평화의 꿈』(돌베개, 2019)」, 『개념과소통』 23(2019).

다. '사실에 충실한 기술', '사실에 있어서의 중요도와 영향 관계를 존중하는 서술'이라는 노선을 선택하지 않은 탓이다. 『3월 1일의 밤』은 3·1운동 속 사건과 인물의 실제 크기를 측정하는 데는 소홀할 대로 소홀했다. 공정치 않다거나 성숙하지 못하다고 비판받아도 딱히 변명할 말이 없다. 3·1운동 지도자들과 단순 가담자들을, 정치의식이 높았던 사람들과 소문에 뇌동한 자들을, 죽고 다치고 옥고를 겪은 이들과 만세 한 번이 고작이었던 자들을 거의 분별치 않았으니 말이다. 『3월 1일의 밤』은 장章마다 앞부분에 3·1운동 속 개인의 사연을 들어 주제로의 진입로를 마련하곤 했는데, 그들 대부분은 '단순 가담자'의 수준을 크게 넘어서지 않는다.

오늘날 개별 존재가 의미화되는 방식이 근본적으로 달라지고 있다고 느낀 까닭도 있으리라. 내 삶을 떠받친 것은 '노동과 가족과 민족'이라는 항목들이었지만, 지금은 그것들이 녹아내리고 있는 시절이다. 노동하는 존재를 넘어서고 가족 너머와 민족 너머를 개척해야 할 시절이라고 생각한다. 20세기의 삶에서는 개별 — 특수 — 보편 중 '매개로서의 특수자'가 중요했다면, 정치·경제·문화의 변화 속에서 개별자가 보편과 맞대면하는 경험이 축적되고 있는 중이다. 2011년 미국의 월스트리트 점거 시위나 2016년 한국의 촛불시위에서 확인됐듯 대의제 민주주의라는 정치적 형식의 몰락 현상도 심각하다. 특수자 못지않게 개별자 또한 전체의 문제를 품고 있는 터, 미디어 형식의 변화와 더불어, 개인의 문제가 사회 전체의 의제가 되고 개인의 관심이 공동체 전체의 명분으로 자라나는 일도 늘어나고 있다. 세계를 바꾸는 힘에 대한 발상 자체가 달라져야 할 시기가 아닌가 싶다. 3·1운동을 공부하면서 시종일관 하잘것없는 존재들에 마음이 끌린 것도 혹 그 때문이었을까. 돌이켜보면 한반도에서 근대가 본격화된 것은 3·1운동 이후다. 3·1운동 당시까지만 해도 비근대적인(unmodern) 사상적 고투, 즉 대표·계급·민족국가 등의 근대적 장치를 당연시하지 않은 정치·사회적 실험이 더 과감했던 만큼, 3·1운동은 20세기 이후의 사상적 자원을 탐색하는 데 풍부한 참조점이 될 수 있을 것이다.

3·1운동은 식민지 시기 한반도 밖에서 자주 '3·1혁명'이라고 불렸으며 오늘날에도 일각에서 '혁명'으로 명명되고 있는 사건이다. 그러나 3·1운동이 "최소한 혁명적 현상이요 혁명적 성격을 가진 것"[11]이라는 사실에 누구나 동의할 것임에도 불구하고, 한반도 남녘에서 3·1운동은 주로 '운동'으로 불린다. 『3월 1일의 밤』 역시 '3·1운동'이라는 명칭을 채택했다. "'이름의 정치학'은 지금 내가 감당할 몫이 아니라고 생각"한다는 설명을 달았고, "순전한 실용주의"에 의거해 '3·1운동'이란 명칭을 따르겠노라고 표명했지만, 그 속생각은 '이름의 정치학'에 대한 회의에 가까웠다. 언어를 바꿈으로써 주체가 갱신될 수 있다는 생각은 환상이라는 이웃나라 철학자의 말을 인용해도 좋을지 모르겠다.[12] '언어가 공회전'할 때 "자기 자신, 자신의 힘을 가늠하지 못하게" 된다는 말처럼, 언어를 되도록 보수적으로 쓰고 싶었다. '혁명'에 대한 관습적·낭만적 태도[13]야말로 경계해야 할 함정이라고, 차라리 '운동'의 끝없는 생성에 기대고 싶다는 생각을 했다.

해방과 변혁과 평화의 과제는 끝일 날이 없다. 자기를 바꾸고 세계를 바꾸되 공존의 기반을 넓히면서 그렇게 하고자 하는 — 이런 지향 혹

---

11 백영서, 「연동하는 동아시아와 3·1운동」, 백낙청 외, 백영서 엮음, 『백년의 변혁: 3·1에서 촛불까지』(창비, 2019).

12 쓰루미 순스케, 앞의 책(2019), 15쪽.

13 "관습적이라 함은 혁명을 여전히 단기간 내에 구체제를 척결하고 신체제로 전환하는 것으로 인식하는 태도를, 낭만적이라 함은 신체제에 대한 상상이 결여된 상태에서 막연한 새로움에 기대는 태도를 가리킨다"(이남주, 「3·1운동, 촛불혁명 그리고 '진리사건'」, 백영서 엮음, 앞의 책[2019], 184쪽).

은 갈망은 다수의 삶에 여전히 살아 있다고 생각한다. 이토록 하잘것없는 내 삶에도 그렇다. 오늘날 '혁명'은 자칫 지나간 꿈 혹은 미망처럼, '68 이후, 더더구나 1991년 이후 빛바래 버린 세계사의 한 시절처럼 보인다. '68혁명'은 '유럽 혁명의 불가능성'을 최종화한 사건이었고, 이후 수십 년 간 중국과 쿠바 등지에서의 혁명 및 그 후속 행로가 관심을 끌었으나, 1990년대 사회주의권의 붕괴 이후 '혁명의 시대'는 최종적 종지부를 찍었다. 제1세계는 평온하지만 암울한 현상유지 국면에 접어들었고, 제2세계는 사실상 붕괴했으며, 제3세계에서도 혁명의 방략은 대중적 지지 기반을 잃었다. 특히 혁명의 불가피한 토대이자 산물이었던 '폭력'의 개입은 그 문제제기적 성격을 송두리째 상실해, '혁명'의 뒤틀린 판본인 테러리즘에나 남아 있는 고약한 유산이 돼 버린 것 같다. 그럼에도 '혁명'이라는 말이 실어날랐던 주체의 해방과 세계의 변혁에의 열망은, 그리고 '혁명'이라는 말로 적절히 표상되지 못했던 '평화'의 과제는 여전히 현재진행형인 문제다. 『3월 1일의 밤』이 그 속에서 길을 탐색하는 데 조금이나마 도움이 되기를 바랄 뿐이다.

100년 전에 반복된 촛불의 기록

『3월 1일의 밤』을 읽고

후지이 다케시

"아직,

3 · 1운동을 만나면 길을 잃는다."(554쪽)

벤야민이 말했듯이 잘 헤매기 위해서는 기술이 필요하다. 2019년 현재 한국의 많은 사람들이 방향감각을 잃고 갈팡질팡한다. 촛불을 들며 하나가 된 것 같았던 '우리'는 온데간데없고, 절망감을 느끼는 이들만 늘었다. 이 글이 읽힐 2020년 시점에서도 아마 그 상황이 크게 바뀌지는 않을 것이다. 그러니 지금 우리[1]에게는 잘 헤매기 위한 훈련이 필요하다.

---

1 일본에 있는 일본인인 내가 여기서 '우리'라고 하는 것을 이상하게 느끼는 분도 계실지 모르겠다. 나에 대해 구구절절 설명할 수도 있지만 현상윤의 다음과 같은 말을 인용하는 것으로 대신한다. "몸이 동서남북 어느 곳에 있음을 물론하고 낯이 숙면(熟面) 초면(初面)의 지(知) 부지(不知)를 물론하고, 진실로 이 지구상에 있어서 가나다라 마바사를 읽고 말하는 이면, 다같이 제군이 나의 형제요 내가 제군의 형제로다."(466쪽)

권보드래는 100년 전에도 우리가 비슷한 상황 속에 있었음을 알려주면서 우리를 훈련의 장으로 이끈다. 기시감 없이는 마주할 수 없는 그 광경은 우리에게 역사가 진보한다는 관념이 얼마나 순진한 것인지 깨닫게 해주지만 그것이 꼭 절망을 뜻하진 않는다. 아무도 예상치 못한 사건으로서 3·1운동이 벌어질 수 있었던 것처럼, 역사의 변화는 지하에서만 흐르다가 갑자기 용솟음치는 샘 같은 것일 수 있기 때문이다. 아마도 많이 헤매본 이들만이 보이지 않는 지하수맥의 움직임을 감지하고 갑작스런 사태에 잘 대응할 수 있으리라.

물론 헤매는 경험은 불안하고 때로 아프기조차 하다. 무단정치를 끝내고 문화정치로 일제의 통치 노선을 바꾸게 한 것은 틀림없이 3·1운동의 힘이었다. 그런데 이 책에서 그 부분이 본격적으로 다루어지진 않았지만 문화정치의 시작이 능력주의 도입 등을 통해 '우리'가 하나가 아니라는 당연한 사실이 드러나는 계기가 되었고 그것이 식민지배에 저항하는 것을 더욱 어렵게 만들기도 했다. 이러한 사실을 떠올릴 때, 박근혜를 문재인으로 바꿔놓은 결과 우리가 목도하게 된 여러 사건들은 너무 아프게 다가온다.

하지만 헤매는 경험은 적어도 그 시작 단계에서는 꼭 불안하고 아픈 것만은 아니다. 그래서 함께 헤매기 위한 이 책은 사랑을 고백하는 말로 시작되며(5쪽), 깜깜한 밤 역시 "사랑의 풍요로운 토대"(12쪽)로 그려진다. 현재 한국 사회의 상황은 암담하기 그지없지만 그럴 때일수록 촛불의 시간을 떠올려보는 것이 힘이 될 수 있는 것처럼, 우선은 그 기적 같은 3·1운동을 다시 경험해봐야 한다.

1. Anarchy in the CK

이 책이 나왔다는 소식을 접하고 실제로 읽게 되기까지 이 제목만 가지고 여러 가지 상상을 했다. 랑시에르의 『프롤레타리아의 밤』을 떠올리기도 했지만, 3월 1일 낮에 독립선언서 낭독이나 시위 행렬에 참여한 이들, 아니면 그것을 목격한 이들이 집에 가서 쉴 때 무슨 생각을 했을지, 어떤 이야기를 나눴을지, 그리고 그 밤 꿈자리는 어땠을지 궁금해졌다. '3·1'이라는, 오랫동안 일종의 기념비로 존재했던 시간이 이 제목 하나로 구체적인 경험의 세계로 펼쳐지기 시작했다.

저자가 '밤'이라는 말에 담고자 한 뜻은 여러 가지가 있지만, 그 하나는 "원근遠近을 잠재우고 형태를 묻어버린다"(12쪽)는 밤의 힘을 서술에도 살리는 것이었다. 이 책을 읽고 나서 많은 장면들과 인물들이 인상에 남으면서도 큰 그림이 잘 그려지지 않는 까닭이 여기에 있다. 이 '밤의 역사 서술'에는 조감이 존재하지 않는 것이다. 흔히 역사 논문에서 볼 수 있는 몇 년 몇 월 며칠에 무슨 군 무슨 면에서 몇 명이 시위를 벌였다는 식의 서술은 큰 그림은 제공해주지만 그때 독자는 하늘 위에서 시위를 내려다볼 뿐 그 시위를 경험하지 못한다. 하지만 신문訊問조서를 읽으며 자신이 느꼈던 놀라움을 매개로 저자는 독자를 밤의 세계로 안내해준다.

그 세계는 상상 이상으로 놀랍다. 저자가 3·1운동에서 '직접성'과 '무매개성'을 보면서 우리의 과제로 "매개되지 않고 대표되지 않는 세계", "매개의 변증법 너머"를 모색하자고 하는 것(13쪽)도 충분히 이해가 될 만큼 3·1운동이 보여주는 세계는 현재적이다. 특히 주목하고 싶은 부분은 지금이라면 '예시적 정치'(prefigurative politics)라 불릴 만한 행동들이다. 평북 신미도나 평남 옥상면에서 면사무소를 인수해 자치 행정을 펼쳤다는 이야기(31쪽)는 그야말로 독립된 세상을 미리 살아보는 실천이었다. 1917년에 발표된 '대동단결선언'은 1910년 8월 29일에 순종이 주권을 포기한 결과 국민이 주권자가 되었다고 선언했는데, 그 선언은 전해지지 않고도 실현되었다.

이러한 행동은 대의제 민주주의가 마치 민주주의인 것처럼 길들여진 우리에게는 너무 과격한 행위처럼 보일 수도 있다. 하지만 '근대 민주주의'의 대표적 기본 텍스트인 『사회계약론』에서 루소가 정의한 정체政體 구분, 즉 군주정, 귀족정, 민주정이라는 구분법에 따르면 대의제 민주주의는 민주정이 아니라 귀족정에 속한다. 단지 과거의 귀족처럼 세습되는 것이 아니라 귀족들을 그때그때 선거로 선출한다는 차이가 있을 뿐이다(물론 갈수록 정치인들의 세습이 늘어나 본래의 귀족정으로 회귀하는 모습을 보이고 있지만). 그런데 식민지인들은 그러한 대의제 민주주의에서 기본적으로 배제되어 있었기에 오히려 직접민주주의가 가능했고, 이러한 민주주의의 실천은 해방 직후 전국에서 자연발생적으로 형성된 무수한 건국준비위원회의 형태로 꽃피게 된다.

촛불의 경험 덕분에 우리에게 쉽게 와닿게 된 이런 아나키한 행동들은 독립선언서와 『독립신문』이 '알아서' 작성되는 일로도 나타났다. 저자가 "중앙에서 온 선언서를 전달받아 배포하는 역할에 그치는 단순 대리인들은 3·1운동에 거의 존재하지 않는다"(43쪽)고 지적했듯이 원산에서는 독립선언서가 늦게 도착할까 봐 독자적으로 선언서를 마련했고(45쪽), 발행자들이 잡혀간 뒤에도 『독립신문』이 몇 달 동안이나 계속 발행되었다(47쪽). 이런 사실 앞에서 어떤 사상의 전파 과정이나 영향 관계를 치밀하게 실증하려고 드는 역사학자는 바보 될 수밖에 없다. 사람들은 독립선언서를 비롯한 어떤 이념에 영향을 받아서 행동하기는커녕 그 이념을 제멋대로 지어내면서 행동했다. 거기에 있는 것은 운동에 동원되는 사람들이 아니라 온전한 주권자의 모습이다. "우리 지방만이라도 독립·자치를 하자"는 결정이 3·1운동을 통해 종종 발견된다는 것(121쪽)이 단적으로 보여주듯이, 이들은 누군가의 결정을 기다리지 않는다.

이렇게 그려지는 3·1운동의 광경은 우리가 아는 한국 근현대사를 처음부터 다시 볼 필요성을 제기한다. 우리가 너무나 쉽게 '민족운동'이라고 부르던 것들은 대체 어떤 운동인가? 어쩌면 '민족'을 하나의 명사로 이해하려는 것부터가 문제일지도 모르겠다. 베네딕트 앤더슨이 민족(nation)을 '상상된 공동체(imagined community)'라고 부른 것처럼, 민족은 그것을 상상하면서 이루어지는 실천으로서만 실재한다. 즉 민족은 그것 자체가 일종의 운동으로서 존재하는 것이다. 민족이란 무엇인가 하는 식의 질문이 허무한 까닭은 여기에 있다. 민족을 실체로 간주하고 그것을 구성하는 요소를 분석하는 행위는 마치 날아가는 화살을 이해하려고 화살 자체를 열심히 살펴보는 것이나 마찬가지이기 때문이다. 중요한 것은 그 '민족'이 어떤 상황 속에서 어떻게 생성되며 어떻게 움직여 가는지 파악하는 것이고, 그러기 위해서는 질문 방식을 아예 바꿔야 한다. 즉, '민족이란 무엇인가'가 아니라 '민족은 무엇을 하는가'로 말이다. 어찌 보면 기존의 3·1운동 이미지는 '민족'의 이름으로 그 실상을 가려왔던 셈이고, 이렇게 질문을 바꿔야 그동안 되풀이되던 민족주의를 둘러싼 소모적인 논쟁에서 벗어나 민족(주의)에 대해 좀 더 생산적인 논의를 할 수 있을 것이다.

2. 유토피아의 신체

오랫동안 3·1운동을 바라보던 창을 깨고 거기서 움직이던 이들의 모습을 가까이에서 느낄 수 있게 한 이 힘의 원천은 말할 것도 없이 '방법으로서의 밤'이다. 그러나 그 달콤한 사랑을 가능케 했던 밤도 언제까지나 이어지진 않는다. 마법이 풀려 2019년으로 되돌아온 저자는 만세를 부르는 이들이 꿈꾼 "즉각적이고도 완전한 신세계" 속에서 이야기하는 듯하다가 갑자기 "미래 세대인 우리가 보기에 이것은 물론 환상에 불과한 한때다"(147쪽)라고 잘라 말하고 만다. 이어서 유토피아의 꿈이 디스토피아의 악몽으로 변하고야 만 20세기의 역사를 이야기하고, 그 다음으로 1919년 6월에 강화도에서 일어난 집단 투신사건을 다루어 일종의 디스토피아를 보여주면서 총론 격이라 할 수 있는 1부 '3·1운동 그리고 세계'는 끝난다. 3·1운동과 함께 한 그 밤이 좋건 나쁘건 꿈이었다고 하는 이러한 서술은 많은 논의를 필요로 한다. 특히나 촛불의 성과에 대한 회의감이 짙어지는 요즘 같으면 더욱 그렇다.

저자는 "역사적 유토피아니즘 자체를 문제 삼아야 할런지 모른다"고도 하고(148쪽), "과연 20세기의 역사는 '진보'와 '유토피아'의 사상이 얼마나 파괴적인 결과를 가져올 수 있는지 생생하게 증명했다"(149쪽)고도 한다. 이런 진단에 나도 크게는 동의한다. 다만 더 미세한 논의가 필요할 것 같고, 그 미세한 논의를 통해서 우리가 디스토피아로 가지 않기 위한 길을 찾을 수 있지 않을까 싶다.

우선 저자가 문제 삼고자 하는 '유토피아니즘'이 일단 윌슨과 연결되어 있다는 것은 분명하다(248쪽). 물론 1919년 당시의 시대 분위기를 윌슨주의로 대표시키는 것은 결코 특별한 견해는 아니다. 하지만 윌슨주의는 어떤 의미에서 유토피아니즘인 것일까? 저자는 "유토피아만이 실제적(practical)"이라는, "영국의 어느 윌슨주의자"의 말을 인용한다(79쪽). 이어서 소개되는 그 '윌슨주의자'의 말도 확실히 유토피아니즘이라고 할 만하다. 그런데 문제는 이 인물이 과연 윌슨주의자라는 규정만으로 충분하냐는 데 있다.

사실 이 인물은 앞에서는 "영국의 어느 사회주의자"(65쪽)로 등장하기도 했는데, 여기서 언급된 『우드로 윌슨과 세계평화(*Woodrow Wilson and the World's Peace*)』의 저자 조지 헤론(George D. Herron)은 미국의 기독교사회주의자다. 그는 19세기 말엽에 미국에서 등장하기 시작한 사회복음(Social Gospel) 운동에 가담하고 미국사회당 창립(1901)에도 참여했다가 제1차 세계대전 당시에는 이탈리아, 스위스 등지에서 지내면서 자진해서 윌슨의 대변인 노릇을 하고 있었다.

이런 맥락 속에서 볼 때 조지 헤론이 '천상의 왕국', '지옥' 등의 어휘를 사용하는 것도 잘 이해가 된다. 저자가 "신성한 사회적 현존이 열려서 깨어나 기뻐하는 민족들을 연합시킬 것이다"(80쪽)라고 옮긴 부분도 원문은 "an indwelling Divine Social Presence enfold and unite the aware and glad peoples" 즉, '내주하는 신의 사회적 임재가 깨어나 기뻐하는 민족들을 품에 안고 하나 되게 할 것이다'라는 지극히 신학적인 표현이다. 물론 당시 그가 윌슨주의자였음은 틀림없다. 하지만 그는 1921년에 펴낸 『승리 속 패배(The Defeat in the Victory)』에서는 윌슨의 배신을 규탄하는 입장을 보였고, 1922년에 마지막으로 펴낸 『이탈리아의 부흥(The Revival of Italy)』에서는 이탈리아가 '산업 민주주의(industrial democracy)'를 이루었다고 극찬하면서 새로운 팍스로마나라고까지 이야기하는데, 그때 그의 서술의 중심에 있는 것은 당시 이탈리아 수상이던 졸리티(Giovannni Giolitti), 이제는 무솔리니가 집권할 수 있는 길을 터준 인물 정도로만 기억되는 이를 중심으로 한 이탈리아 각료들의 모습이다.

이렇게 보면 이제 분명해진다. 이 '윌슨주의자'가 보여준 것은 유토피아니즘이라기보다 메시아니즘이라는 사실 말이다. 엄밀하게 말해 유토피아니즘 자체가 디스토피아를 낳은 경우는 거의 없다. 역사적으로 많은 독재, 학살 등을 낳게 한 것은 유토피아니즘에 깃든 메시아니즘이었다. 자신이 직접 유토피아를 만들려고 하는 것이 아니라 위대한 구세주가 나타나 유토피아를 선사해준다고 믿게 될 때 디스토피아로 가는 길은 열린다. 그러니 우리도 촛불과 달빛을 혼동하지 말아야 한다.

그런데 3·1운동을 통해 우리가 목도한 것이 과연 메시아니즘이었을까? "우리 지방만이라도 독립·자치를 하자"고 결의한 이들(121쪽)은 결코 구세주의 도래를 기다리지 않았다. 이들은 민족자결주의를 믿은 것이 아니라 민족자결을 직접 실천했을 뿐이다. 또 "3·1운동 내내 민족 내부의 분열은 거의 눈에 띄지 않는다"는 점도 "원原 민족주의적 일체감을 지향한 것"이라고 해석하기보다(297쪽), 이것이 바로 유토피아의 실천이었기 때문이라고 생각하는 게 낫지 않을까. 지금 여기가 이미 유토피아인데 굳이 누군가를 배제할 필요가 있겠는가. 저자도 만세를 부르지 않는 이들에 대한 민족 내부의 폭력을 다시 언급한 부분에서 "그것은 물론 위험을 나누자는 협박이었지만 동시에 환희를 함께 하자는 초대이기도 했다"고 설명하고(338쪽), 또 "3·1운동의 대중은 공동행동에 의해 탄생하는 권력을 만끽했다"고도 쓰고 있는 것(343쪽)처럼 말이다.

원래 문학 연구자여서 그런지 저자가 '말'이 지닌 힘에 주목하는 부분이 눈에 띄긴 하지만, 그것 못지않게 신체적 실천 또는 신체적 경험에도 많은 관심을 기울인 점은 그래서 중요하다. 저자는 만약 3·1운동이 없었다면 과연 해방 후 한국의 적대적 식민지 기억이 가능했을지 곱씹어보면서 "식민 바깥을 경험하지 못한 사람이 탈식민을 갈망할 수 있을까"라는 질문을 던진다(173쪽). '침묵'이라는 제목의 이 장에서 주로 다루어지는 것이 사람들이 왜 침묵했느냐는 점인만큼 저자는 3·1운동이 "식민 이전, 식민 바깥에 대한 경험과 기억을 대체하고 환기시킬 만한 강력하고도 전민족적인 사건"이었던 반면에 1910년대에는 그 "지평은 점점 흐려지고 있었다"고 평가한다(173쪽). 그러나 이어지는 서술은 저자의 이러한 판단을 배신하는 것처럼 보인다.

이 점은 '식민 바깥'이라는 말을 어떻게 이해하느냐는 것과 깊이 관련된다. 이를 단순히 공간적인 뜻으로만 이해한다면 물론 한반도에서 벗어나지 않는 한(사실 공간적으로 한반도에서 벗어났다고 해도 '일본 국적'은 따라다녔으니 그것만으로 '식민 바깥'이라 하기도 힘들지만) '식민 바깥'을 경험할 순 없다. 하지만 식민지의 본질이 지배에 있다고 한다면, 과연 그 지배는 공간적으로 완전히 규정되는 것일까? 바꿔 말해 '식민 바깥'의 반대인 '식민 안'이란 무엇일까? 거기서 사람들은 완전히 식민 권력에 옭아매어져 살았을까?

여기서 다시 책으로 돌아가 '운동회와 탐승회, 그리고 1915년 조선물산공진회'라는 제목의 절(173~180쪽)을 살펴보자. 여기서 저자는 "1910년대의 식민권력은 '쾌락'을 장려하고 강요했다"(173쪽)고 하면서 "여가와 관광과 공연"에 대한 구체적인 이야기들을 풀어나간다. 물론 여기서 볼 수 있는 것은 80년대 전두환 정권의 3S 정책과 유사한 측면을 지닌다. 하지만 과연 그렇게만 볼 수 있을까? 저자도 지적하듯이 이것들은 "군중 경험을 제공하는 거의 유일한 기회"(177쪽)로 작용했다. 여기서 촛불을 가능케 한 경험으로 2002 월드컵 때의 광장 경험이 있다는 것을 떠올려봐도 좋을 것 같다. 물론 월드컵 응원은 정치색을 띠지 않았다(띠었다고 한다면 보수적인 것이었다). 그런데도 그 경험은 수많은 이들이 광장에 모여 촛불을 드는 행위의 바탕이 되었다. 그런 것처럼 1910년대에 야시장을 돌아다니고 운동회에서 소리 높여 응원한 경험은, 설사 그것이 강요된 것이었다고 하더라도, 그 행위를 직접 한 신체에 자그마한 해방의 감각을 새겨놓지 않았을까? 그런 의미에서 "천황 생일인 천장절天長節이며 황후 생일인 지구절地久節에 외치는 만세는 그런 대로 흥겨웠다"(171쪽)는 저자의 서술은 '식민 지배도 그런 대로 견딜 만했다'는 뜻으로만 이해되어서는 안 된다.

이 쾌락을 직접 실천하고 있는 신체는 과연 '식민 안'에 있는 것일까? 식민 권력의 장단에 춤췄다 하더라도 신나게 춤을 추고 있는 그 신체는 식민 권력에서 미약하게나마 벗어나 있다. 권력자가 이런 회유책을 쓰곤 하는 까닭은 무엇보다 그 신체들의 운동을 두려워하기 때문이다. 이런 지점을 적의 술책에 넘어갔다는 식으로 쉽게 단죄하는 이는 그야말로 관념론적으로 세계를 바라보는 것이다. 우리가 일상적으로 경험하면서도 학술적인 논의를 시작하면 바로 잊곤 하는 명제를 떠올려보자. 나는 과연 내 몸을 완전히 지배하고 있을까? 이 질문에 그렇다고 자신 있게 대답할 수 있는 사람은 거의 없을 것이다. 나도 내 몸을 지배하지 못하는데 남이 그것을 해낼 수 있을까? 푸코는 『감시와 처벌』에서 '영혼은 신체의 감옥'이라는 말을 한 적이 있는데, 우리는 여전히 신체를 영혼에 가둬버리는 버릇을 못 버려서 영혼처럼 신체가 쉽게 지배된다고 착각한다. 하지만 신체는 항상 이미 지배 안의 외부로 존재한다.

이런 부분에 대한 저자의 평가는 약간 애매해 보이지만 그럼에도 이 방대한 책의 적지 않은 부분을 신체적 감각에 관한 서술이 차지하고 있다는 점은 충분히 평가되어야 한다. 저자는 사랑은 머리로 하는 게 아니라는 진리를 잘 알고 있다.

3. 변신을 서술하는 문법

3·1운동은 그야말로 '사건' 그 자체였다. 들뢰즈·가타리는 '68년 5월'에 대해 이야기하면서 "사건은 어떤 새로운 존재를 창조하고, 어떤 새로운 주관성(신체, 시간, 성, 환경, 문화, 노동, 등등과의 새로운 관계)을 생산한다"고 한 적이 있는데 1968년 5월 못지않게 1919년 3월 역시 새로운 존재, 새로운 주관성을 만들어냈다. 그 중에서도 특히 여성들은 경이로운 변신을 보여주었다.

이 책에는 사람들이 뜬금없이 만세를 부르게 되는 등 다양한 변신 장면이 기록되어 있지만 3부 4장 '여성'에서 그려진 여성들의 변모는 그야말로 극적이라고 할 수 있다. 단적인 사례로 기생 정금죽은 3·1운동을 만나 여성운동가이자 사회주의자 정칠성으로 변신했다. "그것은 민족이라는 명분으로 다 설명되지 않을, 자기 인생에 대한 해방의 의지가 낳은 변화였다."(391쪽) 이 문장에서는 약간 부정적으로 사용되고 있지만 이 '명분'이라는 것은 사람들의 변신을 생각할 때 아주 중요하다. 뒤에서 "민족과 국가라는 명분은 신분·지역·성별에 있어서의 소수성을 넘어서는 데 훌륭한 명분이자 계기였다"(406쪽)고 한 것처럼, 거창한 명분은 사람을 고정된 위치에서 벗어날 수 있게 해준다. 다만 여기서 우리는 그것이 어디까지나 '명분이자 계기'에 지나지 않는다는 점을 결코 잊지 말아야 한다. 명분은 자각 여부를 떠나 항상 이미 일종의 위장이다. 그 위장 속에서 사람들은 변신한다. "한번도 품어준 적 없었을 민족을 위해 부르는 '만세'에 그토록 열렬해졌다니"(398쪽) 하고 놀랄 필요는 없다. 이 열렬한 만세를 부르는 신체는 민족을 위해 부르는 척하고 있을 뿐이니 말이다. 촛불 때를 떠올려보자. '박근혜 하야'라는 너무나 단순한 구호를 외칠 때 우리는 무엇을 위해 그랬던가? 거의 진부하다시피 한 구호와 다 똑같이 보이는 촛불 물결 속에서도 여성들이 무대에서 여혐 발언을 없애고 성폭력으로부터 자신과 동료들을 지켜내기 위해 '페미존'을 만든 것처럼, 그 명분 아래서 새로운 주관성은 틀림없이 생산되었다.

"많은 이들에게 있어 3·1운동 후 이전으로 돌아간다는 것은 불가능해졌"다고 저자는 말한다(502쪽). 그만큼 3·1운동은 커다란 절단이었고, 그 절단을 외면하고 싶은 이들은 애써 그것을 봉합하려 했다. 무단정치에서 문화정치로의 변화 자체도 그런 봉합 시도들 가운데 하나지만, 그런 거시적 시도 뿐만 아니라 미시적으로도 이 절단의 봉합, 변신의 부인은 다양하게 시도되었다. 4부 '3·1운동과 문화'에서 다루어지는 주제 중 하나는 절단과 변신을 인정하는 이들과 그것을 외면하고 봉합하려는 이들 사이의 대결이다.

이 대결 구도에서 봉합을 대표하는 인물이 이광수다. "이 책에 가장 자주 등장하는 인물"(556쪽)인 이광수는 3·1운동을 기점으로 극적으로 변신하는 여성들을 오히려 배신과 타락을 체현하는 존재로 형상화하는 전형적인 백래시를 보여주기도 한다(411쪽). 하지만 무엇보다도 주목해야 할 것은 질서에 대한 그의 집착이다. 이 점은 "3·1운동에 대한 이광수의 저평가"(531쪽)라는 수준의 문제가 아니다. 특히 3·1운동 이후 '우리의 정신'이 급격히 변화했다고 하면서 "이것은 분명한 자각과 일정한 계획으로 의식적으로 변화하려 한 것이 못 됩니다"라고 평가한 부분에서 볼 수 있는 것은, 통제되지 않은 변화에 대한 그의 두려움이다.

이런 이광수가 '개조'라는 낱말을 즐겨 쓴 사실을 통해 당대를 풍미하던 '개조'라는 말이 지닌 한계도 확연히 드러난다. 변신과 달리 개조는 기본적으로 개조하는 주체와 개조되는 대상을 분리시키기 때문이다. 앞서 '윌슨주의'가 유토피아니즘이라기보다 메시아니즘으로서의 성격을 지녔다는 이야기를 했지만 이것 역시 '개조'가 가져오는 분리로 인해 생겨난 현상이라 할 수 있다. 3·1운동 이후 이광수는 유토피아니즘은 버렸어도 일종의 메시아니즘에서는 벗어나지 못한 듯하다. 스스로도 엘리트 지식인으로서 "교육받은 선민選民"으로 성장하는 것에서만 미래의 가능성을 보여주려 한 그는 쪼잔한 메시아니즘 신봉자였다고 해도 될지 모른다.

사실 이광수를 이렇게 보는 것 자체는 별로 새로운 이야기도 아니다. 흥미로운 점은 저자가 이광수의 대척점에 있는 인물로 등장시키는 이가 염상섭이라는 점, 특히 "염상섭은 3·1운동의 기억을 박제화하는 데 반대한다"(544쪽)며 『표본실의 청개구리』를 그 예로 들었다는 점이다. 이는 그의 "전락 — 퇴화의 서사가 그 자체로 역전의 가능성을 품고 있다는 사실"에 주목하는 것이며 그 가능성의 중심에는 '광인 김창억'이 있다. "광인 김창억의 특이성은 수미일관할 수 없는 각종 모순된 동기를 3·1운동에 접속시키고 있다는 사실"(546쪽)이 보여주는 것처럼, 그에게 '이것이냐 저것이냐'는 오이디푸스적인 양자택일은 존재하지 않고 '이것도 저것도'라는 욕망기계의 작동이 있을 뿐이다. 저자는 염상섭에게 3·1운동은 "마치 물物 자체와 같다"(547쪽)고 말하지만, 결국 염상섭에게 충격을 준 것은 결국 불가지론으로 수렴되는 '물 자체'라기보다 운동 자체라고 해야 하지 않을까. 이 작품 전체의 알레고리가 해부되어도 아직 움직이는 청개구리의 신체라는 사실은 염상섭이 감지한 것이 기관 없는 신체가 만들어내는 운동이었음을 보여주는 것 같다.

『표본실의 청개구리』를 통해 3·1운동 재현의 문제를 이야기하는 저자의 문제 제기는 매우 무겁다. 한국 근현대사를 생각할 때 '운동'을 어떻게 재현하느냐는 문제는 바로 그 핵심에 있기 때문이다. 그 혼돈을 앞에 두고 많은 연구자들이 지도자의 이름이나 민족, 계급과 같은 개념으로 그것을 덮어버리곤 한다. 연구자들은 그 심연을 들여다보다가는 자기도 거기에 빨려 들어가기를 면하기 어렵다는 사실을 안다. 그래서 보통 역사학자들은 우선 개구리 사지에 핀을 박는 것부터 시작한다. 예전에 사학과의 한 선배와 이렇게 실증에만 매달릴 바에야 차라리 역사소설을 쓰는 게 낫지 않을까 하는 이야기를 나누었던 게 생각난다. 실증은 해부다. 박물 실험실에서 이루어지는 해부가 이미 아는 지식을 확인하는 과정에 불과한 것처럼, 실증이라는 작업은 이미 정해진 역사학의 코드를 따라 수행된다. 대상을 어떤 시공간 속에 고정시키고 자신의 몸은 안전지대에 두면서 서술되는 '운동'이란 도대체 무엇일까.

이 책에는 등장하지 않는, 3·1운동을 통해 생겨난 어떤 변신을 이야기하는 것으로 이 글을 마무리하고자 한다. 그 변신의 주인공은 신채호.

잘 알려져 있듯이 신채호의 활동은 소위 '애국계몽운동'으로 시작된다. 신문 논설 등을 통해 그는 열렬하게 민족과 국가를 이야기하며 독자에게 민족의식을 심어놓으려고 노력했다. 그의 열정과 진정성은 추호도 의심할 여지가 없지만, 그때 그에게 민중은 어디까지나 계몽의 대상이었고 영웅을 본받아야 할 미숙한 존재였다. 그러한 전형적 엘리트 지식인 신채호에게 3·1운동은 충격 그 자체로 다가온다. 당시 베이징에 있던 그는 3·1운동에 직접 참여하진 못했다. 하지만 누구의 지도도 받지 않고 민중이 스스로 일제에 항거했다는 사실은 그의 세계관을 뒤집어놓기에 충분했다. 1923년에 발표된 '조선혁명선언'은 말하자면 그의 변신 선언이다. 여기서 그는 '민중 직접의 혁명'을 제시했다. 그때 중요한 것은 그 혁명의 첫 걸음이 될 '민중의 각오'를 가능케 하는 것이 외부에 있는 존재가 아니라는 점이다.

> 민중은 신인神人이나 성인聖人이나 어떤 영웅호걸이 있어 〈민중을 각오〉하도록 지도하는 데서 각오하는 것도 아니요, "민중아, 각오하자", "민중이여, 각오하여라" 그런 열렬한 부르짖음의 소리에서 각오하는 것도 아니다. 오직 민중이 민중을 위하여 일체 불평·부자연·불합리한 민중 향상의 장애부터 먼저 타파함이 곧 〈민중을 각오케〉하는 유일한 방법이니, 다시 말하자면 곧 먼저 깨달은 민중이 민중의 전체를 위하여 혁명적 선구가 됨이 민중 각오의 첫째 길이다.

민중을 각오케 하려고 지도하고 부르짖던 옛 신채호의 모습은 온데간데없다. 3·1운동을 설명하는 개념으로 저자가 제시한 '직접성'과 '무매개성'은 바로 '조선혁명선언'의 정신이다.

이 정신을 직접 자기 삶을 통해 표현하려고 한 신채호는 무정부주의자가 되어 중국에서 활동하다 옥사했지만, 그가 자유의 몸이던 마지막 시기에 남긴 소설 「용과 용의 대격전」은 3·1운동의 한 도달점을 보여준다.

이 소설은 한마디로 요약하면 상제上帝와 인민의 투쟁을 두 마리 용, 즉 상제의 충신인 미리(=미르)와 '혁명', '파괴'를 일삼고 악희를 즐기어 종교나 도덕의 굴레에서 벗어난 드래곤의 대결로 그린 작품이다. 이렇게만 얘기하면 흔한 이야기로 보일 수 있지만 드래곤에 대한 묘사는 우리의 상상력을 거뜬히 뛰어넘는다.

> 천국이 전멸되기 전에는 드래곤의 정체는 오직 《0》으로 표현될 뿐이다. [중략] 드래곤의 《0》은 1도, 2도, 3도, 4도 내지, 십, 백, 천, 만 등 모든 숫자로 될 수 있다. [중략] 총도, 칼도, 불도, 벼락도 기타 모든 《테러》가 될 수 있다.

'0'. 이것이 신채호가 혁명운동에 부여한 이름이다. 들뢰즈·가타리도 『천개의 고원』에서 기관 없는 신체를 0, 전혀 부정적인 것을 포함하지 않는 0이라고 설명하기도 했는데, 민족을 벗어나 혁명 그 자체를 추구한 신채호가 마지막에 도달한 지점이 바로 이것이었다. 아무것도 아니어서 뭐든지 될 수 있는 출발점 말이다.

물론 이것은 출발점일 뿐이다. 하지만 출발점을 스스로 만들어내는 일만큼 기적적인 것이 또 있을까. 밤 0시. 새로운 날이 시작된다.

3 · 1운동과 공화주의*

중첩, 응축, 비약

이기훈

1. 공화국의 시작?: 3 · 1운동의 중층성 이해를 위하여

우리는 "대한민국은 민주공화국"이라는 정의를 아주 당연하게 받아들인다. 그러나 역사적으로 민주주의 이념과 제도, 공화국 정체를 현실 속에 구현하는 것은 그리 쉬운 일이 아니었다. 군주가 없는 나라를 상상하는 것 자체가 모험이었던 사회가, 식민지화의 경험을 거치면서 불과 10여 년 만에 공화국 건설을 대세로 받아들이게 되었다.[1] 교과서식으로 서술한다면, "대한제국 말기에 등장하기 시작한 공화주의가 1910년대 급격히 확산되고, 3 · 1운동에서 본격적으로 표방하기 시작하여 대한민국 임

---

* 이 글은 『역사비평』 127(2019. 5)에 게재한 원고를 일부 수정 보완한 것이다.
1 공화주의는 다양한 정의가 가능하겠지만(김경희, 『공화주의』[책세상, 2010], 10~25쪽), 역사적으로 군주정에 반대하는 저항의 논리이며 인민주권의 원리를 실현하려는 정치적 태도를 의미할 것이다.

시정부의 체제로 귀결되었다"고 정리할 수 있다.

신문물과 근대화를 추구하던 지식인·학생들이라면 모르겠지만, 한 사회의 전체적 사회 이념이 마치 자동기계장치에서 부품을 갈아 끼우듯 한꺼번에 바뀌는 것이 가능할까? 영국이나 프랑스는 군주의 목을 베고도 왕당파적 전통과 관념을 한꺼번에 축출해내지 못했는데, 그런 경험도 없는 식민지 조선에서 이런 일이 어떻게 가능했을까? 관습은 오래 지속되지만 봉기는 이를 전복하는 폭발적 경험이 될 수 있다. 3·1운동은 대중적 운동이 어떻게 급진적인 정치 이념을 대중들 사이에서 확산시킬 수 있는지 보여주는 좋은 사례일 것이다.

지금까지 한국에서 공화주의의 확산에 대한 연구는, 주로 '선언문'들을 소재로 하여 '운동가'들 사이에서 공화정체의 수용과 이해 과정을 파악하고, 이것이 대한민국 임시정부 등에 어떻게 적용되었는지 살펴보는 것에 집중되었다.[2] 3·1운동 90주년에 즈음하여 3·1운동의 미디어와 표상, 기억 등에 대한 연구가 비로소 진행되었고,[3] 뒤이어 100주년을 맞아 정치적 관념으로서 대표, 상징 체계로서 깃발 등 대중의 정치 관념 수용에 주목한 연구들이 나타나기 시작했다.[4]

이 글에서는 3·1운동 시기 대중들이 군주와 국가, 공화주의적 관념들을 실제로 어떻게 받아들였으며, 서로 다른 관념들이 어떻게 중첩되는

2　최근의 연구를 정리하면 다음과 같다. 김정인, 『오늘과 마주한 3·1운동: 민주주의의 눈으로 새롭게 읽다』(책세상, 2019); 박찬승, 『대한민국은 민주공화국이다: 헌법 제1조 성립의 역사』(돌베개, 2013); 신주백, 「1910년 전후 군주제에서 민주공화정체로 정치이념의 전환: 공화론과 대동론을 중심으로」, 『민족운동사연구』 93(2017); 윤대원, 「한말 일제 초기 정체론의 논의 과정과 민주공화정의 수용」, 『중국근현대사연구』 12(2001); 전상숙, 『한국 근대 민족주의와 변혁이념, 민주공화주의』(신서원, 2018).

3　박헌호·류준필 편, 『1919년 3월 1일에 묻다』(성균관대학교 출판부, 2009)에 실린 천정환, 한기형, 이혜령 등의 논문과 이후 권보드래가 수행한 일련의 연구가 대표적이다.

4　권보드래, 『3월 1일의 밤』(돌베개, 2019); 이기훈, 「3·1운동과 깃발: 만세시위의 미디어」, 백영서 외, 이기훈 기획, 『촛불의 눈으로 3·1운동을 보다』(창작과 비평, 2019).

지, 또 운동의 경험이 사회에 어떤 영향을 미쳤는지 살펴보고자 한다. 지식인과 운동가들은 제국주의 지배로부터 벗어날 국가의 구체적인 청사진을 이른바 선진국의 모델에서 찾아서 정식화했겠지만, 대중들은 군주가 없는 국가와 정치를 어떻게 이해하고 받아들였을까?

우선 군주에 대한 사람들의 '신민臣民' 의식이 얼마나 존속하고 있으며, 어떻게 변화하는지 살펴볼 것이다. 또 인민주권을 구체화하기 위한 방법으로서 '대표'와 이 대표들로 구성되는 '(국민, 민족)대회'의 관념이 어떻게 확산되는지 추적해보고자 한다. 이를 통해 '민족공동체의 공화국'이라는 이상이 3·1운동의 실천 과정에서 어떤 식으로 대중들에게 급속히 확산되었는지 살펴볼 수 있을 것이다.

2. 3·1운동 이전의 공화(共和) 담론

공화정은 개화파가 서구의 정치 체제를 설명하면서 처음 소개되었다. 1884년 1월 3일 『한성순보』 10호는 유럽과 미국의 정치 체제를 '군민동치'와 '합중공화'의 입헌정체라고 소개했다. 그러나 인민이 무지하면 쓸 수 없는 것이라고 하여 조선에 적용하는 데 부정적이었다. 이어 유길준은 1895년 『서유견문』에서 공화정을 합중정체合衆政體라고 하여 군주정, 귀족정, 입헌정과 구별되는 정부의 형태로 설명했다.[5] 문명개화를 추구하는 입장에서는 서구의 정치 체제로서 입헌정과 공화정에 대한 관심이 높았겠지만, 독립협회가 축출된 이후 대한제국에서 입헌이나 공화의 논의는 금기였다.

일제가 한국을 보호국으로 만든 이후 상황은 변했다. 전제군주를 표방

---

5   윤대원, 「한말 일제 초기 정체론의 논의 과정과 민주공화정의 수용」, 『중국근현대사연구』 12(2001), 56~59쪽.

하던 기존의 정치 체제는 붕괴했다. 근대적 정치 체제 논의를 억압해온 전제군주의 권력이 실질적으로 작동하지 않게 되었던 것이다. 그러나 이 시기의 애국계몽운동은 국망의 위기 속에서 근왕주의의 외피 아래 전개되면서, 자강론 외에 특별한 정치적 입장을 공개적으로 드러내는 경우가 많지 않았다. 애국을 호소하는 강연회나 연설회는 군주의 사진을 내걸고 진행되었다. 그렇지만 국내에서도 근대 정치학의 관점이 널리 확산되면서 토지, 인민, 주권을 국가의 3요소로 파악하고 주권의 귀속 형태에 따라 정치 체제를 비교하는 등 공화제와 민주주의에 대한 관심은 계속 커졌다.

1907년 고종이 제위에서 물러나자 더 근본적인 변화가 논의되기 시작했다. 군주제 대신 공화제야말로 지향해야 할 진정한 근대 문명국가의 형태라는 논의가 제기되었던 것이다. 이런 관점은 해외에서 먼저 등장했다. 미주 공립협회 기관지 『공립신보公立新報』는 공화, 입헌, 대의제를 추구해야 한다고 주장했다. 인민들이 "국가 일에 몸을 바쳐 국가의 자유를 회복하고 백성이 국가의 주인이 되어 헌법을 정하고 대의정체를 실행한 연후에야 가히 참 국민"[6]이 된다는 것이었다.

국내에서도 전제군주제는 실질적으로 소멸했고 입헌정체와 공화주의가 대안이라는 주장이 제기되었다. "전제봉건專制封建의 구루舊陋가 거去하고 입헌공화立憲共和의 복음福音이 편遍하여 국가는 인민의 낙원이 되며 인민은 국가의 주인이 되어"[7] 이상을 실현할 수 있다는 논리가 대표적이다. 그런데 군주제와 공존할 수 있는 입헌의 주장과 달리, 공화제는 군주제의 폐지를 전제로 했다. 많은 지식인들이 군주제의 정치적 생명이 실질적으로 소멸했다고 받아들이기 시작했다.

---

6 「嘔血通告國內同胞」, 『公立新報』 1908. 4. 22.
7 「二十世紀新國民(續)」, 『大韓每日申報』 1910. 2. 23.

1910년 대한제국이 공식적으로 소멸한 이후, '독립'은 제국의 재건이 아니라 새로운 공화국 건설이어야 한다는 사고방식이 민족운동 내에서 확산되었다. 특히 1910년대 세계적으로 확산되던 혁명은 새로운 정치적 상상력을 크게 자극했다. 1911년 중국에서 신해혁명이 일어난 것이 우선 영향을 미쳤다.[8]

1915년 대한광복회 총사령 박상진은 "세계 각국에 혁명이 일어나고 있으며 특히 중국혁명에 관해 연구를 해야 하며 우리가 계획하는 혁명도 이것을 배워야 한다"고 했다. 대한광복회의 목적도 "국권을 회복하여 공화정치를 실시하는 데" 있었다.[9] 세계 각지에서 식민지 민족 해방투쟁이 활발히 전개되었고, 1917년 러시아에서 혁명이 일어나고, 핀란드와 폴란드가 독립을 선언했다.

공화국을 향한 구체적인 기획이 본격적으로 제시된 것은 1917년 「대동단결선언」이다. 신규식, 조소앙 등이 정세 변화에 조응하는 새로운 독립운동 방략을 제시한 문건으로, 조소앙이 기초했다고 알려졌다. 1910년대 중반까지 추진되던 고종을 망명하게 하여 망명정부를 구성한다는 발상에 종지부를 찍고, 국민주권의 원리를 통해 노선 통일과 임시정부 수립까지 청사진을 제시한 기념비적 문건이다.[10]

그런데 이 「대동단결선언」은 대한제국의 주권이 국민에게 "상속"된 것으로 설명하고 있다는 점에 주목할 필요가 있다. 대동단결선언은 "융희황제가 삼보三寶를 포기한 8월 29일은 즉 오인동지吾人同志가 삼보를 계승한 8월 29일이니 그 동안에 한 순간도" 숨을 멈춘 적이 없으며, "오인

---

8 윤대원, 앞의 글(2001), 72쪽.

9 조동걸, 「임시정부 수립을 위한 1917년의 〈대동단결선언〉」, 『한국학논총』 9(1987), 148쪽.

10 이념적인 측면에서 「대동단결선언」의 '대동'은 조선 후기 이래의 대동을 계승한 면이 있지만(신주백, 「1910년 전후 군주제에서 민주공화정체로 정치이념의 전환: 공화론과 대동론을 중심으로」, 『민족운동사연구』 93[2017]), 정치적인 프로그램에서는 전혀 새로운 시도라고 봐야 할 것이다.

동지는 완전한 상속자"니 "황제권 소멸의 시時가 즉 민권발생의 시"요, "구한국 최종의 일일一日은 즉 신한국 최초의 일일"이라고 했다. 유사 이래 대한의 주권은 한국인들에게만 계승되었으므로 다른 민족에게 주권을 양여하는 것은 근본적으로 무효이며, 따라서 "경술년 융희황제의 주권 포기는 즉 아국민동지我國民同志에 대한 묵시적 선위禪位니 아동지는 당연히 삼보를 계승하여 통치할 특권이 있고 또 대통大統을 상속할 의무"가 있다는 것이었다. 이미 한국의 인민과 영토와 주권은 "오인동지가 상속하는 중이오 상속할 터"이니 여기에 대해 오인동지는 무한책임을 져야 한다. 한국의 주권을 다른 민족에게 양도할 수 없다는 역사적 당위를 내세운 이 논리는 당시의 민족주의가 도달한 한 지점을 보여주지만, 민주주의의 입장에서 본다면 불충분하다. 이른바 합병이 인민의 의사에 반해서 이루어진 것이므로 원천무효라고 했어야 할 것이다.

「대동단결선언」에서 가장 중요한 주체는 "오인동지吾人同志"다. "국민동지國民同志"도 등장하기는 하지만 훨씬 빈약하다. 현실적으로 주권을 회복하는 활동을 적극적으로 할 수 있는 동지들이 중요하다. "오인동지는 (…) 국가 상속의 대의를 선포하여 해외 동지의 총단결을 주장"하고 "국가적 행동"을 모색해야 한다. 경제적 자원을 합하고 사람을 모으고 대의명분에 근거하여 독립운동의 총기관을 설립하면 "제일급의 국가적 권위가 현현"할 것이라고 했다. 통일기관은 임시정부의 연원이 되고, 임시정부는 필경 원만한 국가의 전신이 될 것이었다. 그러므로 당면 과제는 해외 각지에 산재한 단체를 통일하여 최고기관을 조직하고, 나아가 해외 한민족을 통치하며 지부를 설치하는 것이 되었다.¹¹

「대동단결선언」은 망명정부에서 임시정부 수립으로 독립운동의 전략을 수정하고 여기에 집중할 것을 제안한 문건이었다. 해외 독립운동가들의 대회의를 소집하고, 임시정부를 수립하여 강화회의에 대표를 파견한다는 전략·전술적 제안이 중심이었으며, 실제 공화국의 원리를 구현하는 것에 대한 구체적인 방안은 없었다. 군주의 주권은 국민들에게 계승되었지만, 이를 실제로 구현하는 방식은 아직 모호했다. 인민의 대표가 정부의 기반이 되어야 한다는 생각은 아직 드러나지 않았던 것이다.[11]

3. '신민(臣民)'의식의 존속과 약화

1) 신민의식과 '대한제국만세'

1910년대 세계적 변화의 와중에 공화주의가 지식인들 사이에서 확산되고 있었지만, 대중들이 바로 이를 받아들인 것은 아니었다. 1910년대 민중들에게 옛 군주에 대한 향수는 여전히 남아 있었다. 1914년 간도의 광성중학교에서는 『최신창가집 부악곡最新唱歌集 附樂曲』을 발간했는데, 수록곡 대부분이 대한제국 시기에 불렸던 창가들이었고, 그중에는 군주에 대한 충성을 소재로 하는 곡들도 있었다.

12~13쪽의 창가 〈애국〉은 "대한제국 삼천리에 국민동포 2천만아"로 시작했고, 48쪽에 실린 창가 〈국민〉은 아예 "우리 임금 폐하 하나님 도우소서" 하는 가사로 시작했다. "한 목소리 같은 곡조로 높으신 황상 나심을 모두 경축"한다는 〈건원절〉, "대황제 폐하의 성수무강"을 기원하는 〈건원절 경축〉도 실려 있었고, 우리 민족의 무궁한 역사를 노래로 만든

---

11 「대동단결선언」(원문), 조동걸, 앞의 글(1987), 부록. 조소앙은 1919년 초 「대한독립선언」을 작성했는데(정확한 작성 시기는 논란의 여지가 있지만, 3·1독립선언서와 독립적으로 작성된 것으로 추정된다), 여기에서는 대종교의 영향과 평등주의적 지향이 강하게 나타난다. 김기승, 「대한독립선언서의 사상적 구조」, 『한국민족운동사연구』 22(1999), 147~157쪽. 여러 가지 사상의 영향과 운동 노선, 3·1운동의 충격 등이 조소앙을 비롯한 운동가들의 사상에 영향을 미치고 변화하게 한 것으로 보아야 할 것이다.

곡도 〈제국역사〉, 국토의 지리를 소개한 노래도 〈제국지리〉였다.[12]

　대한제국 말기 창가들을 그대로 실은 것일 수도 있지만, 이 창가집에는 1910년 이후 만든 것이 명백한 〈복수회포〉, 〈조국생각〉 등도 함께 실려 있다. 적어도 1914년 무렵 간도 지역의 한인학교에서 대한제국의 '애국'적 창가 가사 속의 제국이나 군주는 큰 거부감 없이 수용되었다고 볼 수 있다.[13] 아마도 스스로는 조선 민족이라고 생각했겠지만, 굳이 국가를 따지자면 아마도 이들은 대한제국의 '신민臣民'이라는 의식이 여전히 남아 있었던 듯하다. 그러나 이 신민의식이 유교적 군신 관념이라고 단정하기도 어렵다. 대한제국 말기 애국계몽운동이 표방했던 근왕주의의 잔영일 가능성도 높기 때문이다.

　이런 '신민'의식은 3·1운동 기간 중 "대한제국만세" 혹은 "대한제국 독립만세"를 외치는 사례들에서도 드러난다. 1919년 3월 5일 평안북도 의주군 수진면 수구진水口鎭에서 약 200여 명이 배신학교培信學校에 모여 "대한제국만세"를 부르며 독립선언서를 낭독했다.[14] 3월 20일 김상직金相稷은 서울 사직단 기둥에 태극기를 걸어놓았다. 그는 이 태극기에 "대한제국만세! 이 사직社稷은 이전에 조선총독부 경영이었으나 올해부터는 대한국의 소유로 돌아왔다. 대황제폐하 만세!"라고 기입했다. 황제가 누구를 가리키는 것인지 불명확하지만, 새로 만들어지는 국가가 여전히 군주

12　光成中學校, 『最新唱歌集 附樂曲』(1914. 7. 25). 국가보훈처, 『海外의 韓國 獨立運動史料』 16(1996)에서 재인용.

13　3·1운동 기간 중에 청년학생들이 불렀던 창가들도 모두 이 책에 수록되어 있다. 1919년 3월 14일 고양군 용강면 아현리 게시판에 AKP단 명의로 붙은 글은 「血誠歌」·「自由歌」·「大韓少年氣慨歌」의 가사를 적어두고 "누구든지 열심으로 연습하여 부르시오"라고 당부했다. 국사편찬위원회 삼일운동 데이터베이스, '격문·선언서' 중 「血誠歌·自由歌·大韓少年氣慨歌」(http://db.history.go.kr/samil/IDS/MANIFESTO/sun_0580).

14　平安北道長官, 「朝鮮總督府 內秘補 175: 平北地 第356號 騷擾ニ關スル件」, 『大正八年 騷擾事件ニ關スル道長官報告綴 七冊ノ內二』.

국이라고 생각했던 것이다.[15]

1919년 3월 20일 밤, 전라북도 임실군 지사면에서 최상학, 김영필, 한인석 등이 마을 주민 50여 명과 함께 마을을 돌며 "대한제국 독립만세"를 외쳤다.[16] 또 4월 1일 경상남도 통영군 이운면二運面의 윤택근, 이주근, 이인수 등은 시당에 모여서 "대한제국 독립만세"라고 쓴 10장의 격문을 만들었다. 그날 밤 이들은 주변 집 대문에 격문을 붙이거나 큰길가에 뿌렸고, 4월 3일 장날에는 "대한국 독립만세"라고 쓴 깃발을 휘두르며 만세 시위를 벌였다.[17]

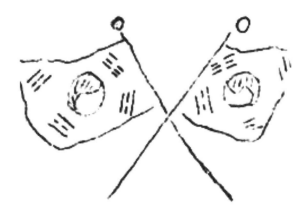

그림 1-1 1919년 3월 26일 고양군 숭인면에서 발견된 '광고' 속의 태극기

이렇게 대중들에게 대한제국에 대한 향수가 남아 있었던 데다 시위를 고종의 장례 기간 동안 진행해야 했으므로 3·1운동의 만세 시위를 주도한 지식인, 그중에서도 학생 지도부는 대한제국을 연상할 수 있는 상징인 태극

---

15 「김상직 등 2명 판결문(大正8年 刑 第879號)」. 김상직은 서울에 거주하는 18세의 청년으로 상고 이유를 자신이 정의와 인도에 입각해서 행동했기 때문이라고 밝혔다.

16 「최상학 등 3명 판결문(大正8年 公刑 第191號)」.

17 「이인수 등 3명 판결문(大正8年 刑公 第84號)」. 현재의 행정구역으로는 거제시에 속한다.

기를 의도적으로 배제한 듯하다. 그 결과 3월 1일과 3월 5일의 서울 시위에서는 태극기가 등장하지 않는다. 특히 학생 지도부가 주도한 3월 5일 남대문역 앞 시위는 3월 1일보다 더 주도면밀하게 준비되었고, '조선독립'이라고 쓴 큰 깃발과 많은 지하신문과 유인물을 준비했지만,[18] 태극기는 없었다.[19]

일부 학생들이 미리 태극기를 준비했지만, 학생 지도부는 그것도 가지고 가지 못하게 했다. 중앙학교 2학년 김응관은 3월 5일 시위에 참여하기 전 4일 밤 하숙집에서 동료들과 함께 밤새 태극기를 만들었다. 남대문으로 태극기를 가져오라는 쪽지를 보았기 때문이었다. 그러나 정작 다음날에는 태극기를 두고 갔다. 5일 아침 7시, 25세 정도로 보이는 운동모자를 쓴 사람이 와서 "기는 가지고 가지 말라"고 했다는 것이다.[20] 학생지도부에서 일부 학생들에게 태극기를 지참하라는 지침이 전달되었음을 파악하고 적극적으로 이를 제지한 것으로 봐야 할 것이다.

3·1운동 기간 중 각지에서 발견된 격문들 중에서도 '대한제국'을 표방한 사례들이 있다. 3월 14일 고양군 용강면 아현리로부터 연희면으로 통하는 삼거리 게시판에 붙어 있던 「고시告示」는 "대한제국 독립 만만세"를 부르는 것을 말리는 동네 학교 교사들을 "이완용 같은 놈"이라고 비판하면서 학교 문을 닫을 것을 요구했다.[21] 3월 26일 새벽에 고양군 숭인면 신

---

18 「손병희 등 48명 판결문(大正8年 特豫 第15號)」; 박찬승, 「3·1운동기 지하신문의 발간 경위와 기사 내용」, 『한국학논총』 44(2008), 236쪽.

19 권보드래, 앞의 책(2019), 90~92쪽.

20 「金應寬 신문조서」, 『韓民族獨立運動史資料集』 17, 三一運動 VII. 한국사 데이터베이스 시스템에는 '5日午後7時頃'으로 탈초되어 있으나 원문은 '午前'에 가깝고 맥락으로도 오전이어야 한다(http://db.history.go.kr/item/level.do?setId=36&itemId=hd&synonym=off&chinessChar=on&page=1&pre_page=1&brokerPagingInfo=&position=2&levelId=hd_014_0010_0580).

21 국사편찬위원회 삼일운동 데이터베이스, 「告示」(http://db.history.go.kr/samil/IDS/MANIFESTO/sun_0560).

설리 일대에 뿌려진 「광고」는 인근 동네 사람들이 어찌 "대한제국 독립만세"를 부를 줄 모르냐고 질타하면서 이달 그믐 안으로 만세를 부를 것을 촉구하고 있다. 이 전단에는 두 개의 태극기가 교차하는 형상을 그려두고 이 깃발같이 독립될 것이라고 예언하고 있다.[22] 적어도 이런 사례에서 태극기는 제국의 상징이었으며, "제국 독립"을 외친 사람들에게 공화국은 아직 낯선 관념이었던 듯하다.

2) 흔들리는 '신민'의 관념

결론부터 말하자면, 고종의 죽음에 대한 애도나 멸망한 제국에 대한 향수는 강했지만, 이는 그 이상의 정치적 행동으로 확장되지 않았다. 3월 1일에도 서울을 제외한 의주, 평양, 대구 등 많은 지역에서 태극기가 널리 사용되었지만, 근왕주의적 구호는 거의 등장하지 않았다. 현실적으로 주권을 대표할 국가기구, 혹은 망명정부가 존재하지 않는 상황에서, 군주제를 전제로 한다면 "칙명"을 내세울 것이다. 실제 대한제국 말기의 의병이나 1910년대 독립의군부와 같은 일부 복고주의적 독립운동의 경우, 고종의 칙명을 내세우기도 했다. 그러나 3 · 1운동 이후 누구도 칙명을 내세우지도 기대하지도 않았다. 이미 실질적으로 마지막 황제라고 여겼던 고종이 세상을 떠났기도 했지만, 새로운 군주의 권위에 기대려는 시도도 없었다.

태극기는 이미 죽은 군주의 옛 제국이 아니라 새로운 독립 축하의 상징으로 해석되었다. 시위에서 가장 중요한 수행이었던 "만세"는 새로운 국가 탄생을 의미하는 행동이었고, 대열 앞의 태극기는 독립국가와 국민의

---

22 국사편찬위원회 삼일운동 데이터베이스, 「廣告」(http://db.history.go.kr/samil/IDS/ MANIFESTO/sun_0690).

표상으로 굳어지면서 시위의 수단으로 정착했다.[23]

3·1운동 당시 연희전문학교 문과 3학년이던 정석해의 회고에 의하면, 3월 1일의 시위 직후부터 연희전문학교 학생들이 후속 투쟁 방안을 논의했는데, 3월 3일 인산날에도 시위를 하자는 주장도 있었으나 "가시는 날에는 조용하게 보내는 것이 우리 신민의 도리"라는 의견이 많았다고 한다.[24] 아직 '신민'이라고 칭하기는 하지만, 더 이상 국가를 구성하는 중심이 아니었다. 최소한의 예의는 지켜야 했지만, 장례 당일의 시위만 피하면 될 정도였다.

"만세"라는 운동의 방법 자체가 사실 군주에 대한 유교적 충성과 거리가 멀었다. "조선독립만세" 혹은 "대한독립만세"의 "만세"는 굳이 따지자면 독립에 대한 열망을 표시하는 것이겠지만, 다수의 민중은 "축하"로 받아들였다. 군주의 상중에 행해지는 대규모 축하의 시위는 유교적 예에 적절한 사례는 아니었다. 유학자들 중 일부는 만세를 부르는 행위가 선비의 체통에 어긋난다거나 군주의 상중에 할 일이 아니라고 생각했지만,[25] 만세는 급속히 확산되었고 유림들도 만세에 참여하기 시작했다.

전남 구례장에서 홀로 만세를 불렀던 박경현朴敬鉉은 당시 일부 유림들

---

23 3·1운동에서 시위의 도구로 사용되었던 깃발에 대해서는 이기훈, 앞의 글(2019) 참조.

24 「민영규 교수와 정석해 선생의 대담」(1974. 8. 26.), 『진리와 그 주변 II』(사월의책, 2017), 159쪽. 3월 3일 인산일에 시위를 피하자는 이야기는 민족대표 33인이나 학생 지도부 차원에서도 논의되었으나, 연희전문학교 학생들 수준에서 다시 논의하지 못할 이유는 없다. 일제의 보고에 의하면 3월 1일 밤 11시 연희전문학교 부근에서 다수의 학생이 모였다가 흩어졌다는데, 3월 1일 시위에 참여했다 학교로 돌아온 학생들이 늦게까지 향후 방안을 논의한 후 해산한 것으로 보아도 될 것이다. 「獨立運動에 관한 건(제3보)」, 『朝鮮騷擾事件關係書類 共7冊 其7』(http://db.history.go.kr/item/imageViewer.do?levelId=jssy_007_0030).

25 서동일, 「유학자 김황의 3·1운동 경험과 독립운동 이해」, 한국역사연구회 3·1운동 200주년 기획위원회 엮음, 『3·1운동 100년 2. 사건과 목격자들』(휴머니스트, 2019); 권보드래, 앞의 책(2019), 130쪽.

도 옛 군주에 대해 그다지 큰 애착을 가지고 있지 않았다는 사실을 보여준다. 판결문에 의하면 63세의 노인이었던 박경현은 어릴 때부터 20년 이상 한학만을 공부한 선비로 개화나 신학문에 무관심했다. 그러나 1919년 3월 23일 직접 태극기를 만든 후 다음 날 구례장에 나가 연설을 하고 만세를 불렀다. 그는 "(일본이 대한제국을) 병합한 것은 일제 천황 가하악 돌아가신 이태왕 전하 사이에 체결된 것이니 지금 다시 논의할 필요가 없다"고 했다. 1910년 고종이 이미 황제의 자리에서 강제로 물러난 상태였다는 것을 몰랐는지는 알 수 없지만, 고종이 망국에 최종적인 책임이 있다는 시각이다. 그가 볼 때 문제는 "병합 이후의 세금의 부과"와 같은 일본의 가혹한 통치였고, 당시 조선 각지에서 이를 벗어나기 위해 독립을 절규하는 중이므로 구례에서도 각자 운동을 벌여야 한다고 했다.[26]

고종의 퇴위 이후 제국의 군주에 대한 충성의 감성은 지속적으로 약화되고 있었고, 식민지화는 황제의 권위를 최종적으로 붕괴시켰던 듯하다. 죽은 황제, 실질적인 마지막 군주에 대한 애도는 새로운 정치 체제를 논하는 데 장애가 되지 않았다. 공화국이라는 새로운 체제를 지향하지 않는다 해도, 그 대안이 적어도 옛 제국은 아니었다. 1919년 4월 5일 운산읍에서도 천도교인 등 200여 명의 군중이 태극기와 독립만세 깃발을 앞세우고 시위를 벌였다. 그런데 이 독립기에는 "신대한제국독립만세新大韓帝國獨立萬歲"라고 쓰여 있었다.[27] 이 구호는 독립한 국가에 군주가 있다고 해도, 옛 제국으로의 복귀가 아닌 새로운 나라를 건설하는 것이라는 의미로 읽어야 할 것이다. 물론 '신新대한'이 무조건 새로운 국가 체제를 의미하지는 않는다. 대한제국 말기에도 간혹 '구舊대한'을 청산하고 '신대한'을 건설하자는 주장들이 나왔으

26 「박경현 판결문(大正8年 刑 第408號)」.
27 「騷擾二關スル件 朝鮮總督府 內秘補 603; 平北地 第400號」.

며, 〈혈성대(가)〉와 같은 창가에도 "신대한의 애국청년" 같은 구절이 포함되어 있다.[28] 이 경우 '신대한'은 막연한 혁신을 뜻할 뿐 정치적 의미를 지니지는 않는다. 그러나 "독립"의 주체가 되는 '신대한'은 비록 제국이라 할지라도 전제군주가 지배하는 구체제가 아닌 새로운 국가를 지향하는 정치적 선언이라고 봐야 할 것이다.[29]

순종의 복위를 주장하는 유생들도 없지는 않았다. 유준근, 송주헌, 백관형 등 유생들은 3월 5일 순종이 서울로 돌아오는 행차에 뛰어들어, 순종이 복위하여 외교 관계를 회복하고 국가를 통치할 것을 청하는 상서를 올리려다가 체포되었다. 그러나 순종 복위 상서는 예외적인 일이었다. 유생들 가운데서도 군주의 죽음에 대한 추모보다 국민으로서 독립 축하를 더 중시하는 사람들이 등장했다.

경북 영천의 유생 홍종현은 1919년 4월 11일 붉은 목면지에 태극장을 그려넣고 "대한독립만세 군위 양곡 홍종현大韓獨立萬歲 軍威 良谷 洪鍾顯"[30]이라고 쓴 깃발을 만들었다. 그는 다음 날 영천 시장에서 가서 이 깃발을 흔들며 만세를 외쳤다. 그는 상고이유서에서 "국민의 애국사상에 따라 기뻐서 축하의 만세를 부른 것이 왜 보안법 위반의 범죄 행위가 되는가"라고 따졌다.[31] 홍종현은 1926년 6월 순종의 장례식 때도 홀로 상경하여 종이로 태극기를 제작하고 6월 10일 장례식에서 "대한독립만세"를 고창했다. 이 재판

---

28 「是日也에 滿心興感」, 『태극학보』 22(1908), 54쪽; 靑隱生, 「祝辭」, 『서북학회월보』 9(1909), 4쪽.

29 1898년 독립협회의 의회 개설 운동이 좌절된 이후에도 1910년까지 입헌군주제에 대한 모색은 다각적으로 진행되었으며, 지식인들 사이에서도 영향력이 커졌다. 김정인, 『민주주의를 향한 역사』(책과함께, 2015), 344~361쪽. 운산의 구호에서 등장한 '신대한제국'은 입헌군주제의 맥락에서 제기되었을 수도 있다.

30 양곡마을은 군위군 외량리(外良里) 동부 1리 마을이다. 남양 홍씨가 세거하며 홍종현(1890~1977)은 양곡 출신으로 이때는 영천에 거주했다. 자는 내문(乃文), 호는 치당(痴堂). 디지털영천문화대전(http://yeongcheon.grandculture.net/Contents?local=yeongcheon&dataType=01&contents_id=GC05101433).

에서도 그는 "부자유친, 군신유의는 인륜의 대의. 대한민족으로서 대한독립만세를 부른 것은 진리이고 당연한 일"이라고 주장했다.[32]

'만세'가 정확히 무엇을 의미하는지는 모호하다.[33] 그러나 명확한 것은, 적어도 애도가 아니라는 점이다. 특히 "만세를 부르면 독립된다"는 운동방법론이 "독립이 되었으니 만세를 불러야 한다"는 독립 축하의 당위론이 되면서 "독립축하"의 "축제"로서의 의미까지 부여되었다. 전남 광주의 3·1운동에 참가했던 최한영은 당시의 상황을 "얼떨결에 뒷박을 든 채 행렬에 따라 나와 만세를 부르는 쌀장수도 있었고 평소 친일파라고 지목되던 사람들도 참가했으며 걸인들까지도 기뻐 날뛰"었다고 회상했다.[34] 운동이 확산될수록 옛 군주에 대한 애도와 제국의 추억조차 희미해졌고, 새로운 희망으로서 공화국의 이상이 확산되었다.

4. "민족(국민)대표"와 공화국: 주권의 구현과 저항의 정치

파리 장서를 주도한 영남 유림 곽종석의 제자 김황은 고종 인산에 참여하기 위해 상경했다. 만세 시위가 벌어진 3월 1일 김황은 여관을 벗어나지 않았으나 혼란스럽기 짝이 없었다. 3월 2일 아침 김황은 여관 앞마당

---

31 「홍종현 판결문(大正8年 刑控 第481號)」. 홍종현은 이후 의성군으로 옮겨 거주. 1926년 6월 8일에도 상경하여 종이로 태극기를 제작하고 6월 10일 장례식에서 대한독립만세를 고창했다(大正15年 刑控 第920號). 이 재판에서도 그는 "부자유친, 군신유의는 인륜의 대의. 대한민족으로서 대한독립만세를 부른 것은 진리이고 당연한 일"이라고 주장했다. 「홍종현 등 판결문(大正15年 刑上 第98號)」.

32 「홍종현 판결문(大正15年 刑控 第920號)」.

33 권보드래, 앞의 책(2019), 127~129쪽.

34 『광주일보』1984. 3. 1.

에 던져진 『조선독립신문』도 보았고, 사람들이 만세를 부르다 잡혀가는 것도 보았으나, 군주의 가는 길에 예를 다해야 한다고 생각하고 덕수궁 대한문으로 나아가 곡을 했다. 김황은 자신의 사제 격인 임유동과 만나 학생들의 생각을 듣고 싶어 했다. 임유동은 곽종석에게서 한학을 공부하다 신학문을 공부하기 위해 서울로 올라와 중동학교에 재학 중인 학생이었다.[35]

그러나 임유동과 대화는 김황에게 더 큰 충격을 주었다. 임유동은 "인산이 진정 무슨 구경거리입니까? 지방 사람들은 임금을 보기를 중요하다고 여기는데 이런 습관을 없애지 않는다면 끝내 회복될 운명이 없을 것입니다"라고 했다. 김황이 서울까지 올라와 곡을 하며 예를 갖춘 것을 나라를 회복하지 못하게 하는 습관이라고 비판한 것이었다. 나아가 임유동은 "임금은 민족의 대표民族之代表입니다. (…) 대표가 좋지 못하다면 당연히 바꿔야 합니다. 어찌 존중의 대상이라고 하여 대대로 지킴이 있겠습니까?"라고 했다. 김황으로서는 "군의 말이 여기에 이르니 오히려 다시 어찌하겠는가?"라고 하고 헤어질 뿐이었다.[36]

임유동과 김황의 대화는 어려서부터 유학 교육을 받은 청년 지식인들조차 급속히 공화주의를 받아들인 당시의 상황을 잘 보여준다. 임유동의 논리에서 우리가 주목할 대목은 군주를 '민족의 대표'라고 파악한 것이다. 파리평화회의가 열리던 당시, '민족대표'는 다중적인 의미를 지니면서 새로운 국가 구성의 핵심 원리로 부각되었다.

국제사회에서 민족의 자결권을 얻기 위해서는 우선 논의에 참여할 민족 전체의 대표가 필요했지만, 동시에 민족이 스스로 통치할 수 있는 문

---

35 서동일, 앞의 글(2019), 264~266쪽, 279쪽.
36 서동일, 앞의 글(2019), 284~285쪽.

화적 · 정치적 능력을 가지고 있다는 점도 입증해야 했다. 후자의 경우 '대표'는 민족구성원들이 자결의 정치적 능력을 구현할 수 있음을 보여주는 수단이 되었다.

3 · 1운동 시기에는 민족대표 33인을 비롯하여 수많은 '대표'들이 등장한다. 국민국가를 새로 구성하는 과정에서 국민에게 주권이 있고 국민들이 주권을 대표에게 위임했다는 사상이 국민대표로 압축된 것이었다. 이는 두 가지 의미를 지닌다. 새로 구성되는 국제사회에 대하여 '조선'이 독립된 국가로 참여할 것이며, 또 새로운 국가는 평등한 국민들의 정치적 대표들로 구성될 것이라는 선언이다.[37] 이런 '대표'의 관념은 「대동단결선언」처럼 기존 단체나 개인들의 회의체가 주권을 기계적으로 상속하는 것에서 한걸음 더 나아가 국민들의 의사를 반영한 대표들이 정부를 구성해야 한다는 사고방식을 보여준다.

33인의 민족대표들은 종교계만이 아니라 사회 여러 분야를 포괄하려 했지만, 실질적으로는 종교계와 학생 세력들이 결합하여 운동을 준비하는 방식으로 진행되었다.[38] 이들은 민족을 구성하는 여러 '사회' 혹은 '계'의 지도자들을 망라하여 대표성을 획득하려 했던 듯하다. 이는 자유 · 평등 · 보통선거라는 완전한 민주주의와는 다른 발상이지만, 선언 이후 실제 정부를 구성하는 과정에서는 공화제적 원리를 적용하려고 했던 듯다. 3월 3일과 5일 발간된 『조선독립신문』 2, 3호는 각각, "가정부假政府

---

37 다양한 국제회의나 기구에 스스로 조선 혹은 한국의 대표를 자처하며 참가하거나 서신을 보낸 많은 사례들은 민중의 대표라는 인식이 아직 결여되어 있음을 보여주는 것이기도 하지만, 망명지의 운동가들이 조직한 신한청년당의 경우처럼 '당'을 급조한 것도 대표성을 확보하려고 노력했음을 보여주는 것이다. 오노 야스테루, 「2 · 8독립선언의 전략성과 영향」, 한국역사연구회 3 · 1운동 200주년 기획위원회 엮음, 『3 · 1운동 100년 2』 (휴머니스트, 2019), 74~77쪽.

38 김정인, 「1919년 3월 1일 만세시위의 재구성」, 앞의 책(2019), 98~103쪽.

조직설, 일간 국민대회를 개開하고 가정부를 조직하여 가대통령假大統領을 선거選擧하였다더라. 안심安心 불구不久에 호好소식이 유有하리라"(『조선독립신문』2, 1919. 3. 3.), "13도 각 대표자를 선정하여 3월 6일 오전 11시 경성 종로에서 조선독립대회를 개최하니 신성한 아我 형제자매는 일제히 회합하라"(『조선독립신문』3, 1919. 3. 5.)라고 호소했다.[39]

구체적인 계획을 진행한 것이 아니라 가상의 대회에 참여를 촉구한 것이다. 하지만 13도 대표자들이 국민대회를 열고 국민대회가 독립정부 구성의 기반이 되며, 이 정부야말로 주민들의 동의에 기초한 자율적 정치 공동체의 통치 기구로서 민족자결의 세계 재편에 참여할 자격을 얻을 것이라는 청사진을 보여주었다. 이 구도는 4월 23일 개최되는 국민대회와 한성정부, 그리고 상하이 대한민국 임시정부까지 연결되니, 어느 정도 실현된 것이라고 할 수 있을 것이다.

민족자결의 과정에서 '대표'가 핵심적인 역할을 한다는 데 공감하면서 많은 대표들이 나타났지만, 대표가 무엇인지, 어떤 역할을 해야 하는지 명확하지는 않았다. 처음에는 『조선독립신문』의 호소에 바로 대응하는 방식으로 대표를 자처하는 사람들이 나타났다. 함경북도 출신으로 경성에 유학 중이던 경성공전 1학년 학생이자 26세의 청년 이창수李昌燧는 1919년 3월 5일 정오 안국동 140번지 큰길가 자기 집 처마에 "조선독립만세 전全국민대표 이창수"라고 쓴 깃발을 세웠다. 경찰에 체포된 후 그는 3월 1일과 5일의 시위에 참여한 적이 없으며, 행인들이 조선이 독립되었다고 해서 축의를 표할 생각으로 세웠다고 했다. 그러나 기를 세워 행인들을 선동할 생각이 아니었냐는 질문에 아예 부정하지는 못했다.[40]

---

39 『조선독립신문』 2호, 국사편찬위원회 편, 『한국독립운동사』 자료 5(1968), 2쪽. 『조선독립신문』에 대해서는 박찬승, 앞의 글(2008) 참조.

40 「이창수 신문조서」, 국사편찬위원회 편, 『韓民族獨立運動史資料集』 14(1991).

공업전문학교 학생 다수가 시위에 참여했으니 이창수도 3월 5일 오전 남대문역 앞 시위에 참여했을 것이며, 이날 배포된『독립신문』3호를 봤을 것이다. 아마도 그가 스스로 국민대표를 자처하고 선언한 이유는『독립신문』이 호소한 3월 6일의 조선독립대회에 참여를 촉구하기 위해서였을 것이다. 이 경우 민족(국민)대표는 민족과 자신을 동일시하는 것이며, 내가 민족대표로 국가를 구성하는 대회에 참여해야 한다는 의식을 보여준다. 이후에도 일부 격문에서 조선국 독립 대표자를 자처하는 사람들이 나타나기 시작했다.[41]

1919년 3월 12일 서울의 한 음식점에서 김백원金百源, 문일평文一平, 차상진車相晋, 문성호文成鎬, 조형균趙衡均, 김극선金極善, 백관형白觀亨 등이 모였다. 이들은 13도의 대표자를 자처하며 '조선 독립은 동포 2천만의 요구이다. 우리들은 손병희 등의 후계자로서 조선 독립을 요구한다'는 취지의 성명을 조선총독당에게 제출하는 한편, 종로 보신각에서 이를 낭독했다.[42] 이들은 스스로 지역대표를 자처했지만, 지역 주민의 대표라는 의식은 그다지 강하지 않았으며 독립의 방식도 청원에 머물렀다.

그런데 선거와 같이 주민들의 동의를 얻을 수 없는 상황에서 누가 어떻게 대표가 될 수 있을까? 1919년 4월 5일 평안북도 운산군 북진장에서 만세를 부른 윤기호尹基浩는 흥미로운 사례를 보여준다. 판결문에 의하면 윤기호는 상고이유에서 "민족대표가 되었던 사실에 대해서는 북진이 노동자가 많은 곳이라 소요가 일어날까 우려하여 혼자 만세를 부를 생각으로 대표한 것이며 민족을 선동한 일은 없다"고 했다.[43] 아마도 윤기호가

41 조선국독립대표자, 「諭告文(全國民)」(http://db.history.go.kr/samil/IDS/MANIFESTO/sun_1230) 및 警告文(各面里長)(http://db.history.go.kr/samil/IDS/MANIFESTO/sun_1230).

42 「김형기 등 210명 판결문 예심종결결정」.

43 「윤기호 등 5명 판결문(大正8年 刑上 第563號)」.

민족대표를 자처했던 듯하다. 그런데 소요가 일어날까 우려해서 혼자 만세를 불렀다는 것은 형을 가볍게 하기 위한 진술로 사실과 다르다.

우선 4월 5일 북진의 만세 시위는 천도교도들이 주도하여 격렬히 전개되었고, 경찰만으로 진압할 수 없어 보병대까지 충돌하여 8명의 부상자가 발생한 시위였다. 혼자 만세를 부르고 끝난 것이 아니었다. 또한 윤기호는 운산 지역 천도교의 지도자였다. 그는 동학이 들어온 이래 초기 전교에 큰 공을 세웠고,[44] 1922년 평산교구 종무원이 되었으며 이후 도사 導師로서 운산 천도교회를 대표하는 인물이었다.[45] 윤기호는 지역 천도교 주도자로서 만세 시위를 이끌면서 민족대표임을 선언했을 가능성이 높다. 천도교의 대표자는 선출과 공인의 과정을 거쳤겠지만, '민족대표'를 자처할 수 있었던 것은 '만세' 시위를 주도할 사람이었기 때문일 것이다.

윤기호의 경우는 천도교 지도자로서의 위상과 만세를 수행한다는 역할을 통해 대표를 자처했지만, 지역 인민의 정치적 대표성을 직접적으로 강하게 표방하는 사람들도 나타났다. 강원도 화천군의 천도교도들은 3월 3일 화천교구장 김준모金俊模 등이 독립선언서를 배포하다 체포되었음에도 3월 21일 김창희金昌義, 이은규李般奎 등 화천면 천도교도들의 주도로 만세 시위를 벌이기로 했다. 김창희와 이은규는 농민이며 지역 천도교의 원로였다. 이들은 화천군 상서면, 하남면 등 다른 지역과 연계하여 3월 23일 화천 장날 만세 시위를 벌이기로 했다. 김창희, 이은규 등은 가족과 이웃 천도교인들을 규합하고 "조선독립만세"라고 쓴 깃발과 "화천면민단 華川面民團 대표자 김창희, 이은규, 김준모"라고 쓴 깃발을 제작했다. 23일 아침 시위 정보가 누설되어 화천헌병분견소의 헌병들이 출동하여 김창

---

44 「순회탐방 265회」, 『동아일보』 1927. 3. 23(5).

45 「천도교인일 기념식 기타의 상황(신파) 보고(통보)」, 『思想問題에 關한 調査書類』 5(1928).

희를 연행하려 했다. 김창희는 "나는 독립운동의 주장자다. 오늘은 화천 읍내 장에서 크게 운동을 하는 날이며, 며칠 전부터 화천 군민 일동과 약속한 것이다. (헌병의) 요구에 응할 필요가 없다"고 거부했다.

이들은 스스로 화천면민의 대표임을 자처하고 화천군 다른 지역의 인민들, 즉 군민들의 의사를 대표하여 시위를 벌일 의무를 지니고 있다고 주장한다. 김창희는 마을의 농민들을 모았고 특히 젊은 천도교 농민들인 박성록, 김용구, 김한식 등에게 깃발을 맡기며 도중에 관리를 만나도 깃발을 빼앗기지 말아야 한다고 당부했다. 이들은 조선이 독립되었으니 만세를 부르러 가자고 하며 화천 읍내로 주민들의 시위 행진을 이끌었고, 저지하는 헌병들과 격투 끝에 17명이 체포당했다.[46]

인민을 위해 헌신하는 자가 대표라는 발상도 나타났다. 1919년 4월 3일 충청북도 영동군 학산면 서산리 장에서 만세 시위를 주도한 양봉식은 38세의 농민이었다. 양봉식과 시위 군중들은 오후 4시부터 시장에서 조선독립만세를 부르며 면사무소로 행진했다. 이들은 면장이 나오자 독립만세를 외치라고 요구했고, 양봉식이 면장을 설득하여 만세를 부르게 했다. 저녁 7시에 다시 면사무소 앞에 모인 200여 명의 군중은 연설을 하며 일제의 통치를 비판했다. 이 자리에서 양봉식은 군중에게 자신을 "국민대표자"라고 소개하면서, 민중이 좁쌀조차 사먹기 힘든 상황에서 군에서 농민들에게 비싼 뽕나무 묘목을 강제로 배부하는 것이 부당하다고 주장했다. 뽕나무를 심을 밭조차 없으니 묘목들을 처분하자고 외쳤다. 양봉식과 군중은 뽕나무 묘목을 모두 뽑고 면사무소 앞 도로에서 모두 불태워버렸다. 이 자리에서 양봉식은 자신이 "군민을 대표하여 이 소요를

---

46 「大正8年 刑 第1555號 金昌義 등 9명 판결문」, 「大正8年 刑控 第558 559號 등 金昌義 9명 판결문」. 원래 화천군의 천도교는 꽤 세력이 있었으나 3 · 1운동에 참여한 이후 급격히 위축되어 1920년대 중반에는 불과 몇 호 수준으로 줄어들었다.

감행하려 하니 여러분은 내 얼굴을 익혀두거나 혹은 사진을 촬영하라"고 소리쳤고, 그 자리의 군중들은 더욱 환호하며 격렬한 시위를 이어갔다.[47] 양봉식은 국민대표의 일원으로 군민을 대표했다. 선거와 같은 절차를 거치지 않았으나 주민에 대한 헌신의 자신감이 그로 하여금 국민대표를 자처하게 했고, 군중의 지지가 이를 보증했다. 양봉식의 경우 본인의 헌신과 민중의 지지가 지역 민중을 대표하고 나아가 국민대표를 공공연하게 표방할 수 있게 했음을 보여준다. 선거가 불가능한 상황에서 이런 생각은 이후 임시정부의 구성은 물론이거니와, 민족운동의 이념에도 중대한 영향을 미치게 된다. 대표는 민중의 이익을 대변해야 하는 것이다.

지역의 대표가 국민대표를 구성한다는 발상은 4월 23일 국민대회에서 정점에 이르렀다. 이들은 국민대회 취지서에서 "(조선독립)선언의 권위를 존중하고 독립의 기초를 공고케 하며 인간 필연의 요구에 수응酬應하게 하기 위하여 (…) 각 지방 대표자들을 합하여 본회를 조직하여 이를 세계에 선포"한다고 했다.

이들은 33인 민족대표의 합법성과 독립선언의 권위를 인정했다. 3월 1일 이후 확산된 민중들의 봉기와 투쟁이 대표성과 권위를 사후적으로 인정하게 했던 것이다.[48] 그러나 이 대표들이 구속된 상황에서 후속하는 임시정부는 지역의 대표들로 구성된 국민대회에 의해 구성되어야 했다. 국민대회 추진 그룹은 국민대회 취지서, 선포문, 임시정부 선포문, 임시정부령 제1호, 제2호 등 유인물을 만들었으며, "국민대회", "공화만세"라고 쓴 깃발을 만들었다.[49] 이들은 "국민대회는 백성들의 뜻에 기초하여 임시

47 「양봉식 판결문(大正8年 刑控 第491號)」.

48 권보드래, 「미래로의 도약, 3·1운동 속 직접성의 형식」, 『한국학연구』 33(2014), 68쪽.

49 이현주, 「3·1운동 직후 '국민대회'와 임시정부 수립운동」, 『한국근현대사연구』 6(1997), 119쪽.

정부를 조직"했다고 선포했고, 임시헌법에서 국체는 '민주제', 정체는 '대의제'를 채택한다고 명기했다.[50]

1919년 4월 격문과 전단들은 본격적으로 임시정부의 소식을 전하기 시작했다. 교차한 태극기 문양은 대한제국이 아니라 대한민국을 의미하기 시작했다. 또한 '만세'가 대표성을 보장하는 것을 본 민중들의 경험도 돌이킬 수 없는 것이었다. 공화주의는 대중의 정치감각 속에 뿌리내리기 시작했다.

5. 중첩된 이념과 시간의 응축, 운동의 비약

3·1운동 100년을 맞이하여 3·1운동과 임시정부 100년을 기념한 많은 캠페인들이 진행되고 있다. 공익광고를 들으면 1919년 민주공화국의 이념과 제도가 일시에 성립한 이후 백 년 동안 수미일관하게 발전하여 오늘날 대한민국의 국가와 국민을 이룬 것 같다. 그러나 1919년 3월을 전후한 시기에 조선인들이 겪은 것은 엄청난 시간들의 응축과 중첩, 그리고 사회의 비약적인 변화였다. 거대하고 단일한 한 사건이 이후의 100년을 결정했다기보다는, 100년의 시간을 압축한 듯한 변화와 도약이 이 시기에 집중되었던 것이다.

윤해동은 3·1운동을 '조선의 시간이 제국의 시간과 만나 발생한 영광의 불꽃'이라고 했다. 제1차 세계대전이 식민지 조선에 존재하는 다양한 시간을 교차하고 중첩하며 압축했으며, 이 시간의 압축이 3·1운동을 가

---

50 「선포문」, 『임시헌법』.

능하게 했다는 것이다.[51] 윤해동의 견해를 좀 더 확대시켜서 이 시기를 읽어보면, 3·1운동 시기 자체가 고도의 중첩과 응축이 진행된 시간이며, 이 응축을 가능하게 하고 사회를 비약시킨 것은 운동의 경험이라고 할 수 있을 것이다.

우리는 앞서 제국의 신민이라는 의식과 인민의 대표라는 공화주의적 관념들이 유사한 시공간에 겹쳐 있음을 살폈다. 그러나 실제로는 한 사건 안에서도 이 관념들은 서로 교차한다. 중첩과 응축이라는 점에서 3·1운동의 현장을 좀 더 살펴보자.

앞서 전형적인 "대한제국독립만세"의 사례로 경남 통영군 이운면의 사례를 들었다. 이 만세를 주도한 윤택근과 이주근, 이인수는 매년 시회에 참여하는 청년 유림으로 전형적인 근왕주의자로 보인다. 그런데 불과 몇 년 뒤 극적인 반전을 확인할 수 있다. 윤일尹-로 이름을 바꾼 윤택근은 1925년 이운면 청년회의 사회주의적 혁신을 주도했고, 이주근과 이인수는 그 혁신에서 가장 중요한 동지였다. 윤일은 제3차 조선공산당의 중앙 조직부원이며 경남도책이 된다. 유림 청년이 마르크스 레닌주의 혁명가가 된 것이다.[52] 이운면 청년들의 극적인 변화가 어떻게 일어났는지 쉽게 설명할 수는 없다. 다만 3·1운동의 경험이 이들의 극적인 변화에 중대한 영향을 미쳤으리라고 짐작할 수 있다.

이념의 중첩은 여러 가지 방식으로 일어난다. 1919년 3월 9일 왕십리 부근에 '조선국민대회朝鮮國民大會' 명의로 「경고왕십리동포警告往十里同胞」라는 문건이 살포되었다. 조선국민대회라는 명칭은 아마도 3월 3일자 『조선독립신문』 1호의 영향인 것으로 보이는데, 이 문건은 "후일 독립 제

---

51 윤해동, 「압축된 시간과 열광: 3·1운동 연구를 위한 시론」, 『동아시아문화연구』 71 (2017).

52 전갑생, 「1920년대 거제 지역 청년운동 연구」, 『한국독립운동사연구』 41(2012).

국帝國의 시대"가 올 것이니 "국민의 의무"를 다하라고 격려하고 있다.[53] '조선국민대회'를 말하면서 독립국가를 '제국'이라고 지칭하니 사실 모순이다. 그러나 제국이 된다고 해도 국민이 결정할 일이라고 생각한 것으로 해석할 수도 있다.

그린 면에서 1919년 3월 17일 정평군 고산면 시위 현장에서 체포된 노용주盧龍周는 매우 흥미로운 시선으로 시위를 바라보고 있다. 노용주는 교육받지 못한 농민이었던 듯하다. 만세를 부르러 오라는 연락을 받고 나간 노용주는 약 1,000여 명의 군중이 모여 있는 것을 보았다. 그는 당시의 장면을 이렇게 설명한다. "학생 15명은 깃발을 흔들며 조선건국만세라고 크게 외쳤고 의관을 갖춰 입은 어른衣冠者들은 또한 대한독립만세라고 크게 외쳤으며 떠꺼머리蓬頭亂髮者들은 단지 만세를 외치며 크게 웃었다."[54] 학생과 어른들, 그리고 교육받지 못한 젊은이들이라는 이 광경은, 식민지 근대를 경험하고 있는 다양한 세대와 계층들이 참여하고 있는 만세의 현장을 잘 보여준다. 이들이 감각하는 '독립'도 저마다 다르다. 학생들이 "건국"해야 하는 "조선"은 아마도 공화국일 것이다. 어른들이 독립해야 한다고 한 "대한"은 제국일 수도, 민국일 수도 있다. 단지 만세를 외치며 웃었던 많은 민중들에게 그런 구분은 큰 의미가 없었을지도 모른다. 다만 만세를 불러야 한다는 사실은 명확했고, 만세를 부르면서 그들은 민족임을 확인할 수 있었다.

압축된 시간들은 이질적인 모습들을 드러내고 교차하면서도 공동의 행동, 즉 만세 시위를 통해 폭발적인 속도로 한 방향을 향해 진행되었다. 압축을 수행했던 것은 '만세'의 경험이었다. 만세는 '민족'이라는 정치공

---

53 국사편찬위원회 삼일운동 데이터베이스(http://db.history.go.kr/samil/IDS/ MANIFESTO/sun_0530).

54 「노용주 판결문(大正8年 刑上 第853號)」.

동체의 일원임을 확인하는 수단이었으니, 만세를 부름으로써 지역의 사람들은 비로소 민족이라는 '상상된 공동체'의 당당한 구성원이 된다고 생각했다.

33인이나 학생 지도부를 비롯한 3·1운동 초기 주도층이 구체적인 실천 방식을 제시하지는 않았다. '만세'는 자율적으로 확산되었으며, 그 속에서 정치적 단위로서 민족이 독립해야 한다는 의식이 급속히 확산되었다. 스스로 초야의 농민에 불과하다고 생각하던 사람들도 세계 정세를 논하게 되었고, 농민이 세계평화회의와 약소국 독립을 논하게 되었다.[55]

그 과정에서 "만세를 부르면 독립이 된다"는 것은 일종의 운동 방법으로 정립되었고, "조선인으로 어찌 만세를 부르지 않을 수 있겠는가?"라는 의식이 일반화되었다. 100만 명 이상이 직접 참여하고 그 몇 배의 사람들이 간접적으로 체험했을 이 대규모 '운동'은 국가 구성의 단위로서 '민족'을 확정지었으며, 이후 적어도 100년간 '상상된 공동체'로서 민족이 모든 정치사회적 유토피아의 근간이 되도록 만든 사건이었다.

파도가 지나가고 다시 다른 시간들로 분리될지라도, 1919년 3월에서 4월 사이 한반도 주민들의 다양한 시간들은 한 방향으로 압축되어 같은 리듬을 가지고 진행되었다. 그동안 민족의 역사는 확고부동한 것이 되었고, 민주주의와 민중의 대표성 원리는 정치의 당연한 윤리로 정착했던 것이다.

---

55 권보드래, 앞의 책(2019), 144~145쪽.

'역사 다루기'에서 '사상 훈련'까지

『역사 다루기와 5 · 4운동의 진입』*

천핑위안 · 번역 최리나

觸摸歷史與進入五四: 一場遊行. 一份雜誌. 一本詩集
천핑위안 지음
二魚文化, 2003

　　인류 역사상 '결정적인 순간'은 수없이 많았다. 이 순간들은 막강한 파급력을 갖게 되어 후대에 결정적인 영향을 미친다. 이는 좋든 싫든 직시해야 할 사실로서, 사고하고 담론하는 과정에서 방향성과 원동력을 얻을 수 있다⋯⋯ 20세기 중국의 사상 문화 발전을 보면, '5 · 4운동'이 중요한 역할을 했다는 것을 알 수 있다. 우리는 후손으로서 '5 · 4운동'(사상의 학설, 문화의 흐름, 정치적 운동 등) 때처럼 결정적인

---

*　천핑위안의 책 『觸摸歷史與進入五四』(北京大学出版社, 2018年, 초판 2003)의 제목 번역은 차례와 장절에 표기할 때에는 『역사 다루기와 5.4운동의 진입』으로 통일한다. 단 제1부에 수록된 박경석의 서평 논문인 「역사 사건에 대한 문학적 글쓰기의 백미」에서는, 필자의 해석에 따라 『역사를 터치해 오사에 들어가기』로 표기한다. 따라서 『역사 다루기와 5.4운동의 진입』은 『역사를 터치해 오사에 들어가기』와 같은 책임을 밝혀둔다.

순간, 결정적인 인물, 결정적인 학설에 대하여 부단히 묻고 답해야 한다. 이는 일종의 '사유의 훈련'이자, '정신적 성장'을 위한 필수적인 방법이다.

이상은 필자의 저서 『역사 다루기와 5 · 4운동의 진입觸摸歷史與進入五四』 '머리말'에서 발췌한 것이다. 여기서 세 개의 키워드, 즉 '결정적인 순간', '역사 다루기', '사유의 훈련'은 5 · 4운동 연구의 시작점으로, 필자가 줄곧 견지해온 입장이자 관점이다.

필자는 석 · 박사 과정에서 중국 현대문학을 전공했는데, 이는 오랫동안 5 · 4운동을 연구하게 된 배경이 되었다. 소설의 역사와 관련된 저서 『중국 소설의 서사 모델 변천사中國小說敍事模式的轉變』(1998), 학술의 역사 관련 논문인 『중국 현대학술의 정립中國現代學術之建立』(1998), 교육사 관련 저서 『베이징대학 이야기老北大的故事』(1998)에서 5 · 4운동은 필자가 시종일관 중점적으로 다뤄온 주제였다. 필자가 이해한 5 · 4운동은 1919년 5월 4일 톈안먼天安門 앞에서 열린 시위에 그치지 않으며, 적어도 사상계몽, 문학혁명, 정치투쟁 등 세 개의 대괄호를 포함하고 있다. 대략적인 전개 과정을 살펴보면 다음과 같다. 기점이 되는 무술변법(1898)으로 거슬러 올라가 과거제 폐지(1905)에 힘입어 『신청년新青年』 창간(1915) 후부터 부상하기 시작하더니, 백화문白話文 교육(1920)을 통해 한층 숙성되었고 국공 분열을 거치면서 '체제' 갈등이 불거졌다. 어지러운 정세는 1927년에 이르러 마침내 종지부를 찍었다. 청나라 말엽과 5 · 4운동 세대가 힘을 모아 이루었으므로, 5 · 4운동은 주로 '신문화'의 '운동'으로 이해할 수 있다. 이러한 시각은 장하오張灝 선생의 견해와 비교적 가깝다.[1]

---

1 천핑위안, 「'신문화'가 어떻게 '운동'이 되었나: '두 세대의 협력'("新文化"如何"運動": 關於"兩代人的合力")」, 『중국문화(中國文化)』(2015. 가을).

서두에서 요지를 밝힌 '5·4운동'에 대하여 필자는 2.5권의 저서에서 다루었다. 하나는 『역사 다루기와 5·4운동의 진입』[2]으로, 초판본은 2003년 타이베이 얼위문화출판사二魚文化出版公司에서 발행한 『역사 다루기와 5·4운동의 진입: 시위, 잡지, 시집』이었다. 또 다른 저서는 『사상훈련으로서의 5·4운동作為 一種思想操練的五四』(베이징: 베이징대학출판사, 2018)으로, 전자가 전문서적이라면 후자는 논쟁적 성격을 띤 책이었다. 이 두 저서는 분량과 서식 모두 다르지만, '5·4운동'을 사상의 숫돌로 보는 관점은 동일하다.

　여기서는 나머지 0.5권에 해당하는, 즉 샤샤오훙夏曉虹과 공동편찬한 『역사 다루기: 5·4운동 인물 및 현대 중국觸摸歷史: 五四人物與現代中國』(광저우: 광저우출판사, 1999년, 베이징대학출판사, 2009)에 대하여 서술해 보고자 한다. 이 책은 현재 편집을 완료했으며 2020년에 개정판 발행을 앞두고 있다. 20여 년 전, 이 책이 막 출판되었을 때, 학생과 관련한 구성 및 편폭이 상대적으로 빈약하다는 사실을 인지했다. 책은 '타인의 본보기가 되다', '하늘 높이 우뚝 서다', '안팎으로 궁지에 몰리다', '군중이 목소리를 내다' 등 4권으로 구성되며 주제에 맞게 교사, 학생, 정부인사, 사회 각계각층에 대하여 다루었다. 푸쓰녠傅斯年 등 13인을 대표적으로 서술했으나 '청년운동'의 역사에 비하면 분량이 충분하지 않았기에 내용을 보강하여 새로 출간하게 된 것이다. 내용 16편을 추가하고 정치적 입장을 좌파적, 우파적, 중립적으로 나누어 살펴보았다. 아울러, 사상, 문예, 학술, 출판 등 다양한 분야에서 청년운동의 진면목을 더욱 확실하게 드러내고자 힘썼다. 집필을 마친 다음 다시 통계 낸 결과, 초판에서 다룬 13명 학생 중

2　『역사 다루기와 5·4운동의 진입』(베이징: 베이징대학출판사, 2003, 2010, 2018), *Touches of History: An Entry into 'May Fourth' China*, trans. Michel Hockx(Leiden · Boston: Brill Academic Publishers, 2011).

베이징대 학생이 8명이었고 속편에서는 16명이 모두 베이징대 학생이었다. 베이징대 학생 24명 중 국문학과 10명, 철학과가 7명으로 절대 다수를 차지했다. 편견에 따른 결과를 우려하여 일일이 대조 및 확인한 결과, 딱히 큰 문제점을 발견하지 못했다. 돌이켜보면, 급변하는 역사의 전환점에서 필요한 것은 이성과 지식이 아니라 민감하게 반응하고 마땅히 감당하고 적절히 표현하는 것이었다. 이러한 측면에서 국문학과, 철학과 학생이 수학과, 사학과 학생보다 유리하다. 물론 이것은 필자가 오랫동안 교육사를 연구하면서 베이징대 사료에 대해 비교적 잘 알고 있다는 사실과 무관하지 않다.

5·4운동, 신문화운동처럼 의견이 분분한 주제는 이른바, '앞을 보면 고개요 옆을 보면 봉우리라, 멀고 가깝고 높고 낮음에 따라 다르다橫看成嶺側成峰, 遠近高低各不同'라는 말처럼 해석의 여지가 다양하다. 우리는 연구자로서 높고 넓게 볼 수 있고 세부적으로 깊게 볼 수 있다. 여기서 필자가 선택한 방법은 후자로서, 텍스트를 통해 역사를 논하고 세세한 부분에서 정신을 드러냈다. 『역사 다루기와 5·4운동의 진입』의 '머리말'에서 필자는 이렇게 서술했다. "방법으로서 '역사를 다루는 것'은 사소한 것으로 현실을 재건하고, 텍스트로 사상을 탐구하고, 사례로 과정을 구현하는 것이다. 담론의 대상은 유형의 시위, 잡지, 대학, 시문집을 비롯하여 무형의 사상, 문체, 경전, 문학 등이 포함된다. 입구가 작으면 더 깊게 발굴해야 한다. 깊이가 얕으면 큰 가치를 가질 수 없다. 잡다한 서술이 모두 성공적인 역사 재건으로 향하리라는 법은 없기 때문이다." 필자가 이러한 방법으로 집필한 이유는 신역사주의론의 영향도 있지만, 그보다는 루쉰魯迅, 천인커陳寅恪, 첸중수錢鍾書 등 문인으로부터 영감을 얻었기 때문이다. 이 점은 필자가 '머리말'에서 성실하게 설명하고 있으므로, 감히 시대적 흐름을 앞서가는 선구자인 체 가장할 수 없다.

『역사 다루기와 5·4운동의 진입』은 유력한 이론이나 통사通史와는 다르게 시위, 잡지, 교장, 시집, 팸플릿 그리고 약간의 짧은 글만 다루고 있다. 이 책의 학문적 경향과 관심사는 제1장 '5월 4일 어느 날: 5·4운동에 관한 남다른 서술'에 묘사된 내용으로 대표된다. 해당 내용은 1999년 3월에 썼는데, 최초 제목은 '역사 다루기와 '5·4운동'의 진입'이었다. 필자는 이 원고를 정치대학 문학원이 주최한 '5·4운동 80주년 기념 학술세미나'에 제출했고 이는 같은 해 발행된『5·4운동 80주년 학술세미나 논문집』에 수록되었다. 세미나는 타이완 중앙연구원에서 열렸지만, 호사다마라 했던가 중간중간 우여곡절이 있었다. 일례로 필자를 비롯한 중국 학자 여럿이 세미나가 열린 그 다음 날이 되어서야 타이베이에 도착했는데, 이 같은 에피소드는 논문집 서두에 밝혔듯이 주제의 민감성이나 양안 학술교류가 녹록지 않음을 충분히 시사하고 있다. 당시 중앙연구원 근대사 연구소 선배 뤼스펑呂士朋 선생이 필자의 논문을 평가했는데, 뤼 선생의 서평은 내게 두고두고 큰 힘이 되었다.

필자는『역사 다루기와 5·4운동의 진입』영역본 서론에서 이렇게 밝혔다. "5·4운동이 여러 세대에 걸쳐 지식인을 끌어당길 수 있었던 것은 끊임없이 대화를 시도한 한편, 허울뿐인 명성에 매몰되지 않고 5·4운동 자체가 지닌 본질에 주목했기 때문이다. 독자가 여러 세대를 거쳐 이것에 대해 질문하고 답을 해왔기 때문에 그 과정에서 5·4운동의 가치가 증식할 수 있었다. 사건 자체에 특별한 매력과 다양성이 있어야만 오랫동안 독자의 눈을 사로잡을 수 있다." 20세기 중국사에서 경자사변庚子事變, 신해혁명, 항일전쟁, 반우파 운동, 문화대혁명 등은 사실상 모두 결정적인 순간이었다. 다만 지향하는 바가 상대적으로 단순하여 서술의 방향이 쉽게 일치된 것도 있고, 모종의 제약으로 충분히 발굴하지 못한 것도 있다. 이 경우, 사상의 역사가 갖는 의의까지도 제한적으로 다룰 수밖에 없다. 이러한 의미에서 5·4운동은 그나마 '행운아'였다. 모든 것이 불투명한 상태에서 명명된 후 이듬해부터는 정식으로 기념하기 시작했고, 입장이 다른 당파라도 속으로는 다른 주판알을 튕기면서도 표면적으로는 5·4운동에 참여한 청년의 애국심을 찬양했으니 말이다. 따라서, 이는 '충분한 서술'이 허락된 '결정적인 순간'이라고 말할 수 있다. 물론 잘 서술할 수 있는가의 여부는 다른 문제이다.

이는 『사상훈련으로서의 5·4운동』에서 이미 다룬 주제로서, 필자의 개인적 견해를 최대한 담아냈다. 필자가 생각하는 5·4운동의 중요성은 긍정적인 이미지, 풍부한 스토리텔링, 인상에 남는 여운에 달려 있다. 지금까지 의견이 분분하여 끊임없이 기억을 더듬고 해석할 필요성과 가능성을 가지기 때문이다. 10년 전, 『벗어나지 못한 5·4운동走不出的五四』(2009년 4월 15일 『중화독서보中華讀書報』)에서 "프랑스인이 1789년 프랑스 대혁명과 꾸준히 대화하고 1968년 '5월 혁명'을 면면히 추억했듯이 중국인도 '5·4운동' 등 수많은 '결정적인 순간'과 대화해야 한다. 이러한 과정을 통해 사상을 훈련할 수 있고 힘을 모을 수 있으며 역사 감각을 기를 수 있다. 아울러, 갈수록 복잡해지는 세상을 직시하도록 시야를 확장할 수 있다."

중국인은 여러 세대를 지나오면서 각자의 입장에서 '5·4운동'과 꾸준히 대화했고 다양한 '시대적 의미'를 부여했으며 사회적 변화와 개혁에 접목시켰다. 이처럼 면면히 이어진 대화, 갈등, 융합은 오늘날 중국의 사상 구조를 점차 형성해갔다. 여기에는 100년간 5·4운동의 해석권을 둘러싼 국공 양당의 경쟁, 한 시대의 이데올로기와 규합하려는 노력 등이 포함된다.[3] 따라서 5·4운동은 중요한 역사적 사건이자 100년간 이어진 중국 지

---

3 천핑위안, 「변화무쌍한 추억, 해석, 재구성: '5·4운동' 연설사 해석(波詭雲譎的追憶, 闡釋與重構: 解讀"五四"言說史)」, 『독서(讀書)』(2009년 9기) 참조.

성인의 중요한 사상적 자원이고 살아 숨쉬는 학술 주제이다. 나아가 시대적 사조의 변화를 알아볼 수 있는 시금석으로 삼을 수 있다. 이러한 의미에서 '5·4운동'은 우리에게 역사이자 현실이고 학문이자 정신이다.

늘 새로이 거론되는 '5·4운동'은 '과도하게 해석'될 요지가 다분한데, 이중에는 은폐, 왜곡, 의미의 이동도 있을 수 있다. 우리는 이를 높이 평가할 수 있고 의문을 제기할 수 있지만, 경솔하게 '넘기는 것'만은 피하는 게 좋다. 1949년 천지가 개벽하던 그 순간, 위핑보俞平伯는 5·4운동 때 소망한 일을 "지금 중국 공산당이 고난과 역경을 딛고 이루었다"며 감개무량해 했다. 이를 30년 전 수표를 오늘날 현금으로 바꾼 것과 같다고 생각했다.[4] 30년 후, 위핑보는 『'5·4운동' 60주년 회고 "五四" 六十周年憶往事』[5] 중 제10장에서 "당시의 나는 신학문을 흠모하고 민주를 지향했지만, 지식이 얕았다"라고 주석을 달았다. 수많은 정치 인사가 내놓은 해박한 이론보다 위핑보 시인의 입장에 더 공감이 간다. 과거에 우리는 '5·4운동'이라는 수표를 이미 현금으로 바꿨다고 착각했다. 하지만 당시 '신문학을 흠모하는 것'과 훗날 '대나무로 어고漁鼓를 만드는 것' 모두 커다란 한계가 존재했다. 최근에 필자를 감동시킨 사건 두 개가 있었다. 하나는 2018년 5월 4일 오후 2시, 타이완 대학 '부속정원傅園'에서 '푸쓰녠 교장 추모회 및 5·4운동 100주년 기념식'이 열렸고, 타이완 대학의 '신5·4운동'과 관련된 연재 기사가 실렸다는 것이다. 참고로 필자는 인터넷 기사로 접했다. 또 하나는 9월 독일 샤우뷔네가 난징장쑤대극장에서 공연이 예정된 「민중의 적」이 취소된 것이었다.[6] 공연 취소 사유는 베이징 공연에서

---

4 바이성(柏生), 「'5·4운동' 시대 인물들의 방문기(幾個"五四"時代的人物訪問記)」, 『인민일보』 1949. 5. 4. 참조.

5 이 연시는 『문회보(文匯報)』 1979. 5. 4.에 첫 게재됐다.

6 '장쑤대극장: 무대기술로 인해 독일 「민중의 적」 공연의 예약 취소 및 환불을 시작했다', 『신징바오(新京報)』 2018. 9. 11. 참조.

'부정적인 효과'가 나타났기 때문이다. 5 · 4운동 때처럼 입센 희극이 갖는 파괴력이 여전하다는 의미였다. 필자는 전자의 기사를 보면서, 5 · 4운동이 아직도 표상이 될 수 있음을 실감했다.

중국 대륙에서 5 · 4운동에 관한 담론은 표면적으로 논리 정연해 보인다. 그러나 자세히 들여다보면, 두 가지 함정을 발견할 수 있다. 하나는 학생운동에 대하여 정부가 극히 민감하고 경계심을 가진다는 사실이다. 정부는 학자가 역사 연구를 핑계로 현실을 풍자하여 문제를 일으킬까 봐 주의하고 단속한다. 다른 하나는 국학열풍, 대국굴기, 나로드니키주의 사조가 '전통을 비판'하여 모종의 금기를 형성하고 있다는 사실이다. 필자는 예전에 내가 겪은 여러 번의 '실패담'에 대하여 언급한 적이 있다. 이는 모두 5 · 4운동을 논하다가 생긴 것이었는데, 구체적인 사정은 논외로 하고 당시의 나는 깊은 자괴감이 들었다. 이는 역사 문제를 논할 수 있지만, 민감한 키워드를 최대한 피해야 했기 때문이다. "본래 다룰 수 있는 주제가 무궁무진했고 깊이 있는 견해가 존재했음에도 현실적인 제약 때문에 깊게 파고들지 못한 채 간단하게 언급만 하고 넘어갔다. 후대의 학자가 보면, 두서 없는 설명에 의아함을 느끼거나 심지어는 우리의 지능을 의심할 수도 있겠다. 그렇지만 한편으로는 인문학자로서 모든 금기가 해소된다고 지금보다 더 나아진다고 장담할 수 없는 노릇이다."[7]

『사상훈련으로서의 5 · 4운동』(『탐색과 쟁명探索與爭鳴』 2015년 제7기 첫 게재)에서 필자는 이렇게 언급했다. 중국인이 말하는 '전통'은 대부분 요원한 과거를 뜻한다. 예컨대 신해혁명 이전의 중국이나 특히 공자로 대표되는 유가사상 등이다. 사실 청나라 말엽부터 중국의 문화, 사상, 학문은 새로운 전통을 빚어내고 있었다. 공자로 대표되는 중국 문화가 위대

---

7 천핑위안, 「어떻게 5 · 4운동과 계속 대화할 것인가(為何不斷與五四對話)」, 『문예쟁명文(藝 爭鳴)』(2018년 9기).

한 전통이듯이 차이위안페이蔡元培, 천두슈陳獨秀, 리다자오李大釗, 후스胡適, 루쉰으로 대표되는 '5·4운동' 및 신문화 역시 위대한 전통이라 말할 수 있다. 어떻게 보면, 후자의 전통을 받아들이고 성찰하고 비평하고 발전시키는 것이 더 중요한 일일 수 있다. 오늘날 중국인의 일상생활에 보다 가깝고 밀접하며 실제 삶에 더 큰 영향을 미칠 수 있기 때문이다.

역사 사건에 대한 문학적 글쓰기의 백미

『역사 다루기와 5·4운동의 진입』을 읽고[*]

박경석

1

1920년 5·4운동 1주년을 맞이하여 량치차오梁啓超는 "의심할 여지없이 작년 5월 4일은 국사國史에서 가장 가치 있는 기념일"[1]이라고 확언하였다. 그의 말대로 5·4운동은 이후 지속적으로 기념되었다. 100년 동안한 해도 빠짐없이 기념되었는지는 보다 엄밀한 실증이 있어야 하지만, 온갖 우여곡절을 겪으면서도 꾸준히 기억되어 오늘날에 이른 것은 분명하다. 특히 1949년 12월 23일 중화인민공화국 정무원政務院이 5월 4일 '청

---

[*] 천핑위안의 책 『觸摸歷史與進入五四』(北京大学出版社, 2018年, 초판 2003)의 제목 번역은 차례와 장절에 표기할 때에는 『역사 다루기와 5.4운동의 진입』으로 통일한다. 단, 이 글에서는 필자의 해석에 따라 제목 번역을 『역사를 터치해 오사에 들어가기』로 표기한다. 따라서 『역사 다루기와 5.4운동의 진입』은 『역사를 터치해 오사에 들어가기』와 같은 책임을 밝혀 둔다.

[1] 梁啓超, 「"五四紀念日"感言」, 『晨報』(五四紀念增刊, 1920. 5. 4).

년절靑年節'을 국가공인기념일로 지정한 이래,[2] 10주년마다 성대하게 기념 행사를 거행하고 그 사이에는 매년 비교적 작게 기념활동을 진행하는 패턴이 오늘날에까지 이어졌다. 그래서 100주년을 맞이한 금년(2019년)에도 성대한 기념대회가 개최되었다. 그런데 대회가 4월 30일에 열렸다. 5월 4일이 노동절 연휴의 주말(토요일)이라는 이유가 붙었지만 무려 100주년인데 제 날짜가 아닌 다른 날에 해치웠다는 것은 그런 발상 자체가 '오사기념'의 위축된 분위기를 잘 보여준다고 할 수 있다. 같은 해 100주년을 맞이한 3 · 1운동이 매우 성대하게 기념된 한국의 경우와는 달리, 중국은 5 · 4운동 100주년을 그렇게 활발하게 기념하지 않았다. 이는 시진핑習近平 주석 집권 이후 일인독재(종신 집권)와 권위주의적 정치행태로 점차 복귀하면서 5 · 4운동을 상징하는 용어로 알려진 '민주주의'와 '과학'의 정신을 찬양 · 계승하겠다고 떠들어대기는 아주 불편한 정치 상황이 나타나고 있기 때문이다.[3] 물론 '오사기념'이 정치적 바람을 탄 것은 이번만이 아니었다. 오히려 바람 잘 날이 없었다고 할 수 있다. 주지하듯이, 시기마다 정치권력의 정치적 이해관계가 기념 활동에 반영되었고, 정치권력의 메시지가 '오사담론'에 탑재되었다. 이로써 '오사'를 '부호화'하였고 정치적으로 이용하였다.

'오사'는 오늘날에 이르기까지 정치적 현실을 표상하는 하나의 '부호'일 뿐만 아니라, 실제 역사(학)적으로도 매우 중요한 주제 중의 하나이다. '5 · 4운동'이라는 용어는 1919년 당시에 학생들이 처음 사용해 오늘날까지 이어지고 있는데, 그것이 함의하는 범주는 몇 갈래로 나누어 볼 수 있다. 가장 좁게는 '5 · 4학생시위운동'을 지칭한다. 제1차 세계대전 종전

---

2 「全國年節及紀念日放假辦法」(1949. 12. 23. 政務院發布), https://max.book118.com/html/2018/0813/5212324012001310.shtm

3 김형종, 「중국 5 · 4운동 100주년」, 『지식의 지평』26(2019), 139쪽.

이후 산둥山東의 독일 이권이 일본의 '21개조 요구'로 인해 일본으로 넘어가게 되고, 이에 격분하여 1919년 5월 4일 천안문광장에 3천 명의 학생들이 모여 항의집회를 개최했다. 베이징대 학생들이 중심이 되어 친일파 관료의 집을 습격해 방화하였고, 열강의 영사관을 찾아가 호소하기도 하였다. 이후 시위운동이 상하이, 우한, 톈진 등 전국으로 확대되었다. 특히 노동자와 상인들도 시위에 합세하였다. 결과적으로 매국노로 지목된 친일파 관료 3명이 파면되었고, '21개조 요구'를 인정한 파리강화회의 조약에 조인을 거부하였다.

하지만 아무런 토대 없이 이러한 획기적인 정치운동이 일어날 수는 없었다. 1915~1919년에 걸쳐 전개된 이른바 '신문화운동'이 그 토대이다. '신문화운동'은 1915년 『신청년新靑年』의 창간과 더불어, 위안스카이袁世凱의 제제운동帝制運動과 연동되어 고조된 복고적 흐름에 반대하면서 시작되었다. 대체로 개인의 인권과 자유를 고취하면서 전통적 윤리관을 비판했는데, 이는 결국 새로운 근대적 국민국가의 주체가 되어야 할 국민이 주인 노릇을 할 수 있도록 문화적 토대를 구축하려는 것이었다. 구체적으로 민주德先生와 과학賽先生의 발전, 개인주의의 가치, 독립 · 통일되고 부강한 국가의 건설 등 근본적인 변화를 추구하였고, 그 연장선에서 새로운 '문학혁명'을 전개하였다.

그래서 '5 · 4시위운동'의 토대가 된 '5 · 4신문화운동'을 '5 · 4시위운동'과 하나의 세트로 묶어 '5 · 4운동'으로 인식하게 되었다. 이밖에 변법운동變法運動에서부터 국민혁명國民革命까지를 하나의 사건으로 인식하고 그 가운데에 5 · 4운동을 위치지우는 관점이나, 1915~1919년의 '신문화운동'은 매우 제한적인 영향밖에 끼치지 못했고 진정한 중국의 '신문화'는 1919년의 시위운동을 계기로 형성되기 시작했다는 관점도 있으나, 대체로 '5 · 4운동'은 '신문화운동 + 시위운동'을 의미한다. 신해혁명이 2천년

넘게 지속된 황제지배체제를 무너뜨려 '공화'의 형식은 갖추었으나 국민국가의 건설을 위한 실질적 성취는 지극히 빈약했는데, 5·4운동에 이르러 국민국가 건설을 위한 '공화'의 실질을 이루기 시작했다고 볼 수 있다.

이런 점에서 5·4운동은 획기성을 갖는 것으로 여겨져 왔다. 즉, 5·4운동이 중국현대사의 기점이라는 것이다. '현대사'란 대개 "근대 이후로 현재의 체제가 직접적으로 시작되었다고 볼 수 있는 역사시대 구분의 일정한 시간대"라고 할 수 있다. 이러한 '현대사'의 개념은 배러클러프가 『현대사입문』[4]에서 '현대사'를 언급한 이래 일반적으로 수용되고 있다. 그렇다면 5·4운동의 어떠한 특성이 '현재 체제의 직접적인 기원'이 될 수 있었는지가 문제의 관건이다.

우선, 이른바 '혁명사관'의 관점에서 신민주주의혁명이 5·4운동에서 시작되었다는 관점이다. 다시 말해서, '현재 체제'는 신민주주의 중국혁명의 소산이니 그것이 언제 시작되었는지를 가늠해보아야 하는데, 5·4운동의 여러 가지 특성에서 기원을 찾을 수 있다는 것이다. 첫째, '무산계급'의 영도領導이다. 5·4운동 이전은 부르주아 '자산계급'이 주도한 '구舊민주주의혁명'의 시대였던 데에 반해, 5·4운동을 전후로 혁명의 지도사상, 계급진영, 진행과정에 획기적인 변화가 발생하고, '무산계급'이 영도하는 이른바 '신민주주의혁명'이 시작되었다는 것이다. 특히, '삼파(三罷, 즉 파공罷工, 파시罷市, 파과罷課) 투쟁'을 비롯해 노동자, 상인, 학생 등의 민중운동이 일어나고, 이 가운데 노동자계급이 정치무대의 전면으로 등장하고, '반제 반봉건'이라는 중국혁명의 과제가 명확하게 제시되었다.

둘째, 중국혁명을 선봉에서 이끌 중국공산당의 창당이다. 5·4운동을 통해 사회주의 사상이 전국의 청년지식인에게 전파되고 이를 토대로

---

4   Geoffrey Barraclough, *An Introduction to Contemporary History*(New York: Penguin, 1964).

1921년 7월 중국공산당이 결성되었다는 것이다. 이로써 5·4운동을 기점으로 한 중국현대사는 '반제 반봉건'을 지향한 중국혁명이 1949년 중화인민공화국의 수립으로 귀결되는 과정이 된다.

이밖에 '혁명사관'의 정치적 편향성을 비판적으로 바라보는 입장에서도, 5·4운동을 중국현대사의 기점으로 인식하는 관점이 있다. 역시 그 첫 번째 근거는 신문화운동을 포함한 5·4운동의 전체 과정을 통해 '봉건'에 반대하는 근대적 국민의식이 형성되기 시작했다는 점이다. 5·4운동은 민주와 과학의 수용, 사상과 행동의 개혁, 국민의식의 변혁을 촉구하였다. 전통적 사상·문화에 대한 전면적 비판을 통해 일국으로서의 '자기 정체성'을 확립하게 하였다. 민주주의 원리에 근거하여 개인의 인권회복을 도모하였고 민의에 입각한 정치의 확립을 모색하였다.

둘째, '삼파 투쟁'에서 보듯이 학생, 상인, 노동자 등 대중이 역사의 전면에 등장함으로써, 이들이 실제 '국민'으로 성장할 개연성이 노정되었다는 점이다. 근대적 국민국가의 건설(Nation Building)을 위해서는 '국민'의 출현과 '국민적 정체성'의 형성이 필수적이라는 점에서 매우 의미가 크다고 할 수 있다. 이와 관련해, 이른바 '오사세대' 지식인의 출현은 내셔널리즘에 기반을 둔 '건설구국'의 인적 기반이 구축되었다는 점에서 국민국가 건설(State Building)에 중요한 의미를 갖는다.

2

이상에서 '중국현대사의 기점'으로서 5·4운동이 가진 역사적 맥락을 매우 간략히 짚어보았다. 5·4운동은 워낙에 큰 주제여서 이밖에도 다양한 측면에서 매우 많은 논의가 있어 왔는데, 그럼에도 대개 역사학의 핵심 쟁점인 시대구분이나 역사적 평가의 문제를 둘러싸고 전개되었다. 이처럼 역사학에서는 대체로 5·4운동의 여러 가지 특성을 원인으로 삼고 5·4운동의 성격이나 의미를 결과로 삼는 '인과론因果論'의 형식에 의거해 5·4운동을 설명하였다. 일반적으로 역사학은 '인과관계'를 중시하는 경향성을 뚜렷하게 갖는다.

그런데 본고에서 주목하고 있는 천핑위안陳平原의 『역사를 터치해 오사에 들어가기觸摸历史与进入五四』(이하 '이 책'이라고 지칭함)는 역사학의 '인과론적' 접근방식과는 사뭇 다르다. 5·4운동과 관련된 미시적 개별 사안의 디테일을 그냥 드러냄으로써 5·4운동에 대한 이미지를 만들어내는 방식이다. 저서의 구성을 보아도 디테일을 더해주는 부록은 있을지언정 「결론」은 없고, 저자의 생각을 이해하는 데에 일말의 단서를 제공하는 「도언導言」이 있을 뿐 「서론」은 없다. 저자도 밝혔듯이 "이것저것 모두 따지는 평설評說을 버리고 몇 개의 두드러진 문화현상을 포착하는"[5] 전략을 택하였다. 말하자면 역사적 사건에 대한 문학적 글쓰기라고 할 수 있겠다. 이것이 오히려 역사학자의 흥미를 자아내는데 그 느낌이 꽤 참신하다. 아래에서는 장별로 내용을 간략히 소개하면서 참신한 느낌을 공유해보고자 한다.

이 책은 '오사신문화'를 대상으로 「도언」을 제외한 6개의 독립된 장章으로 구성되어 있다. 이러한 여섯 장의 내용은 처음 쓸 때에는 각각 독립된 논문이었다. 저자의 표현을 빌려 전체의 내용을 요약하자면, 저자는 "광장에서의 학생운동, 『신청년』에서의 문체 간의 상호 대화文体对话, 차이위안페이蔡元培의 대학 이념, 장타이옌章太炎의 백화白話 실험, 베이징대학의 문학사 교육教學, 신시新詩의 경전화 과정 등을 선택하여 '오사신문화'

---

5   陳平原, 「導言」, 『觸摸历史与进入五四』(北京: 北京大學出版社, 2005), 6쪽.

를 논의했는데, 소기의 목적을 다 이루지는 못했지만 모두 일정한 면모는 갖추었다"고[6] 정리하였다. 또한 저자는 (제목에 나오는) '역사를 터치하는' 것이 무엇인지를 스스로 설명하였는데 역시 전체 내용을 망라해 이해를 돕는다. 즉, "이른바 '역사를 터치하는 것'이란 디테일의 힘을 빌려 현장을 재건하는 것, 텍스트의 힘을 빌려 사상을 찾아내는 것, 개별 사안의 힘을 빌려 진행과정을 드러내는 것에 다름 아니다. 토론의 대상은 유형의 데모, 잡지, 대학, 시문집, 그리고 무형의 사상, 문체, 경전, 문학장文學場을 포함한다."[7]

이상에서 이 책이 '오사신문화'에 관한 종래의 많은 저술과 달리 신문화운동의 전반을 겨냥해 논평하고자 하지 않았음을 금방 알 수 있다. 말하자면, 이 책은 어느 한 방면이나 각도만을 잡아 오사신문화에 대한 서술을 구축하지 않았고, 통상 쉽사리 간과되었던 디테일과 단편에서부터 착수하여, 몇 개의 서로 다른 개별 사안에 대한 깊이 있는 묘사와 구체적인 고찰을 통하여, 사상사, 문학사, 교육사의 관점에서 오사신문화의 이미지를 새로이 구축하였다.[8]

그 중에 제1장 「5월 4일 그날五月四日那一天」은 이 책의 총론에 해당하는 부분으로 저자 천핑위안(이하 '저자'라고 지칭함)의 의도가 가장 집중적으로 드러난다. 뿐만 아니라 역사학과 문학이 가장 많이 겹치는 부분이기도 하다. 그래서 나는 역사연구자로서 가장 많은 눈길을 주지 않을 수 없었다.

제1장에는 '5 · 4운동에 관한 색다른 서술'이라는 부제가 붙어 있다. 저자는 대개의 역사연구자들과는 달리, 역사의 거시적 배경, 사상 변천의 큰 흐름, 5 · 4학생운동의 구체적인 원인 등을 상세히 밝히는 일에는 관

---

6 陳平原, 앞의 책(2005), 6~7쪽.

7 陳平原, 앞의 책(2005), 6쪽.

8 林分份, 「重构五四新文化的形象—读陈平原『触摸历史与进入五四』」, 『博览群书』 2006년 5기, 51쪽.

심을 두지 않았다. 그냥 '5월 4일 그날'을 겨냥했다. 그리고 이전에는 주목하지 않았던 당일의 날씨, 도로의 인문적 풍경, 시위행진 학생들의 옷차림, 시위행진의 구체적인 노선 등에 주목했다. '색다른 시선'이 돋보인다. 가능한 한 박진감 있게 5·4운동의 주요 플레이어가 당일 가졌던 진짜 상황을 복원하려 했다.[9]

예를 들어, 저자는 '날씨가 점점 더워지고 있는데 학생들은 대부분 긴 옷을 입고' 있었다는 디테일을 통해, 독자로 하여금 시위학생들이 외교가街인 동교민항東郊民巷에서 무시를 당하고 있을 때의 '짜증나는' 심경을 더욱 실감나게 했다. 후술하겠지만 누가 위험을 무릅쓰고 처음으로 친일파 매국노 차오루린曹汝霖의 저택에 뛰어들어 창을 깼는지, '조가루趙家樓 화재'가 어떻게 일어났는지 등 디테일을 상세하게 서술하였다. 심지어 당일 시위행진에 참가하지 않았던 빙신冰心, 정전둬鄭振鐸, 선인모沈尹默, 원이둬閒一多 등에게도 눈길을 돌려[10] 5월 4일이라는 특별한 하루 동안 그들이 활동했던 생생하고 흥미로운 디테일을 담았다. 5·4운동의 본래 모습을 있는 그대로 보여줌으로써 5·4운동의 현장을 생생하게 복원하고, 기존 역사학의 정해진 해석 틀에서 벗어나 5·4운동의 기원을 새롭게 설명하려는 지향이 엿보인다.

제1장에서 저자가 활용한 자료는 매우 광범위하다. 대중매체의 보도, 목격자의 증언, 실제 참여자의 진술, 일기, 회고록, 기념문집 등 여러 가지 형식을 망라하고 있다. 물론 이 자료들은 저자가 새로 발견한 것이 아니다. 새로운 자료의 발굴은 역사해석의 새로운 모색으로 직결될 수 있기 때문에 역사가에게는 중대한 의미를 갖지만, 저자와 같은 문학가에게

---

9   林分份, 앞의 글(2006), 51쪽.
10 陳平原, 앞의 책(2005), 40쪽.

는 그다지 의미가 크지 않다. 문학가는 자료의 내용에 의존하기보다는 자료를 서술하는 방식에 의존한다. 이 경우 같은 자료라고 하더라도 서술 방식에 따라 다르게 해석된다. 전술했듯이 역사가는 역사에 대한 인과론적 해석을 중시하지만, 저자는 가능한 한 역사자료 원본의 진실성, 우연성을 그대로 드러냄으로써 5·4운동의 이미지를 다양하게 보여주려고 했다. 이러한 서술 방식은 역사연구자가 보기에 매우 인상적이다.

또한 제1장에서 가장 인상 깊은 부분 중에 하나는 역사 사실을 실증하는 데에 그치지 않고 예술적 감각을 발휘해 문학적 플롯을 구성했다는 점이다. 대량의 역사자료를 분석해 인과관계를 해석하는 방식의 서술은 무미건조하기 쉬운데 저자의 예술적 상상력이 이를 모면하게 해주었다. 이런 특징은 이 책의 제1장 제2절에서 뚜렷하게 드러난다. 내용은 학생 시위의 "시간, 장소(및 환경), 경위, 고조, 결과" 등에 해당되지만, 저자는 "꽃피는 봄날花開春日", "천안문 앞에서 집회集會天安門前", "동교민항에서 모욕을 당하다受氣東郊民巷", "조가루 화재火燒趙家樓", "경찰청을 야습하다夜襲警察廳" 등 소설과 같은 플롯을 구성하였다.

역사서술을 소설의 플롯처럼 만드는 일은 결코 역사를 간단하게 처리해서, 또는 마음대로 상상해서 할 수 있는 일이 아니다. 오히려 역사 과정의 우연성과 복잡성을 깊이 있게 이해하고 있어야 한다. 그래서 '플롯'은 저자가 풍부한 사료를 다양한 장면으로 복원시키고 상상해내는 넉넉한 공간이 되었다. 이렇게 플롯을 만들려면 사료를 명확하게 드러내야 할 뿐만 아니라, 역사를 심미적 형식으로 서술해야 한다. 이러한 심미적 접근은 저자도 밝히고 있듯이 중국 사학의 전통과 은근히 합치된다. '이론'을 맹신하지 않는 저자에게 심미적인 방식으로 역사를 기술하는 것은 그의 지식 '계보'에 부합할 뿐만 아니라 그 자신의 성정性情에도 부합한 듯하다.[11]

이밖에 개별 사안에 대한 몇 가지 참신한 서술이 주목할 만하다. 예컨대, 5·4운동 당시 3인의 매국노 중에 한 명으로 지목된 차오루린의 개인 저택인 '조가루'를 방화한 사건에 대한 해석이 흥미롭다. 저자는 대량의 자료를 비교, 분석해 펼쳐 보임으로써, '조가루 화재사건'의 발생은 사전에 기획된 것이 아니고, 통일적이고 의도적으로 수행된 것도 아니며, 심지어 대다수 참가자들이 바라던 바도 아니었음을 지적하였다. 저자의 설명에 따르면, 외교공관이 밀집해 있는 동교민항에서 열강의 영사관에 청원을 넣으려던 시위학생들이 장시간 저지당함으로써 평화적인 청원이 과격한 시위로 뒤집혔는데 이것이 시위대가 차오루린의 집으로 몰려가게 만든 관건이었다는 것이다. 이리하여 베이징고등사범학교의 몇몇 학생이 '격렬한 수단'을 강구하기로 마음을 먹었고, 결국 화재사건이 발생하게 된 주요 요인이 되었다. 만약 그날이 일요일이 아니어서 시위학생들이 청원서를 영국이나 미국의 영사에게 순조롭게 전달할 수 있었다면, "학생의 격분이 크게 완화되어 사건이 격화되지 않았을 가능성이 컸다"는[12] 것이다. 그날이 일요일이었다는 우연하고 사소한 사실이 5·4운동의 향방에 적잖은 영향을 끼쳤다는 것인데, 이러한 디테일에 주목한 것은 역시 문학가다운 발상이 아니겠는가.

'조가루 화재사건'에서 '누가 불을 질렀는가?'의 문제에 접근하는 방식도 흥미롭다. 사실 이 문제는 해당 사건의 열쇠인데 당사자들의 기억과 증언이 일치하지 않아 저자도 명확히 실증할 방도는 없다고 인정했다. 그러나 저자는 나름의 자료 분석을 통해 논리적인 결론을 내리고 있다. 즉, 불을 지르는 것이 "누구의 생각이었는지를 명확히 말할 수 없는 것은

---

11 杨联芬, 「"走出"之后的"返回": 评陈平原近著, 『触摸历史与进入五四』」, 『中国现代文学研究丛刊』 2006년 3기, 294쪽.

12 陳平原, 앞의 책(2005), 13쪽.

네가 한마디 하고 내가 한마디 해서 군중이 서로 격동되었는데 누군가의 조심성 없는 행동으로 일이 벌어졌기 때문"이라는[13] 것이다. 많은 자료에 직면하여 저자가 비교적 여유롭게 대응할 수 있었고 자료에 포로로 잡히지 않았던 것은 일차자료라고 해서 무조건 믿을 수 있는 것은 아니라는 역사자료의 속성을 잘 알았기 때문이었다.[14] 이상과 같은 직관적 해명은 사실 역사연구자들로서는 낯선 일인데 어떤 면에서는 역사자료를 역사연구자보다 더 주체적으로 다루고 있는지도 모르겠다.

5월 4일 그날, 차오루린의 저택에 처음 뛰어 들어간 학생이 누구인지의 문제에 대해서도 디테일의 힘을 보여준다. 이 문제에 대해서는 참가자 중에 베이징고등사범학교의 학생 위징俞勁, 샤밍강夏明鋼, 장스챠오張石樵 등이 일치된 증언을 했기 때문에, 같은 학교 학생 쾅후성匡互生이 바로 그 사람이라고 알려져 있었다. 그러나 저자는 다른 두 가지 자료를 제시하였다. 베이징고등사범학교 학생 천진민陳藎民과 베이징대학 학생 쉬더헝許德珩의 회고이다. 이들은 쾅후성이 직접 담장을 넘은 것이 아니라, 다른 사람들이 그의 어깨를 딛고 담장 위로 기어오르게 하였다고 회고했다. 또한, 베이징고등사범학교 다른 학생 추다가오初大告도 쾅후성은 담을 넘도록 어깨를 대어준 사람이고, 담을 넘어 들어간 사람은 천진민이라고 증언했다. 추다가오의 갑작스런 증언에 대하여, 저자는 "표면적으로 베이징고등사범학교 참가자 간 증언의 엇갈림은 해소되었으나, 베이징대학 학생 쉬더헝은 누구의 어깨를 밟고 넘어갔는지 고증이 더 필요하다"고[15] 논평했다. 저자는 보통 사람들이 간과하기 쉬운 디테일을 꼬치꼬치 따지면서 참가자들의 증언에 대해 상당한 경계심을 가졌고 성급하게

13 陳平原, 앞의 책(2005), 27쪽.

14 陳平原, 앞의 책(2005), 41쪽.

15 陳平原, 앞의 책(2005), 30쪽.

판단하지 않았다. 여러 견해가 나름 일리가 있고 각종 디테일과 단편이 당초의 상태를 최대한 간직하고 있다고 여겼는데,[16] 이것이 이 책의 최대 장점이 아닌가 싶다.

이상에서 보듯이, 저자는 전해지는 이야기를 경솔하게 믿지 않고 여러 가능성을 충분히 고려했다. 더불어 흥미롭고 세밀한 실증 작업은 구체적이고도 미세한 시각에서 '순간', '개인', '감성'을 포착하였다. 확실히 '역사의 시공을 초월하여 그때를 다시 보는' 효과를 거두었다고 평가할 수 있다.[17]

저자는 마치 독자가 1919년 5월 4일 사건의 직접 참가자가 된 것처럼 느끼도록 당시의 사정을 상세히 묘사하였다. 독자는 당시의 시위대가 느꼈을 감정, 분위기를 똑같이 느낄 수 있게 되고 그들에게 공감할 수 있게 된다. 이것이 바로 "현장으로 돌아가자回到現場"는 저자의 의도이다. 저자는 '박제'되어 있는 '오사'의 역사에 생동감을 불어넣었다. 이러한 작업은 '신화'가 되어버린 5 · 4운동을 해체하고, 현실 속의 '역사'로 새롭게 자리매김하고자 하는 시도로 평가할 수 있다.

3

제2장 「사상사 시야 중의 문학思想史視野中的文學」에서는 '5 · 4신문화운동'의 대표 잡지 『신청년』을 고찰 대상으로 삼았다. 여기에서 주목한 것은 '중대한 영향력을 가진 잡지'가 아니었다. 실제로 지향한 것은 '사상사의

---

16 林分份, 앞의 책(2006), 52쪽.

17 颜浩, 「鮮活的历史与有趣的学问: 读『触摸历史与进入五四』」, 『邯郸学院学报』 2006년 2기, 6쪽.

관점으로 본 문학'이었다. 즉, 문학사文學史와 사상사思想史 차원에서 하나의 간행물에 잠재되어 있을 수 있는 역사적 가치와 현실적 의미를 고찰했던 것이다.[18]

우선 저자는 『신청년』과 신문화운동이 관련을 맺게 되는 구체적인 매듭에 주목하였다. 그것은 역시 신문화운동의 주역들이 『신청년』의 필자로 참여하게 되는 과정이 핵심이다. 『신청년』의 필진이 형성되는 과정과 관련해, 저자는 "차이위안페이蔡元培가 초빙한 천두슈陳獨秀 및 베이징대학 교수들이 『신청년』에 참가한 것은 현대사에서 기념비적인 사건이었다. 이러한 한 학교와 한 정간물의 완벽한 결합이 신문화운동에 날개를 달아주었다"고[19] 강조하였다. 또한, 저자는 『신청년』의 운영상 특징을 고찰하기도 했다. 저자는 이를 두고 대략적인 방향은 있으나 구체적인 목표 같은 것은 없었다고 지적하였다.

제2장에서 저자는 『신청년』의 의의를 '문학을 통한 사상혁명'으로 평가하였다. 『신청년』은 주로 사상사의 맥락에서 문학혁명과 정치참여에 종사하였다는 것이다. 『신청년』의 문학적 가치에 대해 기존의 연구자들은 주로 문학 양식에 주목해 문학적 성취를 논하는 방식이었으나 저자는 이런 방식에서 탈피하여 독립적 사고와 자유로운 담론 방식을 강조하였다. 문학사의 범주이지만 문학적 성취에 주목한 것이 아니라, 『신청년』이 청말 이래의 문학 변혁을 계승하고 20세기 중국문학의 새로운 지평을 열었다는 의의를 분명하게 언급하였다. 이는 『신청년』을 하나의 문학적 잡지로 복원시킴과 동시에 사상사적 의의를 내재적으로 확인시켜 줄 수 있다. 이로써 '사상사의 관점에서 본 문학'으로서의 『신청년』에 대한 이론적

---

18 叶隽, 「细节, 文本, 个案与历史阐释: 读陈平原『触摸历史与进入五四』」, 『中国图书评论』 2006년 3기, 46쪽.

19 陳平原, 앞의 책(2005), 57쪽.

파악과 실제적 평가를 실현하였다.[20]

제3장 「대학의 의의를 묻다叩問大學的意義」에서는 '교육가로서의 차이위안페이'를 고찰하였다. 차이위안페이와 베이징대학은 중국현대사에서 매우 중요한 주제 중의 하나이다. 이 책에서 저자는 차이위안페이를 5·4운동에 가두어 서술하지 않았다. 정치운동을 앞세워 차이위안페이를 평가한다면 교육가로서의 업적과 명성을 제대로 평가할 수 없다는 것이다. 그는 교육가가 먼저이고 정치인은 나중이라고 평했다. 본문에서는 차이위안페이의 학교운영방침, 개인적인 풍모, 예술교육 이념, 신문화운동 전후 베이징대학의 학술적 분위기 등을 다루었다.

차이위안페이는 베이징대학을 이끌면서 유명한 대학교육 이념兼容并包, 思想自由을 세웠을 뿐만 아니라 구체적인 제도의 건설도 많이 했다. 보통 제도의 건설은 간과되어 왔으나, 저자는 뛰어난 자료의 수집과 배치를 통해 연구원 설립, 동아리 설립 장려, 사회실천 제창, 예술교육 제창 등 대학제도 설립의 디테일을 잘 서술하였다. 대학은 '인격'을 양성해야지 '자격'을 양성하는 곳이어서는 안 된다는 것은 대학이념에 관하여 차이위안페이가 우리에게 보여주고 싶은 '대학의 의미'이다. 차이위안페이의 교육 모델과 교육 이념은 독일 대학에서 벤치마킹한 것이라고 하지만, 그가 성공적으로 베이징대학을 장악한 경험은 중국 현대 대학교육의 모범이라 할 수 있다.[21]

20세기 대학교육과 문학생산 및 문화전파의 밀접한 관계를 강조한 것은 1990년대 후반 이후 저자가 수행한 '문학사' 연구의 커다란 특징이라고 한다. 교육사, 문학사, 학술사 3자의 시너지에 착안해 현대중국 100년

20　林分份, 앞의 책(2006), 53쪽.
21　杨联芬, 앞의 책(2006), 296쪽.

의 문학사 내지 학술사의 발전을 되돌아봄으로써 '5 · 4신문화'의 이미지를 다시 구축하는 또 다른 사고의 지향점을 이루었다.[22]

이 책에서는 차이위안페이의 '예술교육'도 중요하게 다루어졌다. 저자는 차이위안페이가 미학교육을 중요한 교육의 목적으로 삼는 것이 과거는 물론 지금도 좋은 작용을 할 것이라고 했다. 차이위안페이가 생각하는 '미학교육'이란 사회 전체의 심미교육을 말한다. 즉, 학교를 중심으로할 뿐만 아니라 각계각층의 대중을 포함하였다. 또한 예술교육을 일상생활에까지 보급하자고 주장했다. 이러한 미학교육은 확실히 전통 유가에서 구상했던 '예禮'와 매우 비슷하였다.[23] 이처럼 5 · 4시기 중국 대학의 예술교육체제가 전통과 근대 사이에서 선택되고 변화하는 과정을 기술하였다. 5 · 4신문화운동과 관련해서 주로 문학 영역이 많이 거론되었기 때문에 대학의 예술교육체제에 주목한 것은 신선하다는 느낌이다.[24]

제4장에서는 제목에서 보듯이 「장타이옌의 백화문章太炎的白話文」이라는 길지 않은 글을 고찰하면서, "학문은 어떻게 표현해야 하는가學問該如何表述"라는 중대한 명제를 끄집어내었다. 이 글은 청말淸末의 특별한 문체로 이루어진 '연강고演講稿'로서 대개 희극戱劇 성격이 강하다. 그래서 대개 역사연구자들은 주목하지 않았다. 문학가로서 저자는 언저리에서 5 · 4 백화문운동의 또 다른 중요한 자료의 원천을 발굴한 것이다. 그것은 바로 청말에 사회적으로 좋은 기풍이었던 '연강演講' 및 '기록記錄'이라는 문학 형식이다.[25]

일반적으로 볼 때 장타이옌章太炎은 고상하고 심오한 고문古文 명망가이

---

22 林分份, 앞의 책(2006), 54쪽.
23 陳平原, 앞의 책(2005), 139~140쪽.
24 林分份, 앞의 책(2006), 54~55쪽.
25 林分份, 앞의 책(2006), 53쪽.

96 동아시아 혁명의 밤에 한국학의 현재를 묻다

다. 백화문운동과는 그다지 어울리지 않아 보인다. 그러나 저자는 「장타이옌의 백화문」에서 밝힌 문화적 이상, 학술적 사고, 학술 서술의 형식을 통하여 장타이옌과 백화문운동의 관계를 고찰하였다. 저자는 장타이옌의 백화문 실천을 비롯해 청말 학자의 '강연'과 '저술' 사이의 상호 영향을 고찰해 이것이 신문매체 文장 스타일의 변화를 이끌어 냈고 결국 새로운 문체의 탄생으로 이어졌음을 지적하였다.[26]

실제로 『신청년』 연구에서 '논설문論說文' 문체의 변혁에 대한 초보적인 관심으로부터, 고문 명망가 장타이옌이 지은 '연강고'나 유사 '연강고'의 학술적 글쓰기 문체에 대한 분석에 이르기까지, 저자는 5·4백화문운동의 또 다른 연원淵源을 발굴하였다. 연구자들에게 현대 문어체 발생의 또 다른 루트에 대한 주의를 환기시킴과 동시에, 20세기 중국 글쓰기 형식의 변혁을 위한 새로운 발원지를 찾아낸 것이다. 또한 글쓰기와 학술적 서술 형식의 측면에서 5·4백화문운동의 또 다른 지형도를 그리는 것이었다. 이리하여 5·4신문화의 이미지를 풍요롭게 하고 새롭게 형상화하였다.[27]

제5장 「경전은 어떻게 형성되나」에서는 후스胡適의 문학작품을 다루고 있다. 신문화운동의 성취는 역시 '신문학'의 창작 작품을 빼놓고 논할 수가 없다. 그래서 저자는 신문학운동의 초기 작품이자 최초의 백화문 시집으로 평가받는 후스의 『상시집嘗試集』에 주목하였다. 『상시집』에 대한 기존의 평가는 주로 구어체 시詩 창작과 백화문운동의 기원을 알리는 '실험嘗試'이었다는 점에 집중되었다. 그러나 저자의 생각은 남달랐다. 저자는 『상시집』 탄생의 과정을 조금도 설명하지 않았고, '신시新詩'의 탄생을

---

26 林分份, 앞의 책(2006), 53~54쪽.

27 林分份, 앞의 책(2006), 54쪽.

알린 작품이라는 최소한의 품평도 하지 않았다. 직접『상시집』이 수정되는 과정을 비롯해 '신시'가 '경전'으로 전환되는 내재적 역사 과정을 보여주었다.[28]

구체적으로 베이징대학 도서관에서 우연히 발견된『상시집』무삭제본과 현대 문학사에서 유명한 '시 구절 삭제 사건刪詩事件'을 결합시킴으로써, 저자는 서로 다른 문학 진영의 이론적인 주장 사이의 대립, 같은 진영의 서로 다른 저자들의 차이 등에서 '신문학' 경전으로서『상시집』이 만들어지는 과정을 기술하였다. 이는 실제로는 "신문학" 작가의 심미의식과 가치 관념의 변화와 발전의 역정이고, 또한 신문화운동의 내재적 성숙 과정이다. 이처럼 고유한 문학사 서술과는 확연히 다른 내적 묘사로 5 · 4신문화 이미지를 더욱 풍성하게 만들었고, 동시에 구체적 역사 과제에 대해 저자가 가졌던 독특한 식견을 잘 드러냈다.[29]

제6장 「'신문화' 옆에 쓰다」에는 '헌 종이 더미에서의 새로운 발견'이라는 부제가 달려 있다. 저자가 해외 강연 때에 발견한『국고논형國故論衡』비주본批注本과 5 · 4시기 옛 베이징대학의 강의안, 그리고 새로 발견된 량치차오의 중학 국문교육에 대한 강연원고 등을 다루고 있다. 이리하여 5 · 4신문화운동 시기로 돌아가 당시의 학술 계승, 문학사 수업의 양상, 국문교육의 역사 '현장' 등을 독자들에게 보여주었다. 또한 저자는 교육사, 문학사, 학술사가 서로 교차하는 독특하고 개방적인 시야 가운데 기왕의 문학사와 문화사가 간과하거나 숨겼던 5 · 4신문화의 측면을 드러냈다. 제목에 견주어 말하자면 이런 중요하고 흥미로운 문건들이 '헌 종이 더미'에서 새로 발견되었고, 이를 통해 내적으로 풍요롭고 참신한

28　林分份, 앞의 책(2006), 54쪽.

29　林分份, 앞의 책(2006), 54쪽.

5·4신문화의 이미지가 구축되었고, 나아가 문학사와 문화사의 맥락을 풍부하게 하였다는 것이다.[30]

4

끝으로 이 책의 전반적 특징을 몇 가지 지적해보자. 첫째, 「오사」의 가장 중요한 가치가 '사유조련思維操練'에 있다는 점이다. 저자는 「도언」에서, "우리는 「오사」(사상학설, 문화조류, 정치작동 등을 포함)와 같은 관건적 순간, 관건적 인물, 관건적 학설과 끊임없이 대화하는 관계를 유지해야 한다. 이것은 '생각을 조련하는 일'이고, 마음이 성숙으로 가는 필수 코스"라고 언급하였다.[31] 이러한 「오사」의 포괄적이고 '보편적'인 가치는 「오사」가 100년이나 잊히지 않고 기억되어 온 근본적인 이유일지도 모르겠다.

둘째, 「오사」를 '청말'과 연계해 인식하고 있다는 점이다. 저자에게 '청말'과 「오사」는 나눌 수 없는 존재이다. 저자 스스로 이 책에서 「오사」에 대해 논하는 것에는 분명한 특징이 있는데 그것은 바로 '청말'을 겸비하는 것이라고 하였다. 저자는 청말 이후 중국 문학과 학술의 전환에 관한 디테일, 과정, 상호 관계 등을 깊이 고찰함으로써 신문화는 「오사」에서 시작되었다는 고정 관념을 깼다. 중국의 사상과 학술, 문학의 현대적 전환은 「오사」에서 시작된 것이 아니라 청말에서 시작되었다. 청말의 변법变法 세대와 「오사」 세대가 힘을 합쳐 중국 문화를 고전에서 현대로 변형시켰고 이를 통해 신문화를 만들어냈다.

---

30 林分份, 앞의 책(2006), 55쪽.
31 陳平原, 앞의 책(2005), 3쪽.

셋째, 이 책은 다양한 학문 영역을 오가며 '오사신문화'의 다양성과 복합성을 잘 드러냈다는 평가를 받았다. 요컨대, 5·4신문화의 다방면을 고려할 때 이 책은 지금까지의 관련 저술과는 달리 구체적인 학문 분과 하나에만 눈을 돌리지 않고, 논제의 필요에 따라 서로 다른 분과를 오가며, 때로는 문학과 정치, 때로는 예술과 교육을 논하였다. 이렇게 하여 5·4신문화의 다양성과 복잡성을 더 잘 체현했다.

이 책은 출간 이후 독특한 시각과 참신한 형식 때문에 학계의 호평을 받았고 상을 받기도 했다. 중국과 타이완의 신문에 잇달아 소개되었다. '이미 사라진 역사를 터치한다!'는 저자의 언급으로 인해 '터치한다!'는 말이 유행하기도 했다. 한동안 이미지와 문자를 결합시켜 디테일에서 진실을 발견하는 연구방법이 각광을 받았다. 저자의 안중에 '역사를 터치한다는 것'은 학술 태도일 뿐만 아니라 연구방법이다. '디테일을 통해 현장을 재건하는 것'일 뿐만 아니라, '텍스트에 의지해 사상을 찾아내는 것'이다. 혹은 '개별적인 사안을 통해 진전 과정을 드러내는 것'이다. 논의의 대상은, 유형의 시위, 잡지, 대학, 시문집은 물론, 무형의 사상, 문체, 경전, 문학장도 포함한다. 이런 인식에 따라 글과 그림으로 떠드는 「오사」의 큰 장면을 보인 뒤 신문화운동의 중요한 몇 가지를 골라 차근차근 밀고 당기고 보폭을 넓히는 연구 수단을 강구하였다.[32]

저자는 '문인'이라는 우아하고 영예로운 별칭이 있을 정도로 자각적인 문장 의식文章意識을 가지고 있다. 이는 중국학계에서 얻기 어려운 영예일 뿐만 아니라, 독립적인 풍모를 만족시킨다. 그러나 '학자'라는 기준에 비추어 볼 때, 서방 과학 개념과 중국의 사대부 전통 사이에서 균형점을 찾는 것은 쉽지 않을 것이다. 구체적으로 학술연구의 경우, 사실 '논증'에서

---

32 顏浩, 앞의 책(2006), 6쪽.

'이론'으로 나아가는 것은 피할 수 없는 발전 과정이다. 이 책은 실증 연구의 수확이라기보다는 차라리 이론적 사고의 향상, 나아가 그 둘 사이 긴장감의 조화라고 보는 것이 낫겠다.[33]

---

33 마駿, 앞의 책(2006), 48~49쪽.

2부

복수의
제국주의와
인종주의

'자치'라는 사상*
『세계사 속 대만 식민지 지배』

고마고메 다케시 · 번역 장현아

世界史のなかの台湾植民地支配: 台南長老教中学校からの視座
고마고메 다케시 지음
岩波書店, 2015

1. 요지

청대淸代중화제국의 주변에 속해 있었던 대만臺灣은 아편전쟁 이후 대영제국의 영향하에 놓였으며, 청일전쟁의 결과로 제국일본의 식민지가 되었다. 1885년 잉글랜드장로교회(Presbyterian Church of England)의 선교사가 설립한 대남장로교중학교臺南長老教中學校 역시 중화제국, 대영제국, 일본제국 등 여러 제국의 영향력이 중첩된 영역이었다. 『세계사 속의 대만식민지배: 대남장로교중학교로부터의 시점』(이하 본서)에서는 이 작

---

* 이 글은 제5회 〈연세한국학포럼〉에서 발표하고 『동방학지』 188(2019. 9)에 게재한 원고를 수정 보완한 것이다.

은 공간에 주목하여, 영국인 · 일본인 · 대만인 사이에서 작동하였던 권력관계를 고찰하였다. 본서에서는 중화제국, 대영제국, 일본제국이라는 복수의 제국이 서로 각축하면서 이른바 중첩된 폭력을 구성하는 모습을 파악하고, 동시에 이와 대치하였던 '대만인'이라는 주체의 모습을 부각시키고자 하였다.

본서 제Ⅰ부는 19세기 후반, 제Ⅱ부는 1900~1920년대, 제Ⅲ부는 1930년대, 종장은 1940년대를 분석대상으로 하였다.

제Ⅰ부는 본서의 프롤로그이다. 이 부분에서는 본서에서 중요한 위치를 차지하고 있는 영국인 선교사 · 일본인 관료 · 대만인 기독교도라고 하는 집단의 윤곽을 그려가며, 대남장로교중학교가 3자 간의 경합의 초점으로 부상하게 된 경위를 밝혔다.

19세기 세계 곳곳에 침투하고 있었던 문명화의 압력은 전 지구적인 차원에서 사회적 유동성을 높여갔다. 한편 그 자체로 문명질서의 일부였던 식민지 지배 시스템은 이러한 사회적 유동성을 억제하면서, 인종주의적인 이데올로기에 근거하여 각 집단 간의 위계(Hierarchie)를 고정화하고, 중요한 정치적 지위를 식민자가 독점하려 한 체제였다. 대만인 기독교도 가운데 많은 이들이 높은 수준의 교육과 전문직을 지향하였으나, 반면 대만총독부는 '미개'한 '토인土人'에게 고도의 교육은 불필요하다는 입장에서 대학은 물론 중학교마저도 설치하려 하지 않았다. 따라서 영국인 선교사가 설립한 대남장로교중학교는 대만인 기독교도들에게는 사회적 지위를 상승시키는 수단이었던 반면, 일본인들에게는 성가신 존재였다.

제Ⅱ부에서는 대남장로교중학교를 둘러싼 상황에 초점을 맞춰, '대만인'이라는 존재가 민족적 주체로 등장하게 된 과정과 이로 인해 영국인 · 일본인 · 대만인 사이의 권력관계가 변화해 간 양상을 분석하였다.

1910년대에는 대만총독부가 대만인 대상의 중등 · 고등교육을 정비하지 않고 방치했다. 이 때문에 비기독교도를 포함한 대만인과 영국인 선교사가 중학교 설립에 협력하는 한편, 이 움직임에 일본인 관료가 대립하는 구도가 형성되었다. 1920년대에 중등 이상의 학교에서 '일대공학제(日臺共學制: 대만인과 일본인의 공학제)'가 실시되자, 공립학교에서는 대만인 학생에 대한 차별사건이 연달아 발생하였다. 그러자 항일운동의 리더도 기독교도·비기독교도를 불문하고 '대만인 중심의 교육'을 실시할 수 있는 사립학교가 필요하다는 입장에서 대남장로교중학교 후원회에 참가하였다. 그리고 대남장로교중학교를 '대만인의 학교'로 만들겠다는 선언서를 발표하였다. 대만장로교중학교의 중심인물인 린마오성林茂生은 미국 컬럼비아대학교(Columbia University)에서 박사학위를 받은 인물이었다. 린마오성은 공립학교에서 전개되고 있는 문화적 동화의 압력은 인격(Personality)의 붕괴를 가져온다고 비판하였으며, 일대별학제日臺別學制[1]를 근간으로 하여 대만 공교육을 변혁해야 한다고 주장하였다.

제Ⅲ부에서는 1930년대 발생한 대남장로교중학교 배격운동과 관련하여 그 전사前史와 후사後史라고 할 수 있는 여러 사건들을 분석하였다.

1920년대 말 대만총독부는 대남장로교중학교를 지정교(指定校: 졸업생이 상급학교에 진학 가능한 학교)로 선정하는 대신, 그 조건으로 집단신사참배를 실시할 것을 요구하였다. 이러한 예는 내지(內地, 일본을 의미)나 조선에서는 살펴 볼 수 없는 것이었다. 대만총독부의 요구에 대한 학교 관계자들의 견해는 분분하였으나 결국 신사참배는 이루어지지 않았

---

1 제2차 대만교육령에서는 대만인이라도 '일본어를 상용하는' 아동은 일본인이 다니는 소학교에 입학할 수 있도록 공인하였다. 또한 중등 이상의 학교에서도 일본인과 대만인의 공학을 원칙으로 하였다. 제2차 대만교육령에 대하여 린마오성은 현지주민에 대한 '차별적 불이익'은 이론적으로 제거되었을지라도, 실제로는 반드시 그렇지만은 않다고 지적하며 문화적 동화라는 새로운 문제가 발생할 수 있다고 주장하였다. 그리고 대만인과 일본인이 별도의 교육기관에서 교육을 받을 수 있는 일대별학제를 주장하였다. 駒込武, 『世界史のなかの台湾植民地支配』(東京: 岩波書店, 2015) 참조.

다. 1934년에는 신사참배를 거부하는 '비국민양성기관'은 폐교해야 한다는 배격운동이 대만의 내지인들 사이에서 전개되었다. 배후에는 대만에 주둔 중이었던 군부의 의향도 개입되어 있었다. 교장인 영국인 선교사는 기독교주의를 유지할 수만 있다면, 대만인의 자치(Taiwanese independence)를 옹호할 필요가 없다는 입장에서 총독부의 요구에 타협해 신사참배를 실시했을 뿐만 아니라, 린마오성을 학교에서 추방하였으며, 후원회도 해산하였다. 그리고 내지인을 이사회장과 교장으로 채용한다는 방침을 결정하였다. 당시 대만총독부의 문교국장이었던 야스다케 다다오安武直夫는 1935년 평안남도 지사로 전임한 후, 미국북장로파 선교사가 평양에 설립한 숭실학교의 배격운동에도 불씨를 지피는 역할을 하였다. 내지에서도 도시샤同志社 배격운동이 발발하는 등 전체주의화의 추세는 제국일본 전체를 뒤덮어 갔다.

종장에서는 린마오성의 이후 행적을 추적하였다. 일본의 패전 후, 그는 탈식민지화를 지향하는 언론활동을 활발히 전개하는 동시에 대만대학교 교수로 부임하여, 대만대학교를 '대만인의 학교'로 만들고자 하였다. 그러나 중국 국민당을 핵심으로 하는 새로운 통치자는 일본인에 의해 '노예화'된 존재로서 대만인을 인식하였으며, 식민지시대와 마찬가지로 중요한 정치적 지위에서 그들을 배제하였다. 1947년 2월 말 사실상 재식민지화라고 할 수 있는 사태에 환멸을 느낀 대만인들은 반정부반란을 일으켰다. 장제스蔣介石는 군대를 파견하여 가혹한 무력 탄압을 실시하였으며, 그 가운데 린마오성도 '대만의 독립'을 '망상'했다는 죄로 처형되었다.

이와 같은 역사적 경위 속에서 드러나는 본서의 주제는 '대만인의 학교'라는 꿈이다. 이는 단순히 대만인이 공부를 하는 학교라는 의미가 아니라, 대만인이 관리 운영하며 고유의 언어·문화·역사적 경험을 전승

하는 장이라는 의미를 가지고 있다. '일본제국주의 타도'라는 목표에 비한다면, 이것은 매우 작은 꿈이라 할 수 있다. 대만 전체를 단위로 한 정치적 해방이라는 큰 이야기와 접점을 가지면서도 기본적으로는 아이들의 '보다 나은 미래'를 위한 작은 이야기이다. 그러나 그 작은 이야기에도 "무한의 혈루血淚, 무한의 열도熱禱, 무한의 정신精神"(1935년 린마오성이 기독교선교 70주년 기념지에 기고한 서문의 표현, 본서 709쪽)이 담겨 있었다. 식민지화 이전, '대만인'이라는 단어에는 '대만에 거주하는 사람들' 이상의 의미는 없었다. 그러나 이것은 공통의 피억압의 역사적 경험 속에서 점차 상상 가능한 것이 되었다. 게다가 '대만인의 학교'라고 하는 작은 꿈은 실현하기 어려웠을 뿐만 아니라, 폭력적인 수법에 의해 파괴되었다. 본서에서는 그 역사적 과정을 그리는 작업을 통해서 식민지주의적 폭력을 드러내고자 하였다.

2. 조선과 대만의 사이

대남장로교중학교의 역사를 축으로 영국인·일본인·대만인이 서로 얽혀가는 역사를 그려가는 가운데 조선과 대만의 식민지교육을 비교하였다. 비교 포인트는 학교 제도 속에서 사립학교가 차지하는 위치이다. 대만의 경우, 사립학교가 매우 적었으며, 중학교 수준의 사립학교로는 영국 장로교회계열의 대남장로교중학교와 캐나다 장로교회계열의 담수淡水중학교 정도를 꼽을 수 있다. 이에 비해 조선의 경우, 사립학교가 차지하는 비중은 컸다.

대만과 조선의 차이가 명료하게 드러나는 것이 1922년에 공포된 '제2차 대만교육령'과 '제2차 조선교육령'이다. '대만교육령'에서는 중학교, 고등여학교의 '내대공학內臺共學'을 원칙으로 하였으나, '조선교육령'에서는 '국어(일본어)를 상용하는' 자는 중학교와 고등여학교, '국어를 상용하지 않는' 자는 고등보통학교와 여자고등보통학교로 하는 별학別學을 원칙으로 하였다. 린마오성은 박사학위 논문에서 이 차이점에 주목하여 대만에서도 조선과 마찬가지로 '하나의 제도 그러나 다른 학교(One system, but separate schools)'를 추구해야 한다고 논하였다(본서 376쪽).

'제2차 대만교육령', '제2차 조선교육령'은 추밀원에서 동시에 심의되었으며, 같은 날 공포되었다. 그럼에도 불구하고 왜 이러한 차이가 발생하였을까? 조선에서 민족 간 공학을 실시한다면, '사립학교 또는 미션학교의 융성'을 초래할지도 모른다는 논의가 추밀원회의에서 언급되었다는 사실로부터 그 배경을 추측할 수 있다(본서 285쪽). 조선에서는 사립학교가 큰 영향력을 가지고 있었기 때문에, 공립학교에서 공학제도를 실시한다면, 사립학교로 학생이 밀려들지도 모른다는 점을 염려하였던 것이다. 실제로 '제2차 조선교육령'이 적용되고 있던 시기에 사립고등보통학교인 배재학교나 보성학교 이외에, 미국 북장로파계열의 경신학교처럼, 사립각종학교이면서 '전문학교입학자검정규정專門學校入學者檢定規程'에 의해 지정교로 설정된 학교도 존재하였다. 그 결과 조선인이 진학할 수 있는 학교로는 공립중학교, 공립고등보통학교, 사립고등보통학교, 사립각종학교(지정교), 사립각종학교(비지정교)라는 선택지가 존재하였다(실제로 조선인이 공립중학교나 공립고등보통학교에 입학한 경우는 매우 소수였으나, 원칙적으로는 가능하였다).

이에 비해 대만의 경우, '제2차 대만교육령' 하에서 중등 수준의 남자학교는 공립중학교와 각종사립학교(비지정교) 밖에 존재하지 않았다. 고등보통학교는 설치되지도 않았으며, 사립중학교의 설립도 인정되지 않았다. 대남장로교중학교를 포함한 사립학교는 모두 사립각종학교로 인정된 후, '전문학교입학자검정규정'에 의해 지정교로도 채택되지 않았다.

각종사립학교(비지정교)를 졸업해도 상급학교에 진학할 수 없었기 때문에 중도퇴학자가 속출하였다. 원래부터 사립학교 수도 적었고, 학생도 소수였기 때문에 사립학교를 탄압하는 단적인 조치가 취해졌던 것이다.

역사를 거슬러 올라가면, 이와 같은 조선과 대만의 차이는 식민지가 된 시기에 큰 영향을 끼쳤다. 1895년 일본제국의 식민지가 된 시점에도 대만에서는 여전히 과거가 실시되고 있었으며, 근대적인 학교가 매우 적었다. 식민지화 이후 새로운 사립학교를 창립하려는 시도가 이루어지기는 하였으나, 내지인을 대상으로 하는 실업학교, 실업보습학교 이외에는 대만총독부의 허가를 받지 못하였다. 게다가 대만총독부는 1905년 '단체의 비용 징수 및 기부금품 모집에 관한 규칙團體ノ費用徵收及寄附金品募集ニ關スル規則'을 제정하여 "위생, 교육" 등 "공공의 이익"을 목적으로 기부금품을 모집하고자 할 때에는 총독의 인가가 필요하다고 정하였다(본서 225쪽). 그 결과 청대의 학전學田 등의 재산을 전용하여 사립학교를 건설하고자 하는 시도가 저지되었다.

이에 비하여 조선에서는 갑오개혁으로 과거가 폐지된 이후, 개화파 지식인과 미국선교사에 의해 학교건설이 이루어졌으며, '보호국' 시기에 이미 많은 사립학교가 설립되어 있었다. 1909년에는 '기부금품모집취체규칙寄附金品募集取締規則' 등이 실시됨에 따라 사립학교의 재정적 기반이 파괴되었고, 1915년에는 사립학교규칙이 개정됨으로써 많은 기독교계열의 사립학교가 폐교되었다. 그럼에도 불구하고 1920년 시점에 700개 정도의 사립학교가 존재하고 있었다. 이에 비해 같은 1920년에 대만의 사립학교는 20개교 정도에 지나지 않았다. 인구 규모의 차이가 5대 1 정도였음을 고려한다고 해도 이것은 큰 격차라 할 수 있다.

조선에서 사립학교는 '불온사상의 요람'이라고 간주되었으며, 1930년대 신사참배 문제를 계기로 이미 성장한 거목을 쓰러뜨리듯이 사립학교

에 대한 탄압이 전개되었다. 이에 비하여 대만의 경우에는 맹아 상태인
채 뚜껑을 덮어버려 성장을 방해하는 조치가 취해졌다고 비유할 수 있
다. 두 방법 모두 폭력적이지만, 대만의 경우에는 맹아의 상태로 존재했
을 가능성을 고려하지 않는다면 식민주의를 둘러싼 공방을 살펴보기 어
렵다는 사정이 있다.

3. '혁명'과 '자치' 사이

'3 · 1운동 및 5 · 4운동 100주년을 맞이하여 동아시아 혁명의 연쇄와 교
차를 재인식하는 장'이라는 본 연구회의 주제와 지금까지 살펴 본 대만
의 역사는 어떻게 관련되어 있을까? 가령 '혁명'이라는 단어를 사회주의
와 연결시키는 것을 보류하고 민중봉기라는 의미로 풀어낼 경우, 1947년
국민당 정부에 대한 반정부반란(2 · 28사건)에서 '혁명'이라는 단어가 사용
되었음에 주목할 수 있다. 당시 대만 각지에서 대만인이 국민당 정부군으
로부터 무기를 빼앗아 시가지 중심부를 점거하는 사태가 발생하였다. 일
본어로 쓰인 삐라에는 "혁명의 때가 도래했다. 결코 타협할 수 없다. 우리
들은 봉건적 독재정치가 완전히 타도될 때까지 무기를 버려서는 안 된다.
자유를 위해, 민주정치를 위해, 모든 민중이여, 무장하여 일어나라!"라고
적혀 있었다(본서 691쪽). 당시 분노는 단순히 국민당 정부의 실정을 향해
있었던 것만이 아니라 '자유'와 '민주정치'를 저지하는 식민지주의에도 향
해 있었다. 즉, 참정권의 제한, 전매제도, 대만 고유의 언어 · 문화 · 역사
적 경험에 대한 억압이 계속되고 있는 상황에 대해서도 분노하고 있었던
것이다. 이 반란 가운데 린마오성은 아들에게 다음과 같이 말하였다고 한
다. '(일본인은) 일반대중의 생활수준을 개선하였다. 그러나 우리들이 자기

자신을 관리하여, 정치에 참여하는 것을 의도적으로 막았다. 게다가 불행한 것은 대만인이 한 가지의 형태의 정치체제 밖에 알지 못한다는 것이다. 그것은 식민정부이다'(본서 793쪽). 이 말은 대만총독부와 국민당 정부는 '식민정부'라는 점에서 공통적이라는 그의 인식을 나타낸다. 식민지주의에 대한 분노야말로 '혁명'의 원동력이었던 것이다.

그럼 왜 그러한 사태가 일본 식민지 시대에는 발생하기 어려웠을까? 식민지기에는 섬 전체 구석구석까지 둘러 싼 경찰의 감시조직에 의해 반란의 싹이 사전에 뽑혔기 때문이다. 그 뿐만이 아니라 이른바 일본인에게 선수를 빼앗겨 '대만인'이라는 민족적 상상의 싹 자체가 성장할 수 없었다는 이유도 있다. 그럼에도 이 민족적 상상은 '자치'를 중시하는 재래의 사회적 관습 위에 성립하고 있었으며, 대만항일운동이 전개해 가는 중에도 '자치'의 획득이 중시되고 있었다.

'혁명', 그것도 사회주의 국가건설과 연결되는 '혁명'을 중시하는 지향과 이 '자치'의 지향이 항상 모순되는 것은 아니라 해도, 그 방향성은 미묘하게 다르다. 이것을 확인한 후에 이 '자치'의 지향을 어떻게 평가해야만 하는가라는 문제에 직면할 수 있다. 후지타 쇼조藤田省三는 마르크스주의의 국가론의 빈약함을 언급한 부분에서 "정치에서는 가능한 한 소규모의 인간접촉을 할 수 있는 범위를 지킬 수 있도록 노력해야 한다"고 지적하였다(후지타 쇼조, 『전체주의의 시대경험』, 미스즈쇼보, 2014, 187쪽)[1]. 이것을 '자치' 지향의 재평가로 바꾸어 읽을 수 있지 않을까? 독재정치에서는 '인간접촉을 할 수 있는 범위를 지키는' 것조차 어렵다는 게 명확해졌기 때문에 2·28사건이라는 '혁명'이 발생하였다고도 할 수 있지만, '자치' 지향의 평가는 더욱 진중히 논의해야 할 과제라고 생각한다.

---

1   藤田省三, 『全体主義の時代經險』(東京: みすず書房, 2014).

제국주의 연구와 제국사 연구를 잇는다는 것[*]

『세계사 속 대만 식민지 지배』를 읽고

문명기

1. 들어가며: 닭과 오리의 대화(鷄同鴨講)?

이 글의 기본적인 목적은, 식민지제국 일본의 역사에 대한 철저한 내재적 비판의 관점을 지속적으로 제시해 온 고마고메 다케시(駒込武, 이하 '저자'로 칭함)의『世界史のなかの臺灣植民地支配: 臺南長老教中學校からの視座』(岩波書店, 2015)(이하 '이 책'으로 칭함)에 대한 비평을 수행하는 것이다. 일본에서는 이 책을 대상으로 한 학술회의가 이미 두 차례에 걸쳐 진행되어 이 책이 가지는 학술적 · 현실적 의의가 충분히 검토된 바 있다.[1] 대만에서도 이미 번역서가 간행되었고, 해당 번역서에 수록된 〈해설〉(吳叡人, 「導讀 − 奧林 − 斯的凝視」)을 통해 이 책이 가지는 강점과 약

---

* 이 글은 제5회 〈연세한국학포럼〉에서 발표하고『동방학지』188(2019. 9)에 게재한 원고를 수정 보완한 것이다.

점에 대해서 검토된 바 있다.[2] 일본사나 제국사 · 식민지사 분야에서 저자의 연구는 늘 주목을 받아왔기에, 첫 번째 저서는 이미 한국어로 번역되었고, 이 책의 내용 역시 부분적으로나마 번역 · 소개되기도 했다.[3] 저자의 표현을 빌리자면 이 책은 '이종격투기'[4]의 링에 올라 치열한 공방을 이미 여러 차례 치른 셈이다. 따라서 이제 와서 새삼스럽게 왈가왈부하는 것이 다소 '뒷북치는' 느낌도 없지 않다. 이제까지 행해진 수많은 '논평

1 2016년 3월에 북경외국어대학 해외사정연구소에서 〈書評コロキアム: 駒込武,『世界史のなかの臺灣植民地支配』〉가 개최되었고(米谷匡史,「特集: 書評コロキアム: 駒込武,『世界史のなかの臺灣植民地支配: 臺南長老教中學校からの視座」,『Quadrante』19[東京: 東京外國語大學, 2017], 59쪽), 2017년 7월에는 도시샤대학(同志社大學)에서 〈はざまから再考する帝國史〉라는 주제로, 주로 영국제국사 연구자들과 저자의 학술적 대화의 장이 마련되었다. 도시샤대학의 학술회의는, 미즈타니(水谷智), 모리모토(森本眞美), 나미카와(並河葉子)를 메인 코멘테이터(main commentator)로 하고, 기바타(木畑洋一), 염운옥(廉雲玉), 다나카(田中智子)를 게스트 코멘테이터(guest commentator)로 하여 진행되었다. 두학술회의의 결과물이 각각『Quadrante』19(2017)와『社會科學』48-1(京都: 同志社大學, 2018)에 특집으로 수록되어 있다.

2 駒込武 著,『臺灣人の學校之夢: 從世界史的視角看日本の臺灣殖民統治』, 蘇碩斌 · 許佩賢 · 林詩庭 譯(臺北: 臺大出版中心, 2019). 다만 이 번역서를 아직 입수하지 못하여 참고할 수는 없었다. 다만 저자가 대만사범대학 대만사연구소의 객원교수(客座教授)로서 3개월간 진행한 강의의 일환으로 이 책에 대한 서평회가 올해 초에 진행된 바 있다. 해당 서평회 영상이 유튜브(Youtube)에 업로드되어 있어서 아쉬운 대로 본서에 대한 대만학계의 반응의 일단을 살펴볼 수는 있었다.(臺灣師範大學 臺灣史研究所, 〈駒込武/吳叡人/吳豪人對談(字幕版 v.2)〉, 2019. 1. 9. (https://www.youtube.com/watch?v=LBHmbSI9J4I&t=114s&fbclid=IwAR2v004N_EovLIip4Q_xqoU0ZoPHTXU6BYfF-9wgVw9pGK_Gd7vYtIY6dV4). 관련 정보를 제공해준 대만사범대학 대만사연구소 허패현(許佩賢) 교수에 감사를 표한다.

3 고마고메 다케시,『식민지제국 일본의 문화통합: 조선 · 대만 · 만주 · 중국 점령지에서의 식민지 교육』, 오성철 · 이명실 · 권경희 역(역사비평사, 2008), 저자의 첫 번째 저서, 그리고 이 책에 일부 또는 전부가 반영된 논문으로는 고마고메 다케시,「1930년대 타이완에서의 미션스쿨 배격운동」, 사카이 나오키 외,『총력전하의 앎과 제도』, 이종호 외 역(소명출판, 2014); 고마고메 다케시,「조선에서의 신사참배 문제와 일미관계: 식민지 지배와 '내부의 적'」, 강명숙 외,『식민지 교육연구의 다변화』(교육과학사, 2011); 고마고메 다케시,「제9장: 식민지 지배와 교육」, 쓰지모토 마사시 · 오키타 유쿠지 외,『일본교육의 사회사』, 이기원 · 오성철 역(경인문화사, 2011); 고마고메 다케시,「식민지에서의 신사참배」, 미즈노 나오키 외,『생활 속의 식민지주의』, 정선태 역(산처럼, 2007) 등이 번역되어 있다.

의 향연'에 필자가 덧붙일 말이 있을까. 더구나 대만사에 발을 들여놓기는 했어도 통상적인 분류에 따르면 사회경제사 영역(재정·경찰·의료위생)에서 식민지 조선·대만의 비교연구에 종사하는 필자가, (문화론적 전회와 공간론적 전회 등) 제국사 연구의 '방법적 혁신'을 주도하여 그 성과를 문자 그대로 집대성한 이 책을 논평한다는 것이[5] 그야말로 '닭과 오리의 대화'가 되지는 않을까.

여러 가지 걱정이 앞서면서도 이 책의 논평이라는 부담스러운 임무를 맡은 것은, 우선 이 책을 꼭 읽고 싶었기 때문이다. 대만사 연구자라면 꼭 읽고 넘어가야 하는 책이면서 동시에 "베개로 쓰기에도 너무 두꺼운" 이 책을 필자의 '자유의지'에 맡겨서는 도저히 읽을 수 있을 것 같지 않았다.[6] 아울러 이 책에 대해 이미 논평한 연구자 중에 사회경제사 분야의 연구자는 드문 편이다. 또 필자는 대체로 '최신의 연구 경향'과는 다소 거리를 두는 편인데, 문외한이기에 가질 수도 있는 장점을 발휘한다면 어느 정도 기존에 수행된 논평과는 색다른 논평도 가능하지 않을까, 하는 기대도 없지는 않다.

---

4 저자는 동경외국어대학에서 개최된 〈書評コロキアム〉에 대하여 "서평자는 영문학의 미하라(三原芳秋), 영국제국사의 미즈타니(水谷智), 일본사(오키나와 근현대사)의 도베(戶邊秀明), 대만사의 시미즈(淸水美里) 등으로 다채롭다. 이러한 '이종격투기적(?)인 대화의 장의 설정은 나에게 있어서 숙원이었다"라고 밝히고 있다(駒込武, 「帝國のはざま」を思考すること: 書評への應答」, 『Quadrante』 19[2017], 90쪽).

5 "일본 본국을 기축으로 한 '제국사'와 대치할 수 있는 '제국사'를 그릴 수 있는가?"라는 물음에 가장 적합한 응답을 내놓은 것이 이 책일 것이다(홍종욱, 「일본 학계의 '제국사' 연구」, 『역사와현실』 92[2014], 383쪽). 저자의 문제의식의 깊이와 넓이는 이 책의 「서장: 제국의 틈새에서 생각하다」만 읽어보아도 충분히 짐작할 수 있다.

6 「あとがき」, 駒込武, 앞의 책(2015), 710쪽.

2. '영국 요인'과 '중국 요인'

저자는, 복수의 국민제국이 동시성을 가지고 경쟁하면서 공조하는 '경존체제競存體制'를 제시한 야마무로 신이치山室信一의 국민제국론 개념을 활용하여, 대만에 대한 식민지 지배를 둘러싼 영국제국과 일본제국의 경존체제를 상정한다. 그리고 대만을 둘러싼 제국들의 대립에도 불구하고 이들 여러 국민제국이 '협동하에 대만인을 억압하는' 경존체제를 구축했다고 서술하고 있다. 구체적으로는 제3부 제8장(타이난장로교중학 배격운동)에서 전체주의적 테러와 압도적인 폭력에 직면한 대만인에 대해 선교사 밴드(Band, Edward)와 영국 영사 오벤스(Ovens, A. R.)가 (결과적으로) 보인 모종의 '무신경한 냉담함'을 지적하면서, 제국의 중심에 속해 있다는 의식, 인종적 차별에 기초한 타민족에 대한 모멸감 및 자민족에 대한 우월감을 특징으로 하는 '제국의식'이라기보다는 차라리 대만인과 일본인의 대립관계를 무시할 수 있는 무신경, 식민지 지배라는 차별적 질서 아래 놓인 사람들의 구체적인 괴로움에 대한 무신경이라는 면에서 '제국적 무의식'(에 의한 인식 장애)으로 이를 포착하고 있다.[7] 이러한 영국인 선교사나 대만 주재 영국 영사의 태도와 행동에 대한 분석은, 영국제국과 일본제국에 의한 두 개의 식민지주의를 '하나로 꿰어서串刺し' 비판할 필요를 강조하는 저자의 입장으로 미루어보아 납득할 수 있는 접근이기도 하다.[8]

다만 대만 식민지사의 전개 과정에 대한 실질적인 영향력이라는 면에서 일본제국과 영국제국이 동등하게(또는 '하나로 꿰어서') 다루어지는 것이 적절한지는 의문이다. 저서에서도 잘 제시되어 있듯이, 1910년 이전을 다룬

---

7 駒込武, 앞의 책(2015), 515~520쪽.

8 駒込武, 앞의 책(2015), 28쪽; 水谷智, 「駒込史學が広げる間帝國的な視座の可能性」, 『Quadrante』19(2017), 82쪽.

제1부에서는 청일전쟁이나 러일전쟁, 그리고 영일동맹에 따른 한국의 보호국화 촉진 등을 통하여 일본제국과 영국제국의 '공범 관계'가 쉽게 포착된다. 하지만 제2부(1910~20년대)와 제3부(1930년대)에서는 '협동하에 대만인을 억압'한 '공범 관계'라고 하기에는 영국제국의 대만에서의 존재감이 다소 미약했던 것은 아닐까. 이와 관련하여, 대만학자 오예인吳叡人은 식민지 대만에서 영국 영사관이 존재하는 것 외에는, (그리고 영국과 관계 있는 미션스쿨은 치외법권도 누리지 못했고 조계租界와도 성격이 달랐다는 점에서) 영국제국의 존재감이 미약했다는 점을 지적한 바 있다. 즉 일본제국과 대영제국이 모종의 '구조적 긴장 관계'를 가지기 위한 전제로서의 힘의 대칭성이 성립하지 않았다는 것이다.[9]

필자도 오예인의 지적에 동의하는 편이지만 사회경제사적 각도에서 약간의 보충설명을 보태고 싶다. 19세기 후반 영국이 대만에 존재감을 드러내게 된 연유를 생각해보면 어째서 대략 1910년 이후 존재감이 없어졌는지를 이해하는 데 도움이 될 듯하다. 1860년 제2차 중영전쟁(애로우호 사건) 결과 대만의 담수(淡水, 대만 북부)와 안평(安平, 대만 남부)이 개항되고 대만 경제가 세계 경제와 연결되면서, 대만의 특산품이라고 할 수 있는 장뇌樟腦나 차茶 등에 대한 서양 상인의 수요가 급증하게 된다. 이때 가장 먼저 대만에 진출하여 장뇌·차·설탕 무역(수출)과 아편 무역(수입)에 적극적으로 나선 것이 영국 상인이었다. 하지만 대만이 일본에 할양된 이후, 좀 더 정확히 말하면 구미 제국과의 조약개정이 완료된 후부터

---

9 臺灣師範大學 臺灣史研究所, 〈駒込武/吳叡人/吳豪人對談(字幕版 v. 2)〉, 2019. 1. 9. 정치학자인 오예인은 저자의 '제국의 틈새'라는 개념을 비교정치학에서의 인터페이스(interface) 개념과 같다고 보았다. 인터페이스 개념은 복수의 제국 간의 역량이 대칭적이고 구조적 충돌이 존재한다는 것을 전제로 하는데, 식민지 대만의 경우 일본제국과 영국제국의 역량은 완전히 비대칭적이었고 구조적 충돌의 가능성도 거의 없었다는 것이다.

대만총독부는 외국자본의 구축에 총력을 기울였다. 대만총독부는 아편과 장뇌에 대해서는 전매제도를 도입하고, 설탕에 대해서는 일본 자본의 대만 진출을 적극적으로 유도하여 1905년경, 늦어도 1910년경에는 영국 상인을 필두로 하는 외국자본을 완전히 구축하고 대만 경제를 일본 내지에 종속시킨 경제로 변모시켰다.[10] 대만 진출의 최대 이유였던 경제적 유인이 대부분 사라지게 되면서 영국제국의 대만에 대한 이해나 관심이 급격히 축소되었고, 대영제국이 대만에 개입할 여지는 거의 없었다는 것이 대체적인 관찰이다. 선교사로서 대만인의 자치를 지킬 "희망도 권리도 없다"라고 한 밴드의 발언은 식민지 대만을 둘러싼 대영제국의 존재감의 실상을 반영한 결과는 아니었을까.

한편 이 책에서 적대적 공범 관계로서의 '영국 요인'이 (특히 1910년 이후에는) 실제보다 다소 과장되어 서술된 측면이 있는 반면, 대만인의 '자율적 공간' 확보를 위한 노력의 과정에서 비교적 분명한 흔적을 보였던 '중국 요인'에 대해서는 조직적으로 서술되어 있지는 않은 것 같다. 실제로 대만인의 정치 운동에 끼친 '중국 요인'의 영향은 단순하지만은 않다. 우선 대만 사회의 자율적 공간 확보 노력을 추동한 측면에 대해서 살펴보자. 신해혁명과 중화민국의 수립(1912년)은 1910년대 대만에서의 무장 항일의 부활을 자극했다.[11] 5·4운동의 영향도 현저하여 대만의 청년지식인들은 순회강연

---

10 주된 수출선이 미국·영국 등이었던 차 무역에서만큼은 미국·영국 상인이 더 오래 버텼지만, 결국에는 차 무역에서도 양상이 구축된다(矢內原忠雄, 『帝國主義下의 臺灣』〔東京: 岩波書店, 1988〈1929〉), 34~39쪽). 불평등조약 하에서의 장뇌 등을 둘러싼 대만총독부와 양상의 갈등과 해결 과정에 대해서는 黃紹恒, 『臺灣經濟史中의 臺灣總督府』(臺北: 遠流, 2010)을 참조.

11 야나이하라는 이 점에 대해 1910년대에 일어난 대만인의 무장저항이 "1912년 신해혁명의 사상적 영향을 받아 혁명적 음모를 계획했고, 혁명적이지 않은 사례들도 중국으로부터 지원병이 온다든지, 중국의 책봉과 임관을 받았다든지 하는 것을 구호로 내걸고 인민을 규합한 것이다"라고 파악하고 있다(矢內原忠雄, 앞의 책[1988], 189~190쪽).

회巡廻演唱會 등의 수단을 통해 문화계몽 운동을 전개했고, 이는 1920년대의 노동자·농민 운동과 대중적 반일운동의 고양에 상당히 중요한 역할을 했다. 이러한 현상으로 인하여 대만의 1920년대를 '대만 항일사상의 5·4운동기'라고 부르기도 한다.[12] 요컨대 식민지시기 대만인은 '중국과의 동일시'를 일종의 '저항 담론'으로 활용한 측면이 분명히 있다.[13]

저자 역시 이 점에 대해 잘 인식하고 있는 듯하다. 예컨대 임무생林茂生은 미국 유학 시기에 작성한 자신의 학위논문에서 "공학교公學校에서는 한문을 필수과목으로 하고, 중등학교에서는 중국적 방식(밑줄은 필자)으로 한문을 가르쳐야 한다"고 논하고 있다. 또 "현재 학교의 커리큘럼은 오래된 대만문화 — 중국문화에 대하여 전혀 고려하지 않고 있다"라고 서술하고 있다.[14] 또한 "한편에서는 일본에 의한 피지배라는 정치적 경험(교육에 있어서 동화 압력에 노출되는 것도 그 일부이다)을 공유하는 사람으로서 '대만인'을 민족(nation)으로 간주하는 지향이 있고, 다른 한편에서는 한민족漢民族으로서의 전통적 생활양식을 민족(nation)의 발판으로 간주하는 지향이 있었다. 즉 임무생의 학위논문은 대만 민족주의의 표현임은 확실하지만, 반드시 중국 민족주의와 모순·대립하지 않고 겹치는 부분

---

12 若林正丈, 『台灣抗日運動史研究』(東京: 硏文出版, 1983), 251~252쪽.

13 黃俊杰, 「論「台灣意識」的發展及其特質」, 夏潮基金會 編, 『中國意識與台灣意識論文集』(臺北: 海峽學術出版社, 1999), 9~16쪽. 한편 고등교육기관이 절대적으로 부족했던 대만을 떠나 대륙으로 유학한 대만인도 적지 않았다. 예컨대 불완전한 통계이기는 하지만 1928년 시점에서 약 344명의 대만인이 대륙으로 유학한 것으로 추정된다. 이들 중 일부는 대만으로 돌아와서 항일운동에 종사하거나 대륙에 남아 각종 항일적 성격의 단체(北京臺灣青年會·上海臺灣青年會·臺灣自治協會·平社·臺韓同志會·閩南臺灣學生聯合會·中臺同志會·廣東臺灣學生聯合會 등)를 조직하고 대만 내의 정치사회 운동과 연계된 활동을 전개하기도 했다(吳文星, 『日治時期臺灣的社會領導階層』[臺北: 五南, 2008], 13~114쪽).

14 저자가 말하는 '중국적 방식'이란 한문 문장을 일본어 어순에 맞추어 읽는 일본식 훈독(讀み下し)이 아니라 한문의 본래 어순에 따라 읽는 것을 의미한다(駒込武, 앞의 책 [2015], 375~376쪽).

도 있었다"라고도 언급하고 있다.[15] 다만 문제는 이 '중국 요인'이 이 책 속에서 맥락화되어 있지 않다는 점이다. 즉 대만총독부와의 힘겨운 싸움을 통해 획득하게 될 '자치적 공간'의 내실이 (일부 대만인 신도 사이에서만 통용될 수 있는) 교회백화자敎會白話字에 머무르는 것이 아니라, 지배체제가 강요하는 문화에 대항할 수 있는 대만 ― 중국 문화의 상징으로서의 '한문'까지 포괄하고 있다는 점을 더 분명하게 자리매김해야 하지 않을까. 이런 의미에서 흥미로운 것이 바로 「신대만어진열관新臺灣話陳列館」이다.

1933년 12월부터 1935년 3월까지 『대만교회공보臺灣敎會公報』에 임무생이 연재한 「신대만어진열관」은 일종의 자전字典 역할을 하는 문장이었다. 예컨대 '주의注意'라는 표제어의 경우, 교회백화자로 간략하게 그 의미를 설명하고, 뒤이어 '주의'에 해당하는 일본어 및 영어 단어를 제시한다. 뒤이어 해당 단어가 (민남계) 대만어, 일본어, 영어 및 중문으로 각각 어떻게 표현되는지를 보여주기 위해 예문을 제시하고 있다. 필자가 주목하고 싶은 것은 중문 예문이다. 예컨대 '주의'라는 단어를 설명할 때의 중문 예문은 "[史記田完世家] 공자는 만년에 주역을 좋아했다. 주역은 술수術數로서 그윽하고 분명하고 심원하다. 통달한 인재가 아니면 누가 (주역에) 주의할 수 있겠는가?孔子晩而喜易, 易之爲術, 幽明遠矣. 非通人達才, 孰能注意焉. [賈傳] 천하가 편안하면 재상宰相에 주의를 기울이고 천하가 위태로우면 장수將帥에 주의를 기울인다天下安注意相, 天下危注意將."라고 되어 있다.[16] 대만 내에서만 통용될 자전을 염두에 둔 것이라면 필요하지 않은 고전 한문 문장을 굳이 인용한 것에는 무언가 임무생의 의도가 담겨 있다고 보

---

15 駒込武, 앞의 책(2015), 379쪽.

아야 하지 않을까.[17]

한편 '중국 요인'이 반드시 저항 담론으로만 활용된 것은 아닌 것 같다. 예컨대 대만 민족운동의 상징처럼 되어 있는 임헌당林獻堂 같은 인물이 동경과 대북臺北, 북경 등에서 중국인 주요 인사들과 접촉하여 대만 민족운동에 관한 '조언'을 들었다는 사실은 잘 알려져 있다. 필자에게는 그 조언의 내용은 물론이고, 조언하는 측과 조언받는 측의 관계나 구도 역시 흥미롭다. 1907년 임헌당은 일본 나라奈良에서 양계초梁啓超와 만나게 되는데, 그때 양계초는 임헌당과의 필담을 통해서 "중국은 향후 30년 동안은 대만인의 자유 쟁취를 도울 힘이 전혀 없다. 그러므로 대만 동포들이 의미 없는 희생을 치르는 경거망동은 절대로 하지 말아야 한다. 가장 좋은 방법은 아일랜드가 영국을 대하는 방식을 모방하는 것이다. 일본 중앙정계의 유력 인물들과 두터운 관계를 맺고, 이를 통해 대만총독부의 정치를 견제하여 대만인을 과도하게 압박하지 않도록 해야 한다"라고 말했다.[18]

---

16 인용은 駒込武, 앞의 책(2015), 527쪽의 〈그림 8-10: 林茂生, 「新臺灣話陳列館」(1934. 10)〉에 따랐다. 참고로 일본어 및 영어 예문은 "せんせい(先生)のい(言)うことをちゅうい(注意)して = Pay attention to your teacher"라고 되어 있다. '史記田完世家'는 『史記』「田敬仲完世家」(卷46)를 가리키고 '賈傳'은 『漢書』「陸賈傳」(卷43)을 가리킨다. 한문/중국어의 예문으로 중국(대륙)에서 통용되던 백화문이 아니라 고전 한문을 든 이유는 명확하지 않다. 대만인 '유일의 언론'이라고 칭해지던 잡지 『대만민보(臺灣民報)』가 대륙에서 통용되는 백화문을 그대로 쓴 것과는 대조적이다. 나름의 정치적 함의를 가지는 백화문 사용으로 인해 대만총독부의 '불필요한' 오해를 사지 않으려는 판단의 결과인지, 임무생 자신의 고전 한문에 대한 애호 때문인지, 아니면 다른 이유가 있는지는 불분명하다.

17 이 점과 관련하여 저자는 "자치적 공간에 모인 사람들이, 제국 일본으로의 문자 그대로의 귀속을 바랐던 것인가, 조국 중국으로의 복귀를 지향한 것인가, 대만독립을 지향한 것인가, 이 책에서는 깊이 파헤치려고 하지 않았다. 그 주된 이유는, 검열의 영향도 있어서 이 점에 관한 명확한 언명이 보이지 않았다는 것이다. 그리고 또 하나의 이유는, 귀속 문제를 우선하게 되면 자치적 공간의 창조를 둘러싼 역동성을 왜소화시켜 버린다는 점이다"라고 밝히고 있다(駒込武, 앞의 책[2015], 403쪽).

당시 임헌당의 비서를 담당하던 감득중甘得中이 일본 유학 중이던 1913년에 이타가키 다이스케板垣退助의 소개로 혁명파 정치가 대계도戴季陶를 만났는데, 대계도 역시 "조국은 현재 원세개가 제제帝制를 추진하고 있어서 원세개를 토벌하는 일로 다른 것을 돌아볼 여유가 없다. 원세개를 타도한 이후에야 상황이 정돈될 것이다. 그러니 10년 내에는 대만인을 도울 방법이 없다. 일본 역시 아직 민권 사상의 세례를 거친 국가가 아니어서 혁명을 홍수나 맹수처럼 간주하고 있다. 따라서 대만인이 혁명파 인물들과 왕래한다면 이익을 보기도 전에 손해부터 입을 것이다"라고 말했다.

1907년에 만났던 양계초와 임헌당은 1911년 3월 24일부터 4월 9일에 걸쳐 다시 만난다. 양계초의 대만행의 목적이 무엇인지는 명확하지 않지만,[19] 임헌당은 (『대만통사』의 저자인) 연횡連横 등 수십 명의 대만 저명인사들과 함께 기륭항基隆港에서 양계초를 영접하고[20] 대북 기차역에 도착해서는 열렬한 환영 행사를 개최한 후, 대북 회방루薈芳樓에서 대만 신상(紳商, 상류층에 속하는 상인)들과 함께 성대한 환영회를 열었다. 이후 양계초는 임헌당의 저택인 무봉霧峰의 '내원萊園'에서 일주일 정도 보낸 후 4월 9일 대만을 떠났다. 나중에 양계초는 다음과 같은 대만 체재 소회를 밝히

---

18 林獻堂先生紀念集編纂委員會 主編, 앞의 책(1974), 32~33쪽.

19 丁文江・趙豊田 編, 歐陽哲生 整理, 『梁任公先生年譜長編(初稿)』(北京: 中華書局, 2010), 226쪽에 따르면, 임헌당을 일본에서 만난 이후인 1907년 12월 29일 서불소(徐佛蘇)에 보낸 편지에서, 『강한공보(江漢公報)』의 발간과 강한공학(江漢公學)의 설립을 위한 경비 마련과 관련하여 "그 비용은 현재로서는 방법이 없지만, 대만의 임군(林君, 임헌당)이란 자가 고국에 대한 뜨거운 마음을 갖고 있고 우리 당(=보황파)을 숭배하고 있으니, 제가 그에게 직접 운동하면 얻는 바가 있을 것입니다"라고 쓰고 있다. 또 1911년 2월 13일 서불소에 보낸 편지에서도 "10만 원(元)의 자금을 마련해서 7만 원은 호보(滬報), 3만 원은 경보(京報) 발간에 사용하고 싶다. 현재로서는 실마리가 없지만, 희망을 걸어볼 만한 곳이 있다. 조만간 대만에 가는 것도 자금 마련을 위한 것이다"라고 말하고 있다. 하지만 대만에서의 자금 마련은 양계초의 뜻대로 이루어지지 못했다.

고 있다. "내가 이번에 대만에 온 것은 대만의 행정 중에서 우리의 모범이 될 만한 것을 관찰하고 우리나라 사람들에게 알리기 위해서였는데, 지금은 크게 실망하고 있다. 그렇지만 어찌 모범으로 삼을 만한 것이 없겠는가. 폐제의 개혁, 전매의 실행, 수리의 정비, 토지와 호구의 조사, 위생에의 간여 등이 그러하다. 두드러진 성취를 이루었고 최신의 기술을 응용했기에, 만국이 찬사를 보내고 있다. 그러니 내가 어찌 느낀 바와 다르게 (대만총독부의 시정을) 깎아내릴 수 있겠는가? 또 중국인들이 어찌 마음을 비우고 (대만총독부의 성취를) 따르지 않을 수 있겠는가?"[21]

이들 에피소드는 대체로, 양계초나 대계도의 조언이 임헌당을 중심으로 한 대만인 정치 운동(주로 자치운동)의 방향 설정에 중대한 영향을 끼친 것으로 해석되어 왔다.[22] 하지만 필자는 이 에피소드를 양계초와 대계도의 '제국의식'을 은연중에 드러낸 에피소드로 읽는 것도 가능하다고 생각한다. 이들의 대만 사회의 진로에 대한 조언은, "중국의 부활 → 중국·일본의 역관계의 역전 → 일본 지배의 이탈"이라는 논리를 주장하던 장위수蔣渭水를 대표로 하는 조국파(대만 내부)나 항일단체인 광동대만혁명청년단체廣東臺灣革命青年團體, 중대동지회中臺同志會(이상 중국 대륙) 등의

---

20 양계초의 대만행은 당연히 대만총독부의 경계의 대상이 되었는데, 이에 대해 黃富三, 『林獻堂傳』(新店: 國史館臺灣文獻館, 2006), 26쪽은 "양계초가 대만에 올 때 이토 히로부미의 소개장을 소지하지 않았다면 기륭(基隆) 수상경찰의 제지를 받아 입항할 수 없었을 것이다"라고 서술한 장정창(張正昌)의 『임헌당과 대만 민족운동(林獻堂與臺灣民族運動)』을 그대로 인용하고 있는데, 1911년이면 이미 이토 히로부미는 사망(1909년 10월 26일)한 뒤이다. 다만 이토 히로부미가 아닌, 다른 일본 정계의 유력 인사의 소개나 알선이 있었을 것으로 추정하는 것은 합리적인 것 같다.

21 梁啓超, 「新大陸遊記節錄」, 『附錄二: 遊臺灣書牘, 辛亥, 宣三, 第五信』(臺北: 臺灣中華書局, 1989), 黃富三, 앞의 책(2006), 26쪽에서 재인용.

22 周婉窈, 『日據時代的台湾議会設置請願運動』(臺北: 自立晚報社, 1989), 164~169쪽; 黃富三, 앞의 책(2006), 27쪽 등.

주장과 궤를 같이 한다.[23] 이러한 논리의 밑바탕에는 '자력에 의한 독립/자치/자치적 공간 획득의 불가능성'이 당연한 전제로 자리하고 있었고, 나아가 중국 대륙의 정치 인물에 의한 대만인에 대한 (사실상의 지침 하달과도 같은) '조언' 역시 당연시되고 있었다.

이렇게 본다면 20세기 전반기의 '쇠약한 중국'이라는 실상과는 별개로 중국인들은 여전히 (변형된 형태로나마) '제국의식'을 유지하고 있었던 셈이 된다. 양계초나 대계도 등의 '중국인'과 일본제국 지배하의 '대만인'과의 접촉을 '제국의식'을 매개로 해석할 경우, 1945년 전후에 장개석蔣介石이나 진의陳儀가 대만에 관하여 드러낸 '의식'은 갑자기 돌출적으로 나타난 것이 아니라 나름대로 깊은 뿌리를 가지고 있었던 것은 아닐까.[24] 식민지시기 대만을 둘러싼 '중국 요인'이 가시적으로 눈에 띄는 존재는 아닐지라도 잠재적 가능성으로서의 '제국의식'은 1945년보다 훨씬 이전에도 복류하고 있었다고 보아야 하지 않을까. 개량파(양계초)와 혁명파(대계도)를 막론하고 '중국의 일이 급하니, 대만 문제는 나중에'라는 발상이나, 개량파 활동에 필요한 자금 마련을 위해 임헌당의 '고국(=중국)에 대한 열심'을 이용하지만, 정작 대만인이 처한 상황에 대해서는 무관심하거나 냉정해 보이기까지 하는 태도는, (저자가 지적한 바와 같이) 밴드나 오벤스 등의 영국인들의 무관심(또는 '제국적 무의식')과 통하는 부분이 있지 않을까.

이상의 서술을 통해 보면, 일본제국의 대만 식민지 지배와 관련하여 '중국 요인'을 맥락화하는 것에는 두 가지 의미가 있다고 판단된다. 첫째, 임무생을 포함한 대만인이 자치적 공간의 확보를 위한 노력을 전개할 때

---

23 문명기, 「1920년대 한국·대만의 자치운동에 대한 비교사적 접근」, 『중국근현대사연구』 39(2008), 69~72쪽.

24 저자는 장개석이나 진의가 전후 대만에 관하여 취한 조치들을 볼 때 "이들의 의식이 이토 히로부미나 고토 신페이 등이 '신영토'인 대만에 임했을 때와 얼마나 실질적 차이가 있었는가는 미묘하다"라고 지적하고 있다(駒込武, 앞의 책[2015], 669쪽).

(동화 압력의 무기가 되고 있던 '일본 문화'를 대신할 '문화적 무기'로서) 무엇을 근거로 삼았는가를 보다 풍부하게 이해하게 해준다는 측면이 있다.[25] 둘째, 일본제국에 뒤이어 1945년 이후 등장한 '중국제국'(=중화민국)의 대만에 대한 통치양식 역시 단순히 일본제국을 거의 그대로 계승한 것만은 아니라는 것이다. 즉 대만과 격절되어 있던 시기, 또 자신이 쇠약해져 있던 시기에도 '중국제국'은 '제국(무)의식'을 포기하거나 망각한 것이 아니라 그대로 유지하고 있었다는 점을 새삼 인식할 수 있다는 것이다. 이렇게 보아야 1947년의 2·28 사건과 그 뒤를 이은 백색테러가 '돌발적'인 현상이 아니라, 좀 더 장기적인 역사적 맥락을 가지는 사건으로 자리매김할 수 있지 않을까.[26]

---

25 필자가 대만사에 관심을 가지기 시작한 대략 2000년 무렵부터 현재에 이르기까지의 대만에서의 대만사 연구 경향 중에서 두드러진 특징 중 하나는 '중국의 소거'라는 측면이다. '탈중국화'를 지향하는 최근 대만 사회의 정치·경제적 동향을 생각할 때 이해할 수 없는 것은 아니지만, 그렇다고 해서 역사적으로 엄연히 존재했던 중국이라는 존재를 소거하는 것이 바람직하다고 보기는 힘들다. 언뜻 중국과 무관해 보이는 식민지시기에도, 대만 사회는 물론이고 대만총독부에 있어서조차 '중국'은 '잊고 싶어도 잊을 수 없는' 존재였을 것이다. '중국의 소거'가 정치적으로 올바른(politically correct) 것일지는 몰라도, 역사적으로 올바른(historically correct) 것인지에 대해서는 생각해볼 여지가 많다고 판단된다. 대만학자인 장룽지(張隆志)는 "(대만의) 청대 대만사 연구자와 식민지시기 대만사 연구자가, 자료라는 점에서도 학술용어라는 점에서도 괴리되고 있고, 그 결과 대만사가 중국사 또는 일본사의 주변화된 영역에 머무르고 있음을 지적하고, 이 '거대한 분할'을 극복한 역사서술의 필요성"을 강조했는데(駒込武, 앞의 책[2015], 12쪽), 대만사를 시대별로 분단하여 이해하는 것이 아니라 통합적으로 이해하기 위한 중요한 방법론 중의 하나로서 '중국 요인'을 대만사 연구에 적절하게 맥락화하는 것은 필요하고도 중요하다.

26 야나이하라도 "대만은 일본과 중국이라는 두 불기둥 사이에 끼어 있다"라고 언급한 바 있는데, 이는 1920년대 말의 시점에서 야나이하라에게 '영국 요인'은 거의 의식되고 있지 않았다는 점, 그리고 식민지 대만을 이해할 때 '중국 요인'의 중요성을 강조한 것으로 읽어도 좋지 않을까(문명기, 앞의 글[2008], 21쪽).

3. 국가 — 사회 관계와 '자치적 공간'

이 책은 식민지 지배하에서의 자치적 공간을 지향한 대만인의 시도와 그것이 좌절되는 과정을 치밀하게 묘사하고 있다. 즉 대만남장로교중학 (이하 '장로중학'이라 칭함)이라는 미시적 공간을 '정점관측定點觀測의 거점' 으로 삼고 영국인 선교사, 일본인 관료, 대만인 기독교도의 권력 관계, 그리고 그 변화를 분석하고 있다. 여기서는 장로중학 교두敎頭 임무생이 나 종교주임 황사명(黃俟命, 1890~1950) 등이 교회 밖의 대만인과 제휴하 면서 '대만인의 학교'라는 꿈을 좇지만, 그 꿈이 '압도적 폭력'에 의해 좌 절되는 과정이 주제가 되고 있다(제2부). 따라서 서술의 초점은 식민지 대 만의 미션스쿨인 장로중학의 역사이고 임무생의 삶의 궤적이다. 장로중 학에서는 영국 · 일본 두 제국이 교착하는 식민지 상황에서, '대만인의 학 교', 대만인의 '자치적 공간'을 지향한 시도가 있었다. 이 (항일을 내건 정치 운동에 비하면 상대적으로 '조용한') 시도가, 식민지제국 전체를 휘감은 전체 주의의 압력에 의해 좌절을 강요받는 경위가, 대만 · 조선 · 아마미奄美 · 내지의 상호 연관을 통해 면밀하게 묘사되고 있다(제3부).

저자는 장로중학을 "권력의 근본적인 비대칭 관계 속에서 압제, 근본 적 불평등, 감당하기 힘든 갈등으로 가득한 상호 교섭이 펼쳐지는 무대 인 콘택트 존(contact zone)"으로 설정하고[27] 공적 또는 관제(official) 영역 과는 구별되는 공공(public) 영역으로서의 '자치적 공간'을 확보하기 위한 대만인의 시도와 노력을 정밀하게 추적해 나간다. 다만 이 장로중학이 라는 공간은 많은 '제한'이 설정된 공간이다. 우선 1920년 현재 조선에는

---

[27] 이 콘택트 존은 염운옥에 따르면 실은 '콘플릭트 존(conflict zone)'이기도 했다(第12硏究 [硏究代表者 水谷智], 「記錄: 『世界史のなかの臺灣植民地支配』をどう讀むか: 木畑洋一 · 廉雲 玉 · 田中智子の視點を中心に」, 『社會科學』48-1[2018], 77쪽).

700여 개의 사립학교가 있었던 반면 대만은 사립학교가 20여 개에 불과했고, 이는 5 대 1 정도의 인구 규모의 차이를[28] 고려해도 큰 격차였다.[29] 여기에 당시의 중학교가 일정한 경제적 여유가 있는 중상류 가정의 남성이 진학할 수 있는 엘리트 코스라는 점을 생각하면, '대만인의 학교'라고 해도 실질적인 지시대상은 애매하고 한정적이었다. 더욱이 1922년의 장로중학 인가 신청에는 설립자로서 선교사와 함께 대만인 성명도 나열되었는데, 이는 일본인이나 영국인을 설립자로 하는 사립학교밖에 인가되지 않았기 때문에 당시의 대만에서는 유일한 사례였다.[30] 요컨대 장로중학은 식민지시기 대만 교육사에 있어서나 (입학 가능한 범위나 계층 상승의 가능성 등을 생각할 때) 대만 사회사에 있어서나 대단히 예외적인 존재였다는 점이다.

그럼에도 저자가 장로중학을 분석의 대상으로 삼은 데는 분명한 이유가 있다. 우선 장로중학을 대만인의 학교로 만들려는 꿈도, 영국의 식민 통치에 저항하는 과정에서 (케냐) 마라고리인에 의해 설립된 독립학교

---

28 1910~1938년의 대만의 평균 인구는 4,254,394명, 같은 기간 조선의 평균 인구는 18,780,794명으로, 조선 인구는 대만 인구의 약 4.4배 정도였다. 면적은 조선이 대만의 약 6.14배(1938년 기준)였다.

29 이러한 격차의 원인에 대해 저자는 "조선은 갑오개혁 과정에서 애국계몽운동의 일환으로 자주적인 사립학교가 다수 창설된 반면 대만은 청일전쟁과 함께 식민지가 되는 바람에 자주적인 학교 설립의 여지가 일찌감치 닫혀버렸다"라고 설명하고 있다(駒込武, 앞의 책[2015], 6쪽). 식민지시기 두 지역의 사립학교(와 서당(書堂)/서방(書房))에 관한 풍부한 기초적 통계는 오성철, 「식민지 조선과 대만의 교육 확대: 비교연구를 위한 기초 조사」, 강명숙 외, 앞의 책(2011)을 참조. 참고로 1920년 인구 1만 명 당 사립학교 취학자의 수는 조선이 30.2명, 대만이 4.5명, 1930년 조선이 27.8명, 대만이 4.2명, 1940년 조선이 30.5명, 대만이 4.4명 수준이었다. 저자가 지적하는 사립학교 규모와 취학자 면에서의 격차는 식민지시기 내내 유지되었다고 보아도 좋다. 한편, 1912년에 169,077개였던 조선의 서당이 1941년에도 150,184개로 거의 변화하지 않았던 반면, 1912년에 16,302개였던 대만의 서방이 1939년의 931개를 거쳐 1940년에는 완전히 자취를 감춘 점도 흥미롭다(오성철, 앞의 글[2011], 285~288쪽).

30 駒込武, 앞의 책(2015), 5쪽.

와 마찬가지로 '보다 나은 생활'을 추구한 작은 이야기이기는 하지만, 이 작은 이야기는 세계의 여러 지역에서 식민지 지배나 국가폭력에 저항하는 타자의 다양한 실천에 호응한다는 것이다. 즉 장로중학(과 임무생)은 미시적 차원에서 파악된 개인사의 단독성이 (국가사를 부정적 매개로 하면서) 이러저러한 경역境域을 횡단하여 세계사이 보편성에 연결되는 경로를 발견하기 위한 하나의 장치인 것이다.[31] 장로중학은 또한 신사참배 문제를 둘러싸고 대만총독부와 충돌하고 격렬한 역풍 속에서 대만인의 공공적 공간이 분쇄되어 갔음을 보여줄 수 있는, 달리 말해 역설적으로 식민지 대만에서의 자치적 공간 창출의 '불가능성'을 생각하게 해주는 유효한 소재이기도 하다.[32] 요컨대 '일본 제국주의 타도'를 목표로 한 정치 운동에 비하면 '대만인의 학교'를 목표로 한 운동은 '변변치 못한' 꿈이라고도 할 수 있지만, 그러한 변변치 못한 꿈조차 실현 곤란했을 뿐 아니라 폭력적인 수법으로 분쇄되었음을 이 책은 여실히 보여주고 있다.[33]

다만 이러한 저자의 접근법이 식민지 대만에 대해서는 유효하지만, 식민지 조선에 대해서도 유효할지에 대해서 필자는 다소 유보적이다. 이렇

---

31 駒込武, 앞의 책(2015), 14쪽.

32 清水美里, 「臺灣史研究からの考察」, 『Quadrante』19(2017), 84쪽.

33 駒込武, 앞의 책(2015), 7쪽. 한편 각도를 달리해서 보면 '대만인의 학교'라는 꿈이 쉽게 달성되지 못한 원인 중의 하나를, '대만 도내에서의' 중등·고등 교육을 대체할 수 있는 대안, 즉 일본 내지, 구미, 중국 대륙 등으로의 유학이라는 상대적으로 열린 가능성이 존재했다는 사실에서도 찾을 수 있을 것 같다. 대만학자 오문성(吳文星)에 의한 대만인 엘리트에 관한 종합적인 연구는, 식민지시기에 대만 도내에서 고등교육을 받은 대만인(졸업생)이 약 1만 명 정도인 데 반하여, 내지 유학생(졸업생) 약 5~6만 명을 포함한 유학 경험자는 대만 도내의 고등교육기관 이수자의 6배 이상에 달한다고 추산하고 있다(吳文星, 앞의 책[2008], 104쪽, 112쪽, 114쪽). 확실히 대만총독부는 대만 도내 고등교육기관의 확충에 소극적이었다. 하지만 "소수의 예외적인 현지인을 '제국 운영의 중역실' 근처로 불러들이는 조치"는, 대만총독부의 식민주의적 교육방침에 의해서는 (애초에 '좁은 문'인 데다가) '좁게 만들어진 문'이 되었지만, 일본제국으로의 편입이라는 상황으로 인하여 '넓어진 문'도 존재했음을 함께 고려해야 하지 않을까(駒込武, 「イギリス史との對話の中で考える臺灣植民地支配」, 『社會科學』48-1[2018], 51~52쪽).

게 판단하는 이유에 대해서 필자가 대략 2008년 이후 수행해 온 식민지 대만·조선에 관한 비교연구를 통해 간략히 설명하고자 한다. 우선 재정 면에서 두 식민지 권력의 역량에는 무시할 수 없는 차이가 있었다. 1인 당 세출(=통치경비)의 경우, 1910년은 12.49엔(대만):1.18엔(조선), 1915년 은 10.71엔:3.45엔, 1920년은 25.37엔:6.97엔, 1930년은 25.5엔:9.54엔 등이었다. 시간적 추이에 따라 1인당 통치경비의 격차가 점점 좁혀지는 추세이기는 했지만, 통치경비의 차이는 기본적으로 대단히 커서 식민지 시기 전체를 통해 보더라도 최소 2배에서 최대 4배 이상의 차이를 보였 다.[34] 두 총독부 세출에서의 재정 역량의 격차는 통치 능력의 격차를 낳게 된다. 예컨대 대만과 조선에서는 근대적 의료위생 정책을 수행하기 위 한 제도적 장치로서 공의公醫 제도를 똑같이 운영했지만, 실질적인 효과 면에서는 큰 차이를 낳았다. 근대적 의료기관으로서의 공의의 이용 빈 도 면에서나 (페스트나 천연두 등의) 전염병 및 (말라리아 등의) 풍토병 퇴치 에 있어서 대만총독부가 현저한 성과를 낸 데 반해, 조선총독부의 성과 는 미미하여 식민지시기 조선인을 가장 괴롭힌 전염병인 천연두의 주기 적 발생을 막을 수 없었다.[35] 1901년 경찰관·공의회公醫會 연석회의 석상 에서 고토 신페이後藤新平가 공의에 기대한 것, 즉 구미 제국의 식민지통 치에서 인정人情의 약점에 편승하여 '인심의 통일을 기하는 수단'으로 활 용된 기독교를 대신하여 선택된 '질병을 구하는 길', 즉 의료위생의 보급

---

34 문명기, 「대만·조선총독부의 초기재정 비교연구」, 『중국근현대사연구』 44(2009) 및 문 명기, 「일제하 대만·조선총독부의 세출구조 비교분석」, 『한국학논총』 44(2015) 참조.
35 이 점에 관해서는 문명기, 「식민지 '문명화'의 격차와 그 함의: 의료부문의 비교를 통해 보는 대만과 조선의 '식민지근대'」, 『한국학연구』 46(2013); 문명기, 「일제하 대만·조선 공의제도 비교연구: 제도운영과 그 효과」, 『의사학』 23-2(2014); 최규진, 「대만과 조선 의 종두 정책을 통해 본 일본제국의 식민 통치」, 『국제고려학』 15(2014) 등을 참조.

은[36] 대만에서는 높은 완성도를 보이면서 달성된 반면 조선에서는 대체로 그렇지 못했다.

재정 역량의 격차는, 각종 정치·사회 운동의 탄압은 물론이고 일상적 생활을 규율하는 역할을 부여받은 경찰력(경찰 인력과 경찰관서)의 격차에 두 직결되었다. 예컨대 1913년 경찰 1인당 담당 인구가 대만은 435명인 데 반해 조선은 1,175명으로 거의 1/3 수준이었고, 격차가 줄어든 1930년대에도 대만 경찰 1인당 담당 인구는 조선의 1/2 수준에 불과할 정도로 경찰력이 촘촘히 배치되었다. 경찰관서 배치에서도 대만이 조선에 비해 3~4배 정도 촘촘한 배치를 일관되게 유지했다. 그 결과 경찰력에 의한 일상생활 규율의 정도를 보여주는 지표라고 할 수 있는 범죄즉결犯罪即決 처분 건수는 대만이 조선의 최소 3배에서 최대 10배에 이르는 차이를 나타냈다.[37]

무엇보다도 두 식민지의 통치역량의 격차를 선명하게 가른 것은 경찰력의 감독에 의해 운영되는 경찰보조기구, 즉 보갑제保甲制의 유무였다. 10호를 1갑, 10갑을 1보로 조직하고 연대책임하에 보갑 내의 경찰업무와 일반행정의 보조를 담당하도록 고안된 보갑제는, 촘촘히 배치된 경찰력의 감독·지휘하에 대만인의 일상을 철저하게 통제했다. 보갑이 담당한

---

36 駒込武, 앞의 책(2015), 125~127쪽.

37 문명기, 「대만·조선의 '식민지근대'의 격차: 경찰부문의 비교를 통하여」, 『중국근현대사연구』 59(2013); 문명기, 「일제하 대만·조선 공의제도에 대한 비교사적 접근: 제도외적 측면을 중심으로」, 『한국학논총』 42(2014). 이러한 두 식민지의 경찰력의 차이에 관하여, 대만의 경우에는 경찰 정원의 절반 가까이가 특별행정구역에 거주하던 대만 원주민을 담당하는 '이번경찰(理蕃警察)'에 할당되었다고 보는 견해도 있으나(松田利彦, 「統治機構と官僚·警察·軍隊」, 日本植民地硏究會 編, 『日本植民地硏究の論點』[東京: 岩波書店, 2018], 19쪽에 소개된 石丸雅邦의 연구), 조선의 경우 만주에 인접한 광대한 국경선을 통제하기 위하여 인구밀도가 대단히 희박한 평안남북도나 함경남북도에 상대적으로 훨씬 많은 경찰이 배치되었다는 특수성도 존재한다. 따라서 이번경찰의 존재가 두 식민지의 경찰 배치의 밀도를 결정했다고 단정하기는 어렵다.

직무는 호구조사, 출입자 단속, 풍수·화재 및 토비討匪·강도 등에 대한 경계·수사, 전염병 예방, 아편 단속, 도로·교량의 수선 및 소제, 해충 및 수역獸疫 예방은 물론이고 과세 작물의 조사, 징세 공문의 배포 등 세무·토목·식산殖産 방면의 행정에까지 이르게 되었다.[38] 대만에서 장기간 경찰로 근무한 와시즈 아쓰야鷲巢敦哉는 대만 통치 '성공'의 절반은 보갑제 덕분이었다고 했고,[39] 야나이하라 다다오矢內原忠雄 역시 "보갑이 (중략) 관여하지 않는 곳이 없다. 대만에서 경찰과 보갑의 힘을 빌리지 않으면 어떤 일도 시행하기 어렵다는 것이 작금의 상황"이라고 말하고 있다.[40] 조선과 대만에서 모두 근무한 경험이 있는 모치지 로쿠사부로持地六三郎가 대만에 대해서는 "소위 경찰국가(Polizeistaat)는 당국자의 이상인데, 실제로 대만 경찰은 이 이상을 실현했다"라고 평가한 데 반해[41] 조선에 대해서는 이와 비슷한 표현조차 쓰지 못한 데에는 그만한 이유가 있었다.[42]

요컨대 대만총독부라는 '국가'와 대만 '사회'는 '강한 국가 — 약한 사회

---

38 보갑 간부의 직무 관련 규정과 실제로 수행한 직무에 관해서는 臺灣總督府警務局 編, 『保甲制度及附錄』(臺北: 臺灣總督府 警務局, 1915), 41~47쪽 및 洪秋芬, 「日治初期葫蘆墩區保甲實施的情形及保正角色的探討(1895~1909)」, 『中央研究院近代史研究所集刊』 34(臺北: 中央研究院近代史研究所, 2000), 245~264쪽; 王學新, 「日治時期臺灣保甲制度的經濟分析」, 國史館臺灣文獻館, 『第五屆臺灣總督府檔案學術研討會論文集』(臺北: 國史館臺灣文獻館, 2008), 54~64쪽이 상세하다.

39 中島利郞·吉原丈司 編, 『鷲巢敦哉著作集 Ⅲ』(東京: 綠蔭書房, 2000)(원제: 鷲巢敦哉, 『臺灣保甲皇民化讀本』[臺灣警察協會, 1941] 제3판), 120쪽.

40 矢內原忠雄, 앞의 책(1988), 120쪽, 175쪽. 보갑제에 관해서는 '구관존중'의 대표적 사례 중 하나로 거론되는 경향이 있지만, 필자는 식민지시기 보갑제가 명칭만 같을 뿐 실제로는 청대 보갑제를 철저하게 환골탈태시켰기 때문에 전혀 다른 제도로 이해해야 한다고 판단하고 있다(문명기, 「保甲의 동아시아: 20세기 전반 대만·만주국·중국의 기층행정조직 재편과 그 의미」, 『중앙사론』 47[2018], 106~120쪽).

41 持地六三郎, 『臺灣殖民政策』(東京: 富山房, 1912), 68쪽.

(strong state and weak society)'에 가까웠던 반면,[43] 조선총독부라는 '국가' 와 조선 '사회'에 대해서는 대만의 국가 — 사회 관계와는 다른 이미지가 그려진다.[44] 역사사회학자 마이클 만(Michael Mann)의 정의에 따라 "실제 로 (시민) 사회에 침투할 수 있는, 그리고 조달 능력에 있어서(logistically) 영토 전체에 걸쳐 정치적 결정을 실행할 수 있는 국가의 능력"을 '기반 권 력'(infrastructural power)이라고 정의할 수 있다면, '풍부한 재정 능력 → 효율적인 관료제와 강력한 경찰력 → 경찰력의 철저한 감독 아래 대만 사회를 그물망처럼 연결한 경찰보조기구의 완비 → 식민지통치 목표의 관철'로 거칠게나마 도식화할 수 있는 대만총독부의 '기반 권력'은 식민지 시기 내내 대만 사회를 압도하고 있었다고 판단된다.[45] 식민지에서의 '공 공영역' 또는 '자치적 공간'이 식민지 권력(=국가)과 식민지 '사회'의 힘겨 루기 과정에서 그 범위와 질質이 결정된다고 본다면, 임무생과 대만인의

---

42 모치지는 조선에 대해서 "조선의 제반 행정은 대만과 같이 주도면밀하지 못하고 극히 조방적(粗放的)인 행정에 만족할 수밖에 없다"라고 언급하고 있다. 대만과 조선의 행 정에 대한 평가에서 확실한 온도차를 느끼게 해준다(持地六三郎, 『日本植民地經濟論』[東 京: 改造社, 1926], 113쪽). 1920년대 조선에서도 '경찰협력단체'의 조직이 시도되었 지만, 대개는 '유명무실로 끝나는 결과'를 낳았다(松田利彦, 『日本の植民地支配と警察: 1905~1945年』[東京: 校倉書房, 2009], 480~485쪽).

43 黃昭堂, 『臺灣總督府』, 黃英哲 譯(臺北: 前衛, 1994), 160쪽은 '약민강관(弱民强官)'이라고 표현하고 있다.

44 그 때문에 한 재미 정치학자는 식민지 조선 사회를 '쟁의적(爭議的) 사회(contentious society)'라고 표현하기도 했다(Hagen Koo, "Strong State and Contentious Society" in State and Society in Contemporary Korea, ed., Hagen Koo[Ithaca, NY: Cornell University Press, 1994]).

45 Michael Mann, "The Autonomous Power of the State: its Origins, Mechanisms and Results", States, War and Capitalism: Studies in Political Sociology(Oxford: Basil Blackwell, 1988), 5~8쪽. 반면 조선총독부는 총독부의 의지를 조선 기층사회에까지 침투시킬 수 있는 기제, 대만의 보갑제에 상응하는 제도적 장치를 보유하지 못했다. 필자는 이 점이 두 식민지 권력의 결정적인 차이라고 판단하고 있다. 식민지 조선 경찰이 '조선 내셔널 리즘'에 대하여 늘 경계의 자세를 보인 반면(홍종욱, 앞의 글[2014], 383쪽), 식민지 대 만 경찰에게서는 이러한 경계심이나 긴장감이 좀체 느껴지지 않았다.

자치적 공간을 위한 필사적인 노력은 (유감스럽지만) 애초에 성공할 가능성이 희박하지 않았을까.

물론 저자는 이 점에 대해 예민하게 인식하고 있다. 예컨대 저자는, 소설가 무라카미 하루키村上春樹가 예루살렘상 수상 소감에서 "높고 단단한 벽, 그리고 그 벽에 부딪혀서 깨져버리는 알이 있을 때, 나는 항상 알의 편에 선다. 우리는 하나하나가 알이고, 또 정도의 차이는 있어도 모두 높고 단단한 벽에 직면하고 있다"라고 한 언급을 활용하여, "임무생과 그 주변인들이 '알'이라면, 식민지 지배 시스템을 '벽'이라고 할 수 있고, 졸저에서는 이 '벽'의 높이나 경도를 정밀하게 측정하고 중첩된 벽의 연결을 파악하려고 했다"라고 언급하고 있다. 나아가 (임무생 등이) "하나의 벽을 넘어섰다고 생각하는 순간, 더 높은 벽이 서 있고 복수의 벽의 연결이 출구가 보이지 않는 미궁迷宮을 만들어낸다"라는 표현을 통해, '대만인의 자치적 공간'을 만들어내기 위해 노력한 임무생 등이 직면해야 했던 '벽'의 높이와 경도硬度를 에둘러 표현하고 있다. 저자가 말하는 벽에는 물론 (총독부 관료, 재향군인을 포함한 군부 등의) 일본제국만이 아니라 (영국인 선교사, 영국 영사 등의) 영국제국도 포함되는 것이지만, 임무생 등이 직면한 가장 단단한 벽 중의 하나가 대만총독부였음은 물론이다.[46]

만일 저자가 피식민자의 자치적/자율적 공간을 만들어내는 노력이 직면한 '벽'의 다중성과 강고함을 보이기 위한 연구 전략의 하나로서 (식민지 조선이 아니라) 식민지 대만을 선택한 것이라면, 이 선택은 적절한 선택이었다고 할 수 있다. 하지만 동일한 접근 방식이 식민지 조선에 관해서도 적용될 수 있을까. "일반적으로 '총독부는 조선에서는 심한 짓을 하

---

46 저자는 "그 미궁의 깊이를 파악하기 위해서는, 일본제국에만 창끝을 겨누는 것이 아니라 동시대 다른 제국 간의 관계성을 확인할 필요가 있다"라고 말하고 있다(駒込武, 앞의 글[2017], 93쪽).

고 대만에서는 온건했다'라는 이미지가 있지만, 실은 조선총독부 쪽이 조선인에게 상당히 양보하고 있고 대만총독부 쪽이 더 강경한 조치에 나서고 있었다"라는 파악은 저자의 탁견이고 필자도 당연히 동의한다.[47] 그러나 국가 — 사회라는 각도에서 식민지사를 전체적으로 볼 때 자치적 공간 또는 공공영역 창출의 여지 또는 가능성이라는 면에서 (단지 1930년대 신사참배 강요를 둘러싼 두 총독부의 대응에만 국한되지 않고) 대만과 조선 사이에는 무시할 수 없는 차이가 있었다.

예컨대 식민지시기 관공리 중 (민족별 구분을 정확히 알 수 없는 면리원面吏員을 제외하면) 조선인의 비율은 대체로 40%대의 높은 수준이었고 1942년에는 48.9%에까지 달했다.[48] 식민지 대만의 관공리 구성은 1945년 초 칙임관 161명 중 대만인 1명(대북제대臺北帝大 의대 교수 두충명杜聰明), 주임관 2,121명 중 대만인 29명(1.4%), 판임관 21,198명 중 3,726명(17.6%)일 정도로 열악한 상황이었다.[49] 조선의 경우 1942년 칙임관 172명 중 조선인 39명(22.7%), 주임관 3,271명 중 조선인 451명(13.8%), 판임관 74,201명 중 조선인 27,286명(36.8%)으로 대만에 비하면 사회적 상승 이동의 가능성(저자의 표현을 빌리면 'ラセンの上昇路')은 크게 열려 있었다고 할 수 있다.[50] 또한 (지방의회선거 실시를 포함한) 식민지 지방자치에서도, 대만은 실시 시점(1935년)도 늦었을 뿐 아니라 대만인 의원이 과반수가 되지 못하도록 설계되어 그대로 관철되었던 반면,[51] 조선의 경우에는 실시 시점(1920년)도 훨씬 빨랐고 1931년에는 부회府會나 도회道會가 자문기관에서

47 第12研究(研究代表者 水谷智), 앞의 글(2018), 89쪽.
48 김재호, 「제8장: 정부부문」, 김낙년 편, 『한국의 장기통계: 국민계정 1911~2010(개정판)』(서울대학교 출판문화원, 2012), 189~190쪽.
49 吳文星, 앞의 책(2008), 174쪽.
50 김낙년 편, 앞의 책(2012), 597~599쪽.

의결기관으로 조정되었으며, 특히 도(평의)회 당선인 숫자에서는 조선인 87%, 일본인 13%라는 조선인 우위가 1920년부터 1945년까지 유지되었다.[52] 식민지 관료가 (공공(public) 영역과는 구별되는) 관제(official) 영역이라고는 해도 조선총독부 관료체계 내에 다수의 조선인이 편입되어 있었다는 점, 그리고 (큰 제약이 있었다고는 해도) 도회라는 지방의회에 조선인이 반수를 훨씬 넘겨서 참여하고 있었다는 점 등은, 공공영역 창출의 여지라는 면에서 대만의 상황과 무시할 수 없는 차이를 보이는 것 아닐까.[53]

---

51 그리고 대만인 의원 숫자를 절반 이하로 '설계'하고 '집행'하는 것은, 주민 상황에 대한 동태적인 計數的 파악 없이는 불가능한 일이기도 했다(若林正丈,「諸帝國の周緣を生き拔く: 臺灣史における邊境ダイナミズムと地域主體性」, 川喜田敦子・西芳實 編,『歷史としてのレジリエンス: 戰爭・獨立・災害』[京都: 京都大學出版會, 2016], 156쪽 및 163쪽). 이러한 대만총독부의 통계적 파악 능력에 대하여 한 대만학자는 "물 한 방울도 새나가지 못할 정도의 역량"이라고 표현하고 있다(李力庸,「日本帝國殖民地的戰時糧食統制體制: 臺灣與朝鮮的比較研究, 1937~1945」,『臺灣史研究』16-2[臺北: 中央研究院臺灣史研究所, 2009], 71쪽).

52 김동명,『지배와 협력: 일본 제국주의와 식민지 조선에서의 정치참여』(역사공간, 2018), 77~79쪽; 119~141쪽. 김동명이 분석한 경기도회, 경남도회, 전남도회 등의 회의 진행 과정과 회의 내용에 대한 묘사를 보면, 관행부역(慣行赴役)과 관련한 조선인 의원의 추궁에 대하여 도지사와 토목과장 등이 '쩔쩔매는' 모습은 (다소 과장해서 말하면) 해방 이후 한국 국회에서의 대정부 질의를 연상케 할 정도이다(같은 책의 제2부 〈지방참정제도와 실제〉 및 제3부 〈부회・도회의 정치적 전개〉 등).

53 사회주의자의 전향과 관련한 식민지 대만과 조선의 동향도 큰 차이를 보인다. 조선 사회주의자의 대량 전향이 발생한 것은 중일전쟁을 결정적 계기로 한다. 반면 동시대 대만에서는 전향이라는 사태 자체가 발생하지 않았다. 1925년 치안유지법이 대만에 실시된 이래 1940년에 이르는 15년간 치안유지법 위반 건수는 55건, 위반 인원은 856명(수리 기준)에 불과했다. 같은 기준을 적용하여 조선의 사례를 보면, 1928년 한 해에만 치안유지법 위반 건수 168건, 위반 인원은 1,415명이었다. 식민지시기 전 기간에 걸쳐 대만 인구가 조선의 약 1/4에 불과했다는 사실을 감안하더라도, '공산주의 기타 과격사상'의 단속을 목적으로 한 치안유지법의 위반 사례 자체가 비교할 수 없을 정도의 차이를 보인다. 그뿐만 아니라 1929년(제1차)과 1931년(제2차)의 대만공산당에 대한 일제 검거, 1932년 대만적색구원회(臺灣赤色救援會, 대만공산당의 재건 조직) 회원의 대량 체포 등으로 인해, 대만공산당・농민조합・대만문화협회 등 대만의 사회・정치적 운동단체 대부분이 괴멸 상태에 빠져버린다(홍종욱 엮음,『식민지 지식인의 근대 초극론』[서울대학교 출판문화원, 2017], 57~58쪽). 이 현상 역시 대만에서의 공공영역 창출이 얼마나 곤란했는가, 다시 말해 대만 경찰력이 얼마나 강력했는가를 말해주는 것 아닐까.

2000년 이래 식민지 조선사 분야와 식민지 대만사 분야에서의 식민지공 공성 논의에 일정한 '온도차'가 감지되는 것은 이러한 상황을 반영한 결 과일지도 모른다.[54]

요컨대 저자가 '대만인의 학교'라는 임무생의 '꿈'을 시야에 넣거나,[55] 노 구치 마사히로野口眞弘가 식민지 대만에서 지방자치제도 개혁을 위해 노 력한 양조가楊肇嘉의 자율적 공간에 대한 '희구希求/의사意思'를 탐색의 대 상으로 삼고 있는 것은,[56] "피식민자의 주체성을 강조하면 식민지 지배 에 들러붙은 폭력성을 무시하기가 쉽고, 식민지 지배의 폭력성을 강조하 게 되면 피식민자의 주체성에 관한 이해를 좁히기가 쉽다고 하는 애로" 를 넘어서서 힘의 압도적인 비대칭성 속에서도 "(식민지 지배가 가하는 다 양한) 폭력에 직면한 자의 능동성"을 적극적으로 포착하려는 시도일 것이 다.[57] 다만 이러한 시도가 (결과적으로) 대만과 조선 두 지역의 '역사적 고 유성'을 놓치는 결과로 이어지지 않을까, 또는 식민지 대만과 식민지 조 선에 존재했던 엄연한 차이를 사상捨象하게 되는 것은 아닐까, 나아가 식 민지 대만인과 식민지 조선인의 '주체성'의 기준이나 범위를 달리 설정해

---

54 식민지공공성 논의에 관해서는 駒込武, 앞의 책(2015), 「序章」 1~39쪽; 淸水美里, 「社會 資本と'公共性'」, 日本植民地研究會 編, 앞의 책(2018); 윤해동·황병주, 『식민지공공성: 실체와 은유의 거리』(책과함께, 2010) 등을 참조. 식민지 조선사 분야에서는 나미키(並 木眞人)의 도전적인 문제 제기 이래 비판과 반비판이 오가는 등 식민지공공성 문제가 활 발하게 논의되어 온 반면, 식민지 대만사 분야에서는 시미즈(淸水美里)가 수리사(水利史) 를 중심으로 한 문제 제기 외에 눈에 띄는 작업은 별로 없다는 것이 필자의 일차적인 인 상이다. 이 점은 加藤圭木, 「被支配者の主體性」, 日本植民地研究會 編, 앞의 책(2018)을 읽 어보아도 마찬가지이다.

55 "대만의 경우에는 (자치적 공간 실현의) 잠재적 가능성 속에 존재한 '꿈'의 차원을 시야 에 넣지 않으면, 식민지주의를 둘러싼 공방이 보이지 않는다는 사정이 존재한다"(駒込 武, 앞의 책[2015], 6쪽).

56 野口眞弘, 『植民地臺灣の自治: 自律的空間への意思』(東京: 早稻田大學出版部, 2017).

57 駒込武, 앞의 책(2015), 17쪽.

야 하는 난점을 제기하는 것은 아닐까, 하는 '기우'가 필자에게는 여전히 해소되지 않고 있다.[58]

4. '경제'가 빠진 식민지사 이해

일본제국에 의한 식민지 지배의 성격을 논할 때 경제 영역을 제외하고 논의하는 것의 의미에 대해서도 거칠게나마 짚고 넘어가고 싶다. 2016년 동경외국어대에서 개최된 심포지엄合評會에서는 "경제 문제를 빼고서 식민지 지배를 정의할 수 있는가?"라는 의문이 제시되기도 했다고 한다.[59] 이러한 의문에 대해 저자가 어떻게 응답했는지 불분명하지만, 이 질의의 의도를 필자 나름대로 추측하여 부연하자면 이렇다.

이 책의 연구방법론을 설명하면서 저자는 "제국주의 연구 경향과 제국사 연구 경향의 사이에 서면서, 대만인을 주체로 하는 대만 근현대사 연구에 접속할 수 있는 연구를 지향"한다고 천명하고 있다. 다시 말해 계급환원론적 경향이나 일국사적 양상을 노정하는 등의 문제를 드러낸 기존의 제국주의 연구 경향과는 선을 그으면서도, 최근의 제국사 연구가 지

---

58 홍종욱, 앞의 글(2014), 384쪽. 다소 거친 개괄이기는 하지만, "일본인은 중국 문화의 본류에서 멀리 떨어진 주체성이 약한 변방으로서의 대만에서, 한편으로는 일본화(황민화)를 추진하고 다른 한편으로는 근대적인 법률, 산업정책, 효율적인 관료조직, 기율 있는 군대, 높은 아동 취학율(1944년 당시 71%)을 가지고 청조 지배하에서는 볼 수 없던 근대화의 성과를 거두었다. 대만인들에게 일본과 일본이 추진한 근대화는 근대를 보는 기준이 되었다. 대만인 자신들을 대륙 사람과 비교할 때 이러한 주체성을 뺀 근대화(밑줄은 필자)를 기준으로 삼게 되었다"라는 평가도 존재한다(민두기, 「臺灣史의 素描: 그 民主化 歷程」, 민두기, 『시간과의 경쟁: 동아시아 근현대사 논집』[연세대학교 출판부, 2001], 228쪽).

59 三原芳秋, 「生命在焉: 駒込武著, 『世界史のなかの臺灣植民地支配: 臺南長老教中學校からの視座』を文弱の徒が讀んでみる、ならば」, 『Quadrante』19(2017), 71쪽.

닌 문제, 즉 "일본인에 있어서 식민지 지배는 어떤 의미였는가?"라는 문제로 수렴되는 경향을 극복하기 위해서는 "조선인이나 대만인에 있어서 식민지 지배는 어떤 의미였는가?"라는 원점적原点的인 질문을 던져온 제국주의 연구의 '초심'으로 돌아갈 필요가 있다고 설명하고 있다.[60]

이러한 연구방법론의 배후에 놓여있는 문제의식은, 일본 사회의 '오늘날의 문제 상황'으로서 일본 사회에 깊게 뿌리내린 배외주의, 인종주의(racism), 본질주의적 민족관, 그리고 이들에 기초한 차별·억압·폭력이라는 '부정의不正義'에 이의를 제기하고자 한 데 있을 것이다.[61] 그리고 '부정의'에 효과적으로 이의제기하려면 일본제국의 식민지 지배에 대하여 "일본만이 나쁜 짓을 한 것은 아니다", "구미의 식민지 지배보다 일본의 지배 쪽이 양심적이었다" 등의 역사수정주의적 논의에 대한 비판이 유효하게 이루어져야 할 것이다.[62] 이러한 역사수정주의적 주장의 대표적인 것 중 하나가 (특히) 대만 식민지통치의 '성공'에 관한 언설이다. '대만통치성공론'이라고 부를 만한 이들 언설들은 식민지시기 당시에는 물론, 현재까지도 광범하게 유통되고 있는 형편이다. 그리고 '대만통치성공론'의 중심에는 식민지 대만의 경제성장에 대한 '신화'가 자리하고 있다.

필자가 파악하고 있는 범위 안에서도 이러한 경향은 쉽게 발견된다. 특히 2000년대 이래 식민지시기 대만 경제사의 대표적인 연구들은 거의 이구동성으로 '성공론'을 지지하고 있다. 예컨대 식민지시기 대만인 신장의 변화나 엥겔계수의 변화, 소작농의 소작료율과 소작 조건, 공업화의

---

60 駒込武, 앞의 책(2015), 24쪽.

61 駒込武, 앞의 글(2017), 92쪽.

62 駒込武, 앞의 책(2015), 28쪽.

달성 수준 등의 분석을 통해 대만인의 생활수준 향상을 주장한 연구,[63] 식민지시기 대만의 연평균 GDP 성장률을 수량적으로 분석하여 지속적인 GDP 성장이 있었음을 주장한 연구 등은 물론이고,[64] 야나이하라 다다오矢內原忠雄와 투자오옌涂照彦 등을 이어 제국주의론 및 종속이론의 입장에서 '연속連屬'(articulation) 개념을 수정·보완하여 식민지 대만 경제사를 치밀하게 분석한 연구조차도 식민지시기 대만 농민의 실질적인 소득 증가 자체에 대해서는 부인하지 않고 있는 형편이다.[65] 이러한 식민지 대만의 경제성장에 대한 '신화'는 대만 사회는 물론이고 일본 사회에서도 꽤 뿌리 깊게 유포되어 있다고 판단되는데, 이 '신화'에 정면으로 대응하지 않는 한 식민지 지배에 대한 인식을 둘러싼 '부정의'는 완전히 해소되지 않는 것 아닐까.

연구방법론에 입각하여 말하자면, "종래의 경제사를 중심으로 한 제국주의 연구의 성과에 입각하면서도, 정치사나 문화사 영역을 중시하는 것"이 최근 제국사 연구의 주요 특징 중 하나라고 저자도 정리하고 있지만,[66] 필자에게는 (이 책을 포함하여) "일본 본국을 기축으로 한 제국사와 대치할 수 있는 제국사"를 지향하는 최근의 연구들이 '경제 문제'를 중심

---

63 張素梅·葉淑貞,「日治時代臺灣農家所得之分析」,『臺灣史研究』10-2(2003); 葉淑貞,『臺灣日治時代的租佃制度』(臺北: 遠流出版公司, 2013) 등. 그녀의 식민지시기 대만 경제에 대한 전체적인 판단을 보려면 葉淑貞,「日治時代臺灣經濟的發展」,『臺灣銀行季刊』60-4(臺北: 臺灣銀行, 2009)가 유용하다.

64 吳聰敏,「從平均每人所得的變動看臺灣長期的經濟發展」,『經濟論文叢刊』32-3(臺北: 臺灣大學經濟系, 2004).

65 커즈밍,『식민지시대 대만은 발전했는가: 쌀과 설탕의 상극, 1895~1945』, 문명기 역(일조각, 2008). 이 밖에도 일본학계의 연구로는 溝口敏行·梅村又次 編,『舊日本植民地經濟統計: 推計と分析』(東京: 東洋經濟新報社, 1988)을 비롯하여 袁堂軍·深尾京司,「1930年代における日本·朝鮮·臺灣間の購買力評價: 實質消費水準の國際比較」,『經濟研究』53-4(東京: 一橋大學, 2002) 등이 있다.

66 駒込武, 앞의 책(2015), 24쪽.

으로 한 '대만통치 성공론'에 대하여 유효한 반론을 제기하고 있는가, 라는 의문이 여전히 남는다.[67] 필자는 이전에 식민지근대성론 경향의 연구들에 대해서도, 식민지 '경제' 문제에 대한 나름의 분석과 입장을 제시하지 못하는 한 '식민지근대성론'이라고 부를 수 있는 이론(또는 연구 경향)은 스스로 식민지사에 대한 설명력의 한계를 인정하는 셈이라고 지적한 바 있다.[68] 식민지사를 총체적으로 이해하고자 할 때 과연 경제 영역을 제외해도 괜찮은 것일까.

---

67 "좁은 의미의 교육사의 틀을 훨씬 넘어서서, 교육을 중심으로 다방향으로 넓혀지는 문화의 영역과, 정치 · 경제 · 사회적 영역이 매끄럽게(원문 그대로는 seamless하게ー 필자) 연결된 역사상을 제시해 온 것이, 일본 식민지 연구의 하나의 입장으로서 고마고메의 연구가 이제까지 참조되어 온 이유"라는 평가에 대해서 필자가 적극적으로 동의하기 힘든 이유이기도 하다(水谷智, 앞의 글[2017], 80쪽).

68 문명기, 「대만 · 조선의 '식민지근대'의 격차: 경찰부문의 비교를 통하여」, 28쪽. 戶邊秀明, 「ポストコロニアリズムと帝國史研究」, 日本植民地研究會 編, 『日本植民地研究の現狀と課題』(東京: アテネ社, 2006), 67~68쪽에 따르면, 식민지에서의 자본주의의 양태를 경제사적 연구와는 다른 관심으로부터 문제로 삼는 동향이 있다고 한다. "식민지라는 조건 아래에서는 자본주의가 만들어내는 불가역적 변화가 사람들의 감각이나 정동(情動)에 어떻게 작용하는 것일까. 이 물음은 표상 분석에 머무르는 포스트콜로니얼 연구를 내재적으로 비판하고 경제사적인 연구와의 교류의 가능성을 시사한다. (중략) 수탈이냐 개발이냐의 일면적인 논의를 넘어 식민지의 사회 변용이 가지는 특유의 존재 방식을 탐구하는 데는 아이덴티티나 생활세계의 위상과 경제 · 정치의 영역을 관련지어 논의하는 자세가 요구된다." 이러한 문제 제기 자체는 의미 있는 것이지만, 실제로 그러한 방향으로 구체적인 연구가 진행되었는지는 검토해 볼 문제이다.

트랜스내셔널 역사 쓰기와 읽기의 정치학[*]
『총력전 제국의 인종주의』

후지타니 다카시 · 번역 송다금

Race for Empire:
Koreans as Japanese and Japanese as Americans During World War II
후지타니 다카시 지음, 이경훈 번역
University of California Press, 2011

1. 들어가며

연세 한국학 포럼에 초대해주신 학술대회 주최측과 토론에 응해주신 송병권 교수님께 감사 인사를 드립니다. 이 기회를 빌려 저의 책을 한국어로 번역해주신 이경훈 교수님께도 존경과 감사를 표하고 싶습니다.

내가 이 책을 쓰게 된 이유에 대해 청중 여러분들께서 다소 관심이 있

---

[*] 이 글은 제5회 〈연세한국학포럼〉에서 발표하고 『동방학지』 188(2019. 9)에 게재한 원고를 수정 보완한 것이다. 이 책의 제목은 *Race for Empire: Koreans as Japanese and Japanese as Americans During World War II*(Berkeley: University of California Press, 2011)이며, 『총력전 제국의 인종주의: 제2차 세계대전기 식민지 조선인과 일본계 미국인』, 이경훈 역 (푸른역사, 2019)으로 번역 출간되었다.

으실 것으로 생각합니다. 몇몇 분들은 알고 계시겠지만, 일본학 연구자로서 커리어를 시작할 때부터 나는 일본의 근대성에 대한 비판적 관점을 유지하려고 노력해왔습니다. 예를 들어, 일본의 내셔널리즘, 차별, 식민주의, 제국주의 그리고 천황제와 같은 것들에 대해서 말입니다. 그러나 미국에서 태어나 자랐고, 교수로 살아온 입장에서 나는, 북미의 역사와 현재의 조건에도 마찬가지로 비판적 시선을 던져야 할 필요성을 수년 간 절실하게 느꼈습니다. 나는 어떤 식으로든 동아시아 연구 이외에도 미국학 연구의 비판적 관점에 기여하기를 바랐습니다.

『총력전 제국의 인종주의』에서 내가 무엇보다도 먼저 주장하고 싶었던 점은, 19세기 후반부터 20세기 전반에 걸쳐 미국과 일본이 근대 국민국가와 제국으로서 많은 근본적 특징을 공유해왔음을 먼저 이해해야 한다는 점입니다. 이것은 우리가 동아시아의 역사와 현재를 진실하고 윤리적인 방식으로 고찰하기 위해 필요합니다. 확실히 말해, 미국과 일본은 세계사에서 근대 국민국가와 자본주의의 가장 "성공한" 예시가 되었습니다. 이 두 국가는 제국주의, 군국주의, 그리고 노동자 착취를 통해 전 세계에서 경제적 부를 축적해왔습니다. 그들은 남성을 여성보다 우위에 놓고, 다수파 인구를 소수자와 식민지배 대상 위에 군림하게 하였습니다. 또한 "정상"이라는 허구를 생산하였고, 그렇게 함으로써 차별의 시스템을 만들어냈습니다. 이러한 유사성들을 언급하였다는 이유로, 누군가는 내가 그저 명백한 말을 하고 있다고 반응할지 모릅니다. 하지만 제2차 세계대전에 대한 기억의 압도적인 무게와, 미국과 일본이 서로 적국으로 이해되어왔던 방식 때문에, 학자들을 비롯한 대다수의 사람들은 일본과 미국이 다민족 제국으로서 지닌 유사성들은 무시합니다. 그러한 반면 일본과 다른 추축국들은 쉽게 동일시하는 경향이 있습니다.

이러한 일반적인 해석의 결에 맞서서, 나는 제국을 기반으로 한 두 국

민국가 사이의 전쟁은 정확히 미국국민제국ア メ リ カ国民帝国과 일본국민제
국日本国民帝国이 근본적으로 아주 유사하기 때문에 발생했다고 주장합니
다. 사실, 미국과 일본은 다른 어느 때보다 1930년대와 1940년대에 서로
똑같이 닮게 됩니다. 두 국가는 통제경제, 군사팽창주의 그리고 인적 자
원을 동원하기 위한 새로운 정책에 기대어, 자본주의와 식민주의의 양대
위기 극복을 추구하였습니다. 그와 동시에 다른 한편으로는 시민의 자유
를 억압하면서 말입니다. 거기에 더해, 두 국가는 식민주의, 제국주의,
인종주의를 똑같이 부인하면서 세계 모든 인류의 평화와 자유를 지지한
다고 선언하였습니다. 만주국에 대한 프래신짓트 두아라(Prasenjit Duara)
와 한석정(Han Suk-jung)의 연구를 확장해보면, 다음 내용을 알 수 있습
니다. 즉, 한편으로 일본이 1932년에 명목적으로 독립된 국민국가로서
만주국을 건설한 것과, 다른 한편으로 미국이 1934년의 타이딩스-맥더
피 법안(Tydings-McDuffie Act)을 통해 필리핀을 식민지배로부터 해방하
기로 결의한 것은, 제국의 새로운 포스트식민주의적인 양식을 만들려는
(두 국가의) 아주 비슷한 실험이었습니다. 이러한 제국주의의 형태는 "탈
식민적 세계의 제국주의(post-colonial imperialism)"라고 부를 수 있을 것
입니다. 명백하게, 이는 일본이 그들의 식민지였던 한국, 대만 그리고 미
크로네시아를 해방하거나 자결권을 가진 국가로 변화하게 한다는 의미
가 아니었습니다. 대신, 이러한 장소들에서는 그 과정상의 불완전함과
명백한 한계점이 있었음에도, '황민화皇民化' 운동이 신호를 보내고 있었
습니다. 이 운동은 식민지인들이 일본 민족이라는 더 큰 개념으로 동화
될 것을 요구하는 것이었습니다. 일본의 '황민화'는 미국에서의 '미국화'
로 동일하게 발견되는데, 이는 심지어 일본계 미국인 수용소에서도 찾아
볼 수 있습니다. 우리가 아이러니컬하게도 "국민화를 통한 형식적 탈식
민화(formal decolonization through nationalization)"라는 이름으로 부를 수

있는 이러한 전략은, 전쟁이 종식된 후 오래 지나지 않은 1959년에 미국의 식민지였던 하와이와 알래스카가 미국의 주州로 편입되면서 등장하였습니다. 명백하게, 일본의 식민 주체들은 그들이 일본으로 합병된 것을 억압으로 여겼습니다. 이보다 덜 명백하지만, 하와이를 미합중국으로 포함하려는 미국의 자유주의적 움직임 — 즉 하와이에 미국 국내정치에 대한 형식적 대표 권한을 준 것 — 도 결국, 미국 정착민 식민주의에 맞서 독립을 위해 노력한 마오리 카나카족(하와이 원주민)의 정치적 권한은 무시하였다는 점에 주목할 가치가 있습니다.

2. 자유와 제국주의

나에게 푸코의 자유주의 사상(the liberal ideas of freedom) 분석은 사상과 감정으로서의 "자유"가 어떻게 1930년대와 1940년대 미·일 제국과 국가로 하여금 국가와 제국을 재건하기 위한 새로운 국내·국제 전략을 수립할 수 있게 하였는지 비판적으로 검토할 수 있도록 해주었습니다.[1] 아시다시피, 근대 시민사회에서 "자유"는 보통 권력의 안티테제로서 이해됩니다만, 미셸 푸코는 이 논리를 뒤집어 자유가 오히려 근대 권력이

---

1 이러한 푸코의 자유 개념 분석은 푸코의 저술 전반에서 찾아볼 수 있음. 내 책에서 가장 중요한 텍스트는 다음과 같다. "The Subject and Power," in *Michel Foucault: Beyond Structuralism and Hermeneutics*, second edition, ed., Herbert L. Dreyfus and Paul Rabinow(Chicago: University of Chicago Press, 1983), pp. 208~226; "Governmentality," in *The Foucault Effect: Studies in Governmentality*, ed., Graham Burchell, Colin Gordon and Peter Miller(Chicago: University of Chicago Press, 1991), pp. 87~104; *Society Must Be Defended*, trans. David Macey(New York: Picador, 2003), pp. 239~264; and *Security, Territory, Population*, trans. Graham Burchell(Basingstroke: Palgrave MacMillan, 2007).

작동하는 조건임을 보여줍니다.

　국가주의적, 제국주의적 전략으로서의 자유는 1930년대와 1940년대에 두 개의 층위에서 작동하였습니다. 한편으로는 미국제국과 일본제국은 세계 인류를 제국주의로부터 해방하고 자결권을 가진 국가를 세우도록 돕겠다고 약속했습니다. 그 예로, 미국이 타이딩스–맥더피 법안을 통해 필리핀을 독립국으로 만들겠다고 결의한 것과 일본이 만주국을 건립한 것이 대표적입니다. 나는 일본제국은 전쟁에서 패배했기에 이 새로운 형태의 제국을 형성하는 과정이 중단되었지만, 미국은 전쟁에서 승리하였기에 이 과정을 완결할 수 있었음을 주장합니다. 아이러니컬하게도, 전후에 미국 제국주의자들은 일본인들을 군대에서 해방하고, 일본을 자유민주주의에 기반한 자결권을 가진 국가로 재건하였음을 선언하였습니다. 그러나 이 선언과는 달리, 일본은 미국제국에 흡수되어 이제는 일본의 주권이 미국에 의해 심각하게 훼손되고 있음에도, 일본 정치인들은 마치 독립국가인 것처럼 행동하게 되었습니다. 간단히 말하자면, 전시부터 전후시기까지 "자유"의 미명하에 새로운 형태의 제국주의가 작동했는데, 이것은 미국이 계속해서 동원한 전략이었습니다. 이는 하나의 양식으로 남아 자유와 선택과 해방의 선언이 있는 곳에서 군국주의와 폭력과 캠프타운의 물질성과 대비되며 계속적으로 울려 퍼지고 있습니다.

　다른 한편으로는, 권력과 동시에 작동하는 자유라는 개념은 집합적 집단의 층위(민족이나 국가와 같은)에서만 작동한 것이 아니라, 개개인에게도 작동하였습니다. 그러니까 "황민화(imperialization)"라고 불리는 것은 일본 식민지배 대상의 주체화를 의미했습니다. 이와 마찬가지로, 미국 내 소수자 전쟁 동원은 원칙적으로 개인이 전쟁에 참여할지를 선택한다는 이상에 기반하고 있었습니다. 나는 이것이 일본과 미국이 자발적 지원의 개념에 대해 그렇게 맹렬하게 캠페인을 벌인 이유라고 생각합니다.

또한 식민 주체와 소수자들(대만, 한국, 일본 그리고 식민지 하와이와 미국 본토의)이 군대에 자발적으로 지원하는 이미지를 영화와 같은 매체를 통하여 유포한 이유라고 생각합니다.

1) 두 제국과 인종주의의 거부

일본과 미국제국은 독일제국과는 대조적으로, 자유와 더불어 반인종주의를 그 특징으로 삼았습니다. 몇몇 독자들은 이 말이 이상하다고 생각할 수 있는데, 일본과 미국 모두 전쟁 이전, 전시 혹은 전후를 막론하고 매우 악명 높은 인종차별적 국가이자 사회였다는 점 때문에 그럴 것입니다. 그러나 내가 말하고자 하는 요점은, 인종주의를 공식적 기반으로 삼아서는 소수자, 식민지인들, 그리고 유색인들을 그들의 전쟁에 협력하도록 동원하는 것이 불가능했다는 점입니다. 인종주의는 형식적으로 폐기되지만, 인종주의와 인종주의에 대한 부인이 긴장 속에 공존했습니다. 이 두 가지는 때때로 생산적인 관계를 형성하기도 하였지요. 이러한 관계는, 전시와 전후에, 생물학적 차이와 배제의 감각과 관념을 기반으로, 드러내놓고 폭력적이었던 "조야粗野한 인종주의(vulgar racism)"(프란츠 파농)에서, 내가 아이러니컬하게도 "품위 있는上品 인종주의(polite racism)"라고 부르는 유형의 인종주의로 전환되고 자리 잡는 데 영향을 주었습니다.[3] 후자는 데이비드 테오 골드버그에게서 빌려온 용어입니다. 이 용어를 사용함으로써 나는, 인종주의를 부정하면서 더욱 미묘한 형태의 인종차별에 기대고 있는 인종주의를 말하고자 하였습니다. '품위 있는' 인종주의는 이전에 배제되었던 소수자와 인종화된(racialized) 식민지인들을 포함할 필요성을 선언하면서까지 그 스스로를 장식합니다. 이는 포용적인 인종주의(inclusionary racism)라고 부를 수 있을 것입니다.

그러나 "거친(조야한)" 인종주의에서 "품위 있는(친절한)" 인종주의로의 전환이 가장 거친 형태의 인종주의가 사라졌거나, 사라짐을 의미하지는 않습니다. 예를 들어, 총력전 기간에 몇몇 조선인은 전례 없는 기회를 부여받았습니다. 하지만 정확히 그와 동시에 우리는 가장 끔찍하고 폭력적인 인종주의와 성차별주의의 사례를 찾아볼 수 있습니다. 인종화된 노동자들과, 성노예가 되기를 강요받았던 여성들의 조직적 동원이 그 전형적인 예입니다. 나에게는, 거친 인종주의와 친절한 인종주의의 불편한 양립가능성이 현재까지도 계속해서 존재한다는 사실과, 이것이 2차 세계대전의 유산으로서 재조정된 인종주의임을 언급하는 것이 중요합니다. 내가 보기에, 현 미국 대통령(도널드 트럼프)은 자기 지지자들 사이에서 가장 나쁜 부류의 거친 인종주의를 조장하면서도, 그 자신이 인종차별주의자라는 것을 언제나 부인하고 있습니다. 그러한 방식으로 그는 거친 인종주의와 친절한 인종주의 사이에 미묘한 선을 그으며 양자 사이를 아슬아슬하게 줄타기합니다.

2) 생체정치와 죽음정치

푸코는 미국과 일본 제국이 채택한 권력의 부정적인 수단들뿐만 아니

---

2   필자 후지타니 다카시는 제5회 〈연세한국학포럼〉에서 "vulgar racism"과 "polite racism" 이라는 두 가지 인종주의를 설명할 때, 'vulgar'의 의미에 대응하는 단어로 '조야粗野하다'는 단어를 소개한 바 있다. 또한 이 글의 원문에서도 'vulgar'라는 영어단어 옆에 粗野를, 'polite' 옆에 '上品'을 명기한다. 이에 따라 이 부분에서 번역자는 필자가 강조하려는 원래 뜻을 살려 각각 '조야한'과 '품위 있는'으로 옮긴다. 하지만 다른 부분에서는 『총력전 제국의 인종주의』, 이경훈 역(2019, 푸른역사)와 번역어를 통일한다. 즉 'vulgar racism'을 '거친 인종주의'로, 'polite racism'을 '친절한 인종주의'로 옮긴다. 이와 더불어, 원문의 직접 인용인 경우 이경훈의 번역서 『총력전 제국의 인종주의』를 참고하여 번역하였음을 밝힌다.(역주)

라, 긍정적인 것들에 대한 나의 분석에 또 다른 영감을 주었습니다. 부정적인 권력은 죽일 권리로, 긍정적인 권력은 살게 할 권리로 전형적으로 나타납니다. 달리 말하면, 일본과 미국 양자 모두 죽음과 삶을 동시에 추구하는 정치를 했습니다. 우리가 이들 두 제국이 긍정적인 형식과 부정적인 형식의 권력을 모두 채택했다는 사실을 인지하지 못한다면, 그들이 왜 가장 적대적으로 차별받던 이들의 삶까지 증진시키려고 노력했는지에 대해 이해하는 것이 불가능합니다. 이러한 관점을 통해서, 일본이 전쟁 기간 동안 식민지 조선에 후생국과 다른 복지시설들을 세우고, 식민지인들의 삶을 나아지게 하려 했던 것은 식민지인들을 더욱 착취하려는 의도에서 비롯되었음을 알 수 있습니다. 이는 일본(내지)의 조선인 관리 기관이었던 협화회協和會가 후생회厚生會로 명칭이 변경된 이유이기도 합니다. 이와 마찬가지로, 왜 포로수용소 내의 일본계 미국인들(이전까지는 전문 치과치료를 받아본 적 없었던)이 의료 서비스와 치과 서비스를 받았는지, 어째서 관리자들이 만자나 수용소(the Manzanar camp)에 심지어 고아원과 전문대학까지 설립하였는지도 이해할 수 있습니다. 결국, 각 국가와 제국이 식민 주체와 소수자 주체들의 삶을 부양하고 양육한 것은 이들이 행복하기를 진심으로 바라서가 아니었습니다. 그렇게 함으로써 그들을 전쟁 수행의 인적 자원으로서 더욱 효율적으로 동원하기 위한 것이었습니다. 그러나 식민지인과 소수자의 관점에서 이것은 국가의 주체가 되고 삶의 혜택을 받는 그 순간이 또한 죽음에 직면해야 했던 순간이기도 했음을 의미합니다.

3) 젠더, 성, 가족

안타깝게도, 시간 부족 때문에 나는 식민주의와, 젠더, 성, 가족 관리의 관계에 대해서 논의하지 못했습니다. 나는 총력전 기간 일본의 조선 통치 체계를 확립하는 데 부수적 현상이 아니라, 핵심적 역할을 했던 젠더와 가족에 대해 여러분과 대화하기를 바랐습니다만, 유감스럽게도 나에게 할당된 시간을 이미 초과한 것 같습니다.

4) 토론자 및 청중질문에 대한 응답

토론자와 청중에게서 받은 코멘트에 대한 몇 가지 나의 답변을 요약할 수 있도록 해주신 한국학 포럼 주최자 여러분께 감사드립니다. 나의 책에 대해 솔직한 관심을 표명해준 토론자와, 아주 중요한 문제를 제기해준 청중 여러분께도 대단히 감사합니다. 포럼 현장에서 토론자의 모든 질문에 대해 답하기는 어려웠고, 그리하여 나는 가장 중요하다고 생각한 몇몇 이슈들에 대해서만 답변했습니다.

① 송 교수님은 내가 책을 쓰는 동안 가정했던 주요 독자나 청중이 누구였는지 질문하셨습니다. 그러시고는, 내가 주로 말을 거는 대상이 미국인 독자인 것 같다고 말씀하셨지요. 송 교수께 답변을 드리면서 나는, 연구 초기에 일본과 한국, 미국인을 포함한 다양한 청중에 대해 내가 느낀 책임감을 설명하려고 애썼습니다. 사실, 내가 일본 제국과 미국 제국 간의 유사성과 비교 가능성들에 대한 논쟁을 처음으로 한 것은 오사카의 한국 역사학자들과 선생들 앞에서였습니다. 그 사람들 중 일부는 한국 출신이었고, 일부는 재일 조선인이었습니다. 나는 이번 발표가 긴장되었습니다. 나의 주장이 한국 역사가들이 받아들이기 어려울 수 있음을 알기 때문이었습니다. 하지만 몇몇 학자들이 일본과 미국 두 제국을 동시에 비판하는 데 내 관점이 도움이 되었다고 말씀해주셨습니다. 그 말씀

덕에 다시 고무되었습니다. 너무 자주 일본 제국에 대한 비판적인 관점이 미국에 대한 확신으로 바뀌게 되었고, 나는 이것을 피하려고 애썼습니다. 그 뒤에도 나는 한국의 여러 대학에서 내 연구에 대해 정확하게 말하려고 노력하였는데, 그렇게 함으로써 연구 접근방식의 문제점을 내 스스로가 깨닫게 되길 바랐고, 또 어떤 오해도 받지 않기를 희망했기 때문입니다. 이번 포럼에서 언급하지는 않았지만, 나는 미국, 일본, 캐나다, 유럽의 청중들을 대상으로 연구발표를 했었음을 이 지면에서 밝힙니다. 또한 내 주제를 좀 더 젠더적인 측면에서 분석할 수 있도록 나를 고무해준, 페미니스트들의 학식을 참고하고자 노력하였습니다. 분명히, 나는 내가 가닿고자 애썼던 청중들 가운데 다른 다양한 국가의 많은 사람들과 소수자들을 납득시키지 못할 수도 있습니다. 하지만 그 실패의 원인이 내가 그들을 청중으로서 무시했기 때문은 아닐 것입니다.

② 송 교수님이 문제 제기하신 가장 근본적인 논쟁 지점은 식민지 조선인과 일본계 미국인의 비교 가능성(comparability)이었을 겁니다. 송 교수님은 내 연구방법이 불편하셨던 것 같습니다. 식민지 조선인과 일본계 미국인의 상황은 서로 달랐지요. 송 교수님은 이렇게 서로 아주 다른 상황에 놓여 있었던 양자를 비교하는 것이 가능하다고 확신하지 못하셨던 것이리라 생각합니다. 나는 두 가지 다른 상황을 나란히 놓고 비교하는 내 연구방법이 두 가지 다른 연구 대상 간의 동일함에 달려있지는 않았다고 답했습니다. 그 대신에 나는 언뜻 보기에는 그렇게 다른 두 역사를 겹쳐놓음으로써 우리가 새롭게 볼 수 있는 것이 무엇인지 질문을 한 것입니다. 이것이 바로 내가 "비교 가능성"을 강조한 이유입니다. 이 용어를 통해 나는 연구 대상이 서로 동일하다고 가정하지 않고도 의미 있는 비교를 할 수 있는 가능성을 말하고자 하였습니다. 한반도 조선인과 태

평양을 건너 미국으로 이민 간 일본인의 내력은 분명히 다르지만, 나의 책은 이 사람들의 내력에 대한 것이 아닙니다. 총력전 기간에 일본과 미국 제국이 식민 주체와 민족 주체를 대상으로 채택한, 서로 비슷하고 상호 구성적인 전략에 대한 것입니다. 나는 전후 일본과 미국이 소수자와 이전 식민 주체와 관련한 여러 가지 문제에 대해 다른 길을 택했다는 점을 『총력전 제국의 인종주의』 책에서는 강조했지만, 한국학 포럼에서는 언급하지 않았음을 매우 유감스럽게 생각합니다.

일본은 전쟁에서 패했기에, 조선인들을 더 큰 개념에서 일본으로 포용하려던 계획들을 완전히는 아니더라도, 대부분 폐기해야 했습니다. 심지어 일본에 살고 있던 조선인들에 대해서조차도 말입니다. 미국은 전쟁에서 승리했으며, 그 결과 소수자에 대한 포용적 조치를 계속해야 했습니다. 이것이 바로 미국의 일본인은 결국 "모범적인 소수자(model minority)"라고 불리게 된 반면, 일본에서 조선인은 최악의 거친 인종주의를 연상하게 할 정도로 악마화되고, 차별받았던 이유입니다.

③ 군대 내 차별의 복잡한 성격에 대한 송 교수님의 질문을 내가 완전히 이해했는지 모르겠습니다. 다만, 송 교수님 본인의 역사 이해와 더불어 개인적인 군대 경험에 근거한 코멘트였다고 추측합니다. 송 교수님은, 인종주의 혹은 적어도 차별에 대한 나의 분석이 지나치게 단순하게 느껴진다고 말씀하셨습니다. 나는 이러한 관점에 약간 놀랐는데, 그 이유는 내 의도가 인종주의의 복잡한 성격과, 총력전 기간 동안 변형된 인종주의를 정확하게 보여주는 것이었기 때문입니다. 위에서 이미 거친 인종주의와 친절한 인종주의의 관계를 설명하였지만, 나는 거친 인종주의에서 친절한 인종주의로의 변형이 전쟁 기간에 막 시작되었고, 모순으로 가득했음을 강조하였습니다. 사실, 그런 긴장은 오늘날에도 지속되고 있

습니다. 나는 전쟁 기간 중에 인종주의가 사라졌음을 암시하려는 의도는 확실히 없었고, 그 반면에 총력전의 요구가 심화되면서 인종주의가 더욱 미묘한 형태를 띠게 되었다는 것을 확실히 보여주고자 하였습니다. 일례로 나는 일본 제국군에 복무했던 전 조선인 병사와의 인터뷰를 언급하였습니다. 나는 그에게 여러 차례에 걸쳐 여러 가지 방법으로 그가 일본 군대에서 차별을 경험한 적이 있는지를 물었지만, 그는 반복적으로 군대 내 차별을 부인하였습니다. 조선인들이 총을 가지고 있기 때문에 군대에서 차별은 용인될 수 없으며, 만약 그들이 차별받는다고 느꼈다면 일본인을 향해 총구를 겨누었을 거라는 겁니다. 하지만 결국, 그는 차별의 사례를 한 가지 기억해냅니다. 그가 군대 매점(commissary)에서 책 한 권을 주문했는데, 그 책이 도착했을 때 판매자가 그에게 팔지 않고, 일본인 군인에게 팔았다는 것입니다. 나는 이것을 친절한 인종주의의 한 형태라고 부르고자 합니다.

하지만 1944년에 평양의 조선인들이 반란을 시도했던 일은 거친 인종주의와 친절한 인종주의의 갈등과 공존을 더 잘 말해줍니다. 장기적 관점에서 반란이 계획되었던 원인을 살펴보면, 조선인 군인들이 자신들에 대한 일본인들의 차별을 확신하고 있었기 때문입니다. 하지만 단기적 관점에서 반란 계획의 도화선을 살펴보면, 부사관 계급으로 승진하기를 희망했던 조선인들과 일본인들이 받은 테스트의 결과 때문이었습니다. 조선인들은 조선인 동료들이 승진 시험에 합격한 비율이 일본인의 승진 비율에 비해 터무니없이 낮다고 생각한 겁니다. 여기에 인종주의가 있었음이 확실합니다. 그건 일종의 친절한 인종주의 같은 것입니다. 예전의 거친 인종주의에서였다면 조선인들은 시험조차 볼 수 없었겠지요. 차별을 거부하는 새로운 형태의 인종주의는 조선인에게 시험을 볼 수 있도록 허용하였지만, 결과적으로는 일본인에게 특혜를 주었습니다. 여기에 큰 차이점이 있는 것입니다. 결국 음모의 존재를 군 당국에 폭로한 정보원은 다름 아닌 헌병대 조선인 장교였다는 점에서 반란의 시도는 비극이었지요. 그런데 그게 전부가 아닙니다. 이 사건은 포용적 인종주의를 향해 나아가고 있다는 확증이기도 했습니다. 내가 인용할 수 있었던 주요 자료들에 더 많은 이야기와 증거들이 있는데, 그것들은 내 책을 통해 볼 수 있습니다.

④ 송 교수님은 "racism"이라는 영어 단어를 사용하는 것이, 일본인과 조선인 간의 차별적 관계를 언급하기에 부적절하며, 동양인 사이의 차별 사례인 만큼 "ethnic discrimination"이나 "민족 차별"이라는 단어를 사용하는 것이 더 정확하다고 말씀하셨습니다. 나는 인종주의라는 단어를 명시적으로 사용했다고 답변하였습니다. 인종주의와 민족 차별의 차이를 받아들이는 것이 인종과 민족성이라는 허구를 재생산하는 것일 수 있기 때문입니다. "인종"과 "민족"은 인류를 범주화하기 위해 사용되어 온 근대적 허구입니다. "아시아인"도 가상의 범주이지 않습니까. 자연적으로 인간은 이렇게 범주화되지 않습니다. 대신에, 역사적으로 비대칭적인 권력 관계에 둘러싸여 있는 사람들은 한 그룹의 인간 또는 다른 그룹을 한 범주 또는 다른 범주에 속하는 것으로 지정합니다. 포럼에서 나는, 인종 차별은 정상화의 위계에 기초한 차별로 지정하기에 충분하며, 그렇기에 조선인에 대한 일본인의 차별은 일본인에 대한 백인 미국인들의 차별과 같은 구조임을 주장하였습니다.

⑤ 박노자 교수님의 중요한 발언과 질문도 있었어요. 그는 나의 분석이 일본 우익의 의제를 더 발전시키는 데 쓰일 가능성이 있는지를 물었습니다. 나는 그가 이 질문을 해주어서 대단히 기뻤습니다. 이 책을 집필하는

내내 나도 그 점을 신경 썼기 때문입니다. 가장 먼저, 나는 일단 출판물이 유통되면 모든 독해 방식을 선취하기는 불가능하다는 것을 인정하여야 했습니다. 확실히 최근 몇 년 동안, 우익뿐 아니라 중도파 정치인과 여론 주도자들마저도, 다른 제국이나 군대가 일본인과 동종의 범죄(예를 들면 미군 기지 주변 캠프 타운에서 "위안부"에 상응하는 제도를 볼 수 있다든가)를 저질렀기 때문에 일본인은 비판받아서는 안 된다는 주장을 명시적으로 해왔습니다. 일본인들이 하는 행동은 통상적인 행위일 뿐이기 때문이라는 것입니다. 그러나 이 책을 쓰는 동안 나는 식민주의, 제국주의, 인종주의에서 찾아볼 수 있는 미국과 일본의 공범성共犯性과, 미국과 일본 양자 모두를 고려하는 것의 중요성을 일관되게 강조함으로써 그러한 독해 방식을 선취하려고 가능한 한 많은 노력을 했습니다. 양자의 비견할 만한 범죄를 상대화함으로써 그것을 해소해버리는 대신 양자 모두를 심문하려 애썼습니다.

3. 나가며

내 연구를 공유할 수 있는 기회를 주시고, 내 책과 발표에 대한 질의응답에 귀기울여주신 점 다시 한 번 깊이 감사드리며 글을 마무리하고 싶습니다. 때때로 몇몇 논평에 완전히 동의하지 않았지만, 사람들이 듣고 말하는 열정에 큰 감동을 받았습니다. 송 교수님의 발언과 관련하여서는 진지하게 토론에 임해주신 점 정말 감사드립니다. 그러나 송 교수님의 발표 전반을 숙고하면서 결국 나는 우리가 역사에 대해 접근하는 방식의 인식론적 차이가 있을 수 있다는 생각에 이르렀습니다. 인종과 민족은 실재이며, 비교는 객관적으로 유사한 연구 대상들 사이에서만 이루어져야 한다는 그의 신념에서 알 수 있듯이, 그는 더욱 실증주의적이고 객관주의적인 면모를 지니고 있는 것 같습니다. 아마도 이것이 바로 그가 미국 내 소수자 및 식민 주체가 처했던 상황과 대화하기보다는 조선인 사례를 예외로 다루어야 한다고 생각한 이유일 것입니다.

나는 이미 인종과 민족성에 대한 입장을 설명했지만, 객관적인 비교 방법의 오류에 대한 간단한 설명을 하는 것으로 이를 마무리하겠습니다. 우리가 하는 비교는 결코 중립적이지 않습니다. 연구자가 두 개의 객관적으로 존재하는 학문 단위 위에 분리된 채 서 있고, 그런 다음에 비교하기 시작하는 아르키메데스적인 준거점(Archimedean point)은 없습니다. 연구자로서 우리는 항상 우리가 연구하는 세계의 일부분일 뿐입니다. 우리는 우리가 연구하는 세계로부터 자유롭지 않으며, 비교의 모든 지점은 정치적 결정입니다. 유사점과 차이점은, 우리에게 중요한 문제들에 대한 결정과 별도로 존재하지 않습니다. 물론, 공통점과 차이점을 구성하는 것을 우리가 임의로 결정할 수 있다는 말이 아닙니다. 우리는 주장을 뒷받침할 연구와 경험적 자료를 가지고 있어야만 합니다. 또한 주장은 논리적이어야 하고, 사실은 중요합니다. 하지만 우리가 그 사실들을 발견하고 동원하는 방법은 결코 객관적인 과정이 아닙니다. 결국, 나는 내 책의 독자들이 현재에 대한 나의 관심사에서 우러나온 방법을 받아들여주기를 부탁합니다. 이와 같이, 나의 연구방법은 중립적이지 않으며, 미국과 일본 사이에 얽혀 있는 역사의 비교가능성을 조명하는 데 목적을 둡니다. 우리가 어떻게, 지금 현재를 살 수 있는지를 숙고하기 위해서 말입니다.

보편을 향한 폭력?:총력전체제하 미일 인종주의의 삼중폭력구조*

『총력전 제국의 인종주의』을 읽고

송병권

1. 들어가며

이 글은 후지타니 다카시(Takashi Fujitani)의 저작 『총력전 제국의 인종주의: 제2차 세계대전기 식민지 조선인과 일본계 미국인』(이경훈 옮김, 푸른역사, 2019)[1]에 대한 비평적 검토를 목적으로 한다. 후지타니의 저작은, 일본과 구미의 제국주의 대립을 '적대적 공범관계'로 포착하여, 근대 일본의 '특수성'론을 배척하려는 미국의 급진적 지역연구와의 교류의 한 모습이기도 하다. 일본의 제국주의를 전시부터 전후에 걸쳐 조망하며, 전

---

* 이 글은 제5회 〈연세한국학포럼〉에서 발표하고 『동방학지』 188(2019. 9)에 게재한 원고를 수정 보완한 것이다.

1 Takashi Fujitani, *Race for empire: Koreans as Japanese and Japanese as Americans during World War II*(Berkeley : University of California Press, 2011).

시기의 인종주의(racism)의 구조전환을 포착했다고 할 수 있다.[2]

후지타니에 따르면, 이 저작을 시작했던 원체험은 퇴역군인 일본계 미국인이 미군의 군복, 훈장, 모자를 착용한 모습이었다고 한다. 주류 매체와 일본계 미국인 커뮤니티 양쪽 모두에서 이야기되는 일본계 미국인 병사가 주류 사회 및 일본계 미국인의 전쟁기억 속에서 어떻게 그와 같은 확고한 일본계 미국인 전쟁영웅의 모습을 획득하게 되었는지 알아보고 싶었다고 한다. 또한 제2차 세계대전 동안 일본군을 위해 복무한 조선인 병사들에 대한 연구를 미군 내 일본계 미국인들에 대한 연구와 쌍으로 연구함으로써, 국가를 넘어 이 '유색인 병사들(soldiers of color)'을 비교하는 관점이 태평양 양쪽의 인종, 내셔널리즘, 식민주의, 젠더, 총력전 등에 대한 보다 폭넓은 논의에 기여할 것이라 생각했다고 한다.[3]

그런데 사실 후지타니의 일본계 미국인 퇴역군인에 대한 원체험과 달리, 일본이 패전한 후 일본인이 아니게 된 식민지 조선 출신 퇴역군인은 군인은급恩給의 지급을 거절당한 채, 일본의 거리를 배회하며 구걸하고 있었다. 이는 '국민국가 즉 국민의 내부에 속하는가? 또는 외부에 방치되어 있는가?'라는 중요한 차이를 은폐할 수 없다는 것을 의미한다. 즉, 식민지를 창출한 권력작용이 기능하는 일상생활 속의 다양한 회로를 제국의 중심에서 구동하는 '국민화'의 장치와 비교하면, 식민지에서의 제도화는 낮은 수준에 머물며, 제한적이었고, 그 효과도 제국 중심 즉 종주국 내에서의 국민화와 질적으로 다르다는 것을 보여준다.[4]

또한 이는 제국의 중심에서 식민지인의 '국민화'에도 적용되는데, 이는

2 戸部秀明,「ポストコロニアリズムと帝国史研究」, 日本植民地研究会 編, 『日本植民地研究の現状と課題』(東京: アテネ社, 2008), 87쪽.

3 후지타니 다카시, 『총력전 제국의 인종주의: 제2차 세계대전기 식민지 조선인과 일본계 미국인』, 이경훈 역(푸른역사, 2019), 6~8쪽.

4 戸部秀明, 앞의 글(2008), 64쪽.

제국의 붕괴 후 '국민국가'로 축소한 일본에서 '국민화'되었던 식민지인을 보이지 않는 존재로 배제하는 역사적 사실과 깊은 관련이 있다.

　본고에서는 총력전 체제하에서 성립한 현대 국가와 관련하여 인종주의 그리고 민족 문제를 중심으로 비평을 진행시킬 것이다. 또한 후지타니가 입각한 총력전 체제를 비평적으로 분석하고, 야마노우치 야스시山之內靖의 총력전 체제론[5]에서 제시된 '강제적 균질화' 문제와 비교하면서 논의를 전개하고자 한다.

2. '민족'과 '인종'의 협간

　후지타니의 저작은 어떤 독자를 상정하고 있을까? 초국가적인 이 프로젝트에 관한 비판에 대해, 후지타니는 "역사 및 지역학의 전통적인 분야에서 연구 영역을 국민국가의 경계와 일치하도록 한정하는 경향이 나의 연구 같은 초국가적 프로젝트에 불리하게 작용한 듯하다. (…) 저명한 일본학 교수는 내가 전시에 일본과 미국이 아주 비슷했다고 말한 것 때문에 대놓고 나를 맹렬히 비난했다. (…) 사람들은 미국과 일본의 총력전 체제가 상반된다고 생각하는 경향이 있다. 그러나 내 논점 중 하나는 그 둘 사이에 많은 공통점이 있다는 것이다. 그 공통점에는 인종차별을 소리 높여 부인하면서 그와 동시에 인종주의를 포용하는 형태로 나아간 점도 포함된다"고 말한다.

　이는 미국의 독자들에게는 중요한 시사점으로 의미가 있다.[6] 즉, 후지

5　山之内靖, 『総力戦体制』(東京: ちくま学芸文庫, 2015).

6　후지타니 다카시, 앞의 책(2019), 9~10쪽.

타니는 미국의 '인종주의'적 속내를 비판하는 의도를 다분히 가지고 있다. 이를테면 자유와 독립을 위해 시민으로 구성된 민병대의 독립전쟁과 자유를 위한 투쟁 등을 강조하는 미국의 애국주의적 역사해석은 미국적 '휘그사관'이기도 하다. 이에 대한 비판을 목적으로 했다면, 미국인의 역사적 절대주의를 비판하기 위해 도입된 역사적 상대주의의 대상으로, 제2차 세계대전 시기에 미국사적 입장에서 절대악이었던 일본의 군국주의가 추진한 정책의 역사적 성격이 사실은 미국이 당시에 추진했던 것과 별반 다르지 않다는 점에서 이는 아주 통렬한 역사서술이기도 하다. 미국 우선주의의 예찬과 일본 군국주의의 악마화라는 미국인의 폭력적인 역사인식을 비판하려는 시도는 중요한 역사적 해석에서의 도전이라 할 수 있다.

또한, 후지타니의 시각은 야마노우치가 이야기한 "제2차 세계대전의 구도를 비합리적이고 전제적인 파시즘형 체제(독일, 이탈리아, 일본)와 합리적이고 민주적인 뉴딜형 체제(미국, 영국, 프랑스)의 대결로 묘사하는 방법"을 극복하려는 태도와 연결된다.[7] 야마노우치에 따르면, 파시즘형 체제도 인적·경제적 자원의 '합리적' 동원에서 높은 효율성을 보였다. 파시즘형 체제가 전쟁수행에 적합했다는 점에서, 뉴딜형 체제와 마찬가지로 두 번에 걸친 세계대전이 필수적으로 요청한 총동원으로 근저에서 일어난 변동을 거쳐야 했다고 봐야 한다는 것이다. 따라서 총력전 체제를 경과하면서 사회 편성이 바뀌었다는 입장에서 현대사를 음미해야 할 것이라고 본다.[8]

후지타니는 과도하게 스스로를 칭찬하는 미국의 전쟁 목적 현창과 함

---

7 山之內靖, 앞의 책(2015), 61~62쪽.

8 山之內靖, 앞의 책(2015), 62~63쪽.

께, 이에 대한 반대급부로서 과도하게 비판되고 악으로 규정된 일본의 '인종주의'에 대한 일정 정도의 복권을 시도하면서, 미국과 일본 어느 쪽에도 치우치지 않는 균형 잡힌 인식을 형성해야 한다는 중요성을 강조하고 있다. 이런 시각은 미국, 서유럽 사회로 대표되는 현대사회를 일종의 '극히 세련된 전체주의'로 간주한 마르쿠제의 인식과도 연결된다.[9] 일본에서도 마루야마 마사오丸山眞男, 오쓰카 히사오大塚久雄 등으로 대표되는 '시민사회파'들의 '일본적 특수성'을 강조하는 강좌파적 근대 인식에 대한 비판과 함께 이를 대체할 합리성이라는 '보편성'을 강조하며, 세계사적 차원의 전체주의의 한 부분으로 일본의 총력전 시기를 해석하려는 경향이 나타나고 있다. 이는 서유럽과 미국을 비롯한 일본을 포함한 근대사회가 추구한 합리성의 최종적 결과가 총력전 시기의 파시즘 혹은 전체주의로 귀결되었다는 근대 비판의 모습을 띠고 있다고 보는 것이다.[10]

전시기 미국의 총력전 체제를 일본과 동일하다고 보는 인식에 대한 미국의 일본학자와 같은 불쾌감을 염두에 둔 듯, 후지타니의 행론 구조는 계속 'A'를 주장하려는 것이 아니라, 나의 목적은 'B'를 말하려는 것이라는 방어적 방식을 취한다. 행론 과정에서 반박 가능성이 있다고 생각되는 부분은 'A'일 것이고, 사실은 자신이 말하고자 하는 'B'에 집중해 달라는 것이다. 그러나 그것은 후지타니 자신의 공허한 바람일 뿐이다. 독자는 후지타니의 의도에 맞추어서 이 책을 읽지 않을지도 모른다. 후지타니가 집중해달라는 'B'에 대해서 많은 한국의 독자들은 여전히 불쾌감을 떨치지 못하기 때문이다. 서평을 담당한 필자마저도 후지타니의 행론 속에서 그가 의도한 'B'보다는 오히려 그에 의해 배제당한 'A'에 더 신경이

---

9 山之內靖, 앞의 책(2015), 101쪽.

10 成田龍一, 「解說 山之內靖と'總力戰體制論'をめぐって」, 山之內靖, 앞의 책(2015), 482∼483쪽.

쓰이기 때문이다.

그 이유 중 하나는, 이 책이 역사적 상대주의를 위해 동원된 일본의 인종주의 속에 편입된 식민지 조선인에게 또 하나의 폭력으로 다가오기 때문이다. 후지타니의 저작은 다음과 같은 많은 물음들을 불러일으킨다. 민족적 주체성(여기서의 주체성은 푸코의 subject가 아니라 identity)이 왜 인종주의라는 이름 속에 부정되어야 하는가? 후지타니가 행론 속에서 '일본의 패전'을 부정해 보는 방법론적 전망을 드러냄에도 불구하고, 어째서 조선의 해방에 대한 전망은 그렇게도 철저하게 부정되고 있는가? 식민지 조선인과 일본계 미국인이 동일한 틀로 비교 가능한가? 식민지 조선인이 일본계 미국인과 동일한 범주에 들어가는 마이너리티인가?

식민지 조선인 또는 전후 재일 한국·조선인이 자기 자신을 '민족'으로 파악했다는 점을 후지타니는 논의에서 다루지 않는다. 역사의 객체인 식민지 조선인은 역사의 주체인 일본인에 의해 '인종'이란 보편적 개념으로만 파악되며, 또한 일본의 '국민'의 일원이 되어야만 한다는 점을 전제하고 있다. 이는 후지타니가, 헤겔이 말한 "[절대적 형식=인간의] 긍정적인 존재방식이란 절대적인 인륜의 현상인 어떤 민족(=국가)에의 소속이라는 사실은, 부정 작용을 수행하는 부정적 개별자가 [전쟁이 포함하고 있는] 죽음의 위협을 통해서만, 그 민족과 일체가 되어 존재한다"[11]는 해석에서 식민지 조선인의 일본 국민화를 전쟁을 통해 실현할 수 있다는 해석을 이끌어 내기 때문이다. 이런 폭력적 보편성을 적용함으로써, 식민지 조선인은 비로소 '인종'으로 표상된 일본계 미국인과 비교할 수 있게 된다. 하지만, 내셔널리티로서의 식민지 조선인이 에스니시티로서의 일본

---

11 이 부분은 헤겔이 전쟁의 역사적 필연성을 단호하게 긍정한다면서, 꼬제브가 활용한 헤겔의 언설이다. 알렉상드로 꼬제브, 『역사와 현실 변증법: 헤겔 철학 입문』, 설헌영 역 (한벗, 1981), 342쪽.

계 미국인과 동일한 인종주의로 비교됨으로써, 동일한 인종주의로 표상되었다고 주장하는 '총력전 체제의 인종주의 연구'를 심화시키는 것은 안일한 방법론은 아닐까?

그 안일함의 근저에는 식민지 조선인 병사에 대한 후지타니의 편향된 서술태도가 흐르고 있다. 후지타니는 일본계 미국인 병사들에 대한 서술에 비해 식민지 조선인 병사에 대해 상당한 수동성과 비주체성을 강조하고 있다. 왜냐하면, 후지타니는 "조선 민중을 일본제국의 신민으로 만들고자 한 것이 불완전한 호명(imperfect interpellation)이었음을 강조한"[12] 것이라 하면서도, "후기 식민국가가 비정부 조직과 개인들의 밀접한 연결이 확장되면서 조선인들을 통치성의 체제 속으로 점점 더 통합했다는 바로 그 맥락에서 이 기록들을 위치"[13]짓고자 의도하기 때문이다.[14]

후지타니는 식민지 조선인을 마치 해방에 대한 기대를 모두 제거당한 채, 주인이 버리면 생계를 잃어버리는 노예처럼 파악한다. 조선의 독립 가능성을 포기했을 때, 가장 중요해지는 것은 일본 제국 내 지분 확보이다. 이런 상황 인식은, 후지타니가 미국 내 일본계 미국인과 대비하려는 자신의 보편적 담론을 완성하기 위해 반드시 필요한 개념적 장치이다. 일본계 미국인은 미국인이 되려고 이주한 사람들이므로, 미국의 가치를 부정하지 않고, 이에 미국인의 일부로 동화하려 한다는 점과 비교하고 있다.

이에 따라 후지타니는, 일본계 미국인과 식민지 조선인들이 총력전 시

---

12 후지타니 다카시, 앞의 책(2015), 416쪽.

13 후지타니 다카시, 앞의 책(2015), 415쪽.

14 그의 저작에서는 일본제국의 병사가 되는 것 못지 않게 식민지 해방을 위한 전사를 선택한 식민지 조선인의 사례는 처음부터 고려 대상에서 제외되어 있다. 마찬가지로 미국의 병사가 되기를 거부했던 일본계 미국인의 사례도 거의 주목받지 못하고 있다. 이는 후지타니가 선택적으로 역사적 대상을 활용하고 있음을 드러내는 것이기도 하다.

기에 새로운 삶, 그러나 죽음의 공포를 통해서만 얻을 수 있는 그러한 삶을 준비할 수 있었다고 파악하게 된다. 그의 결론은, 식민지 조선인들이 자신이 노예임을 잘 이해하고, 자신의 노예근성을 잘 파악하고 일본의 일부가 되기 위해 노력하게 될 것이라고 이해해야 한다는 의미로 읽힌다.

후지타니는, 프란츠 파농이 『검은 피부, 흰 가면』에서 수행한 '유기(포기)신경증(abandonment neurosis)'이라는 정신분석학적 개념을 활용한다. 조선인의 식민지 의식을 특징짓는 것이 이 '유기신경증'이라고 암시하려는 것은 아니라면서도, 식민지 주체의 상황을 분석하는 데 원용될 수 있다고 파악한다. 그 말인즉 곧 그렇다는 것이다. 식민지인들의 '노예근성'으로 인해 식민지인들은 적극적으로 식민지 모국에 구애하며 인정받기 위해 괴로워한다는 것이다. 일본의 타자로 자리매김 당한 한국인(혹은 재일한국·조선인)이 보았을 때 느끼는 당혹감은 어쩔 수가 없다.

이러한 맥락은 헤겔의 '주인과 노예의 변증법'과 관련한 노예의 '인정투쟁' 해석과 비교하면 더욱 명확해진다. "노예는 주인에게 봉사하기 위해 '노동하는' 과정 중에 자기의 인간성을 실현하고 완성시킨다. (……) [노예는] 공동체에 봉사하기 위해 이루어지는 노동을 통해 주어진 세계를 변혁시킴으로써 스스로를 자유로운 그리고 마침내 완전하게 충족된 국민으로서 창출해낸다. 따라서 주인이 아니라 바로 노예가 본래 의미에서의 인간이 개체, 즉 자유로이 역사를 창조해 내는 개체이다."[15] 이를 통한 '국민'으로의 통합에 대해 호네트(Axel Honneth)는 "인정관계의 층을 개인에게 인식시킬 수 있는 것은 상호작용 상대자가 도덕적으로 훼손될 수 있다는 사회적 경험이지, 타자의 실존적 유한성이 아니다"라며 헤겔이 주인과 노예의 변증법에서 개별자의 유한성 즉 죽음의 경험이란 전제와 연

---

15 알렉상드르 꼬제브, 앞의 책(1981), 357~358쪽.

결시킨 점에 대해 비판적 시각을 드러내며, '국민'으로의 연대 속에 극복 불가능한 긴장이 들어있다고 지적했다.[16]

한편, 후지타니는 푸코의 생체권력 이론을 원용하여, 살게 할 권리와 죽일 권리 즉 생의 정치와 죽음의 정치가 사실상 상호 보완적인 것이었음을 주장하며, "건강, 교육, 생계, 안전, 더 큰 정치적 권리에 대한 약속 및 정책과 더불어 일본계 미국인이나 조선계 일본인이라는 새로 형성된 국민들을 국가 안에 기꺼이 받아들이는 프로젝트"[17]라고 말한다. 그런데 이런 프로젝트는 1940년대 전반의 전쟁 중에 새롭게 형성된 것이 아니라, 조선의 경우 식민지 시기 내내 진행되었다. 그것은 총력전의 논리 이전에 역시 후지타니 자신이 원용한 푸코의 통치성의 논리이기 때문이다. 통치성은 이미 존재하고 있었고, 따라서 살게 할 권리와 죽일 권리도 이미 작동되고 있었으므로, 1940년대 전반기에 새삼스럽게 등장한 것은 아니다. 덧붙이자면 일본계 미국인은 법적으로는 미국 시민이지만, '조선계 일본인'은 천황의 신민일 뿐 법적으로 일본 시민이 아니다. 일본의 국내법이 아닌 외지법의 적용을 받는 식민지인이다. 따라서 미국에서 "아시아 출신 미국인들은 '내부의 외국인'으로 끊임없이 상상되었다"[18]고 했지만, 식민지 조선인들은 상상의 외국인이 아닌, 그냥 '외지인' 즉 '일본 시민이 아닌 자'이다.

"식민지 시대에 일본의 호적법은 일본에 사는 조선인들의 선거 참여를 금지하지 않았다. (⋯) 투표자와 공직 지원자들은 일본제국의 동일 선거구에 일정 기간 거주했던 '제국의 남성주체(제국의 신민인 남자)'여야 한다

---

16 악셀 호네트, 『인정투쟁: 사회적 갈등의 도덕적 형식론』, 문성훈·이현재 역(사월의책, 2011), 108쪽, 326~327쪽.

17 후지타니 다카시, 앞의 책(2019), 64쪽. 여기서 후지타니는 드디어 식민지 조선인이 아닌 조선계 일본인이라는 개념을 일본계 미국인이란 개념과 등치시킨다.

18 후지타니 다카시, 앞의 책(2019), 65쪽.

는 것을 그 자격 조건으로 규정했다. (…) 1925년 이후 남성보통선거권이 제정되자 수많은 조선인 남성들이 투표자이자 잠재적 공무원이 되었다. 이는 적어도 투표와 관계되는 한 일본 여성들이 식민 본국에 거주하는 조선인 남성들에 대해 서발턴(하위 주체)의 지위에 있을 수 있게 되었음을 의미한다. 그러므로 이는 젠더가 식민지와 제국의 단순한 구분을 복잡하게 만들었음을 의미하기도 했다"[19]는 후지타니의 해석은 어디까지나 제한적이고 잠재적이었다. 젠더문제는 그 자체로 하나의 문제군이지 민족문제나 인종문제의 대체재가 아니다. 즉, '누가 인간이냐?'라는 질문에서 그 답을 '남성'이라고 한다면, 조선인 남성과 일본인 여성의 구분은 무의미하다. 따라서 젠더와 민족의 대립 속에서 젠더를 앞세워 민족을 희석하는 전략에 대한 비판은 여전히 필요하고, 이러한 착종성錯綜性이 식민지적 상황을 여실히 드러내고 있는 것이다.

후지타니는 이 투표권 논리를 더욱 보강하기 위해 '퍼센트의 마술'에 의지한다. 보통선거가 실시된 이후 "1928년 선거의 경우, 일본인 20퍼센트와 비교해 일본에 체재하는 조선인은 오직 9.3퍼센트의 사람들에게만 투표 자격이 있었다."[20] 이런 20%와 거의 10%라는 차이는 일본인 남성 수의 절반 정도가 조선인 남성 수에 해당하는 것처럼 착각하게 한다. 전체 일본인 남성 중 20%와 재일 조선인 남성 중 9.3%는 통계적으로는 무의미하고, 따라서 비교대상이 될 수 없다.

"거의 모든 근대 내셔널리즘은 차이의 공식적인 거부를 지향하는 데 기초"[21]했다는 주장 속에서 "일본의 사례는 메이지 유신(1868) 후에 사농공상 네 층의 신분제를 없앤 것, 부라쿠部落 천민의 공식적인 '해방', 오

---

19 후지타니 다카시, 앞의 책(2019), 68쪽.
20 후지타니 다카시, 앞의 책(2019), 68쪽.
21 후지타니 다카시, 앞의 책(2019), 69쪽.

키나와인 · 아이누 · 조선인 · 대만인을 사회적 · 정치적으로 일본 국민 (고쿠민, 國民)으로 분류한 일 등이다 (…) 인종 담론과 네이션(nation) 담론은 전혀 멀리 떨어진 것이 아니다."[22] "거친 인종주의에서 친절한 인종주의로 나아간 전시의 변화를 도식화할 때 푸코의 '생체권력'(bio-power)과 '통치성'(governmentality) 개념은 부분적으로 유용하다. (…) 총력전 시기 이전에 일본계 미국인들과 식민지 조선인들이 각각 미국과 일본의 생체정치적 체계의 내부보다는 외부에 있었다고 주장할 것이다. 이로써 내가 의미하는 것은 두 국민국가들(nation-states)이 생계 부양이 필요한 인구의 범주에서 이 그룹을 배제했다는 것이다."[23] "거친 인종주의 밑에서 그들은 국가적으로 이용하기 위해 사람들을 살게 한다는 논리로써 실현되는 어떤 정치적 합리성의 대상이 아니었다. 그들에게 권력은 사회적으로 위험하다고 생각되는 사람들을 억압, 배제, 제거할 권리 등과 같은 부정적인 논리를 통해 행사되었다. 하지만 총력전 체제의 친절한 인종주의는 이러한 개인들과 소집단들을 생활, 교육, 건강은 물론 어느 정도의 행복까지도 누릴 자격이 있는 대상으로 삼았다. 그것은 다름 아니라 이 시스템들이 비참하게 버려진(abjected) 사람들의 건강과 성장조차 체제의 생존과 번영 및 전쟁에서의 승리를 위해 유용하다고 간주하게 되었기 때문이다. 달리 말해 교전상태(warfare)에 의한 복지(welfare)의 촉진은 권력을 쥔 인구뿐 아니라 인종적으로 구분된 국민들(racialized nationals)에도 영향을 미쳤다. 물론 이 사람들을 친절하게 보살펴 기르며 그 출산을 촉진하는 양 대우한 것은 그들의 유용함을 알아차린 데서 나온 일이었다. 그들의 생명은 필요할 때면 언제나 쉽게 희생될 수 있었다. 그들은 특히

---

22 후지타니 다카시, 앞의 책(2019), 69~70쪽.

23 후지타니 다카시, 앞의 책(2019), 72쪽.

병사, 강제 노동자, 성노예 등으로 희생되었다."[24] 이런 방식으로 신분제의 폐지와 민족적 차이의 통합을 동일선상에 놓고 이야기하는 것은 너무나도 폭력적이다. 삼중폭력의 전형적 사례라고 할 수 있다. 국민과 시민과 신민은 차이가 분명히 존재했다. 특히 명실상부한 '제국'이었던 일본에서는 더욱 그렇다. 식민지 조선인이 일본의 신민에 편입되었던 것은 사실이지만, 시민이나 국민이었는지는 불분명하다. 번역자인 이경훈도 nation을 민족이 아닌 그냥 '네이션'으로 번역한 이유는 영어의 nation보다 한국의 민족이 더 많은 의미를 담고 있기 때문일 것이다. 후지타니가 사용하는 nation은 민족이라기보다는 국민에 적합한 개념이기 때문이다.

"만일 일본이 예전에 경멸당하던 주민들을 전례 없이 삶, 복지, 행복이 필요한 국민의 일부로 여기면서 국가 안에 포섭하기 시작했다면, 그리고 만일 실제로 '거친 인종주의'에서 '친절한 인종주의'로 변화했다면, 다시 말해 '죽일 권리'에서 '살게 할 권리'로의 전환이 이루어졌다면, 어째서 조선인들은 죽음과 야만성을 그렇게도 경험했을까? (⋯) 위의 질문들은 두 가지 방향에서 검토될 수 있다. 첫째, 푸코가 말했듯이 생체정치적인 체제 아래에서 죽음을 요구할 권리는 '살게 할 권리'의 이면임을 인식하는 것이 중요하다. (⋯) 푸코가 설명했듯이, '국가가 인구를 돌보는 것은 오로지 자기 자신을 위해서다. 따라서 필요한 경우, 국가는 당연히 사람들을 죽일 권리가 있다. 그러므로 생체정치(biopolitics)의 역은 죽음정치(thanatopolitics)다.' (⋯) 전시에 수행된 생의 도구화는 핵심적인 인구를 보존하기 위해 일본인과 조선인의 삶이 부양되는 동시에 학살에 내몰렸음을 의미했다. (⋯) 둘째, 푸코가 깨달았으며, 조르조 아감벤(Giorgio Agamben)과 아실 음벰베(Achille Mbembe)가 더욱 정교하게 이

---

24 후지타니 다카시, 앞의 책(2019), 73쪽.

론화했던 것처럼, 생체권력이 진보했음에도 불구하고 순수한 죽음정치(necropolitics)는 근대에 이르러서도 전혀 사라지지 않았다. 사람들의 삶이나 법은 아랑곳하지 않고 목숨을 빼앗는 주권권력 역시 온존한다. (…) 전시에 조선인들이 다시 깨어난 일본인으로서 새롭게 형성되면서, 어떤 사람들, 특히 조선인 엘리트들에게는 전례 없는 기회가 부여되었다. 하지만 그와 동시에 확대되는 '일본'의 이미지 안에서 어떤 사람들 ― 강제노동자로 동원된 가난한 남성들이나 성노예가 될 것을 강요받았던 가난한 여성들 ― 은 다시 분리되었다. 그들은 생체정치의 긍정적 측면에 대한 예외들이었다. 그들은 인구 일반, 즉 보통 사람들을 위해 희생되었다.[25] 전례 없는 기회가 보장된 극소수의 엘리트 이외는 총력전 체제 이전에도 이후에도 여전히 죽일 권리와 살게 할 권리라는 생체정치 내에 포섭되어 있었다는 점을 고려해야 한다. 즉, 총력전 체제에서 예외적으로 일어난 상황은 아닌 것이다.

식민지주의와 국민(민족)주의는, 식민지 민중의 통치성과 관련하여 정통성을 둘러싼 경합이 발생하지만, 양자는 힘 관계의 비대칭성 위에서 민중에 대해서는 적대적 '공범관계'를 구성하게 되는데, 이 관계는 식민지에서의 계급관계, 민족, 젠더, 세대, 계층 등의 여러 범주가 상호 교차하는 지점을 구성하게 된다. 그러나 이러한 '공범관계' 인식은 식민지 내 지역 '정치'에 주안점을 둔 엘리트주의적 관점에서 벗어나지 못하며, 민중세계의 '주체성'에 대한 관심은 상대적으로 약했다고 할 수 있다.[26]

"총력전을 수행하기 위해 모든 인적 · 물적 자원을 동원해야 할 필요성은 옛 스타일의 '거친 인종주의'에 사로잡힌 사람들을 끊임없이 압박했

---

25 후지타니 다카시, 앞의 책(2019), 145~147쪽.
26 戶部秀明, 앞의 글(2008), 68~70쪽.

다. (…) 총력전의 물질적인 긴급성은 인종주의적 국가를 몰아붙여 그 지도자들로 하여금 인종주의를 거부하고 일본계 미국인들을 미국 통치성의 체계 내부로 불러들이게 했다."[27] 총력전 수행을 위해 처음으로 일본계 미국인이 죽일 권리를 위해 살게 할 권리의 대상이 되었다는 점을 강조하기 위해, 총력전 수행 이전에 일본계 미국인이 미국 사회 내의 사회복지 시스템에 편입되어 있지 않았다는 논리를 전제로 하고 있다. 그러나 후지타니도 거론하고 있듯이, 미국의 "인구 조사 등과 같은 인적 회계 기술들(technologics of human accounting)은 일본계 미국인들을 국가에 소속시키기 위해 작용했던 만큼이나 그들을 사회에서 배제하기 위해 작용했다. (…) 그것들은 주로 통치성의 관대하고 자유로운 혜택에서 일본인들을 배제하는 수단으로서 생체정치 체제에 속해 있었다."[28]고 할 수 있다. 그렇다면, 살게 할 권리와 관계된 통치성은 혜택(?)이란 측면에만 집중된 것일까? 주류 사회에서 배제된 상태로 삶이 영위되는 조건도 여전히 통치성의 범주에 속하는 것은 아닐까?

후지타니가 조선인 병사와 일본계 미국인 병사를 연구 대상으로 픽업한 이유는 군 입대 문제와 관련해서이다. 즉, 후지타니는 "군대는 병사 자신들뿐 아니라 이들로 대표되는 인종화된(racialized) 공동체들이 국가의 외부로부터 국가 안으로 들어오는 것을 가장 전형적이고 극단적으로 보여주는 장소이기 때문이다"[29]라고 보고 있기 때문이다. 그러나 군대 내에서의 경험은 보편적 강제성과 함께 생물학적으로 인종화된 차별적 폭력이 동시에 존재하고 있다는 점이 아주 중요하다. 그것은 군대 내 계급적 위계와 더불어 생물학적으로 인종화된 위계는 아주 합리적으로 활용

---

27 후지타니 다카시, 앞의 책(2019), 213쪽.
28 후지타니 다카시, 앞의 책(2019), 149쪽.
29 후지타니 다카시, 앞의 책(2019), 156쪽.

되어 운용되기 때문이다. 동등한 의무와 차등적 처우가 공존할 수 있는 곳이 바로 군대이다. 이는 죽일 권리와 살게 할 권리가 차별적으로 운영되는 공간이기 때문이다.

"지원을 거부한 모든 사람들, 미국제국의 약속보다 일본제국의 약속이 더 믿음직스럽다고 생각했던 모든 사람들, 차별적 조건하에서 군에 복무하는 일의 정당성과 올바름에 의문을 표시했던 사람들, 일본군이건 미군이건 가리지 않고 그 어떤 군대에서도 일하고 싶지 않았던 모든 사람들, 통계학의 대상이 되는 것에 이의를 제기했던 모든 사람들의 수많은 역논리나 반격행위들, 이 모든 역논리들 및 당국을 불편하게 하는 기타 반응들은, 일본계 미국인이 자신들의 대변자라고 생각했던 몇몇 사람들과 당국의 뜨거운 공모를 통해 남은 전쟁 기간과 그 이후에 묵살되거나 주변화되었다. 역으로 미국에 무조건 헌신하겠다고 한 소수의 맹세는 일본계 미국인이 군 복무와 충성을 대표하는 주류적인 표현인 양 어울리지 않는 주도권을 얻게 되었다."[30] 다수를 묵살한 소수의 과대 대표성의 문제는 후지타니 자신도 식민지 조선인의 일본 '국민' 편입으로의 욕망을 서술하며 자주 빠졌던 부분이기도 했다. 후지타니도 지적하듯이 "전시 및 전후 미국의 다인종 내셔널리즘(multicultural nationalism)에 아주 편리했으며, 지금도 그렇다"는 부분은 미국의 다인종 내셔널리즘이 보편성을 가장한 소수자에 대한 폭력을 드러내는 역할을 하고 있다. 이 점은 식민지 조선인에게도 적용되는 부분일 것이다. 그러나 미국은 제한적인 다인종 내셔널리즘을 표방하면서, 비非백인 에스니시티(ethnicity)의 동화적 통합을 강요하고 있지만, 일본은 다시 일민족적 국민국가로 회귀했고, 인종적 비일본인은 다시 배제되었다. 이런 지점에서 재일한국·조선인의 '민족'문

---

30 후지타니 다카시, 앞의 책(2019), 351쪽.

제가 전후 일본 국민국가 내부의 '인종'문제로 치환되기 어려운 협간이
존재했던 것이다.

3. '친절한 인종주의'와 총력전 체제

후지타니는 존 다우어의 『자비 없는 전쟁(*War without Mercy*)』(1986)에서
자신이 느낀 두 가지 불편한 점을 다음과 같이 지적한다. "첫째, 다우어
는 '문화와 인격' 및 '민족성'에 대한 비교문화적인 연구에 종사한 루스
베네딕트 등 전시戰時 문화인류학자들에 대해 여러 번 날카롭게 비판한
다. 그러나 그는 전시 및 전후의 사건들을 설명하기 위해, 문화인류학자
들처럼 일본문화에 대한 비역사적인 이해에 대해 너무나도 자주 의지한
다. (⋯) 이러한 분석으로 인해 근대의 국가, 사회, 제국에 일반적으로 나
타나는 근대성 일반의 문제로서 인종주의를 완전히 폭로할 수 있는 진정
한 가능성이 차단된다는 점이다. (⋯) 문화를 변하지 않는 것으로 보는 그
러한 견해는 최악의 경우 생물학적 인종과 아주 유사한 방식으로 차이를
자연화할 수 있다. 둘째, 나는 미국과 일본이 수행한 의도되지 않는 효과
와 결과들을 다우어보다 더 심각하게 받아들인다. (⋯) 다우어가 [미국]
국내에서 인종주의가 횡행하고 있으면서도 그와 동시에 전쟁을 수행하
기 위해 아시아의 동맹국들이 필요했던 미국의 모순적 상황을 날카롭게
보여줌에도 불구하고, 나는 일본과 미국의 인종주의 거부에 대한 분석을
더욱 심화시키고자 한다. (⋯) 일본의 전쟁 기구가 순수한 야마토 종족의
패권을 주창하는 인종주의적 이데올로기에 의해 추동되었다는 다우어의
주장과는 달리, 그러한 이데올로기는 전쟁 말기에 식민 본국(metropole),
공식적인 식민지인 조선과 대만, 미크로네시아, 종속국인 만주국 등 제

국 내 대부분의 지역에서 희미해지고 있었다. (…) 일단 총력전의 실용적이고 물질적인 요구가 식민지인들의 협력과 참전의 필요성을 촉진하게 되자 담론과 구체적인 정책들은 더 이상 조선인과 다른 식민 주체들을 차별하여 국가 공동체로부터 배척할 수만은 없게 되었다. 내가 주장하려는 것은 이 사실이다."[31] 그러나 표현 수준의 시간적, 공간적 편차에 따라 그 체험이 얼마나 다른지 이해하고 있지 않다. 계급 구조를 기반으로 운영되는 군대는, 통합보다는 끊임없는 구분과 배제, 그리고 차별을 통해 효율적으로 운영되는 동원시스템이었다.

후지타니는 미국과 일본이 모두 '거친 인종주의'라고 불렸던 것의 지배로부터 '확실히 덜 폭력적인', '친절한 인종주의(polite racism)'가 우세해지는 방향으로 나아갔다고 파악하고자 한다. 총력전 체제론 속에서 전쟁 승리를 위해 인적·물적 자원의 동원 체제라는 개념 속에서 인종주의를 파악하고 있다. 저자는 이 과정에서 '거친 인종주의'가 '친절한 인종주의'로 도구주의적으로 전환되었다고 본다. 따라서 인종주의 자체는 근본적으로 폐기되지 않고, 공존하고 있다는 것이다.

후지타니는 이 책의 주된 논점으로, 총력전을 수행하기 위한 물질적이고 이념적인 필요 때문에 미국과 일본 두 식민주의적 제국(국가)이 인종화된(racialized) 식민주체와 소수자를 다루는 방법을 아주 유사하게 조정했으며, 이를 통해 각각의 정치적 합리성 내부에 상대방의 그것에 대응하는 상호 구성적인 변화들이 초래되었음을 주장한다. 미국과 일본의 총력전 체제는 인종주의를 부인하고 거부하면서, 경멸당하는 인구들을 그 국가 공동체 안에 포섭하는 전략을 향해 결정적으로 전환했다는 것이다.[32]

---

31 후지타니 다카시, 앞의 책(2019), 53~56쪽.

32 후지타니 다카시, 앞의 책(2019), 41쪽.

미국과 일본은 영토적 확장을 '거부'하고, 대동아공영권과 대서양헌장을 통해 제국주의의 탈식민주의적인 새 모델 ― 즉 신식민지 모델 ―을 시험했다. 후지타니가 보기에, 그것은 모든 국민이 자결권을 가진다는 원칙하에서 관리되었으며, 따라서 인종적인 평등의 표명과 잘 어울렸다.[33] 그러나 자결권을 가질 수 있는 '모든 국민'은 미국에 혹은 일본에 의해 간택되어야 하는 것이었으며, 일본의 경우, 식민지 조선과 타이완을 일본의 일부로 편입하려는 시도는 제국 내 식민지 부재를 선전하기 위한 것에 불과했다.[34] 동시에, 대동아공영권으로의 확장은 군사적 확장의 정당화 담론이었다. 정당화 속에 은폐된 '내면지도'나 '주는 것 없이 취할뿐'이라는 것을 예외적이라고 본다면,[35] 칼 슈미트의 개념을 빌려, 예외상황을 만드는 것이 진짜 권력이라고 할 수 있다.

후지타니는, "글로벌 헤게모니나 적어도 지역적 헤게모니를 획득해 다양한 인구를 내적으로 통일시키려 했던 일본과 미국의 상호 보완적이고 상호 구성적인 계획 속에서 인종주의 거부가 각 총력적 체제의 목표를 위해 복무했다고 주장하려 한다."[36] 인종주의의 거부는 곧 인종주의적 차별의 부정이 아니라, 인종이란 이름의 에스니시티 정체성 자체의 다양성을 말살하겠다는 의미이기도 하다. 차별이 변동가능성 속에서의 현존의 차이의 인정과 존중이란 의미라면 차별을 부정적으로 볼 수 없다. 차별의 부정으로 소수자의 정체성을 강제로 소멸시킨다면 그것이야말로 차

33   후지타니 다카시, 앞의 책(2019), 41~42쪽.

34   이 점에 대해서는 송병권, 「일본의 전시기 동아국제질서 인식의 전후적 변용: '대동아국제법질서론과 식민지문제」, 『사림』 61(2017), 392~393쪽.

35   松井芳郎, 「グローバル化する世界における'普遍'と'地域': '大東亜共栄圏'論における普遍主義批判の批判的検討」, 『国際法外交雑誌』 102-4(2004), 15쪽; 河原宏, 『昭和政治思想研究』(東京: 早稲田大学出版部, 1979), 285~303쪽.

36   후지타니 다카시, 앞의 책(2019), 42쪽.

별이다. 그야말로 차별 전쟁과 무차별 전쟁의 언어 유희적 이미지 역전과 유사하다.

"'사람들의 마음의 진화'가 아니라 결정적인 두 가지 현실적인 필요성으로 인해 미국과 일본의 총력전 체제는 스스로를 자유, 평등, 반제국주의의 진정한 수호자로 제시했다. 그리고 상대방을 의심할 나위 없는 인종주의 세력이며 억압자일 뿐 아니라 그 인종주의의 폐기 역시 거짓이라고 지적하는 캠페인을 벌였다. 첫째로, 미국과 일본의 총력적 체제는 모두 유용한 모든 인적, 물적 자원을 합리적으로 관리하고 극대화하려 했다. 형식적이나마 인종주의를 폐기하지 않고서는 다양한 인구를 민간과 군대의 노동력으로 동원하는 데 성공할 수 없었다."[37] "미국과 일본이 인종주의를 거부할 수밖에 없었던 또 다른 분명한 요인은 그들의 공통된 전략이었다. 두 나라는 전쟁에서 승리해 전후의 글로벌 헤게모니를 잡으려 했으며, 그렇게 하지 못할 경우 적어도 지역 헤게모니를 확립하려 했다."[38] '유색인 동맹국'들의 동원에 대한 이야기가 뒤따르지만, 적어도 후지타니의 논리에 따르면 타이완과 조선은 '유색인 동맹국'들에 포함되지 않는다. 그러므로 이 논지를 타이완과 조선에 적용하기에는 꽤 어렵다. '유색인 동맹국'의 자결권 보장 논리에 대해 당시 '조선인'들이 얼마나 당황했겠는가?

"(다우어는) 일본에서 이는 열등한 민족에 의한 오염으로부터 일본 민족을 보호하는 정책을 취하라고 집요하게 주장하는 일과 함께 대동아공영권 내 민족적 위계질서의 최상위에 놓인 일본의 위치를 긍정하는 일로 번역되었다. (그러나 이는 불완전하고 오해를 불러올 소지가 있다며) 제국

---

37   후지타니 다카시, 앞의 책(2019), 47쪽.
38   후지타니 다카시, 앞의 책(2019), 48쪽.

과 식민지 정부는 야마토 민족의 보존과 관련해 이 연구가 제안한 가장 중요한 몇몇 정책들을 무시했기 때문이다. (…) 조선과 대만 출신의 식민지인들과 일본인의 과도한 접촉, 즉 민족 간 결혼과 군대 내의 혼합 등을 경고했다. 그러나 육해군에 동원된 조선인과 대만인의 수는 계속 증가하였다. 이는 내 책의 입장을 잘 뒷받침해 준다. (…) 식민지인 육해군 병사들은 민족적으로 분리되지 않은 통합된 부대에서 일본인들과 함께 복무할 것이었다.[39] 이에 비교하여 일본계 미국인의 독립된 부대로 편성되었다는 점과 비교하려는 것으로 보인다. 그것이 독립이든 통합된 형태이든 간에 그것은 인종적 문제라고 하기보다 오히려 군대 편성의 효율성과 관련되어 있는 것으로 보인다. 조선인 부대만으로 구성된 편제는 이들의 반란 가능성에 대한 문제가 발생한다. 일본계 미국인 부대의 단독 편성은 백인, 흑인 부대의 단독 편성 경험을 고려할 때 반란 가능성이 낮았기 때문이다. 즉, 1개 연대 정도라면 그리고 대일전 전역이 아니라면 크게 문제될 것이 없기 때문이다. 반면 조선인 독립부대가 존재한다면 그것은 1개 연대 수준을 넘어서는 거대 군사조직을 조선인에게 맡기는 형국이 된다. 학병의 탈출과 이들의 항일부대 및 광복군 편입을 고려하면 이는 극히 위험한 조치라고 할 수 있다. 옆에 두고 감시하는 것이 오히려 안전하다. 즉 이는 후지타니가 질문한 다음과 같은 서술과 연관될 것이다.

"어떻게 이 소수민족 군인들이 총구를 잘못된 방향으로 돌리지 않으리라고 믿을 수 있겠는가? (…) 두 나라 정부가 이 유색인 병사들을 모집한 목적 중 하나는 그들이 인종적 평등을 신봉함을 세계에 보여주는 것이었다."[40] 그러나 이런 목적을 위해 병사를 동원한 것이 아니라 병사를 동원

---

39 후지타니 다카시, 앞의 책(2019), 57쪽.

40 후지타니 다카시, 앞의 책(2019), 59쪽.

하고 나서 이런 목적을 천명한 것이다. 순서가 뒤바뀌었다.

후지타니는 친절한 인종주의 개념에 작용하는 생체권력과 근대적 통치성 개념에 더하여 "푸코는 이런 통치술을 사용하는 권력이 집단화된 사람들을 교육하고 그들의 생활들을 보살필 뿐 아니라, 자기반성적인 주체(self-reflexive subject)인 개인들과 집단의 능동적 참여를 통해 권력의 목적 추구에 그들의 행위를 동원하려 한다는 점을 강조했다.

"일본의 총력전 체제 역시 조선인의 자발적인 전쟁 활동 참여 행위, 특히 육해군의 지원병들을 강조했다. 이렇게 우리는 권력양식(modality of power)이 식민주체들을 단지 힘(force)의 대상으로 취급하는 데에서 벗어나, 그들을 자의식과 자기반성의 능동적인 주체로 생각하는 방향으로 변화됨을 발견한다. 그리고 그 점을 인정할 때에야 비로소 우리는 왜 1930년대 말부터 전시 내내 그렇게도 많은 조선 지식인들이 예전에 주장했던 독립의 요구를 포기했는지, 그리고 일본 국가주의자가 됨으로써 자신들의 자력과 행복을 찾을 수 있으리라고 주장했는지를 이해할 수 있다."[41] 다수자 내로 편입되면서 소수자로 남는 전략이 그것이다. 손쉬운 직접적 연결의 상상이다.

후지타니는 미국과 일본이 경쟁적으로 총력적 체제로 전환하면서, 그동안 경멸받아왔으며 국가공동체에서 배제되었던 사람들로부터 더 많은 협력을 얻어내기 위한 방향으로 나아갔으며, 그에 따라 두 나라의 포용적이거나 배제적인 인종주의가 심화되었다고 강조한다.[42] 후지타니는 포섭과 배제라는 이런 두 가지 인종주의의 상호보완관계가 일본은 물론 미국에서도 별 차이가 나지 않았다는 점을 강조하려고 한다. 이는 '의무는

---

41 후지타니 다카시, 앞의 책(2019), 74쪽.

42 후지타니 다카시, 앞의 책(2019), 70쪽.

최대한, 권리는 최소한'이라는 거의 알바 착취 수준으로 비유할 수 있을지도 모른다.

존 다우어의 인종전쟁과 관련해서, 전쟁 상대방은 인종적으로 배척하고, 내면적으로는 동원한다는 총력전 속에서 인종주의의 이중적 성격을 드러내고 있다. 후지타니는 "후자의 인종주의는 포용적이었다. 물론 포용적이기만 한 것은 아니었지만 어쨌든 훨씬 더 보편적, 인도주의적, 상대주의적이었으며, 차이에 대해 더 문화주의적으로 이해했다. 그것은 동화의 가능성을 역사주의적으로 긍정했으며(즉, 인종적으로 열등한 사람은 역사 내부에 있다. 하지만 낙후되었거나 문화적으로 불건전하다), 주변화된 사람들의 건강과 소수자 집단들을 집단주의적으로 인종에 귀속시켰지만, 인간 집단의 단위를 형성하는 개인들의 주체화에 세심한 관심을 기울였다는 점에서 거친 인종주의와 달랐다." 즉, 강제된 '자발적' 전향이 그것이다. 후지타니는 "동화에 대한 담론은 미국에서보다 일본에서 더욱 강력했다"[43]고 파악했다. 그러나 유사하니까 더욱 쉽게 동화시킨다는 통합논리를 구성하는 이론과, 비문명화된 인종의 문명화로서의 동화라는 통합논리는 구분해서 이해해야 할 것으로 보인다.

"공식 문서들은 점점 더 조선인을 '대동아공영권의 지도자'에 포함했으며, 제국의 '핵심적 지도자'라는 개념 속에 위치지었다.[44] 분명히 이 새로운 담론은 차별을 비난했으며, 조선인이 일본의 핵심인구에 포함됨을 주장하면서, 조선인을 일본 국민의 한 부분으로 인정했다. 하지만 그와 함께 이 담론은 조선인을 여전히 내지인에 뒤떨어진 민족으로서 상

---

43 후지타니 다카시, 앞의 책(2019), 71쪽.

44 朝鮮総督府, 「朝鮮同胞に対する徴兵執行準備決定にともなう措置状況ならびにその反響」, 1942. 5, 大野綠一郎關係文書#1262, 戰後補償問題研究会 編, 『戰後補償問題資料集 3 : 「軍事動員」關係資料集』(東京 : 戰後補償問題研究会, 1991), 161쪽. 이 자료는 후지타니 다카시, 앞의 책(2019), 113~123쪽에 걸쳐 활용하였다.

술하는 경향을 보였다. 그것은 궁극적으로 차별이 사라질 것을 예측했다. 그러나 다른 한편으로 조선인들은 본질적으로는 동등하지만 실제로는 여전히 평등하게 취급되지 않을 것이었다. 이는 차크라 바티(Dipesh Chakrabarty)가 다른 맥락에서 말했듯이, 타자들을 역사의 '상상적인 대합실'(an imaginary waiting room)에 배치하는 일종의 역사주의적 논리였다. 달리 말해 그것은 조선인들에게 '아직 아니다'(not yet)라고 말하는 한 가지 방법이었다. 그리고 이는 인종주의의 소멸로 이어지지 않았다. 대신 그것은 문화적 특성과 격차 해소의 담론을 통해 위계질서를 재생산하는 새로운 종류의 차별을 구성하도록 했다. 민족적이거나 인종적인 차별을 강력히 비난하고 포용의 몸짓을 취하는 바로 그때에 차별은 새롭게 형성되었다. 하지만 앞으로 논의하겠지만, 역사주의의 논리 자체가 점점 더 많은 모범적인 개인들로 하여금 대합실을 빠져나와 스스로 완전한 일본인으로 대우받기에 충분하다고 주장하게 하는 통로를 열었다. 그리고 부단히 압박해 오는 총력전의 요구를 충족시키는 과정에서, 완전하지는 않아도 조금씩 조금씩 대합실 자체가 해체되기에 이르렀다."[45] 여기서 말하는 국민의 의미는 무엇인가? 신민이 아니라 국민의 의미는? 시민으로서의 국민은 아닌 듯하다. 아직 아니라는 것은 권리를 적게 배치하겠다는 것이다. 왜? 처음부터 배제를 전제하고 있기 때문이다. 향후 천천히 시간의 경과에 따라 해결될 문제라고 전제하고 있지만, 미국에서도 독립전쟁에 흑인이 참여했으나 미국 역사 전체에 걸쳐 아주 오랫동안 배제되었다. 대합실이 시간에 의해 해체될 것이라고 전제하고 있지만, 대합실의 형태는 변경되어 끊임없이 새로운 다른 대합실을 만들어 낼 것이었다. 영원히 겹겹이 쌓은 대합실 속에 갇힌 존재로서, 처음부터 대합실 밖에

---

45 후지타니 다카시, 앞의 책(2019), 112~113쪽.

없었다면 이들은 대합실에서 빠져나올 수 없는 운명이다.

후지타니는 일본 육군 교육총감부에서 발행한『조선 출신 병사의 교육 참고자료朝鮮出身兵の教育参考資料』(1944)를 인용하며, "오늘날 동아시아의 지도적 위치가 '일본인'에게만 있고, 다른 황민들은 그 아래에서 '적당한 위치'를 차지할 것임을 여러 번 전제했다. 그러면서도 다른 한편으로 이 서문은 조선 출신 병사들이 '대동아 지도 민족의 일원으로서' 막중한 임무를 수행하도록 허락되어야 한다고 선언했다"고 정리했다.[46] 즉 관제고지는 일본인만이 독점하며, 여타 황민은 일본인 이외로 구성된다는 것이다. 여기서 말하는 논리는 평등을 이야기하려면 원래부터 일본의 주도성을 인정한 상태여야 한다는 것이다. 즉 '전제'가 항상 존재한다. 그 전제는 영원히 '지도받는 존재'임을 인정하라는 것이다.

"조선인 병사에 대한 이러한 평가는 아주 경멸적이고 인종주의적으로 느껴진다. 그러나 조선인들의 풍습, 습관, 의식을 만드는 것이 생물학이 아니라 역사라는 것, 따라서 조선인들은 변해야 하며 변할 수 있으리라는 생각이 이러한 평가를 상쇄하고 있었다."[47] 즉 지도 가능성을 이야기하지만, 현재는 다르다는 것을 전제로 차별적 인식이 현존하는 것은 역사주의적으로 긍정되고 있다고 볼 수 있다.

후지타니는, "보고서는 징병의 영향에 대해 특별히 지적하면서, '조선에서 징병을 실시하도록 결정되었기 때문에, 앞으로 우리는 반도를 완전히 믿을 수밖에 없다'고 결론 내렸다."[48] 이 말은 그 전에는 믿을 수 없었지만, 시국이 이제 믿어야만 하는 지경에 이르렀다는 것이고, 당연히 믿

---

46 후지타니 다카시, 앞의 책(2019), 114쪽.

47 후지타니 다카시, 앞의 책(2019), 120쪽.

48 思想対策係, 「半島人問題」, 1944. 8, 水野直樹 편, 『戰時期植民地統治資料』(東京: 柏書房, 1988), 318~319쪽. 이 자료는 후지타니 다카시, 앞의 책(2019), 123쪽에서 인용되었다.

는 것이 아니라는 것이다.

"총독부의 지도자들은 경찰과 식민 관료 최고위직에 근무하는 조선인의 수가 증가하는 것을 자화자찬했다. (…) 조선총독부는 오늘날의 미국에서라면 고등교육을 받은 한국인들을 위한 일종의 '소수민족 우대 정책'(affirmative action)이라 불리는 일을 실행하고 있음을 주장하기조차 했다."[49] 이는 재조 일본인 3%가 나머지 조선인 97%를 소수민족으로 만드는 이상한 논리이다.

"조선인과 대만인은 1945년 4월 1일에 공포된 두 개의 법률에 근거해 투표권 및 국회에 대표를 보낼 권리를 얻었다. 법률 제34호는 조선과 대만에 거주하는 25세 이상의 제국 남성으로서 최소 15엔의 직접 국세를 내는 자는 중의원 선거에 투표할 수 있다고 규정했다. 조선에는 23석, 대만에는 5석의 중의원 의석수가 할당되었다. 오카모토 마키코岡本真希子가 보여주듯이, 세금 자격 조건이 높은 이 법률은 분명히 식민지 조선인과 대만인 유권자 수에 제한을 두기 위해 의도된 것이었다. 게다가 새로운 법률이 발효되기 전에 전쟁이 끝났으므로, 이 법률에 근거한 선거는 한 번도 치러지지 않았다."[50] 이미 일본에서는 보통선거가 실시 중이었다. 조선에 높은 세금자격 조건을 붙인 것은, 보통선거가 이미 실시되는 일본 내와 다른 조건 속에서 선거를 치르고, 이 두 가지를 합침으로써 중의원 선거에서의 불평등성이 은폐되는 효과를 보이기 위함이었다. 즉, 유권자는 15엔의 국세를 내는 자여야만 하는데, 이를 충족시키기 위해서는 조선 거주민 중 일본인 유권자의 과대표준을 전제로 한 상황이었음을 거론하지 않고 있다. 지역차별과 동시에 이미 하나의 계급화한 민족문제를

---

49 후지타니 다카시, 앞의 책(2019), 127쪽.

50 후지타니 다카시, 앞의 책(2019), 131~132쪽.

경제문제로 은폐하는 논리에 지나지 않는다.

따라서 이어지는 "법률 제34호는 본국과 가장 큰 두 식민지 사이의 정치적 관계가 근본적으로 재고되었음을 보여준다.(…) 만일 조선이 일본의 한 부분으로 남는다면, 참정권과 관련된 변화로 인해 식민지인들은 중대한 이슈의 결정권이나 캐스팅 보트를 가질 수도 있었다."[51] 여기서 말하고 싶은 것은, 전쟁이 일본의 국체를 손상시키지 않고 그대로 무사히 식민지를 보유한 상태로 종전되면, 전후 식민지 소멸이 가능할 것이라 지적한 것이다. 이는 그야말로 환상에 불과하다. 후지타니는 미국사의 논리에 따라 영국에서 이주한 자들로 구성된 '식민지인'의 개념을 즉자적으로 적용해, 조선에 거주한 모든 인간을 '식민지인'으로 적용하는 것으로 보인다. 그 24명의 조선에서 선출된 중의원 대의사(代議士, 국회의원)인 '식민지인'이 조선인보다는 재조 일본인의 정치적 이해관계를 더욱 대변할 것이다. 조선총독부가 식민 본국의 식민지 정책에 대항했던 것은 '조선'의 이익을 위한 것이었는데, 그 '조선'이 누구의 '조선'인지는 명확하지 않은가?[52]

일본인과 일본계 미국인 전문가로 간주되었던 해군정보실 세실 코긴스(Cecil H. Coggins)는 일본인 2세를 미국에서 태어나 미국 문화에 접해서 미국인으로 사고하는 일반적인 미국시민으로 보고 있다. 이는 인종적 지표로 이해되었던 생물학적으로도 그렇다고 주장하는 것이다. 즉 완벽히 미국에 동화된 일본계 미국인을 상정하는 것이다. 역으로 이에 대한 유비로 일본에 완전히 동화된 식민지 조선인을 비교한다는 것이 얼마나 무모한 것인지 알 수 있지 않을까?

---

51 후지타니 다카시, 앞의 책(2019), 132쪽.

52 송병권, 「전시기 식민지 조선 '재계'와 식민지 경제지배 시스템: 시국연구회를 중심으로」, 『아세아연구』 56-4(2013), 107~116쪽.

'거친 인종주의'에서 '친절한 인종주의'로의 변화를 이끈 "도구주의적 생각은 인종주의가 기적적으로 사라지지 않을 것임을 실질적으로 뒷받침했다. (⋯) 우리는 정치와 군대 엘리트들의 결정에 가장 크게 작용한 것이 일본계 미국인들에게 시민적 권리를 주려는 의도도 아니었으며 그들에 대한 인종주의적 행동을 제거하려는 요구도 아니었음을 고찰해왔다. 중요한 것은 그들의 노동력이었으며, 인종주의의 국가적 거부를 연출해주는 연기자로서 그들[일본계 미국인 병사]이 지닌 유용성이었다."[53] 미국의 인종주의에 대한 해석과 일본의 인종주의적 해석 사이에 불균형이 보인다. 즉, 일본의 인종주의에 대해 서술했던 톤과 다른 결이 느껴진다. 비록 너무 심하게 평가절하한 일본의 경우는 올리고, 너무 심하게 미화로 덧칠된 미국의 경우를 낮추려는 일종의 균형감각일지도 모른다. 그것은 미국인에게는 균형감각으로 보일지 몰라도, 장소를 달리하는 식민지 조선인에게는 보편을 향한 폭력으로만 보일 뿐이다.

후지타니의 결론은, "일본군과 미군은 모두 내켜하지 않는 사람들을 동원했으며 위험한 사람들을 배제하기 위해 힘을 사용하면서도 적어도 원칙상으로는 인종적인 차별을 거부했다. 그런데 그렇게 함에 있어서 일본군이 최소한 미군만큼은 일관성이 있었으며, 어떤 점에서는 훨씬 더 일관성이 있었다고 나는 또다시 주장하지 않을 수 없다"[54]는 것이다. 그 일관성은 일본의 인종주의적 차별 거부의 강도가 아니라 폭력의 강도이기도 하다.

'능력제 운영상의 해이함과 남용의 문제'는 '인종주의의 폐기를 주장하는 체제에서 전형적으로 나타나는 문제였다'며, "배제적인 인종주의 밑에

---

53 후지타니 다카시, 앞의 책(2019), 215쪽.

54 후지타니 다카시, 앞의 책(2019), 484쪽.

서는 오로지 인종적이거나 민족적 차이 때문에 시험장에 앉을 수조차 없다. 요컨대 추천된 비율이 낮았다고 할지라도 능력 중심의 시험을 볼 동등한 기회가 주어진 것은 배제적인 인종주의가 아니라 포용적이고 친절한 인종주의가 시행되었기 때문이다."[55] 운용상의 해이함이나 남용의 문제는 부수적인 문제가 아니라 핵심적인 문제이다. 악마는 디테일에 있지 않은가? '운용상의 해이함이나 남용'은 보편적인 평등함을 기득권층이 감내하게 하는 통로가 아닌가? 또한 가기 싫은 시험장을 가지 않을 권리가 더욱 중요하지 않았는가?

자유주의화된 인종주의(liberalized racism)를 서술하며 후지타니는 "행동을 누가 지휘할 것이고 누가 삶과 죽음 위에 놓인 주권 권력을 행사할 것인가는 물론 완전히 명확하게 결정되어 있다"[56]고 파악하고 있다. 즉 누가 결정할 것인가라는 문제이며 가장 중요한 부분이기도 하다. '예외상황을 결정하는 자가 주권자'라는 칼 슈미트의 정의가 이 경우에는 푸코보다 더 적합하지 않을까?

4. '강제적 균질화'와 총력전 체제

총력전 시기 "민간과 군 노동력에 대한 전시의 수요가 평등 및 포용의 담론을 그 극한까지 밀어붙였던"[57] 것에는 '친절한 인종주의'보다는 '강제적 균질화(Gleichschaltung)' 개념이 더 적절하지 않을까? 후지타니는 총력전 체제에서 통치성, 생체정치, 죽일 권리, 살게 할 권리의 상호 보완성

---

55 후지타니 다카시, 앞의 책(2019), 485쪽.
56 후지타니 다카시, 앞의 책(2019), 217~218쪽.
57 후지타니 다카시, 앞의 책(2019), 550쪽.

을 활용하여 행론하고 있다. 그런데 이러한 개념은 총력전 체제에 새삼스럽게 적용되었던 것은 아니다. 그것은 근대의 산물이기 때문이다. 푸코의 이론은 식민지기는 물론 일반 근대국가 시스템에 적용가능한 방법론이다. 그렇다면, 총력전 체제와 관련해서 야마노우치가 제기한 '강제적 균질화' 이론을 적용하는 것은 어떨까? '친절한 인종주의' 개념보다 '강제적 균질화'가 더 당혹감이 적을 것 같다. 일본의 내셔널한 프레임에 갇힌 연구와 미국의 비서구사회 지역연구를 넘어서는 '현대'라는 시대가 공통적으로 품고 있는 총력전 시기에 대한 연구 속에서 동원문제를 파악할 필요가 있지는 않을까? 이런 접근은 후지타니도 시도하는 통전기라는 프레임 속에서 역사를 바라보는 것과도 동일하다. 근대 국가시스템보다는 '현대' 국가의 시스템 사회론적 접근도 가능할 것이다.

'강제적 균질화'를 통해 이해된 총력전 체제의 인식이, 식민지와 제국주의 비판에 대한 관심이 희박하다는 점에 대해서는 의문의 여지가 없다. [58] 그러나 '강제적 균질화'를 통해 풀뿌리 파시즘을 견인했던 총력전 체제의 유산은 전후 동아시아 냉전과 함께 '미일 합작의 식민지주의'에 의해 유지되어, 이 지역의 탈식민지화를 오늘날까지 저해하고 있다는 점에서 '인종주의' 논의가 배제했던 '민족'을 부정하지 않고, 식민지와 제국주의 비판으로 나아갈 단초를 열 가능성이 존재한다.

"열등시민으로서의 위치를 감내해야 했던 집단으로 일본에서는 조선인, 미국에서는 흑인과 같은 에스닉 그룹 및 여성을 들 수 있을 것이다. 이들 집단도 어떤 경우에는 명확한 법 규정에 명기된 형태로, 또 어떤 경우에는 발본할 수 없었던 사회적 편견을 통해, 국가 시민으로서의 정당성을 박탈당하고 있었다. 총력전 체제에서는, 일국의 경제적 자원

---

58 戶部秀明, 앞의 글(2008), 62쪽.

만이 아니라 인적 자원까지도 전쟁수행을 위해 전면적으로 동원해야 했다. 열등한 지위에 있는 시민의 존재는 총력전 수행에서 중대한 장애라고 할 수 있었다. 왜냐하면, 시민으로서의 정당성이 부여되지 않은 열등한 지위의 그룹들은 정치적 책임을 질 위치에 있지 않았기 때문에, 총력전의 수행에서 주체적인 담당자가 되려는 내면적 동기가 결여되어 있었기 때문이었다. 독일의 나치스가 수행했던 '강제적 균질화'에 대해 셴보움(David Schoenbaum)이 '히틀러의 사회혁명'이라고 부를 수 있는 내용이 거기에 포함되어 있다고 논술하고 있다."[59] 나치가 세계 지배의 과제를 담당한 집단 내부에서 총력전 시대의 민족의 운명공동성이란 표어 아래 사회적 신분 차별의 철폐를 수행했던 것을 '강제적 균질화'로 파악할수 있는데, 이는 나치즘에 국한된 것이 아니라 오히려 제2차 세계대전의 주역이 되었던 모든 나라에서 취해진 방책이었다. 총력전 체제는 근대사회가 그 성립기에 품고 있었던 분쟁과 배제의 모멘트에 개입하여, 전 인민을 국민공동체의 운명적인 일체성이라는 슬로건 하에 통합하려고 시도했다. '강제적 균질화'는 전쟁 수행이라는 비일상적이고 비합리적인 상황에서 촉진되었던 것이지만, 인적자원의 전면적 동원을 위해 불가피한 사회혁명을 담당했다는 점에서 합리화를 촉진했다. 이 '강제적 균질화'를 통해 사회의 모든 멤버는 전쟁 수행에 필요한 사회적 기능의 담당자가 되어야 했다. 총력전 체제는 사회적 분쟁과 사회적 배제(근대적 신분성)의 모멘트를 제거하고, 사회총체를 전쟁수행을 위한 기능성이라는 한 측면을 향해 합리화하는 것이었다. 사회에 내재하는 분쟁과 갈등을 강하게 의식하면서도, 이러한 대립·배제의 모멘트는 사회적 통합에 공헌할 기능의 담당자로 재배치하는 것을 총력전 체제는 필수조건으로 삼았던 것

---

59 山之内靖, 앞의 책(2015), 65쪽.

이다. 이런 측면에서 총력전 체제가 기능주의적으로 조직된 시스템 사회의 성립에 중요한 경과점이었다는 것은 확실하다.[60]

'강제적 균질화'는, 이성적 반성이 이루어지는 장을 전제로 한 19세기형 '시민사회 레벨의 국민국가'와 전혀 다른 '총력전 체제하의 국민국가'라는 강력한 정서적 모멘트를 동원한 국민적 결집을 주창했던 또 다른 국민국가의 등장을 가져왔다.[61] 그러나 국민국가로 내재화되는 시민권을 부여하는 후지타니의 해석에서, 끊임없이 국부의 풍요로운 분배가 가능한 강력한 국민국가를 기대하게 되는 명확한 한계도 인식되어야 한다. 즉 국민국가적 결합을 단위로 정치적 책임을 고찰하는 수법은, 근대 시민사회적 의미에서 그것이 비록 인권 개념에 기초해 있다 하더라도, 결국 국가 외부에 커다란 차별을 낳을 수밖에 없다는 것이다. 따라서 '국민국가'의 단위에서 균질적이고 평등한 시민권을 구상하는 방법론적 한계를 명확히 인식할 필요가 있는 것이다.[62]

5. 나가며

후지타니의 전체 저작은 미국의 '위선적 민주주의' 비판을 두고 불만에 가득 찬 반응에 대한 많은 숙고를 바탕에 두고 있다. 하지만 미국을 벗어나 식민지 조선인에 대한 해석을 두고 불만을 가진 반응에 대해서는 상대적으로 무감각해 보인다. 이 지점이 총력전 시기 미국의 '휘그사관' 비판이라는 도전의 발판으로 삼기 위해 시도한 도구주의적 혹은 기능주의

---

60 山之內靖, 앞의 책(2015), 66쪽.

61 山之內靖, 앞의 책(2015), 420~421쪽.

62 山之內靖, 앞의 책(2015), 429쪽.

적 접근이 보편을 향한 폭력으로 전화하는 지점이 아닐까?

후지타니의 저작 전반에 흐르는 총력전 시기 인종주의의 세계사적 수준에서의 놀라운 현상설명 능력과 함께 이를 돌파할 전망 능력의 부재라는 괴리가 보여주는 세계 해석 방식은 어디에서 오는 것일까? 이에 대해서는 일본의 전시체제가 기술자적 합리성이란 욕망을 대폭적으로 만족시키는 성격을 가지고 있었고, 일본 사회의 하이테크 기술자층, 엘리트 관료층에 의한 리더십이 총력전 체제의 수행을 가능하게 했다는 해석이 시사점을 준다. 이러한 사정은 독일도 마찬가지였다. 이런 과학적인 '기술자적 합리성의 꿈'이 불가능해지자, 사회적으로 짐이 되어버린 여분의 것을 '배제'하려는 사고가 발생했다는 포이켈트(Detlev J. K. Peukert)의 '근대의 야누스적 얼굴'이란 개념은 미국의 총력전 시기 해석에도 많은 시사점을 줄 것으로 생각된다.[63]

막스 베버의 관료제론과 푸코의 규율권력론을 결합시켜, 근대국가의 감시세력과 아이덴티티 형성에서 전쟁이 중심적 역할을 했다고 파악하며, 민주적인 시민적 권리의 확장이 전쟁수행을 동반한 국가권력의 확대와 모순된 것이 아니라 오히려 상호보완적이었다는 단데커(Christopher Dandecker)의 논의도 후지타니가 딛고 선 출발점이 아니었을까?

이 점은 주체(subject)와 능동성의 문제에 대한 고민과 깊은 관련이 있다. 총력전 시기 기능주의적인 생체정치 및 통치성에 입각한 사회관리라는 전면적 상황 속에서, 능동적 인정투쟁은 상황의 돌파보다는 주어진 상황 내에서 가능할 지분의 확대라는 측면으로 자기 설정할 수밖에 없다는 역설을 가지고 있다. 따라서 이는 또 하나의 문제군을 낳고 있다. 총력전 체제 하에 새롭게 형성된 현대국가는 세계대전 이후에도 존속되었

---

63 山之内靖, 앞의 책(2015), 437~439쪽.

다고 평가하면서, 그 구성원으로서의 어떤 '국민'은 죽음을 감내하면서 전쟁에 참가하여 즉, 죽음에의 능동적 참가를 통해 인간은 국민이 된다는 후지타니의 논리에 따라 '국민'의 일원이 되었음에도, 패전 이후 왜 일본의 '국민'에서 배제되고 보이지 않는 존재가 되었는가를 설명해 주지 못한다.

'설국열차' 내에서 앞쪽 칸으로 죽음을 두려워하지 않고 전진하는 뒤쪽 칸 사람들의 인정투쟁의 결과는 결국, 열차 내에서 유지 가능한 인간 총량의 사회적 관리라는 측면과 함께 맨 앞칸에 군림하는 지도자의 대체에 불과할 것이라는 암울한 전망을 넘어서, '열차' 밖으로 내리는 대안을 상상하는 메타포를 전혀 생각할 수 없도록 만든다.

푸코도 통치성에 대한 대항품행을 제시하며, 국가의 무제한적 통치성을 부정하고 국가권력을 시민사회 속으로 흡수하거나, 국가이성에 대한 전면적 복종에 저항하거나, 국가이성이 국가나 국민이 무엇이며, 무엇을 원하며, 무엇을 해야 하는지 알아야 한다는 것에 대항하여 국가가 아닌 국민 전체가 보유해야 한다는 주장을 제시했다. 이런 대항품행은 근대국가 발생 시부터 이미 국가 내부에 있었으며, 대항품행과 통치이성은 대립하면서 불가분의 관계라는 점을 지적한 것은 시사하는 바가 크다고 할 것이다.[64]

---

64 강미라, 『미셸 푸코의 『안정, 영토, 인구』 읽기』(세창미디어, 2013), 158~159쪽.

3부

혁명과
재일조선인의 기록

- 피해, 가해, 연대의 구조를 다시 생각한다
- 피해/가해의 틀을 흔들며 출몰하는 오키나와의 조선인
- 북미의 젊은 일본 문학 연구자의 새로운 시도
- 점령기 일본의 식민주의적 유산과 분열된 "나"
- '혁명'의 기록으로서 재일조선인문학사
- 부(不)/재(在)의 언어로(가) 쓰다

피해, 가해, 연대의 구조를 다시 생각한다*
『오키나와와 조선의 틈새에서』

오세종 · 번역 장현아

沖縄と朝鮮のはざまで: 朝鮮人の〈可視化/不可視化〉をめぐる歴史と語り
오세종 지음, 손지연 번역
明石書店, 2019

한국의 소명출판과 일본의 아카시쇼텐明石書店에서 동시에 간행된『오키나와와 조선의 틈새에서』는 1944년 오키나와沖縄전쟁부터, 배봉기 씨가 전 '위안부'였던 사실을 공표한 1975년경까지, 오키나와에 살았던 조선인에 대해 추적한 성과이다.

이 책의 첫 번째 기본적인 틀은 오키나와 사람들의 가해를 다루고 있다는 점이다. 오키나와는 지상전地上戦이 치뤄졌던 곳이기 때문에, 현대사에서 오키나와는 피해의 관점에서 서술된 경우가 매우 많다. 그러나 조

---

* 이 책의 제목은『沖縄と朝鮮のはざまで: 朝鮮人の〈可視化/不可視化〉をめぐる歴史と語り』(東京: 明石書店, 2019)이며, 『오키나와와 조선의 틈새에서: 조선인의 '가시화/불가시화'를 둘러싼 역사와 담론』, 손지연 역(소명출판, 2019)으로 번역 출간되었다.

선인에게 조명을 비추면, 오키나와 사람들도 가해에 가담한 역사가 보이며, 이를 무시해서는 안 된다고 생각한다.

두 번째로 오키나와 사람들의 증언을 통해 조선인들이 가시화되어 가는 역사를 논한다. 이 책은 이 점에 관하여 중요한 전환점이 된 복귀운동과 주민 입장에서의 오키나와 전쟁기록운동에 착안했다. 배봉기 씨를 이 책 마지막 부분에서 다룬 이유는 70년대 중반까지 가시화되지 않는 그녀의 존재가 이 가시화 운동에서도 누락되었으며, 그것이 역설적으로 오키나와의 조선인에 대하여 중요한 문제를 계속 제기하기 때문이다.

1. 오키나와가 지니고 있는 가해의 측면

오키나와 전쟁을 중심으로 오키나와의 가해에 대해서 간단히 이야기하겠다.

말할 것도 없이 오키나와도 제국일본의 폭력을 당한 피해지이다. 사쓰마薩摩의 침공을 받아 류큐琉球처분에 의해 오키나와현沖繩縣으로 일본에 편입된 것 자체가 오키나와에 대한 거대한 폭력이다. 또한 미군 통치하에서도 오키나와는 오랫동안 억압을 받아 왔다.

그러나 지배당한 혹은 식민지로 편입되었기 때문에 생겨난 피억압자 측의 가해가 있으며, 오키나와 사람들도 조선인에게 폭력을 행사했다는 역사가 존재한다.

오카나와 출신의 육군 소위 지넨 조보쿠知念朝睦는 도카시키섬渡嘉敷島에 있었던 3명의 조선인 '군부軍夫'를 칼로 베어 처형하였다. 처형된 조선인 '군부' 3명이 처음에 받은 혐의는 섬의 민가에서 쌀을 훔치고, 여성을 강간했다는 것이었다. 그러나 그들이 쌀을 훔쳤다는 흔적도 없었고,

여성을 강간했다는 것도 사실이 아니었다. 지넨은 조사조차 제대로 하지 않은 채 의혹만으로 조선인을 처형한 것이었다. 처형할 때, "너희들을 야스쿠니 신사靖國神社에 잠들게 해주겠다"라고 말하며 베어 죽였다고 한다.

남겨진 증언을 통해 병사만이 아니라 주민들두 가해자였다는 사실이 밝혀졌다. 학도병이었던 구시켄 히토시具志堅均는 다음과 같은 증언을 남겼다. "우리들 감각에서는 벌써 당연하게 (조선인은) 노예 같다는 의식이 있었던 거지요. 3등국민이라고 하는 것처럼. 일본의 통치 아래에 있다는 식민지적인 인식이 대만이나 조선에 대해서도 있었기 때문이지요. 일본 군대 밑에서 일하는 것이 당연하다고 생각했어요. 그런 의식이 없다면 부릴 수가 없으니까요."

게다가 조선인을 노골적으로 깔보는 발언도 남아 있다. 방위대 소속이었던 오시로 료헤이大城良平은 다음과 같이 말하였다. "조선인도 쓸모가 있었어요. 내가 있던 곳에서는 한 사람도 죽이지 않았어요. (…) 일본군은 마구잡이로 조선인을 죽이지 않았다고 생각해요. 누가 생각해도 자기 하인을 베는 일은 없죠."

조선인을 '부린다'고 하거나 '하인'이라고 하는 발언에서 보이는 것처럼, 조선인을 노예처럼 보는 견해는 흔히 살펴 볼 수 있다. 또한 노예와 같은 존재로 보고 있었기 때문에 실제로 조선인을 두들겨 패는 사람도 있었다. 직접적인 폭력을 행사하지는 않아도 미국의 공격을 피하여 숨은 방공호에서 조선인을 내쫓아 그들을 죽음에 노출시킨 적도 있었다. 전쟁 속 극한의 상태였다고 할지라도 조선인은 일반주민보다 더 많은 상황에서 위험과 마주하였다. 섬사람이 '위안부'를 강간했다는 증언도 있다. 주민도 조선인 여성에게 폭력을 행사한 것이다.

오키나와 사람들과 조선인 사이에서 가해와 피해의 관계가 한층 더 극한적인 형태로 나타난 한 사건이 1945년 8월 20일 구메섬久米島에서 발생한 주민학살사건이다.

구메섬의 주민학살사건은 가야마 다다시鹿山正가 대장으로 있는 부대에 의해 구메섬 주민 다수가 살해당한 사건이다. 직접 살해된 사람은 20명, 식료를 받지 못해 아사한 사람을 포함하면 70명 이상 죽었다.

당시 구메섬에 살고 있었던 조선인 남편과 오키나와인 아내 그리고 자녀 전원이 학살되는 사건이 발생하였다. 이 일가의 학살 사건은 다른 주민의 사례와는 다른 위상을 가진다. 살해당한 이는 구중회[일본명: 다니가와 노보루谷川昇]였다. 그는 오키나와 여성과 결혼해, 자녀 다섯을 두고 있었다. 구중회는 구메섬에서 바늘을 팔거나, 구멍 난 솥을 때우는 일을 하면서 생계를 꾸렸다. 그는 조선인이고, 집에는 여러가지 물건이 있을 것이라는 질투가 사람들 사이에서 생겨나면서, 섬사람들은 미군의 스파이로 구중회를 가야마鹿山 부대에 밀고하였고 사건이 발생하였다. 즉, 주민의 밀고로 일본인 장교가 살해를 명령하고 오미奄美 출신의 병사가 그것을 실행하여, 조선인이 죽임을 당하였다는 일그러진 질서가 이 사건의 배후에 있다.

구메섬 주민과 조선인 사이에는 주민이 조선인을 팔아넘긴 관계가 있다는 점, 즉 오키나와에서 오래 살아왔고, 주변 사람들과 얼굴을 알고 지내는 사이였음에도, 조선인이라는 사실만으로도 밀고의 대상이 될 가능성이 있었다는 점이 특히 문제이다. 제국일본의 식민지주의적인 질서란 가장 위에 천황이 있고, 그 아래 군대의 장교가 있으며, 그 밑으로 계속해서 사람을 끼워넣어 가는 차별적 계층구조인데, 구메섬의 조선인 학살에서는 그와 같은 식민지주의적 질서의 역사적 층위가 보이기 때문이다.

오키나와의 가해에 대해 말하지 않는다면 오키나와에 살았던 조선인의 존재는 가시화 되지 않는다. 피해자를 수면 위로 끌어 올리기 위해서는 가해자의 증언이 현재에도 필요하다. 가해를 이야기하는 것이 오키나와에 남은 하나의 과제이다.

2. 가해자로서의 입장을 뛰어 넘은 운동

다음은 본서의 두 번째 틀로, 오키나와에는 가해자로서의 입장을 뛰어 넘고자 한 운동의 역사가 존재한다는 점이다. 그 운동에 의하여 비가시화 되었던 조선인이 60년대 중반 이후 부상하였다.

1960년대 오키나와는 식민지 상황의 해결과 스스로가 안고 있는 가해의 문제를 극복하기 위해 크게 전진하였다. 당시 중요한 계기 중 하나가 본토로의 복귀운동이다. 복귀운동은 다소 부정적으로 파악되는 측면이 있다. 그러나 주의깊게 살펴보면, 이 운동이 아시아와 아프리카의 여러 나라들과의 국제연대를 모색하고 있었다는 것을 알 수 있다. 예를 들면 1963년 제3회 아시아·아프리카인민연대회의에서 '오키나와를 돌려달라!沖縄を返せ！ 국제공동행동 4·28 '오키나와 데이'가 제안되었으며, 4월 28일을 오키나와의 날로 지정하자는 제안이 회의에서 승인되었다. 그 뿐만 아니라 1965년 미국 공군의 북베트남 폭격작전이 본격화되자, 복귀협은 매년 정기총회에서 베트남전쟁 반대를 결의하였다. 이런 활동들을 보면, 복귀운동은 오키나와와 일본의 관계에만 갇혀진 운동이 아니었다는 것을 알 수 있다.

아시아나 아프리카에도 열려 있었기 때문에, 팔레스타인이나 조선 등, 이른바 제3세계로부터도 함께 투쟁하자는 연대의 메세지를 많이 받았다. 제3세계와의 연대를 모색하였기 때문에 비로소 자신의 가해성과 마주하는 토양을 만들어 낸 것이 복귀운동이다. 이것은 내 가설이며, 이 책의 주장 중 하나이다.

1960년대 오키나와에서 또 하나의 중요한 운동은 기록운동이다. 기록운동은 주민들의 증언을 통해서 오키나와전쟁을 재구성함으로써 그 역사를 바로 잡자는 운동이며, 조선인을 직접 표출시킨 운동이었다.

기록운동 이전 오키나와 전쟁 서술은 주로 군인이던 이들의 이야기와 군관계 사료 중심으로 이루어졌다. 기록운동은 주민이 어떤 경험을 했는지, 주민 한 사람 한 사람의 증언을 상세히 모아서 전쟁 서술을 주민의 관점에서 재구축하여 바로 잡았다. 그 성과는 『오키나와현사沖繩縣史』 제9, 10권에 정리되어, 지금까지도 훌륭한 성과로 인정받는다.

중요한 점은 주민의 전쟁체험 가운데, 조선인에 대한 언급이 많이 등장한다는 사실이다. 예를 들면 다음과 같은 목격 증언이다.

"진지구축을 할 때 조선인은 말이죠. 그 사람들을 시켜서 진지를 구축하고, 어…기계를 조립할 때에는 조선인은 전부 내쫓고, 병사들만 대포를 조립했다니까요."

조선인에 대한 이야기를 목적으로 하지 않을 때에도, 조선인에 대한 증언이 많이 모인 것은 오키나와 사람들의 전쟁경험과 조선인의 전쟁경험이 밀접히 얽혀 있기 때문이다.

게다가 조선인의 존재가 가시화되자 오키나와의 가해성을 다시 묻게 되었다. 예를 들면 1974년에 출판된 『오키나와현사 제10권: 오키나와 전쟁기록2』의 총론을 쓴 아니야 마사아키安仁屋政昭는 다음과 같이 서술했다.

"가해를 언급할 때, 간과해서는 안 될 것은 아시아 인민에 대한 가해입니다. (일본제국주의가) 아시아의 여러 나라를 침략해서, 그 인민에게 큰 참화를 가져다 준 것은 자칫 쉽게 잊어지는 경향이 있습니다. 그 경우 지배계급의 범죄는 말할 것도 없이, 일본 인민의 가담도 추궁해야만 합니다."

아니야는 '일본 인민'의 가해에 대한 가담도 추궁해야 한다고 말하는 데, 여기서 말하고 있는 '일본 인민' 안에는 오키나와 사람들도 포함된다.

즉, 아니야에 따르면, 조선인과 대만인의 존재가 오키나와전쟁 기록 자체를 주민 입장에서 검토하기를 촉구한다는 것이다. 이러한 그의 발언 은 오키나와전쟁의 기록운동에 대한 비판적인 인식에서 비롯되었다. 즉 누구를 위해 그리고 무엇을 위해 증언을 모을 것인가를 한 번 더 생각해 보자는 것이 아니야의 발언이 지닌 취지이다. 민중의 체험을 기록할 때, 조선에서 강제연행된 '군부'와 '위안부', 혹은 야에야마八重山를 중심으로 대량 동원된 대만노동자를 역사의 서술에서 누락시켜서는 안 된다는 점 을 아니야가 반복해서 지적한 것도 그러한 인식에서 비롯되었다.

그리하여 자신의 전쟁체험을 이야기하는 일은 시선을 오키나와 내부 로 돌려서 결과적으로 자신 내부에 있었던 아시아인인 조선인의 발견으 로 이어졌다. 스스로의 가해를 바라보는 일이었다.

나는 오키나와의 복귀운동과 기록운동의 경험이 아시아와의 연대 가 능성을 보여주었다고 생각한다. 또한 이 운동은 오늘날에도 계승되어야 할 재산이다. 이 운동을 통해 오키나와인은 자신의 역사 가운데 아시아 인, 조선인이 있었다는 것 그리고 서로의 역사를 뒤엉킨채로 받아들이는 역사관을 가지게 되었다. 그러한 놀랄만한 경험과 인식은 스스로의 가해 를 극복해가는 가능성도 될 것이다.

그러한 경험을 살린다면 배봉기 씨의 존재가 상징적으로 나타내는 식 민지주의, 국가폭력, 오키나와의 남북분단과 성폭력 문제도 오키나와와 한반도가 연대連帶하여 해결할 수 있는 길이 보이지 않을까? 그것은 현 재 동아시아에서의 기지문제와도 관련된 문제이며, 해결의 실마리가 될 것이다.

피해/가해의 틀을 흔들며 출몰하는 오키나와의 조선인: 가해자들의 '말하기', 그 기점(起點)으로서의 오키나와[*]

『오키나와와 조선의 틈새에서』를 읽고

심아정

1. 들어가며

이 글은 오세종이 쓴 『오키나와와 조선의 틈새에서: 조선인의 '가시화/불가시화'를 둘러싼 역사와 담론』에 대한 일종의[1] 서평논문이다. 오세종의 책은 오키나와의 조선인에 대한 최근의 연구들[1]을 반영하면서도 그 논의의 배경을 오키나와전쟁에서 현재에 이르는 시공간으로 확장하여, 이제껏 제대로 말하지 못했던 오키나와의 조선인과 그들의 삶을 시대적인 맥락과 정세 속에서 통사적으로 다루었다는 점에서 돋보이는 연구서

---

* 이 글은 제5회 〈연세한국학포럼〉에서 발표하고 『사이問SAI』 27(2019. 11)에 게재한 원고를 수정 보완한 것이다.

라고 할 수 있다. 특히, 1960년대 중반부터 오키나와 주민의 관점으로 오키나와전쟁을 기술하는 기록운동이 본격화되면서 생겨난 새로운 담론공간에서 오키나와인들의 증언에 의해 '출몰'하기 시작한 오키나와의 조선인을 의미화하는 저자의 관점이 주목할 만하다. 오키나와 민중이 피해집단의 정체성을 깨고 가해자성을 자가하는 과정 속에서조차 누락되었던 존재들, 즉 자기 안의 '난민'을 조우하는 과정이 고스란히 담겨있기 때문이다.

이 책에서 특히 필자가 주목한 것은 크게 네 가지이다. 첫째는 1950년대 『류다이분가쿠琉大文學』로 시작된 오키나와의 가해자성에 대한 인식이, 이후의 기록운동과 복귀운동의 과정에서 담론공간을 거치면서 어떻게 변용되었는지에 대한 것이고, 둘째는 구메섬 구중회 일가가 스파이로 몰려 학살당한 사건이 가해자성의 인식과 맞물려 담론공간에서 다루어질 때 결락되는 오키나와의 조선인 문제, 셋째는 도쿄타워 점거사건을 일으킨 도미무라 준이치의 옥중수기에 등장하는, 그가 만난 조선인들의 '비밀'에 대한 이야기, 마지막으로는 저자가 피해/가해라는 고착된 인식의 틀을 되물을 때, 조선인 '위안부'와 '군부'의 경험을 표현하는 데 동원되는 동물의 비유와 그에 대한 문제제기이다.

오키나와의 조선인들의 인적 구성에 영향을 미친 삶의 조건들에 대해 정세적으로 반응해 온 담론공간을 실천의 장으로써 자리매김하는 이 책

---

1   오키나와의 조선인들에 대한 선행연구로는 홍윤신(洪允伸), 『오키나와전장의 기억과 '위안소'(沖縄戦場の記憶と「慰安所」)』(東京: インパクト出版会, 2016), 신주백, 「한국 근현대사와 오키나와」, 『경계의 섬, 오키나와: 기억과 정체성』(논형, 2008), 임경화, 「오키나와의 아리랑: 미군정기의 잔류조선인들과 남북조선」, 『대동문화연구』 8, 9권(2015), 김미혜, 「오키나와의 조선인: 배봉기 씨의 '자기증명'의 이중적 의미를 중심으로」, 이정은·조경희 편, 『'나'를 증명하기: 아시아에서의 국적, 여권, 등록』(한울, 2017) 등이 있다. 그러나 오키나와 전쟁 이전 시기부터 오키나와 전쟁 이후까지를 총체적으로 논의한 것은 이 책이 처음이다.

은 독자들로 하여금 지금 — 여기에서 '우리'의 '자리'를 되묻게 만들 것이다. 이 글에서는 오키나와 주민들의 가해경험 혹은 폭력에 가담하게 되는 구조가 '우리'의 경험을 되비추는 하나의 참조점이 되고 있음에 천착하여 논의를 전개해 나가고자 한다.

2. '밀고'와 '묵인'을 추동한 경험

1) 오키나와 주민들이 폭력에 '가담'하기까지

일본이 항복하자 오키나와 구메섬의 주민들은 수비대장 가야마 다다시鹿山正의 명령하에 '밀고'의 형식으로 조선인 학살에 가담한다. 다니카와 노보루谷川昇라는 일본 이름으로 불렸던 구중회는 이웃들의 '밀고'로 학살되었다. 저자는 조선인을 '불결하고', '무서운' 존재로 인식해 온 주민들의 가담행위를, 일본군에 대한 공포심과 내면화된 식민지주의 질서가 복합적으로 작동한 결과로 보고, 오키나와 주민과 조선인 사이에서 '자신이 살아남기 위해 타자를 팔아넘겨야 하는 관계'가 생성되었다는 점에 주목한다. 얼굴을 익힌 사이라 할지라도 언제든 '밀고'의 대상이 될 수 있게 만드는 식민지주의 질서를 문제 삼는다. 또한 조선인과 오키나와 주민들 사이의 차별적 관계가 오키나와 전쟁으로 갑자기 생겨난 것이 아니라, 전쟁 이전부터 이미 존재해왔다고 말한다.[2]

그러나 '이웃에 대한 생사여탈권'이나 다름없는 '밀고'라는 행위를 추동하는 식민지주의 질서의 메커니즘에 대해서는 조금 더 섬세한 논의가 필요해 보인다. 류큐는 식민지였던 대만이나 조선과는 달리, 1898년에 일

---

2   오세종, 『오키나와와 조선의 틈새에서: 조선인의 '가시화/불가시화'를 둘러싼 역사와 담론』, 손지연 역(소명출판, 2019), 67쪽.

찌감치 징병제가 실시되었다. 하지만 제도적 동질화가 곧바로 '일본인'의 탄생으로 직결되지는 않는다. 그렇다면 오키나와인들에게 '일본인'이 된다는 건 어떤 경험이었을까? 오키나와의 조선인들에 대한 오키나와 주민의 가해자성을 다룰 때 이 물음이 소거되어서는 안 된다. 이 물음은 오키나와라는 공간에 '함께 던져져' 복잡하게 얽혀있는 여러 존재들의 경험이, 균질적인 내셔널리즘으로 횡령되거나 가해/피해의 이항대립으로 회수되지 않는 방식으로 새롭게 말해질 가능성을 담지하고 있으며, 억압의 복잡성을 문제선상에 올려놓는 오세종의 문제의식과도 닿아있기 때문이다.

> 이 대동아전쟁에서 승리하고 나면, 우리 오키나와인은 일본인과 똑같은 대우를 받을 거다.
> 그러니 전쟁에서 이기면 우리도 일본으로 가서 화기애애하게 살 수 있을 거야.[3]

'일본인'이 된다는 것은 일본군으로 전장에 '동원'된다는 것과 가족의 화기애애한 '생활'이라는 이중의 의미를 지니며, 상상에 그치는 것이 아니라 일상생활과 전쟁터가 하나로 연출되어 가는 과정이다. 그래서 '일본인'이라는 정체성은 무의식적으로 신체화된 다양한 실천들 속에서 상상되고 검증되며 확인되어 간다. 그러나 그런 실천들 모두가 '일본인'이 된다는 것으로 이어지지는 않는다. 어떠어떠한 실천들 속에서 '일본인'이 확인된다는 것은, 뒤집어 말하면 '일본인'으로 회수될 수 없는 영역이 끊임없이 생겨나고 있다는 말도 되기 때문이다. 도미야마 이치로富山一郎는

---

3 金誠實, 「到着の文化は解放の武器たりうるか」, 『にんげん』(東京: 明治図書出版, 1975), 116~117쪽, 도미야마 이치로, 『전장의 기억』, 임성모 역(이산, 2002), 29쪽에서 재인용.

'일본인'이 되는 일상적인 영위의 연장선에 전장戰場을 설정하고, 임계영
역으로 밀려나간 타자의 행방을 다시 한 번 문제 삼자고 말한 바 있다.[4]

남양군도에서 식민지 경영에 필요한 노동력은 대부분 오키나와로부터
공급되었는데, 특히 1930년대를 거치면서 급격히 늘어났다. 학력이 없
는 이들에게는 남양군도로의 이민이 입신출세의 길이었고, 그곳에서 지
시된 생활개선운동은 '일본인'을 지향함으로써 오키나와어를 비롯한 고
유의 문화를 '뒤쳐진 것'으로 불식할 뿐 아니라, '낮은 문화수준'을 체현하
고 있는 존재로서 원주민을 설정하고 그 위에 자리를 잡는 식이었다. 식
민사회에서 민족별로 서열을 가르는 가운데, 그 서열을 뛰어넘고자 하는
오키나와 출신자의 생활개선운동 자체가 '일본인'과 원주민의 서열을 유
지하고 고정시키는 방향으로 작용했음에 주목해야 할 것이다.[5]

한편, 일본 '본토'로 간 오키나와인들 중 압도적 다수였던 하층 출신자
는 오사카와 고베 각지에 밀집지역을 형성했고, 일용직 노동을 하거나
차별적 노무관리를 하는 공장에서 일했다. 이들에게도 일상생활의 구석
구석까지 개선항목이 지시되어 '뒤쳐진' 혹은 불식되어야 할 오키나와인
과 지향해야 할 긍정적 가치로서 '일본인'이 설정된다. 프롤레타리아트화
속에서 제국의식이 함께 양성되고 있음에 유의할 필요가 있다.

이렇듯 남양군도나 오사카에서는 생활개선운동이 더 나은 노동자가
되기 위한 과정으로 수렴되고, 오키나와에서는 위로부터의 지시로 시작
되어 생활도덕으로 수용되었다. 여기서는 '도덕'이라는 문제를 '가치의 내
면화'로 단순화할 게 아니라, 개개인이 구체적인 실천 속에서 자기를 이
끄는 방식 혹은 도덕적 주체로서 자기를 긍정하며 구성해나가는 과정이

---

4 도미야마 이치로, 앞의 책(2002), 30~33쪽.
5 도미야마 이치로, 앞의 책(2002), 68쪽.

의도치 않은 결과로서 '감시'라는 지배의 형태를 만들어낸다는 점을 섬세하게 살펴보아야 한다.[6]

'감시'가 일상생활 속에 익명화된 지배로 기능하면서 생활도덕을 어기는 사람은 '도덕적 범죄자'로 여겨져 상호 감시의 대상이 되기에 이른다. 오키나와전쟁에서 제32군의 전장동원과 관련된 '군율'은 이처럼 기존의 생활개선운동의 '규율'에 접목되는 형태로 등장했고, '스파이'는 '도덕적 범죄'와 공명하고 있었다. 이러한 과정을 거쳐 오키나와 주민들은 자기 자신을 포함한, 불식해야할 타자를 내부에서 구성했고, 노동자로서의 일상의 규율은 이후 지배자로서의 전쟁터의 군율로 이어져 '밀고'를 추동하는 동력이 되었다.

여기서 생각해 보게 되는 것은 '오키나와인의 경험이 어디에 자리하고 있는가'라는 점이다. 오키나와 주민을 구성하는 여러 정체성들은 일본인, 조선인, 남양군도의 원주민 등 다른 사람들과의 관계를 통해서 독특한 배치를 이루었고, 그 배치가 '권력'을 구성했다. 오키나와인이 '일본인'이 되는 과정에서 '노동자'가 된다는 것과 '지배자'가 된다는 것은 감시를 받는 주체가 동시에 폭력을 행사하는 쪽에 선다는 의미를 갖는다.[7]

2) 억압의 기제(機制)들을 합산(合算)할 수 있을까?

저자는 위안소 설치를 묵인했던 오키나와 주민의 사례에 이어 조선인 '위안부'가 가해를 강요당하는 장면을 소개하고 있다. 1945년 5월, 제32 군 제6갱도 입구에서 스파이 혐의로 연행된 우에하라 도미上原ㅏㅋ라는

---

6   도미야마 이치로, 앞의 책(2002), 48~49쪽.
7   도미야마 이치로, 앞의 책(2002), 74쪽.

여성을 헌병이 전신주에 묶고, 방공호에 있던 이들 중 조선인 '위안부'에게 총검을 쥐게 하고 찌르게 했다는 이야기다. 저자는 이 사례가 차별을 아래로 전가하는 식민지주의 구조의 말단에서 가해를 강요하는 장치가 어떻게 작동하는지 노골적으로 보여준다고 말한다. 그리고 바로 다음 문단에서 조선인 '군부'가 위안소를 드나들었을 가능성이 제기되면서 '위안부'가 '군부'보다 더 가혹한 위치에 놓여있음이 강조되고, 이로써 '위안부'는 가장 종속적인 위치에 자리매김 된다.[8]

일본의 식민지 지배가 근본문제이겠지만, 조선인 남성도 성차별, 성폭력에 가담하고, 가해의 위치에 서게 되었다. (중략) 식민지 지배, 식민지주의, 오키나와 차별, 민족 차별이 모두 합쳐진 것이 오키나와의 '위안소'이며, 조선인 '위안부'인 것이다. 그런 점에서 식민지주의 위계질서는 민족과 인종을 선명하게 구분하는 것이 아니다. 서로 복잡하게 뒤엉켜 있으면서 좀 더 하위에 자리하는 이들을 계속해서 만들어가는 시스템이라고 해야 할 것이다.[9]

저자는 인종, 성, 계층, 민족 등의 다양한 억압의 기제들을 '합산하는' 방식으로 조선인 '위안부'를 억압의 말단에 배치하고 있다. 각 시대마다 오키나와의 조선인들이 놓인 삶의 조건이 변해왔음을 말하고 있지만, 피해/가해가 복잡하게 얽혀있음을 언급하면서도 차별을 아래로 전가하는 방식, 하위의 자리를 만드는 시스템으로만 억압의 기제를 설명하고 있는 것은 아닐까? 식민지 지배, 식민지주의, 오키나와 차별, 민족 차별은 차

---

8   오세종, 앞의 책(2019), 80~81쪽.
9   오세종, 앞의 책(2019), 82쪽.

례로 더해지는 식이 아니라, 상호작용과 관계성 속에서 구성되고 작동하기 때문이다.

이와 관련해서 '교차성'과 '지배 매트릭스'라는 두 가지 개념을 구분해서 살펴볼 필요가 있다. 패트리샤 힐 콜린스는 억압이 흑인여성에게 미친 영향을 검토하면서 킴벌리 크렌쇼가 제시한 바 있는 '교차성(intersectionality)'이라는 개념과 자신의 '지배 매트릭스(matrix of domination)' 개념을 구분해서 사용하고 있다. '교차성'은 서로 맞물리는 억압의 특정 형태, 예컨대 인종과 젠더의 교차, 혹은 섹슈얼리티와 민족의 교차 등을 지칭한다. 교차 패러다임은 억압이 하나의 근본적 유형으로 환원될 수 없음을 강조하며 여러 억압들이 부정의를 생산하는 데 '서로 함께 작동한다'는 점에 주목한다. 이에 비해 '지배 매트릭스'는 서로 맞물려 작동하는 이러한 '억압들이 실제로 조직되는 방식'을 강조하며, 권력의 구조적, 훈육적, 헤게모니적, 대인관계적 영역은 관련된 특정 억압의 맞물림 뿐 아니라, 상이한 형태의 억압을 가로질러 다시 등장한다는 것에 주목한다.[10]

3. 가해자성을 직시하는 말과 운동의 자리

1) 오키나와의 가해성을 명시한 『류다이분가쿠』의 문학적 상상력

한국전쟁시기 오키나와는 미군기 출격의 거점이었다. 휴전협정이 체결된 1953년에 창간된 『류다이분가쿠琉大文學』는 미국의 군사전략과 냉전구조에 대한 비판과 함께 오키나와의 가해성을 명시하고 있다는 점에서

10　패트리샤 힐 콜린스, 『흑인페미니즘 사상』, 주해연 · 박미선 역(도서출판 여이연, 2018), 50쪽.

주목할 만하다. 저자는 이에 대해 문학자들이 『류다이분가쿠』의 지면紙面에서 조선과 오키나와의 새로운 관계성을 만들기 위해 '문학적 상상력'을 발휘한 것이라고 평가한다.[11]

예를 들어, 제8호(1955년 2월)에 실린 기샤바 준喜舍場順의 「비참한 지도惨めな地図」에서는 "어제 조선의 젊은이들과 보리밭을 불태운 괴수의 병영"으로 오키나와를 묘사함으로써, 오키나와에서 한반도로 출격한 미군기가 초래할 참화를 구체적으로 상상하고 있고, "가는 곳마다 별모양으로 처발라진 골프장이 있는", 언뜻 보면 평화로워 보이는 오키나와가 그 참상을 초래하는 장소임을 드러낸다. "전쟁은 결코 하지 않겠다"던 시인의 다짐은 이미 오키나와가 가해의 위치에 서게 되어 버림으로써 흔들린다. 가와세 신川瀬信의 시에서도 "생활 그 자체가 이미 전쟁과 직간접적인 협력이 되어버리는 사회 현황 속에서, 어떻게 해야 우리는 인간성이라는 모럴을 지탱할 수 있을까"라며 가해자의 위치에 놓인 오키나와를 성찰하는 것이 돋보인다.[12] 물론 『류다이분가쿠』의 관심이 즉각적인 관계 구축으로는 이어지지 않았지만, 타자에 대한 그들의 상상력은 1960년대의 복귀운동이 제3세계와 연대하는 실천으로 명맥을 이어가게 된다.

'점령'이 초래한 리얼리즘과 오키나와의 문학자들의 '실감實感'[13]은 1950년대 중반부터 『류다이분가쿠』에서 시와 소설이라는 문학 형식을 통해 표출되었다. 오키나와의 분위기는 같은 시기 '본토'와는 사뭇 달랐다. 이 시기에 '본토'에서는 55년 체제가 성립되었고, 다음 해에는 '이미 전후가 아니다'라고 선언하는 경제백서가 간행되는 등 상대적으로 안정적인 분위기여서 해방이 유예된 오키나와와는 온도차가 있었다.

---

11   오세종, 앞의 책(2019), 157쪽.
12   오세종, 앞의 책(2019), 158~161쪽.

『류다이분가쿠』에서 가와세 신이 "이미 생활 자체가 직간접적인 협력 상황"임을, 즉 미군기지에 의해 파생된 기지 협력자로서의 가해자성을 알아차리기 시작했다는 것은 중요하다. 가해자는 애초부터 존재하는 것이 아니라, 가해자성의 인식을 통해 비로소 부각되는 것이기 때문이다. 사람들은 흔히 가해자임을 인정할 수 없는 이유로, 자신이 '모르고 한 일'이라는 말을 한다. '가해자성'에 대한 논의를 시작하려면, 이 논리부터 뒤집어야 한다.

'가해자성'이 문제가 되는 것은 오히려 자기의 의도나 선택 바깥에서 일어난 일에 대해서다. 복잡다단한 관계망 속에서 자신도 모르는 채 가해의 구조에 놓일 수 있다는 사실은, 가해자임을 알아차리고 인정하는 일이 부단한 과정일 수밖에 없음을 말해준다. 끊임없이 자기가 놓인 구조를 의심하고 되물어야 하기 때문이다. 그래서 가해자성을 인정하는 것은 자기자신을, 그리고 우리가 사는 세계를 새롭게 만나는 일이기도 하다. 가해자의 자리에 서게 될 때, 이제껏 생각해보지 않았던 새로운 물음

---

13 최근 김시종 시인을 인터뷰하는 자리에서도 리얼리즘과 '실감'에 대한 이야기가 나왔다. 조금 길지만, 여기에 인용해 둔다. "일본의 시에는 실감이 없습니다. 추상이라는 게… 그것은 실감이 고도로 승화해서, 승화한 데에 나타나는 게 추상입니다. 그렇지만, 인텔리가 쓰는 것이 시입니다, 일본에서는. 그러니까 처음부터 추상을 정해 놓고 쓰는 사람들인 거지. 처음부터 관념적이고 사념의 갈등 같은 게 있거든. 내면대화(内面対話)… 그러니까 제 자신이 제 안에 있는 사념들과 대화하는 … 때문에 아주 관념적이고 애초부터 추상적입니다. 그러니 독자가 따를 수가 없습니다. … 우리가 예술작업을 보편적으로 말할 때, 또 그것을 국한해서 시라고 말할 때 말이야, 모르지만은 어쩌다 안다고 생각이 드는 게 있습니다. 이치적으로는 모르지만, 뭔가 실감에 비춰서 가라앉는 그런 말투가 있습니다. 시라는 것은 씨앗처럼 버티고 있다가 언젠가, 언젠가 불쑥 싹이 나오는 것이지요. 씨앗처럼 내면에 가라앉는 것은 실감입니다. 실감이 있을 때 받아들입니다. 생리적으로 공명해서 받아들입니다. 그런데 일본 시는 아까 말했듯이 애초부터 추상을… 관념 추상이죠, 실감이 없으니까 독자가 안 생기고, 일본 시인들은 시란 것은 순수하니까 아는 사람끼리 알면 된다는 그런 생각인데, 그게 시를 아주 작은 세계로 만들고 있잖아요?" 2019년 7월 10일(수) 나라현 이코마시에서의 인터뷰. 김시종, 『이카이노시집·계기음상·화석의 여름』, 이진경·심아정·가게모토 쓰요시·와다 요시히로 역(도서출판b, 2019), 292~293쪽.

이 생겨난다. 그리고 그 물음에는 이제껏 당연시되어온 폭력을 멈추게 할 힘이 깃들어 있다.[14]

2) 가까이 있는 존재를 간과한 복귀운동

1960년에 '오키나와현조국복귀협의회'(이하, 복귀협)가 결성되었다. 저자는 1960년대의 복귀운동이 기지를 용인했던 1940년대의 초기 복귀운동과는 선을 긋고 있다는 점을 강조한다. 1960년대의 운동은 기지와 평화가 양립할 수 없다는 인식에 기반하여 오키나와가 가해의 입장에 서는 것을 거절했기 때문이다. 또한 복귀 요구에만 머무르지 않고, 식민지 지배와 부당한 통치를 국제적으로 문제시하며 자신들의 운동이 반기지, 민족해방이라는 제3세계의 동향과 이어져 있음을 강조함으로써 아시아, 아프리카를 포함한 세계적 연대를 꾀했다는 점도 주목할 만하다.[15]

미군기지 반대운동의 배경에는 1965년부터 미국이 본격적으로 개입한 베트남전쟁이 자리하고 있다. 전략폭격기 B59가 오키나와에서 출격하게 됨에 따라, 오키나와가 '악마의 섬'으로 불리며 가해의 위치에 배치되었고, 다카에高江에는 '베트남 마을'이라는 훈련장이, 이에섬에는 남베트남의 소년병들의 훈련장이 만들어졌다. 이런 정황에서 복귀협이 베트남전쟁에 반대하며 미국과의 대결태세를 갖춘 것은 '가해와 피해를 동시에 거절하는 자세'였다고 저자는 평가한다. 그러나 유감스럽게도 국제연대와 탈식민지를 지향했던 복귀운동이 오키나와 내부의 아시아, 즉 오키나와의 조선인에게로 시선을 돌리는 일은 없었다. 분리를 넘어서 '본토' 일본

---

14 심아정, 「우리가 만난 참전군인: 참전군인A와 '함께 말한다'는 것」, 『베트남전쟁시기 한국군에 의한 민간인학살 진상규명을 위한 시민평화법정 자료집』(2018), 61~62쪽.

15 오세종, 앞의 책(2019), 169~172쪽.

과 '하나가 된다'는 것에만 천착했기 때문이다.[16]

이러한 한계는, '중국귀환자연락회'(이하, 중귀련)가 보여준 한계와 맞닿아 있다. 패전 후에도 생존하고 있었을 전시 '가해자'들의 증언은 여전히 드물지만, 자신의 행위를 성찰하고 가해 사실을 공개적으로 또 집단적으로 이야기하며 다시는 그런 일이 벌어지지 않도록 노력한 이들 또한 존재한다. 1957년에 일본에서 결성된 중귀련 소속 사람들이다. 만주 및 산시山西성에서 일본군 또는 만주국 관료 등으로 활동하다가 패전으로 소련군 포로가 된 후, 중국으로 인계되어 전범관리소에서 교육을 받은 이들은 그 과정에서 자신의 과거를 뉘우치고 1950년대 후반~60년대 전반에 석방되어 일본으로 귀국한 뒤, 자신의 가해 사실을 적극적으로 알리며 활동했다.[17]

중귀련이 '중국'에 대한 죄의식과 감사의 마음을 가지고 있었다는 점과 관련해 꼭 생각해봐야 할 점이 있다. 그들을 푸순에서 직접 '교육'했던 이들이 어떤 사람들이었느냐는 문제이다. 푸순전범관리소에서 일본인 전범들을 '교육'하기 위해서는 일본어를 할 줄 아는 사람이 반드시 필요했다. 초기에는 일본어가 가능한 사람이 3명밖에 되지 않았고, 그 중 2명은 조선족이었다. 처음에 전범들이 중국 측으로 인계될 때부터 통역으로 참여했던 김원金源은 교육과 과장, 부소장을 거쳐 소장까지 지낸 푸순전범관리소의 핵심 인물이었으며, 처음부터 김원과 함께 일한 오호연吳浩然 또한 전범들과 매우 가깝게 지낸 인물이었다. 중요한 것은 중귀련 회원들이 그들에 대해 깊이 감사하면서도, 그들이 조선족이라는 점에 대해서

---

16 오세종, 앞의 책(2019), 174~179쪽.

17 후지이 다케시, 「가해 경험을 말한다는 것: 일본 중국귀환자연락회의 사례」, 『베트남 전쟁시기 한국군에 의한 민간인학살 진상규명을 위한 시민평화법정 자료집』(2018), 36~37쪽.

는 거의 말하지 않는다는 점이다. 중귀련 40년의 발자취를 기록한 책에서도 오호연의 훌륭한 인간상을 언급하면서 "중국 인민의 위대함에 압도당했다"고 되어 있다.[18] 이는 그들을 '중국인'으로 다루고 있음을 의미한다. 중국에 대한 침략에는 분명한 죄의식을 가지고 있지만, 침략과 복합적으로 얽혀 있는 식민지배에 대해서는 별다른 인식이 없어 보인다. 여기에는 '피해자'를 '중국' 또는 '중국 인민'으로 인식하는 데서 오는 시야협착이 존재한다. 가장 가까이에서 지낸 이들에 대한 이러한 상상력의 결여를 우리는 어떻게 생각해야 될까.[19]

3) 1960년대 기록운동에 '출몰'한 오키나와의 조선인

1960년대 중반에 이르면 군이나 병사들의 관점이 아닌, 민중의 시각으로 오키나와전쟁을 재구성하려는 움직임이 활발해진다. 베트남전쟁이 격화됨에 따라 다시 전쟁에 휘말리게 될 지도 모른다는 위기의식에서, 반전 평화를 운동의 축으로 삼았던 복귀운동과 연동하여 시작된 기록운동은 주민들의 경험을 듣고 기록하는 과정에서 '의도치 않게' 조선인에 대한 증언을 수집하게 되었다. 복귀운동은 내부의 아시아, 오키나와의 조선인의 존재를 놓쳤지만, 기록운동은 오키나와 내부를 주요 대상으로 삼으면서 바깥으로 향해 있던 복귀운동의 시선을 안으로 끌어들였다는 점에서 여타 복귀운동과는 성격을 달리한다.[20]

주민의 관점에서 오키나와전쟁을 기록하려는 시도는 이전에도 있었

---

18 中国帰還者連絡会 編, 『帰ってきた戦犯たちの後半生』(大阪: 新風書房, 1996), 675쪽. 후지이 다케시, 앞의 글(2018)에서 재인용.

19 후지이 다케시, 앞의 글(2018), 52쪽.

20 오세종, 앞의 책(2019), 193~194쪽.

다. 그러나 그것은 전쟁의 조력자로서 미담을 강조하는 군민일체의 관점에서 기술되었고, 같은 맥락에서 1960년대 중반을 전후하여 일본 정부의 원조로 오키나와에 건립된 위령탑들 또한 이러한 한계를 벗어나지 못했다. 반면, 기록운동이 만들어낸 담론은 군민일체를 돌파하는 형태로 등장했다는 것이 중요하다.[21]

많은 이들이 오키나와 전쟁을 이야기하는 중에 오키나와의 조선인은 그들의 증언 속에서 예기치 않게, 증언한 이들의 의도와 무관하게 '출몰'했다.

> 진지구축의 경우는, 조선인들이 했죠. 그 사람들을 시켜서 진지구축을 하고, 그리고 기계를 설치할 때는, 조선인은 전부 나가라고 하고 병사들만 그 대포를 쏠 수 있게 설치했어요.[22]

기록운동의 결과물인『오키나와 전쟁기록沖縄戦記録』I의 구시카와촌具志川村의 해설을 쓴 호시 마사히코星雅彦는 "조선인 위안부의 존재도 잊어서는 안 된다. 그것은 인종적 차별문제이기도 하다. 더 나아가 오키나와인 의식, 그 차별의식 문제와도 관련이 있다."고 언급하며 조선인의 존재가 오키나와의 '사상적 과제'라는 점을 시사했고,[23]『오키나와 전쟁기록』II의「총론」에서 아니야 마사아키安仁屋正昭는 오키나와의 가해성에 대해서 구 일본군의 특정 개인에게 책임을 전가해 버리는 문제를 지적하며 "가해를 말할 때 놓쳐서는 안 될 것은 아시아 인민에 대한 것이다. 일본제국주의가 아시아 제국을 침략하여 그 인민에게 커다란 참화를 초래한 것은 자

---

21 오세종, 앞의 책(2019), 196쪽.
22 『沖縄戦記録』I, 640쪽. 오세종, 앞의 책(2019), 197쪽에서 재인용.
23 『沖縄戦記録』I, 818쪽. 오세종, 앞의 책(2019), 199쪽에서 재인용.

칫 잊히기 쉽기 때문이다. 그 경우, 지배 계급의 범죄는 물론이거니와 일본 인민들도 거기에 가담한 사실을 추궁하지 않으면 안 된다"고 강조하고 있다.[24]

오세종은 이러한 비판적 발언이, 주민의 입장에서 오키나와 전쟁을 검토해야할 필요성을 제기하는 존재가 바로 조선인과 대만인이라는 점을 강조한 것이라고 말한다.[25] 오키나와 주민들이 자기의 경험을 증언하면서 의도치 않게 불러들인 조선인과 아시아의 인민은 가해와 피해, 일본과 오키나와, 미국과 오키나와라는 기존의 이항대립적인 틀로는 설명 불가능한 존재였다.

"아시아를 상기한다는 것은 단순히 전쟁 가해자라는 자각을 갖는 것이 아니라, 그 과정에서 생겨난 불협화음을 상기하고 국민의 이야기로 포섭되지 않을 이질적인 존재를 불러들이는 것"이다.[26]

이런 의미에서 기록운동은 기존의 인식의 틀을 흔들면서 출몰한 오키나와의 조선인과 내부의 타자들을 발견하고 오키나와 내부의 식민지주의를 성찰하기 시작한 기점이라 할 수 있다.

『오키나와 타임스沖縄タイムス』는 시정권 반환 직전에 구메섬 학살사건을 기사화했다. 그러나 저자는 '구중회'가 '다니가와'라는 일본명으로 호명되면서, 학살이 '동포' 참살사건으로 상기되었다는 점을 간과해서는 안 된다고 강조한다.[27] 반전反戰과 복귀의 슬로건 아래, 오키나와에서 학살이 이야기되는 방식은 스파이(=적)로 살해당한 자들까지 '동포'= '국민'으로

---

24 『沖縄戦記録』II, 1096쪽. 오세종, 앞의 책(2019), 200쪽에서 재인용.

25 오세종, 앞의 책(2019), 201쪽.

26 도미야마 이치로, 앞의 책(2002), 110쪽.

27 『沖縄タイムス』(1972. 4. 5.) 오세종, 앞의 책(2019), 210쪽에서 재인용. 오키나와 타임스는 1997년 이후의 자료들에 한에서 데이터베이스화되어 있다.(https://www.okinawatimes.co.jp/)

범주화해 버린다. 바로 이 지점에서 문제 삼아야 할 것은 오키나와의 조선인 구중회의 존재가 망각되는 것 그 자체에 있지 않다. 문제는 망각의 전제가 되는 학살의 기억을 '동포' 살해로 설정한다는 것에 있다. '잊지 말자'는 자각과 각성의 말이 '동포'라는 범주로 포섭되는 순간, 구중회의 삶과 죽음을 묻는 '다른 이야기'는 지위지고 만다. 놓친 이야기의 위치를 다시 설정하는 것. 오키나와의 조선인은 이렇게 '다른 이야기'가 시작되는 '물음'으로, 오키나와의 '우리'라는 범주의 임계점을 문제 삼으며 등장한다. 『류다이분가쿠』에서 시작되어 복귀운동과 기록운동을 거치면서 오키나와의 가해성과 식민지주의를 되묻게 되었지만, 오키나와의 조선인은 여전히 국민의 이야기와 '다른 이야기'의 위치에 놓이지 못하고 있었다.

4) 도미무라 준이치의 도쿄타워 점령사건과 그가 만난 조선인들의 '비밀'

오키나와의 조선인들이 온전히 드러나는 것에 대한 '물음'이 다시 던져지는 것은 도미무라 준이치의 도쿄타워 점령사건을 통해서이다. 1970년 7월 8일, 도미무라 준이치가 미국인 선교사를 인질로 삼아 도쿄타워 전망대를 점거한 사건을 계기로 일본 '본토'에서도 오키나와 문제가 가시화된다. 저자는 도미무라의 점거가 오키나와에 빈발頻發하던 미군에 의한 '부녀자폭행사건' 뿐 아니라 조선인에 대한 차별까지도 고발하며 연대를 모색하려 했다는 사실에 주목했다. 그리고 도미무라의 일련의 행동은 "민중의 입장에서 오키나와 전쟁과 오키나와의 '전후' 담론을 일본 '본토'로 발신해간 것이자, 기록운동을 일본 '본토'로 확장해간 것"[28]이고, "오키

---

28 오세종, 앞의 책(2019), 215쪽.

나와의 해방을 위해서는 조선인을 포함한 아시아 전체의 해방이 필요하다"[29]는 인식을 보여준 것이었다고 적극적으로 평가한다.

도미무라의 옥중수기에서 그가 만난 조선인들에 대한 증언도 소개된다. 앞에서 언급한 바 있는 '다른 이야기'의 가능성은 이같은 사례에서 발견된다. 옥중수기에는 도미무라가 어렸을 때 살았던 구메섬에서 구중회를 만난 이야기와, 1948년 무렵 '위안부' 출신 조선인 하나코花子를 만났던 기억이 기록되어 있다.

> 아침이 되어 술이 깬 하나코는 다른 사람들에게 자신이 조선인이라고 말하지 말아 달라고 부탁했어요. 하나코는 조선인이라고 불리는 것이 무엇보다 두렵다고 했어요. (…중략…) 타워에서 조선인을 바로 내려가도록 한 것은 그런 하나코의 영향도 없지 않았죠.[30]

옥중수기에는 '긴조金城'라는 조선인과 도쿄에서 만난 일도 적혀 있는데, 식민지기에 일본경찰에게 아무런 설명도 없이 트럭에 태워져, 나가사키로 연행되어온 남성이었다. '긴조'라는 이름으로 살게 된 것은, 관동대지진 당시에 수많은 조선인이 살해되었던 것을 주지하고, 지진이 또 발생하면 일본제국주의의 압박이 가해질까 두려웠기 때문이라고 한다.[31]

'전후'에도 여전히 성폭력과 민족차별에 노출된 채 살고 있었던 하나코는 스스로를 보이지 않게 '지우고 죽은 듯이 살았다. 하나코가 '조선'을, 그리고 '위안부'의 경험을 '스스로 지우며' 살아 온 것은 자기를 온전히 드

---

29 오세종, 앞의 책(2019), 219쪽.

30 富村順一, 『わんがうまりあ沖繩: 富村順一獄中手記』(東京: 拓殖書房, 1972), 39쪽. 오세종, 앞의 책(2019), 219쪽에서 재인용.

31 富村順一, 앞의 책(2019), 41쪽. 오세종, 앞의 책(2019), 218~219쪽.

러낼 수 없었고, 따라서 오키니와의 이웃과의 평등한 접촉을 기대할 수 없었기 때문이었을 것이다. 또한 '긴조'에게는 자기를 드러내는 것이 살해당할 위기로 내던져지는 것과 다름없었다. 하나코와 '긴조'는 자신의 존재를 비밀로 유지함으로써만 살아올 수 있었다. 그들은 '말할 수 없는' 것이 아니라, '말하지 않는' 것이다. 아무리 말을 해도 들어주지 않는 상황이기 때문에 굳이 '말하지 않는' 것이다. 자신이 폭력에 노출될 것을 감지하고 비밀을 유지하는 능동성. 이정화는 『중얼거림의 정치사상つぶやきの政治思想』에서 이 능동성 때문에 살 수 있었던 사람들의 이야기를 전하고 있다.

할머니들의 증언을 계속 바라보고 있자면 문득 두려움을 안게 된다. 개인적인 것은 굳이 말하지 않았다는 것을 깨닫게 되니까.[32]

5) 파국을 각오하지 않으면 말문을 열 수 없었던 존재, 배봉기의 경험

하나코와 '긴조'에게 '비밀'이란 "폭력의 흔적이 없었다고 치부되는 상황 속에서 그것에 저항하면서 살아왔다는 당당한 증거이자 "싸워온 과정"[33]이라고 말할 수 있다. 그러나 하나코와 긴조의 경험은 젠더/섹슈얼리티의 문제를 고려할 때, 다르게 설명될 필요성 또한 갖는다. 오키나와

---

32 李靜和, 『つぶやきの政治思想: 求められるまなざし・かなしみへの, そして秘められたものへの』(東京: 靑土社, 1998).

33 도미야마 이치로, 「증언 '이후'」, 『전쟁, 여성, 폭력 일본군 '위안부'를 트랜스내셔널하게 기억하기』(서강대학교 트랜스내셔널 인문학연구소 국제학술대회 자료집, 2019. 3. 7~8.), 68쪽.

의 조선인 여성과 오키나와의 조선인 남성의 경험은 '민족'이나 '식민지'라는 공동의 문제로만 다룰 수는 없는데, 그들이 노출되는 위험의 자장磁場의 성격이 다르기 때문이다. 바로 여기에서 오키나와의 조선인/위안부/여성이라는 구분선을 그대로 살아온 사례를 소환해야 할 필요가 있다.

오키나와에서 '비밀'을 안고 숨죽이며 살아온 조선인에게 더 이상의 침묵이 허용되지 않는 상황이 발생한다. '파국을 각오하지 않으면 말문을 열 수 없는 존재'[34], 배봉기에 관한 이야기다. 배봉기는 오키나와 도카시키 섬 '위안소'의 옛 일본군 '위안부'였다. 전쟁이 끝난 후에도 먹고 살 길이 막막하여 술집에서 여급으로 일하거나 빈병을 모아 생계를 유지하면서 오키나와 본섬을 전전했다고 한다. 그녀는 '위안부' 시절보다 '전후'의 세월이 더 괴로웠다고 회고한 바 있다. 오키나와에 설치된 '위안소'에 대한 조사는 1970년대부터 시작되었지만, 조선인 '위안부'나 배봉기의 존재에 대해서는 '알면서도 모르는 척'하는 것이 오키나와에서의 반응이었다고 저자는 말한다.[35]

이런 이유로 오키나와 혹은 일본 여성들의 역사를 중심으로 '위안부' '여성'의 경험을 다루거나, 오키나와의 조선인 남성 군부를 언급하면서 '조선인'의 경험을 다루는 방식 사이에서 배봉기의 삶은 침묵되거나 공백으로 남게 된다. 그렇다면 '위안부', '여성'으로도 '조선인'으로도 다 말해질 수 없는 경험이란 무엇이며, 그렇다면 어떻게 말해질 수 있을까.[36]

배봉기가 기사화된 1975년, 그녀는 60세였다. 전후 오키나와는 일본에

---

34 김시종 시인이 김희로 사건을 언급하면서 사용했던 표현이다. 김시종, 『재일의 틈새에서』, 윤여일 역(돌베개, 2017), 72쪽.

35 오세종, 앞의 책(2019), 264~265쪽, 272쪽.

서 분리되어 호적을 다시 제작하고, 독자적인 출입역出入域 관리와 외국인등록이 시행되었지만, 시정권이 반환된 1972년 5월 15일 이후로는 일본 '본토'의 '출입국관리령'과 '외국인등록법'이 적용되었다. 그녀는 이러한 변화와는 무관하게 '조용히' 살고 있었기 때문에, 여권이나 비자가 없었고 자기도 모르는 사이에 '불법체류자'가 되었다. 나이가 들어 국가(일본)의 원조를 받아서 살아가야 하는 상황에서, 이미 강제송환의 대상이 되어버린 배봉기는 특별재류자격 취득 신청을 하면서 언제, 왜 오키나와로 왔는지 말해야 했다. 오세종은 이를 강요된 '커밍아웃'[37]이라고 말한다.[38] 배봉기는 얼마나 무서웠을까.

6) 다시, 구중회의 죽음을 둘러싸고: '다른' 종류의 책임을 진다는 것

'본토'에서는 『선데이 마이니치』에 「오키나와의 손미 사건」(1972. 4. 2.)이라는 르포의 형태로 베트남 전쟁의 '손미 사건'과 중첩시켜 구메섬 학살 사건이 다루어졌다. 사건 후 수십 년이 지난 시점에서 이러한 사건이 다

36　킴벌리 크렌쇼는 1989년과 1991년에 쓴 두 개의 논문에서 교차성(intersectionality)이라는 개념을 통해 흑인여성과 유색인종 여성들의 경험, 정체성, 이해관계가 여성운동과 흑인운동 및 유색인종 운동 모두에서 침묵 혹은 배제되고 있는 모순에 주목한 바 있다. "Demarginalizaing the Intersection of Race and Sex", *University of Chicago Legal Forum* 1989-1(1989), "Mapping the Margins: Intersectionalitym Identity Politics, and Violence against Women of Color", *Stanford Law Review* 43(1991).

37　커밍아웃이 성소수자들의 생애사에서 지난한 과정을 겪으며 만들어낸 하나의 계기임을 생각할 때, 이 표현이 '아무렇게나' 넓은 의미로 통용되는 것에 대해서는 경계해야겠지만, 전시 성폭력에 대해서 '말한다'는 것은 듣는 이들에게 비커밍아웃(becoming out)을 요청한다는 점에서 성소수자들의 커밍아웃과 맥락을 같이 한다고 볼 수 있다. '듣는다'는 건 위험을 자처하는 행위에 가깝다. 커밍아웃을 하는 이들은 청자의 변화를 부추기며 일종의 ~되기(Becoming)를 요청하기 때문이다. 도미야마 이치로는 비커밍아웃 이후에 청자가 살아갈 세계는 이제껏 안주해 온 시민사회가 아니라, 위험에 노출된 세계일 것이라고 강조한 바 있다. 도미야마 이치로, 앞의 자료집(2019).

38　오세종, 앞의 책(2019), 264~265쪽.

뤄진 건, 오키나와전쟁 당시 구메섬에서 미군에 투항했던 옛 일본육군병사 두 명이 가야마 대장을 고발했기 때문이었다. 기사는 구중회에 대해서도 언급했고, 가야마를 직접 인터뷰한 내용도 실렸다.[39]

이틀 후, 방송에 출연한 가야마에게 오키나와 사람들이 비난을 쏟아부으며 책임을 추궁하는 과정에서 불과 며칠 전 『오키나와 타임스』(1971. 4. 5.)의 기사에서 다뤄진 것과 같은 방식으로 '구중회'는 '다니가와'로 호명되고 있었다. 저자는 이 장면에 멈춰 서서, "가해/피해라는 틀을 극복하려는 시도가 오히려 다시 그곳으로 돌아가게 하는 사태"이며, "'본토'로 하여금 오키나와의 조선인을 바라보게 하는 관점을 오로지 '주민'의 비극에만 머물게 함으로써 타자로서의 조선인이 안겨준 충격을 결락시켜 버린다"[40]고 말하고 있다.

다른 한편에서 저자는 가해/피해의 틀에 갇히지 않으려는 오키나와 내에서의 시도 또한 주목하고 있다. 1972년 3월 25일자 『류큐신문』에 「오키나와 판 '아이히만'」이라는 제목으로 구메섬 주민 학살사건이 보도되었다. 기사에는 "변명하고 싶지는 않습니다. 나는 일본군으로서 최고 지휘관으로서 당시 처벌에 문제가 있었다고는 조금도 생각하지 않기 때문"[41]이라는 가야마의 발언이 인용되었는데, 이에 촉발되어 오키나와현교직원조합 내의 전쟁범죄추급위원회가 설립되었고, 1972년 5월에 오키나와전쟁 당시 일본군에 의한 잔학행위를 조사하여 『이것이 일본군이다』라는 증언집을 편찬하기에 이른다.

저자는 보고서의 결론 부분을 언급하면서, 오키나와 전쟁 담론이 타자에게 열리기 시작했음을 보여주었다고 평가한다. "오키나와 현민 전체가

---

39 오세종, 앞의 책(2019), 221~222쪽.

40 오세종, 앞의 책(2019), 223쪽.

41 오세종, 앞의 책(2019), 208쪽.

피해자였다고 해서 오키나와에서 제국주의 전쟁 추진 역할을 담당한 전쟁지도자의 책임을 불문에 부쳐서는 안 된다"고 하면서도 "책임 추급의 대상을 특정 일본군 장교 개인에게 한정하는 것은, 전쟁의 성격이나 책임의 향방을 애매하게" 할 위험이 있음을 적시하면서 오키나와의 가해사실을 드러내고 있기 때문이다."[42]

그러나 이러한 평가에 고개를 끄덕이는 한편, 증언집에 수록되어 있는 100여 명의 기억을 상기하는 과정에서도 여전히 학살사건은 '동포' 살해로 이야기 되고 있다는 점과, 자신들 또한 '밀고'와 '묵인'의 형태로 폭력에 '가담'하거나 폭력을 '수행'했던 증언으로까지는 이어지지 않는다는 점에서 저자가 평가하는 '가해사실의 인정'이라는 것의 한계를 되묻지 않을 수 없다.

어느 이야기에도 살해를 자행한 일본군에 대한 격렬한 증오가 존재하고, 이는 '복귀'와 함께 들어올 '자위대'를 향하고 있었다는 것이 이 시기의 특징이라고 볼 수 있다. '핵도 기지도 없는 평화로운 오키나와 현'이라는 반전 복귀의 운동방침과 공명하고 있는 것이다.[43] 문제는 '복귀'로 쇄도했던 정치과정 속에서 오키나와인들이 '일본인임을 잊었던' 기억은 정치화될 수 있는 장을 제대로 갖지 못했다는 점이다.[44] 그렇다면 오키나와 조선인들의 존재를 '동포'로 지우지 않고 그들에 대해 오키나와 주민들이 갖는 전쟁책임과 가해자성은 어떻게 말해질 수 있을까?

주디스 버틀러는 '다른 종류의 책임'을 말한다. 개인과 집단의 책임을 구분할 때, 개인적 책임을 그 책임의 집단적 조건을 고려해서 위치시킬 필요가 있다. 물론 폭력 행위를 저지르는 사람들은 그 행위에 책임이 있

42 오세종, 앞의 책(2019), 234~235쪽.
43 도미야마 이치로, 앞의 자료집(2019), 120쪽.
44 도미야마 이치로, 앞의 자료집(2019), 123~124쪽.

다. 그들은 비개인적인 사회적 힘의 기제이거나 앞잡이가 아니라, 책임이 있는 행위주체들이다. 다른 한편으로 이런 개인은 만들어진 존재이고, 그들의 행위를 순전히 자생적인 의지의 행위나 개인적 병리, '악'의 증상으로 환원하는 것은 오류이다. 대체 어떤 세상이 그런 인물을 생겨나게 하는가, '생겨나게 하는' 이 과정이란 대체 무엇인가? 이런 질문을 하는 것은, 개인이 아니라 조건이 잘못되었다는 이야기와는 다르다. 오히려 조건과 행위의 관계를 다시 사유하려는 것이다.[45]

우리는 행위를 하기도, 당하기도 하며, '책임'은 그 두 상황의 접점에 놓여 있다. 나를 형성하는 조건을 가지고 내가 할 수 있는 일은 무엇인가? 그 조건들은 나에게 무엇을 하라고 강요하는가? 내가 무엇을 해야 그 조건들을 변화시킬 수 있을까? 행위를 당하는 것은 행위를 하는 것과 완전히 연속선상에 있지 않다. 따라서 우리에게 작용하는 힘들이 우리의 행위에 대해 최종적 책임을 갖는 것은 아니다. 위와 같은 질문들은 폭력을 자행하는 사람들을 면책하기 위해서가 아니라, '다른 종류의 책임'을 지기 위한 것이다. 버틀러는 우월적 지위로부터 우리를 탈중심화하는 서사에 마음을 여는 방법으로 '선례'가 있었다는 이야기에 귀 기울일 것을 제안한다.[46]

이와 관련해서 앞서 언급했던 중귀련이 '다른 종류의 책임'을 졌던 방식은 탈중심화 서사의 좋은 선례가 된다. 1988년에 천황 히로히토가 위독해지면서 언론이 그를 '평화주의자'로 치켜세우는 상황이 벌어지자, 중귀련은 '천황제 반대'를 활동방침으로 내세워 적극적인 활동을 벌였다. 천황을 비판하는 방식 역시 천황의 명령으로 이루어진 자신들의 가해 경

---

45 주디스 버틀러, 『위태로운 삶: 애도의 힘과 폭력』, 윤조원 역(필로소픽, 2018), 40쪽.
46 주디스버틀러, 앞의 책(2018), 41쪽, 43~44쪽.

험을 공론화하는 것이었다는 점이 중요하다. 그들은 푸순전범관리소에서 쓴 수기를 모아 『천황의 군대 〈중국 침략〉天皇の軍隊〈中国侵略〉』을 펴냈는데, 당시 회장이었던 도미나가는 후기에서 "우리는 천황의 명령에 의해 저질러진 자신의 전쟁 범죄에 따라, 그 책임의 일단을 맡은 사람으로서 우리의 피해자들에게 천황의 전쟁책임을 추궁할 의무가 있다"고 밝혔다. 이어 히로히토가 사망한 1989년에도 수기를 모아 『침략, 학살을 잊지 않는다侵略, 虐殺を忘れない』를 펴냈다. 그들은 스스로의 가해 책임을 지는 방법으로 그 명령자의 책임을 추궁한 것이다.[47]

4. 생략당한 존재들의 기묘한 공석(空席)

1) 문학장(場)에서 동물의 자리를 묻다

트럭섬 부대가 괴멸한 직후, 1944년 3월에 창설된 오키나와 주둔 제32군의 주된 역할은 항공작전에 필요한 비행장을 건설하는 것이었다. 오키나와에서 학도병과 방위대원을 징용해도 노동력이 부족하자 '군부'라고 불리는 조선인들이 연행되어 왔다. 극심한 중노동에 시달리는 이들을 두고 '우마牛馬처럼' 취급당했다고 말하는 목격담들이 이 책의 전반부 곳곳에 인용되어 있다.

지상전이 시작되기 전에도 조선인 '군부'는 이미 중노동과 기아, 일본군의 폭력 등으로 죽음으로 내몰렸다. 그 이유에 대해서 저자는 그들이 인간과 동물의 경계에 놓여있었기 때문이라고 말한다. 군대질서의 하위에 놓인 자들은 인간이 아닐 때나 가능한 '우마 취급'을 당했으며, 그러한

---

47 후지이 다케시, 앞의 글(2018), 49쪽.

위기는 식민지기 내내 지속되었고 미군과의 전투가 시작되면서 더욱 고조되었다고 말이다.[48] 또한 식민지주의 질서는 인간/동물의 구분에서 '군부'를 자의적으로 동물 쪽에 배치하는 구조를 강화시켰고, 이들이 막대한 피해를 입었던 가장 큰 이유는 하위에 자리매김되어 인간 이하의 동물로 취급되는 구조에서 찾을 수 있다고 말한다.[49]

그런데 이 책 전체의 흐름을 생각할 때, 저자의 위와 같은 기술記述은 필자로 하여금 몇 번이고 고개를 갸우뚱하게 만들었다. 저자의 동물의 비유에는 정작 동물의 자리가 없기 때문이다. '우마'들은 '우마처럼' 취급받았던 이들이 놓인 상황과 처지를 표현하는 수사로 나타났다가 이내 사라져버린다. '우마처럼' 취급된 자들을 언급하며 지워지는 '우마'의 존재. 그러나 다시 생각해 보면, 이 책에서 조선인 '군부'와 동물은 같은 시공간에 동시에, 함께 등장하기도 한다.

군이 반 강제로 몰수해 온 가축은 조선인이 도축하도록 했는데, 소를 도축한 조선인이 간을 꺼내어 생으로 먹었어요.[50]

그들은 소나 말을 도살하고는 그 간을 꺼내 먹었다. 그들이 하는 대화는 전혀 알아들을 수 없었다. 그래서 "그들은 우리와는 아주 다른 인간"이라고 느꼈다. 또 두려운 존재이기도 했다.[51]

위안부를 욕망하는 체력도 이미 잃어버린 우리들은 단지 '기묘한 생명체'를 구경한다는 마음으로 여자들이 떼 지어 모여 있는 쪽으로

---

48 오세종, 앞의 책(2019), 35쪽.

49 오세종, 앞의 책(2019), 44쪽.

50 오세종, 앞의 책(2019), 55쪽.

51 오세종, 앞의 책(2019), 56쪽.

향했다. (중략) 촛불 때문에 그녀들의 얼굴은 잘 보이지 않았다. 우리는 그녀들이 무슨 말을 하는지 알아듣지 못했다. 아마도 조선어였을 것이다. 전선이 긴박해지면서 그녀들은 이제 '쓰고 버리는 물건'처럼 내버려졌던 것이다.[52]

저자는 위의 증언에서도 병사들이 '위안부'를 '기괴한 생명체'라든가 성적인 배출구로 표현하며 '인간'으로 의식하지 않았음을 문제 삼고, 인간과 비인간을 자의적으로 나눔으로써 식민지주의 질서를 유지하고 강화하는 결과를 초래했다고 말한다. 정기적으로 행해지는 성병검진에 대해서도 당시의 간호사들은 헌병들이 '위안부'들을 '동물을 몰 듯' 다루었다고 증언한다. 부대의 이동과 함께 다른 부대로 위양되곤 했던 '위안부'가 양도 가능한 '물건'이기도 했고, 동물, 노예에 지나지 않았다고도 말한다.[53]

동물을 도살하는 자리에 조선인이 배치되고, 동물의 살점을 차지하게 될 사람들은 먹지 않고 버릴 동물의 내장을 도살한 그 자리에서 조선인이 바로 꺼내 먹는 장면. 이 장면에서 동물은 조선인과 오키나와 사람들을 구분짓는 경계선으로 '인종주의적 혐오'를 유발하는 촉진제들 중 하나로, 즉 마늘 냄새, 알아들을 수 없는 언어 등과 함께 이질감의 한 요인에 해당하는 '먹거리'로 호명된다. 이로써 주민과 조선인 간의 위계가 분명해지고, 동물들은 이내 비명조차 지르지 못하고 지면地面과 지면紙面에서 동시에 사라진다, 아니 지워진다. 동물의 살점을 먹는 자들과 내장을 먹는 자들로 나뉘는 위계. 이 위계에서 동물은 존재의 평면에도, 피해/가

52 오세종, 앞의 책(2019), 51쪽.
53 오세종, 앞의 책(2019), 52~53쪽.

해의 문제선상에도 놓이지 않는다. 동물은 역사와 문학의 장에서조차 함께 있어도 항상 배경화(backgrounding)되며 없는 셈 쳐지는 존재다. 그래서 그들의 자리는 기묘한 공석空席으로 남는다. 그렇다면 그들이 '함께 있음'을 알아차리는 건 어떻게 가능하며, 혁명과 문학적 상상력을 다루는 공론장에서 동물들은 어떻게 다뤄져야 할까?

이질적인 냄새를 풍기고 알아들을 수 없는 언어를 구사하면서 '살해' 혹은 '도살'을 '대리'하는 자로서 동물들과 함께 내몰린 조선인 '군부'의 자리. 죽고 죽이는 관계의 절박함이 가장 적나라하게 드러나는 장소인 도살장. 그곳에서 조선인 '군부'의 하위에 '동물'이 놓여있다고 단순히 위계를 말해서는 안 된다. 조선인 '군부'와 '동물'은 도살을 매개로 죽고 죽이는 관계를 강요당하며 '함께 — 내던져진' 사이이기 때문이다.

차별이라는 건 가장 가까운 관계를 단절시키는 역학力學임을 염두에 둔다면, '밀고'를 하는/당하는 사이나 '살해'나 '도살'을 하는/당하는 사이는 바꾸어 말하면 '함께 저변을 살아내는' 사이라고 할 수 있다. 그러나 오키나와 주민들이 피해 집단이 되면서 구중회의 존재가 지워지고, 조선인 '군부'나 '위안부'의 고통이 부각되면서 동물들이 지워진다. 우리가 인간으로서 겪는 경험이나 행위에 동물이 배치되는 자리를 되물어야 하는 이유가 여기에 있다.

김시종 시인은 "시는 생략당한 것들에 대한 사랑"[54]이라고 말한 바 있다. 그리고 그가 자신의 시에 사용하는 동물의 은유는, 인간이 경험하는 고통이나 슬픔을 표현하기 위해서 하위에 동물들의 그것을 두는 식이 아니라, 공통의 상처를 드러내며 '저변에 — 함께 — 있는' 방식이다. 아래의 인터뷰에서 오시제미(암매미)와 어머니처럼.

---

54 2019년 7월 10일(수) 나라현 이코마시(市)에서의 인터뷰 중에서. 김시종, 앞의 책 (2019), 286~287쪽.

식물을 쓴 것과… 동물을 쓴다면 내 언제나 하찮은 동물… 식물도 그리 화려하거나 잘 알려진 그런 게 아니라… 내가 동물이라면 그리 큰 동물이 아니라 벌레 같은 거… 그런 거죠, 하찮은 게 주가 됩니다. (중략) 시야에 두지 않는 그런 존재지요. 우리가 보통, 일반 생활 속에서는 그리 화려한 꽃이나 큰 동물을 만나볼 기회가 없지 않나? 그리고 우리 서민의 생활이라는 게 그리 햇빛이 총총 쪼이는 데서 살지 않고, 그늘진 데서 사는 사람들이 많으니까… 따라서 내 작품에 등장하는 식물이나 동물 같은 것도 벌레 같이… 그러니까 그리 크게 이름난 것도 아니고, 보통 눈에 그리 띄지 않는 그런 게 대략… 우리말로 뭐이라 하나… 맥마구리라고 하나… '오시제미呵蝉'라고 해서 암매미는 소리를 내지 않습니다. 암매미, 일본말로는 벙어리 매미라고 해서 '오시제미'라고 하는데, 그 '오시제미'는 언제나 어머니 생각이 나서… 온 생애를 통해서 소리 한 번 크게 낸 바도 없고, 모든 걸 견뎌서 살아오신 어머니를 생각하면 언제나, 암매미, 소리없는 매미를 생각해서 '오시제미'가 큰 소재가 돼서… 언제나 일상생활에서 그늘진 생활을 하는 사람들의 눈에 띄는 것은 대략 그런 거라고 생각합니다.

'하찮은' 존재들이 서로를 더 낮은 하위의 위계로 밀어내며 자신의 피해를 입증하는 건, 바로 그 위계의 선을 그은 권력의 구조를 강화하며 자기도 모르게 그러한 구조의 유지에 기여하는 것으로 이어진다. 그렇다면 하찮다고 여겨지는 존재들이, 존엄이 박탈당한 바로 그 자리에서도 서로를 밀어내거나 지우지 않고서 서로의 존재를 비출 수 있는 '다른 이야기'는 어떻게 가능할까.

2) 대리노동, 우리를 대신하는 존재들을 알아차리기

식민지주의적 질서, '살게 하고 죽게 내버려두는' 생명권력(bio-power), 그리고 하위의 존재를 끊임없이 양산하는 위계의 구조를 말단에서 흔들 수 있는 희미한 가능성은 피해자들의 증언이 아닌, 가해자들의 말 속에서 발견되기도 한다. 오세종이 인용했던 오키나와 여성의 말을 인용해 둔다.

> 오키나와 여자들은 피해자라고 말하는데 가해자라고 생각해요. 인종차별, 일본인이라는 이름으로 식민지에서 연행되어 온 사람들에게 말이에요. 부끄러운 일이죠. 나는 전쟁에 참가한 것이나 마찬가지라고 봅니다. 그리고 군 안에서도 차별하는 것을 보았고, 그녀들이 나를 대신했다는 자책감도 갖고 있어요.[55]

여러 피지배적 상황에서 자신이 빠져나왔다 하더라도 지배의 논리가 그대로 남아있다면, 그 논리에 따라 차별과 폭력은 유지된다. 일단 빠져 나온 이도 언제든 다시 그 지배 논리에 포섭될 수 있기 때문이다. 인용문 속 오키나와 여성은 그러한 피해 집단에 속해 있으면서도 누군가가 자기를 '대신했다'는 것을 알아차림으로써 가해자성을 인식했다. 여기에서 두 가지를 얘기해 볼 수 있다. '대리노동'의 문제와 '가해자'의 말 속에서 발견하는 '다른 이야기'의 가능성에 대해서.

우선, '대리노동'의 문제. '위안부' 생활을 성노동이라고 말할 수는 없다. 그러나 오키나와 여성을 대신해서 성폭력을 당하는 자리에 조선인 '위안부'가 배치되는 권력의 작동방식은 '대리노동'의 메커니즘과 닮아있다. 불평등을 전제로 작동하는 '대리노동'은 국가와 젠더의 경계를 넘나

---

55 홍윤신, 『戦場の宮古島と「慰安所」12のことばが刻む「女たちへ」』(なんよう文庫, 2009), 오세종, 앞의 책(2019), 87쪽에서 재인용.

드는 특징이 있다. 그리고 이러한 노동이 성립하려면 우선 '알면서도 모르는 척'하는 사회구성원들의 암묵적인 동의가 필요하다.

이런 관점에서라면 한국군의 베트남 파병은 미국의 병사들을 대리하는 노동', 기지촌 성노동은 주둔지의 여성들 혹은 미국여성을 대리하는 노동 혹은 착취, 이주노동은 위험한 직종에서 비국민이 국민을 대리히는 노동이라고 말할 수 있다. '대리노동'은 얼핏 삶을 부양하는 것처럼 보이지만 노동자가 죽음에 이르도록 신체와 정신을 소모시키는 '죽음정치적 노동'이다. 노동이 수행될 때 혹은 수행된 이후에 방치, 대체되거나 살해될 수 있기 때문이다. 누군가 혹은 무언가를 대신하여 자신의 신체를 위험한 공간에 던져 넣고 자신을 소비되게 만드는 '대리노동'은 인종, 젠더, 계급에서 보다 낮은 층위의 존재로 전가되는 원리에 기반하고 있다.[56]

우리가 누리는 사소한 일상은 이러한 죽음정치적 노동으로 유지된다. 예를 들면, 우리의 식탁이 그렇다. 양계장과 양돈장은 무엇을 묻거나 따질 최소한의 시간도 허용되지 않는다. 쉴 새 없이 돌아가는 '정상적' 절차 때문에 동물도 인간도 하나의 온전한 개체로 들어설 틈이 없다. 양계업과 양돈업은 1차 산업으로 분류되지만, 설비, 기계, 전기시스템은 제조업과 다를 바 없다. 그래서 '절차의 중단', 즉 문제가 발생해야만 컨베이어 벨트는 멈추고, 동물과 노동자의 존재가 드러난다. 그러한 중단의 계기는 항상 노동자의 죽음 혹은 동물들의 떼죽음이다. 이들은 죽음으로써만 가까스로 우리 앞에 드러나는 존재다.[57] 그들은 부재함으로써만, 그들 자신이 떠나간 공석空席을 통해서만 존재하게 된다. 김시종의 시 「공석空席」은 '우리'가 알아차리지 못했던 존재들에 대해 큰 울림을 준다.

56　이진경, 『서비스 이코노미』, 나병철 역(소명출판, 2015), 6~12쪽.

57　심아정, 「사건화 되지 못한 죽음들에 대한 정치철학적 단상: 생명정치의 극단에서 드러나는 죽음정치적 노동에 연루된 '우리'」, 『문학선』(2018. 가을), 45쪽.

그와는 우연히 한 차에 탄 사이

서로 모르는 채 같은 방향으로 가고 있었다

찾아간 곳에서 기다리고 있는 것과

더 가지 않으면 다다를 수 없는 것으로

버스는 삐걱대고 덜컹거렸다

(중략)

이윽고 그는 몸을 날릴 것이다

종점에 그의 없어진 가방만 남아

그리고 가방은 유실물이 되는 일도 없으리라

옆에 있어도 모르는 사람은 있어도 없는 사람이지

그러자 피부에 소름이 돋고 비로소 공석이 바로 내 옆자리를 차지

한다[58]

죽음노동은 트라우마와 폭력 그리고 죽음과 연속선상에서 노동자와 동물에게 행사된 힘들을 포함하는 어떤 과정으로 보아야 한다. 그럼에도 불구하고 죽음정치적 노동을 수행하는 이들에게 노동은 항상 살아남는 일의 형식이거나 수단이 된다. 그리고 바로 이 지점에서 죽음정치는 이미 생명권력의 구성적 차원이라고 말할 수 있다.

2017년, 네팔에서 온 차비 랄 차우다리(당시 23세)와 테즈 바하두르 구룽(당시 25세)은 경북 군위군에 있는 공장식축산 돼지농장에서 돼지 똥을 치우다가 황화수소 중독으로 갑작스러운 죽음을 맞이했다. 근처에 인가하나 없는 농장에서 돼지 7,000마리를 사육하며 네팔 청년 아홉 명이 먹고 자며 일했고, 어느 누구도 돼지 똥이 썩을 때 나오는 황화수소의 위험

---

58 김시종, 「이룰 수 없는 여행2 – 공석」, 앞의 책(2019), 260쪽. 번역은 필자에 의함.

에 대해 교육받은 적이 없었다.

돼지와 이주노동자는 우리가 필요로 하면서도 온전히 만난 적이 없는 존재들이다. 대다수의 사람들은 이들의 삶과 죽음에 대해 전략적으로, 그리고 의도적으로 무지하다. 그리고 이러한 무지는 누군가에겐 명백하게 이득이 된다. 이데올로기로서의 종차별주의는 역사적으로도 학대와 살해를 끊임없이 정당화하면서, 다른 종의 구성원들을 희생시켜 인간 종의 특정 행위를 옹호하는 사회적 믿음 체계를 만들어왔다. 돼지와 이주노동자의 피차간의 악몽 같은 삶은 비극적인 사건 이후로도 '아무 일 없었다는 듯' 대체가능한 존재들로 채워지고 지속된다. 이러한 구조에서 국가의 역할은 공인화된 죽음의 브로커와 다를 바 없다.[59]

절뚝이는 죽여버려.

작은 놈들은 사정없이 잡아내.

병아리를 많이 살리는 게 아니라, 사료값을 최대한 줄이는 게 내 재산이 되는 거야.[60]

---

59 이주노동으로 연명하는 한국의 농축산업에서 이주노동자는 사장의 '허락'이 있어야만 퇴직할 수 있는 고용허가제 때문에 일을 그만두기도 힘들고, 노동시간과 휴게시간 그리고 휴일은 근로기준법제한을 받지 않도록 되어 있어 사업주가 노동자를 착취하는 구조가 만연해 있다. 10년째 산재로 인한 사망률이 OECD 1위인 한국에서, 이주노동자의 산재 사망률은 한국인의 1.5배, 재해율은 2배에 달한다. 2016년을 기준으로 6,728명이 산재를 입었고, 그 중 88명이 사망했다. 그러나 이러한 통계에는 산재 처리를 받기 어려운 5인 미만 사업장의 노동자와 미등록 노동자는 셈해지지 않는다. 산재 이외에도 자살과 수면 중 사망자가 2008년 이래로 네팔 사람만 100명이 넘는다고 한다. 20여 개국의 60여만 명 이주노동자들이 얼마나 죽는지, 왜 죽는지, 어떻게 죽는지에 대한 통계를 한국정부는 기록하지 않는다. 김여란, 『돼지 똥물에서 죽은 동생: 제3화』(스토리펀딩, 2018. 07. 12). 2019년 4월 한국의 헌법재판소는 '4인 이하 사업장 근로기준법 일부 적용 배제는 합헌'이라는 판결을 내렸다.

60 한승태, 『고기로 태어나서』(시대의 창, 2018), 104쪽.

공장식 축산의 사육장에서 노동자들이 따라야 하는 자본의 명령은 동물을 '키우라'는 것이 아니라, 이윤을 창출하기 위해 상품성이 낮은 혹은 불량인 동물들을 분초를 다퉈가며 '죽이라'는 것이다. 현장에서는 '죽이라'는 표현 대신 '도태시키라'는 말이 통용된다. 실제로 수고로움과 비용을 덜기 위해서 '하자가 있는' 동물들을 죽을 때까지 내버려두기도 한다.

누군가의 죽음으로 점철된 나의 평온한 삶을 알아차리는 건 생각처럼 쉽지 않다. 단번에 알아차릴 수 있다기보다는 오히려 일상적이고 반복적인 수행적 앎의 과정 속에서 비로소 확보되는 것이라고 말해야 할지도 모르겠다. 수행적인 앎의 과정은 매 끼니의 밥상을 전장戰場으로 바꾸어 놓기도 하고, '가해의 자리에 서지 않겠다'는 선언은 하루에도 몇 번씩 우리의 선택을 통해 실현되기도, 파기되기도 한다.[61] 동물들의 기묘한 공석은 그들의 삶을 고통으로 몰아넣는 폭력의 구조에 가담하기를 거절하는 과정 속에서 비로소 알아차릴 수 있다.

다음으로, '가해자'의 말 속에서 발견하는 '다른 이야기'의 가능성에 대하여. 앞에서 언급된 오키나와 여성의 사례는, 피해 집단에 속해 있었지만 그러한 총체성 속에서 걸어 나와 자신의 가해자성을 알아차리고 그것을 증언으로서 드러내는 것이었다. 그리고 그 증언 속에서 조선인 '위안부'는 처음으로 존재하게 된다. 이와 연관하여 전후 일본을 대표하는 시인의 한 사람인 이시하라 요시로石原吉郎의 「비관주의자의 용기」라는 글은 하나의 참조점이 된다. 그는 패전 후 시베리아에서 8년 간 전범으로 수용되었다. 살아남기 위해서 함께 지내던 동료들을 죽음으로 내몰아야했던

---

61 2018년 4월 20일에 개최된 국제학술대회 〈'가해자'의 자리에 선다는 것: 베트남전쟁에 연루된 '우리'〉에서 이마즈 유리(今津ゆり)는 여성과 동물, 식물의 피해가 전쟁에서 '부수적 피해'(collateral damage)로 다뤄져 온 것을 문제 삼고, '참전하지 않겠다'는 선언을 어떻게 일상에서 구현할 것인지 문제제기했다. 이마즈 유리, 「우리는 이제, 참전하지 않겠다」(위의 학술대회 토론문).

비참한 경험을 하고 나서 귀국한 뒤에 이 글을 썼다고 한다.

> 아마도 가해와 피해가 맞서는 자리에서는 피해자는 '집단으로서의 존재일 뿐이다. 피해에 있어 끝내 자립하지 않는 자들의 연대. 연대를 통해 피해를 평균화하려는 충동. 피해의 이름으로 이루어지는 가해적 발상. (중략) 그리고 드디어 한 가해자가 가해자의 위치에서 스스로 탈락한다. 그때 가해자와 피해자라는 비인간적인 대치 속에서 비로소 한 인간이 생겨난다. '인간'은 항상 가해자 속에서 생겨난다. 피해자 속에서는 생겨나지 않는다. 인간이 스스로를 최종적으로 가해자로 승인하는 장소는 인간이 스스로를 인간으로서, 하나의 위기로서 인식하기 시작하는 장소이다.

이시하라는 자신의 피해 경험을 집단 속에서 평균화하지 않고, 자신이 놓인 가해의 구조와 가해자성을 인식하는 길을 택한다. 가해와 피해의 유동 속에서 확고한 가해자를 자신에게서 발견해 충격을 받고, 자신이 속한 집단을 떠나가는 뒷모습에서 시인은 '인간'을 발견하고 있는 것이다.[62] 가해경험을 은폐하지 않으면서도 가해/피해의 이분법을 넘어설 수 있는 '다른 이야기'의 가능성은 이렇듯 가해자들의 말에서도 시작될 수 있다.

5. 나가며: '쓰마즈키이시(つまずき石/돌부리)'를 놓다

오세종은 '전후' 오키나와에 조선인이 출몰함으로써 오키나와가 자신

---

62 후지이 다케시(藤井たけし), 『무명의 말들』(포도밭, 2018), 58~59쪽.

의 가해성과 마주하게 되는 과정을 풍부한 사료에 기반하여 한 권의 책에 충실하게 담아냈다. 여러 장소로 직접 발걸음을 옮기며 사진을 찍고 사람들을 만나고 이야기를 듣고 글로 쓰면서 고군분투했을 그의 결과물에 대해 필자가 '동물'이라는 이질적인 존재를 끌어들인 건, 어쩌면 저자의 문제의식과 그리 동떨어진 지평이 아니라는 생각이 든다.

오키나와 주민들이 자기의 피해경험을 말하다가 의도치 않게 그 말 속에 조선인이 출몰한 것은 오키나와의 가해성을 직시하게 되는 '기점'이자 오키나와의 '조선인'이 존재하게 되는 계기였다. 인간들의 이야기로만 쓰인 역사와 문학의 장에서 동물의 자리를 묻고, 우리의 현실세계를 죽음으로 지탱하는 존재들을 언급하지 않고서는 이 글을 닫을 수가 없었다. 도처에서 출몰하고 있는 그들을 '알면서도 모른 척' 할 수 없기 때문이다. 동물은 우리에게 가장 어렵고 큰 변화를 요구하는 이웃이며, 경탄할 만큼 존경스러운 동료이자 무방비 상태의 취약한 존재이기도 하다. 그들은 김시종의 말처럼 우리를 멈춰 세우고 머뭇거리게 만드는 '쓰마즈키이시'다. 그 앞에 멈춰섬으로써 우리의 삶과 사유와 실천의 임계치는 갱신된다.

'쓰마즈키이시'라고 해서 예사롭게 가면 그대로 걸어가는데, 그게 뜻밖의 돌멩이처럼 그대로 지나갈 수 없어서 말이야, 거기에 멈춰서… 방해가 되는 걸 둬서 어쩔 수 없이 멈추게 하던지 또는 무시하는 사람은 걸려 넘어지던지. 우리가 상식적으로 생각하는 것에 대해서 나는 응하지 않습니다. 무시는 하지 않지만 나는 뜻밖의 것을 놓습니다. 그러면 나를 무시하는 사람은 발에 걸려 넘어집니다. 어쩔 수 없이 거기 멈춰서 볼 수밖에 없습니다.

여러 가지 구차한 일도 많고 내가 아는 사람도 없고 연고자가 있는 곳도 아닌데 여기 혼자 일본에 남겨져서 슬픔도 느끼고 괴로움도 느끼고 그랬는데, 괴로운 일이 생길 때는 '쓰마즈키이시'라고 봅니다. 내 눈앞에 작위적으로 놓인 거다…그러면 내가 이것을 넘어야 되는데, 넘어야 되나… 내가 이것을 어떻게 대응하면 되나, 그런 생각을 하면 관념이 아니라 실감이 되어 갑니다.[63]

오키나와 주민들은 조선인 '군부'나 조선인 '위안부'라는 쓰마즈키이시 앞에 멈춰 가해의 경험을 인식할 수 있었다. 이제 우리 앞에 '쓰마즈키이시'를 놓자. 끝없이 하위의 존재를 양산하도록 강제하는 식민지주의 질서와, '하찮은' 존재들이 서로를 죽음으로 몰아넣는 자본의 컨베이어벨트를 멈출 수 있는 힘은 '뜻밖의 돌멩이' 앞에 멈춰선 그 자리에서 시작된다.

---

63 2019년 7월 10일(수) 나라현 이코마시에서의 인터뷰 중에서. 김시종, 앞의 책(2019), 298~299쪽.

북미의 젊은 일본 문학 연구자의 새로운 시도[*]
『식민화하는 언어』

키아라 코마스트리 · 번역 장현아

Colonizing Language: Cultural Production and
Language Politics in Modern Japan and Korea
크리스티나 이 지음
Columbia University Press, 2018

이 책은 북미에서 활발한 연구활동을 펼치고 있는 일본문학연구자 크리스티나 리(Christina Yi)가 1930년대부터 1950년대에 걸친 시기의 일본과 조선을 시야에 두고, 제국일본의 지배하에서는 일체—體였으나 탈식민지화의 과정에서 두 개(혹은 세 개)로 분리된 이 지역에서의 '문화생산과 언어정치'를 논한 중요한 저작이다. 이 책의 과제는 일본의 조선에 대한 황민화정책 가운데 '국어 이데올로기'가 품고 있는 언어적 딜레마이며, 그리고 이러한 언어정치적인 디스코스(Discourse)가 1945년 이후에도

* 이 글은 서평 「植民地化する言語 : 近代の日本と朝鮮における文化生産と言語政治」, 『グローバル日本研究クラスター報告書』2(2019. 3. 31), 31~36쪽을 번역한 것이다.

해결되지 않은 채 재일코리안 사이에서 계속되어 온 양상이다. 일본 문학 연구자인 저자는 '일본문학'이라는 카테고리에 주목하여, 이 카테고리 자체가 구축되어 간 역사적·정치적 프로세스를 해명하였다. 식민지 지배의 역사에 입각하여, 자명한 것으로 여겨지기 쉬운 '일본 문학'을 어떻게 다시 파악해야 할까? 과연 '재일 문학'은 '일본어문학'에 포함시켜도 되는 것일까? 혹은 '비일본인非日本人에 의한 일본 문학'인 것일까? "어떠한 꼬리표를 다는 것이 타당한가를 묻는 것보다도 그 꼬리표 자체를 문제시할 필요가 있는 것이 아닐까?"(152쪽)라는 것이 저자의 입장이다.

여기서는 이 책의 제목을 '식민화하는 언어'라고 번역해 보았는데, 원어가 담고 있는 '이중성'(어떤 언어를 식민지화한다는 함의와 어떤 언어가 식민지화된다는 함의라는 이중성)을 충분히 반영한 일본어 번역이 되었을지 어떨지 마음을 놓을 수 없다. 이 점에 대해서는 먼저 독자들께 주의를 환기해 두고 싶다.

전체 6장으로 구성된 이 책은 2018년에 컬럼비아대학교 출판부 (Columbia University Press)에서 간행되었다. 이하에서는 이 책을 일본의 독자들에게 전달하기 위해서 일부러 일본어로 소개한다.

제1장 "National Language Ideology in the Age of Empire"에서는 만주사변 후 일본의 괴뢰국가 '만주국'이 성립함에 따라 조선에서 제국일본의 문화정책이 급격히 전환했다는 사실에 주목하고 있다. 일본의 식민지 지배 정책이 단순한 '동화(Assimilation)'에서 '황민화(Imperialization)'로 전환해 감에 따라 정부가 추진하고 있었던 국어 이데올로기도 전개되어 갔다. 그 프로세스를 논하는 과정에서 조선인 작가 장혁주(張赫宙, 1905~1997)와 김성민(金聖珉, 1915~1969)의 사례가 거론되고 있다.

당시 문단은 1932년 4월 종합잡지 『개조改造』의 현상소설에 입선한 장혁주의 「아귀도餓鬼道」와 1936년 8월 주간지 『선데이마이니치サンデー每

日』에 발표된 김성민의 「반도의 예술가들半島の藝術家たち」에 주목하였다. 발표 당초 두 작품은 조선인 작가가 '일본어'로 쓴 작품으로 인식되었다. 그러나 1937년 이후 황민화정책이 강화되어 가는 가운데 그때까지는 뚜렷하게 구별되고 있었던 '일본어 · 외지外地'와 '국어 · 내지內地' 사이의 경계선이 불분명해져 갔다. 이 현상에 대해 저자는 '디스코스 시프트(Discourse shift)'라 언급하며, 이것은 「반도의 예술가들」을 영화화한 『반도의 봄半島の春』(1941, 이병일 감독)에서 확인할 수 있다고 하였다.

「내선일체」의 이념에 의해 원칙상으로는 '외지'와 '내지'의 사이에 존재하였던 다양한 차별이 해소되었으나, 등장인물 중 한 사람(조선인)이 슬픈 표정으로 침묵한 채 페이드 아웃(Fade out)하는 이 영화의 마지막 장면이 시사하는 바에 대하여, 저자는 "국어 이데올로기가 그들(피식민자─ 인용자주)의 다양한 목소리를 포섭하기 보다는 오히려 다양성의 관념 자체를 내쫓아 버리면서 아이러니하게도 침묵에 의해서 밖에 스스로의 귀속을 둘러 싼 다른 비전을 표현할 수 없게 했다"(23쪽)고 지적하였다.

제2장 ""Let Me In!": Imperialization in Metropolitan Japan"에서는 1938년 이후 도쿄東京의 작가와 편집자, 출판자 등이 황민화의 파도를 타고 상품화한 '조선'을, 관련 정보에 굶주려 있던 본토의 독자에게 제공한 프로세스를 논의하고 있다. 또한 김사량(金史良, 1914~1950)의 작품 「천마天馬」(『문예춘추文藝春秋』 1940. 6)를 분석함으로써 황민화정책이 품고 있는 것을 보여 주었다.

1938년 이후 '내선일체'라는 슬로건이 미디어에 의해 널리 선전되어 가는 가운데 육군특별지원병제도가 창설됨에 따라 조선인 일본병의 채용이 시작되었다. 일본 본토에서는 조선반도에 대한 관심이 고조되어 가고 있었는데, 이 상황에서 재빨리 비지니스 찬스(Business chance)를 찾아 낸 이가 소설가 겸 실업가 기쿠치 간(菊池寬, 1888~1948)이었다. 황민화정책

이 본격화되기 전부터 기구치는 잡지 『문예춘추』와 『모던일본モダン日本』에서 '일본문학'의 순수한 성격, 그 보편성과 비정치성을 강조하며, 일본문학이야말로 지리적·민족적 거리를 메울 수 있다고 말하였다. 1930년대 후반, 기구치는 조선과 대만에 '일본문학'을 보급하기 위해 적극적으로 계획을 세우는 동시에 『모던일본』에 '조선예술상'을 설립하는 등 본토에서 활약하고 있던 조선작가를 응원하였다.

그러나 '내선일체'의 이념으로 인하여 '외지'와 '내지'의 경계선이 애매해졌으며, 일본어가 '국어'화 되었을 때, 본래는 '조선인작가'라는 호칭도 없어져야 했다. 그렇지만 실제로는 오히려 '조선'이라는 것을 타자화(Othering), 상품화(Commodification)함으로써, 본토·도쿄(Metropole)와 주변(Periphery)과의 위계(Hierarchy), 힘의 관계가 항상 재인식·유지되었다는 것이 저자의 주장이다. 이러한 모순은 김사량의 「천마」에서 확인할 수 있다. 이 작품은 바로 그러한 식민지 말기 문단에서의 일본인 문학자와 조선인 문학자의 관계, 이른바 지배/피지배, 작용/반작용의 상호관계를 언어를 둘러 싸고 갈등하는 이야기를 통하여 제시하고 있다. 주인공 현룡玄龍은 조선인이면서도 완전한 내지인화를 바라는 친일파 문인이다. 그러나 그것이 애초에 실현불가능하다는 것을 현룡은 알고 있었다. 저자는 현룡의 깊은 절망의 표상으로 그의 능글맞고 기분 나쁜 '웃음'에 주목한다. 그리고 그것이 "일본과 조선을 잇고자 하는 하나의 언어행위이면서, … 그러나 동시에 언어의 상실, 전달불가능성을 나타내며, … 동시에 존재하는 두 가지의 식민지적 아이덴티티의 조화 불가능성을 의미한다"(41쪽)고 서술하였다.

제3장 "Envisioning a Literature of the Imperial Nation"에서는 1940년 신체제운동이 전개되어 가는 가운데 조선인 작가들에 의해 '국어'(= 일본어)로 생산되고 있었던 '조선문학'이 '국민문학'이라는 카테고리 안에

포함되어 가는 과정을 살펴보는 동시에 식민지 말기 문단의 상황에 대해서도 언급되고 있다. 저자가 여기서 다루고 있는 것은 이광수(李光洙, 1892~1950)의 「삼경인상기三京印象記」(『문학계文學界』 1943. 1), 오비 쥬조(小尾十三, 1908~1979)의 「등반登攀」(『국민문학國民文學』 1944. 2), 이정래(李貞來, 생몰년 미상)의 「애국어린이대愛國子供隊」(『문예文藝』 1942. 1), 이 세 작품이다. 그/그녀들은 각각 연령, 성별, 민족, 계급 그리고 활동장소가 다르다. 그러나 이들의 공통점은 그 작품들이 도쿄(Metropole)에서 읽혀지고 있었다는 것, 그리고 이들 모두 주변(Periphery)으로부터 도쿄를 향해 작품을 발신하고 있었다는 것이다.

1940년부터 패전 직전까지 문예잡지 『신조新潮』, 『문예』, 『문학계』 등에서 '국민문학'을 둘러 싼 논의가 활발히 이루어졌다. '국민문학'이란 무엇인가? 그리고 '국민문학'에서 '국어'(=일본어)의 역할이란 무엇인가? 시인 진보 고타로(神保光太郎, 1905~1990)에 따르면, '국민문학'은 일본국의 대표성을 가지며, 서구문학이 쥐고 있는 지배권을 탈환하여 영어도 배격할 힘을 가지고 있으므로, '대동아공영권'에서 하나의 모델로서 기능할 수 있다고 하였다. 즉 '국민문학'을 내세우고 있었던 지식인들은 영어나 독일어 등을 대신해 국어를 보급시켜 새로운 세계어로 삼아, '국민문학'을 새로이 세계문학으로 위치짓고자 하였다.

이러한 견해에 대하여, 일본어로 작품을 발표하고 있었던 조선의 문학자들은 복잡한 심경이었으나, 조선판 『국민문학』의 주간을 맡고 있었던 최재서(崔載瑞, 1908~1964)와 소설가 이효석(李孝石, 1907~1942)처럼, 일본어로 작품을 쓰는 것에 대해 '조선문학'을 '대동아'에 유통시켜 세계의 스테이지에 서기 위한 수단이라고 인식하고 있는 사람도 적지 않았다.

그러나 이광수, 오비 쥬조(小尾重三, 1908~1979), 이정래, 이 세 사람의 작품분석을 통해, 저자가 밝히고 있는 것은 조선의 작가도 대만의 작가도 명목상 '일본인' 무리에 낄 수 있었으나, 실제로는 그들이 본토 · 도쿄 (Metropole)의 '일본인'에게 항상 '외지인'으로 인식되었으며, 결국 '식민자' 와 '피식민자'와의 사이에는 메울 수 없는 틈이 있었다는 사실이다.

제4장 "Coming to Terms with the Terms of the Past"는 패전 직후 연합군 점령 하의 일본에서 한순간 '과거'가 된 식민지 기억이라는 역사의 '거대한 페이지'를 각각의 장소에서, 각각의 입장으로부터 '소리없이 넘길' 수 밖에 없었던 사람들에 대해 논하고 있다.

"역사는 그 거대한 페이지를 소리없이 넘겼다"라는 구절은 미야모토 유리코(宮本百合子, 1899~1951)가 「반슈평야播州平野」(『신일본문학新日本文學』 1946년 3월 창간호)에서 언급한 말이다. 1940년대 전반 『국민문학』의 의도 가 사람들의 의식을 '시민'에서 '국민'으로 유도하는 것이었다면, 『신일본 문학』은 그 역逆의 프로세스를 지향하고 있었다.

「반슈평야」의 주인공 히로코ひろ子는 피난지였던 도호쿠東北의 소도시에 서 남편의 본가가 있는 야마구치현山口縣으로 향하는 전차 안에서 수차례 조선인을 목격한다. 억압으로부터 해방되어 조선어로 노래를 부르며 '고 향 조선으로 귀국하는' 그/그녀들은 히로코의 눈에 눈부시게 비추어졌으 며, 히로코는 그/그녀들을 군국주의로부터의 해방을 함께 하는 동반자라 고까지 생각하였다. 그러나 저자가 날카롭게 지적하는 것처럼 히로코가 그들에 대해서 친근감을 가지기 위해서는 먼저 그들을 '조선인'으로서 타 자화(Othering)할 필요가 있었으며, 이에 대하여 저자는 "그러한 민족적 타자화를 통해서만 그들과 일본인과의 사이에서의 (민주주의 혁명을 지향 한) 정신적인 연대를 쌓을 수 있었다"(81쪽)라고 서술하였다. 그리고 그러 한 차이(Differentiation)의 프로세스는 '내선일체'의 디스코스와 언뜻 보기 에는 정반대로 보여도, 실제로 근본적인 부분에서 통하고 있다고 한다.

1947년 5월 메이지헌법明治憲法 하 최후의 칙령으로 외국인등록령이 시

행되었으며, 당시 식민지 조선의 출신자는 일본국적을 가지면서도 외국인으로서 간주되었다. 1952년 일본이 주권을 회복하자, 재일조선인의 일본국적은 박탈되었으며, 완전히 '외국인'이 되었다. 그러나 그 가운데 제1장에 등장한 장혁주처럼 일본으로 '귀화'를 선택한 조선인도 있었다. 식민지시대에 이른바 '친일작가'로서 활약하고 있었던 장혁주는 '민족', '국가', '언어'를 둘러 싼 자기 자신의 갈등을 자전적 단편소설 「협박脅迫」(『신조』 1953. 3)에서 자세히 이야기 하였다. 저자는 확고한 '모국어'와 '모어'를 가지지 않은, "일본어와 조선어가 모두 서툰" 장혁주가 바로 식민지시대의 국어 이데올로기가 가져온 언어 딜레마를 잘 드러내고 있다고 지적하였다. 이 장의 마지막 부분에는 본디 홋카이도北海道에서 태어나 1941년 일본 점령하의 가라후토樺太에서 교사로 근무하고 있었던 유즈리하라 마사코(讓原昌子, 1911~1949)의 「조선야키朝鮮ヤキ」(『신일본문학』 1949. 4)에 대한 분석이 장의 마지막 부분에 실려 있다. 일본이 전쟁에 패하여 '전후戰後'가 된 지금 식민자/지배자 측에 서 있었던 유즈리하라에게 과거와 타협하는 것은 어려웠다.

제5장 "Colonial Legacies and the Divided "I" in Occupation—Period Japan"에서는 제4장에서 이미 다룬 재일코리안(Zainichi Koreans)의 탄생 배경과 요인을 더욱 깊이 파고 든다. 또한 재일코리안 작가 김달수(金達壽, 1919~1997)의 작품 「쓰레기塵芥」의 분석을 통해서 '민족'과 '언어'의 관점에서 '재일문학'이 품은 갈등과 가능성에 대해서 서술하고 있다.

이른바 '재일문학'은 조국 조선의 식민지배로부터 해방과 동시에 그 조국이 이데올로기 대립에 의해 분단되었다고 하는, 극히 특수한 포스트 콜로니얼 상황 가운데 태어났다. 특히 장혁주의 사례에서 살펴 본 것처럼 재일코리안 작가가 일본어로 작품을 쓴다는 것은 어떤 의미일까? 작자와 말 사이에 존재하는 모순과 갈등을 어떻게 대처하고 극복해야 할까? 이와 같은 문제가 전후 이른 시기부터 재일코리안 지식인 사이에서 논의되었다. 그 때 중요한 플랫폼으로서 기능한 것이 일본어 잡지『민주조선民主朝鮮』(1946~1950)이다. 창간 직후『민주조선』은 김달수를 중심으로 일본인의 조선/조선인에 대한 인식을 바로 잡기 위해 일본어를 사용하여 일본인을 향해 발신하는 미디어로 만들어졌다. 또한 재일조선인끼리의 중요한 교류의 장이기도 했는데, 저자가 지적하는 것처럼 최근까지 지배자/박해자였던 일본의 언어로밖에 그 지배하에 있었던 조국 조선에 대하여 말할 수 없다는 사실, 그 아이러니와 모순은 그들에게 극복하기 힘든 벽이었다. 여기에서는 김달수의 「쓰레기」 1942년 첫 출판(『문예수도文藝首都』 1942년 3월호에 김광순이라는 필명으로 발표)과 1947년판(가필·수정 후 『민주조선』 1947년 2월호에 김달수 명의로 발표, 그 속편이 「쓰레기 바지선 후기塵芥船後記」)을 비교함으로써, 황민화 시대와 전후와의 연속성과 불연속성(continuities and discontinuities)을 해명했다.

제6장 "Collaboration, Wartime Responsibility, and Colonial Memory"에서는 '협력'과 '전쟁책임'을 둘러 싼 두 개의 디스코스가 각각 태평양전쟁 종전 후 일본과 조선에서 어떠한 전개를 보였는지를 논하였다. 1948년 8월 대한민국 정부 수립 후 반민족행위처벌법이 제정되었는데, 그 이전부터도 구舊식민지조선과 재일코리안사회 내부에서는 이른바 '친일파 사냥'이 이루어지고 있었다. 한편 연합국 점령 하의 일본에서는 '전쟁책임'을 둘러 싼 논의가 활발히 이루어지고 있었는데, 그것은 황민화정책에 대한 일본의 책임보다도 오히려 일본이 연합군과 중국에 대하여 일으킨 침략전쟁이 중심이었다. 요컨대 구식민지조선에서 이루어졌던 '협력자'의 추궁·처벌과 일본에서의 '전쟁책임'의 추궁·처벌이란 각각 서로 다른 디스코스로서 성립되어 있었음을 알 수 있다.

이광수는 문학의 세계에서 일본의 식민지 통치에 협력하였다고 평가를 받으며 강렬히 비난 받은 작가 중 한 사람이다. 이 문제에 대해서 이광수는 「나의 고백」(1948)에서 언젠가 조선민족의 도움이 될 것이라는 목적을 가지고 실력육성을 위해 "일본인으로 다시 태어나고자"했다고 자기변명을 하였는데, 작가 김석범(金石範, 1925~)이 지적한 것처럼 "조선민족을 위해서"와 "일본인으로 다시 태어난다"라는 두 가지 입장은 양립하지 않는다(123쪽).

저자가 지적하는 부분에 의하면, "황민화시대에 '일본인이 된다고'(Becoming Japanese) 하는 것은 무엇보다 먼저 '황민이 된다고'(Becoming an imperial subject) 하는 것이었기 때문에" 조선민족이겠지만 일본인이 될 수 있었다(124쪽). 실제로 조선에서도 일본에서도 민족 아이덴티티가 강하게 의식된 것은 1945년 이후이며, '협력'과 '전쟁책임'의 문제을 묻게 된 것도 그러한 전후 틀에서였다. 마지막에서는 다나카 히데미쓰(田中英光, 1913~1949)의 『취한 배醉いどれ船』(1949)에 대한 분석을 통해서 데카당스(decadence), 젠더(gender), 민족의 문제를 논하고 있다.

에필로그에서는 시가 나오야(志賀直哉, 1883~1971)의 「국어문제國語問題」(『개조』1946. 4), 이회성(李恢成, 1935~)의 「증인이 없는 광경証人のいない光景」(『문학계』1970. 5), 모리사키 가즈에(森崎和江, 1927~)의 「두가지말·두가지 마음: 어느 식민 2세의 전후二つのことば·二つのこころ: ある植民二世の戦後」(1970), 이 세 작품을 가지고 식민지 경험의 관점에 '언어 전환'(Language switching)의 문제가 다루어지고 있다. 저자는 식민자 측의 모리사키도, 피식민자측의 이회성도 "제국지배의 문맥을 잊지 못한 자(혹은 잊는 것이 허락되지 않는 자)에게 언어를 〈전환하는〉 것은 결코 무의식적이고 아무렇지 않은 행동이 아니었다"(148쪽)라고 하며 끝을 맺는다.

이상에서는 이 책의 구성과 내용을 소개하였다. 다음에서는 본인만의 지견知見의 범위에서지만, 이 책의 중요한 학술적 공헌을 세 가지로 정리해 서술하려 한다.

첫 번째는 대상이 되는 시간의 틀을 1930년대부터 1950년대까지의 시기로 설정하였다는 점이다. 지금까지의 선행연구에서는 1945년 이전이나 이후, 그 어느 쪽에 중점을 둔 것이 대부분이지 않았을까? 이 책은 방법적으로 관전적貫戰的인 접근을 선택하여, '전전戰前'과 '전후戰後' 사이에 존재하는 다양한 연속성과 비연속성을 설득력을 가지고 제시하고 있다. 두 번째는 참조하고 있는 1차자료의 풍부함과 그 영어번역의 정확함이다. 저자는 수많은 일본어와 조선어 텍스트를 참조하여, 매우 정밀도가 높은 번역을 제공하고 있다. 세 번째는 분석틀의 학제성學際性이다. 위에서 서술한 바와 같이, 저자는 일본문학연구자이며, 따라서 본서에서도 당연히 문학작품의 분석이 큰 비중을 차지하고 있다. 그렇다하더라도 저자는 문학텍스트에 그치지 않고, 영화를 비롯하여 다양한 1차자료를 사용해, 매우 깊고 넓게 논의를 전개하고 있다. 그러므로 이 책은 문학연구자만이 아니라 역사나 사상, 사회나 문화 등의 연구자에게도 폭넓게 참조될 수 있다고 생각된다.

평자는 재일문학 전문가가 아니며, 또한 조선문학에 대한 지식도 부족하다. 그 때문에 이 서평도 소개에 가까운 내용이 아닐 수 없다. 깊이 파고 들어가 비평하는 것이 평자에게는 어려우므로, 마지막으로 일본연구의 양상이라는 문제와 연관해 개괄적인 코멘트를 적고자 한다.

북미에서는 동아시아 연구를 할 경우, 주로 연구대상으로 삼는 지역의 언어 외에, 또 하나의 동아시아 언어를 배우는 것이 당연한 전제라고 할 수 있다. 일본의 일본연구자의 경우, 일본어 이외의 동아시아의 언어를 알지 못하는 것이 보통인 것에 비해, 북미의 일본연구자의 경우, 이 책의 저자가 일본어와 조선어도 알고 있는 것처럼 사람에 따라 레벨의 차이가 있다 할지라도 일본어 이외의 동아시아 언어를 학습한 경험을 반드시 가지고 있다.

이 책의 경우, 그 가능성이 충분히 추구追究되고 있으며, 일본 열도와 조선반도를 시야에 넣으면서 제국경험과 탈식민지화의 경험을 관전사적貫戰史的으로 묻는 것이 시도되고 있다. 이 시도는 비교제국사적인 관점에서의 다른 사례와의 비교연구에도 다양한 형태로 접속될 수 있을 것이다. 이와 같은 넓은 시야와 연구 상 가능성(potential)의 높이는 일본의 일본연구가 배워야하는 점이 아닐까? 앞으로 이 책을 둘러싸고 저자와 한국 학계와의 생산적인 교환이 이루어지는 계기가 되길 바라며, 본 서평을 일본어에서 한국어로 번역하기로 했다.

점령기 일본의 식민주의적 유산과 분열된 "나" *

크리스티나 이 · 번역 배새롬

1. 들어가며

만주사변부터 제2차 세계대전까지 15년에 걸친 전쟁이 끝난 시점에, 일본에는 2백만 명이 넘는 조선인이 살고 있었다. 이들 중 어떤 사람들에게는 전쟁의 끝이 축제를 여는 일이었고, 일본의 군수를 위해 강제로 노동했거나 협박으로 노동을 강요당했던 사람들에게는 집으로 돌아가는 것을 의미했다. 다른 이들에게 미래는 보다 더 불확실한 것이었다. 한반도의 불안정한 정치적 상황은 개인으로나, 가족단위로나 조선으로 돌아

---

* 이 논문은 Christina Yi의 저서인 *Colonizing Language: Cultural Production and Language Politics in Modern Japan and Korea*(New York: Columbia University Press, 2018) 중 핵심적인 내용을 담고 있는 5장 "Colonial Legacies and the Divided "I" in Occupation- Period Japan"을 번역한 것으로, 『사이間SAI』 27(2019. 11)에 게재한 원고를 수정 보완한 것이다.

갈 경우, 무엇이 그들을 기다리고 있을지 확신할 수 없음을 뜻했다.[1] 게다가, 일본을 떠나는 사람이 돈과 물자를 얼마나 가져갈 수 있는지에 관한 엄격한 제한(최대 1,000엔, 250파운드의 짐)은 일본에서 재산을 축적했거나 약간의 저축이 있는 사람들의 귀국 의욕을 꺾었다. 그런가 하면, 이 스펙트럼의 다른 쪽에 있던, 기본적 권리를 가장 크게 박탈당한 커뮤니티의[1] 사람들은 떠나는 항구까지 가는 데 필요한 기차 요금을 확보할 재정적 수단과 송환절차에 관한 정확한 정보에 접근하기가 어려웠다. 또 어떤 이들은 한국에 다시 자리 잡는 것을 도와줄 사람이 없기도 했고, 또 다른 사람들은 일본을 고향(home)으로 여기며 일본어를 제1언어로 구사했다. '자이니치'(在日, 문자 그대로는 '일본에 거주 중' 즉 주민이란 뜻― 필자, '재일'의 일본식 발음― 역자, 강조는 필자) 조선인으로 알려지게 된 사람들이 바로 이렇게 머문 이들이었다.

일본이 연합국에 항복하고 그것이 일본제국의 마지막이 되고 연합국의 일본 점령(1945~1952)이 시작되었을 때, 김달수는 스물다섯 살이었다. 조선의 남부에서 1919년에 태어난 김달수는 10살 때 사실상 일본어를 거의 모르는 상태로 일본에 갔다. 그러나 1945년에 이르러서, 그는 니혼대학에 입학했고, 신문기자라는 직업을 확보했으며 일본어로 단편소설 몇 편을 발표했고, 도쿄에 있는 몇 안 되는 조선 작가들과 함께 『게이린鷄林』이라는 이름의 소규모 배포용 저널을 창간했다.

그가 세상을 떠난 1997년에는 동료들로부터 전후 자이니치 조선인 작가 중 가장 탁월하다는 명성을 얻었고, 번역, 편집, 비평, 그리고 다른 한

---

1   이 시기 한반도의 혼란스러운 조건들은 다시 조선에서 일본으로 가는 "역"이민을 야기하기도 했다. 더 많은 예는 John Lie, *Zainichi(Koreans in Japan)*(University of California Press, 2008)과 Tessa Morris-Suzuki, "Invisible Immigrants: Undocumented Migration and Border Controls in Early Postwar Japan", in *Journal of Japanese Studies* 32-1(2006), pp. 119~153.

국어 작가들의 일본어 작품 수집에 걸친 그의 작업은 '자이니치 문학'을 하나의 성문화된 장르로 구축하는 데 기여했다.

부분적으로 이런 이유들로 인해 김달수에 관한 연구의 대부분은 특히 1950년대부터 시작하는 그의 전후 소설에 관심을 갖는 경향이 있다. 사실 김달수는 1945년 이전, 즉 '자이니치'가 담론적 용어로 부상하기 이진 부터 일본어로 된 소설을 발표했기에 그의 커리어는 변화 속 지속성에 관한 적절한 사례로 작용한다. 김달수는 또한 일본공산당과 신일본문학회新日本文學會의 회원으로 활발히 활동했다. 이는 일본 내 조선인들이 어떻게 일본 동료들과, 그리고 일본인들이 그들의 조선인 동료와 어떻게 적극적으로 파트너십을 형성했는지 잘 보여준다. 이와 함께 김달수와 같은 조선인들은 자신들에게 법적 보호와 같은 것을 제공하지 않는 나라에서 소수민족으로서 그들이 놓여진 주변화된 지위를 예민하게 의식하고 있었다. 전쟁 전 이들보다 앞서 프롤레타리아 운동에 참여했던 사람들의 뜻에 공감하면서도, 그들은 민족적 독립과 민주적 혁명이 갖는 정치적 목표가 일본 좌익의 관심사와 같지도 않으며 그에 종속되어서도 안 된다고 주장했다.

이 논문은 일본 내 국가 없는 조선인 디아스포라의 형성을 야기한 복잡한 요소들을 중점적으로 살피며, 이러한 정치적 상황들을 여전히 제국주의적 체제가 교묘하게 건재하다는 징후로 여긴 조선인 작가들의 반응을 조명한다. 먼저 전쟁이 끝난 직후 일본 내 조선인들에 의해 발간된 중요한 일본어 저널인『민주조선』에서 조선인들이 어떻게 정치화되었는지에 관한 논의를 시작할 것이다. 김달수는 1946년부터 1950년까지『민주조선』의 설립 멤버이자 편집장이었다.『민주조선』은 빠르게 북한과 일본의 진보적 좌파 측에 섰으며, 끈질기게 "우리 조선 인민들"의 완전한 자치권을 요구했다. 이로써『민주조선』은 이전의 식민본국과 주변부의 관계를 역전시켰다. 일본 내 조선인들은 주변적이었지만, 그 적법한 장소가 한반도[2]였던 '민족minzoku'(인민people/민족ethnos)의 중요한 구성요원이었다. 동시에, 이 저널의 일본어는 독자를 일본으로 한정시켜 조선작가들의 위치를 복잡하게 했다. 비록 피식민 주체가 이론적으로는 '국어'("국가의 언어the national language")라는 언어적 영역에 포함되었지만, 1945년 이후 그들은 일본 국가와 일본어 모두에 대해 외부적인 존재가 되었다. 일본어의 이런 재배치가 당연하게 받아들여진 이후에야 자이니치 소설은 일본어로 쓰인 문학이지만 '일본 문학'은 아닌 것으로 분류될 수 있었다.

2. 『민주조선』과 '일본 내 조선인'

일본 내 조선 주민을 지칭하기 위해 1945년 이전에 사용되었던 많은 용어들은, 1920년대 이래로 일본에 눈에 띌 만큼의 조선인들이 살고 있었지만, 이들 1945년 전부터 일본에 살던 인구집단이 1945년 이후[3] '자이니치' 조선인으로 알려지게 될 인구집단과 반드시 담론적으로 구분되어야 함을 시사한다. 1945년과 1946년에도 일본 내 조선인을 지칭하기 위해 쓰이는 용어들은 불안정하고 화자와 청중에 따라 바뀌었다. 그런데 모든 일본인이 아닌 거주자들을 대상으로 외국인 등록령이 시행된 1947

---

2 일본 내 조선인이 중요한 한편으로, 일본인들과 발맞춰 일하면서 동시에 선명히 그들과 구별되었던 주변적 구성원으로서의 "Korean minzoku"인 것에 관해서는 특히 손인장의 1947년 3월호의 「3·1 運動と朝鮮文学」과 1947년 6월호에 실린 細川嘉六의 「世界せかい史的情勢と朝鮮」를 참조.

3 이 용어들의 예는 재류 조선인(在留朝鮮人), 내지 재주 반도인(內地在住半島人), 반도 동포(半島同胞), 조선인 노동자(朝鮮人労働者)를 포함했고 때때로 맥락에 따라 단순히 조선인(朝鮮人)이기도 했다.

년까지 일본 내 조선인의 수는 2백만 명에서 60만 명에도 못 미치게 가파르게 감소했다. 조선으로의 귀국은 꾸준히 이어졌고, 샌프란시스코 강화조약이 조인된 1951년에는 약 54만 명의 조선인만 일본에 남게 된다. 이 강화조약은 거주민 인구에 심각한 영향을 끼쳤다. 이전의 일본 피식민 주체들은 모두 일본 국적을 박탈당했고, 국적에 동반되는 권리를 행사하는 것과 공공 서비스를 이용하는 것도 거절당했던 것이다. 이는 '내지', 즉 일본 본토⁴가 호적의 본적지였던 조선인들에게도 마찬가지였다. 당시 남한과 북한 모두 일본의 인정을 받지 못했기 때문에, 일본 내 조선인들은 무국적 상태가 되었다.

소냐 량이 그녀의 에세이 모음집인 『조국 없는 디아스포라: 일본에서 한국인으로 존재하기』의 서문에 쓴 것처럼, 우리는 '자이니치' 조선인 커뮤니티의 기원을 "심화되는 냉전의 긴장 속에서 한반도가 두 개의 적대적이고 소통하지 않는 정권으로 분할되면서, 조선인 디아스포라 다수가 실질적으로 일본군도 안에 감금 되었"⁵던 때로 정할 수 있을 것이다. 도노무라 마사루는 이 상황이 겉보기엔 모순되는 두 결과를 낳았다고 주장한다. 첫 번째는 '자이니치' 커뮤니티라는 분명한 의식이 강해진 것인데, 이것은 위에서 언급한 법적, 사회적 변화와 특히 일본 (그리고 한국)을 민족적으로 동질적이라고 다시 상상하는 것에 대한 반응이었다. 두 번째는 국경 간 재화와 정보의 단절, 그리고 일본에서 태어났거나, 일본에서 주로 성장하였거나 또는 일본에서 태어나서 주로 일본에서 성장한 조선인의 증가와 같은 요인들로, (자이니치 커뮤니티 의식의 강화와― 역자) 동시적

---

4 전전과 전후 시기의 호적 제도를 개괄하는 중요한 글로는 가시와자키 치카코의 "The politics of legal status," in *Koreans in Japan: Critical Voices from the Margin*, ed., Sonia Ryang(New York and London: Routledge, 2000), pp. 13~31이 있다.

5 Sonia Ryang, "Introduction," in *Diaspora Without Homeland*, eds., Ryang and John Lie(Berkely: University of California Press, 2009), p. 4.

으로 일어난 조선인의 일본 사회로의 동화이다.[6]

그러나 전쟁 직후 몇 년간은, 일본인과 조선인 모두 한반도의 분단이 일시적일 것이라 추측하거나 그렇기를 바랐다. 정치적 통일을 기다리며, 일본 내 조선인 활동가들은 조선 학교, 정치적 조직, 그리고 지역 소식지와 저널 등을 창립했다.[7] 이것은 흔히 일본 내 조선 주민들을 조선 사회로의 재통합에 "대비對備"시키며, 이전의 식민자로서 일본인 활동가들에게 집단적 책임을 물으려는 이중의 목표를 자주 가지고 있었다. 『민주조선』은 이 두 목표를 염두에 두고 창간된 저널의 예다. 창간을 위한 기금 마련은 조련(일본 내 조선인 연맹)[8]의 가나가와현 지부의 회원들에 의해 이루어졌다. 당연히 『민주조선』이 대체적으로 진보적 정치 일반, 특히 북한 정부에 대한 충성을 지속적으로 전시했다.

『민주조선』은 일본 출판계가 굉장히 활발하던 시기에 창간되었다. 전쟁의 마지막 몇 달간 강제적으로 정간되었던 주요 문예지인 『문예춘추』와 『신조』가 1945년 11월 다시 발행되었다. 그 후로 1945년 11월에 『신생新生』, 1946년 1월에 『인간人間』과 『근대문학近代文学』이 그리고 1946년 3월

---

6 外村 大, 『在日朝鮮人社會の歷史學的 硏究』(六院書房, 2004), 459쪽.

7 조선 학교의 설립은 그 악명 높은 '역코스(reverse course)' 기간 동안 일본 내 조선인들과 연합군 최고사령부 사이에서 특히 논쟁적인 문제였다. 이 학교들이 친공산주의와 반미 정서의 온상이라고 본 연합군 최고사령부(SCAP)는 1948년부터 물리력을 동원한 여러 다른 조치를 통해 학교들을 폐쇄하려고 시도하기 시작했다. 조선인 집단에서는 항의가 폭발했고, 이는 지역의 경찰력, 그리고 SCAP당국과 폭력적인 충돌을 불러왔다. 점령기 동안 일본 내 조선 관련 교육을 둘러싼 문제를 개괄한 최근의 연구로는 崔紗華, 「占領期日本における朝鮮人学校」, 『早稻田政治公報硏究』 108(2015. 4), 1~17쪽.

8 조련은 재일본조선인연맹(在日本朝鮮人連盟)의 조선어 줄임말이다. 조련은 조선인의 귀국을 돕고 정치적 권리를 보호하는 것을 주된 목적으로 하여 1945년 10월에 설립되었고, 공산주의 정치와 긴밀한 관계에 있었다. 조련은 나중에 조선총련으로 승계되는데 조선총련은 在日本朝鮮人総聯合会, 즉 재일본조선인총연합회의 줄임말이다. 더 많은 정보는 Dacid Chapman, *Zainichi Korean Identity and Ethnicity*(New York: Routledge, 2008).

『신일본문학』이 창간되며 이 시기 일본의 문예지는 새로운 모험을 시도하는 짧은 전성기를 맞는다. 일본 내 조선인 역시 이에 못지않게 전후 출판 붐에 참여했는데, 가장 눈에 띄는 것은 신문이다. 조선인에 의해, 조선인을 위해 쓰인 정기간행물의 예들은 조선어로 발행된 『조선민주신문』(1945년 10월 창간)과 『우리 신문』(1946년 7월 창간) 등이 있다. 『우리신문』은 후에 『해방 신문』으로 이름을 바꿔 조선어와 일본어로 출간되었으며, 『조선신보』(1946년 6월 창간)는 처음에 일본어로 발행되었으나 7월부터 조선어로 발행되기 시작했다.[9]

『민주조선』의 창간호는 다음과 같은 말로 시작한다:

> 진보적 민주주의의 혁명 과정에서 조선인은 역사적 현실을 어떠한 각도에 서서 파악하고 어떻게 그 역사적 사명을 완수하려고 하는가? 다시 말하면 조선인은 무엇을 생각하고 무엇을 말하고 무엇을 하려고 하는가? 특히 신탁통치 문제를 중심으로 객관적인 정세와 주관적인 동향은 세계의 주목을 모으고 있다. 이러한 점에서 우리는 우리가 추구해야 할 길을 세계에 표명하는 동시에, 이 소책자를 통해 과거 36년이란 긴 시간 동안 왜곡되어 온 조선의 역사, 문화, 전통 등에 대한 일본인의 인식을 바로잡고, 앞으로 전개하려고 하는 정치, 경제, 사회 건설에 대한 우리의 구상을 조선인을 이해하려고 하는 세상(江湖)의 현명한 독자들에게 자료로 제공하려고 한다.[10]

---

9 같은 신문사가 『조선신보』의 일본어 버전인 신세계 신문을 출간하기도 했다. 점령기 일본에서 출간된 다양한 신문에 관한 더 많은 정보는 고바야시 소메이(小林聰明)의 『在日朝鮮人のメディア空間: GHQ占領期における新聞発行とそのダイナミズム』(風響社, 2007).

10 『民主朝鮮』1-1(創刊号, 1946. 4), 1쪽. 일본어 원문에 따라 영어 원문을 일부 수정하여 번역했다.(역주)

이 발간사에는 두 가지의 폭넓은 목표가 간결하게 설명되었다. 첫 번째 목표는 조선인 작가들("우리")이 일본 독자들에게 직접 이야기를 해서 과거를 돌아보고 과거의 부당한 행위를 바로잡는 것이다. 두 번째 목표는 "신탁통치"라는 우회적인 표현에 나타난 서양의 권력에 맞서는, 정치적으로 진보적이며 민주적인 미래의 구성을 기대하는 것이다. 이런 면에서, 『민주조선』의 창간자들은 역사적 발전의 마르크스주의적 이해 하에서 활동하고 있었다고 말할 수도 있을 것이다.[11] 일본 내 조선인들은 반드시 민족주의의 틀 속에서 혁명이 일어나야 한다는 전제에도 불구하고 일본의 부르주아 민주주의 혁명에 참여할 수 있었는데, 이는 반제국주의적, 반파시즘적 운동이 사회주의적 해방과 주체성의 새로운 역사적 단계의 부상을 위해 필수적인 것이라고 인식되었기 때문이었다.

『민주조선』이 창간될 때, 일본의 많은 마르크스주의자들은 이미 역사 내에 주체성을 어떻게 적절하게 정의하고 어떻게 위치지을 것인가라는 질문을 던지기 시작했다.[12] 이 질문이 새로운 것은 아니었지만, 전쟁이 끝난 직후의 시기에 일본이 과거에 저지른 죄를 알고 그것을 바로잡을 방법을 찾는 사람들에게는 가능한 한 빨리 다루어야 할 새로운 차원을 제공했다. 이어서 일본의 당대 주요 저널에서 복잡하고 불편한 많은

---

11 잡지의 창간호 목차는 열두 개의 서로 다른 이름을 보여준다. 그러나 사실 대부분의 내용은 여러 필명을 사용했던 두 사람, 즉 김달수와 원용덕에 의해 쓰였다. 창간호에는 김원기가 편집자로 작성되어 있지만, 두 번째 호에서는 이 지위가 공식적으로 김달수에게 주어진다. 기고자의 수는 매 호마다 꾸준히 증가했는데, 그들 중 대부분은 신일본문학회나, 조련, 일본공산당과 그 중 하나 또는 둘, 또는 전부와 어떤 식으로든 연루된 사람들이었다. 『민주조선』은 아마 김달수가 편집자로 참여했던 까닭에 문학 쪽으로 크게 치우친 경향을 보인 것 같다. 문학 특집을 세 번이나 발간한 것이 그 예가 된다.

12 전쟁이 끝난 직후 주체성 논쟁에 관한 광범위한 논의는 J. Victor Koschmann, *Revolution and Subjectivity in Postwar Japan*(Chicago: University of Chicago Press, 1996)과 小熊英二, 『〈民主〉と〈愛国〉戦後日本のナショナリズムと公共性』(東京: 新曜社, 2002)를 참조.

토론이 있었지만, 주체성, 전쟁의 책임, 그리고 근대성에 관한 가장 악명 높은 의견 충돌조차 여전히 일본 민족적 — 국적(ethno-nationality)이라는 공유된 가정 위에서 전개되었다. 조선인들을 그들 자신의 역사의 행위자라고 선언하며, 『민주조선』의 창간자들은, (일본 저널의 토론에 나타난 것과 유사한 방식으로- 옮긴이), 국민화"(nationalized)된 동시에 "정치화(politicized)" 된 것으로서의 주체성의 개념화에 의존했다. 그러므로 이 선언에서 급진적인 것은 특별히 조선에만 관심 갖는 것이 아니라, 일본 독자들의 국민화되고/정치화된 주체성을 그에 따라 형성될 "조선 사람들"의 민족화되고/정치화된 주체성과 맺을 관계와, 그럼으로써 세계 나머지와의 관계에 끌어오는 방식이었다.[13]

이 틀 안에서, 『민주조선』의 일본어는 오로지 위의 관계를 알리려는 목적으로 이용된, 의사전달 도구로 이해되고 사용되도록 의도되었다. 이 맥락에서 일본어는 '일본어(Nihongo)'였고, 조선어는 '국어(kokugo)'였다. 창간호 끝에 실린 편집장의 말은 이 언어의 문제를 간단히 언급한다. 편집장은 도쿄에서 이미 몇 개의 조선어 출판물이 창간되었음을 인정하면서도, "저주받은 운명 속에서 습득되었다고는 해도, 이처럼 일본어를 사용한 일본어 잡지가 한두 개 존재하는 것도, 우리들 조선인에게 또한 일본인에게도 꼭 필요한 것이라고 믿는다"(50쪽)라고 말한다.[14] '우리들 조선인(われへ朝鮮人)'이란 용어는 이 맥락에서 대단히 포용적이다. 이 표현은 일본 내에 살고 있는 모든 조선인을 망라할 뿐만 아니라, 이들을 명시적으로 반도의 조선인과 연결하는 것이다.

---

13 『民主朝鮮』의 1946년 8, 9월호에 크고 굵은 글씨로 쓰인 "일본 인민의 행복은 조선 인민의 행복이다. 우리의 행복은 모든 인류를 위한 평화다"(120쪽)라고 쓰인 조련의 광고가 이 논점을 분명히 한다.

14 일본어 원문(「編集後記」, 『民主朝鮮』 1-1[創刊号, 1946. 4], 50쪽)에 따라 영어원문을 일부 수정하여 번역했다. (역주)

이런 식으로, 『민주조선』의 필자들은 일본 외부가 아닌 일본 내부에서 '국어(kokugo)'를 '일본어(Nihongo)'로 재배치하기 위해서 "저주받은 운명"의 언어를 사용하였다. 『민주조선』의 1946년 12월호에는, '국어'라는 단어가 편집자의 말에서 김달수에 의해 명시적으로 사용된다. 김달수는 이 저널이 조선인들에 의해 만들어졌지만 반드시 조선인'만'을 위한 것은 아니라는 말을 반복하며 글을 시작한다. 조선인이 그들에게 복원된 "국어(여기에서는 조선어)를 완전히 재활성화하기 위해 조선인들은 자신들에게 억지로 강요되었던 일본어를 잊고 싶어한다"는 것을 인정하면서도, 그는 또한 두 국가의 관계를 바로잡는 일에 도움이 되는 것으로서 일본어로 글을 쓰는 것이 중요함을 강조한다.[15] 이 정서는 오다기리 히데오(小田切秀雄, 1916~2000)가 쓴 같은 호의 다른 글에서도 유사하게 발견된다. "조선 문학의 개화를 위하여朝鮮文学の開花のために"라는 제목의 그 글에서 오다기리는 "일본의 진보적 문학 운동과 조선의 문학 운동 간의 제휴"를 요구한다.[16] 아마 조선인과 일본인 모두를 대상으로 삼았기 때문에, 『민주조선』(더 나아가 『민주조선』의 조선어 필자들)은 오다기리에 의해 조선 문학과 일본 문학 간의 완벽한 중개자로 여겨졌을 것이다.

『민주조선』에 기고한 조선인들은 기꺼이 이러한 재현의 역할을 이해하고자 했는데, 이는 부분적으로 민주적 혁명에 참여하는 것이 그들 자신

---

15 『民主朝鮮』1-6(1946. 12), 88쪽. 요이치 히로세(廣瀨陽一)는 전쟁이 끝난 직후의 시기 김달수가 조선인에 의해 쓰인 일본어 문학을 '조선문학'에 속하는 것으로 옹호하던, 조선어와 일본어 모두로 쓴 여러 글을 소개한다. 요이치 히로세(廣瀨陽一)가 쓴 『김달수와 그의 시대(金達寿とその時代)』(クレイン, 2016) 참고. 그러나, 『金達寿評論集』(筑摩書房, 1976), (전체 2권)에 수록된 에세이가 증명하듯이, 김달수는 일본어로 된 소설을 범주화하는데 관심을 보이기보다는 일본어 소설을 생산하게 한 일본 제국주의의 유산을 비평하는 것에 더 많은 관심을 보였다고 나중에 주장하곤 했다.

16 일본어 원문(小田切秀雄, 「조선문학의 개화를 위하여(朝鮮文学の開花のため)」, 『民主朝鮮』[1946. 2], 59쪽)에 따라 영어원문을 일부 수정하여 번역했다.(역주)

을 대변하고 그들에 관해 말할 권리를 획득하는 것을 의미했기 때문이다. 그러나 이를 조선어가 아니라 일본어로 한다는 것은 무엇을 의미했을까? 김달수를 포함하여 이 필자들 중 많은 이들에게 조선어는 가족의 언어였을 수 있겠지만 일본어는 문학과 학문의 언어였고, 일본에서 그들에게 독자층을 확보할 수 있게 하는 유일한 언어였다.[17] 실로, 근대 문학의 개념은 식민주의적 경험과 분리될 수 없었다. 그렇다면, 어떻게 일본의 제국주의에 저항하며 그것을 살아낸 작가들을 해방시키는, "적법한(legitimate)" 조선 문학의 정전을 확립할 수 있을까? 더욱이, 조선 문학을 정의하는 과업은 선택이 아닌 불가피한 이유로 일본어를 쓴 조선인들에게 있어 더 복잡한 것이 되었다.

"한 명의 조선인, 나의 문학 지각(一朝鮮人, 私の文学知覚, 1954)"이라는 에세이에서 우리는 김달수가 일본어로 표현함으로써 양가적인 자의식을 수용하려고 애썼던 것을 볼 수 있다.[18] 이 에세이에서 김달수는 조선에서 보낸 어린 시절과 이후 가족과 함께 하기 위해 일본으로 간 것, 도쿄와 요코스카의 거리에서 폐품수집업자, 즉 넝마주이 くず屋로 일하며 보낸 젊은 시절을 성찰한다. 그는 자신이 주운 쓰레기와 중고 서점에서 발견한 어린이 잡지(『少年倶楽部』, 『キング』, 『講談倶楽部』 외 등)에서 일본어 소설과 처음 마주쳤다. 이런 잡지에 소설을 특집으로 자주 발표하던 기

---

17 예를 들어, 김달수는 (후에 분석될) 그의 에세이 「노동과 창작(労働と創作)」에서 그가 김사량을 처음 만났을 때, 아직 조선어를 읽을 줄 몰랐다고 고백한다. 송혜원 역시 전쟁이 끝난 직후의 시기에 일본에서 창간된 조선어 저널이 조선으로 쓰인 글을 지속적으로 기고할 수 있는 작가들을 찾기가 사실 얼마나 힘들었는지를 보여준 바 있다. 송혜원, 『在日朝鮮人文学史のために: 声なき声のポリフォニー』(岩波書店, 2014), 특히 2장을 참조. 번역본이 있으므로 병기한다. 송혜원, 『재일조선인 문학'사를 위하여: 소리 없는 목소리의 폴리포니』, 송혜원 역(소명출판, 2019)의 2장을 참고. (역주)

18 재판된 『김달수 평론집: 나의 문학(金達寿評論集: 我が文学)』(筑摩書房, 1976)에 있다. 초출은 『世界』 1954년 6월호에 실렸다. (역주)

쿠치 간菊池寬은 당시 그가 가장 좋아하는 작가가 되었다. 그러나 김달수의 삶을 돌이킬 수 없게 바꾼 것은 누구인지 모를 도쿄 거주자가 쓰레기 더미에 던진 시가 나오야志賀直哉의 소설과 도스토예프스키의『죄와 벌』의 일본어 번역본의 발견이었다.

김달수는 당시 일본 문학계에서 "소설의 신小說の神樣"으로 명성이 자자했던 시가 나오야를 매우 존경하게 되었다. 김달수가 "일본 작가들이 '나'라는 자신과 그 주변에서 일어나는 사건을 거의 그대로 쓰는"[19] 사소설을 처음 알게 된 것도 시가 나오야를 통해서였다. 사소설이 "좋은 영향이었지만 어떤 면에서는 나쁜 영향으로도 남아있다"고 한 김달수는 이어서 이렇게 쓴다:

> 즉 나는 조선인과 그들의 생활을 쓰자라고 결심했다. 그리고 나는 이 결심을 사람들에게 알려주고 호소하고 싶었다. … 특히, 나는 조선인과 조선인의 생활에 관해서 다양한 느낌과 생각(그중 대부분은 잘못된 것)을 가진 일본인들에게 알려주고 싶었다 ― 알려줘야만 한다고 생각했다.(강조는 원저자)[20]

이렇게『민주조선』이 탄생했고, 김달수 자신의 소설이 발표되었다.

도미 스즈키登美鈴木는 사소설을 텍스트 안에 "하나의 '숨겨진 계약'이 있다고 상정하는 것은 궁극적으로 독자인", 읽기 양식의 하나로서 사소

---

19 일본어 원문(「一朝鮮人、私の文学自覚」,『世界』[1954. 6], 10쪽)에 따라 영어원문을 일부 수정하여 번역했다.(역주)

20 일본어 원문(「一朝鮮人、私の文学自覚」,『世界』[1954. 6], 10~11쪽)에 따라 영어원문을 일부 수정하여 번역했다.(역주)

설을 설명한다.[21] 본 논문은 위의 인용문을 사소설에 대한 전반적이고 광범위한 거부로 읽기보다, 김달수가 독자와 사소설'인' 텍스트 사이의 관계를 — 해체하지 않고 — 강하게 문제화한다고 주장한다. 다시 말해, 김달수는 의도적으로 독자에게 텍스트를 텍스트 바깥의 서사이면서 한 조선인의 삶인 김달수 자신의 삶에 비추어 해석하기를 요구함으로써, '숨겨진 계약'을 가시적으로 만들고 싶어 한다. 시가 나오야의 이른바 사소설들은 함축적으로 일본 사회에 대한 전체적 평가를(긍정적으로든 부정적으로든 "서양"과 자주 대비되는 것으로) 유도했을 수는 있지만, 김달수는 김달수/조선인을 독자/일본인과 관련지으며 명시적으로, 그리고 끈질기게 자신의 소설을 평가하기를 요구한다.[22] 일본어로 글을 쓴 다른 조선인 작가들과 김달수를 가르는 것은 그의 "김달수/조선인들"이라는 연결이 역설적으로 일본어에 의해 이미 침해되었다는 그의 예리한 의식이었다.

이 점을 충분히 설명하기 위해 이제 1945년 한반도가 분단되던 시기를 기점으로 그 전후에 걸쳐 출판되었던 김달수의 「쓰레기ごみ」를 살펴볼 것이다. 이 단편소설의 제목은 식민주의의 부산물이 그것을 물려받는 비천한 식민 주체들을 어떻게 변화시키는지를(그리고 식민주의의 부산물이 그 피식민 주체들에 의해 문자 그대로, 그리고 비유적으로 어떻게 변하게 되는지) 풍부하게 보여준다. 김달수처럼 「쓰레기」의 주인공도 그가 모은 일본의

---

21   Suzuki, *Narrating the Self: Fictions of Japanese Modernity*(Stanford: Stanford University Press, 1996), p. 10.

22   크리스토퍼 D. 스콧(Christopher D. Scott)은 김달수의 이야기가 사소설이자 반-사소설(anti-I-novels)로 작동한다고 주장한다. 스콧은 김달수의 "사소설을 향한 양가감정이 일본어로 진정한 목소리를 찾으려 분투하는 '자이니치' 조선인 작가의…분열된 정체성을 드러낸다…"(41쪽)고 쓴다. 그러나 사소설의 "진정한 목소리"는 중간 혹은 상류층이고, 남성이며, 일본인으로 부호화되었기 때문에, 김달수의 이 전유는 "토착적" 문학 형식으로 간주되는 것에 관한 강력한 비평으로 기능할 수 있다. Scott, *Invisible Men: The Zainichi Korean Presense in Postwar Japanese Culture*(PhD diss., Stanford University, 2006)을 참조.

쓰레기를 조선을 위해 쓰일 자본으로 변환시킨다. 그러나 김달수가 상속받은 일본어가 식민주의적 과거로부터 절대 풀려날 수 없듯, 「쓰레기」의 자본가가 되려는 주인공도 제국적 통제의 엄격한 체계로부터 완전히 자신을 해방시킬 수는 없다.

「쓰레기」는 여러 번 다시 쓰였고 재판再版되었기 때문에, 비교 분석에 본격적으로 돌입하기 전에 각 판본의 중요한 줄거리를 확인하는 것이 필요해 보인다. 필요하다면 출판 날짜로 다른 판본들을 구분할 것이다. 따라서 1942년 출간된 소설은 「쓰레기」(1942)로 지칭될 것이다. 수정된 1947년 판은 각각 「쓰레기ごみ」와 「쓰레기 바지선 후기塵芥船後記」라는 제목으로 두 부분으로 나뉘어 출간되었는데, 「쓰레기」(1947)는 그러므로 1947년 소설의 전반부를, 「쓰레기 바지선 후기」는 후반부를 가리킨다. 또한 두 부분에 각각 다른 제목이 붙었지만, 이 두 부분은 함께 읽혀야 하고 하나의 완전한 텍스트를 구성한다는 것이 강조되어야 할 것이다.

3. 「쓰레기」(1942)

김달수는 단편소설 「쓰레기」를 金光淳(가네미쓰 준/かねみつ じゅん, 음독할 경우는 긴코 준/きんこう じゅん)[23]이라는 필명으로 『문예수도』 1942년 3월호에 발표했다. 겨우 10쪽 분량으로, 이야기는 현팔길玄八吉이라 불리는 조선인 넝마주이 주인공과 전시戰時 일본에서의 그의 삶에 관한 간략한 스케치라 할 수 있을 것이다. 첫 장면에서 (주인공인— 옮긴이) 조선

---

23 한자 金光淳. 『문예수도』는 光과 淳 사이를 띄어 쓰고 있어, 김달수의 필명을 일본식 이름으로 취급하고 있음을 암시한다(예: 金光 淳— 역자). 만약 金과 光 사이를 띄어 쓴다면 조선인 출신자의 이름이라고 추측될 것이다(예: 金 光淳— 역자).(역주)

인 넝마주이는 敬泰(경태)라는 이름의 친구에게 도움을 요청한다. 어느 등장인물의 이름에도 주석이 달려 있지 않아 첫 페이지부터 우리는 언어의 문제와 다시 마주친다. 현팔길玄八吉은 혼종적인 이름이다. 玄이라는 성은 명백히 조선인의 것이지만, 일본어로 음독하면 겐げん이며, 조선어로는 현으로 읽는다. 이와 대조적으로 八吉이라는 글자는 (여러 가능성 중) 일본어로는 아키치やきち로, 조선어로는 '팔길'로 읽힐 수 있다.[24] 한편, 敬泰란 이름은 일본어로 다카히로たかひろ 또는 다카야스たかやす로, 조선어로는 경태, 일본어로 음독하여 읽을 경우에는 게이타이たいけい로 읽힐 수 있다. 소설 마지막까지 敬泰의 성이 드러나지 않기 때문에, 그의 민족성을 확실하게 단정하는 것은 불가능하다. 팔길이 다카히로たかひろ/경태와 친하다는 것은 후자의 인물도 조선인일 가능성을 제기하지만, 이 의도적인 애매함은 '공민公民' 패러다임이 가질 수 있는 이중적 의미와 그것의 전복 가능성을 열어놓는다.

이어지는 쪽은 팔길이 어떻게 D 공장에서 생산되는 폐기물에 대한 권리를 단독으로 갖게 되었는지를 설명하는 일련의 빠른 회상 장면들을 담고 있다. 너무 가난해서 "훔치려고 해도 훔칠 것이 없"는 곳 출신인 팔길은 사람들이 물건을 내다 버리는 사치를 누리는 식민 본국의 부에 놀란다.[25] 처음에 그는 근방의 쓰레기통 안에서 그리고 그 근처에서 그가 발견

---

24 1980년의 『김달수 소설전집(金達寿小説全集)』에서 발견된, 재판된 「쓰레기」에는 'パルギル'('팔길'을 가타카나로 만든 것)이라는 주석이 그 등장인물의 이름에 달려 있다. 그래서 이 책에서도 '팔길'을 사용하기로. 등장인물 민희도 마찬가지다. 그러나 각기 다른 독자들이 주석이 달리지 않은 이름들을 다른 방식으로 발음했거나 해석했을 수 있다는 것은 강조되어야 한다. 『김달수 소설전집』은 팔길의 성에 가타카나로 퓬(ピョン)이란 주석이 달렸지만, 이것은 오식일 수 있다. 1996년에 『외지의 일본어 문학선(『外地』の日本語文学選)』(제3권, 조선)이란 제목으로 나온 선집에서는 주석이 현으로 바뀌어 있다.(역주)

25 金達寿, 「쓰레기」, 『문예수도』 10-2(1942. 2), 41쪽. 이후부턴 「쓰레기」(1942)로 언급한다.

하는 것이 모두 공짜일 것이란 단순한 추측에 좋은 것을 아무거나 가져 간다. 그러나 그가 절도로 경찰에 잡혀 억류되자 그는 쓰레기 줍기를 포 기하고 고물상, 즉 낡거나 망가진 물건들을 개인으로부터 사들여 도매상 에게 파는 사람이 된다. 그가 이런 결정을 내릴 수 있던 것은 일본인 손 님들과 흥정을 가능하게 할 일본어('내지어') 몇 마디를 배웠기 때문이다.

팔길은 곧 중일전쟁의 시작과 함께 활동이 눈에 띄게 증가한 D공장에 서 나오는 산업 폐기물을 대담하게 노리게 된다. D공장의 폐기물에 대 한 권리는 공식적으로 노지리란 이름의 남자의 책임인데, 그는 폐기물로 부터 고철을 비롯한, 전쟁으로 가치 있게 된 것들을 꼼꼼하게 추려낸다.[26] 남은 쓰레기는 관습적으로 물에 버려져 근처에 사는 어부들에 의해 두 번째로 추려지고, 마지막으로 어부로부터 고물상에게 팔린다. 팔길은 어 느 날 어부로부터 (폐기물을— 옮긴이) 사려 하지만, 저울을 조작하다 들켜 금방 내쫓긴다. 화나고 절박한 상태에서 팔길은 상처를 돌보기 위해 그 지역의 신사神社로 도피한다: 그곳에서 그는 갑작스러운 향수를 느낀다. 그는 조선 쪽을 바라보지만, 그때 그의 시선은 D공장의, 물에 있는 쓰레 기 바지선의 모습에 붙잡힌다. 즉시 그는 자신이 그 바지선을 원한다는 걸 깨닫는다.

다음 날 곧바로 팔길은 노지리의 집에 숨어 기다린다. 그는 자신의 몸 을 던져 노지리의 다리를 꼭 붙들어 안고 계약을 애원한다. 노지리는 마 침내 팔길에게 한 달에 300엔의 요금을 받고 폐기물에 대한 접근권을 주 기로 동의한다. 팔길이 서민희徐民喜라는 이름의 조선 사람의 방문을 받 기 전까지 그의 상황은 잘 풀려 간다. 이 경우 조선인이므로 성은 '서'로 (일본어로 음독하면 '조ㄴㅗ'다) 읽히지만 이름은 조선어로는 민희로, 일본

---

26 노지리의 민족성은 언급되어 있지 않으나, 그의 성은 조선에 존재하지 않는다.

어로는 타미키(Takimi)로, 또는 음독하면 민키みんき로 발음된다. 우리는 민희가 지역 협화회 지부의 조직원일 뿐만 아니라, 보험 판매원으로 일한다는 것도 알게 된다.[27] 그는 팔길이 그의 쓰레기 바지선의 권리를 민희 자신이 아니라 D공장의 폐기물에 관심이 있는 다른 도매상에게 넘기길 바라며 설득한다(며칠 전, 이 도매상은 민희에게 접근하여 자기 사업이 가진 가능성을 미끼로 삼아서, 민희가 자기편에서 행동하도록 설득한다). 그러나 팔길은 주저하다가 다카히로たかひろ/경태를 끌어들여서 이 분규를 중재해 달라고 요청한다. 여기가 바로 서사 내에서 독자들이 현재의 시점으로 되돌아가게 되는 지점이다. 결국, 다카히로たかひろ/경태는 민희를 설득해 가까스로 팔길이 그의 쓰레기를 지킬 수 있도록 한다. 이후 다음의 대화가 이어진다:

> 다카히로たかひろ/경태는 서민희의 어깨를 두드렸다. 이상하게도, 패배의 분위기 속에서 그는 둘 사이의 친밀감을 느꼈다.
>
> 다카히로たかひろ/경태는 널빤지 위를 따라 걸어가 팔길에게 다가서서 걸어가서 말했다. "걱정할 거 없어. 열심히 일하고 옛 고향旧里에 논밭을 많이 사서 얼른 돌아가."
>
> 팔길은 벌떡 일어서서 첨벙 소리를 크게 내며 바다에 뛰어들었다. 그 상태로 광기에 차서 두 손을 벌려 바다를 철썩철썩하고 때리면서, 물거품을 뒤집어 쓰며 외쳤다. "아이구(기쁘다) 아이구!(기쁘다!)" [49

---

27 협화회는 전쟁 전과 전쟁 동안에 일본 내무성의 지도 아래 있던 '내지' 기반의 네트워크였다. 각 지부는 지역의 조선인들을 감시하여 그들이 일본 제국에 동화되고 충성하도록 부추겨야 하는 책임이 있었다.

쪽, 끝]²⁸

　고영란은 엔본(円本, 쇼와 초기에 유행한, 한 권에 1엔인 균일가의 전집- 옮긴이) 붐 현상과 프롤레타리아의 저널인 『전기戰旗』의 인기를 출판 산업의 구체적인 예로 활용하여, 식민지가 어떻게 식민본국에서 생산한 상품 판매를 위한 시장이 되었는지를 논한 바 있다.²⁹ 「쓰레기」(1942)에서 우리는 비슷한 논리가 작동하는 것을 본다: 기본 권리를 박탈당한 피식민지 주체인 팔길은 일본의 전쟁 준비 과정에서 산출된 잉여물 혹은 폐기물을 활용하여 식민지 본국에서 자본을 창출할 수 있는데, 이 자본은 당시에 식민지화로 인해 그가 빼앗겼던 땅을 회수하기 위해 사용될 수도 있는 것이다). 심각한 경쟁을 불러 왔을 수도 있던 일본인 고물상 넝마주이들 중 "그들의 직업을 차마 포기할 수 없었던 사람들을" 제외하고, 많은 이들이 "[전쟁 동원 총력을 위해] 건설 노동 등으로 직업을 바꿔야만"³⁰ 했었다. 동시에 고철을 수집하는 자로서의 팔길의 노동은, 식민주의적 위계를 약화시키기 보다는 엄격히 그 위계의 규율 내에서 작동한다는 것이 반드시 강조되어야 한다. 이미 확고히 자리 잡은 체제 밖에서 일을 하려는 팔길의 첫 노력은 "불법"으로 낙인찍히고 그는 감옥에 이르는데, 이는 팔길이 식민 본국의 부와 깊이 관련되지 않을 때만 그 일이 자신의 것이 될 수 있다는 것을 깨닫게 한다. 게다가, "합법적" 범위 내에서 일함으

28　일본어 원문(金達壽, 「쓰레기」, 『문예수도』 10-2[1942. 2])에 따라 영어원문을 일부 수정하여 번역했다. 단지 주인공 이름 표기법은 원문에는 '敬泰'로 되어 있지만 논문의 영어 원문을 참고하여 그 표기대로 번역한다.(역주)

29　고영란, 「拡張する検閲『帝国』と 非合法 商品」, 『検閲・メディア文学: 江戸から戦後まで』(新曜社, 2012), 122~129쪽. 이 저자에 의한 영어 번역본은 같은 책 『検閲・メディア文学: 江戸から戦後まで』(新曜社, 2012)에서 찾을 수 있다.(역주)

30　「쓰레기」(1942), 42쪽. 김달수가 "(직업을- 역자) 바꾸다"의 의미로 쓴 단어는 '전향'으로, 이는 이 시기 동안 일어나던 이데올로기적 전향도 함축한다.

로써 그가 얻는 돈은 조선에 있는 땅을 도로 사기 위해 쓰일 것인데, 이는 애초에 그의 권리를 박탈한 바로 그 식민주의적 시스템을 통해 이뤄진다.

팔길의 성공은 이름이 밝혀지지 않은 그의 아내의 무임금 노동에 기반해 있기도 한데, 아내는 소설 끝부분인 바지선에서 쓰레기를 줍는 말 없는 그림자로 등장한다. 팔길의 조선인 아내의 출신지는 전혀 알려지지 않는다. 그녀의 운명도 마찬가지다. 이와 대조적으로 일본 여성들은 쓰레기를 두고 팔길과 격렬하게 흥정하는, 부유한 가정의 "천박한" 아내들로 재현된다(43쪽). 계급과 젠더는 여기서 다시 복잡한 굴절 속에서 작동하고 있다. 팔길이 만나는 일본 여성은 사회적으로 팔길보다 높은 계급에 속하지만, 일본 여성이 생산할 수 있는 자본은 보조적인 것이고, 가계의 사적 영역에 국한된다. 반면 팔길은 그의 민족성 때문에 군인으로 받아들여지지 않지만, 그는 사적 영역(일본의 가정)과 공적 영역(고철 시장)을 오갈 수 있는 능력을 여전히 갖고 있다. 그러나 이 능력은 군인 혹은 전쟁 현장의 건설 노동자로 일할 능력이 없거나 일하기를 꺼림으로써 팔길처럼 주변화된, 그와 처지가 비슷한 일본 사람들의 반대편에 팔길을 위치시킨다. 팔길은 떠돌이 어부들 내부의 게임 안에서, 즉 노지리를 직접 찾아가 현행 법적체계를 조작操作하여 쓰레기에 대한 권리를 얻는 것으로만 그들을 이길 수 있다.

마지막으로, 이 단편소설은 팔길, 민희, 그리고 다카히로たかひろ/경태라는 세 명의 아주 다른 남자들이 서로 대립하면서 끝난다. 민희와 다카히로たかひろ/경태는 그 지역의 조선인 커뮤니티에서 사회적, 그리고 재정적 영향력을 갖는 것으로 나타난다. 그러나 민희의 권력이 그가 협화회에서 맡은 직위에 달려 있는 반면, 다카히로たかひろ/경태의 힘은 설명되지 않은 채로 남는다. 다카히로たかひろ/경태를 일본인으로 생각하느냐, 조선인으로 생각하느냐에 따라 앞 쪽에서 언급된 "패배의 분위기"는 근본적으로 다르게 해석될 것이다. 예를 들어 전시 일본 검열관이 문자 그대로 독해하여 이 인물이 일본인이라 상정하면, 이 장면은 도움이 필요한 하층 계급 조선인을 돕는 일본 남자의 관대함을 악의 없이 그린 것으로 볼 수 있다. 좌파적 성향이 더 큰 또 다른 독자라면 그 마지막 장면을 일본의 궁극적 패배에 관한 조선인의 정치성과 상징성 가득 찬 "저항"의 이미지로 해석할 수도 있다. 일본어 원문의 "그들 둘"이라는 표현이 모호하기 때문에, 개인의 해석에 따라 등장하는 각 인물이 어떻게 조합되건 이 말은 다 적용될 수 있다. 두 명의 조선인인 팔길과 민희가 일본인인 다카히로たかひろ에 함께 맞서는 것, 일본어를 사용하는 제국적 주체(공민公民)인 경태와 민희가 팔길과는 확연히 다른 입장에 있는 것, 등을 들 수 있다.

이 열린 의미들의 싸움터에서 "되돌아가다"는 무엇을 의미하며, 돌아가야 하는 곳은 '어디'인가? 팔길과 경태가 모두 조선인이라면, "되돌아가다"는 희망찬 단어가 되고 조선은 모든 것이 지향하는 준거점이 된다. 동시에, 이 되돌아가기는 여전히 '식민 본국 내에서'의 팔길의 경제적 성공을 전제로 하고 있으며, 그것 없이는 불가능하다는 점에 주목해야 한다. 오직 일본이 부과한 토지 소유권 제도와 식민주의적 자본주의에 그 자신을 철저하게 통합시킨 후에야 팔길은 다시 고향에서 다시 자신을 위한 장소를 찾을 수 있다. "열심히 일하라"는 다카히로たかひろ/경태의 마지막 명령 또한 이런 면에서 애매하다. 그를 일본인으로 본다면 이는 우리가 다른 이야기에서 보았던 식민주의의 위계를 반복하는 것일 뿐이다. 그러나 그가 조선인으로 간주되어도, 명령은 일방적이고 계급에 의해 양분된 채로 남는다. 어쨌든 다카히로たかひろ/경태와 민희는 어느 정도의 경제적 안정을 누리는 것으로 보인다. 상대적으로 특권적인 그들의 사회적 지위는, 팔길 같은 노동자는 누릴 수 없는 국경을 넘는 이동성을 부여

받을 수 있다.

독자가 해독할 최후의 퍼즐은 팔길이 마지막으로 한 말의 의미이다. 조선어 단어인 "아이구(혹은 '아이고'의 이형異形)"는 감탄사로, 놀람, 좌절, 아픔, 환영歡迎, 절망 등의 다양한 감정을 나타내는 데 쓰인다. 특히 애도 기간 중, 강렬한 슬픔을 표현하기 위해 크게 소리치거나 절규할 때 쓰이기도 한다. 설사 그런 경우가 있다고 해도, 단순한 행복을 전달하는 경우는 극히 드물다. 팔길이 물속으로 빠졌을 때 나오는 그의 '아이구'라는 외침에 관해서 텍스트 내에는 일본어로 "기쁘다うれしい"라고 주석이 달려 있지만, 그가 당면한 상황에서 이 번역은 어울리지 않는 것처럼 보인다. 조선어 원어민 화자는 이 말을 들을 때 한탄이나 도움을 요청하는 울부짖음이라고 해석하겠지만, 텍스트는 정해진 주석을 제공함으로써, 일본어 화자인 독자가 조선어 원어민 화자와 같은 의미를 읽어낼 가능성을 단호하게 거부한다. 다카히로たかひろ/경태의 수수께끼가 "일본인 또는 조선인"인가 하는 "양자 택일"의 문제로 단순화될 수 없듯이, 팔길의 조선어 표현과 이것의 일본어 번역 사이의 괴리는 결코 완전히 메워질 수 없다. 그럼에도, 소설의 마지막 구절에 어울리지 않는 어조를 도입함으로써, 김달수는 팔길을 웃음거리가 아니라 희비극적 캐릭터로 변형시킨다. 「쓰레기」보다 먼저 쓰여진 김사량의 「천마」에 등장하는 현룡玄龍, げんりゅう처럼, 팔길은 자신을 이용하기 위해 고안해 놓은 체제를 역이용하려는 바로 그 시도 때문에, 다른 조선인 등장인물이 할 수 없는 방식으로 화해할 수 없는 식민주의의 모순을 구현할 할 수 있다.

본 논문에서 의미와 지시(reference)/지시물(referent)의 관계의 모든 가능성을 짚으면서 한 독해를 다른 독해보다 더 낫다고 지지하려는 것은 아니다. 내가 이 소설에서 의미가 있다고 생각하는 부문은 서사구조가 최종적인 단일한 답으로 환원되지 않고, 그 구조 때문에 이러한 서로 다른 해석을 '가능하게' 할 수 있다는 점이다. 더 중요한 것은, 내가 명명한 공민 패러다임(Komin paradigm) 즉 '제국 주체'의 정체성이 일본 제국 영역 내에서 민족적이거나 또는 국민화된 신체, 또는 이 두 가지 모두 갖춘 신체의 정체성을 대체하도록 마련된 공민 패러다임을 — 이 패러다임에도 불구하고가 아니라 — 통해서 이 소설이 이것을 가능하게 한다는 것이다.[31] 전쟁 후반기, 점점 더 제약이 심해지는 일본의 정치적 환경에서도 — 이 소설이 증명하듯 늘 가능성의 수준에 머무르기는 하지만 —, 강한 반대의 가능성에 공명하는 대화적 목소리 속에서 아이러니를 담아 말하는 것이 여전히 가능했다.

팔길이 조선으로 돌아가느냐 마느냐라는 질문은 여기서 다루기에는 지면의 범위를 벗어난다. 그러나 김달수가 「쓰레기」(1947)를 발표했을 땐, 조선의 형세가 크게 변해서, 돌아간다는 생각이 정치적 함의로 가득하고 새로운 의미를 지니게 된 것은 불가피한 일이었다.

4. 「쓰레기」와 「쓰레기 바지선 후기」

김달수는 전쟁이 끝난 후, 「쓰레기」(1942)를 상당히 고쳤고 확장시켰다. 그는 『민주조선』에 소설을 두 부분으로 나눠 발표했는데, 첫 번째는 「쓰레기」라는 제목으로 소설 특집호였던 1947년 2월호에 실렸고, 두 번째는 「쓰레기 바지선 후기」라는 제목으로 그 다음 호에 실렸다. 개정된 소설은 다카히로たかひろ/경태의 서재가 아니라 팔길의 소개로 시작한다:

---

31 이 공민(公民) 패러다임에 관해서는 필자의 저서인 *Colonizing Language: Cultural Production and language Politics in Modern Japan and Korea*(New York: Columbia University Press, 2018)에서 광범위하게 논했다.

현팔길은 U선착장 폐기물에 대한 권리를 얻기 전이었던 한때, 마치 사촌형제라도 되는 양 3일에 한번 꼴로 경찰서 신세를 졌다. 어둑해지고 [밤이— 역자] 늦어도 팔길이 돌아오지 않으면, 부락 사람들은 "그놈 또 본가本家에 인사드리러 갔다 보네"라고 말하곤 했다.[32]

이 시삭 장면에서, 팔길은 확실히 자리 잡은 조선인 커뮤니티의 구성원이자 일본 공권력에 대립하여 저항하는 인물로 — 의심할 여지없이 1942년 제국 일본의 엄격한 검열 분위기에서는 묘사될 수 없었을 사람으로 — 나온다. '본가本家'라는 단어의 언급은 식민지 확장을 정당화하기 위해 '본가'와 '분가'의 은유를 사용했던 제국주의적 담론을 의도적으로 아이러니컬하게 반복하며, 조선과 일본 사이의 식민주의적 위계를 강조한다.[33] 후에 등장하는 팔길의 예전 조선에서의 삶과 일본에 있는 그의 가족생활에 관한 세부 묘사는 이전 한반도 커뮤니티에 대한 기억과, 실용적인 필요 때문에 일본 내 조선인 커뮤니티에 묶여 있는 한 조선 남성의 모습을 더 깊이 보여준다.

이 판본에서, 김달수는 또한 팔길과 어부들의 충돌을 훨씬 더 상세히 썼다. 팔길이 자신에게 유리하도록 저울을 조작하려고 할 때, 어부들은 그를 "불령한 놈ふていやろう"이라고 부르며 언어적으로 학대하고 신체적으로 폭행한다. 이 어부들이 사용한 표현은 민족적 모욕이었던 '불령선

---

32 김달수, 「쓰레기」, 『民主朝鮮』 8(1947. 2), 17쪽. 이하 「쓰레기」(1947). 팔길의 이름에는 이 판본에도 주석이 달려 있지 않다. 그러나 노지리의 이름에는 달려 있다.(필자)/ 일본어 원문에 따라 영어원문을 수정하여 번역했다.(역주)

33 Peter Duus는 *The Abacus and the Sword*(Berkely: University of California Press, 1995)에서 식민지 조선의 맥락 내의 이 '본가(本家)'/'분가(分家)' 은유에 관해 논한다.

인$\mathfrak{T}$選鮮人'의 메아리처럼 들리면서,[34] 일본 어부들의 폭력에 이전의 식민주의적 충돌의 역사를 극적으로 덧씌운다. 이에 대한 반응으로, 팔길은 '아이고'라고 외치고 어부들로부터 도망친다. 이 '아이고'는 텍스트에 처음 등장하는 것으로, 별도의 주석이 달려 있지 않지만 팔길의 두려움과 괴로움에 강하게 관련되어 있다. 조류가 밀려오고, 팔길은 물속을 힘겹게 걸어 나가야 한다. 그러나 팔길은 수영을 할 줄 몰라 울부짖으며 공황 상태에 이른다. 그가 힘들게 헤쳐나가 안전한 곳에 도달한 것은, 오로지 그의 용감무쌍한 노력 덕이었다. 이 장면에는 일종의 유머가 있지만, 팔길이 그가 목표 삼아 노력해 왔던 모든 것과 그가 이미 포기한 모든 것을 생각할 때 서사는 팔길의 내면세계로 미끄러지듯 흘러 들어가는데 이는 동정심을 일으키는 분위기를 자아내며, 소설의 결말에 관한 전조가 되기도 한다.

김달수는 「쓰레기」(1947)를 팔길과 노지리가 등장하는 장면으로 끝맺는다. 「쓰레기」(1942)와 달리, 이 판본에서는 팔길이 자신의 다리를 놓지 않자, 노지리가 팔길의 머리를 지팡이로 때린다. 그럼에도, 팔길은 요지부동이다: "눈에 눈물이 그렁그렁한 팔길은 [노지리를— 인용자] 애원하는 표정으로 올려다보았다. 피가 팔길 얼굴의 여러 상처에서 흘러나왔다."(28쪽) 이 지점까지 서사는, 나이 들고 잘 차려입었으며 저명한 일본 남자와, 가난하고 단정치 못하며 겁먹은 채 그의 발치에 웅크린 조선 남자 사이의, 거의 웃음거리가 될 만한 대조를 과장하면서, 1942년 판의 유머를 대부분 유지하고 있다. 그러나 여기서 서술의 어조는 피의 등장과 함께 더 어두운 영역으로 옮겨 가고, 팔길의 계속된 간청은 하찮은 것으

---

34 「쓰레기」(1947), 23쪽. 용어에 대한 더 광범위한 설명은 Ken C. Kawashima, *The Proletarian Gamble: Korean Workers in Interwar Japan*(Durham: Duke University Press, 2009), 특히 5장을 참조.

로 일축하기 불가능해진다. 자신이 저지른 폭력의 결과와 대면하며, 노지리는 팔길을 도와 상처를 닦아주겠다고 제안하고, 팔길을 자신의 집으로 초대한다. 이야기가 "쓰레기 바지선 후기"에서 계속될 거라는 작가의 말과 함께 「쓰레기」(1947)는 여기서 끝난다.

1942년 판과 마찬가지로, 「쓰레기」(1947)에서 김달수는 팔길의 성격 묘사를 아이러니한 유머로 채워 팔길의 자신에 관한 인식과, 독자가 그에 관해 가질 인식 사이의 간극을 능숙하게 조종한다. 서사의 아이러니들은 식민주의적 현실이 텍스트 바깥의 지시물(referent)로 구축되는 독해를 요청한다. 동시에, 팔길의 환경을 둘러싼 세부 묘사의 풍부한 추가는 단순한 알레고리적 해석에 다시 한 번 저항적이면서도, 제국의 메타 서사에 전적으로 그대로 내포되어 있는 서사를 창조한다. 「쓰레기」(1947)의 지면에서 폭발한 폭력은 특정한 일본인 적대자에 의해 팔길의 몸에 행해진 것으로, 실재로 감지될 수 있고 특이한 것이지만 이는 또한 "세상 누구든 마치 넝마장수가 되어 버린 듯이 느끼게 하는"[35] 전쟁에 착수한 제국주의 체제의 결과이기도 하다.

「쓰레기 바지선 후기」는 「쓰레기」(1942)처럼 팔길이 어떤 사람에게 도움을 요청하려 그를 방문하는 장면으로 시작한다. 그러나 이 판본에서는 3인칭이었던 다카히로たかひろ/경태가 일인칭인 "나"로 바뀌었다. 서사의 시제도 다르다: "나"의 도입과 함께, (특정되지 않은) 현재에 재구성되어, 첫 번째 부분 전체를 기억으로 틀 짓는 회상적인 서술로 우리는 진입하게 된다. 우리는 이 이야기의 시점에서 "나"가 지역 신문의 기자로 일한 적이 있었음을 알게 된다. "고용되는 조건으로 나는 나의 일본어 이름을 쓰고 있었다"(바지선/ 93쪽)고 서술자는 말한다. 그러나 나는 태생적으로

35　김달수 , 「쓰레기」, 『民主朝鮮』 2-8(1947. 2), 21쪽. 일본어 원문에 따라 영어 원문을 수정하여 번역했다. (역주)

'무슨 생각을 하고 있는지 알 수 없는 조선인' 중 한 명이었기 때문에, 시 정부나 지방 정부의 기자 등은 될 수 없었다.[36] 대신 그는 범죄를 전담하게 된다. 범죄 기자로 활동하며 그는 점차 경찰의 신뢰를 얻게 되고, 경찰은 문제를 갖고 그를 찾아오는 지역의 조선인들을 위해 그가 중재인으로 활동하는 것을 허락한다. 이 조선인들이 원했던 것은 "오로지 빨리 돈을 좀 마련해서 고향으로 돌아가는 것"(바지선 후기/94쪽)이 전부라고, 서술자는 우리에게 말한다. 이를 따라 그의 소망은 그 조선인들에 관해 글을 쓰며 삶을 보내는 것이었다.

이와 같이 다카히로たかひろ/경태 간의 분열은 어떤 면에서 "쓰레기 바지선 후기"에 여전히 보존되어 있는 한편, 이 틈은 또한 일인칭 서술에 의해 정체성 정치의 본질주의적 전략으로 승화된다. 예를 들면, 서술자가 그의 "본질적" 조선성을 특권화하는 것은 '경태'가 敬泰의 올바른 독법이라고 시사하게 될 것이다. 일본어 독자들에게 맞춰진 일본식 이름을 사용함으로써, 서술자는 마음대로 자신에게 편하게 식민주의적 위계를 조작할 수 있다. 그의 일본어 이름으로 가능해진 사회적 지위와 경제적 안정은 그와 같은 처지의 조선인을 돕는 도구로 변화한다. 다시 말해, 서술자에게 조선적 정체성은 타고난 것이며 변하지 않는 것이지만 반면에, 일본적 정체성은 상황적이고, 전략적이며, 한시적이다. 이 가능성이 「쓰레기」에서는 주석이 달리지 않은 이름들의 모호함으로 늘 암시되었던 반면, 이 가능성이 명백한 현실로 그려질 수 있던 것은 오직 "전후"의 새로운 담론적 공간 안에서였다. 이것은 또한 왜 김달수가 다카히로たかひろ/경태를 "나"로 바꾸기로 선택했는지 이해하는 데 도움이 된다. 회고적인 서술을

---

36 김달수, 「쓰레기 바지선 후기」, 『民主朝鮮』 2-9(1947. 3 · 4), 23쪽. 이번 인용을 포함하여 이하의 번역은 일본어 원문에 따라 영어 원문을 수정하였다. 또한 이하 이 텍스트에서의 인용은 '바지선 후기/쪽'으로 표시하겠다. (역주)

통해, 분열된 주체는 자신을 위한 통합성을 되찾을 수 있으며, 식민주의적 경험의 트라우마를 기억으로 서사화하며 치유할 수 있는 것이다.

서민희는 여전히 이 소설의 정해진 악역이지만, 「쓰레기 바지선 후기」에서 제공되는 그의 삶과 성격에 대한 새로운 세부 사항들은 그를 서술자와 대비하여 서술자를 돋보이게 하는 인물로 변화시킨다. 늘 옷을 잘 갖춰 입고, 거의 완벽한 일본어를 구사하는 민희는 자세히 보지 않는 사람들에게는 쉽게 일본 사람으로 간주된다. 그의 아내는 일본인이며, "나"는 이 결혼이 서민희가 명망 있는 A보험회사에 고용된 이유 중 하나일 것이라 추측한다. "나"와 다르게, 민희가 "일본인" 행세를 하는 것은 절박하게 진심 어린 것이고, 자기가 조선 태생이란 것에 관한 자기혐오에서 동력을 얻는다. 즉, 그는 전쟁이 끝난 직후, 조선 민족주의자들이 부역자라는 이름을 붙였을 법한 사람인 것이다. 흥미롭게도, 1947년 판에는 '협화회'에 대한 언급이 없다. 대신, 팔길이 민희를 두려워하는 이유가 민희의 일본인 연줄 때문이 아니라 "조선인 동포들은 … 서로에 대해 모든 것을 알아. 모르는 척 하는 것 따위는 불가능"하기 때문이란 것이 드러난다(바지선/ 96쪽). 민희도 비슷한 이유로 같은 처지의 조선인들에 대한 두려움을 품고 있다. 그는 조선인들이 모든 것을 알기 때문에, 자신이 조선 민족이라는 것이 노출될까 두려워서 동료 조선인들을 피한다. 그의 근심은 조선성이 숨겨질 수는 있어도 절대 완전히 지워지지는 못한다는 생각을 오직 강화할 뿐이다.

팔길은 민희가 자신의 허세 너머를 보고 쓰레기 바지선이 진짜로 얼마나 이익을 내는지 직관으로 알아낼까 봐 걱정한다. 「쓰레기」(1942)처럼, 서술자는 부두에서 팔길을 만나 그 분쟁의 중재자가 되어 주기로 한다. 팔길과 함께 민희의 도착을 기다리며, 그는 웃으려고 노력하지만 대신 설명할 수 없는 슬픔에 압도된 자신을 발견한다. 이 판본에서는 "패배감"

에 대한 암시가 삭제되어 있다. 대신, "나"가 민희에게 쓰레기 바지선을 위한 입찰을 포기하라고 요청할 때, 민희는 사람 좋게 "내가 졌다"(바지선/ 99쪽)고 말하며 굴복한다. 패배와 해방을 가르는 선은 이 변화와 함께 일본인/조선인에서 조선인/조선인으로 날카롭게 다시 그어진다. 팔길과 "나"로 제시되는 공동 전선은 성공적으로 부역자 민희의(결국 나카무라라는 이름의 일본인 도매상에 의해 조종당해왔던 것으로 드러난) 조작을 좌절시켰다. 팔길의 이익을 성공적으로 보호한 후, "나"는 판자를 가로질러 걸어서 팔길에게 간다. 바로 여기서 우리는 최종적인 분리의 목격자가 된다.

「쓰레기」(1942)에서, 다카히로たかひろ/경태는 팔길에게 "열심히 일하고 옛 고향旧里에 논밭을 많이 사서 얼른 돌아가"라고 재촉한다. 이 판본에서는, 서술자가 팔길에게 하는 말이 바뀌고, 땅을 사라는 것과 관련된 언급들이 사라진다. 대신, 서술자는 "열심히 일해서 빨리 고향에 돌아가"(바지선/ 99쪽)라고 권한다. 일본어 표현 때문에, 이 문장은 "고향에 돌아가기 '위해' 열심히 일해"라고도 읽힐 수도 있다. "돌아가다"라는 말의 의미는 일본에서 조선으로 돌아가는 것, 임시적 거주지에서 영속성이 있는 태어난 곳으로 돌아가는 것이란 게 여기서 분명하며, 이에 대해서는 반론의 여지가 없다. 이 점을 강조하듯, "home"의 표기를 위해 사용된 한자는 '고향(고쿄, 故鄕)'이지만, 이 고향이라는 단어에는 'くに(국가, 지역, 고향)'로 읽으라는 주석이 달려있어서 국가와 개인을, 어떤 한 사람의 나라와 그 사람의 고향에 대한 감각을 강하게 연결한다. 그러므로 소설의 식민주의적 설정은 강력한 탈식민주의적 의미를 지니며 조용한 힐책으로 작용한다. 연합군이 일본의 신식민지적 상황을 가시적으로 환기시키고 조선인 거주자들이 일본 국민들과 동일한 권리를 거부당했던 점령기 일본에서, 진정한 해방으로서의 귀환에 관한 생각은 강력한 힘을 가

겼을 것이다.[37.]

　이런변화를 고려할 때, 소설의 마지막 구절들을 어떻게 읽어야 할까? 이 절의 앞선 부분에서, 나는 3인칭에서 1인칭으로의 변화가 김달수로 하여금 균열된 공민주체를 — 레오 칭이 식민지적 정체성들 사이가 아닌, 그 정체성들에 관한 주관적(subjective) 투쟁이라고 칭한 바 있는 — 자기를 분명히 표현하고, 정치화된 종족적 국민(the self-articulating politicized ethnic national)의 온전함으로 변형시키는 것을 가능하게 했다고 주장했다.[38] 그러나 우리가 마침내 과거의 이러한 파편들이 '언어 내'에 어떻게 보존되어 있는지를 보게 되는 것은 바로 '아이구'라는 말이 논쟁적으로 다시 등장하는 소설의 마지막 구절에서이다. 「쓰레기 바지선 후기」에서는 「쓰레기」(1942)처럼, "고향으로 돌아가"라는 명령은 여전히 일방향적이고 기묘하게 고립을 유발한다. 팔길은 식민 본국에서 교육받은 일본어 화자로서 누리는 특권적 지위로 이어진 "나"와 민희로부터 확연히 떨어져 있다. 서술자의 일본어 능력은 그에게 팔길을 돕는 능력을 주었음에도 이와 함께 아이러니하게도 그를 팔길로부터 떨어뜨려 놓는다. 오직 팔길만이 고향으로 돌아갈 수 있는 것처럼 보이는데, 이는 고향이라는 단어가 그에게는 늘 조선을 의미했기 때문이다. 반면, 서술자에게는 고향과 나라는 그에 의해 '일본어'로 발화됨으로써 복수적인 의미들을

37　물론 검열은 『民主朝鮮』의 기고자와 편집자가 규칙적으로 직면해야 했던, 미국 점령 당국의 직접적인 표지였다. 고바야시 토모코는 일본에서 출간된 대부분의 저널들이 GHQ/SCAP 당국에 의해 1947년 말에 출판 후 검열로 바뀌었지만, 민주 조선은 정치적으로 민감한 성격 때문에 끝까지 출간 전 검열을 받았다고 언급한다. 고바야시 토모코, 「民主朝鮮の檢閱狀況」, 『季刊靑丘』 19(1994. 春), 176~185쪽. 이 논문에서 논의되는 단편소설들의 문면에는 검열을 받았다는 가시적인 표시가 없지만, 전후 권력체계에 대한 민감한 인식이 맨 처음부터 저널과 저널의 내용에 각인되어 있었다는 주장이 가능하다.

38　Ching, *Becoming "Japanese": Colonial Taiwan and the Politics of Identity formation*(Berkely : University of California Press, 2001), p. 96.

가질 수밖에 없다. 고향/나라(home/country)의 분열은 소설에 텍스트적으로 잘 표현되어 있고, 언급한 것처럼, 고향故鄕과 국가國는 인위적으로 같이 얽힐 수도 있지만, 하나가 다른 하나로 환원되지 않는다.

번역을 더 복잡하게 만드는 문제들은 마지막 1942년판의 소설에서 내용 면에서는 거의 바뀌지 않은 마지막 구절들이다. 서사를 구성하는 화자로서의 "나"가 등장하기 이전에 이 판본에서 '아이고'라는 단어가 고통을 표현하는 감탄사로 이미 앞서 나왔기 때문에, 소설의 말미에서 '아이고'가 다시 나오는 것은 단어와 주어진 번역 사이에 괴리(disjunct)가 있다는 것을 강조할 따름이다. 「쓰레기」(1942)와 달리 이 괴리는 조선인 주체와 일본인 독자 사이를 틀어지게 할 뿐만 아니라, 조선인 자신들 사이도 틀어지게 한다. 이 경우 '아이구'를 '嬉しい(기쁘다)'로 번역한 것은(바지선/ 99쪽) 그 본질적으로 회고적이며 (일본인) 독자를 추정하거나 상정하는 방식으로 발화되는 일인칭 서술로부터 나온다. 우리에게 번역을 제공하는 것은 "나"이기 때문에, 그렇다면 이것이 주는 의미의 중요성은 "나"와 팔길뿐만 아니라 "나"와 독자의 관계 역학을 어떻게 해석하느냐에 달려있다. 여기서 누군가는 『민주조선』의 발간사와 독자들이 "조선인들을 이해"할 수 있도록 하는 텍스트를 출간하려 했던 그들의 목표를 아마 기억해 낼 것이고, 그것은 바로 뉴스 기자와 작가의 역할을 수행했던 서술자 자신이 지속적으로 상기했던 소망이다.

소설 내의 캐릭터이기는 하지만, "나"에게 추가된 세부 사항들 — 직업, 커뮤니티 내에서의 지위, 일본어 능력 — 이 독자로 하여금 서술자와 작가를 더욱 연관 짓도록 유도하고 있기 때문에, "나" 역시 부분적으로는 김달수 자신의 소설적 투사다. 반면에, 고물상으로서의 팔길의 일 역시, 김달수도 젊은 시절 고철을 수집했다는 — 글쓰기 경력을 통해 얻은 여러 이익 덕분에 나이든 김달수가 더 이상 할 필요가 없는 노동 — 사실을 떠올리게 한다. 「쓰레기」(1942)를 팔길과 "나"로 갈라진 두 부분의 이야기로 개정함으로써 김달수는 사소설의 독서 방식을 그 자체에 반하는 메커니즘으로 사용한다. 발화하는 '나'는 동시에 그 자신의 모든 동포들을 아우르는 '나'이다. 동시에 이 서사가 '갈라졌다'는 사실은 쉽게 극복될 수 없을 내적, 역사적, 그리고 물질적 분열들을 암시한다. 이런 환경에서 어떠한 종류라노 적극적인 주체성이 발견된다면, 그것은 고향(home)과 모국(homeland), 국어(national language)와 모어(native language)의 내부에서가 아니라 이것들의 간극에서일 것이다.

5. 나가며

1955년에 처음 발표된 「노동과 창작」勞動と創作이라는 에세이에서, 김달수는 시가 나오야의 사소설 형식, 즉 "한 사람의 근본적인 삶의 방식이나 그의 자율성이라 부를 수 있는 것을 주의 깊게 따라가는" 형식에 끌렸지만 결국에는 더 넓은 영역의 사회와 인간의 생각을 적극적으로 탐구하는 러시아 문학의 예를 따르기로 선택했다고 인정한다.[39] 김달수가 그의 문학적 자각의 계기를 일본인 또래들이 그에게 모욕으로서 "조선인!"이라고 조롱하던 일본에서의 어린 시절 경험과 관련지어 말하는 것은 우연이 아니다. 개인으로서 조선인의 자주성이 "조선 사람들"이란 포괄적인 일

39　재판된 김시종, 앞의 책(1976), 30쪽. 일본의 사소설과 유럽(특히 러시아)의 소설 중 전자가 후자에 비해 부정적으로 평가된다고 인식되는 구분은 김달수에게 낯설지 않았다. 1924년 나카무라 무라오는 작가가 독자에게 직접 말하는 것으로 보이는 "심경소설"과 톨스토이, 체홉, 그리고 다른 러시아 작가들로 대표되는 3인칭의 "본격소설"을 비교했다. 이후 나카무라의 결론에 동의하지 않는 비평가들까지도 암시적으로 혹은 명시적으로 "일본"과 "유럽" 소설 사이의 구분을 유지했다. 스즈키 토미의 *Narrating the Self*(Stanford : Stanford University Press, 1996), pp. 48~65의 분석을 참조.

반화로 지워지는 현실에 직면해, 김달수는 이 일반화된 번역을 자신에게 유리하도록 개인적인 것에서 사회적인 것으로 전환하곤 한다. 사회적인 것은 늘 변증법적으로 개인적인 것 '안'에 있다고 암시되며, 사회적인 것과 개인적인 것 모두를 표현할 수 있는 서사적 방법方法을 찾는 것이 작가의 의무라는 것이다.

「쓰레기」(1942)를 1947년판 개정판에서 회고적 서술로 틀을 바꾸어, 김달수는 '조선인'들에 관한 부정적인 스테레오 타입을 없애기 위해서 '조선인으로서' 말을 해야 하지만, 일본어로 소설을 쓰는 조선인 작가가 처해 있는 딜레마를 전면으로 가져온다. 이것은 서술자 "나"가 이야기 안에서 기꺼운 마음으로 유능하게 행하는 어떤 것이다. 그러나 이를 일본어로 행할 때, 그는 불가피하게 자신을 그의 ("나"가 말하는 일본어는 번역 '이란'것을 보게 되는) 일본인 독자뿐만 아니라 (쉬운 번역을 거부하는 어떤 조선어로 말하는) 팔길로부터 멀리 떨어뜨리게 된다. 서술자가 국가/민족(nation)과 고향(home)을 회고적으로 결합하는 것이 허위적인 것임을 보여주는 것은 바로 일본어가 남긴 반갑지 않고 기이한 일본어의 상속이다.

일본에 남아 있던 조선인들에게 "고향(home)"이란 정확히 어디였을까? '자이니치'란 일본에서 외국인 등록령이 시행되고 한반도에 두 개의 정부가 만들어진 이후, 1948년부터 『민주조선』의 필진과 편집자들에 의해 다른 모든 가능한 용어들을 제치고 사용되기 시작했다. 1952년부터 4월부터 발효된 1951년 9월의 샌프란시스코 강화조약은 연합군의 일본 점령의 공식적인 종말을 분명히 했다. 하지만 일본 신문들이 독립이 도래한 것을 축하했던 반면, '자이니치' 조선인들은 불확실한 미래에 당면하게 되었다. 앞서 언급되었듯, 사실상 일본에 남은 조선인들을 국가 없는 상태로 만들며 샌프란시스코 강화조약은 조선인들로부터 일본 국적을 박탈했다. 김달수가 "노동과 창작"을 발표할 때쯤, 한국전쟁은 이미 대단히 파괴적인 흔적을 한반도에 남겨 놓았고, 한반도의 두 정부 간의 적대감이 경화硬化되도록 했다. '자이니치'라는 말은 그것이 오늘날까지 유지되는 비극적인 아이러니, 즉 일본에 살지만 일본의 시민으로 인정되지는 않는, (일본 내의- 옮긴이) 거주자이지만 반드시 선택하여 그렇게 된 것은 아니라는 뜻을 지니기 시작했다.

점령기의 짧지만 격렬한 변화가 일어나는 동안, 조선인 작가들은 "해방된" 사람으로서의 그들의 새로운 지위가 가진 가능성을 탐구해 볼 수 있었다. 식민지 시기 동안 조선인 작가들을 제한하고 정의하던 특수성의 담론은 전후 작가들에 의해, 일본인 독자들이 가진 자민족 중심적 가정들에 이의를 제기하는 방법으로 적극적으로 수용되었다. 김달수는 평범한 조선인들의 매일의 삶 속에서 일본 제국주의에 대한 강렬한 비판을 발견했다. 그러나 그가 그의 작품이 자신의 삶에 비춰 비판적으로 읽히도록 의도했든 안 했든, 교육받고 정치적으로 적극적이며 일본어로 글을 쓰는 작가로서 그의 지위는, 노동하던 그 자신의 과거로부터 자기를 소외시켰다.[40] 「쓰레기」(1947)와 「쓰레기 바지선 후기」에서 '자이니치'란 표현은 일본 사회에서 널리 사용되기 전에 쓰였지만, 우리는 김달수의 소설에서 이미 일본 내 조선인으로 존재하는 경험이 1945년의 전전/전후의 분할을 가로질러 이루어진 것이었으며, 하나의 이름, 하나의 이야기, 혹은 하나의 '나'의 안에 담길 수 없다는 것을 인정하게 된다. 김달수가 지속적으로 주인공 — 서술자 — 작가 관계를 해체함에도 불구하고, 많은

---

40 동시대 일본 독자들이 자신과 대중과의 관계를 해결해야 했던 때에도, 그들이 김달수를 이런 이유로 비난했던 방식에 대해서는 생각해 볼 만하다. 1947년에 마르크스주의 비평가 아오노 스에키치는 "결코 바람직하다고 볼 수 없는 동시대 일본 문학의 영향"력을 작품에서 느꼈다는 이유로 「쓰레기」를 비판했는데, 이는 김달수가 일본의 문학적 관습과 스타일에 아주 익숙한 것에서 비롯된 결과물로 이해할 수 있다. 아오노 스에키치, 「朝鮮文学に就いて」, 『民主朝鮮』 2-11(1947. 6), 19쪽.

일본인 독자들이 그의 소설을 간단한 사소설로 읽기를 고집한다는 것은 사소설 패러다임이 굉장히 견고히 자리잡았다는 것을, 앞으로도 그것이 계속되리란 것을 보여준다.[41] 더 중요하게, 이는 어떻게 언어 그 자체가 일종의 식민화된 것일 수 있는지를 잘 드러낸다. 1945년 이후, '고쿠고国語, こくご'는 한국에서 '국어'로 변경되었다. 하지만 우리가 이 논문에서 보았듯이, "민족의 언어(national language)"의 역사성을 부인否認하는 것은 식민주의의 트라우마를 치유하지 않는 것이다. 부인은 트라우마를 체현한 것이었다.

---

41 일례로, 영향력 있는 평론가인 가와무라 미나토(川村湊)는 김달수를 단호하게 사소설의 전통 내에 위치시킨다. 가와무라 미나토, 『生まれたらそこがふるさと』(平凡社, 1999).

'혁명'의 기록으로서 재일조선인 문학사[*]
『'재일조선인 문학사'를 위하여』

송혜원 · 번역 장현아

「在日朝鮮人文学史」のために: 声なき声のポリフォニー
송혜원 지음, 송혜원 번역
岩波書店, 2014

일본의 지배로부터 해방을 지향하였던 것이 지금으로부터 100년 전에 일어났던 3 · 1독립운동/혁명이라면, 식민지 지배로부터 해방된 1945년 8월 15일 이후의 재일조선인의 삶과 문학이란, 어떤 것일까?

재일조선인들은 이 날을 가리키는 말로 '광복'이나 '독립'이 아닌 '해방'이라는 단어를 주로 사용했다. 그러나 실제로 재일조선인들의 삶은 '해

---

[*] 이 책의 제목은 『在日朝鮮人文学史』のために: 声なき声のポリフォニー』(岩波書店, 2014)이며, 『재일조선인 문학사'를 위하여: 소리 없는 목소리의 폴리포니』, 송혜원 역(소명출판, 2019)으로 번역 출간되었다.

방'이라는 말과 거리가 멀었다. 그들은 일본사회로부터의 억압과 차별, 재일조선인 사회 내부의 대립 속에서 살았다. 그러면서도 재일조선인들은 '해방' 직후부터 펜을 쥐고, 다양한 표현활동을 하였다. 젊은 작가들은 새로운 조선의 건설에 대한 희망, 이전에는 쓸 수 없었던 식민지시기의 비참한 사건과 동포들의 현실을 일본어나 조선어로 표현하였으며, 동시에 조선어 식자교육과 민족교육에 분주하였다. 그때까지 억압받은 민족문화의 발굴 혹은 새로운 민족문화의 창조는 이런 작가들의 역할 덕분에 가능했다. 그러므로 특히 '해방' 직후의 문학은 필연적으로 탈식민지화운동이라는 성격을 띤다. 1945년 이후에도 재일조선인들은 일본으로부터의 독립운동을 계속해왔다.

그러나 그 후 70년 동안 재일조선인 문학사가 쓰인 적은 없었다. 졸저 『재일조선인 문학사』를 위하여: 소리 없는 목소리의 폴리포니』(일본어판 2014, 한국/조선어판 2019)에서는 이언어성=言語性에 주목하여 지금까지의 '문학사'에서 재일조선인 문학사가 쓰이지 못한 복잡한 원인을 분석하고, 또한 자료수집과 구술청취를 통해 그 역사를 짚는 시도를 하였다. 그리고 재일조선인들의 표현행위가 일본어와 조선어의 다양한 수준으로 혼합되면서 '해방' 직후부터 연면히 이어져 왔다고 밝혔다. 이 책은 청산되지 않은 일본 식민지주의와 조선의 남북분단 사이에서 살아 온 재일조선인들의 정신사를 더듬어가는 시도이기도 하였다.

지금까지 문학사에서 재일조선인 문학사가 다루어지지 않은 여러 원인 중 하나는 1945년부터 1960년 후반까지, 즉 1세대의 문학활동이 눈에 띄지 않았기 때문이다. 확실히 이 시기에는 일본 매체에서 활약하며 일본 사회에 알려진 작가가 극히 드물었다. 설령 재일조선인들의 손으로 발표매체가 만들어져도 자금난이나 방침 전환 등에 의해 길게 이어지지는 못하였다. 그것들은 일본의 공공기관에 보존되지도 못하고 흩어지거나 사라져 버렸다.

이 책에 등장하는 작가는 1세대와 2세대 여성, 남이나 북의 국가를 지지하는 사람, 중립파, 구'친일파', 망명자, 밀항자, 수용소에 붙잡힌 사람, 북이나 남의 '조국'으로 이동한 사람들이다. 이런 사실은 '재일조선인'이라는 존재 자체가 다양한 속성을 띠며, 더욱이 냉전구조에 편입되어 서로 반목해 온 획일적인 집단이 아니라는 것을 반영한다. 실은 이러한 특징 때문에 재일조선인 문학의 전체상을 파악하는 것이 어려웠다.

이 책에서는 그들의 표현활동의 단편을 재일민족단체기관지, 기관지機關誌, 동인지 등에서 찾아내어, 그것을 짜 맞추어가며 일본어와 조선어로 된 다중적인 목소리를 '재일조선인 문학사'로서 구축 · 제시하였다. 그것은 국가에 의한 '정통성'의 보증 같은 것과는 무관한 비공식적인 문학사일지도 모른다. 그러나 적어도 '한국 문학사', '조선민주주의인민공화국 문학사', '일본 문학사'라고 하는 국가적 문학사와는 다른 독자적인 문학사이다. 또한 그것은 지금까지 드물게 가시화되었던 재일조선인의 다방향적인 탈식민지화 운동, 즉 1945년 이후 조선인의 '혁명' 운동 기록이기도 하다.

이 책은 일본의 식민지 지배와 여성억압적인 조선의 유교사상에 의해 학교교육의 기회를 잃은 1세대 여성들의 1945년 이후의 식자학습과 표현 행위(일본어가 아닌 조선어로 이루어졌던)의 궤적을 짚어 가는 것에서부터 출발하였다. 지금까지 생각한 것과는 달리 여성들은 문자 습득을 절실히 바랐으며, 실제로 배운 문자를 통하여 자신을 표현하였다는 사실을 민족단체가 발행한 신문의 여성란이나 투고란 등을 분석하여 밝혔다. 그 딸들인 2세대 여성의 조선어나 일본어를 통한 창작활동도 추적하였다. 재일조선인들이 일본 정부 및 미군 GHQ/SCAP(Supreme Commander Allied Powers; 연합국 최고사령관)의 탄압에 투쟁해가면서 건설 · 운영하였던 조선학교에서 자란 사람들이 여기에 다수 포함된다.

다음으로 총련과 연결된 민족단체 내부에서 이루어진 문학 활동의 궤적을 더듬었다. '해방' 직후부터 약 20년 동안 재일 문화, 문학 활동의 주요 담당자는 1940년대 당시 최대의 재일조선인 대중단체였던 재일본조선인연맹(조련)의 20, 30대 젊은 남성작가들이었다. 당초부터 조선어를 통한 문화창조를 추구하였음에도 그 길은 험난하였고, 실제로는 일본어로 쓰인 작품이 대부분이었다. 특히 조선전쟁을 전후로 일본혁명을 목표로 하는 일본공산당의 강한 영향력 아래 있는 일본인과 재일청년과의 '공투共鬪'로 인하여 일본어 사용이 정당화 된 경향도 살펴 볼 수 있다.

그 후 1955년 재일본조선인총연합회(총련)가 결성되는 과정에서 재일작가들은 조선민주주의인민공화국 문학과 직접 연결되었다. 1959년 말에 시작된 조선민주주의인민공화국으로의 '귀국' 실현은 재일작가들의 조선어를 통한 창작운동을 활발하게 했으며, 1960년대 조선어를 통한 창작운동은 최전성기를 맞이하였다. 그러나 그 후 김일성의 유일사상체제에 반발하는 실력있는 작가들이 총련을 탈퇴하고 일본문단을 작품발표의 장으로 삼았다. 지금까지의 평론과 연구에서 재일조선인 문학의 본격적인 시작이라고 여겨진 것이 이 시점이다.

한편 재일 문학과 한국 문학과의 교류와 접속은 극히 적은 예외를 빼고는 이루어지지 않았다. 그러나 비총련계열의 사람들(한국 – 민단계, 중립파)의 문학활동도 재일조선인 문학사에서 빼놓을 수 없는 요소이다. 그녀/그들은 총련을 지지하지 않았으나, 그렇다고 해서 한국 정부의 지지자도 아니었다. 오히려 비총련계 사람들의 문학 활동은 한국의 1960년 4월 혁명에 자극을 받아, 군사독재정권에 반대하는 자세를 전면에 내세우며 활발하게 전개되었다. 1961년에는 총련과 민단의 재일문학자와 예술가가 '남북통일'을 시도하기도 했으나, 그 후 한국주일대표부 — 민단 중앙의 정치적 압력 때문에 한국계 사람들의 재일문화·문학이 발전하는 일은 없었다.

재일조선인 문학은 1945년 이전 식민지기에 일본으로 건너가, 일본에 정주한 사람들만의 것이 아니다. 실제로 '해방' 직후에 조선으로 귀환하고도 다시 일본으로 돌아 간 사람들, 조선전쟁을 전후로 남에서 일본으로 간 망명자와 유학생, 식민지주의적 폭력의 상징적인 장이었던 오무라大村 수용소의 수감자들, 일본에서 북으로 '귀국'한 사람들, 일본에서 미국 등으로 건너 간 사람들과도 관련된 것이다. 그들이 쓴 혹은 그들에 대하여 쓰인 작품도 분석하였으며, 월경과 이동이라는 재일 문학의 동적인 측면도 조명하였다.

재일조선인 문학에서의 탈식민지화='혁명'운동은 포스트 콜로니얼과 냉전상황이 중첩된 곤란한 조건 아래서 전개되기 때문에 재일조선인 모두가 하나된 민족주의 운동은 이루어 질 수가 없었다. 이 책은 일본과 남북조선이라는 국민국가의 주류 문화 가운데에서 가시화되지 않은, 그러나 확실히 존재한 재일조선인들 고유의 표현행위의 궤적, 즉 좀처럼 들을 수 없었던 목소리의 기록이다.

부(不)/재(在)의 언어로(가) 쓰다*

『'재일조선인 문학사'를 위하여』를 읽고

신지영

1. '부/재하는 작품'으로 쓴 문학사

『재일조선인 문학사'를 위하여: 소리 없는 목소리의 폴리포니』는 2014
년 이와나미쇼텐에서 간행되었고, 2019년 8월 소명출판사에서 '조선어/
한국어'로 간행되었다. 이 책은 제목이 명시적으로 드러내듯이, 재일조선
인 문학사를 '위하여' 쓴 책이다. 그런 만큼 문학사의 일반적 서술형식을

---

* 이 글은 제5회 〈연세한국학포럼〉에서 발표하고 『사이間SAI』 27(2019. 11)에 게재한 원
   고를 수정 보완한 것이다. 발표 당시 들었던 코멘트와 이후 송혜원 선생님과 메일로 나
   눈 대화 내용을 반영하여 수정, 가필했다. '(페이지)'는 번역본의 페이지이며, 일본어판
   과 차이가 있는 경우에는 '(일/페이지)'로 표시했다. 모든 작품의 번역과 표기는 번역서
   를 따랐다. 일본어본은 다음과 같다. 宋惠媛, 『在日朝鮮人文学史』のために: 声なき声の
   ポリフォニー』(岩波書店, 2014).
   글 제목인 〈부/재의 언어로(가) 쓰다〉는 한국어 문법에 비춰볼 때 다소 매끄럽지 않다.
   그러나 재일조선인 문학이 조선어/한국어와 일본어 사이에서 갈등하는 언어로 쓰여졌
   다는 의미를 담아 '부/재의 언어로 쓰다'라고 했으며, 이러한 재일조선인 문학의 언어가
   재일조선인의 정체성과 긴밀히 관련되어 있다는 의미를 담아 '부/재의 언어가 쓰다'라고
   표현했다.

따른다. 즉 작가, 작품론, 인쇄출판유통의 변동, 언어변화 등을 연대기에 따라 서술한다.

그런데 마치 하나의 선율을 연주하면 다른 독립 성부가 함께 울리는 폴리포니(polyphony)처럼, 일반적인 문학사인 줄 알고 읽기 시작하면, '문학', '문학사'가 무엇인가를 근본적으로 되묻는 또 하나의 연대기, 언어, 작가, 작품, 인쇄출판유통이 펼쳐진다. 그 각각의 설명은 주름 접혀 침묵하던 재일조선인 문학의 시간을 펼쳐 놓는데, 이는 기존의 재일조선인 문학에 대한 해석뿐 아니라 일반적인 문학, 문학사의 전제를 하나하나 해체한다. 이 글이 '문학, 문학사'라는 형식을 따르고 있기 때문에 오히려 '문학', '문학사'의 전제를 더 깊이 파열시키는 것이다.

첫째, 『재일조선인 문학사』를 위하여』는 '여성의 글쓰기'에서 시작한다. 그런데 이미 존재하는 여성문학에서 시작하는 것이 아니라, 재일조선여성이 '글을 배우기로 마음을 먹는 과정, 그리고 글을 배우는 과정(이하 '문해과정')부터 시작한다. 1장의 제목 〈원류로서의 '여성문학사': 문해·글쓰기·문학〉이 보여주듯, 그녀들이 글을 획득하기까지 어떤 과정이 있었는지, 글을 획득한 뒤에도 자신의 삶을 표현하기까지 얼마나 오랜 시간이 필요했는지를 묻는다. 그 시간의 주름 속에서 무명작가와 작품을 소개한다. 즉 이 책은 '부재하는 작품'의 잠재성을 문학사 서술의 동력으로 삼는다.

> 그와 같은 경우에 처해 있으면서도 여성들은 일본어나 조선어로 작품을 써나간 것이고, 각각의 작품들은 그 나름의 무게를 가진 것이다. 그리고 그 배후에는 글에 접근조차 못한 채 생애를 마친 여성들, 쓸 시간과 장소를 결국 못 찾았던 여성들에 의한 쓰여지지 않았던 방대한 작품군이 가로놓여 있다. 그러한 부재한 작품의 존재야말로 재일

조선 '여성문학', 그리고 재일조선인 문학의 연원이 되어 있다고 할 수 있을 것이다.(162쪽, 밑줄은 인용자. 이하 동일)

이들 작품이 드러내는 것은 쓰여지지 '못'한 부/재하는 작품들의 방대한 지층地層이다. 송혜원은 글도 모르고 쓸 장소와 시간도 없던 그/녀들의 삶이야말로 재일조선인 문학의 근원이자 방대한 작품군이라고 말했다. 재일조선인 문학사란 없는 셈 쳤던 목소리들을 하나의 목소리로 통합하지 않으면서도, 그 이야기가 언젠가 기록되기를 염원하며 정중하게 마련된 장소, 즉 '백비白碑'[1]의 문학사이다. 따라서 '여성'으로 시작하는 재일조선인 문학사는 '문학 및 문학사'에 대한 근원적인 물음을 끊임없이 던진다.

둘째, 『재일조선인 문학사』를 위하여』는 '일본어이자 조선어' 사이의 갈등 속에서 쓰였으며, 더 정확하게는 '일본어도 조선어도 아닌 언어'로 창작된다. 이는 재일조선인 문학이 곧 '일본어'로 쓴 문학이라는 통념을 깨뜨린다.

1990년대부터 식민지기 연구자들 사이에서 '일본어문학'이란 말이 쓰이면서[2] 식민지기에 조선인과 대만인이 일본어로 쓴 문학이 재평가되었으며, 재일조선인 문학도 '일본어문학'으로 분류되고 연구된다. '일본어문학'은 일본어로 창작되었으나 '일본문학'과 같은 한 국가에 귀속되는 문학

---

1 제주 4 · 3 평화공원 제1관 원형천장 아래에는 백비(白碑)가 누워있다. '백비'는 비문이 없는 비석을 말하는데 그 앞 설명문에는 이렇게 쓰여 있다. "언젠가 이 비에/ 제주 4 · 3의 이름을 새기고/ 일으켜 세우리라. /4 · 3 백비 /이름짓지 못한 역사/ Unnamed Monument(하략)." 김석범은 2015년 제1회 제주 4 · 3평화상 수상시, '백비'에 대해서 언급한 적이 있다.

과는 구별된다. 오히려 '일본어문학'은 단일 국가의 경계를 벗어나 파악해야 할 작품들이 존재한다는 것과 그 작품에 식민지기의 '일본어'와 같은 제국주의적 언어가 사용되었을 때에도, 제국주의적 언어를 해체하고 더듬거리게 했다는 것을 드러내기 위한 용어이다.

그러나 재일조선인 문학을 1945년 이후의 '일본어문학'이라고 규정하면, 소선어로 쓰인 재일조선인 문학은 비가시화된다. 또한 식민지기에 일본어로 작품을 썼던 조선인이나 대만인 작가들과, 해방 후 일본어로 창작한 재일조선인 작가들 사이의 시기별 차이도 드러나지 않는다. 이러한 점에서 송혜원의 책이 가진 언어적 측면의 미덕을 이야기 할 수 있다. 송혜원은 일본어로 쓴 작품 뿐 아니라 조선어로 쓴 재일조선인 문학을 발굴하고 그 의미를 가시화하고 있기 때문이다. 재일조선인 문학의 언어적 특질은, 한 작가에게 조선어 창작과 일본어 창작이 분리되지 않은 채 뗄 수 없는 관계로 늘 공존하고 있음을 고려하지 않고서는 말할 수 없다.

> 1960년대 후반 이후 일본문학계에서 활약한 재일조선인 작가들은 거의 총련 탈퇴자다. 즉 저명한 1세나 2세대 작가의 대부분은 정도의 차이는 있지만 조선어로 창작하려는 목표를 가진 민족문학운동 속에 한때 몸을 던졌던 것이다. 조선어 작품을 무시한다면 종래 의미에서의 '재일조선인 문학자'마저 이해하지 못하게 된다.(17~18쪽)

하나의 언어에 귀속된 문학사를 거부하고, 조선어와 일본어 사이에서

---

2 '일본어 문학'에 대한 정의로는 식민지기의 '일본어 문학'에 한정된 논의이지만 다음의 책을 참고할 수 있다. 가미야 다다타카 · 기무라 가즈아키 외, 『식민지 일본어 문학론』, 장병호 외 역(문, 2010). 재일조선인의 일본어 사용에 대해서는 김석범과 김시종의 언어관을 살펴볼 필요가 있는데, 이는 3장에서 간략히 언급한다.

격투해 온 재일조선인 작가의 창작과정을 성실하게 짚어가자, 수기, 일기, 잡문 형태로 흩어진 여성들의 글과 알려지지 않았던 작가들이 드러난다.

문학의 도구인 '언어'를 재일조선인 문학의 특질을 규명하기 위한 출입구로 삼는 방식은, 재일조선인 문학이 재일조선인이라는 '정체성'에 기반하여 사회학적으로 논의되어 왔던 것과 다르다. 정체성을 둘러싼 논의를 언어배치를 통한 표현행위의 문제로 전환시키자, '재일조선인 문학'이 특정 문학의 아류나 아종이 아니라 그 자체의 내적 구조 — 하나의 제국주의적 언어나 국가언어로 귀속될 수 없는 상태 — 속에서 발생했음이 드러난다. 즉 재일조선인 문학의 언어는 일반적인 문학사처럼 특정 제국, 국가, 공동체에 안착하지 않는다.

'일본어문학'이란 용어는 식민지기의 지배적 언어였던 일본어로 창작할 수밖에 없었던 조선인이나 대만인 등의 작가들을 재인식하게 했다. 그러나 동시에 지배적 언어인 '일본어'의 외부를 상상하는 시각을 제한했다는 점도 지적되어 왔다.[3] 그런 점에서 재일조선인이 지속해온 조선어로 글을 쓰는 행위나 조선어로 쓰인 재일조선인 문학을 가시화하는 것은 제국주의적 언어의 '외부'에 대한 상상력을 재일조선인 문학의 가장 깊숙한 내부를 통해서 회복하는 것이기도 하다.

셋째로, 『재일조선인 문학사』를 위하여』는 재일조선인 문학이 대중적으로 확산되고 후속연구가 촉발되는 것을 지향하는 '문학사'이지만, 출판자본주의에 의해 쉽게 소비될 수 없는 요소들을 담고 있다.

문학사는 문학의 계보를 정리하고 후속연구를 촉진시키기 위해 대개는 평이하고 독자에게 거부감 없이 읽힐 수 있는 용어로 서술된다. 『재일

---

3   Janet Poole, *When the Future Disappears: The Modernist Imagination in Late Colonial Korea*(New York: Columbia University Press, 2014), p. 12.

조선인 문학사'를 위하여』도 군더더기 없는 담백한 문체로 쓰였다. 이 책
은 작가, 작품, 잡지 및 기본연구서에 대한 성실한 언급과 소개를 하고
있는데, 이러한 측면을 보면 재일조선인 문학연구에 더 많은 독자들이
다가갈 수 있는 출구를 저자가 마련하고자 한 사명감까지 느끼게 된다.

그럼에도 이 책은 독자와의 소통을 불편하게 만들 수 있는 용어를 일부
러 사용하기노 한다. 예를 들자면 '공화국(=북한을 의미)', '조선'과 같은 용
어다.

> [일본에서는─ 인용자] 소위 총련계도 아니고 조선학교 출신도 아닌
> 필자가 이러한 용어를 선택함으로써 일본사회 혹은 현재의 '재일사회'
> 에서 얻을 수 있는 이익은 전무하다고 단언할 수 있다. 아마 이러한
> 용어 때문에 잃어버릴 일본어 독자도 적잖이 있었을 것이다. (중략) 이
> 번 한국판에서도 한국사회에서의 관용이나 상식에 맞춰서 어휘 변경
> 을 하지 않았다. 다시 독자를 잃을 수도 있다는 어리석은 행위를 반복
> 했는지도 모른다. (중략) 재일조선인 문학의 원류가 되는 초기 재일동
> 포들의 리얼리티와 동떨어진 말을 사용할 수는 없었다. 만약 그렇게
> 했다면 '재일조선인 문학사' 자체의 존립 근거가 없어진다고 생각했기
> 때문이다.
> 덧붙이자면, 독재와 민주주의 부재의 기나긴 시대를 스스로의 손
> 으로 변혁해 온 한국에 사는 분들에 대한 존경과 믿음이, 필자의 이런
> 고집을 가능하게 해줬다는 것도 부인할 수 없는 사실이다.(5~6쪽)

송혜원은 그 용어들을 선택함으로써 많은 독자들을 잃을 수 있지만 그
럼에도 그 용어들이 '초기 재일동포들의 리얼리티'를 담고 있기 때문에
포기할 수 없다고 말한다. 이런 용어는 재일조선인 문학사가 저항 없이

한국출판산업 안으로 수용되는 데 제동을 걸며, 재일조선인들의 경험에 공감할 수 있는 새로운 독자를 상상하게 한다. 또한 한국에서 재일조선인 문학이 번역된다는 것의 의미를 성찰적으로 돌아보게 한다.

낯설고 거부감이 일어날 수도 있는, 그러나 초창기 재일조선인 문학가들의 리얼리티를 담은 용어는 재일조선인 문학의 번역이 한국의 담론적 배치에서 겪게 될 모험과 사건을 예비한다. '위하여'라는 말의 완결될 수 없는 여운처럼, 『재일조선인 문학사'를 위하여』는 문학사 성립의 성패와는 무관한 곳에서 출발하는 문학사, 혹은 문학사가 소비되거나 제도화되는 것을 거부하는 문학사라고 할 수 있다.

그렇다면 재일조선인 문학사를 위한 시도는, 그리고 그것을 번역하는 행위는, 한국의 어떤 독자나 상황과 만날 수 있을까? 혹은 기존의 문학 및 문학사 연구에 어떤 생산적인 파열음을 낼 수 있을까? 본 논문은 이 문제를 크게 세 가지 차원에서 질문해 보려고 한다.

첫째로 『재일조선인 문학사'를 위하여』 출간은 몇 년 사이 눈에 띄게 늘어난 재일조선인 문학의 번역 및 연구의 흐름 속에 있다. 이 경향은 재일조선인 문학에 한정된 것이 아니라 오키나와 문학, 대만 문학, 베트남 문학 등 식민지, 독재, 민주화를 겪어 온 아시아, 동남아시아, 더 나아가 아프리카 문학과 연계된다. 이 문학들은 한국의 입장에는 전부 '한국의 외부'의 한 지역이나 국가로부터 온 문학이지만, 각각의 문학은 하나의 국가나 지역으로 대표될 수 없는, 내부의 소수자가 겪는 복잡한 갈등관계를 반영하고 있다. 이때, 재일조선인 문학의 손쉬운 한국 수용에 제동을 거는 『재일조선인 문학사'를 위하여』는 이 흐름에 어떤 영향을 미칠 수 있으며 또 어떻게 다른 마이너리티 문학들과 관련을 맺을 수 있을까?

둘째로, 『재일조선인 문학사'를 위하여』가 문학사 서술의 중심에 놓고 있는 '증언, 구술, 일기' 등 문학의 고전적 장르가 아닌 형태들은 한국에서 어떻게 읽힐 수 있을까? 문학과 기록의 경계를 재인식하게 하는 증언 · 구술 작업은, 한국에서 식민지기부터 해방기를 거쳐 최근의 세월호를 둘러싼 기록활동에 이르기까지 근현대사를 통틀어 폭넓게 전개되어 왔다. 특히 2~3년 사이에 확산된 여성혐오에 대한 저항행동의 하나인 미투 운동은, '여성'의 증언이나 구술이 지닌 중요성을 가시화한다. 또한 역사수정주의나 혐오담론을 비판적으로 넘어설 수 있는 '소리없는 목소리'를 기록하려는 과거와 현재의 아카이빙 작업이 각 부문에서 일어나고 있다. 이러한 한국의 상황에서 "소리 없는 목소리"였던 그녀들의 삶 그 자체를 동력으로 하여 서술된 이 책의 방법론은 어떤 자극이 될 수 있을까?

셋째로, 탈식민주의에 대한 논의와 아시아의 뜨거운 '냉전'에 대한 논의가 깊은 관련을 맺고 있음에도, 그 관계성에 대한 보다 깊이 있는 천착은 충분치 못하다. 이 책은 식민주의가 어떻게 아시아의 뜨거운 '냉전'으로 이어지는지 이산과 월경을 반복하는 재일조선인의 경험을 통해 보여준다. 일본어와 조선어 사이에서, 또한 일본과 공화국과 한국 사이에서 몇 번이고 이산하고 월경하는 재일조선인의 삶은, 이질적인 체제와 언어의 경험을 한 몸에 담고 있다. 이러한 재일조선인들의 궤적을 구체적으로 다룬 『재일조선인 문학사』를 위하여』를 통하여, 탈식민주의와 아시아의 뜨거운 '냉전' 사이의 관계를 보다 구체적으로 물어볼 수 있는 단초를 발견할 수 있지 않을까?

이 글은 위에서 언급한 세 가지 문제의식을 축으로 『재일조선인 문학사』를 위하여』를 살펴본다. 궁극적으로는 재일조선인 문학의 내적 특질을 기반으로, 문학이 제도화되거나 소비되지 않을 수 있는 혁명적 존재조건이 어떻게 가능할 수 있는가를 생각해 보려고 한다. 지금까지 '없는 셈 쳐졌던' 그/녀들의 '말'의 장소를 만들기 위하여, 최대한 재일조선인 문학을 직접 인용하는 방식으로 서술할 것이다.

2. 어둠'들' 속으로: 재일조선인 문학사라는 주름의 안팎

"지금은 스스로를 위해 살고 싶어! 힘껏 살고 싶어! 온몸의 주름을 펴고 살고 싶어!"

위 구절은 안후키코(安福基子, 1935~)가 쓴 「뒤늪裏沼」의 한 부분이다. 안후키코는 경상도에서 태어나 5살에 일본으로 갔고 '조선부락'에서 살며 재일 2세들의 고민을 주로 그린다. 「뒤늪」은 비총련계의 거의 유일한 문학 발표장이었던 잡지 『백엽』의 제1회 문학상 수상작으로 1959년 11월 『백엽』 13호에 실린다.(138~146쪽) 아직 태어나지 않은 미래의 아이를 위해서 '공화국'행을 선택하진 않겠다며 조선부락을 떠날 때 발화되는 이 구절에서 '온몸의 주름'이란 무엇일까?

「뒤늪」의 주인공인 모리오는 졸업을 앞둔 고등학교 3학년인데 자신에게 밝은 미래가 주어지지 않을 것임을 절감한다. 그는 조선부락에서 살면서 앞세대의 전철을 밟고 싶지 않다고 생각하지만 그렇다고 조선부락을 떠나서 살 수도 없으며, 따라서 세상 어디에도 자신의 몸을 둘 곳 없다는 사실에 절망하여 자살한다.[4] 모리오가 조선어에 대해 갖고 있는 감정은 재일조선인 역사가 담겨 있는 주름의 한 단면을 보여준다. 모리오는 멸시 대상인 조선어를 너무나 싫어한다. 그러나 모리오는 김치냄새로 학교에서 놀림 받는 아키코에게 쓰케모노(채소절임)는 일본의 누카즈케(쌀겨절임)만이 아니라고 알려주는 할머니의 조선어만은 '시처럼 아름답다'고 생각한다. 모리오가 사랑했던 아키코는 앞세대 재일 조선인의 숙명을 벗어나려고 조선부락을 떠난다. 그러나, 온몸의 주름을 '펴고', '지금'의 스스로를 위해 '힘껏' 살고 싶다는 아키코는, "고뇌의 배내옷을 입힌

---

4   송혜원은 모리오가 1958년 고마쓰가와 사건의 '범인' 이진우를 상기시킨다고 적으면서 안후키코가 이진우를 만난 일화를 적고 있다.(140쪽)

부모의 무기력"을 벗어나 조선부락에서 떠날 수 있었을까? 아니, 과연 그녀는 떠나려 한 것일까?

「뒤늪」이 발표된 지 60년이 흘렀다. 아키코의 조선부락 탈출이 지닌 양가적인 의미는, 최근 한국에서 번역되고 있는 재일조선인 문학이 지닌 의미와 겹쳐지는 지점이 있다. 재일조선인 문학은 조선부락에서 벗어나 한국의 출판계 속으로 들어오고 있다. 그러나 이와 동시에 한국의 기존 출판계에 편안하게 안착될 수 없는 측면 또한 지니고 있다. 그 양상들을 살펴보자.

최근 한국에서는 다양한 형태의 재일조선인 문학이 활발하게 번역되고 있다. 김시종 시인의 시는 2008년에 나온 선집 『경계의 시』(유숙자 역, 소화)를 필두로, 2014년경부터 시집, 산문집, 대담록 등이 번역되기 시작했다. 『니이가타』(곽형덕 역, 글누림, 2014), 『광주시편』(곽형덕 역, 푸른역사, 2014), 『조선과 일본에 살다』(윤여일 역, 돌베개, 2016), 『재일의 틈새에서』(윤여일 역, 돌배개, 2017), 『지평선』(곽형덕, 소명출판, 2018) 등에 이어 창작과 비평사에서도 시집이 차례로 간행될 예정이다.[5]

김석범의 소설이나 산문도 2015년 무렵부터 본격적으로 번역되기 시작한다. 『까마귀의 죽음』(김석범 저, 김석희 역, 각, 2015[처음 번역된 것은 김석희 역, 소나무, 1988]), 『1945년 여름』(김석범 저, 김계자 역, 보고사, 2017), 『과거로부터의 행진』 상, 하 (김석범 저, 김학동 역, 보고사, 2018) 등이 있지만, 무엇보다 획기적인 사건은 2015년 10월 16일 발행된 『화산도』 12권 전권 번역(김환기, 김학동 역, 보고사, 2015)이다.

---

5 김시종, 『잃어버린 계절』, 이진경 · 가게모토 쓰요시 역(창비, 2019). 김시종, 『이카이노 시집 · 계기음상 · 화석의 여름』, 이진경 · 심아정 · 와다 요시히로 역(도서출판b, 2019). 이들 시집은 일본어 원어민과 한국어 원어민이 협업하여 보다 탄탄한 번역을 선보이고 있다.

개별 작가의 작품 외에 『왜 계속 써왔는가 왜 침묵해 왔는가』(제주대학 출판부, 2007)를 비롯한 대담이 번역되었고, 2016년에는 『진달래 가리온』 (1~5권) (재일에스닉잡지연구회 역, 지식과교양)이 완역되었다. 더불어 연구서와 자료집이 대학 소재 연구소를 중심으로 시리즈 형태로 발간되고 있어 일본어를 읽지 못하는 사람들도 재일조선인과 관련된 주제나 문학에 접근할 수 있는 다양한 통로가 마련되었다.[6]

한국에서 재일조선인 문학의 번역이 다양한 스펙트럼을 보이며 확산되고 있는 만큼, 이 번역·수용의 의미와 방향성에 대한 물음을 제기할 필요가 있다. 이 문제를 처음 인식하게 되었던 것은 2015년 11월 8일, 세이케이대학 아시아태평양연구센터에서 열린 〈김석범 『화산도』 간행기념 심포지엄金石範 『火山島』 刊行記念シンポジウム〉의 뒤풀이 때였다. 심포지엄은 한국과 일본이라는 국적에 기반한 문학이나 역사를 해체하고 인류의 자유와 해방에 대한 근본적인 물음을 던지는 내용으로 이뤄졌다. 심포지엄의 패널리스트, 사회자, 주최자 뿐 아니라 잔일을 돕는 수많은 사람들과 여러 정체성을 지닌 관객 사이에 형성된 유대감이 심포지엄을 사건적 순간으로 만들었다.

그런데 뒤풀이에서 만난 이미 65세가 넘어 일선에서 물러난 한 재일조선인 2세 연구자의 말은 『화산도』뿐 아니라 재일조선인 문학이 한국인

---

6 최근의 주목할만한 연구 성과집으로는 박광현, 오태영 외, 『재일조선인 자기서사의 문화지리』 1, 2(역락, 2018)을 들 수 있다. 이 연구서는 재일조선인 문학을 '자기서사'라는 측면에 초점을 맞춰 다루고 있으며, 특히 재일조선인과 관련된 여러 문화적 테마와 중요 논자들의 논문을 엮었다. 재일디아스포라 문학의 글로컬리즘과 문화정치학 연구팀, 『재일디아스포라 문학선집』 1~5(소명출판, 2018)은 1권은 시, 2~3권은 소설, 4권은 평론, 5권은 연구논문으로 이뤄져 있다. 동의대학교 동아시아 연구소는 『전후재일조선인 마이너리티 미디어 해제 및 기사명색인1(1945.8~1969.12)』(박문사, 2018)를 출간했으나 보완해야 할 부분을 남겼다. 또한 동의대학교 동아시아 연구소에서는 『재일조선인 미디어와 전후 문화담론』(박문사, 2018)과 같은 연구서를 출간했다.

에 의해 연구되고 번역되는 상황에 대해서 좀 더 깊이 질문해야 할 지점이 있다는 것을 알려 주었다. 그 연구자는 다음과 같이 말했다. "『화산도』가 번역되고 한국에서 그렇게 많이 팔리고 관심을 모았다니 너무나 기뻐요, 정말 기뻐요. 그런데 동시에 걱정도 돼요. 우리 세대보다 여러분들의 세대가 아주 힘들 것 같아 걱정이예요." 이 말은 재일조선인 문학의 저항성이 한국문학과 출판시장에서 계속 이어질 수 있을까에 대한 우려였을까? 아니면, 재일조선인 문학이 읽힐 수 있는 공간이 만들어지고 있다는 것에 대한 떨림 섞인 기대였을까?

이 말에 대해서 송혜원은 다음과 같은 코멘트를 한 적이 있다. "재일인 사람들에게는 한국 사람들에게 멸시당하거나 소비된다는 경계심이 뿌리 깊게 있습니다. 애써 '한국어'를 공부해서 한국에 가도 일본인 취급을 당했던 재일 2세 이후 사람들이 몇 십년간 겪었던 경험도 있고요. 덧붙이자면 구소련의 젊은 조선인들도 같은 고민을 한다고 들었습니다. 자신의 '조선인(고려인)'성을 확인하려고 한국을 방문했는데, '한국국민'에 의해서 그 마음이 짓밟혀 버려, 한국도 조선(고려)도 싫어져서 돌아오는 경우도 자주 있는 것 같아요."

어떻게 하면 재일조선인 문학의 번역이 한국의 출판시장에 의해 위계화되면서 소비되는 것에서 벗어날 수 있을까? 송혜원은 다음과 같은 말로 재일조선인 문학사가 한국문학, 일본문학, 공화국문학 안으로 손쉽게 포섭되는 것에 경계警戒를 표시한다.

방치되어 온 작품들, 아무도 듣지 않았던 목소리, 그리고 아직도 말 못하는 비밀. 그것들을 담으며 이 책이 제시한 '재일조선인 문학사'는 물론 완전한 것도 아니며 장차 완성될 전망조차도 없는, '정통성'의 보장 같은 건 어디에서도 찾을 수 없는 문학사다. 그러나 그것은 '일본

문학사', '한국문학사', '조선민주주의인민공화국 문학사' 등 국가 문학
사의 테두리에서 벗어나는 독자적이며 고유한 문학사다.(4쪽)

불리한 여건 속에서도 조선어로 창작을 지속하고, 두 가지 언어 틈에
서 흔들리는 것을 '근원'으로 하는 재일조선인 문학의 번역은, 국가화된
문학사로 포섭되거나 학술담론장 안에서 각광 받는 주제가 되는 것과는
다른 지향점을 갖는다. 재일조선인 문학이 한국어로 번역되는 상황은,
재일조선인 문학을 한국어로 접한 사람들에게, 탯줄로 연결되어 있는 '조
선부락'에서 벗어나는 것이 아니라, 오히려 그 조선부락의 내적 경험과
조건으로 깊이 파고들 것을 요청한다. 질 들뢰즈와 펠릭스 가타리는 이
러한 태도에 대해서 "구멍을 파는 개처럼 글을 쓰는 것, 굴을 파는 쥐처
럼 글을 쓰는 것. 그리고 이를 위해 자기 자신의 저발전의 지점을 찾아내
는 것. 자신의 방언을, 자기 자신의 제3세계를, 자신의 사막을 찾아내는
것"이라고 말하고, '다수적인 문학'과 대비되는 '소수적인 문학'의 특징으
로 정의한다.[7]

어둠에서 벗어나 빛을 추구하는 게 아니라, 어둠 속으로 들어가 어둠
인 채로 빛과 어둠의 경계 자체를 무력하게 만드는 것은, 어떻게 가능할
까? 이를 위해 송혜원은 책 구성, 언어표현에 몇 가지 장치를 둔다. 즉 재
일조선인 문학이 창작되거나 문학사로 정리되면서 정형화되는 것에서
벗어나기 위한 장치들이다. 정형화된 재현이야말로 소비대상이 되기 쉽
기 때문이다.

첫째, 재일조선인 문학 연구의 클리셰(cliché)를 되묻는다. 재일조선인
문학은 일반적으로 1945년~1960년까지 민족주의적 경향을 띠며, 1960

---

7 질 들뢰즈 · 펠릭스 가타리, 『카프카: 소수적인 문학을 위하여』, 이진경 역(동문선,
2001), 48쪽.

년대부터 20년간은 정체성의 위기로 갈등을 겪고, 1980년대 중반 이후는 귀화, 일본인과의 결혼, 일본학교 진학 등으로 정체성이 다양화했다고 설명되어왔다. 재일조선인 문학 연구에는 세대론, 정체성론, 그리고 재일조선인 문학의 대표자로서의 김달수라는 세 가지 틀이 클리셰로 작동한다. 송혜원은 바로 이 세 가지 요소가 서로 상관관계를 갖고 있을 뿐 아니라 "재일조선인 문학사가 쓰여지는 것을 막아왔던 주요 요인"(40쪽)이라고 단언한다.

　기존의 클리셰는 다음과 같은 구체적인 사례들을 통해 비판된다. 1세로 여겨지는 김석범은 사실상 2세이며, 2세로 여겨지는 김시종은 '해방' 이후 4·3사건을 피해 망명한 '신 1세'라는 점에서 드러나듯, 다양한 루트로 일본에 온 재일조선인 문학자들을 세대별로 명확히 구분하는 것은 불가능하다. 특히 세대론과 정체성론은 다케다 세이지라는 재일 2세에 의해서 처음 발화되었는데, 송혜원은 이 발화의 전제에는 재일조선인 문학에서 일본근대문학과의 동일성을 찾으려는 시선이 작동하고 있다고 비판한다. 재일조선인 문학에 대한 세대론과 정체성론은 재일조선인 문학의 내재적 특질을 규명하기보다, 일본과 한국의 내셔널리즘적 정체성을 강화하는 데 원용되어 왔다는 것이다.(38~39쪽) 또한 김달수는 '일본어'만을 사용하여 창작활동을 했으며, '일본 문단'에서 대표적인 재일조선인 문학가가 되는데, 이러한 독보적인 행보가 가능했던 배경에는 "김달수라는 한 조선인 작가와 전후일본문학자들 사이의 공생관계"(49쪽)가 있다고 주장한다. 예를 들어 쓰루미 슌스케의 『전향』에 화답하는 형태로 김달수가 〈박달의 재판〉을 썼으며, 따라서 이 작품은 쓰루미 슌스케가 가장 애독하는 작품이 되었다는 것이다.

　그건 쓰루미 씨가 그렇게 말씀해 주시지 않으면 곤란합니다. (웃음) 왜냐하면 당시(… 중략…) 쓰루미 씨 등이『전향』을 펴내고 전향문제에 대해서 꽤 논의하셨지요. 그것이 촉매가 되어서 그 작품을 썼거든요. 그 작품이 나온 지 얼마 안 되어서 어느 모임에서 만났지요. 그때 '재미있었다'고 말씀하셔서 저는 제 뜻대로 되었구나 하고 생각했습니다.[8]

그러나 송혜원은 김달수를 비판하는 데 초점을 두고 있지 않다. 단지 김달수를 중심에 놓고 서술하는 재일조선인 문학사에서 벗어날 때, 조선 부락에서 조선어와 일본어 사이에서 흔들리면서 글을 써 온 수많은 무명의 작가들이 나타날 장소가 주어진다고 말한다. 이러한 견해가 기존에 이뤄져 온 김달수에 대한 연구들을 단지 무력화시키는 것이 아니라는 점도 분명하다.

둘째로, '문학사'의 형식을 따르지만, 그 형식 속에 전혀 다른 것들을 채운다. 이때 작품선정에는 다음과 같은 원칙이 있다.

일본어 작품과 조선어 작품을 등가로 다룬다. 작가의 국적(조선적, 한국적, 일본국적, 기타)이나 순혈과 혼혈, 성별을 가리지 않는다. 일제 강점기에 일본으로 건너온 자들과 더불어 1945년 이후 일본으로 건너온 자들도 편입한다, 일본 매체와 함께 재일조선인들이 발행한 매체도 살핀다, 협의의 '문예작품' 뿐만 아니라 수기, 작문, 일기까지 넓게 다룬다. (중략) 일반적으로 '비존재'로 치부해 온 여성작가들을 드러내는 길도 열린다. 또한 재일조선인들이 짊어진 숙명인 월경의 문제도 다룰 수 있게 될 것이다.(57~58쪽)

8　「구전전후사: 제31회 김달수 성장하고 싶은 마음」, 『사상의 과학』 92(연도 ?). 송혜원, 『재일조선인 문학사를 위하여: 소리 없는 목소리의 폴리포니』(소명출판, 2019), 53쪽에서 재인용.

이 원칙은 각 장별로 다음과 같이 구현되면서 문학사를 성립시키는 작업과 문학사를 해체시키는 작업을 동시에 수행한다. 제1장은 여성들의 문해교육으로부터 재일조선인 문학사를 시작한다고 이미 설명했는데, 이런 시작에는 식민지기 일본에서 교육받은 엘리트 피식민지 남성들을 중심에 놓고 서술되는 재일조선인 문학사에서 어떻게 벗어날 것인가라는 문제의식이 있다.(57쪽) 2장에서는 작가와 작품을 '개인'으로 환원시키는 것이 아니라 조련 ─ 민단 ─ 총련이란 조직과의 역동적 관계 속에 '작가'를 위치시킨다. 3장은 2장과 연속적인데, 재일조선인 문학의 이른바 주류 조직 밖에 있었거나 총련에서 이탈했던 작가들의 대안적 문학 행위를 폭넓게 조망한다. 4장에서는 남조선에서 온 (재)입국자, 오무라 수용소 수감자, 정치 망명자, 등을 포괄하면서 월경과 이산으로 점철된 신체를 다뤄 하나의 장소성에 귀속된 문학사를 해체한다. 5장에서는 조선어와 일본어 사이의 끊임없는 흔들림을 통해 국민국가의 단일한 언어를 벗어난다.

셋째로 재일조선인 문학사의 서술용어, 시작과 종착의 시간을 재설정하고, 일본과 한국에서 재일조선인 문학이 인식되어 온 과정을 비판적으로 재검토한다. 그 중에서도 식민지기의 일본어 작가인 김사량과 장혁주를 기원에 놓는 것을 비판하고, 재일조선인 문학의 시작을 '해방' 이후로 한 것은 시사적이다. 식민지기의 일본어와 '해방' 이후의 일본어를 둘러싼 상황이 다르다는 점도 있지만, 이러한 재설정에는 재일조선인 문학=일본어문학이란 도식적 파악에 대한 비판도 내재하고 있다. 한동안 전개되어 온 식민지 및 재일조선인 문학 연구에서 '일본어문학'이라는 관점이 강조되면서 '언어 제국주의'에 대한 비판적 관점이 다소 후퇴한 경향이 있다는 점에서도, 재일조선인 문학=일본어문학이라는 도식을 벗어난 파악이 갖는 의미는 중요하다.

넷째로, '김사량'을 재일조선인 문학의 시작점으로 놓을 때 강조되곤
하는 '저항문학'이란 평가 기준에 대해서도 송혜원은 비판적이다. 예를
들어 이소가이 지로磯貝治良는 매우 빠른 시기인 1977년부터 "재일조선인
작가를 읽는 모임"을 이끌어 온 분인데, 김사량을 재일조선인 문학과 저
항문학의 원류로 놓는다.(27~28쪽) 송혜원은 이소가이에 대한 존경을 표
현하면서도 재일조선인 문학의 특성을 저항문학을 기반으로 하여 설명
하는 것은, "일본 대 조선이라는 이항대립을 도입함으로써 조선인들의
문학적 영위가 일본이라는 '적'의 존재 없이는 성립하지 않는다는 공범관
계를 불러들이지 않을까 하는 점"에서 우려스러우며, "일본 문화 영향을
벗어나서 조선인에 의한 조선인을 위한 독자적인 문화창출을 추구한 탈
식민지화 모색 과정이 간과되는 결과를 초래할 수도 있"다고 말한다.(28
쪽) 이러한 서술에서는 무엇인가에 대한 '안티'가 아니라 재일조선인 문학
그 자체로 내재적인 장을 구성하려는 힘이 느껴진다.

다섯째로, 송혜원은 한국문학이 재일조선인 문학을 '민족문학'의 하나
로 해석해온 것을 비판한다. 이 비판은 한국문학연구자라는 것에 대한
부끄러움을 불러일으킨다. 이러한 언급은, 재일조선인 문학을 '민족문학'
이나 "우리문학"에 넣을 것인가를 판단하는 기준과 결정권을 한국이 갖
고 있다는 듯한 태도를 지니고 있던 초창기 재일조선인 문학연구에 대한
날카로운 비판이기 때문이다.(32~33쪽) 이러한 경향은 2000년대 이후 재
일조선인 문학의 독자성을 인정하는 쪽으로 변화하지만, 그 "유행의 이
면"에는 충분한 시간을 들이지 않고 이뤄진 연구의 성급함이 반영되어
있다는 점도 송혜원은 지적하고 있다.(35쪽)

다시 안후키코의 소설로 돌아가자. 조선부락을 떠나면서 「뒤늪」의 아키
코는 '온몸의 주름'을 활짝 펴고 힘껏 살고 싶다고 외친다. 송혜원이 재일
조선인 문학사를 서술할 때 사용한 구성과 장치와 용어는 그 주름 사이

사이로 보이지 않고 들리지 않은 채 접혀 버린 '비존재'들의 이야기와 삶을 드러낸다. 온몸의 주름을 활짝 펴고 힘껏 사는 일은 이 접힌 주름의 장소에서 떠나는 것이 아니라 오히려 접혀 들어가 있는 비존재들의 장소로, 조선부락의 깊이로 들어가는 것을 통해서만 가능하다고 답하는 듯하다.

이깃은 간도 대지진 때 조신인에 내한 학살이 확산뇌어 가넌 상황에서, "고엔고주고센五円五十五錢"이라고 일본인과 똑같이 발음해야(=조선인임을 부정해야) 살아남을 수 있다는 것을 알면서도, 일부러 조선식 발음으로 "코엔코주코쎈五円五十五錢"이라고 발음하는 것과 같다.[9] 해방 후 70년이 훌쩍 넘은 현재, 재일조선인들은 일본인과 똑같이 '고엔고주고센'이라고 발음할 수 있음에도 말이다. 송혜원이 독자, 평론가, 시장, 심지어 인쇄 활자조차 없어도 조선어로 쓴 작가와 작품들에 주목하는 것이나, 조선어가 '공화국유일사상체제' 노선을 택한 총련 속에서 '공화국' 국가어가 되어 갈 때 재일 2세들이 '일본어'로 글을 쓰기 시작하는 것에 주목하고, 더 나아가 제국의 언어가 지닌 주박呪縛을 언어 내적 구조로 깊이 들어가 파괴하는 김석범의 작업에 주목함으로써 재일조선인 언어의 기반을 구

---

9 1923년 간토 대지진이 일어났을 때, 도쿄에는 지진의 혼란을 틈타 조선인이 우물에 독을 타고 도둑질을 하고 일본인을 살해한다는 헛소문이 퍼진다. 이에 따라 평범한 일본인들이 조선인을 대량 학살하는 사건이 이어졌다. 이 소문의 근거에는 이 기회를 틈타 사회주의자 일본인과 식민주의에 저항적인 조선인과 중국인을 처리하려는 일본 경찰 당국의 묵인이 있었다. 당시 조선인인지 일본인인지 구별하여 조선인만을 죽이기 위해서 조선인에게 "오원오십오전(五円五十五錢)"을 발음하도록 했다. 일본인은 "고엔고주고센(五円五十五錢)"이라고 발음하지만, 조선인은 "코엔코주코쎈(五円五十五錢)"이라고 발음하기 쉽다. 일본어와 달리 조선어는 유성음과 유성음 사이에 오는 경우를 제외하고 유성 폐쇄음이 나타나지 않기 때문에, 유성 폐쇄음이 단어의 음절 첫음에 올 때 이를 무성음으로 발음하지 유성음으로 발음하지 못한다. 즉 단어 첫 음절 첫 폐쇄 유성음 'ㄱ(g)'을 발음하지 못하고 무성음 'ㄱ(k)'로 발음한다. 이 발음상의 차이를 통해 조선인과 일본인을 구별했고 조선인이면 학살 대상이 되었다. 자세한 내용은 다음의 책이 도움이 된다. 가토 나오키, 『구월, 도쿄의 거리에서(1923년 간토대지진 대량학살의 잔향)』, 서울리다 리티 역(갈무리, 2015).

축하는 것, 이것은 바로 일부러 "코엔코주코쎈"이라고 말하는 행위이다.

주름이 잡힌다는 것은 조선부락의 폐쇄적 내부에서 일어나는 것은 아니다. 들뢰즈가 '주름(Le Pli)'에 주목하면서, 주름을 접기와 펴기의 운동이 만들어내는 유동성과 내재성의 원리를 지닌 것으로 파악하고 있듯이,[10] 재일조선인 문학이 보여주는 "주름잡힌 삶"은 조선부락이 외부와 만나 행해왔던 여러 운동의 흔적을 담고 있다. 더구나 그 접힌 공간이 조선부락에서 떠나고 다시 조선부락으로 돌아오길 반복했던, 월경·이산의 경험으로 얼룩진 재일조선인의 몸이 놓여 있는 곳이라면, 그곳은 고정된 실체로서의 조선부락과도 다르다. 이처럼 재일조선인들의 주름 접힌 부분들은 어떻게 다른 민족이나 지역의 주름 접힌 부분과 만날 수 있을까.

이 지점에서 재일조선인 문학 번역의 확산이 (동)아시아 문학, 그 중에서도 이산과 월경을 다룬 문학의 번역과 그 흐름을 함께 하고 있다는 점은 기억해 둘 만하다. 특히 오키나와 문학의 번역은 메도루마 슌의 작품 다수를 비롯하여 사키야마 다미의 『달은, 아니다』(글누림, 2018) 등 다양한 스펙트럼을 보이면서 이뤄지고 있다. 이런 경향은 피식민자가 겪어 온 근현대사의 유사성에 기반하며, 어떻게 소수자들 사이의 관계를 사유할 수 있을까라는 모색을 담고 있다. 최근 출판된 오세종의 『오키나와와 조선의 틈새에서』(손지연 역, 소명출판, 2019)도 이러한 모색이 도달한 뛰어난 성과 중 하나라고 생각한다. 그러나 '코엔코주코쎈'의 세계가 '시볼렛'의 세계와 만날 수 있을까라는 질문은, 아직 구체화되지 않은 질문이며, 『재일조선인 문학사를 위하여』를 읽으면서 고민하고 싶은 질문이다.[11]

---

10 연효숙, 「들뢰즈에서 주름, 바로크 그리고 내재성의 철학」, 『시대와 철학』 30-2 (2019), 131쪽, 147쪽.

3. 증언, 발굴, 문학: '폴리포니적 신체'가(로) 기록하다

나는 나의 생활을 노래한다/ 그 생활의 기쁨과 고통을/ 밝은 리듬
으로 노래 부른다// 다시는 새장 속으로/ 돌아오지 않는 작은 새처럼/
모두가 좋아했던/ 옛날의 나로/ 되돌릴 수는 없다.[12]

부모에게 효행을 강제하는 것이 천황에게 충성을 다해 그것이 재군
비사상으로 연결되는 것은 말할 필요도 없다.[13]

실망 같은 건 한 적이 없습니다/ 이러한 비참한 세상이기 때문에/
하나하나 잘게 쓰는 마음으로/ 매일의 생활을 계산하는 것입니다/ 나
막신 끈 30엔 꽃 20엔/ 우동 2끼 양파 10엔.[14]

이것은 1950년대 중반 『진달래』에 실린 강청자, 원영애, 김숙자의 일본
어 시다. 외부의 시선으로 규정된 신체를 거부하고 자신의 생활을 노래
하는 기쁨, 딸로서의 의무를 강요하는 것이 곧 천황에게 충성을 바치는
권위주의와 연결된다는 통찰, 삶의 비참을 두 눈을 똑바로 뜬 채 마주하
는 리얼리스트적 힘이 느껴진다.

---

11 「사사기」 12장 5~6절, 표준 새번역을 참고하면 다음과 같다. 길르앗(Gilead) 사람들은
에브라임 사람을 앞질러, 요단 강 나루를 차지하였다. 도망치는 에브라임 사람이 강을
건너가게 해 달라고 하면, 길르앗 사람들은 그에게 에브라임 사람이냐고 물었다. 그가
에브라임 사람이 아니라고 하면, 그에게 쉬볼렛이라는 말을 발음하게 하였다. 그러나
그가 그 말을 제대로 발음하지 못하고, '시볼렛'이라고 발음하면, 길르앗 사람들이 그를
붙들어, 요단 강 나루터에서 죽였다. 이렇게 하여, 그때에 죽은 에브라임 사람의 수는
사만 이천이나 되었다.

12 강청자, 「새장 속 작은 새였던 나에게」, 『진달래』 6(1954. 2). 송혜원, 앞의 책(2019),
120쪽에서 재인용.

13 원영애, 「아버지의 파쇼」, 『진달래』 11(1955. 3). 송혜원, 앞의 책(2019), 121쪽에서 재
인용.

14 김숙자, 「가계부」, 『진달래』 5(1953. 12). 송혜원, 앞의 책(2019), 124~125쪽에서 재인용.

『진달래』는 당시 재일조선여성작가가 활동하던 드문 잡지였다고 한다. 일본 사회에서 주변화된 재일조선인이자, 다시금 재일조선인 안에서도 주변화된 여성들이 글을 배우려고 결심하기까지, 글을 배우기까지, 글이 게재되기까지 지난한 과정이 있었을 것이다.

송혜원이 재일조선인 문학사를 '여성의 글쓰기'에서 시작하는 이유는 바로 이 지점과 관련된다. 송혜원은 이러한 방식이 "'여성문학'이라는 범주에 가둠으로써 재일조선여성들을 본질주의적으로 해석하고 한층 더 '식민지화'하는 데 가담해 버리는 것이 아닐까"라고 우려하면서도, "그러나 그러한 위험을 무릅쓰고라도" 여성의 문학 행위를 재일조선인 문학사의 첫 장에 놓아야 한다고 말했다.(66쪽) 여성의 문학행위로 시작하는 재일조선인 문학사를 통해서, 즉 특수를 통해 보편을 구성함으로써, 보편의 권위를 벗어나고 특수의 보편적 확장성을 드러낸다.

여성의 문학행위에서 시작하기 때문에 이 책이 다루는 자료의 폭은 증언, 구술, 신문과 잡지의 한 귀퉁이에 실린 쪽글, 일기, 수기, 습작까지 그야말로 방대하다. 무엇보다 증언뿐 아니라 기존 연구사, 자료집, 초기 작품집과 연구성과가 성실하게 소개되며, 직접 읽고 판단한 결과가 정확하게 서술된 것도 이 책의 미덕이다. 버려지고 기억되지 못한 기록에 대한 저자의 애정이 소박한 문체에서 배어 나와, 독자의 마음을 움직여 버린다.

이 방대한 아카이브를 엮은 것은 '송혜원'이라는 개인이 아니라, 재일조선인작가와 그 가족 등으로부터 수없이 많은 증언을 들어온 폴리포니적 몸으로서의 '송혜원'이라고 해야 할 듯하다. 2000년대 초부터 시작된 증언과 녹취의 경험을 송혜원은 이렇게 말한다.

제1세대 작가들 대부분이 이미 세상을 떠나신 가운데 다행히도 만날 수 있었던 작가나 그 가족 분들은 그동안 털어놓지 못한 속내와 놀라운 사실을 들려주시기도 했다. 그러나 그 후 으레 이렇게 말했다. '이 이야기는 아직 밖에서 말하지 말아 줘요.'(4쪽)

송혜원은 "돌아보는 사람도 없이 방치되어 온 작품들, 아무도 듣지 않았던 목소리, 그리고 아직도 말 못하는 비밀"을 담고 있는 재일조선인 문학사는 결국 정통성의 보장도 없고, 완성될 전망도 없고, 국가의 문학사에 포섭될 수도 없는 "독자적이고 고유한 문학사"(4쪽)라고 하면서 문학사 비판과 연결시킨다.

그러나 나는 "이 이야기는 아직 밖에서 말하지 말아 줘요"라는 표현에 초점을 맞춰, 한국 및 전세계적으로 증언·구술이 문학과 접합되고 있는 맥락 속에 이 책을 위치시키고 싶다. 최근 한국에서도 과거 뿐 아니라 현재의 사건에 대한 증언·구술이 다각도로 시도되고 있다. 전 세계적으로도, 스베틀라나 알렉시예비치의 『전쟁은 여자의 얼굴을 하지 않았다』(문학동네, 2015)가 노벨문학상을 받았으며, 이 소설이 한국에 번역되면서 구술 — 증언을 문학적 행위와 관련시킨 작품이 새삼 주목을 끌었다. 그렇지만 사실, 소리 없는 자들의 목소리를 문학으로 연결시키는 행위는 식민주의, 아시아의 뜨거운 '냉전', 분단, 독재 등을 겪어 온 한국에서 지속적으로 이뤄져 왔다.

1991년 김학순 할머니의 커밍아웃(그 이전 배봉기 할머니가 있었지만)에서 시작된 증언·구술 작업은 『강제로 끌려간 조선인 군위안부들(증언집 1~5)』(한국정신대문제대책협의회, 정신대연구회, 2019 개정판)으로 출간되었고, 최근엔 서울대 인권센터 정진성 연구팀, 『끌려가다, 버려지다, 우리 앞에 서다 1, 2』(푸른역사, 2018)가 지도, 사진 등 새롭게 발굴된 자료를 수록하여 간행되었다. 미군부대 주변 여성들의 이야기를 듣는 작업도 시도되고 있지만, 특히 젊은 연구자와 예술가 등이 힘을 모아 자비출판한 『평택기지촌여성재현』(이경빈·장영민·지니·이은진·최윤선·전민주, 디페랑, 2018. 12. 15)은 증언집의 새로운 시도를 보여준다. 제주 4·3의 트라우마를 미술치료로 풀어낸 『제주 4·3 생존자의 트라우마 그리고 미술치료』(김유경, 김인근 공저, 학지사, 2014)도 눈에 띤다. 역사가 아니라 '현재'를 기록하는 행위도 세월호진상규명운동을 둘러싼 기록물들[15]과 〈304 낭독회〉 활동 등에서 이어지고 있다. 특히 미투운동 속에서 여성들의 증언·기록이 갖는 함의는 커지고 있고, 동시에 '여성'의 상태에 대한 보다 복합적인 분석이 이뤄지고 있다.

이러한 경향에서 두드러지는 것은 '여성'의 증언과 구술이다. 그만큼 여성의 경험이 기존의 역사 자료에서 소외되어 왔으며, 기록될 수 없는 상황에 놓여 있었다는 반증일 것이다. 이 반증은 역사 아카이브에 보다 비판적으로 접근해야 할 필요성을 보여주는 동시에, 여성이 어떻게 글쓰기를 하게 되는가라는 보다 근본적인 질문을 던져준다. 바로 이러한 점에서 『재일조선인 문학사』를 위하여』가 여성의 글쓰기에서 시작한다는 것이 갖는 의미는 크다. 이는 다음의 세 가지 주제로 심화시킬 수 있다. 하나는 여성이 문해능력을 욕망하게 되는 과정, 두 번째는 여성의 문해교육이 여성의 글쓰기 주제 및 언어와 깊이 관련되어 있다는 점, 세 번째는 여성의 글쓰기가 가정 안의 싸움 속에서 이뤄진다는 것이다. 이는 여성의 글쓰기와 함께 그/녀들을 둘러싼 관계성 전체를 드러낸다.

첫째로, 그/녀들은 어떻게 문해능력을 갖고 싶다고 욕망하게 되었고

---

15 진실의힘세월호기록팀, 『세월호, 그날의 기록』(진실의 힘, 2016); 416세월호참사시민기록위원회 작가기록단 글, 김보통 그림, 『금요일엔 돌아오렴: 240일간의 세월호 유가족 육성기록』(창비, 2015); 민주사회를위한변호사모임, 『416세월호 민변의 기록』(생각의 길, 2014) 등이 있다.

그 계기는 무엇일까? 여성의 글쓰기에 대한 논의는, 단지 글쓰기 교육이 언제 이뤄졌는가 뿐 아니라 글을 쓰고자 하는 욕망을 언제 갖게 되었는가를 묻는 것에서 시작해야 한다. 1945년 이전, 재일조선여성들에게는 '글'도 '글쓰기에 대한 욕망'도 처음부터 당연하게 주어진 게 아니었다. 문해능력이 있으면 좋겠다는 욕망을 가지는 것부터 어려웠다. 송혜원의 책은 여성들이 글쓰기를 욕망하게 된 계기를 담고 있다.

예를 들어 식민지기에 일본으로 생계를 위해 건너온 한 조선여성은 고용주가 계약내용, 근무일수, 근무량을 매번 속이고 착취하자 그에 대항하기 위해서 글을 배우기로 한다. 기시와다岸和田 방직의 조선인 여공이었던 한 여성은 고향과 편지를 주고받고 싶어서 글을 배우기로 결심한다.[16] 이처럼 식민지배로 인해 받아야 했던 노동현장에서의 부당한 대우와 (반)강제적인 조선 밖으로의 이동은 그녀들에게 글을 배우고 싶다는 욕망을 불러일으켰다고 송혜원은 쓰고 있다. 민족과 젠더가 교차하는 아이러니 속에서 그녀들은 문해학습을 열망하기 시작하고, 구술·증언의 대상이 아니라 스스로 말하는 자가 된다.

둘째로, 여성의 글쓰기는 문해교육이 이뤄진 조직의 이데올로기를 그대로 반영하게 된다. 송혜원이 "어디에서 무슨 언어를 배웠는지는 재일여성들 각각의 사상이나 아이덴티티의 (재)형성에 직접적으로 작용했다(108쪽)"고 쓰고 있듯이, 재일조선여성들의 문해교육은 교육을 실시한 조직의 강한 영향하에 놓일 수밖에 없었다. 그러나 송혜원은 조직과의 관계에 한정되지 않고, 글쓰기 행위가 그/녀들의 자발적인 선택이 되고, 글쓰기의 주제가 조직의 한계를 넘어서는 능동적인 장면도 함께 보여준다.

1947년 10월 재일본 조선민주녀성동맹이 결성되면서 야간강습회가 열

---

16 『조선인여공의 노래: 1930년 기시와다 방직 쟁의』(이와나미쇼텐, 1982), 127쪽. 송혜원, 앞의 책(2019), 71쪽에서 재인용.

려 재봉 등의 기술교육, 국어(조선어) 문해교육, 민족교육과 계몽교육이 이뤄진다.(79쪽) 그러나 그녀들은 계몽교육의 대상으로 머물러있지 않았다. 1949년 한신민족교육투쟁에서 여성들은 미군이나 일본경찰의 직접적인 체포대상이 된 남성들을 대신하여 집회연락과 준비, 구명운동, 서명운동을 담당했다.(81쪽) 그 속에서 전국의 동포들과 연대하기 위해 쓴 위문편지, 녀맹활동가 어머니들 초등학생부터 대학생까지의 여학생이 쓴 작문과 수기 등이 탄생한다.(82쪽)

1951년에는 결성된 재일조선통일민주전선(이하 '민전') 산하 〈생활학교〉에서는 조선어교육이 이뤄진다. 그러나 모든 조선어교육이 민전의 주도로 이뤄진 것은 아니었고 개인들의 자율적인 움직임도 있었다. 예를 들어 민전과는 직접적인 관계없이 5명의 여성이 자발적으로 돈을 모아 강사를 섭외하고, 강사의 교통비를 마련해주고 저녁밥을 해 주면서 조선어를 배우는 경우도 있었다.(83쪽)

셋째로, 재일조선여성의 글쓰기 언어가 조선어인가 일본어인가는 그/녀들이 어느 조직이나 단체에서 문해교육을 받았는가와 긴밀히 관련된다. 송혜원은 그러한 태생적 조건을 섬세하게 짚어가며 가시화한다. 앞서 언급한 것처럼 조선민주녀성동맹을 비롯한 재일조선인 조직을 통해 문해교육을 받은 재일조선여성의 글쓰기 언어는 '조선어'가 된다.

그런데 1960년대 후반부터 총련이 공화국을 '유일화'하는 방향으로 나아가자 많은 재일조선인이 총련에서 이탈하게 되고, 이에 따라 재일 조선 여성의 조선어 교육에도 변화가 일어난다. 또한 총련의 변화와 직접적인 연관이 있다고 할 수는 없지만, 비슷한 시기인 1960년대 후반 일본인들에 의한 야간학교 설립운동이 일어난다. 그리고 이러한 야간학교에 총련계가 아닌 재일조선여성들이 다니기 시작하면서 그곳에서 문해교육을 받게 된다. 이때 그녀들이 배우는 언어는 조선어가 아닌 '일본어'가 되며, 이렇게 일본어 글쓰기를 배워 작가가 된 사람이 문금분文今分이다. 송혜원은 문금분이 일본어를 배우게 된 기쁨과 함께 조선어를 배우지 못하는 점에 의문을 가졌다고 말한다. 이 점은 일본학교를 다니고 일본어로 글을 쓰게 된 종추월이 갖지 못한 의문이었다.

한편 송혜원은 '조선어'를 배우는 총련 계열 조직의 여성들에게서 나타난 자발적이고 능동적인 순간들에 대해서도 언급한다. 예를 들어 총련에서 점차 조선어를 모르는 것이 '공화국 공민의 결격자'로 인식되면서 여성들에게 "문자세계의 입구와 남녀평등이 실현된 '조국'의 입구는 같은 것"으로 인식되어 가는 시기가 있다.(90~91쪽) 그런데 의외로 "일본어와도 본래의 전통적 조선어와도 다른 조직 내 코드"로 된 말들 덕분에, 방언을 쓰는 사람들끼리 통하지 않았던 대화가 가능해진 아이러니한 상황도 생긴다. 조직을 통해서 학습된 말이나 단어가 각기 다른 지방 사람들이 교류할 수 있는 공통의 기반이 되기도 했다는 것이다.(94쪽) 이처럼 조직이나 단체를 통해 문해교육을 받은 여성들은, 끊임없이 조직에 흡수되면서도 다시금 벗어나고 대결하는 과정을 반복하면서, 그 사이사이에서 능동적인 순간을 만들어 냈다.

넷째로, 그/녀들의 문해교육 및 글쓰기는 조직뿐 아니라 '가정'의 제약으로부터도 자유로울 수 없었다. 이처럼 글을 쓰고 싶어도 또한 글을 쓸 수 있는 문해능력을 갖고 있어도, 글을 쓸 시간과 장소가 주어지지 않는 재일조선여성들의 상황은, 재일조선인 내부의 젠더적 차이를 가시화한다.

송혜원은 여성들의 문해교육의 어려움을 다룬 소설로 김민의 「부부싸움」을 꼽는다. 이 작품은 "'해방' 후 재일조선여성들의 '문맹퇴치'를 향한 노력이, 단지 조선의 전근대적 봉건 유습이나 일본 제국주의라는 관념적인 것"에서 벗어난다는 의미만을 지녔던 것이 아니라, 오히려 가장 가까운 존재인 "조선인 남편과의 나날의 싸움"이었음을 잘 보여준다.(84~85쪽) 그녀들이 문해교육 후 쓴 글의 첫 주제는 바로 동포 남성들에 대한 비판이었다는 것이 『재일조선인 문학사』를 위하여』라는 책이 놓인 다층적인 위치를 잘 보여준다.

그런데 『재일조선인 문학사』를 위하여』는 여성들의 증언과 구술, 그리고 문학작품이 되지 못했던 일기, 수기, 더 나아가 '부재하는 작품'을 문학사 서술의 원동력으로 삼고 있지만, 증언이나 구술을 직접적인 분석의 대상으로 삼고 있지는 않다. 이 점은 어떤 면에서는 한계이고 어떤 면에서는 가능성이다. 여성의 글쓰기에 대한 연구방법이나 분석틀이 기존의 '문학'이라는 장르에 포함될 수 없는 수많은 형태들을 담아야 하고, 심지어 글쓰기를 하게 되기까지의 과정도 연구대상으로 삼아야 한다는 점에서 볼 때, 본격적인 분석 대상이 주로 '문학'으로 초점화되고 있는 것은 일종의 후퇴처럼 보이기도 한다. 그러나 이것은 가능성이기도 하다. 여성들이 쓴 '문학'에 초점을 맞춤으로써, 지금까지 알려지지 않았던 여성작가 한명 한명이 가시화되고, 기존의 문학장에 재일조선인 여성문학이 파고 들어갈 수 있는 가능성을 보여주기 때문이다.

무엇보다, 송혜원이 발굴하고 있는 재일조선여성작가들은 결코 하나의 경향이나 존재조건으로 모아질 수 없다는 점에서 기존의 문학장 안에 있으면서도 그 문학장의 규범들을 벗어나 버린다. 여성작가들은 식민지 엘리트 교육을 받은 남성 재일조선인 작가들과는 달리, "거주지역, 가정환경, 교육정도, 소속된 민족단체 등 그 배경은 각양각색이며 창작 언어도 일본어, 조선어, 혹은 둘 다 쓰는 등 제각각"이다.(110쪽) 단지 "'해방' 후에는 경제적인 이유로 민족교육을 하기 어려웠고", 압도적으로 일본활자문화 속에서 생활했다는 것 정도가 공통적일 뿐이다.

따라서 송혜원은 이 각기 다른 배경을 지닌 재일조선여성작가 한명 한

명의 생애와 그/녀들의 발표장이었던 잡지들을 밝히면서 구체적으로 서술한다. 그 예들은 다음과 같다. 최초의 여성시인으로 꼽는 것은 리금옥이며, 최초로 소설(중편 1편)을 출간했던 재일여성소설가는 성률자로 『이국의 청춘』(1976)을 썼다. 『백엽』의 제1회 〈백엽문학상〉을 수상한 안후키코와 2회 수상자인 유무단을 소개하고 있으며, 초기 재일조선여성연구자 임전혜와 저널리스트 박수남 등을 다룬다. 이와 함께 재일조선여성들 앞에 처음으로 열린 '표현의 장'이었던 『진달래』도 자세히 언급하고 있다.

마지막으로 『진달래』의 시인인 그/녀들에게도 돌아가 직접 그 시들을 상기해 보자. 이 시들을 읽고 있으면 글을 쓸 엄두조차 내지 못하던 그/녀들이 함께 떠오른다. 글에 대한 욕망조차 가져본 적이 없었고 문해능력을 획득하는 데 지난한 과정이 걸렸으며, 문해능력을 가진 뒤에도 자신의 이야기를 쓸 수 없는, 글을 쓴 뒤에도 왜곡당한 '소리 없는 목소리의 폴리포니'다. 『진달래』의 시인들이 그러했듯이, 송혜원의 책이 한국에서 읽힐 때 어떤 소리 없는 목소리를 낼 수 있을까? 이 책에 나타난 그/녀들의 증언과 구술은, 여성적 글쓰기의 특질을 드러내는 것인 동시에 글쓰기의 보편적 욕망과 한계를 환기하는 것이 될 수 있지 않을까?

그러나 불행히 아직 한국에서도 일본에서도 재일조선인 여성문학은 좀처럼 직접 접할 기회가 없다. 『재일조선인 문학사'를 위하여』에 언급된 작품들을 직접 읽고 싶어서 찾으면 제대로 손에 들어오는 게 적다. 도서관 검색에도 잘 나오지 않고 소장한 도서관도 별로 없다. 이러한 고민 때문에 송혜원은 전집과 자료집을 만들었을 것이라고 생각한다. 이 연구서와 함께 료쿠인 쇼텐에서는 두 개의 자료집이 출판되었다. 『재일조선여성작품집 1, 2』[17]가 그 하나이다. 이 자료집의 「해설」에는 이런 언급이 있

---

17 宋惠媛 編, 『在日朝鮮女性作品集 1, 2: 一九四五~八四』(在日朝鮮人資料叢書9) (綠蔭書房, 2014).

다. "이 책에 등장하는 여성들 대부분은 '변소만이 쉴 수 있는 장소였어요'라고 쓴 종추월보다도, 더 앞 시대의 사람들이다."[18] 또 다른 하나는 2년 뒤 출판한 『재일조선인 문학자료집 1~3』[19]으로 그간 접할 수 없었던 수많은 자료들을 담고 있다. 이어서 2016년에는 종추월 전집이 시미즈 수미코清水澄子를 비롯한 네 명의 편자들의 노력에 의해 출판되는 등, 재일조선여성문학에 대한 연구가 조금씩 진전되고 있다.[20]

4. 월경 · 이산 · 분열을 품은 몸들: 탈식민주의와 아시아의 뜨거운 '냉전'의 엉킴

나는 내 조국의 흙을 모른다
미군병사의 구두는 조국의 흙을 안다.

이 시는 『진달래』(2호 1953. 3)에 실린 권동택의 「미군병사의 구두」이다. 조국의 흙을 모르는 '나'의 몸은 식민주의의 역사를 겪고 조국에 돌아갈 수 없게 된 재일조선인의 상황, 즉 식민주의의 연속을 가시화한다. 백화점 골목에서 구두를 닦아주며 생계를 꾸려가는 시의 화자는 미군병사의 군화를 닦는다. 그 미군병사의 군화에 묻은 흙은 '해방' 이후 아시아에 지속되는 뜨거운 '냉전'을 의미한다. 그 흙을 보면서 '조국'에 갈 수 없는 자신의 위치를 인식하는 시적 화자인 '나'는 이뤄지지 않은 탈식민지화와

---

18 宋惠媛 編, 「解說」, 『在日朝鮮女性作品集 1: 一九四五~八四』(在日朝鮮人資料叢書9) (綠蔭書房, 2014), iii쪽.

19 宋惠媛 編, 『在日朝鮮人文學資料集1954~70(全3권セット)』(在日朝鮮人資料叢書 14)(綠蔭書房, 2016).

20 宗秋月, 『宗秋月全集』(土曜美術社出版販売, 2016).

아시아의 뜨거운 '냉전'이 한데 엉겨 붙은 몸을 표시한다.

　탈식민주의는 아시아의 뜨거운 '냉전'과 긴밀히 연결되어 있지만, 이 두 접점에 대한 논의는 충분하지 않다. 최근엔 탈식민주의와의 충분한 관련성이 간과된 채 아시아의 '뜨거운 냉전 혹은 열전'이 논의되는 경향도 느껴진다. 이 배경에는 북한과의 관계변화가 있을 것이다. 그러나 아시아의 '냉전'은 식민주의의 연속 속에 있고, 최근 일본과의 악화된 관계는 식민주의의 문제에 다른 각도로 접근해야 할 필요성마저 상기시킨다. 이때, 『재일조선인 문학사'를 위하여』는 언어의 측면에서도, 작가들이 뿌리내린 '장소'의 측면에서도 식민주의의 연속(이뤄지지 못한 탈식민지화)과 아시아의 뜨거운 '냉전'이 접합된 몸을 드러낸다는 점에서 의미가 있다.

　첫째로, 언어의 측면에서 재일조선인 문학은, 식민지기에 강요된 일본어만으로도, 그렇다고 해방된 조국의 언어인 남북의 조선어만으로도 창작될 수 없다. 오히려 일본어도 조선어도 아닌, 두 언어를 한 몸에 품고 갈등하는 언어로 쓰여졌다. 조선어로 쓰는가 일본어로 쓰는가의 문제를 식민주의의 연속과 아시아 열전의 구도 속에서 보면, 식민지기에 조선어 대 일본어로 구축되어 있던 대립항이 '해방' 후에는 남북관계 속에서 재편되는 것이 확인된다. 송혜원이 재일조선인 문학에서 '조선어와 일본어 사이의 갈등'이 지속되었다고 할 때, 그 갈등의 대립축에는 식민주의와 아시아의 뜨거운 '냉전'이 한 몸으로 뒤엉켜 있다.

　이러한 점에서 송혜원이 재일조선인의 언어문제를 '조선어로 썼냐, 일본어로 썼냐가 아니라, 식민지 이후 아시아의 뜨거운 '냉전' 속에서 형성된 개인과 조직의 관계성 속에서 다루거나 두 작가의 삶 전체를 비교하면서 일종의 '논쟁사'로 배치한다는 점은 중요하다. 예를 들면 김달수와 어당의 논쟁, 김달수와 이은직의 차이, 재일 2세들의 일본어 창작이 지닌 의미, 김석범과 김시종의 언어관 등이 그것이다.

이러한 논쟁사를 쓰면서 송혜원은 일본의 출판자본주의 속에서 '조선어'가 지닌 불리한 위치에 대해서는 자각하면서도, 몇 가지 상황에 대해서는 일반적인 견해와 다소 다른 해석을 시도하고 있다는 점도 주목을 요한다. 예를 들어 총련 내부에서 일본어 사용에 대한 비판이 거세어지면서 『진달래』에 일본어로 글을 기고하던 재일 2세들과 총련과의 갈등이 심화될 때, 1970년대에 총련이 "공화국 지향의 원격지 내셔널리즘"이 되어갈 때, 이러한 시기들의 '조선어 글쓰기'와 그 이전 시기의 '조선어 글쓰기'가 갖는 의미를 구별하여 평가하고 있다.

　즉 송혜원은 조선어인가 일본어인가 보다 다수적인 언어와 소수적인 언어를 가르는 권력의 배치를 문제 삼는다. 어떤 독자를 대상으로 하여 작품이 창작되었고, 어떤 존재들을 그리기 위해서 글을 썼으며, 그것이 무엇을 지향한 문학 행위였는지 묻는다. 이 물음 속에서 드러나는 것이 식민주의 연속이고 아시아의 냉전질서이다. 그리고 이러한 권력의 배치에 따라 팔리는 문학과 그렇지 않은 문학을 나누는 출판자본주의의 양상도 달라진다는 것을 드러내 준다.

　그러나 보다 명확히 해 둬야 할 점은 재일조선인 문학사는 '조선어와 일본어 두 언어'가 한 몸으로 엉겨 붙은 언어로 창작되었다는 점이다. 송혜원은 재일조선인들의 문학행위에는 어떤 언어로 글을 썼건 다른 하나의 언어가 뗄 수 없는 관계로 공존한다고 말한다. 이 지점을 보지 못하면, 총련을 이탈한 후에도 계속하여 조선어로 창작활동을 했던 작가가 잊히는 등, 다시금 재일조선인 문학사 속의 공백이 생길 수 있다.

　둘째로, 재일조선인작가가 조직과 맺는 관계에서도, 식민주의의 연속과 아시아의 뜨거운 '냉전'이 뒤엉킨 형태가 나타난다. 그리고 식민주의의 연속과 아시아의 뜨거운 '냉전'에 따라 변화된 조직의 상황은, 재일조선인 문학사 안에서 다시금 몇 작품을 비가시화하기도 한다. 이 책의 3장

〈몇 줄기의 흐름: 대안적인 문학행위〉는 때로는 언어 때문에 때로는 조직 때문에 비가시화된 문학행위나 작품을 가시화하는 장이다.

예를 들면, 『백엽』을 만들면서 민단 쪽에서 유일하게 문학 문화활동에 힘쓴 최선(281~283), 조선반도의 통일을 내걸고 베트남 파병, 한일협정, 조봉암 사형 등에 대하 반대를 했던 『조선신문』(1959년 1월 창간 11월부터 통일조선신문), 한국의 작가들을 인식하고 교류한 잡지 『한양』 등을 들 수 있다. 이러한 지점은 이후 재일조선인 문학뿐 아니라 한국과 아시아의 문학 문화사 속에서 연구되어야 할 풍부한 주제들을 보여준다.

셋째로, 재일조선인 문학에는 식민주의와 아시아의 뜨거운 '냉전'의 경험을 한 몸에 품고 이산과 월경을 반복하는 존재들이 나타나 있다. 송혜원은 이러한 재일조선인들의 월경과 이산을 시기별로 다음과 같은 형태로 구별한다.

첫째는 해방 직후 조선으로의 일제 귀환과 일본으로의 역류, 둘째는 조선 전쟁 전후 사상대립 등이 원인이 되어 남조선/한국에서 일본으로 유입, 셋째는 1959년부터 시작된 '공화국'으로의 집단 '귀국', 넷째는 1960년대 이후 박정희 독재를 피하기 위한 한국에서 일본으로의 유입, 마지막으로 1965년 이후 한국 국적자들의 해외 유출이다. 이처럼 귀향, 밀항, 망명, '귀국', 신천지에 대한 투기 등 다양한 형태로 1945년 8월 이후 이동이 일어났는데 이러한 것은 재일 작가들의 작품에도 적지 않게 반영되었다.(318쪽)

이러한 상황을 고려하면서 송혜원이 언급한 식민주의와 아시아의 뜨거운 '냉전'을 한 몸에 지닌 이산·월경하는 존재를 언급해 보자. 이 각각의 존재군은 재일조선인 문학의 범위 안에 있는 동시에, 이를 넘어서 연구되어야 할 풍부한 주제를 담고 있다.

먼저 식민주의로 인해 이동해야 했으나 이후 귀환이 불가능해지거나 이동한 곳에서 살아가는 문학가로 소련출신 조선인 작가인 로만 김, 그리고 미주 한인 작가 강용흘이 있다.

다음으로는 밀항자들이 있다. 당시 밀항은 반복해서 발생하는 일상의 풍경이기도 했으며, 밀선을 타고 오는 암상인들을 통해 '남조선/한국'의 신문잡지를 재일 민족단체들이 받아보거나, 반대로 재일작가의 작품이 '남조선/한국'에 들어가기도 했다고 송혜원은 기술한다.(325쪽)

한국전쟁이 일어나자 전쟁을 막기 위해 유엔군에 자원한 재일조선인들도 있다. 이들은 잘 알려지지 않은 존재들이지만 그들이 받은 처우는 식민주의의 연속과 아시아의 뜨거운 냉전이 뒤엉켜 버린 형태로 참담했다. 전쟁 후 한, 미, 일 정부는 그들에게 무대책으로 일관했다. "제대 후에도 한국에서 목적없이 대기해야 했다. 그 결과 기다리다 지쳐서 일본으로 밀항하다가 붙잡혀 오무라 수용소에 수용된 자까지 있었다"(328쪽)고 송혜원은 언급한다. 특히 유엔군에 자원한 재일조선인 중 미스터리 작가가 된 려라/레이라麗羅는 주목할 만하다. 송혜원은 "'해방' 전후 시기에 일본, 조선, 소련 사이를 이동하며 일본군 지원병, 남로당 당원, 유엔군 의용병을 경험"한 존재가 레이라이며, 만약 그가 쓴 내용이 모두 사실이라면 레이라는 "조선 근현대사의 산증인과 같은 존재"(330쪽)라고 언급한다.

한국의 민주화 운동을 하다 일본으로 망명해 온 조선인도 있다. 1960년 4·19가 이뤄낸 민주주의의 성과를 군사 쿠데타로 차단해 버린 1961년의 5·16을 겪으면서 한국에서 일본으로 망명해 온 좌파 조선인들은 일본어와 조선어 양쪽에 능통한 엘리트가 많았고 신 1세로 분류된다. 송혜원은 이들이 식민주의가 낳은 독재정권에 대항하다가 일본으로 망명하지만, 재일조선인 사회에도 적응할 수 없었고 한국이란 조국에는 돌아갈 수도 없이 떠돌게 되었다고 말한다.(336쪽)

마지막으로 오무라 수용소에 수감된 사람들이 있다. 오무라 수용소에서는 일본에 의한 식민주의적 감시와 검열이 지속되는 한편, '공화국' 송환 희망자들이 '한국' 송환을 거부하면서 단식투쟁을 벌이거나, 빨갱이를 희생물로 삼아 귀국하면 애국자로 밀출국죄에 걸리지 않고 영웅이 된다는 소문 등이 돌기니 히여, 수용지들 시이의 씨움도 빈번히 일이났다고 한다.(346쪽) 그러나 송혜원은 오무라 수용소에 수감된 사람들이 문학잡지를 만들고 문학행위를 했다는 것 또한 밝혔다. 송혜원에 따르면 현재 알려진 것은 창간호(1957. 7) 밖에 없지만『오무라 문학』의 대표자는 안영이로 수용소 내의 〈태산료개하자치회泰山寮階下自治會〉가 이 문학회를 조직했다고 한다.(340쪽) 특히 이 조직 대부분은 '공화국' 지지자들이었으며 편지를 주고받으면서 이들과 접촉하고 있었다고 한다. 그러나 교류의 폭은 훨씬 더 넓어서 당시 일본의 서클과 편지를 주고받는 등, 수용소 내 문학잡지이면서도 당시 일본문학 및 재일조선인 문학 단체 20곳 정도와 관계를 맺고 있었다고 한다.(340쪽)

이처럼 식민주의의 연속과 아시아의 뜨거운 냉전질서가, 하나의 몸 속에서 뒤엉켜 존재하는 존재들을 다룬『재일조선인 문학사'를 위하여』는 현재 어떤 질문을 제기할까? 이러한 인물군을 가시화하는 것은 '탈식민주의'의 문제를 체제의 문제가 아니라 각 존재의 경험 속에서 되묻게 하는 힘이 있다. 그중 가장 가시적으로 드러나는 것이 '고향'의 문제다. 대개의 경우 '조국'은 '고향'이 있는 곳을 의미한다. 그러나 재일조선인들에게 '조국'과 '고향'은 어긋나 버린다.

1959년부터 재일조선인의 북송사업이 일어나고, 1965년 이후 한국적을 지닌 재일조선인들의 한국행이 가능해진다. 그러나 송혜원은 김랑(김경식)의 〈귀거래〉(1962)와 〈잿빛구름〉(1962)을 인용하면서 재일조선인이 겪은 이산과 월경이란 상황은 조국과 고향의 불일치를 야기했다고 말한다.

식민지기에서 포스트 식민지기로 이행하는 과정에서 일어난 고향
과 조국의 불일치로 인해 많은 재일조선인들이 향수와 정치 이념 사
이에서 흔들리고 갈등해야 했다. 고향을 애타게 그리워하면서도 자기
의 정치 신조와 맞지 않는 그 땅을 밟지 못한 채 일본에 머물다 죽어
간 사람들의 수는 헤아릴 수 없을 만큼 많다.(393쪽)

다시 권동택의 시로 돌아가 보자. 이 시는 자신의 '고향'을 제국의 군
화를 통해서만 경험할 수 있었던 존재들, 혹은 한국전쟁 당시 일본에 사
는 재일조선인으로서 직간접적으로 자신의 '고향'을 파괴하는 일에 가담
하는 형태로밖에 '조국'을 경험하지 못했던 존재들을 가시화한다. 이러한
재일조선인의 몸은, 식민주의의 지속과 아시아의 뜨거운 '냉전'을 연속성
속에서 파악해야 할 필요성과 함께, '탈식민주의'의 의미를 다시금 질문
하게 한다.

5. 자역(自譯): '날 것 그대로 들이 밀어진' 질문이 닿을 곳

가까운 장래 아직도 충분히는 자국어를 이해하지 못하는 사람 중에
서 내 작품의 일본어역을 읽고 싶다는 강한 요망에 밀려 나는 감히 수
치를 누르고 이러한 시집을 간행하기로 결심하는 바이다.

위 글은 시종일관 조선어 창작을 해온 시인 강순(1918~1987)이 자신의
시를 일본어로 번역한 『날나리』 서문에 쓴 말이다.[21] 강순은 총련을 탈퇴
한 후, 즉 조선어 독자를 상정할 수 없는 상황에서도 계속 조선어로 창작
을 했지만, 1970년에 자신의 시 56편을 스스로 일본어로 번역하고 이 행

위를 '자역自譯'이라고 불렀다.(408쪽) 인용구가 말해주듯이 그는 조선어를 모르는 재일조선인들이 자신의 시를 읽을 수 있도록 일본어로 '자역'했다.(409쪽) 강순은 조선어 독자를 상정할 수 없는 상황에서도 계속해서 조선어로 썼고, 재일조선인에게 읽히기 위해서 일본어로 번역을 할 때 '수치'를 느낀다. 왜인가?

송혜원의 책에서 몇 번이고 반복되는 질문은 이것이다. "재일조선인 문학은 도대체 무엇일까?(27쪽)" 이 질문은 재일조선인 작가들이 끊임없이 스스로에게 했던 질문이며 송혜원이 스스로에게 끊임없이 던지는 질문이기도 하다. 이는 어떤 언어로 쓸 것인가라는 문제와 직결된다.

> 어느 장이고 할 것 없이 <u>누구를 위하여, 무엇 때문에, 무엇에 대해서 쓸 것인가</u>라는 문제가 슬그머니 얼굴을 비친다. 물론 이러한 물음과 무관한 문학은 없을 것이다. 그러나 그 물음들이 특히 <u>재일조선인작가들에게는 날것 그대로 들이밀어졌다</u>고 할 수 있다.(64쪽)
>
> 재일조선인 작가들은 무엇을 위해 쓸 것인가, 누구를 위해 쓸 것인가라는 문학에서의 근원적인 물음과 예외 없이 마주했다. <u>그것은 늘또 하나의 물음, 즉 어떤 언어로 쓸 것인가라는 문제를 동반했다.</u> 두 가지 언어가 끊임없이 오고 가는 공간에서 작가들은 이 문제를 고민하며, 논의하고, 격투했다.(395쪽)

누구를 위하여, 무엇에 대해, 어떤 언어로, 왜 써야 하는가라는 질문이 "날 것 그대로 들이밀어"진 재일조선인에게 '재일조선인 문학이란 무엇인가'는 떠날 수 없는 질문이었다. 날 것 그대로의 질문과 매 순간 대면해

---

21 강순, 「가재의 재난(조선어 제목은 가재의 봉변)」, 『날나리』(思潮社, 1970). 송혜원, 앞의 책(2019), 395쪽에서 재인용.

야 하는 상황은 재일조선인 문학이 고착화되고 권력화하는 것을 어느 정도 막는 조건을 형성했다. 또한 '일본어'와 '조선어' 사이의 갈등은 '일본어'인 채 일본어가 아닌 언어, '조선어'인 채 조선어가 아닌 언어로 창작하는 순간을 만들어 냈다.

먼저 일본어에 초점을 맞춰 보면 일본어를 창작언어로 쓸 수 밖에 없는 조건에서, 그 '일본어'가 가진 언어적 보편요소만을 남겨 사용하려는 고투의 장면들이 있다. 김석범은 1968년에 총련을 탈퇴하고 일본어로 써야만 독자를 얻을 수 있는 상황과 마주한다. 일본어라는 '언어의 주박'을 풀기 위해서 그는 언어를 민족적, 개별적 측면과 보편적 측면(번역가능성)으로 분리한 뒤, 다시 번역가능성을 '개념적, 설명적 요소'와 '표상적, 감각적 요소'로 나누고 '표상적, 감각적 요소'에 천착한다. 송혜원은 이러한 시도를 "일본어가 가지는 개별성을 일본어 자체에 내재하는 보편성에 의해 넘어서려는 시도"이며, "조선어냐 일본어냐, 라는 이항대립으로부터의 해방을 기도하는 것"이라고 읽는다.(414쪽)

『화산도』를 이러한 측면에서 보면 흥미롭다. 김석범은 일본어에서 조선어로, 다시 일본어로 언어적 전회를 겪었으며, 일본어 『화산도』 속에는 처음에 조선어로 썼다가 일본어로 '자역'한 부분이 포함되어 있다. 그러나 이때의 '일본어'는 무엇일까? 김석범의 논리를 따르면 '일본어'는 민족적 개별적인 의미로서 일본민족의 언어가 아니라, '조선어'로의 번역가능성을 내재한 보편적 요소만을 남긴 언어라고 말한다.

나에게는 이러한 숙제가 있습니다. — 일본에 있으면서 일본어로 조선이라는 것을 쓸 수 있을 것인가 (중략) 나는 조선을 자유롭게 왔다 갔다 할 수 없는데 만약 그것을 쓸 수 있다면, 일본어로 다른 세계 — 조선을 그릴 수 있었으니까 단지 조선을 쓸 수 있다는 것뿐만이 아니

라, 이것은 <u>하나의 보편으로 통하게 되는 셈입니다.</u>[22]

김석범의 언어론과 '자역'은 그가 다른 재일조선인 작가들이 쉽게 다루지 못하는 주제 —친일과 전향, 미군의 비인간성과 조선인 경찰의 비굴함, 식민지 이전과 이후의 조선인들의 사상과 행동의 연속과 비연속성— 를 다룰 수 있는 길을 열어 주었다고 송혜원은 분석한다.(415쪽) 재일조선인의 현실을 그려내기 위한 번역가능성을 내재한 일본어, 즉 보편적 요소만을 남긴 일본어로 그려냄으로써, 언어의 주박에서 자유롭게 문학과 인간에 대한 근본적 물음과 만날 수 있었다는 해석이다.

두 번째로 조선어와 일본어가 함께 공존하는 '자역' 행위가 있다. 그 예로 강순과 허남기의 '자역'을 살펴보자. 강순은 앞서 설명한 것처럼 조선어를 모르는 조선인을 위해 자신의 시를 스스로 일역한다. 그런데 강순의 시언어는 "지극히 '조선어적'"이어서 "'자역'된 시가 거의 원형이 남아 있지 않을 만큼 변경"되었다고 한다.(410쪽) 송혜원은 "아무런 계산도 없이 단지 쓰고 싶은 조선어로 시를 썼고, 때로는 일본어로 바꿔 쓰기를 되풀이한 강순은 바로 두 가지 언어 사이를 산 시인이었다"고 평가한다.(410쪽)

한편 허남기는 해방 직후에는 일본어와 조선어를 같이 썼고, 총련 이후에는 조선어로 썼다. 그런데 죽기 직전에 자신이 처음에 썼던 일본어 시를 조선어로 '자역'했다. 이 행위에 대해서 송혜원은, 총련에 소속되어 있던 그로서는 조선어로 쓰는 게 절대적 정의라고 믿었던 것은 사실이지만, 그가 조선어 글쓰기를 고집한 이유는 총련에 소속되어 있었기 때문만은 아니라고 말한다. 오히려 그 행위는 "일본어와의 결별이라기보다는 일본어와 조선어라는 두 언어 사이를 살아온 재일조선인 시인으로서의

---

22 김석범, 『민족, 언어, 문학』(소쥬샤, 1976), 58쪽. 송혜원, 앞의 책(2019), 413쪽에서 재인용.

자신과 마주하는 작업"이었다는 것이다.(412쪽)

재일조선인 문학자에게 '자역'이 갖는 의미는, 조선어에서 일본어인가 일본어에서 조선어인가라는 번역의 방향에 있는 게 아니다. 오히려 뗄레야 뗄 수 없는 두 언어를 동시에 살고 있는 재일조선인의 조건에서 '자역'의 의미가 형성된다. 두 언어가 뗄레야 뗄 수 없는 상태로 한 작가의 내면에 들어와 있는 이상, 그 어느 쪽도 단지 조선어이거나 단지 일본어일 수 없다. 이 상태를 송혜원은 "한 사람의 작가 속에 품었던 두 가지 말이 왕래함으로써 갈등이나 화해를 일으키거나 새로운 언어 세계의 지평을 열거나 했던"(412쪽) 것이라고 말한다.

사실, 『'재일조선인 문학사'를 위하여: 소리 없는 목소리의 폴리포니』(소명출판, 2019년 8월 근간)도 『在日朝鮮人文学史」のために: 声なき声のポリフォニー』(岩波書店, 2014)를 번역한 것이 아니라 '자역'한 것이다. 송혜원의 '자역'행위는 독자를 위한 것이었을까, 재일의 현실을 전달하기 위한 것이었을까, 스스로와 마주하기 위해서였을까? 송혜원의 '자역'이 어떤 의미를 지니는가에 대한 단초를 찾기 위해 한국어판과 일본어판을 비교해 보면 무의식적인 차이들이 드러난다.

일본어판과 조선어판을 비교해 보면, 내용 면에서는 거의 차이가 없다. 조선어판에 〈머리말〉이 있고, 일본어판에 〈あとがき(맺음말)〉이 있다는 것, 문단구성, 각주, 고유명의 발음표기, 몇가지 표기(식자교육 → 문해교육, 식민지 → 일제 강점기, 조선 → 조선반도)가 다르며 머리말과 맺음말이 다르다는 것 이외에는, 본문은 1:1로 대응되는 번역이다. 굳이 다른 지점을 찾자면 다음 두 가지 정도를 들 수 있다.

첫째로 크리스티나 이의 연구에서 초점화된 것처럼[23], 한중일 한자 문화권에서, 한자로 쓰인 조선인 작가의 이름을 어떻게 부를 것인가 하는 것은 어려운 문제다. 일본어판에서 조선어식 발음을 가타가나로 음독해

서 붙인 경우는 김시종キムシジョン 종추월チョンチュウォル(11쪽) 김석범キム
ソクボム 등이 있다. 반면 주로 일본에서 활동한 김학영은 "긴가쿠에이きん
がくえい/キムハギョン"이라고 가타카나와 히라가나 음성표기를 모두 적는
다.(일어본/ 10쪽) 김달수는 처음에는 한자만 표기했다가 본격적으로 서술
이 이뤄지는 곳에서는 한자 없이 'キンタッジュ/キム・ダルス'라고 한
자를 지운 채, 조선어 발음과 일본어 발음을 가타카나로 병기한다.

처음 보았을 때, 이 구별은 재일 조선인 문학가가 주로 일본문단에서
활동하는가 아닌가의 여부에 따라 이름 읽는 방식이나 표기 방식을 다르
게 한 것이라고 생각했다. 그런데 송혜원에게 문의한 결과, 각 작가의 단
행본 판권본을 보고 표기한 것이라는 답변을 얻었다. 예를 들어 김석범
은 "긴세키항きんせきはん"이라는 일본식 독음을 그 어떤 책에도 쓰지 않
으며, 한국식 독음인 "김석범キムソクボム"을 쓰고 있다. 종추월의 경우는
2016년에 나온 전집 판권본에는 일본식 독음인 소슈게쓰そうしゅうげつ로
되어 있지만, 일본 독자와 재일 독자 사이에 각각 부르는 이름이 달랐다
고 한다. 김달수는 일본 독자를 향해 쓸 때 긴타쓰쥬キンタッジュ라고 표기
했으며 김달수는 다른 재일작가들보다 데뷔가 빨랐기 때문에 계속해서
이러한 일본식 이름으로 불렸다고 한다. 조선어 이름을 조선식 음독으로
부르는 것은, NHK의 조선어 이름 읽기에 대한 문제가 제기된 1970~80
년대 이후에야 가능해졌기 때문이다.

이처럼 이름을 어떻게 부르는가하는 무의식적 행위에도 일본사회 속
조선어, 재일의 위치가 매스컴과 편집자의 의도와 대중적 요구가 맞물리
며 반영되어 있다. 즉 재일조선인작가의 이름이 불릴 때, 그 이름의 대상
보다 그 이름을 부른 상대방의 위치가 역으로 드러난다.

---

23 Christina Yi, *Colonizing Language: Cultural Production and Language Politics in Modern Japan and Korea*(New York : Columbia University Press, 2018).

둘째로 몇 가지 '용어' 설명의 차이에 대해서 생각해 볼 필요가 있다. '용어' 설명은 한국어판에는 여섯 가지(재일조선인, 한국 '공화국', '해방', '조국', '귀국', '한국전쟁')가 나오고, 일본어판은 다른 부분은 모두 같지만, '조선전쟁'은 설명이 없으며, "한국 '공화국'" 부분에서는 명확히 설명의 차이가 있다. 아래 인용문에서 밑줄 그은 부분이 일본어판과 다르다.

> 한국, '공화국': <u>이 책에서는 대한민국을 한국, 조선민주주의인민공화국을 '공화국'이라고 약칭한다.</u> 당시의 재일조선인들이 가졌던 시점을 존중해서 대한민국을 조선민주주의인민공화국 중심주의적 약칭인 '남조선'으로도, 조선민주주의인민공화국을 대한민국 중심주의적인 '북한'으로도 호칭하지 않는다. (→ 일본어판 viii쪽에 첨부된 부분: "<u>모욕적인 의미를 강하게 담고 있는 '북조선'이나 한국에서 사용하는 '북한'이라는 명칭은 사용하지 않는다.</u>") <u>단지 1948년까지는 지역을 나타내는 통칭으로서 각각 남조선, 북조선을 채용한다.</u> 남북분단이 고정화된 1950년대 이후 재일조선인들은 조선민주주의인민공화국을 부를 때 '조선', '조국', '공화국'을 섞어서 사용해 왔는데 '조국'이나 '조선'이면 일반명사이기도 하기 때문에 약간 낯선 용어인 '공화국'을 사용한다. 저자는 오랫동안 제1세대 작가들에게 인터뷰를 해 왔는데 총련 소속, 이탈의 구별 없이 대부분의 작가들 입에서 나온 호칭이기도 하다. 현재 대한민국도 '제6공화국'이며 '공화국'이라는 호칭이 완벽하게 타당한 용어라고 할 수는 없지만 중립적 약칭이 없어 이 용어를 사용한다. 일본사람들은 '북조선 · 조선민주주의인민공화국'이라고 불러왔다가 2000년대 초 이후 '북조선'이라는 용어가 정착됐다. 일본인 납치사건과 핵문제를 단서로 종래의 식민주의적 시선에다가 적대와 모멸의식의 가속이 그 배경에 있다. <u>본서 일본어판(2014)에서는 '북조선' 대신 '공화국'</u>

을 사용했는데 그것은 아주 이례적이었다는 것을 덧붙인다."

　'조선전쟁': 한국에서는 '한국전쟁', '6·25', 조선민주주의인민공화
국에서는 '조국해방전쟁'이라는 통칭을 사용하지만 이 책에서는 '조선
반도에서 일어난 전쟁'이라는 뜻으로 the Korean War와 같은 의미로
'조선전쟁'을 채용한다.

　덧붙여진 부분을 보면 일본판에서는 '식민주의' 문제가, 한국판에서는
'남북분단' 문제가 강조되어 있음을 확인할 수 있다. 이 변화는 '자역'하는
송혜원의 내적 갈등이라기보다는 책을 둘러싼 주변 정세와 보다 긴밀히
관련된다.

　여태까지는 차이가 나는 부분을 언급했지만, 무엇보다 흥미로운 것은
'자역'을 했음에도 수정, 가필, 삭제 등이 최소화되었다는 점이다. '자역'
을 할 때 수정하고 싶은 욕망을 느꼈을 법도 한데, 송혜원은 그 욕망을
누르고 칼로 자른 듯이 조선어와 일본어 사이의 건조한 중개자로서만 스
스로를 위치시킨다. 그 이유는 무엇일까?

　일본어판과 조선어판을 비교하면서 새삼 깨닫게 되는 것은, 앞서 말했
듯이 2014년 이와나미쇼텐에서 발간된 일본어판 안에 이미 조선어에서
일본어로의 번역이 상당 부분 들어가 있다는 점이다. 조선어로 쓰인 재
일조선인 문학, 작가, 잡지, 신문, 등을 인용하고 있는 만큼 일본어판의
많은 부분이 조선어에서 일본어로의 번역을 자연스럽게 포괄하게 되었
다. 서술 중에는 증언과 구술을 활용한 부분도 있어서 조선어 음성을 일
본어 문자로 번역한 부분이 있을 것이므로, 이와나미쇼텐 출판을 둘러싼
송혜원의 번역행위도 결코 일본어에서 조선어로의 단순한 과정은 아니
다. 이번에 소명출판에서 발간한 조선어판의 많은 부분 역시, 번역이 아
니라 원래 조선어인 작품을 원래의 표기대로 되돌리는 작업이 동반되었

을 것이다. 따라서 이와나미쇼텐본과 소명출판본 어느 쪽을 '먼저'라고 이야기하기 어려우며 창작과 번역의 위계 또한 흐트러진다.

다시 한 번 물어보자. 이러한 상황을 고려할 때, 송혜원이 두 언어 텍스트 사이에서 1:1 변환의 완전한 중개자로서 스스로를 위치짓고 있는 것은 어떻게 해석할 수 있을까? '자역'의 과정을 생각해 보면, 일본어로 쓸 때 이미 그 내부에서 조선어가 베이스(bass)로 울리고 있었고, 이번에 조선어로 번역할 때에는 그 내부에서 일본어가 베이스로 울리고 있었을 것이다. 더 자세한 검토를 필요로 하지만, 하나의 언어체계에 안전하게 안착할 수 없다는 조건, 즉 글쓰기가 곧 번역을 동반하는 과정이었다는 상황은, 오히려 1:1의 '자역'을 가능하게 한 조건이었을지도 모른다. 김석범의 언어론이 그러했듯이, 송혜원의 '자역'도, 재일조선인의 현실을 그려내기 위해 번역가능한 언어의 보편적 요소만 남긴 '조선어'와 '일본어'를 끊임없이 상정하는 과정이었을 것이기 때문이다.[24]

이러한 송혜원의 '자역'의 특성을 생각해 보면, 『재일조선인 문학사』를 위하여』의 한국어본은 과연 누구를 위하여 무엇에 대하여 왜 번역되어야 했는가라는 "날 것 그대로 들이밀어진 질문"을 하도록 한다. 이 질문에 대한 대답은 조선어판 〈머리말〉과 일본어판 〈맺음말〉의 변화 속에서 살짝 엿보이는 듯하다.

첫째로 재일조선인 문학사를 어떤 언어로 써야 하는가라는 질문이다.

---

24 언어 외적인 측면에서 1:1로 대응하는 '자역'의 의미를 생각해 보면, 일본뿐 아니라 한국에서도 역사수정주의가 확산되면서 '문학연구'에 대한 불신이 커져왔던 배경을 상기해 볼 수 있다. 증언이나 구술을 풍부하게 포함하고 있고, 재일조선여성의 위치를 통해 서술되고 있는 『재일조선인 문학사』를 위하여』도 이러한 역사수정주의적 담론에 원용될 수 있다. 이러한 상황에서 스스로를 건조한 중개자로 놓고 1:1로 대응하듯이 '자역'을 하는 것은 한국과 일본의 출판계나 담론상황에서 생길 수 있는 수많은 오해를 줄이고 명확하게 대응하기 위해 필요한 장치였을 수도 있다.

(일본어판/349~350쪽) 이미 이 책은 일본어로 쓰여지고 말았고, 여기서 서두의 질문에 대한 결론 같은 것을 말할 생각은 없다. 쓸 때의 마음 불편함으로부터는 어떤 언어이어도 결국은 도망칠 수 없다. 집필이 끝난 지금, 확신을 갖고 말할 수 있는 것은 그 정도인 것일까.

(조선어판/4쪽) '도대체 이 책은 일본어와 조선어 어느 쪽 언어로 쓰여졌어야 했는가' '해방'후 재일조선인들이 가진 꼬이고 꼬인 언어문제를 생각하면 당연히 떠오르게 되는 물음이었다. 실은 일본어로 재일 조선인 문학사를 쓴다는 행위는 일본 학술계와 때로는 어떻게 협상하고, 때로는 거기로부터 어떻게 도주할 것인가하는 문제와 맞서는 것이기도 했다.

일본어판도 한국어판도 언어에 대한 갈등은 해결될 수 없이 변함없이 계속된다는 점이 확인된다. 일본에서 재일조선인 문학을 연구할 때의 고충이 조금 더 강조되고 있기는 하지만, 일본어로 쓰면 조선어 독자가 '암전暗轉'하고, 조선어로 쓰면 일본어 독자가 '암전'하는 상황이 계속되는 것이다.

둘째로 누구를 위하여 무엇 때문에 무엇에 대해서 쓸 것인가라는 질문이다.

(일본어판/350쪽) 인기 없는 도서관 한편에서 혹은 주인이 없는 서재에서 무언의 자료들과 마주했던 시간은 이 책의 원점이라고도 할 것이다.

(조선어판/4~5쪽) 이번 조선어판 간행으로 그들의 목소리를 조선어 독자에게 전달할 기회를 얻었다. 그들을 연구대상으로 하게 됨으로써 필자가 짊어지게 된 그들에 대한 부채의식을 조금이나마 덜 수 있게 된 게 아닐까 생각해 본다. (중략) 미숙한 서술과 분석이지만 이 책이, 이 책에 등장하는 재일 1세대 작가들의 금단의 고향이었던 땅에서 지

금을 살아가는 사람들에게 그들의 목소리를 조금이라도 전달하는 역할을 감당할 수 있기를 간절히 바란다.

언어에 대한 언급과는 달리, 책의 출판과 독자에 대해서는 조선어판이 훨씬 긍정적이다. 송혜원은 재일 1세의 이야기가 '금단의 고향'이었던 곳에서 조선어 독자에게 전달됨으로써, 부재하는 방대한 작품군인 그/녀들에게 느끼는 부채의식을 조금이나마 덜 수 있게 되었다고 말한다.

조선어판이 그렇게 되기를 바라는 마음과 함께, 그럼에도 한국의 출판계나 담론적 현실은 녹록지 않아 보인다. 일본어로 쓰인 재일조선인 문학사가 일본학술계와 어떻게 협상하고 또 어떻게 도주할 것인가라는 문제와 맞서는 것이었다면, 조선어로 출판된 재일조선인 문학사는 한국학술계와 어떻게 협상하고 또 어떻게 도주할 것인가라는 문제와 만나게 될 것 같다. 이 두 관계는 반드시 동전의 양면처럼 대응하는 것은 아니다. 즉 한국과 일본이라는 두 국민국가 사이에 『재일조선인 문학사』를 위하여』가 존재하는 것은 아니다. 오히려 '자역'이 정치성을 얻게 되는 것은 이 동전의 양면과 같은 배치가 동등한 담론적 권력을 보장하지 않는다는 것을 드러내는 순간일 것이다. 따라서 재일조선인 문학사가 한국에 번역될 때 부딪힐 한국학술계나 공론장의 공백과 위계를, 동아시아를 둘러싼 번역/자역의 문제틀 안에서 생각해 보면서 글을 마무리하고 싶다.

송혜원의 『재일조선인 문학사』를 위하여』가 '소리 없는 목소리,' 부재한 작품군을 동력으로 했음을 잘 생각해 보면, 한국의 사상번역을 둘러싼 어떤 공백이 가시화된다. 1990년대부터 한국에는 탈식민지 이론이 본격적으로 번역, 소개된다. 그중에서도 '서발턴은 말할 수 있는가?'라는 질문을 던져 서발턴의 말을 들을 귀가 없는 담론배치에 대해 일격을 가했던 스피박의 문제제기는 한국사회의 식민지기 및 마이너리티 연구에도 큰 자극이 되었다. 스피박의 문제제기를 확장시킨 로잘린드 모리스[25]의 저서가 번역되는 등, 탈식민주의 이론의 핵심은 서구, 남성, 엘리트가 아니라, 제3세계 출신으로 서구 교육을 받은 여성들에 의해서 주도되고 한국에 소개되었다. 이러한 서구, 남성, 엘리트 중심의 담론배치에 대한 문제제기나 서발턴의 목소리를 억압해 온 담론구조에 대한 비판은 송혜원의 이번 책의 주제와 긴밀히 관련된다. 이러한 흐름이 있었음에도, 재일조선여성문학은 한국에서 조명되지 못했다. 따라서 재일조선여성의 문학행위, 증언, 구술, 기록을 통해 재일조선인 문학사를 여는 송혜원의 저작은, 탈식민주의 이론을 한국이 수용할 때 어쩌면 내재하고 있었을지 모르는 식민주의적 무의식을 돌아보게 한다.

한편 이러한 식민주의적 무의식은 일본에서도 비슷하지만 다른 형태로 발현된다. 『82년생 김지영』의 인기는 한국 뿐 아니라 동아시아 및 세계로 확산되어, 문화번역의 회로를 바꾸었다. 일본에서도 사이토 마리코의 번역으로 『82년생 김지영』이 소개되면서 100만 부를 돌파하는 폭발적인 반응을 이끌어낸다.[26] 번역자인 사이토 마리코씨는 일본에서 『82년생 김지영』이 이처럼 인기를 끈 것은 한국의 미투운동 등 활발한 여성운동이 일본의 호응을 얻고 있기 때문이라고 말한다.

그러나 미투 운동과 『82년생 김지영』의 인기와는 달리, 일본에서 위안부를 둘러싼 재현물은 여전히 무관심이나 역사수정주의적 담론에 맞서 힘겨운 싸움을 계속하고 있다.[27] 이러한 현상은 한국의 미투 운동이 위안부에 대한 관심을 불러일으키고 광범위한 공감대를 형성한 것과 대비된

---

25 가야트리 스피박 외, 로잘린드 C. 모리스 엮음, 『서발턴은 말할 수 있는가?: 서발턴 개념의 역사에 관한 성찰들』, 태혜숙 역(그린비, 2013).

26 チョ・ナムジュ, 『82年生まれ, キム・ジヨン』, 斎藤真理子 役(筑摩書房, 2018).

27 올해 8월 일본 최대 국제예술제인 '아이치 트리엔날레'에서 '평화의 소녀상'이 출품된 자체 기획전이 중단되었던 사례는 그 한 예일 뿐이다.

다. 즉 한국에서 일본으로 전파되는 페미니즘 운동과 한국문학 붐 속에서, '젠더'는 부각되지만 '식민주의'는 후경後景화 되어버린다. 한국 뿐 아니라 일본에서 재일조선인 문학이나 재일조선여성문학이 처해 있는 상황은 위안부를 둘러싼 재현물과 많은 부분 비슷한 양상을 보일 것이다.

탈식민주의 이론 속 아시아 여성의 부재, 한국의 페미니즘 운동이나 한국문학의 인기 속 식민주의의 부재, 이 두 현상을 살펴보면, '동등한 번역'도 '동등한 출판'도 없음이 명확해진다. 번역 안의 언어적 위계, 복수의 제국 속에서 형성된 식민주의적 무의식, 젠더문제와 민족문제를 대립시키는 탈정치화된 담론의 문제가 동아시아 내부에 여전히 또아리를 틀고 있다. 바로 이러한 현재에, 재일조선인 문학 그리고 재일조선여성문학이 조선어/한국어로 소개되었다는 것은, 누구에게 이 책이 닿아야 할지 훨씬 더 복잡한 맥락을 기반으로 질문하게 한다.

이처럼『재일조선인 문학사』를 위하여』의 '자역'은, 재일조선인 문학의 내재적인 특질을 규명하기 위한 '질문'을 멈추지 않게 할 뿐 아니라, 이 책을 둘러싼 학술장의 담론구조와 출판자본주의의 구조를 끊임없이 근본적으로 질문하게 하는 힘을 갖고 있다.

6. 나가며: 이중부정의 재일조선인 문학사

재일조선인 문학연구의 높은 성과에도 불구하고,『재일조선인 문학사'를 위하여』에 대한 일본쪽 서평은 많지 않다. 그중에서 이소가이 지로磯貝治良의 〈'재일'문학 2015, 그리고 그 미래…〉는 1977년부터 "재일조선인 작가를 읽는 모임"을 주도하고 재일조선인 문학에 대한 연구서를 낸 입장에서 쓴 본격적인 서평이다.[28] 이 서평은 "재일조선인 문학의 종언"이라든가 "재일문학의 황혼"이라는 말이 들리는 상황에서 "재일조선인 문학론 필드에서는 결정적으로 결락되어 있던 문학사"가 나왔다는 것을 기뻐하면서, 송혜원의 책이 재일조선인의 조선어 창작을 부각시키고, 1945년부터 1960년대까지 이어진 조선어와 일본어의 갈등관계를 보여주면서, 재일조선인 문학을 통한 탈식민지화의 관점을 제시한다는 점 등을 높이 평가한다.(이소가야/ 134~135쪽) 또한 재일조선인 문학이 왜 지속되어야 하는지, 또 지속될 수밖에 없는지에 대해서 "문학상의 전쟁책임"이라는 말을 들어 강조한다.(이소가야/ 144쪽)

그런데 이 서평에서 흥미를 끄는 부분은 "'재일조선인 문학'과 '〈재일〉문학'이 자극적으로 병존했던 것은 1980년대 중반 이후"라고 시작하는 서두이다.(이소가야/ 134쪽) 재일조선인이 쓴 문학은 재일조선'인' 문학이다. 대개의 경우 '문학' 앞의 수식어는 한국문학, 일본문학, 미국문학, 중국문학처럼 '국가'가 붙거나, 오키나와 문학, 아시아문학, 영미문학처럼 '지역'이 붙는다. 그런데 재일조선인 문학은 '사람人'을 붙여 표현한다. '재일' 문학이란 표현도 '일본日에 있다在'는 사람의 거처를 뜻한다. 즉 국민국가의 경계 속에서 없는 셈 간주되던 '존재'의 자리를 '재일조선인 문학' 혹은 '재일문학'이라는 명칭이 내포하고 있다.

송혜원 책이 시도한 재일조선인 문학사는 없는 셈 치던 존재의 자리를 마련하려는 노력에 다름 아니다. 이와 관련해 다음의 말을 인용해 보려고 한다.

언어문제는 재일조선인 문학이 짊어져야 할 십자가였다. 그 무거운

---

28 磯貝治良, 「〈在日〉文学二〇一五, そしてゆくえ……」, 『抗路』1(図書出版クレイン, 2015. 9. 1). 이소가야 지로는 2015년에 『「在日」文学の変容と継承』(新幹社, 2015)를 출판했다. 이하 이 글에서의 인용은 이소가야/ 쪽으로 표시.

짐은 그러나 문학이란 무엇인가라는 원점으로 작가들을 끊임없이 되돌아오게 하고, 또 독자들에게 같은 물음을 들이대는 독특한 작품군을 생산하는 원천이 되기도 했다.(416쪽)

재일조선인 문학은 일본이나 한국이나 공화국 문학의 권위를 때때로 빌릴 일은 있어도 오리지널한 권위나 기준이나 정전을 가지고 있지 않다. 앞으로도 또 다시 수정과 고쳐쓰기 등을 한다고 하더라도 여전히 일본(어) 문학사에는 아마 약속된 연속성도 영속성도 재일조선인 문학사에는 없을 것이다. 그것은 불행한 것일지도 모른다. 그러나 적어도 그러한 것으로부터 자유롭다는 고통을 껴안는 것에서밖에 '재일조선인 문학사'는 시작되지 않을 것이다.(416~417쪽)

어떤 권위에 기대거나 곁눈질하지 않으면서 어둠, 부재, 고통, 무거움을 날것 그대로의 질문으로 마주함으로써 형성되어 온 재일 조선사람이 창작한 문학의 특질은, 이 두 인용문에 잘 나타나 있다. 그것은 어둠과 부재에서 벗어나는 것이 아니라 그 어둠의 깊이로 들어감으로써 빛과 어둠, 존재와 부재라는 구분 자체를 바꾸는 '어둠 속 또 하나의 어둠'을 발견하고 그 자리를 마련하려는 것이다.

그러나 송혜원은 이 잠재성으로 가득 찬 장소를 재일조선인 문학사라고 쉽사리 규정하지는 않는다. 인용문 마지막 문장이 보여주듯이, 조선부락 내부로 들어갈 때 드러나는 또 하나의 조선부락은, "그러한 것으로부터 자유롭다는 고통을 껴안는 것에서밖에", "시작되지 않을" 것, 즉 이중부정을 통해서만 가까스로 드러나는 "자역'의 장소'이기 때문이다.

4부

사회주의 지식인의 혁명과 제국의 시선

1920 · 30년대 한국 사회주의 지식인들이 본 실학과 다산[*]

박노자 · 번역 김채린

1. 들어가며

과거에 대한 생각은 늘 현재주의적 해석이다. 사실 그 자체를 꼭 등지지는 않으면서도, 당장 시기적절하거나 중요하다고 여겨지는 사실들을 선별하거나, 현재진행형 담론 투쟁을 바탕으로 과거를 해석하려는 경향은 항상 존재한다.[1] 그러나 시간이 지나면 투쟁 중에 소외되거나 무시당한 것들은 보통 전문 역사학자들에 의해 고찰되어 규명되고, 이 때 어떤 해석적 편향은 결국 수정되며, 학계는 과거에 있었던 어떤 사건들을 더 심오하게, 더 사색적으로, 그리고 덜 목적론적인 방식으로 이해하는 데

---

[*] 이 글은 제5회 〈연세한국학포럼〉에서 발표된 것으로, "Modern View of Joseon 朝鮮 Confucianism: Overcoming the Modernist Biases Focused on the 1930s Marxist Interpretations of Sirhak 實學 Movement," *Journal of Toegye Studies* 2-1(2019), pp. 85~113의 내용을 기반으로 작성됨.

[1] Lynn Fendler, "The upside of presentism," *Paedagogica Historica* 44-6(2008), pp. 677~690.

에 이른다. 과거의 담론 투쟁에 관한 비판적인 반성은 역사의식의 진보를 돕고, 이는 해석적 편향이 다른 역사사건이나 문제에서 재발하는 것을 방지해주기도 한다. 역사학적 반성은 학문으로서 역사학을 나아가게 하는 동력원이다.

한국과 일본 모두 20세기 전반에 걸쳐 과거의 이미지를 구현한 것은 '근대성'이었다. 일본은 본국 본위의 목적론적 역사 관점을 바탕으로 한국을 식민통치하는 근거를 마련했다. 동아시아 국가 중에 일본만이 유일무이하게 근대성의 영광을 향한 숙명적 궤도를 따르고 있었다. 대조적으로 식민지배를 받은 한국은 타칭 '전근대'일 뿐만 아니라 스스로는 침체되어 모두의 숙원인 '근대성'에 도달하지 못할 운명이었고, 일본 식민주의 학자들에 따르면 이는 한국이 갖고 있는 문화적 결점 때문이었다. 소위 '근대화 사명'을 내걸고 식민지배를 정당화하는 데에 동원된 식민주의적 폄훼는 자연스레 몰락한 조선 왕조의 주류 사상이었던 유교를 겨냥했다.[2] 그러나 일본 식민주의 학자들이 한국의 유교 전통을 보는 관점과 非유럽 식민지의 문화적, 종교적 정체성을 무시하는 유럽의 일반적인 오리엔탈리즘적 풍조에는 두드러진 차이가 하나 있었다. 일본은 자신의 제국주의 이데올로기에 강한 성리학 특성이 묻어나는 한국형 유교를 포함한 유교 자체를 단순히 배제할 수 없었다. 『교육에 관한 칙어敎育ニ關スル勅語』(1890)를 비롯한 여타 근대 일본의 주요 이데올로기적 거점은 '충忠', '효孝', '헌신獻身' 등 유교 어법을 활용하여 일본 특유의 관官주도 민족주의를 구축하려고 시도하였다.[3] 즉, 오리엔탈리즘적 폄하의 대상으로는 유

---

2 일본의 식민주의적 한국사 서술의 개요는 김용섭(1966)의 논문에서 찾아볼 수 있다. 金容燮, 「日本·韓國에 있어서의 韓國史敍述」, 『歷史學報』 31(1966), 128~147쪽.

3 일본 메이지 후기의 '도덕' 담론에 관해서는 Gluck(1985)에서 설명한 바 있다. Carol Gluck, *Japan's Modern Myths: Ideology in the Late Meiji Period*(Princeton : Princeton University Press, 1985), pp. 102~127.

교 그 자체보다는 한국에서 유교를 전용轉用하는 방식을 택했다.

다카하시 도루(高橋亨, 1877~1967) 등[4] 일본 관官학자들의 식민주의적 왜곡[5]은 당연하게도 피식민자들의 저항을 불러일으켰다. 의존적이며 침체된 조선의 식민주의 이미지를 해체하는 작업에 다양한 층위의 한국 지식인들이 관여했고, 여기에는 (많은 경우 일본에서 공부했던) 민족주의 노선 학자·교육자들부터 마르크스주의자들까지 참여했다. 이 중, 이 글은 조선 후기에 등장해 1930년대 초반 즈음하여 실학자로 불리게 된 비주류적 유학자들, 그리고 그들 중에서도 특히 다산 정약용(茶山 丁若鏞, 1762~1836)[6]을 바라본 마르크스주의자들의 시각에 주목한다.[7] 마르크스주의자들은 한국이 일본이나 여타 국가들처럼 단순히 역사발전의 보편적 법칙을 따르고 있었다는 점을 증명하는 데에 주력하였으며, 1930년대에는 당대 조선이 사실상 '유럽'을 뜻하는 "전 지구적" 역사발전 과정과 평행했다는 실마리를 어떻게든 찾으려 노력하였다.[8] 본고는 이때 그들이 취하게 된 연역적 논증 방식 및 결론부터 미리 내린 논설 태도가 어떻게 다산과 같은 조선 역사의 세목에 있어 인식론적 폭력행위를 성립하였는지를 논할 것이다.

---

4 高橋亨, 「李朝儒學史に於ける主理派主氣派の發達」, 『朝鮮支那文化の研究』(京城帝國大學法文學會第二部論集[東京:刀江書院, 昭和四年])

5 구인모 엮음, 『식민지 조선인을 논하다』(동국대학교 출판부, 2010), 20~21, 25~43쪽.

6 아유가이 후사노신(鮎貝房之進, 1864~1946) 등 일각의 일본 관학자들이 다산을 다른 조선 성리학자들에 비해 예외적으로 뛰어난 존재로 인정하는 태도를 일찌감치 취했다. 이와 같은 연구들은 식민지 조선의 학자들의 다산관(觀)에도 영향을 미친 것으로 보인다. 정종현, 『다산의 초상: 한국 근대 실학 담론의 형성과 전개』(신서원, 2018), 71~75쪽.

7 실제로는 "실학"이 일관된 학파 내지 학맥을 이루었다고 보기 어렵다는 사실은 주지된 바이다. Donald Baker, "The Use and Abuse of the Sirhak Label: A New Look at Sin Hu-dam and his Sohak Pyon," *Kyohoesa Yŏn'gu* 3(1981), pp. 183~254.

8 백남운의 역사화 방식에 내재된 '보편성' 사상의 분석을 위해서는 방기중(1992)을 참고할 수 있다. 방기중, 『한국 근현대 사상사연구: 1930, 40년대 백남운의 학문과 정치 경제사상』(역사비평사, 1992), 129~137쪽.

2. 민족주의자들의 다산과 마르크스주의자들의 다산

예상대로, 한국의 문화적 민족주의자들은 식민주의 오리엔탈리즘이 제시한 문제에 답하지 않을 수 없었다. 그런데 이 때 굳이 마르크스주의자가 아니라도 대다수의 반응이 서양의 역사학을 전용한 식민자들의 근대주의적 어법을 답습했다는 점을 짚고 넘어갈 만하다.[9] '근대성'이라는 물신物神에 의문을 제기해서는 안 됐다.[10] 식민주의자들과 그들에 대항하는 민족주의자들 간의 의견 차이는 한국에 그러한 '가치 있는' 역사가 있는지 없는지의 여부에서 발생했다. 후자는 한국인들 스스로도 예정된 '근대성'에 근접해가고 있었으며, 일본의 개입 없이 스스로도 도달했으리라는 의견을 강하게 펼쳤다. 유교에 관해서는 성리학자들을 내향적인 '주리파主理派'와 보다 외향적이고 실용주의적인 '주기파主氣派' 사람들로 분류한 다카하시와 동의하는 듯 하였으나[11], 그보다는 덜 교조주의적이면서 더 실용주의적이었던 17세기 학자들에 큰 관심을 보였다. 1920년대 후반부터 1930년대 초반에 걸쳐 실학파로 불리게 된 상기 학자들 중에서도 특히 다산은, 한국이 독자적으로도 근대라는 이상을 이루었으리라는 주장에 유력한 증거로 활용되었다.

이미 1930년대 초반부터 "사대주의적이며 침체된" 조선 후기의 일반적인 학풍과 다산을 비롯한 "실학자"들의 "자주성" 내지 "참신함"을 비교,

---

9 메이지 시기 역사연구에 대해서 전반적으로 고찰한 연구로는 Mehl(1998)이 있다. Margaret Mehl, *History and the State in Nineteenth-Century Japan*(London: Macmillan Press, 1998).

10 근대 한국사에서 '근대성'이 점한 담론적 우위는 Em(2013)에서 논의되었다. Henry Em, *The Great Enterprise: Sovereignty and Historiography in Modern Korea*(Durham: Duke University Press, 2013).

11 김경호, 「탈식민과 한국 유교: 식민지 근대성의 그늘, 너머」, 『유교사상문화연구』 62(2015), 91~124쪽.

대조했던 기당 현상윤(畿堂 玄相允, 1893~?)[12]이나 위당 정인보(爲堂 鄭寅普, 1893~1950)[13] 등이 다산을 조선 후기 지성사의 중심적인 "진보적인" 주인공으로 내세웠다. 일제강점기 시기 마르크스주의자들이 현상윤·정인보의 사회, 경제, 정치적인 보수성을 결단코 공유하지는 않았지만, 흥미롭게도 시대 역행적인 일반적인 성리학자들과 "진보적인" 실학 개척자들을 대립시키는 현상윤·정인보의 구도에 호의적이었다. 마르크스주의자들은 조선의 과거에서 근대성으로 나아가는 역사의 합법칙적인 움직임이 있었던 흔적을 찾는 데에 급급했는데, 그들의 관점에서 그러한 동향은 봉건제에서 자본주의로 향하는 역사 발전의 목적론적 본질을 구성했으며, 바라건대 눈부신 사회주의 미래로 나아가게 할 수도 있는 것이었다. 마르크스주의자들은 민족주의자들과는 달리 개별 인물보다는 사회경제적 구조에 관심을 더 기울였으나, 유학자들을 다룰 때만큼은 다산과 실학 운동을 전면에 내세워 일본의 조선 유교사 왜곡에 반박했다.

백남운(白南雲, 1894~1979)은 한국 마르크스주의 역사학자 중 선구자격인 인물로, 일본에서 교육받았으며 정인보와 연희전문학교에서 함께 가르치던 동료이자 친구였다. 그 역시 다산을 조선 후기 전체적인 사상사의 중심 인물로 보았다. 다산의 사망 100주기 기고문(「정다산의 사상」, 동아일보, 1936년 7월 6일)에서 백남운은 한국의 18·19세기 역사를 한편에서는 화폐경제, 시장경제와 결과적으로는 자본주의의 발전을 향하는 발전적 경향, 다른 한편에서는 교조주의적 성리학 이데올로기에 의해 지

---

12 현상윤, 「李朝儒學과 丁茶山先生」(1934), 『幾堂 玄相允 文集』(경희대학교 출판국, 2000), 368~372쪽; 「李朝儒學史上의 丁茶山과 그 位置(茶山逝世百年記念)」(1935), 앞의 책(2000), 397~401쪽.
13 정인보, 『薝園 鄭寅普全集』(延世大學校出版部, 1983), 68~86쪽; 정종현, 앞의 책(2018), 100~102쪽.

탱된 봉건적 착취 심화 사이의 경합으로 풀이했다. 서민으로부터 신생아와 돌아가신 부모의 몫까지 취렴하던 지방 향리들의 가렴주구를 지배층 관료들이 통제하지 못하던 무력한 모습에서 "봉건기구들의 붕괴 과정"이 보였다는 사실은 자명했다. 또, 그에 따르면 당시 "자연생장적" 화폐경제가 이끌던 봉건제에 대한 반발심은 종교적 저항이라는 형태를 갖추고 있었다. "구주 자본주의의 촉각"으로 불린 천주교의 수용은 진보의 징후였던 반면, 성리학의 천주교 탄압은 반反근대적 봉건제도의 전형적 반응이었다. 백남운은 다산을 18년간 유배보낸 1801년의 신유박해와 같은 천주교도 탄압 행위를 유럽의 교황주도적 자연과학사상 탄압에 견주었다. 다만 백남운 스스로도 교황이 주도한 근대 과학 탄압을 언급한 바, 18세기 유럽에서 진보적 개혁에 적대적이었던 천주교가 당대 조선에서는 "봉건기구의 전복"이라는 역할을 맡게 되었다는 점은 논리에 심각한 자기모순을 만들었으나 그는 더 이상의 설명을 제시하지 않았다. 그가 그린 다산은 "봉건적" 양반 철학자면서 가톨릭교로 개종했다는 혐의로 박해당한 근대 변화의 효시격 인물이었고, 조선 정부는 근대적 변혁을 고집스럽게 거부하며 서구 열강과의 무역을 거절해 화를 자초한 모습이었다. 이렇듯 백남운은 다산과 천주교·서구 사상의 관계에 주목했지만, 그는 한 가지 주의할 점을 짚어내기도 했다. 상대적으로 진보적일지언정, 다산은 오직 "소극적"으로 "봉건사회를 저주"했지만, "봉건사상"에서 완전히 벗어나거나 "자유사상"을 적극적으로 전파하지는 않았다는 점이다.[14] 이 경계警戒는 마르크스주의 역사 분석의 냉철함과 세밀함을 보여주며, 다산의 소위 '근대의 선각자' 지위를 과장하지 않으려는 노력을 보여준다. 하지만 그의 요지는 여전히 명백히 다산이 소위 진보적인 유럽 사상을 훌륭히

---

14 백남운, 「정다산의 사상」(1935), 하일식 엮음, 『백남운전집 4: 彙編』(이론과실천, 1991), 113~115쪽.

학습했으며, 미적지근하긴 했어도 조선 "봉건사상"을 비판했다는 것이었다. 백남운은 1935년 8월에 그의 기고문을 학술지에 투고하기 위해 수정하고 보강하였을 때 이 점을 더욱 명확히 했다. 그는 미국 독립, 프랑스혁명, 영국의 첫 철도 개통과 독일의 선구적 전신電信 설치 등의 사건들을 시대적 배경으로 언급하고, 이에 다산이 조선의 상황을 비판적으로 인식하게 되어 "자유사상"에 대한 동경심과 "봉건적 쇄국주의" 및 "계급적 양반도"에 대한 반발심으로 서학을 연마하게 되었다고 서술하였다.[15]

백남운과 비슷한 입장, 즉 한국의 근대 이행 과정에서 다산을 중시하는 시각은 창해 최익한(滄海 崔益翰, 1897~?)에 이르러 한 걸음 나아갔다. 최익한은 일본에서 교육받은 마르크스주의 학자이자 공산주의 운동가로, 다산의 글을 전방위로 탐구하였으며, 해방 이후에는 월북하여 북한에서 실학 연구를 이끌었다. 그는 자신이 종종 인용했던 정인보와 마찬가지로 전통으로부터 근대로의 과도기가 낳은 다소 남다른 인물이었다. 그 역시 정통 성리학부터 사회주의까지 근대 한국의 사상적 변천 과정을 몸소 겪었던 인물이다. 젊은 시절에 그는 퇴계 이황을 이은 영남학파의 면우 곽종석(俛宇 郭鍾錫, 1846~1919)에게서 수학하였고, 이어 근대성과 민족주의 사상에 몰두해 와세다 대학에서 잠시 공부하기도 했다. 그곳에서 마르크스주의에 대해 배운 그는 한국 학생들로 구성된 초기 공산주의자 모임인 일월회의 일원이 되었다. 일월회를 포함한 몇몇 공산주의 집단은 1925년 4월에 지하 결사인 조선공산당을 만들었다. 최익한은 1927년 9월에는 조선 공산당의 조직부장을 맡는 등 사회주의 운동에 적극적으로 참여하였으나, 그의 사회정치적 행보는 그가 1928년 2월 2일에 일본 경찰에 의해 체포되며 중지되었다. 한 때에 민족주의자였던 유림 출

---

15 백남운, 「정다산백년제의 역사적 의의」(1935), 앞의 책(1991), 117~121쪽.

신의 공산주의자인 그가 식민지 조선의 감옥에서 7년을 보내고 서울에 돌아왔을 때 조선공산당은 이미 해체되고 없었다. 결국 그는 다른 많은 과거의 급진주의자들과 마찬가지로 학문 및 언론의 길로 들어섰다. 덧붙여, 최익한은 직접 유학을 배운 입장에서 자연스레 한국의 유교적 과거에 주목했으나[16], 그의 관심사가 오롯이 유교에만 한정된 것은 아니었다. 다산의 역작인 『목민심서牧民心書』(1818)[17]와 조선 제도사에 관한 다른 자료들을 연구한 결과, 최익한은 최초로 전근대 한국의 사회 복지 정책을 다룬 개설적인 역사책 『조선사회정책사』(1947)[18]를 집필해냈다. 그가 1948년에 월북하고 나서는 그의 치밀한 연구는 아직 초기 단계였던 북한에서의 전통 시대사 연구에 크게 기여했다.

『여유당 전서를 독함』(동아일보, 1938년 12월 9일~1939년 6월 4일)이라는 제목으로 엮인 최익한의 연재물은 식민지시기 한국의 정기 간행물에 기고되었던 다산 관련의 글 중에서 가장 자세하면서 포괄적이었다. 충실한 마르크스주의자였던 최익한은 다카하시가 한국 유교에만 유독 폄하하는 자세로 임한 일에 별다른 관심을 기울이지 않았다. 그의 관점에서 유교는 갈래를 막론하고 "동양적 봉건사회의 문화적 산물"이면서 "지배 계급의 존엄한 생활을 합리적으로 뒷받침했던 이데올로기의 체계"였다. 그는 유교가 "위학폐습僞學弊習"으로 전락해 유교 사상을 그 이해관계에 이용했던 지배계급의 쇠퇴와 궤를 같이 하였으며, 결국에는 단순히 "진보

---

16 송찬섭, 「조카가 작성한 崔益翰(1897~?) 年譜」, 『역사연구』 20(2011), 271~298쪽.

17 최근에 영어로 번역되었다: 정약용, *Admonitions on Governing the People: Manual for All Administrators*, trans. Byonghyon Choi(Berkeley: University of California Press, 2010).

18 송찬섭, 「1940년대 崔益翰의 社會救濟制度 연구『朝鮮社會政策史』(1947)을 중심으로」, 『역사교육』 120(2011), 227~260쪽.

적 요소를 극도로 억압 교살絞殺"하는 도구가 되었다고 보았다.[19] 반면 천주교 선교사들은 보다 긍정적인 시선으로 바라본 근거가 조금 있었으니, 다산과 가깝게 교류한 광암 이벽(曠菴 李檗, 이요한, 1754~1785)을 비롯한 초창기 신자들이 그들을 통해 서양 서적의 한문 번역본을 수집할 수 있었기 때문이었다. 유럽에서 종교와 과학은 최익한이 언급한대로 르네상스 시대에 이미 분화分化했다. 동아시아에 들어온 예수회 선교사들은 동아시아 학자들의 관심을 끌기 위해 코페르니쿠스(1473~1543)와 갈릴레이(1564~1642)의 이론을 이용하고 있었으나, 교회가 근대 천문학의 창시자들을 탄압했던 일에 대해서는 굳이 교류하던 현지 학자들에게 알려주지 않았다.[20] 백남운과 임화[21]는 천주교를 조선의 교조주의적 성리학보다 상대적으로 진보적이라 생각해 우호적으로 바라본 반면, 최익한은 성호星湖가 천주교 자체에 가졌던 비교적 미지근한 태도를 강조하며(성호는 천주교와 불교가 많이 유사하다고 보았다)[22], 다산이 '서양 종교'가 아니라 '서양 과학'과의 "교섭"한 것을 그의 위대함의 본질로 규정했다. 백남운이 몇 년 먼저 시도한 것처럼, 최익한은 자신이 생각한 세계의 역사적 추세에 다산을 편입시켜 1770년대부터 1790년대 초반에 걸친 다산의 청년기가 유럽·아메리카 지역에서 일어난 변혁의 시기와 겹친다는 점을 강조했다. 그는 다산의 청년기에 때맞춰 일어난 중요한 사건들로 미국 독립, 프랑스 혁명, 폴란드의 국가 보존 노력을 열거했다. 1789년에 일어난 프랑스 혁명이 "유사 이래 인류의 최대 활극"[23]을 가리키는 가운데, 다산이 다

---

19 최익한, 『여유당전서를 독함』(서해문집, 2016[1938~1939]), 104쪽.

20 최익한, 앞의 책(2016), 115쪽.

21 임화, 「기독교와 신문화」(1941), 『임화문학예술전집 2: 문학사』(소명출판, 2009), 296~308쪽.

22 최익한, 앞의 책(2016), 108~110쪽.

23 최익한, 앞의 책(2016), 118~119쪽.

른 무엇보다도 머나먼 유럽 학자들의 열성적인 학도學徒였다는 점은 매우 중요했다.

최익한은 다산이 소위 "선진적 서양"에서 배우려고 했다는 점을 가장 높이 샀다. 그는 세계 과학 발전사 속에 다산을 자리매김하려 부단히 노력하였다. 갈릴레이가 코페르니쿠스 체계와 프톨레마이오스 체계를 비교하는『대화(*Dialogo sopra i due massimi sistemi del mondo*)』(1632)를 출간해 변혁을 일으키고 정확히 130년만에, 그리고 뉴턴(1643~1727)이 만유인력과 광학光學을 (최익한에 따르면 1666년 즈음에) 정립한 지 96년만에 한국의 가장 위대한 사상가가 탄생했다는 것이다. 게다가 다산은 선교사들의 글에서 찾아볼 수 있는 서양 과학지식은 모조리 흡수해야 했는데, 포교를 목적으로 둔 선교사들은 과학지식을 "미끼"로 활용하고 있었다. 그러므로 최익한에 따르면 다산은 "미끼를 문 것", 그리고 정치적 위험에도 불구하고 조선 독자층에게 과학을 가르치기 위해 선교사들의 과학지식을 배운 점이 칭찬을 받아야 했다. 중화주의적 사상을 반박하고 사실상 중국中國을 "탈중심화脫中心化"하면서도 기꺼이 중국에서 과학과 기예를 배워오자고 주장한 태도 역시 칭송받을 점이었다.[24]

3. 근대 지상주의의 함정

금일의 시점에서 보면, 또 당대 민족주의자들 및 후대 학자들이 실학과 다산에 선사한 다소 과장된 칭송에 빗대어보면, 다산에 대한 최익한의 관점은 다산의 성과와 한계를 냉철하게 판단했다는 점에서 긍정적

---

24 최익한, 앞의 책(2016), 171~175쪽.

으로 평가할 여지가 있다. 그는 일단 다산이 배울 수 있는 최선은 과학을 그다지 염두에 두지 않은 천주교 선교사들이 동아시아에 가져온 기존 서학의 파편 뿐이었음을 밝혔고, 다산의 최대 성과는 완전한 사회경제적 개혁 계획이 아니라 인식론적 전환이었다는 점을 분명히 하였다. 후대 학자들이 비록 다산이 관료제의 기원에 대해 쓴 단편적인 글인 「원목原牧」을 소위 "민주주의의 전조前兆"라고 재정의하거나 해당 글이 국민주권설의 태동기를 암시하는 것으로 보았으나[25], 최익한은 다산이 "군주제 지지자"였으며, 지배자의 피지배층을 향한 "교화"를 중시하면서 유교적 "덕치주의"에 능했다는 점을 지적했다. 동시에, 최익한이 보기에 다산은 비교적 평등했던 고대사회에서 치자治者 계급이 발생한 경위를 역사화(historicize) 해냈고, 다른 유명한 단문인 「탕론湯論」에서는 '아래에서 위로' 지배자를 뽑는 관습에서 '위에서 아래로' 권력을 행사하도록 정치적 대표성의 방향이 바뀌면서 그 산물로 발생한 것이 군주권이라고 논고했다. 다산의 서술 방식은 피지배층이 사회권력의 기원임을 강조하고, "위에서" 다스리는 당시 통치 방식을 상대화하는 척도를 암시하기도 했으나, 현존하는 정치 체제에 대항하는 구조적 정치개혁 이론으로 발전하지는 않았다. 최익한이 해설한대로, 벤담의 공리주의가 최대 다수를 위한 최대 이익을 추구하는 반면에, 다산은 다수의 이익을 통치자의 성공적인 도덕적 수신修身 및 "교화"의 반사이익으로 보았다. 최익한에 따르면, 그가 다수의 입장과 이익을 고려해서 지배층 소수의 권력을 인사人事의 불변적인 상수常數 대신 역사적 변혁 과정의 가변적인 결과로 맥락화한 일

---

25 김진호(2013)는 1950년대 이래 북한·남한 연구사에 드러난 이와 같은 입장을 비판적 검토한 바 있다. 김진호, 「다산 정치사상에 대한 민권 이론 비판」, 『국학연구』 23(2013), 347~377쪽.

자체가 거대한 성과였다.[26] 그럼에도 최익한의 다산론의 주안점은 다름이 아닌 다산의 상대적인 진보성, 즉 다산과 조선의 땅에 아직 오지 않은, 그러나 언젠가는 필연적으로 와야 할 '근대' 사이의 상관관계의 설정이었다. 매우 치밀한 연구자인 그도, 근대 지상주의, 근대주의적 목적론의 함정을 완전하게 피하지 못했다.

식민지 시기 한국인 사상가들은 조선조 유교에 관한 논쟁에 끼어들지 않을 수 없었는데, 이들이 당시 활용한 논거는 그 당시로서 전혀 이상하지 않게 보였다. 이런 비슷한 류의 설전은 당시 아시아 전역에서 벌어지고 있었다. 중국의 근대주의 사상가들은, 중국 명·청 시대 고증학이 재발견한, 이른바 진보적·평등주의적이었다는 묵가墨家에 주목하고 있었고[27], 불교학자들은 불교학의 소위 과학적 성질을 강조하며 근대주의적 불교 호교護敎론을 펴고 있었으며[28], 인도 학자들은 고대 인도의 유물론을 재해석하고 있었다.[29] 한국과 그 밖에서 세계 각처에서 일어난 이러한 이데올로기전戰에서 '근대성'의 담론적 우위는 전제된 것이었다. 역사의 주역들을 사회경제적 문맥과 연결시켜 해석하는 경향성이 있던 마르크스주의자들은 탈식민 민족들의 과거 서사를 보다 정밀하게 역사화하는 작업을 통해 근대주의 특유의 견강부회들을 바로 잡아주는 데에 가끔 일조하기도 했다. 그러나 그들 역시·신생 탈식민 국가들의 서사에서 인식론적 척도로 근대성을 도입하는 데에는 기본적으로 동의했다. 여기서 근대

---

26 최익한, 앞의 책(2016), 231~240쪽, 243~254쪽.

27 Carine Defoort, "The Modern Formation of Early Mohism: Sun Yirang's Exposing and Correcting the Mozi," *T'oung Pao* 101(1–3)(2015), pp. 208~238.

28 David McMahan, *The Making of Buddhist Modernism*(Oxford: Oxford University Press, 2008), pp. 89~117.

29 Debiprasad Chattopadhyaya, *Lokayata: A Study of Ancient Indian Materialism*(New Delhi: People's Publishing House, 1959). David McMahan, ibid., pp. 89~117.

성이란 그 정의(definition)상 근대 유럽의 발전과정을 기준으로 삼은 것이었다.

오늘날 근대성은 치명적인 생태적 위기를 초래한 주범으로 지목되며, 인간 역사의 운명적인 정점 대신 보통 비판적인 자기성찰의 대상으로 여겨진다.[30] 그러니 문제는 '근대성'을 우위에 두고 모든 전근대 역사를 결정된 목적론적 근대 발전과정의 서곡으로 그려내는 일이 오늘날 설득력을 가지냐 하는 것이다. 조선 유교사의 경우에 소위 '진보적인' 실학에 초점을 맞춘 근대주의적 해석은 그 이후 밝혀진 조선의 실상들과 자주 상충한다. 이 실상들이란 지금 조선 유교사를 이해하는 패러다임을 규정한 식민지 시기 선학先學들보다 현대 연구자들이 더 잘 알게 된 바이다. 다산은 퇴계로부터 이어지는 학파의 후계자로서[31], 노비제·신분 세습의 유지를 고집스럽게 옹호했다.[32] 과연 그가 정말로 백남운·최익한이 묘사한 바와 같이 근대를 예견한 사상가였는가? 또, 실학이 통일적이거나 조직적인적 있었는가? 과연 "학술운동"이라고 명명될 수 있는가? 그리고 서학에 관한 비교적 관대한 태도가 특정 유교 학파보다는 유교적 실용주의 전반의 보편적 특징이 아니었는가? 다산이 서양 기하학·광학·천문학에 가진 전문성은 한국의 18세기 후반 지식인 엘리트 계층의 기준에 비춰보면 확실히 그리 예외적이지 않았고, 예수회 선교사들의 철지난 한

---

30 Gert Spaargaren, Arthur P. J. Mol and Frederick H. Buttel, "Introduction: Globalization, Modernity and the Environment" In Gert Spaargaren, Arthur P. J. Mol and Frederick H. Buttel, eds., *Environment and Global Modernity*(London: Sage, 2000), pp. 1~17.

31 이광호, 「퇴계 이황의 심학적 이학이 다산 정약용의 도덕론 형성에 미친 영향」, 『한국실학연구』 12(2006), 21~45쪽.

32 정약용, 『목민심서』(제7편) 예전 5, 변등(辨等); 김영식, 『정약용의 문제들』(혜안, 2014), 29~40쪽.

역 서적에 대부분 의존했다.[33] 다산이라는 위대한 조선인 학자가 프랑스 혁명이든, 미국 독립이든 당대 서양에서의 주요 사건들을 잘 알았을 리가 없었을 것이다. 물론 다산은 유서 깊은 음양오행설陰陽五行說을 거부한 일이나, '천天'·상제上帝를 비교적 개인주의적으로 인격신으로서 접근한 일, 철학적인 글과 시에서 전반적으로 인간 주체성을 강조한 일[34]에서 인습타파적 인물로 평가될 만하고, 그 경향이 조선 후기의 중대한 문화적·이데올로기적 변혁을 반영했을지언정, 과연 우리가 이 위대한 조선의 철학자를 그가 직접 접해본 적도 없는 당대 유럽 학자들에 견주어야 할 것인가?

4. 나가며: 다산과 실학의 근대화를 넘어

1930년대 식민지 조선만 놓고 보더라도 실학의 근대주의적 해석이나 다산 열풍이 통일되거나 획일적이었던 적은 없다. 다산이 쓴 「원목」은 그 성격이 1935년에 안재홍(安在鴻, 1891~1965)이라는 주요 민족주의 문인에 의해 "사회민주적" 저작물로 규정되었고, 이는 1959년에 실학에 관한 민족주의 사학자들의 공식적인 입장을 체계화한 중요한 인물인 홍이섭 (洪以燮, 1914~1974)에 의해 받아들여져 인용되기도 했다.[35] 그러나 최익한은 다산에 대해 1938~39년에 잇달아 작성한 연재글에서는 보다 심오해진 접근방식을 선보였다. 비록 다산이 역사를 서술하던 방식이나 동아

---

33 김영식, 앞의 책(2014), 112~141쪽.

34 Deberniere Torrey, "Separate but Engaged: Human Subjectivity in the Poetry of Tasan Chŏng Yagyong," *Journal of Korean Studies* 15-2(2010), pp. 95~122.

35 홍이섭, 『丁若鏞의 政治經濟 思想 研究』(延世大學校 大學院, 1966), 76쪽.

시아의 중앙집권적 군주제의 계급적인 통치체계를 역사화 위주의 접근법으로 상대화하려고 시도한 바는 참신했으나, 이는 근본적으로 지배층을 향한 반항보다는 위기에 봉착한 지배층의 일원으로서의 자기성찰이라는 것이다.[36] 확실히 최익한이 해방 전에 다산을 보던 시각은 정치적 고려가 훨씬 더 많이 반영된 1945년 이후에 비하면 비교적 더 객관적이었던 듯하다. 1955년은 북한의 수령인 김일성이 유명한 연설에서 '주체' 이념을 강조하고 파북 소련 고려인들이 실학의 위대한 전통에 무관심하다며 비판하던 해였다. 같은 해에 최익한은 평양에서 실학과 다산에 관한 역작을 출간해[37], 다산이 과학적 유물론적 관점을 발전시키지는 못했다고 비판하는 한편 그를 '민주주의'의 옹호론자로 만들었다. 그리고 (본디 국가 세수稅收를 보장하고 부호들에 의한 소농들의 토지 겸병을 막는) 중국의 구제도인 정전제를 복원하고자 한 다산의 시도를 전통적 농촌 공동체인 오브시치나(община)를 되살려 사회주의를 건설하고자 하던 러시아의 나로드니키(Народники)에 빗대기도 했다.[38] 그러나 1945년 이전에 쓰여진 최익한의 다산 관련 서술도 이미 인식론적 폭력이라는 혐의에서 자유롭다고 하기는 어렵다.[39] 한국의 역사적 정체성을 마름질하던 근대의 설계자들은 실학을 '근대의 기원'으로 삼았으나, 그 해석은 막상 소위 '실학자'라 불린

---

36 최익한, 앞의 책(2016), 250쪽.

37 최익한, 『실학파와 정다산』(국립출판사, 1955).

38 최익한, 앞의 책(1955), 487~489쪽. 북한에서의 다산의 이데올로기적으로 이용한 양상에 관해서는 다음과 같은 연구가 있다. Alzo David-West, "Between Confucianism and Marxism-Leninism: Juche and the Case of Chŏng Tasan," *Korean Studies* 35(2011), pp. 93~121.

39 무관한 해석을 토대로 타자를 구성하는 과정에서의 인식론적 폭력이라는 개념에 관해서는 Spivak(1988)을 참고하였다. Gayatri Spivak, "Can the subaltern speak?" In Nelson, Cary and Grossberg, Laurence, eds., *Marxism and the Interpretation of Culture*(Urbana: University of Illinois Press, 1988), pp. 271~313.

이들의 실질적인 삶 내지 생각과는 관련이 적었던 것이다.

물론, 최익한 시대 마르크스주의뿐 아니라 지금의 세계 사학史學 역시 대개 다산의 시대가 19세기 초반의 '대분기大分岐'를 바로 앞서면서 조금 겹친다고 규정할 것이다. 당시 서유럽은 산업주의의 태동과 성장하는 근대 과학을 끼우고 전례 없이 뛰어올라 동아시아와 같은 오래된 문명의 거점들과 점차 더 큰 격차를 보이고 있었다.[40] 18세기에 접어들자 동아시아는 코페르니쿠스 천문학, 뉴턴 물리학, 혹은 최신 총기류와 같은 수입품에 있어 유럽을 가르치기보다는 배우는 입장이었다.[41] 이와 같은 큰 그림에서는 다산을 기본적으로 서양과의 접점 측면에서 분석하는 쪽으로 유도되기 쉽다. 당대 유럽에서 피지배층과 지배층 사이에서 보다 계약적이고 균형잡힌 상호관계를 탐색하던 작업과 직접적으로 대응하는 '국민주권설'[42]을 다산이 발명했다는 의견은 곧이곧대로 받아들이기 어렵지만, 조선에서도 모종의 변화가 진행되고 있었다는 점은 부정하기 어렵다. 확실히 「원목」과 「탕론」에서 다산이 초점을 고대에 있었다는 하위자에 의한 상급자의 추대, 선발의 제도, 그리고 통치의 궁극적인 목적이 피지배층의 안녕이라는 점에 초점을 둔 것은 근본적으로 맹자와 같은 민본주의 색채가 강하게 묻어나지만, 〈목민심서〉 같은 역작들이 대다수의 조선 통치 이론에 비하면 관료 통치의 지엽적 부분에까지 세밀한 관심을 기울였다는 점에서 결을 달리한다. 당대의 시대적 조류가 다산을 포함한 적어도 조선의 몇몇 사상가들을 자기성찰적으로 만들었으며, 당대 불가침적이었던 영역들을 상대화하려는 목적으로 역사를 폭넓게 분석하는 경향이

---

40 Kenneth Pomeranz, *The Great Divergence: China, Europe, and the Making of the Modern World Economy*(Princeton : Princeton University Press, 2000).

41 David S. Landes, "Why Europe and the West? Why Not China?," *Journal of Economic Perspectives* 20-2(2006), pp. 3~22.

42 조광, 「정약용의 민권의식 연구」, 「아세아연구」 56(1976), 81~118쪽.

선학先學보다 짙어지도록 만들었다는 사실은 반박하기 어렵다.

　하지만 다산을 탄압받은 원原 근대주의자로 형상화하는 일은 인식론적 폭력에 해당하며, 다산 스스로가 상상도 못했을 역할을 그에게 배정하는 일이다. 수입된 과학 지식에 분명한 관심을 표하기는 했어도, 다산은 무엇보다도 스스로를 유학 경전의 해석가로 생각했다. 그는 그의 글에서 "성인의 법"[43]을 신성시한다는 점을 명확히 했으며, 양반층과 나머지 계급 간의 신분 구별이 점차 약해지는 것을 걱정하기도 했다.[44] 오히려 보수적인 사상가였던 그는 양반 가문의 지위와 명망 유지에 중요한 노비제를 강화하고 싶어했으며, 동시에 지방 목민관들이 아전, 향리나 부농들을 통제할 수 있으면서 농촌사회 기득권층의 횡포로부터 약한 서민들을 보호할 수 있도록 보장하고 싶어하였다. 조선의 통치 제도가 지방 관리들의 사익 추구를 통제하거나 지역사회에서의 아전 등이 자행하는 불법 행위들을 더 이상 차단시킬 수 없게 되었다는 사실이 그에게는 자명했다. 하지만 그가 선호한 해결책은 노비제 폐지나 신분 평등과 같이 흔히 생각되는 '근대성'과는 거리가 멀었다.[45] 이러한 사상가를 서구적 근대성의 맥락 속에서 규정짓는다면, 이는 완전히 다른 현실의 틀 안에서 살고 생각했던 지식인을 향한 인식론적 폭력에 해당하지 않겠는가? 비록 그의 생몰시기가 겹치고, 유럽발 세계사적 변혁에 의해 영향을 받았다고 하더라도 말이다. 당시 조선이 상업적 생산체계 개발, 화폐경제 발전, 세습신분제의 약화라는 넓은 의미로서의 세계적 변혁 과정에는 함께 하였으나, 신분제나 "성인의 법"을 열성적으로 방어하는 다산의 태도에서 여실히 보이듯, 태생적 신분의 강한 고착화와 성리학적 정치 관행 등의 세

43　『경세유표』 제7권, 「井田議」 1.

44　정약용, 「跋顧亭林生員論」, 『與猶堂全書』 文集 卷十四.

45　김호, 「다산 정약용의 "민주(民主)" 기획」, 『다산과현대』 6(2013), 289~325쪽.

계사의 일반적 대세와 또 다른 고유 성질들도 발현했다고 인정하는 것이 가능하지 않을까? 경제적 · 사회적 · 정치적 근대성으로 나아가는 세계적 움직임을 지역마다 다양하고 불균형한 것으로 파악하는 일은, 다산과 같은 비주류적 사상가들의 상대적 보수성을 18 · 19세기 전 지구적 변화의 풍경에 통합하는 것을 가능케 할지도 모른다.

물론, 조선 유교 및 특히 실학에 관한 현대 연구는 전반적으로 일제시기보다 훨씬 발전했다. 그러나, 1920 · 30년대 담론 전쟁에서 유래된 근대주의적 틀은 아직 북한과 남한 모두에서 실학이 형상화되는 방식을 규정한다.[46] 지금의 기대치가 아닌 과거의 역사적 현실에 의거해 조선 유교의 진화과정을 묘사하려는 생각을 가지고 이 틀을 돌아볼 때가 되었다. 조선 후기에는 가장 뛰어난 지식인들이 적어도 부분적으로는 점점 주자학 도그마에 회의적으로 변해가거나, 과학 발전을 실용적으로 보는 관점에 우호적이게 되었으며, 종래의 통치 원리를 인식하는 방식이 보다 상대적이 되거나 적어도 느슨해지는 등, 후기의 조선이 중요한 변화를 겪고 있었다는 사실은 의심의 여지가 없다. 이 경향성을 예시한 인물로서 다산이 지닌 가치는 인정해야 한다. 하지만 1930년대 마르크스주의자가 선한 의도를 가지고 했던 것처럼 다산을 머나먼 유럽의 동시기 변화과정에 기대어 비교하는 일은 여전히 인식론적 폭력에 해당할 것이다.

---

46 인위적인 실학의 '근대화'에 대한 최근의 비판은 황태연(2018)에서 이루어졌다. 황태연, 『한국 근대화의 정치사상: 사이비근대화론(실학 · 북학 · 친일개화론)의 청산과 진정한 근대화 철학(조선중화론 · 신존왕주의 · 민국사상 · 구본신참론)의 정립을 위하여』(청계, 2018).

신채호의 사상에 내재한 서양근대철학의 언어들

정대성

1. 들어가며

아我와 비아非我의 접촉과 이로 인한 투쟁은 아의 정체성 형성을 강제하고 아의 변형과 변혁을 이끌어 낸다고 하는 단재丹齋 신채호 (1880~1936) 역사학의 중요한 원리는 대아大我로서의 조선에 대해서 뿐 아니라 자신에게도 적용된다. 외세와의 급작스럽고 전면적인 조우로 인한 변화를 불가피하게 수용할 수밖에 없었던 변혁기에 그는 존망이 위태로운 나라의 자강을 위해, 이미 상실된 나라를 회복하기 위한 민족정신의 유지와 강화를 위해, 그리고 평등한 민중 중심의 사회를 위해 자신과 자신의 이론을 부단히 변화시켰다. 그의 혁명적 열정과 타협 없는 삶, 그리고 연구가치가 풍부한 사상과 사상적 스펙트럼 등으로 인해 신채호에 대한 연구는 비교적 활발하게 진행되고 있다. 혹자는 신채호 이론의 이런 변화를 시민적 민족주의 시대(1898~1922), 혁명적 민족주의시대(1923~4) 그리고 무정부주의시대(1925 이후) 등으로 구별하기도[1] 또 혹자는 민족주의시대와 무정부주의시대로 구분하기도 하며[2], 또 다른 이는 단절보다는 일관성의 관점에서 그의 사상을 논하기도 한다.[3]

단재의 학문에서는 서양 근대 계몽기를 거치며 뚜렷한 사회정치적 의미를 획득한 핵심적 개념들이 많이 등장한다. 자유, 평등, 민권, 민족, 인민/민중, 민주주의, 입헌공화, 경쟁, 투쟁, 아, 비아 등이 그것이다. 비교적 이른 시기에 사회정치적으로 중요한 핵심개념들을 수용하고 있다는 사실은 그가 비록 서구의 근대에서 제국주의적 폭력을 보면서도 서구의 정치적 이념 등을 수용하고자 한다는 것을 직간접적으로 드러낸다. 물론 초기부터 등장하는 그의 이런 서구적 개념들에도 불구하고 그의 전반적인 사상, 특히 그의 민족주의 시기의 사상을 "민족주의의 유교화작업", "혈통적 민족주의" 등으로 명명하면서, 이것이 국가 안의 내부적 갈등을 무시하거나 그저 혼란으로만 처리하고 마는 일본의 "보수적 황도주의"와 결을 같이 한다는 비판도 있다.[4]

단재가 개인의 권리, 자유주의적 자유 개념 등에 대한 천착이 부족하다는 점에서 민족에서 시민으로, 집단에서 개인으로의 길로 나아가지 못한 측면은 있다. 그렇다고 해서 그것을 전통적인 유교적 회귀로 해석하는 것은 과하게 보이기도 한다. 왜냐하면 그는 이미 사회진화론적 민족주의가 자신의 두뇌를 지배하고 있던 바로 그 시기에도 불평등을 "인류계의 악마요 생물계의 죄인"으로 표현하고, 자유를 "몸을 희생하여" 갈구

1   신용하가 대표적이다. 신용하, 『증보 신채호의 사회사상연구』(나남, 2003), 서문 참조.
2   전호령이 대표적이다. 전호령, 『신채호 다시 읽기: 민족주의자에서 아나키스트로』(돌베개, 2013/2018).
3   신일철이 대표적이다. 신일철, 『신채호의 역사사상연구』(고려대출판부, 1980).
4   박노자, 「1900년대 초반 신채호 "민족" 개념의 계보와 동아시아적 맥락」, 『순천향 인문과학논총』 25(2010), 132쪽 이하.

할만한 가치라고 역설하고 있기 때문이다.[5] 물론 그가 제시하는 자유와 평등이 어느 정도나 근대적 의미를 가지며, 또 어느 정도나 전통의 표상에 붙들려 있는지 등은 여전히 물음을 필요로 한다.

단재의 사상에서 그의 사상의 변천 등에 대한 역사학적 탐구는 이미 상당한 양을 차지하고 있다. 여기서는 오히려 그의 저술들에 나타난 서양철학의 언어들의 쓰임을 그 개념들에 대한 서양의 일반적 이해와의 관계에서 살펴보고자 한다. 이러한 작업은 민족, 계급, 그리고 시민을 둘러싼 근현대 사회 정치철학의 핵심 개념이 단재의 사상에서 어떤 방식으로 작동하는 지를 살피기 위한 예비 작업이다. 그의 자유와 평등 개념, 그리고 그의 역사학의 원칙으로 설정된 "아와 비아의 투쟁"을 중심으로 살펴보고자 한다.

2. "역사는 아(我), 비아(非我)의 투쟁이다"

『조선상고사』[6](1914/1931, 1948)는 다음과 같이 시작한다. "역사란 무엇인가? 역사는 아, 비아의 투쟁이 시간적으로 전개되고 공간적으로 펼쳐지는 정신적 활동상태에 대한 기록이다.[7] 신채호는 역사를 설명할 때 아와 비아의 투쟁이라는 관점에서 설명한다. 역사를 주체와 객체의 관계 혹은 '나'와 '이웃'이 아니라 '아'와 '비아'의 관계로 정립한다는 것 자체가

---

5 신채호, 「二十世紀新國民」, 단재신채호선생기념사업회 엮음, 『단재신채호전집』 별집(형설출판사, 1977), 210쪽.

6 『조선상고사』는 1914년 만주 펑톈(奉天)성에 위치한 둥창(東昌)학교에서 학생들을 가르치기 위해 교재로 만든 『조선사』의 일부로 알려져 있다. 1931년 『조선일보』에 조선사로 연재되었는데, 연재가 상고 부분에 그쳐서 1948년 『조선상고사』로 명명되어 출판되었다. 따라서 이 저작이 1931년 출간될 때에 신채호가 아나키즘의 영향을 많이 받고 있었음에도 이 저작은 초기의 민족주의 색채가 강하게 배어 있다.

7 신채호, 『조선상고사』, 김종성 역(위즈덤하우스, 2019), 21쪽.

역사를 이미 갈등관계에서 본다는 의미이다.

갈등이나 투쟁 등이 정치철학적으로 주요개념으로 떠오른 것은 유럽의 근대기, 그것도 18세기 말이 되어서이다. 20세기 서양 역사학의 한 세력으로 등장한 개념사에서 가장 중요하게 여기는 이 18세기는 일상어로만 사용되던 많은 어휘들이 개념으로 사회정치적 지위를 획득하는 시대이며, 투쟁이나 갈등 개념 역시 그런 지위를 얻는 시기이다. 진보라는 말이 사회정치적 개념으로 사용되지 않던 전근대기의 사회에서 공동체를 유지하는 힘은 충성, 사랑, 희생 등과 같은 덕목이었고, 갈등이나 경쟁, 모순 등은 피해야 할 악덕이었다. 하지만 17~8세기 자유주의자들은 갈등의 약한 표현으로 개인 간의 '경쟁'을 진보를 위한 방법으로 요청했으며, 나아가 18~9세기 관념론과 사회주의는 민족 간의, 계급 간의 '갈등'이 진보를 향한 방법이자, 존재의 생존방식이라고 한다.

신채호가 아와 비아의 구도로 역사를 설명한다는 것은 그가 이미 이러한 자장 안에 서 있음을 의미한다. 그의 투쟁사관은 역사를 갈등과 투쟁으로 인식한 독일 관념론, 특히 피히테(1762~1814)와 헤겔(1770~1831) 그리고 이들을 이어받은 마르크스(1818~1883)를 연상시킨다. 유럽근대철학 일반의 핵심개념인 아(我, 자아)는 데카르트(1596~1650)에서 칸트(1724~1804)에 이르는 동안 대상지배적 주체, 즉 계몽의 주체로까지 성장하였다. 데카르트의 주체는 대상에서 모든 질적 특성을 빼 버리고 오로지 양적인 특성만을 기술하고 객체화하는 이성, 현대의 과학적 이성이다. 주체는 대상을 객체로 서술함으로써 대상을 지배할 수 있는 힘을 갖게 된다. 이것은 근대과학의 방법에 대한 철학적 정당화로 간주된다.

그런데 모든 것을 객체로 만들어 버리는 근대의 주체 ― 객체 분리의 인식론적 구조는 계몽의 주체에 이르러 주체 자신까지도 객체로 만들어 버리는 총체적 지배의 이성으로 성장한다. 말하자면 계몽의 주체는 자기까지도 객체화 — 대상화함으로써, 인간의 자기지배 가능성을 현실화시켰다. "인간에 의한 인간의 총체적 지배"(아렌트)라는 전체주의의 표상은 계몽의 객체화 전략에 이미 내재해 있다.[8]

피히테는 계몽의 이러한 한계를 분명하게 인식하고 있었다. 그는 대상을 객체가 아니라 비아로 상정하는데, 이것은 아가 대상을 비아로 정립하고 비아가 아를 제약하는 관계, 즉 아와 비아의 갈등관계를 표현한다. 대상은 주체의 관조적 이성에 아무런 저항 없이 노출된 객체가 아니라 주체에 저항하는 또 다른 주체인 비아로 등장한다. 아와 비아의 관계로 자신의 철학을 구성한다는 점에서 피히테는 근대 내부에서의 패러다임 변혁적 사유를 시도한다. 즉 피히테에 따르면 타자는 아에 의해 단순히 객체로 머무는 것이 아니라 비아로 등장함으로써 아에 맞선다. 객체화 되지 않으려는 비아의 자기정립은 아에게 자신을 돌아보게 하는 계기를 마련한다.

피히테는 자기 철학의 세 원칙을 다음과 같이 말한다. 1) 단적으로 무제약적인 제1원칙: "아는 자기 자신을 정립한다.[9] 2) 내용에 따른 제2원칙: "아에 단적으로 비아가 대립된다."[10] 3) 형식에 따른 제3원칙: "아는 아 속에서 부분적인 아에 부분적인 비아를 대립시킨다."[11]

제1원칙은 무조건적 원칙으로서 "모든 의식의 근저에 놓여 있으면서 의식을 비로소 가능하게 하는 자의 행동(Tathandlung, 사행)을 표현한다"고 한다.[12] 여기서 피히테는 아의 의식을 가능하게 하는 최초의 작용을 하

---

8 박정심은 볼프강 벨슈의 계몽비판을 참조하여 다음과 같이 말한다. "계몽은 어떤 체제보다도 전체주의적이다. 계몽주의를 전체주의라고 부르는 것은 파악될 수 없는 타자에게 한 자리를 내 주는 대신에 그것을 확정하고 개념화하고 지배하고자 하는 데 있다." 박정심, 『단재 신채호. 조선의 아, 비아와 마주서다』(도서출판문사철, 2008), 68쪽.

9 J. G. Fichte, *Grundlage der gesamten Wissenschaftslehre*(Hamburg, 1997), S. 16.

10 J. G. Fichte, ebd. 1997, S. 24.

11 J. G. Fichte, ebd. 1997, S. 30.

12 J. G. Fichte, ebd. 1997, S. 11.

나의 사건인 '행동'으로 이해한다. 이것은 아의 자기의식의 형성이 한갓 된 관조를 통해 이뤄지는 것이 아니라 사건으로 혹은 행동으로 등장하는 타자와의 만남에서 이뤄진다는 것을 함의한다. 이 원칙을 내용의 측면에서 볼 경우, 나는 나이고 타자는 타자이지만 타자를 만나는 사건을 통해 나는 비로소 자기의식을 갖는 아로 등장한다. 이것이 곧 타자를 비아로 정립하게 된다는 제2원칙이다. 그리고 동시에 타자를 비아로 정립한다는 것은 나의 존재형식을 아로 정립한다는, 즉 나와 타자의 상호제약을 통해 아와 비아로 형성된다는 제3원칙으로 나아간다. 그래서 그는 "아는 (타자에게 영향을 주는) 행위자이면서 동시에 이 (타자와의 상호작용 속에서 새로 태어난) 행위의 산물이고, 활동하는 자이며, 활동을 통해 산출된 자이다. 행위(Handlung)와 활동(Tat)은 같다. 따라서 아는 행동(Tathandlung)의 표현이다"[13]고 말할 수 있었다. 피히테의 철학에 따르면 이러한 모든 만남에는 서로를 실질적으로 변형시키는 사건으로서 투쟁적 요소를 갖는다는 것이 아와 비아의 변증법에 내재한다.[14]

피히테의 아와 비아의 변증법은 신채호에게서 "무릇 선천적 실질로부터 말하면 아가 생긴 뒤에 비아가 생긴 것이지만, 후천적 형식으로부터 말하면 비아가 있은 뒤에 아가 있나니,"[15]라는 방식으로 조형된다. "선천적 실질"이란 피히테의 "내용에 따른 원칙"을 말하는 것으로 타자를 만나

---

13 J. G. Fichte, ebd. 1997, S. 16.

14 헤겔은 『정신현상학』에서 아와 비아의 변증법을 좀 더 구상적인 방식으로 설명한다. 헤겔에게는 아 대신 의식/자기의식이 대입된다. 의식이 자기의식을 형성하게 되는 과정을 헤겔은 지배와 예속의 변증법으로 보여준다. 의식들의 상호 조우는 생사를 건 투쟁과 인정 투쟁으로 나아가고, 이 투쟁의 승리자는 주인이 되고 패배자는 노예가 되는데, 결과적으로 주인은 자신의 모든 삶을 노예에게 의존하게 되는 자, 즉 노예의 노예로 전이되고, 노예는 주인을 철저히 자기에게 의존시키는 주인의 주인이 된다. 주인과 노예의 이런 역전현상은 투쟁을 통한 자기의식의 획득으로 의식의 철저한 변형을 통해 이뤄진다. 헤겔, 『정신현상학』, 임석진 역(한길사, 2005), 「자기의식」 장 참조.

15 신채호, 앞의 책(2019), 23쪽.

기 이전의 아는 먼저 나에게 아로 있고, 비아는 타자로 있다는 것을 의미한다. "후천적 형식"이란 제3원칙의 신채호식 표현으로 하자면 아는 타자를 비아로 인식하는 순간 자신을 아로 인식하기 시작한다는 것, 다른 아인 타자 역시 비로소 비아로서 자신을 아로 인식하기 시작한다는 것을 의미한다. 타자의 시선이 나의 정체성을 형성하게 한다는 것이며, 이때 시선은 단순한 조우가 아니라 하나의 행동, 즉 사건이다. 아와 비아의 이런 갈등적 관계는 헤겔의 관념론과 마르크스의 유물론에서 모순의 변증법, 즉 모순의 충돌로서의 역사로 첨예화한다.[16]

아와 비아의 관계가 개별적 단위에서도 집단적 단위에서도 사용될 수 있지만, 역사의 단계에서 아의 단위는 민족, 혹은 국가가 된다. 바로 이 민족의 차원에서 아와 비아는 역사적 변증법을 수행한다.

> 말하자면 조선민족我이 출현한 뒤에 조선민족과 상대되는 묘족, 지나족 등(비아)이 있는 것이니, 이는 선천적인 것에 속한다. 그러나 묘족, 지나족 등(비아)의 상대자가 없었다면 조선이란 국명을 만든다거나 삼경을 만든다거나 오군을 둔다든가 하는 아의 작용도 없었을 것이니, 이는 후천적인 것에 속한자라.[17]

역사의 단위를 왕조가 아니라 민족단위로 정식화시킨 대표적인/최초

---

16 신채호에 대한 흥미로운 철학적 해석을 하고 있는 박정심이 아와 비아의 관계를 상호의존적 주체성의 관점에서 이해하고자 한 것은 일면 타당하다. 박정심, 앞의 책(2008). "그러므로 아 없는 비아, 비아 없는 아란 존재할 수 없으며, 아와 비아는 다른 정체성을 가졌다는 '차이'를 인정하지 않고서는 서로 정체성을 정립할 수 없는 상호의존적 주체들이다."(122쪽) 하지만 이 해석은 '투쟁'의 요소보다는 호혜적 상호의존성을 강조하는 것으로 비친다. 하지만 신채호에서 투쟁은 아와 비아의 특정한 왜곡상태에서 생겨나는 것이 아니라 보다 근본적으로 존재의 생존의 조건이다.

17 신채호, 앞의 책(2019), 23쪽.

의 철학자는 헤겔이다.[18] 헤겔은 객관적인 역사(Geschichte)가 성립하기 위해 두 가지 측면이 있어야 한다고 말한다. 하나는 발생한 것의 히스토리(Historie)의 존재, 즉 발생한 것에 대한 기록이고, 다른 하나는 이 히스토리의 객관화, 즉 재구성이다. "역사(Geschichte)가 히스토리를 가지는 곳에서 한 민족의 본래적인 객관적 역사는 비로소 시작된다."[19] 헤겔은 역사가 주어진 것에 대한 실증적 서술이 아니라 재구성임을 분명히 한다. 그러한 재구성이 한갓 주관적인 것으로 머물지 않도록 히스토리를 전제하며, 역사가 한갓 사태들의 기록으로 머물지 않게 하기 위해 재구성을 말한다. 그런 점에서 발생한 사건이 모두 역사적인 것은 아니며, 발생한 사건들, 이 사건들에 대한 기록인 히스토리들은 자유의 확장이라는 특정한 목적으로 재배치된다.

신채호가 민족 단위를 역사의 주체로 삼은 것은 역사가 가져야할 고유한 시간성과 공간성이 민족단위에서 확보된다고 보기 때문이다. 역사가 성립하기 위해 "아의 존재는 시간적으로 유지되어야" 하고, "아의 영향력이 공간적으로 파급되어야" 하는데, 동물은 아의 의식이 너무 부족하여, 개인의 차원은 아의 범위가 너무 협소하여 시간성과 공간성 확보가 불가능하거나 어렵다고 한다.[20]

앙드레 슈미드는 신채호가 민족 외에 공간성을 강조한 것에 주목한다. 신채호가 기존의 반도 중심의 역사서술과 달리 만주라는 공간을 역사의 주체로서의 민족의 활동공간으로 확장함으로써 민족의 권력과 부의 원천을 보여주고자 했다는 것이다.[21] 그리고 이러한 역사서술은 주체로서

---

18 이를 상기시켜 신채호를 헤겔과 관계시킨 사람은 신일철이다. 신일철, 앞의 책(1980), 서설. 하지만 애석하게도 그는 그 관계를 명확히 밝혀주고 있지 않는다.

19 Hegel, *Gesammelte Werke*, Bd. 18(Hamburg, 1995), S. 124.

20 신채호, 앞의 책(2019), 22쪽.

의[21]민족을 단순히 혈통적 차원에서가 아니라 정신적 차원에서 보고자 한다는 것을 반영한다.[22]

그가 민족의 히스토리를 적극 발굴하고 객관화시키는 작업을 하는 것, 즉 주족(主族, 부여 – 고구려족)을 설정하고 민족의 영웅들을 소환하는 것 등은 역사를 재구성하고 객관화하려는 의도를 분명하게 드러낸다. 물론 그가 역사를 "사회의 객관적 흐름과 그로 인해 발생한 사실을 있는 그대로 적은 것"[23]이라고 천명하지만, 그것이 발생한 모든 것을 역사화하는 것이라고 생각하지는 않는다. 여기서 중요한 말은 '사회의 객관적 흐름'에 대한 강조이다. 발생한 것을 그대로 적는 것이 역사가 아니라 사회의 객관적 흐름을 고려한 기록이 곧 역사이며, 그런 점에서 역사는 재구성이다.[24] 역사가 구성 혹은 재구성이라고 하는 것과 객관적이라는 말은 모순적 개념이 아니다.

3. 자유와 평등에 대한 신채호의 상상

역사서술의 방식을 볼 때 신채호는 확실히 근대적 역사가로서의 지위에 어울린다. 근대사가로서의 그의 지위는 그가 자유와 평등 등 근대적

---

21 Andre Schmid, "Rediscovering Manchuia: Sin Ch'aeho and the Politics of Territorial History in Korea", *The Journal of Asian Studies* 56-1(1997), p. 56 이하.

22 김종학, 「신채호의 민중적 민족주의의 기원」, 『세계정치』 7, 28-1(2007. 봄여름), 239쪽. 김종학의 이러한 주장은 확실히 박노자의 주장과 대비된다.

23 신채호, 앞의 책(2019), 29쪽.

24 그는 김석문과 브루노의 예를 들어 이를 설명한다. 300년 전 김석문이 지동설을 말했다고 해서 지오다노 브루노의 지동설만큼 역사적 가치가 있다고 보지 않는데, 그 이유는 브루노의 학설은 그 이후 유럽인들의 탐험을 이끌어낼 만큼 사회의 객관적 흐름을 만들어 냈다는 데 있다고 한다. 신채호, 앞의 책(2019), 22쪽.

관념들을 나열하는 것에서도 찾아 볼 수 있다. 물론 그 개념들에 대한 그의 관념이 어느 정도나 근대적인지는 다른 문제이다.

근대성을 특징짓는, 아마도 가장 핵심적인 개념은 자유(와 평등)일 것이다. 근대국가를 지향하는 신채호가 이 개념들을 지나칠 수 없다. 우승열패의 시대에 양계초가 공덕을 갖춘 '신민'의 출현을 고대했듯이 신채호는 자유와 평등 등 근대적 가치를 내면화한 '신국민'의 출현을 고대했다. 2010년 강제병합 직전 『대한매일신보』(2.22~3.3)에 게재된 〈20세기 신국민二十世紀新國民)〉에서 그는 "한국이 능히 승리의 노래를 부르고 삶의 복락을 누리게 할 부강의 터"[25]를 추구하면서 그 가능성을 "20세기 신국민"이 되는 것에서 찾는다. 그리고 신국민이 갖춰야할 다섯 가지 덕목을 제시하는데, 평등, 자유, 정의, 의용毅勇, 공공公共이 바로 그것이다. 그가 신국민의 첫 번째 덕목으로 자유가 아니라 평등을 내세운 것은 이채롭다.

그는 평등을 다음과 같은 말로 시작한다.

> 평등. 우리 인류가 저 창조설에서 말하듯이 상제가 창조하였던지 또 저 진화설이 말하듯이 자연적으로 진화했던지 간에 인류는 평등하며, 따라서 강자도 사람이고 약자도 사람이며, 왕후장상도 영웅성인도 사람이고, 나무꾼과 목동도, 어리석은 남녀도 사람이라. 이와 같이 인류는 인격이 평등이오, 인권이 평등이니 오호라 저 불평등주의는 인류계의 악마요 생물계의 죄인이라.[26]

---

25 신채호, 앞의 책(1977), 210쪽.

26 신채호, 앞의 책(1977), 210쪽.

어떤 인간도 인간인 한에서 평등하다는 것은 사실 아무런 것도 의미하지 않을 수 있다. 사실 평등사상은 이미 고대부터 수많은 종교와 가르침 등에 내재한다. 심지어 불교는 생명체는 생명체라는 이유로 모두가 같다고 하는 생명사상을 가지고 있다. 기독교의 핵심 교리 중 하나는 신 앞에서의 만인의 평등이다. 그런데 신 앞에서의 평등이라는 말은 현실적 불평등을 정당화하는 논리로 사용되었다. 즉 중세 유럽의 신분제는 신 앞에서의 만인 평등이라는 말로 정당화 되었다. 사람들은 신 앞에서의 평등이라는 희망으로 현실의 불평등을 감내한 것이다.

그런데 이런 종류의 종교적, 도덕적 평등은 근대 유럽이 극복하고자 한 것이었다. 말하자면 계몽기 유럽은 신 앞에서의 만인 평등사상으로부터 평등 개념을 구출하고자 한다. 18세기 유럽은 평등의 이런 도덕적, 종교적 의미를 벗어 버리고 사회정치적 의미를 새롭게 획득한다. 근대국가에서 평등이란 도덕적, 종교적 의미보다는 정치적 결사에 대한 동등한 참여의 권리로 나타난다. 말하자면 성이나 인종, 종교나 직업 등에 상관없이 모두는 정치적 의사결정에 동등하게 참여할 수 있다는 것이 평등 관념의 핵심을 이룬다. 이로써 평등은 사회정치적 관념(표상/상상)을 얻게 되면서 사회정치적 개념(concept)으로 상승한다.

좀 더 중요한 개념은 자유이다. 왜냐하면 현대사회를 둘러싼 수많은 정치적 논쟁의 뿌리에 자유라는 관념의 다양성에서 기인하기 때문이다. 이 말은 동시에 자신의 주장의 정당성을 자유라는 개념에서 찾고 있다는 것을 의미하기도 한다.

그는 자유를 다음과 같은 말로 시작한다.

　자유自由. 자유는 우리의 제2의 생명이다. 그러므로 신체의 죽음은 유형有形의 죽음이요, 자유의 죽음은 무형無形의 죽음이다. 인격

이 있는 고로 사람이거늘, 자유를 상실한 자는 인격이 없으며, 금수
와 하나이고 목석과 하나이다. 이것은 소위 무형의 죽음이며, 또 형
이하적形而下的으로 관찰할지라도 자유의 죽음은 곧 몸의 죽음이다.
오호라 이로써 눈에 빛을 발하는 국민은 몸을 희생하여 자유를 갈구
하였다.[27]

이어서 그는 자유를 노예와 대비시킨다. 노예의 대표적인 예로 세력계
勢力界의 노예, 사상계思想界의 노예, 현상계現狀界의 노예를 든다. 세력계
의 노예란 힘에 대한 굴복을, 사상계의 노예란 옛 사상에 대한 무조건적
추종을, 현상계의 노예는 생명을 보전하고자 수세기 동안 조공을 바치는
행위들을 지시한다.

예속의 반대라는 일상적 의미의 자유는 17~8세기에 정부의 간섭을 최
소화하는 정치, 시장의 자유, 인권의 확립 등과 같은 자유주의자들의 소
극적 자유라는 사회정치적 의미를 획득한다.[28] 신채호가 자유를 예속과
의 관계에서 다룬 다는 점에서 일단은 소극적 자유 개념을 간직한 것으
로 해석할 수 있으나 그 근대적 제도화인 시장의 자유, 인권의 확립 등으
로 자유를 확장하고 있지 않다. 유럽의 현대국가의 정체성 형성과 국가
체제를 둘러싼 사회정치개념으로서의 자유는 시장의 문제, 법의 문제,
정치제도의 문제 등 구성원들의 현실적 삶을 실질적으로 구속하는 모든
제도들과의 연관에서 해명된다. 긴 우회로이긴 하지만 서양의 자유 개념
의 여러 의미들을 천착할 필요가 있겠다. 우남숙은 평등과 자유를 다루

---

27 신채호, 앞의 책(1977), 211쪽.

28 서양에서 자유라는 말이 처음으로 유의미하게 쓰인 것은 영국의 〈대헌장〉(1215)에서 이
다. 여기선 자유는 왕권으로부터 귀족의 독립이라는 의미로 사용되었다.

는 이 부분을 해석하면서 신채호가 자유를 전제하는 인격의 평등을 말했다는 이유로 신채호의 입장을 "평등자유주의"로 해석한다. 그리고 그 모델을 루소에게서 보았다고 한다. 서로 대립적 가치로 여겨진 자유와 평등이 루소에게서 통일되었다는 이유이다.[29]

4. 자유의 다양한 의미

현대세계에서 일어나는 수많은 문제와 갈등을 자유에 대한 상이한 관념들의 투쟁으로 환원할 수도 있을 것이다. 사실 유럽의 언어 프리덤 혹은 리버티가 동아시아에서 자유自由라는 번역어로 정착되는 과정은 순탄치 않았다. 그것은 유럽의 근대가 발견한 자유라는 개념이 동아시아에 없었기 때문이기도 하고, 다른 한편 그 자유가 서구의 근현대 사회정치철학에서도 일의적이지 않고 다양하게 사용되었기 때문이다. 이사야 벌린은 그 자유를 소극적 자유와 적극적 자유로 나누는데, 그 외에도 사회정치적으로 결정적인 차이를 갖는 사회적 자유 개념도 범주로 대별할 수 있다.

---

29 우남숙은 평등과 자유를 다루는 이 부분을 해석하면서 신채호가 자유를 전제하는 인격의 평등을 말했다는 이유로 신채호의 입장을 "평등자유주의"로 해석한다. 그리고 그 모델을 루소에게서 보았다고 한다. 서로 대립적 가치로 여겨진 자유와 평등이 루소에게서 통일되었다는 이유이다. 우남숙, 「양계초와 신채호의 자유론 비교: 「新國說」과 「二十世紀新國民」을 중심으로」, 『한국동양정치사상사연구』6-1(2007), 151쪽.
하지만 이러한 해석은 문제가 있다. 현실적으로 평등과 자유가 충돌하는 경우가 많다고 하더라도, 자유주의건 공화주의건 간에 자유와 평등을 종합한다. 자유주의는 모두가 자유롭다는 점에서 평등하다고 하며, 공화주의는 만인의 동등한 정치적 참여(자유)를 강조한다는 점에서 종합한다. 그리고 신채호의 자유와 평등 개념은 비록 그가 정치세계를 지향하고 있지만, 그 의미는 사회정치적 의미보다는 다분히 일상적, 도덕적 의미를 갖는다.

중국에서는 리버티를 자주自主, 자전自專, 자약自若, 자주재自主宰, 임의任意, 관용寬容, 종용(從容 — 태연하고 침착) 등으로 번역하였고, 일본에서는 자주, 자재, 불기(不羈 — 관습에 얽매이지 않음), 관홍(寬弘 — 넓게 포용함), 자유 등으로 번역하였는데, 긍정적인 의미를 갖는 다른 어휘들을 제치고 당시에 일상어로 '제멋대로'라는 부정적 의미로 사용되던 자유가 결국 번역어로 정착되었다.[30] 그런데 번역어를 보면 번역자가 어떤 종류의 자유 관념을 가지고 있는지, 혹은 서양의 어떤 계열의 저작에 영향을 받았는지 짐작할 수 있다. 저 번역어들 중 임의나 관용, 혹은 종용, 관홍, 불기 등은 다분히 일상적, 도덕적 의미를 갖는데 반해 자주, 자전 그리고 자재 등은 오늘날 자유를 둘러싼 사회정치적 논의의 핵심을 보여준다.

자유라는 개념으로 자신의 사회정치철학을 구성한 최초의 근대인은 홉스이다. 그는 『리바이어던』에서 모든 인간은 자연상태에서 자유롭고 평등하다고 전제한다. 이 선언은 태어날 때부터 삶의 양식이 결정되어 있다는 신분제에 대한 도전이었다. 홉스는 현실적으로 왕과 귀족의 이익을 대변하는 결론을 내리지만, 당시 귀족들은 홉스가 인간의 자유를 천명했다고 하여 당시 정치권력의 분담을 주장하며 혁명의 열기를 불태우던 신흥 부르주아 계급보다 홉스를 훨씬 더 위험한 인물로 규정하였다.

---

30 야나부 아키라, 『번역어의 성립』, 김옥희 역(마음산책, 2011), 177쪽 이하. 아키라는 부정적인 언어로서 서구의 긍정적 가치를 드러내지 못한 '자유'라는 어휘가 번역어로 정착된 것에 대해 다음과 같이 설명한다. 어떤 번역어도 그 원래의 의미를 온전히 드러낼 수 없는 잉여지대를 갖는다. 따라서 이미 모국어 사용자들에게 확고한 의미로 자리 잡은 적중한 언어로 번역어를 삼을 경우 원어 자체의 의미가 소실될 수도 있다. 그래서 모국어와 완전히 잘 어울리는 말보다는 어딘가 어긋남이 있는 단어를 번역어로 선택하는 것이 더 바람직한 결과를 낳을 수도 있다. 자유라는 번역어가 그 경우에 해당한다. 185쪽. 그런데 유럽에서도 이 언어가 사회정치영역에서 긍정적 개념으로 대접을 받게 된 것은 18세기 이후의 일이었다. 자유주의자들이 이 개념을 사조의 이름으로 넣을 만큼 자유는 18세기의 정치사회적 정당성의 근거였다. 물론 '자유롭다'는 말은 지금도 일상 언어에선 여전히 '제멋대로'라는 부정적인 방식으로도, 규칙에 붙박이지 않고 '포용력이 큰'이라는 긍정적 의미로 쓰이기도 한다.

홉스에게서 자유란 자기규정(self-determination, Selbstbestimmung)이었다. 타인이 아니라 자신이 자신을 규정하는 것, 그것이 곧 자유이다. 하지만 자기규정의 구체적인 형태가 무엇인지에 따라 사회정치적으로 자유를 제도화 하는 방식은 전혀 달라진다. 그 이후 근대 정치세계는 이 상이함들의 투쟁과 제도화로 나타난다. 자기규정은 근대사회정치철학에서 적어도 세 가지 중요한 변이를 갖는다. 하나는 자주로 번역될 수 있는 self-ownership(자기주인) 혹은 self-property(자기소유), 다른 하나는 자전 혹은 자주재로 번역할 수 있는 self-ruling(=autonomy, 자기지배) 그리고 마지막으로 자재로 번역할 수 있는 self-presence(자기현존)가 그것이다. 자유가 이토록 다른 관념으로 구체화되기 때문에 리버티를 그 중 한 관념에 집중하여 번역할 수는 없었을 것이다.

자유에 대한 서로 다른 관념은 서로 다른 정치세계를 상상한다. 자기주인 혹은 자기소유로서의 자유는 자유주의적 자유를, 자기지배로서의 자유는 공화주의적 자유를, (타자 속에서의) 자기 현존으로서의 자유는 사회국가이론적 자유를 표상하게 한다. 이러한 사실은 자유에 대한 서로 다른 관념으로 인해 정책의 실현과 제도화의 과정에서 치열한 논쟁과 투쟁이 있을 수 있음을 의미한다. 좀 더 살펴보자.

1) 자기주인(自主)으로서의 자유

'자기주인'(self-ownership), 혹은 '자기소유'(self-property)라는 말은 "나는 나의 주인이다", "나는 나의 소유다"는 말로 나를 공동체나 신분 혹은 전통으로부터 떼어내는, 따라서 근대로의 이행을 추동하는 가장 강력한 철학적 개념이었다. 나를 공동체 혹은 특정 신분의 구성원이기 이전의 '단독자', '한 인간으로서의 나'로 이해한다는 것은 자신이 속한 공동체나 신분질서를 이차적인 것으로 여긴다는 것을 의미한다. '개인으로서의 나'는 바로크시대(17세기)의 가장 위대한 발견으로 간주된다.[31] 데카르트의 '나는 생각한다, 고로 존재한다'는 사유하는 개인의 출현을 알리는 근대의 선언이다. 공동체의 구성원(member)으로서만 간주되었던 인간이 이제 자신의 주인으로 홀로 서게 되었음을 천명한다. '자기주인' 혹은 '자기소유'로 개념화된 이 자유에 대해 G. A. 코헨은 다음과 같이 정의한다. "각각의 사람이 자기 자신과 자신의 힘과 관련하여 온전하고 배타적인 통제와 사용의 권리를 향유하며, 따라서 자신이 제공하기로 계약하지 않은 어떤 사람에게도 봉사하거나 생산물을 줄 이유가 없다."[32]

이 생각을 사회정치철학적으로 구체화한 철학자인 로크는 『통치론』에서 "모든 사람은 자기 자신의 인격을 소유하며" 각각의 개인은 "자신이 무엇이 될 것인지, 자기가 무엇을 하고자 하는지 결정할 권리를 가지며, 자신이 한 것의 이익을 수확할 권리를 가진다"[33]고 말한다. 바로 이로부터 사적 소유 개념이 추론된다. 로크에 따르면 국가가 필요한 이유는 생존권과 소유권을 좀 더 효과적으로, 안전하게 보호하는 데 있다.[34] 따라서 국가의 주된 임무는 개인으로 생존하는 국가의 구성원의 생존과 자유와 권리를 보호하고 침해하지 않는 것이다.

이러한 입장에서 볼 때 국가가 특정집단에 상대적으로 많은 세금을 부과하여 복지시스템을 구축하는 것은 한편으로는 특정집단의 자유를 과도하게 억압하는 것이고, 다른 한편 그 구성원들을 독립적 개인으로보다

---

31 윤혜준, 『바로크와 '나'의 탄생』(문학동네, 2013), 13쪽 이하.

32 G. A. Cohen, *Self-Ownership, Freedom and Equality*(Cambrige ; New York : Cambridge University Press, 1995), p. 12.

33 존 로크, 『통치론』, 강정인, 문지영 역(까치, 2007), 34쪽 이하(번역 고침).

34 존 로크, 앞의 책(2007), 84쪽 참조.

는 보호를 필요로 하는 미성년자로 취급하는 것으로 간주되어 경계된다. 말하자면 국가는 추상적인 국민을 위한다는 이름 아래 개인의 권리를 침해해서는 안 된다. 이런 점에서 자유주의는 국가의 정치행위를 엄격한 관리와 감시의 대상으로 삼으며, 정치가 가능하면 개인의 삶에 개입해서는 안 된다는 '정치과소'로 나아간다.[35]

2) 자기통치(自專, 自主宰)로서의 자유

근대의 또 하나의 자유 관념인 자기통치로서의 자유는 자기소유와는 전혀 다른 결을 보인다. 자기소유로서의 자유를 강조하는 자유주의는 출생과 같은 내가 선택하지 않은 임의적 — 우연적 요소가 아니라 시장에서의 경쟁을 통해 재화가 분배되어야 한다고 주장한다. 그런 점에서 자기주인으로서의 자유는 신분제적 질서에서 벗어나게 하는 중요한 가치로서 진보적이었다.

하지만 이 자유 역시 그런 임의적 요소를 온전하게 청산하지 못한다. 자기선택의 공간으로 표상되는 자유시장이 외견상 참여자들에게 공정한 기회를 주는 것 같지만, 시장에서도 여전히 나의 성공여부는 내가 선택하지 않은 임의적인 요소, 예컨대 나의 지능, 신체적, 유전적 요인 등에 의해 결정되는 경우가 많다. 내가 선택하지 않은 이런 능력이 나의 성공을 좌우한다면, '자기소유' 개념에 기반한 자유주의자들의 임의성 교정은 부분적으로만 성공을 거둔다.

---

35 자유주의의 이러한 정치관은 국가구성원의 삶을 구성원 각자의 책임으로 돌리기 때문에 자유주의에서는 사회적 약자에 대한 배려를 기대하기 어렵다. 현실적으로 사회와 국가 자체를 위태롭게 할 수 있는 사회적 약자들이 양산됨으로써 자유주의는 심각한 도전에 직면했고, 오늘날도 여전히 그런 문제 앞에서 해답을 제시하지 못하고 있다.

자기통치로서의 자유는 내가 규정한 원칙에 내가 따른다는 것으로 이런 임의성을 근본적으로 제거하고자 한다. 여기서 나의 정체성은 내가 선택한 나이며, 그런 한에서 내가 선택하지 않은 출생이나 우연적 요소를 제거한 순수한 나로서 루소는 이를 일반의지로, 칸트는 실천이성으로 표현한다. 말하자면 자유란 경험적 자아가 아니라 순수한 자아가 스스로 따라야할 법칙을 제정하고 그에 따르는 것이다. 루소는 이 일반의지의 담지자를 인민으로 보았으며, 그런 점에서 그는 자신의 삶을 결정적으로 규정하는 정치로부터의 거리두기가 아니라 나의 삶을 스스로 결정하는 민주주의로, 그것도 공화주의적 민주주의로 나아간다. 공화주의는 국가로부터 간섭받지 않을, 자유주의자들의 소극적 자유 대신 국가의 일에 참여할 적극적 자유 개념을 지지한다. 이러한 생각의 배후에는 개인의 특수한 이해에 붙들려 있는 개인이 아니라 집합으로서의 인민이 가장 합리적 선택을 수행할 수 있을 것이라는 사실이 전제된다.

공화주의는 특수의지나 전체의지가 아니라 일반의지를 정치적 결정의 가장 중요한 시금석으로 삼는다. 일반의지는 국가 자체의 가장 건강한 모습을 지향하는 집합적 단수로서의 인민의 의지 혹은 국민(nation)의 의지이다. 문제는 현실적으로 일반의지를 지향하는 집합적 단수로서의 국민 혹은 인민은 어디에 있는가 하는 점이다. 우리의 일상생활에서 '국민'의 이름으로 진행되는 수많은 파롤(parole)들을 마주하지만, 그 수많은 파롤들이 너무나 서로 다른 방향을 취하고 있지는 않은가?

공화주의가 구성원의 평등한 정치적 참여에서 자유를 본다는 점에서 근대적 가치를 실현하려는 의지를 보여주기는 하지만, 근대의 위대한 발견인 개인의 사적인 삶을 과소평가하는 경향이 있다. 공화주의는 삶의 가능한 많은 영역을 (민주적인) 정치적 과정을 통해 결정하려고 함으로써 소수자나 비참여자들에 대한 독재로 현상할 수 있다는 비판이 제기된다.

근대의 위대한 업적인 개인의 발견이 공동의 정치적 결정이라는 이름으로 무화될 수도 있다는 것, 즉 공화주의는 '정치과잉'을 조장한다는 것이 공화주의에 대한 자유주의자들의 경계이다.

3) 자기현존(自在)으로서의 자유

'자기현존'(self-presence)은 독일어 Bei-sich-sein을 번역한 것(혹은 그 역)으로서 '자기에게 머묾'이라는 의미를 갖는다. '자기 외부에 있는 자'(er ist ausser sich)는 우리식으로 하면 '혼이 나간 자'이며, 자기에 머무는 자는 정신이 제 자리에 있는 자이다. 외부의 강제 속에서도 자신으로 머무는 것을 헤겔은 자기현존(자기에게 머묾)으로 표현함으로써, 이를 자유의 내용으로 삼는다. 즉 그에게 자유란 "타자 속에서 자신으로 머무는 것"이다.[36]

어떤 사람이 자유로운 이유는 어떤 외적, 내적 강제에서도 자기규정을 잃지 않은 것이다. 여기서 중요한 말은 자기현존의 조건으로서의 타자이다. 타자는 나의 행위를 규제하지만, 이것이 나의 자유의 제약을 의미하는 것이 아니라 나의 자유의 조건이 된다는 점이다. 이때 타자는 자연일 수도, 타인일 수도, 타민족일 수도 있다. 자기소유로서의 자유가 본성(자연)에 따른 행위를 자유라고 하고, 자기통치로서의 자유가 본성을 제거하고 오로지 이성의 명령에 따른 행위를 자유라고 했다면, 자기현존으로서의 자유는 이 양자의 종합을 시도한다. 인간의 자연은 자신이 선택하지 않았지만 우리의 선택의 막다른 길이 아니라 인간의 선택의 조건을 지시한다. 따라서 자연 혹은 타자는 제거의 대상이 아니라 조정의 대상이다.

---

36 찰스 테일러, 『헤겔』, 정대성 역(그린비, 2014), 20쪽.

헤겔은 인간의 자연적 본성이 비교적 활발하게 발휘되는 현대의 자본주의 시장을 한갓 인간욕망이 충돌하는 제거의 대상 혹은 극복의 대상으로 보지 않고 조정과 관리의 대상으로 보았다. 그렇다고 시장에서의 행위가 온전한 자유의 실현을 의미하지 않는다. 시장은 인간의 욕망이 충돌하는 곳으로 (그런 점에서 헤겔은 시장을 "욕망의 체계"라고 부른다) 그곳에서 인간을 인간으로 만드는 이성을 발견하기 힘들다. 인간의 자연이 활동하지만 이성적으로 활동하게 하는 조건을 만드는 것이 헤겔에게는 정치의 목적이 된다. 헤겔이 시장의 영역제한을 통해 시장의 자유를 확보하고자 하는 사회적 국가를 입안한 이유이다. 오늘날 철학자들은 헤겔의 이러한 자유를 사회적 자유로 구체화 한다.[37]

5. 나가며

신채호는 3·1운동 이후 지식인 주도의 계몽운동에 한계를 느끼고 민중의 자기 주도를 강조하는 방식으로 급속히 변화한다. "민족에서 민중으로"로 특징지어지는 그의 이런 변화에는 크로포트킨의 무정부주의의 영향도 있겠지만, 동일하게 이른 시기부터 접했던 루소(1712~1778)의 인민주권사상에서도 기인한다고 할 수 있다. 루소는 자유주의자들의 개인의 권리 공동체가 공동체, 특히 국가를 파괴시킬 수 있다는 문제의식에서 집합적 단수로서의 인민을 공동체의 주체로 설정하는 또 다른 근대

---

37 대표적인 철학자는 A. 호네트이다. 그의 최근의 저서 『자유권』(2017)은 위에 상술한 자유들을 각각 '소극적 자유', '반성적 자유', '사회적 자유'로 명명하고, 헤겔을 바로 이 세 번째 자유의 대변자로 간주한다. A. Honneth, *Das Recht der Freiheit*(Suhrkamp Verlag, 2017), S. 33 이하.

정치철학의 길을 걷는다. 사실 유럽 근대의 정치사상은 인민(people, 민중 Volk)의 자기권리의 획득과정으로 독해할 수 있다. 피플은 프랑스혁명기에 이르기까지, 혹은 루소의 인민주권론이 나오기까지 정치적 권리를 전혀 행사할 수 없는 기층 민중을 의미했다.

로마법에 따르면 인격체(person)만이 자유인으로서 재산을 소유할 수 있는 권리, 정치적 의사를 표할 수 있는 권리를 가졌는데, 그 인격체에는 전체 사회의 극소수를 점하는 성직계급과 귀족계급만이 귀속되었다. 그 나머지는 그저 피플로 불렸다. 근대 초에 부와 지식으로 무장한 부르주아(근대시민)는 이 두 계급에 대항하여 자신들의 정치적 권리를 주장하고 획득함으로써 제3계급으로 부상했으며, 이들이 근대의 지형을 실질적으로 이끌어 왔다. 하지만 제3계급을 대변하는, 자유민주주의의 최초의 유형을 제공한 로크도 피플에게 정치적 권리를 부여하지는 않았다. 이성을 소유한 자유로운 존재를 구상했던 데카르트의 자아가 이 피플에게는 해당되지 않았는데, 루소의 직접민주주의에 이르러서야 비로소 사회기층을 형성한 민중이 정치적 자기결정권을 적어도 이론적으로 획득하게 된다. 자유와 평등이라는 근대 유럽의 오랜 이념이 루소의 정치철학에서 비로소 보편화의 길을 걷게 되었다. 따라서 루소가 말하는 공화주의, 혹은 그것을 구체화한 공화국은 국가가 피플의 공동재산임을, 최고의 공공재임을 의미한다. 국가가 피플의 것임을 천명함으로써 그의 공화국은 귀족들의 공동재산으로 인식되었던 고대 로마의 공화국과는 근본적으로 차이를 갖는다. 이처럼 루소의 국가이론에 이르러 피플은 비로소 정치적 권리를 획득한다. 오늘날 인민주권은, 그 실질적 내용이 어떠한지는 차치하고, 정치체의 핵심개념이 되었다.

신채호는 이른 시기에 이미 루소를 접하고 있었지만, 그의 인민 혹은 민중 개념을 수용한 것 외에 그의 핵심적 가치인 자유 개념을 올바로 이해하고 있었는지는 의문이다. 또한 그에게 근대의 위대한 발견으로 간주되는 '개인'은 끝까지 모습을 드러내지 않는다. 인간을 언제나 공동체 속에서만 이해하는 오랜 문화는 저 발견물의 온전한 내면을 응시할 수 없게 만들었을 것이다. 민족, 민중 등 신채호의 핵심 언어들은 언제나 집합적이다. 루소의 피플이 비록 전통적인 유기체적 특성을 갖는 것이 아님에도 불구하고 그 집합적 성격으로 인해 신채호를 비롯한 많은 동양의 지식인들에게 쉽게 수용되었다.

자유, 평등, 피플 등 근대 정치철학의 핵심 개념들에 대한 이러한 낮은 이해는 자신의 역사학의 진보적 성격에도 불구하고 그의 사상을 근대적이라고 일의적으로 부르기엔 어색한 측면을 간직한다. 이런 불일치가 그에 대한 극단적으로 상반된 평가를 만들어 내는 원인이 되고 있는 것은 아닐까?

러일전쟁과 미국의 한국 인식[*]
잭 런던의 종군 보도를 중심으로

이유정

1. 들어가며

20세기 중·후반 미국의 팽창주의적 외교정책이 동아시아에서도 드러나게 되는 상징적인 사건은 러일전쟁이었다. 19세기 말 미국은 대서양과 태평양 너머로 국경을 확장하고 있었고 이미 다른 열강의 세력권 안에 있던 쿠바, 필리핀, 하와이 등을 획득하면서 그 영향력을 발휘하고 있었다.[1] 미국이 적극적으로 제국주의의 대열에 들어서던 당시, 상업적인 경쟁으로 치닫고 있던 미국의 신문 또한 독자의 시선을 끌기 위해 선정주의에 호소하고 있었다. 조지프 퓰리처(Joseph Pulitzer)와 함께 옐로저널리즘 경쟁을 벌이던 윌리엄 허스트(William Randolph Hearst)는 쿠바 인근 미

---

*   이 글은 제5회 〈연세한국학포럼〉에서 발표하고 『미국학논집』 51(2019. 12)에 게재한 원고를 수정 보완한 것이다.

[1]   John R. Eperjesi, *The Imperialist Imaginary: Visions of Asia and the Pacific in American Culture*(Hanover: Dartmouth University Press, 2005), p. 108.

군함의 폭발이 스페인에 의한 것이라는 근거 없는 주장으로 지면을 도배하면서 1898년 미국 — 스페인전쟁을 유도한 것으로 유명하다. 이러한 제국전쟁과 미디어전쟁이라는 배경에서 종군기자라는 역할이 새롭게 대두되고 있었는데, 이들이 전쟁터에서 보내오는 전쟁 사진이 미국 신문의 1면을 가득 메우고 있었다. 필립 나이틀리(Philippe Knightley)는 종군기자의 역할이 미디어의 발달과 함께 진화해 온 방식을 역사적으로 분석하면서, 현대적 의미에서의 전쟁 저널리즘의 시작을 크림전쟁(1853~1856)으로 설명한다. 그에 따르면, 영국의 『더 타임스(The Times)』의 종군기자로 명성을 얻은 윌리엄 하워드 러셀(William Howard Russell)이 바로 이러한 새로운 형태의 전쟁 저널리즘을 확립하는 데 결정적인 역할을 한 인물이었으며, 크림전쟁은 전투의 현장이 거의 즉시 미디어에 보도되었던 첫 번째 전쟁이었다.[2] 즉 러셀이 멀리 있는 크림반도에서 작성한 기사가 불과 며칠 만에 런던의 독자들에게 전해졌다. 나이틀리는 이런 전쟁 저널리즘의 형식은 철도와 전신의 두 가지 주요 기술 발전에 의해 영향을 받았다고 지적한다. 철도의 건설로 통신원은 빠르게 움직일 수 있었고, 그들의 보고서는 편집장에게 빠르게 전해졌으며, 독자는 훨씬 빠른 속도로 시시각각의 전투 모습과 승리 및 패배의 결과를 연속적으로 접할 수 있었다. 자극적인 전쟁 소식과 심지어 종군기자의 모습을 신화적인 영웅으로 만들어내는 전쟁 저널리즘의 서사는 당시 확립된 신문이라는 미디어 경쟁에서 독자와 판매부수를 늘리는 데 효과적인 수단이 되었으며, 19세기 말 본격화되는 제국주의의 권력과 암묵적인 타협을 이루면서, 제국의 식민화에 적극적으로 활용되었다. 그리고 이러한 전쟁 저널리즘과 제국주

---

2 Philippe Knightley, 『첫 번째 사상자: 크림에서 이라크까지, 영웅이자 신화 창조자로서의 종군기자(The First Casualty: The War Correspondent as Hero and Myth: Maker from the Crimea to Iraq)』(Baltimore: Johns Hopkins University Press, 2004).

의의 결탁이라는 시나리오 아래서, 1904년 러일전쟁을 통해 조선도 미국의 대중매체에 전면적으로 등장하기 시작한다.

러일전쟁이 보도되는 방식도 마찬가지로 19세기 말, 20세기 초의 전쟁 저널리즘 특성들을 따르고 있다. 첫 번째는 바로 보도 경쟁을 들 수 있는데, 각 신문사에서 고용된 종군기자들은 가능한 빨리 보도를 할 수 있도록 먼저 전쟁터로 들어가는 것이 중요했다. 다년에 걸친 러시아와 일본의 긴장관계가 전쟁으로 점점 치닫기 시작하면서, 미국, 프랑스, 영국, 일본 등 각국의 기자들은 앞 다투어 전쟁터로 향한다. 그리고 러일전쟁은 각 신문사의 주요 면을 차지하며 보도되기 시작한다. 이러한 보도 경쟁은 여러 학자들이 오랫동안 논한 바와 같이 종종 사건의 정확성과 의미의 왜곡이라는 결과로 나타나기도 했으며, 전쟁의 희생집단에 대한 전반적인 이해의 부족을 드러내기도 하였다.[3] 두 번째 특성은 전투현장이 일반 독자들에게 전해지는 속도였다. 신문의 1면을 차지하는 러일전쟁에 관한 소식으로 대중은 매일같이 러시아든 일본이든 특정 군대의 패배 및 성공 소식을 곧 접할 수 있었으며, 미국 대중의 경우, 자신들이 잘 알지 못하는 '먼 나라' 조선에서 일어나고 있는 전쟁으로 흥미진진한 볼거리와 읽을거리를 제공받고 있었다. 마지막으로 이러한 러일전쟁 보도 형식에서 드러나는 또 다른 주요 특성은 전쟁의 시각화였다. 당시 종군기자들이 쿠바, 필리핀과 같은 제3국에서의 전쟁을 보도하던 방식과 마찬가지로, 러일전쟁의 행위자인 러시아와 일본은 물론이고, 이 행위의 장소였던 조선, 그리고 그 안의 조선인이 바로 미국이라는 제국의 시선에서 사진이나 삽화의 형식으로 본격적으로 시각화되기 시작한다.

이처럼 미국의 러일전쟁 보도에 핵심적인 역할을 한 인물이 있는데,

---

3   Greg McLaughlin, *The War Correspondent*(London : Pluto Press, 2002).

바로 한국에서 『강철군화(The Iron Heel)』와 『야성의 부름(The Call of the Wild)』과 같은 사회주의 및 자연주의 소설 작가로 알려져 있는 잭 런던(Jack London, 1876~1916)이다. 잭 런던은 러일전쟁 종군기자로, 허스트 계열(Hearst Communications)의 신문 『샌프란시스코 이그재미너(The San Francisco Examiner)』의 의뢰를 받고 일본으로 향했던 당시 미국의 유명한 대중작가였다. 20세기 말 미국의 역동적인 변혁의 시기에 잭 런던이 겪었던 다양한 경험들과 굴곡진 삶의 모습들 ― 예를 들면, 신문팔이 소년에서 금광 노동자, 부랑자, 혁명가, 대중작가에 이르는 여러 정체성의 변화들은 그의 작품 속에서 모순된 가치와 사상의 충돌이라는 형태로 고스란히 반영된다.[4] 당시 런던은 타 신문사의 종군기자들보다 먼저 전쟁터인 조선으로 '들어가기'에 성공하게 되는데, 그 결과 1904년 2월 러시아와의 제물포항 교전에서 승리하여 성공적으로 조선에 상륙하는 일본군을 따라 평양을 지나 압록강까지의 여정을 기록하게 된다. 런던의 종군보도는 1904년 1월부터 8월에 걸쳐 30회가 넘는 글과 사진으로 『샌프란시스코 이그재미너』에 실린다. 물론 그의 기사에서 중심이 되는 내용은 러일전쟁의 과정이고, 전투의 모습이지만, 사실상 8개월에 걸쳐 잭 런던이 종군과정에서 접하게 되는 조선과 조선인에 대한 다양한 에피소드가 그의 시선으로 미국 독자들에게 글 뿐만 아니라 사진으로 소개된다.

특히 이렇게 격변하고 있는 한말의 조선과 19세기 말, 20세기 초 역동적인 미국 사회의 변화의 소용돌이 속에서 산업혁명의 노동자이자 적자생존과 사회진화론, 사회주의에 심취해 있던 지식인으로서의 잭 런던의 평범하지 않은 이력이 교차하는 지점은 혁명에 대한 의미의 다양한 층위를 엿볼 수 있는 교차지점이다. 이 시기 미국은 인종주의의 시각이 만

---

4 토마스 아이크, 『잭 런던: 모순에 찬 삶과 문학』, 소병규 역(한울, 1992); Jay Williams, ed., *The Oxford Handbook of Jack London*(Oxford: Oxford University Press, 2017).

연하였고, 또한 다수 노동자 계급의 목소리가 커지고 대중이 형성되면서, 이들의 동원과 정치적 개입이 즉각적인 반향을 불러일으킬 만큼 사회주의가 정치적 영향력을 형성하고 있던 시기였다. 잭 런던의 경우도, 러일전쟁을 보도하기 위해 아시아로 향하던 1904년 이전, 이미 계급혁명에 관한 글들을 다수 발표했을 정도로 사회주의에 심취해 있었다. 그는 1899년 11월 16일 「최대치의 문제」라는 주제로 사회노동당의 오클랜드 대표로 강연을 하기도 했는데, 이때의 강연은 이후 1905년 4월 맥밀란 출판사에서 『계급전쟁(The War of the Classes)』이라는 제목의 책에 수록되기도 하였다. 그러나 이런 사회주의 혁명, 계급의 시각을 가진 잭 런던이 조선을 방문했을 때 그는 조선 사회에서의 계급 혁명 혹은 변혁의 요구를 읽어내지 못한다.

이 글은 19세기 말, 20세기 초 미국 주요 신문의 러일전쟁에 관한 기사와 사진들을 살펴보며 근대 초기 미국의 한국 인식에 러일전쟁이 미친 영향과 그 중요성을 고찰해본다. 당시 미국 제국의 확장 시기에 나타난 전쟁 저널리즘이라는 큰 흐름 안에서 러일전쟁을 살펴봄으로써, 미국이 태평양지역으로 세력을 확장하던 시기 한국이라는 지정학적 공간이 러일전쟁을 통해서 시각화되는 과정에 주목한다. 이를 위해서 1890년대부터 1905년까지의 시기에 『뉴욕 타임즈』, 『시카고 트리뷴』, 『워싱턴 타임즈』, 『샌프란시스코 이그재미너』와 이 외의 소수 지역신문에 러일전쟁이 보도되는 방식을 특히 조선(Korea, Corea) 관련 기사 중심으로 살펴본다. 특히 종군기자이자 사회주의 혁명가였던 잭 런던이 『샌프란시스코 이그재미너』에 연재하는 조선에서의 러일전쟁 종군과정을 담은 글과 사진을 중심으로, 미국 주요 미디어를 통해 한국인식이 형성되는 과정에서 잭 런던의 글과 사진이 차지하는 중요성도 함께 살펴보고자 한다.

본문은 크게 두 부분으로 구성된다. 1절에서는 전쟁 저널리즘의 형식으로 당시 미디어에 나타나는 러일전쟁의 보도 과정을, 1897년 조선이 본격적으로 미국의 주요 매체에 언급되기 시작하는 시기부터 1904년 러일전쟁으로 정점을 이루는 시기에 미국의 근대매체를 통해 한국이라는 공간이 러일전쟁을 통해 구체화되는 모습을 고찰해본다. 2절에서는 러일전쟁 종군기자 중의 한 명이었던 잭 런던이 1904년 『샌프란시스코 이그재미너』에 30여 차례에 걸쳐 소개하고 있는 기사와 사진을 중심으로 러일전쟁이라는 사건을 통해 미국 대중매체에 서술되는 한국 인식을 들여다본다.

19세기 말 미국의 팽창주의의 역사 안에서 중남미, 태평양 연안의 많은 식민지들이 형성되면서, '비문명화'된 식민지, 피식민지인이 미국의 미디어에서 묘사되는 방식에 관한 많은 연구가 활발하게 진행되어왔다. 반면에 같은 시기 미국 근대 매체에 나타난 한국에 관한 연구는 거의 전무하다고 할 수 있는데, 그도 그럴 것이 당시 한국이 미국의 직접적인 팽창 정책의 대상은 아니었기 때문이다. 따라서 미국학 분야에서는 20세기 중반 한국전쟁 전후로 한미관계가 본격적으로 부각되기 이전, 즉 20세기 초 미국의 한국인식 혹은 한미관계에서의 문화연구는 주요한 연구대상이 아니었다. 한국학 분야에서도 이 시기 미국과 관련된 대부분의 연구는 당시 조선 땅을 방문하거나 거주했던 선교사들의 글이나 여행기를 통한 연구를 통해서 주로 이루어져왔다. 20세기 초 한미관계를 둘러싼 비교문화연구의 시각으로 이 논문은 그동안 많이 주목받지 못했던 러일전쟁을 새롭게 조명해보고자 한다. 특히 러일전쟁을 통해 형성되는 미국의 한국인식과, 종군기자들의 전쟁 저널리즘의 형식을 통해서 드러나는 한국 인식을 살펴본다. 한국이 미국의 미디어에서 처음으로 시각화되기 시작한 러일전쟁의 의미를 갖는 이유는, 바로 미국이 아시아 지역을 식민화하는 작업이 시각적으로 매개화 되는 경험을 통해서 이루어져왔기 때문이다. 이 논문은 미국에서 제국이라는 개념이 일상생활이 되어가면서 식민지와 식민지인들의 모습이 전형적으로 야만적(barbarous)이고 비문명화(uncivilized)된 존재로서 묘사되고 있는 방식을 연구하고 있는 선행연구의 연장선에 있다. 따라서, 이 논문은 러일전쟁이라는 사건을 재구성하는 역사학적 연구에 목적이 있다기보다, 러일전쟁의 의미를 타자의 한국인식, 특히 미국에서의 초기 한국인식의 형성 과정을 살펴보는 문화연구의 계보 안에 두고자 한다. 잭 런던의 글이 상대적으로 선교사나 여행가의 글보다 대중적 파급 효과가 더 컸다는 것을 감안할 때, 그리고 그의 시선이 미국의 대중매체를 통해 독자들의 시선으로 다시 반복, 재생산되었을 개연성을 고려할 때, 러일전쟁은 대중매체인 신문을 통해 조선이라는 개체가 인식되는 중요한 사건이었으며, 또한 한국을 향한 미국의 대중인식이 형성되는 중요한 사건이라고 볼 수 있다.

2. 미국의 신문에 재현된 러일전쟁과 조선의 이미지, 1897~1905

1851년부터 발행되기 시작한 미국 『뉴욕 타임즈(The New York Times)』에 조선 혹은 대한제국을 지칭하는 Korea 혹은 Corea가 언급되기 시작한 시점은 1882년부터이다. 고대 인쇄(The Antiquity of Printing)라는 제목의 일본의 인쇄술을 소개하는 기사에서 도요토미 히데요시豊臣秀吉가 임진왜란 때 "일본보다 열등하다고 여겼던 사람들에게서 배워왔던 것"이라는 기록을 전하면서 조선이 처음 언급되기 시작했다.[5] 1887년에는 새로 나온 책을 소개하는 단신 코너에 퍼시벌 로웰(Percival Lowell)이 한국을 방문하고 발간한 책

---

5 "Antiquity of Printing," *The New York Times*, 1882. 4. 9, p. 6.

『조선 고요한 아침의 나라(*Choson: The Land of the Morning Calm*)』(1886)가 잠시 소개 된다.[6] 그 후로『뉴욕 타임즈』에 조선이 언급되는 기사는 10여 년간 거의 전무하다가 1897년 10월 고종의 황제즉위식 거행을 소개하며, "조선, 마 침내 제국으로(Korea an Empire at Last)"라는 기사를 시작으로 다시 언급된 다. 두 달 후인 12월에는 지면 1면에 4회에 걸쳐 당시 한반도에 일어나고 있는 변화에 주목하는 기사들이 올라온다. 예를 들어, 조선뿐만 아니라 극동지역 전반에 일어날 변화를 예고하며, 일본이 밤낮으로 전쟁을 준비 하고 있다는 소식, 혹은 다른 열강이 간섭하지 않는 한 조선이 곧 러시아 영토가 될 것이라고 전하는 기사들이다.[7] 이렇게 1897년부터 러일전쟁이 임박하였던 1903년 12월에 이르기까지 조선에 관한 기사는 꾸준히 증가 하다가 1904년에서 1905년에는 미국 주요 신문의 1면에 러일전쟁 기사가 주요 뉴스로 전해지면서 조선이 본격적으로 미국의 대중매체에 등장하 게 된다. 바로 조선에서 서구 열강들의 본격적인 이권 침탈이 이루어졌 던 기간에 미국의 미디어도 조선이란 나라에 주목하기 시작했으며, 조선 에 관한 미국의 인식이 서서히 윤곽을 드러내기 시작했다.

눈에 띄는 점은 러일전쟁이 임박해지면서 텍스트로 전해지던 각 열강 들의 이권 다툼, 특히 러시아와 일본의 긴장관계에 관한 기사들이 사진 이나 삽화의 형태로 시각적으로 묘사되고 있는 것이다. 1897년부터 조선

---

6   "Choson: The Land of the Morning Calm," *The New York Times*, 1887. 4. 7. 퍼시벌 로웰의 *Choson: The Land of Morning Calm*은 그가 1883년 5월 일본에 방문하였을 때 조 선의 미국 수호통상사절단 보빙사를 만나게 되고, 이들의 통역 담당으로 1883년 미국으 로 이들을 인도하게 된 인연으로 그해 12월 다시 조선을 방문하여 이 때 2개월간 조선에 서 겪은 경험을 바탕으로 책이다. 고종황제의 사진을 담고, 한국의 영문판 지도가 처음 으로 실린 책이기도 하다. 로웰은 이 책에서 서구에 아직 알려지지 않은 나라로서의 조 선의 지리, 문화를 묘사하고 있다. 한국에서는『조선: 고요한 아침의 나라』로 번역되어 있다.

7   "Russia Absorbing Korea," *The New York Times*, 1897. 12. 24; "Eight Warships for Korea," *The New York Times*, 1897. 12. 31.

에 관한 기사를 읽다보면 러일전쟁으로 치닫고 있는 조선의 상황에 관한 기사가 잘 구성된 한편의 드라마처럼 기승전결을 이루며 전개되고 있는 것을 알 수 있다. 마치 러시아, 일본, 미국, 영국, 프랑스 등의 열강들 중 과연 누가 이 게임에서 최종 승자가 될 것인가를 두고, 신문도 흥미로운 시선으로 독자에게 재미있는 읽을거리를 제공하는 것처럼 보인다. 그리고 승자와 패자를 가르는 게임에서 사실상 조선은 이미 주인 없는 영토로 기정사실화 되어있다.

미국의 신문에서 러일전쟁을 전후로 조선이 시각화되는 방식은 크게 세 가지 형태로 분류해 볼 수 있다. 첫째는 전투의 과정, 피해상황, 전투가 벌어진 이후의 흔적들, 부상자, 승자의 잔치나 이동 과정 등 전쟁, 전투를 통해 드러나는 방식이다. 둘째는 전쟁터로서 조선이란 낯선 나라를 소개하기 위해 등장하는 조선의 지도, 풍경, 사람들의 이미지들이다. 셋째는 바로 러일전쟁을 풍자하는 삽화의 형태이다. 우선 첫째의 경우, 전투의 현장과 전쟁의 진행상황에 대한 묘사에서 사실감 있는 보도를 전하기 위해 비록 전투 장면은 아니지만 전쟁이 일어나고 있는 현지의 사진이 실리고 있는 것을 볼 수 있다. 예를 들면, 1904년 2월 12일자『데일리 메일』에는「전쟁의 발생순서」라는 제목으로 "2월 7일 일본이 일본 — 조선을 연결하는 전신선을 끊다, 2월 8일 밤 일본이 여순항 공격, 2월 9일 오전 여순항에 정박한 러시아 함대 공격, 2월 9일 오전 일본이 제물포항의 러시아 함대 공격"과 같은 기사와 함께 전투가 일어났던 제물포항의 사진이 실린다.[8] 1904년 2월 15일자『시카고 트리뷴』도 마찬가지로, "2월 제물포 해전에서의 승리, 2시간 동안 계속된 전투, 2시간의 중지, 다시 전투 시작, 러시아 함대 바랴크호와 카레예츠호 폭파, 러시아군 4명의 장

---

8   "Chronology of War," *The Daily Mail*, 1904. 2. 12.

교와 40여 명의 사망자, 404명의 부상자가 발생, 2월 8일 오후 4시 30분 일본이 제물포항으로 입항, 완벽한 명령 체계 아래서 수송 차량이동"이라는 내용의 시시각각의 전투 상황을 자세히 기록한 기사와 함께, 일본군이 승전 이후에 잔치를 하고 있는 모습을 자세히 그리고 있는 삽화를 보여주고 있다.[9] 이후에 다시 논하겠지만, 그러나 러일전쟁 종군기자들 대부분이 일본 측으로 합류를 하게 되는데, 일본 정부와 군대의 엄격한 검열과 보도 통제로 전투의 장면을 가까이서 목격하는 것이 거의 불가능했던 탓에, 신문에 실리는 사진 대부분이 전투가 종료된 상황에서 부상자의 사진이나, 해상전이 종료된 이후 가라앉고 있는 군함대의 사진, 기병대, 보병대, 수송대가 이동하는 모습 등의 이미지가 주를 이룬다.[10]

그림 4-1 「샌프란시스코 이그재미너」 1면, 1904년 5월 15일

---

9 "Tells of Chemulpo Fight," *Chicago Tribune*, 1904. 2. 15.

10 다만 『르 프티 주르날』과 『르 프티 파리지앙』과 같은 프랑스의 주요 신문에는 전투 장면들이 생생하게 묘사되는 러일전쟁의 삽화가 실려 있다(신용석 편, 『잊어서는 안 될 구한말의 비운』[선광문화재단, 2016] 참고). 이와 대조적으로 미국에서는 전투가 종료된 이후의 사진들이 주를 이룬다. 이것은 상대적으로 보도 통제를 받지 않았던 러시아군 측의 종군기자에 의한 기록이기 때문이라고 추정해볼 수 있으나 이것은 향후 연구가 더 필요한 부분이다.

실제로 종군기자들이 미국 — 스페인전쟁에서와 같이 생생한 전투 장면을 촬영할 수 없었던 한계 때문인지, 러일전쟁 보도가 시각적으로 표현되는 대부분은 두 번째 형태인 조선의 지도, 풍경, 현지인의 모습 등 부분적으로 채워지는 경우가 많다. 예를 들어, 고종의 모습, 서울의 사대문, 제물포항 전경과 같은 풍경 사진, 혹은 조선의 지도로 러일 전쟁의 시각적 이미지가 표현되는 경우가 많다. 모든 경우가 그런 것은 아니겠지만 주로 신문사에서 확보할 수 있었던 사진들이나 이미지를 활용했을 가능성도 추측해 볼 수 있다. 어떤 이유에서든지, 러일전쟁의 보도에서 분명 조선의 모습이 미국의 주요 신문들에서 본격적으로 등장하고 있는 것은 사실이다. 1904년 1월 23일자 『샌프란시스코 콜』의 1면에는 「12,000명의 일본군 배로 조선에 상륙, 러시아군 전쟁터로 급히 향하다」라는 제목의 기사와 함께 소개되고 있다.[11] 서울 시내의 전경으로 보이는 사진이 직사각형의 박스에 실리고, 그 아래로 서울(The City of Seoul)이란 제목으로 '서울 — 부산을 잇는 철도를 건설'이라는 작은 문구와 함께 광산에서 곡괭이와 삽을 들고 석탄을 캐고 있는 한국의 노동자들의 모습이 표현되어 있고, 철도로 석탄을 나르고 있는 모습이 한쪽으로 그려져 있다. 2월 6일자 『샌프란시스코 콜』에는 일본 국방장관의 사진과 두 장의 조선 풍경을 묘사하는 사진, 그리고 러시아와 일본의 관계를 묘사하는 삽화가 지면의 반에 걸쳐 크게 그려진다. 여기 실린 조선의 풍경은 제물포항의 주변과 서울의 사대문 중 하나로 보이는 사진으로, 마치 퍼시벌 로웰이 1886년에 출판한 『조선, 고요한 아침에 나라』에서 소개하고 있는 한국의

---

11 "Twelve Thousand Japanese Soldiers Land From Ships on Korean Soil and the Russian Forces Hasten to the Scene of the Expected War," *The San Francisco Call*, 1904. 1. 23.

그림 4-2 Battle Ground of Eastern Asia,
『샌프란시스코 이그재미너』 1904년 1월 24일

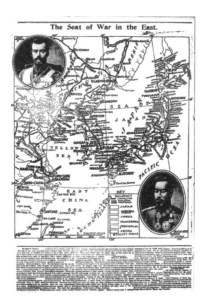

그림 4-3 The Seat of War in the East,
『홀트 카운티 센티널』(The Holt County Sentinel) 1904년 2월 19일

모습을 옮겨다 놓은 사진처럼 보인다.[12] 이와 더불어 전쟁이 이루어지고 있는 주요 포인트를 보여주기 위한 목적으로 조선의 지도와 주변의 항구를 보여주는 지도도 자주 등장하는 이미지이다.

1904년 2월 12일 『보스턴 글로브』에는 조선의 지도가 전투 지역의 중요한 지점들을 묘사하기 위한 목적으로 등장하고,[13] 또한 1904년 2월 16일에는 『버팔로 이브닝 뉴스』의 경우도 러일전쟁의 주요 지점들 — 조선의 지형과 주변의 항구들, 배의 이동 경로 등 — 이 표시된 지도를 지면의 반에 채워 보도하고 있다.[14] 2월 10일자 『데일리 리뷰』에도 「첫 번째 전투의 주요 위치」라는 제목으로 러일전쟁의 주요 전투 지점들과 군대의 이동, 침입 경로, 각 주요 항구의 위치, 항구들 간의 이동 경로 등을 보여주고 있다.[15] 2월 26일 『보스턴 글로브지』는 서울의 사대문을 통해서 일본군이 서울로 입성하는 모습의 사진과 함께 조선, 서울이란 지리적인 묘사를 자세하게 보여주고 있다.[16]

역사학자 데이빗 브로디(David Brody)는 1899년 미국이 필리핀을 인수했을 당시에 미국 대중은 필리핀이 섬인지 통조림 과일을 의미하는 것인지도 모를 정도로 필리핀이란 나라에 무지했었다고 전하며, 미국의 미디어에서 필리핀이 소개되는 이미지에 주목한다. 특히 브로디는, 미국인들에 의해서 혹은 미국인들을 위해서 필리핀이 사람들, 풍경, 건축, 지도와 같은 이미지를 통해서 시각화되는 과정을 미국의 제국주의가 구체화되

---

12 "Japanese Minister Says Tokio is Determined to Fight," *The San Francisco Call*, 1904. 2. 6.

13 "Map Showing Distances Between Important Points in War Zone," *The Boston Globe*, 1904. 2. 12.

14 "Panoramic View of the Principal Points of the Russo-Japanee War," *Buffalo Evening News*, 1904. 2. 16.

15 "Japs Capture 2,000 Russians Chemulpo Victory Confirmed," *The Daily Review*, 1904. 2. 10.

16 "One of the Many Openings into Korea's Walled Capital," *The Boston Globe*, 1904. 2. 26.

그림 4-4 「보스턴 포스트」(Boston Post) 6면, 1904년 1월 14일

는 과정으로서 설명하고 있다.[17] 이처럼 19세기 말, 20세기 초 미국인들은 대중 미디어를 통해 자신들이 탐험할, 개척할 더 큰 세계가 있다는 것을 깨닫고 있었다. 그리고 신문에 등장하는 조선의 지도 — 예를 들면, 부산, 군산, 제물포, 의주, 나가사키, 상하이 등의 항구의 위치, 혹은 이동경로가 자세히 표기된 — 와 먼 나라 조선이라는 낯선 풍경은 분명히 멀리 떨어져 있는 지역에서 일어난 사건에 독자들이 참여할 수 있게 해주었고, 실제적으로 전쟁터에서 싸우지는 않았지만, 이러한 조선의 지도와 풍경, 지형, 자연환경의 소개는 그들이 전투의 장소에 접근할 수 있게 해주었다. 지나치게 복잡한 정확성이 요구되지 않는, 그러나 독자들의 관심을 끌 수 있을 정도의 전쟁의 진행 상황과 단순화된 지도의 형태는 독자들이 러일전쟁을, 그리고 조선이 자신들의 제국의 영역 안에 들어오는 것을 당연한 것으로 받아들이게 해주었고, 조선을 탐구할 수 있게 해주었다.

---

17 David Brody, *Visualizing the American Empire: Orientalism & Imperialism in the Philippines*(Chicago: The University of Chicago Press, 2010).

마지막으로 러일전쟁 보도를 통해 조선이 시각화되고 있는 또 다른 방식은 바로 신문 만평을 통해서이다. 대부분의 러일전쟁 만평의 경우, 한국이 직접적으로 언급된 경우보다 러시아와 일본, 혹은 그 주변을 둘러싼 열강들의 모습을 상징적으로 표현한 경우가 많다. 예를 들면, 각각 러시아 군복과 일본 군복을 입은 사람 사이에서 엉클 샘으로 형상화된 미국인이 중간에서 싸움을 말리고 있는 삽화로 미국의 러일전쟁에서의 중재자 역할을 부각시키고 있는 만평 같은 경우가 그렇다. 혹은 극장 무대를 바라보고 있는 독일, 미국, 영국, 프랑스, 오스트리아 사람이 망원경으로 앞의 무대에서 벌어지고 있는 일본과 러시아의 해전을 구경하고 있는 만평처럼 러일전쟁의 결과를 기다리며 흥미롭게 바라보고 있는 세계 열강들의 모습 등 국제관계 안에서의 러일전쟁의 모습을 표현한 경우가 많이 있다. 이런 만평 중에서 아래 예시로 든 두 개의 만평은 모두 "Korea"라는 명칭이 명확하게 언급된 만평인데, 여기에서 "Korea"는 구체적인 관심의 대상이 아니라 일본과 러시아의 전쟁이 벌어지는 길목으로서 그려지고 있는 것을 볼 수 있다. 첫 번째, 「러시아를 향하는 일본: 반짝 반짝 작은 별, 니가 뭘 하고 있는지 궁금해」("Japan to the Great Bear: Twinkle, twinkle, little star: how I wonder what you are up to")라고 부연 설명된 만평의 경우, 러시아군이 한반도 너머 북쪽 땅에서 어떤 전투를 준비하고 있는지, 무슨 전략을 짜고 있는지 궁금해 하고 있는 일본군을 묘사하고 있다. 두 번째 예시의 경우는 일본군이 압록강을 지나 북쪽 만주로 진군하고 있는 모습을 그리며, 선비 복장을 한 한국인이 누워서 일본군이 지나갈 수 있도록 자신의 몸을 내어주며, 「한국 영토를 통과할 수 있는 권한을 부여 합니다」("I hereby grant you a permit to traverse Korean territory")라고 적혀진 사인을 흔들고 있는 모습을 그리고 있다.

그림 4-5 Jack London Off for Orient,
『샌프란시스코 이그재미너』 1904년 1월 8일

그림 4-6 Japan's Invasion of Korea, As Seen by Jack London,
『샌프란시스코 이그재미너』 1904년 3월 4일

3. 러일전쟁 종군기자 잭 런던과『샌프란시스코 이그재미너』

러일전쟁이 임박해지자 1904년 1월 잭 런던은 허스트 계열의 신문사『샌프란시스코 이그재미너』의 의뢰를 받아 러일전쟁의 보도를 위해 일본으로 향한다. 당시 허스트 계열의 신문들은 1면을 대형 사진으로 채울 수 있는 새로운 편집 기술을 선보이고 있었는데,[18] 런던이 조선에서 신문사로 전송해오는 기사와 사진은 이러한『이그재미너』의 간판 기사로 1면을 장식하며 단독이라는 문구와 함께 타 신문과의 차별성을 강조하는 데 적극 활용되었다. 1904년 1월 8일자 신문 1면에는「동양으로 향하는 종군기자들」이란 제목으로 SS 시베리아호를 타고 취재를 위해 일본으로 출발하는 종군기자들의 소식이 전해진다. 여기에 더해『이그재미너』소속 기자로 잭 런던을 소개하며 그의 사진을 크게 싣고 있는데, 이는 런던의 유명세와 그의 대중적인 영향력을 활용하고 있는 것으로 볼 수 있다. 이후에 잭 런던이 보내오는 사진에는 어디에도 소개되지 않은『이그재미너』만의 단독이라는 문구가 매번 꼬리를 달고 있는데,『이그재미너』가 독자의 관심을 끌기 위해 런던과 그의 사진을 적극 활용하고 있는 것을 알 수 있다.

이렇게 런던이 보내온 기사와 사진들은 1904년 1월부터 7월까지 사진과 기사가 함께 실린 경우가 20여회, 사진만 단독으로 실린 경우는 15여회였고, 대부분의 기사들이 1면에 실리게 된다. 그리고 런던의 기사와 사진은 러일전쟁의 보도뿐만 아니라 조선을 소개하는 데도 주요한 채널이 되었다. 잭 런던이라는 한 사람의 시선을 조선에 관한 인식으로 일반화할 수는 없지만, 그가 가진 대중작가로서의 영향력과『이그재미너』를 비

---

18 Jeanne Campbell Reesman, "Marching with the Censor: Jack London, Author! and the Japanese Army," in *Jack London's Racial Lives: A Critical Biography*(Athens: University of Georgia Press, 2009), p. 95.

롯해 허스트 계열의 신문사들이 당시 갖고 있었던 대중매체로서의 위상을 고려할 때, 1904년 1월에서 9월에 걸쳐 30여 편이 넘는 그의 조선 관련 기사와 사진 보도는 분명 1900년대 초 미국에서의 한국 인식의 형성에 일정 정도 역할을 했을 것으로 추정할 수 있다.

표 4-1 『샌프란시스코 이그재미너』에 실린 잭 런던의 러일전쟁 기사와 사진 목록[19]

기사 목록	
Russo-Japanese Clash in Korea Expected Any	1904. 1. 7
Jack London Off for Orient	1904. 1. 8
Jack London Regains His Freedom	1904. 2. 7
How Jack London Got In and Out of Jail in Japan	1904. 2. 27
Koreans are Fleeing Before the Slave Advance	1904. 3. 3
Japan's Invasion of Korea, As Seen by Jack London	1904. 3. 4
Landing of Japanese Troops from the Transport at Chemulpo (photo)	1904. 3. 4
Wrecked Russian Cruiser Variag (photo)	1904. 3. 23
Japanese Army's Equipment Excites Great Admiration	1904. 4. 3
Troubles of War Correspondent in Starting for the Front	1904. 4. 4
Royal Road: a Sea of Mud	1904. 4. 7
Koreans Have Taken to the Hills	1904. 4. 17
Japanese sharpshooters waiting for Russian Scouts (photo)	1904. 4. 17
Footsore, Dazed and Frozen, The Japanese Trudge Throughout Korea	1904. 4. 18
Cossacks Fight Then Retreat	1904. 4. 19
Sufferings of the Japanese	1904. 4. 20

---

19 위의 기사들의 일부는 『잭 런던의 조선사람 엿보기: 1904년 러일전쟁 종군기』, 윤미기 역(한울, 1995)로 한국에 번역이 되어 있다. 역자가 서문에서 밝히고 있듯이, 이 책은 1982년에 런던이 『이그재미너』에 기고한 글 일부를 프랑스 출판사가 엮어서 *La Corée En Feu*(Paris: Union Générale d'Editions, 1982)로 펴낸 불어본을 한국에서 다시 번역한 것이다.

기사 목록	
Japanese Soldiers Building Bridges on the Line of March (photo)	1904. 4. 21
Japanese Firing Line at Lunan (photo)	1904. 4. 23
Examiner Writer Sent Back to Seoul	1904. 4. 25
Interpreters and How They Cause Trouble	1904. 4. 26
Japanese Infantry Lined up for Action (photo)	1904. 5. 8
Koreans Watching the Japanese Troops March Through PingYang	1904. 5. 9
Snapshot of Lieutenant General Inouye (photo)	1904. 5. 10
Japanese Cavalry of the Twelfth Division at Sunan (photo)	1904. 5. 10
Japanese Infantry Marching Beyond the Village of Sunan on the Way to the Yalu (photo)	1904. 5. 11
Fleet of Japan that is Blockading Port Arthur (photo)	1904. 5. 15
Japanese Marching Rapidly Toward Anju (photo)	1904. 5. 23
Collapse of A Japanese Trooper after a Long Trudge through the snow(photo)	1904. 5. 23
15,000 Japanese and 3,000 Russians Slain! Japanese Artillery on the Road to Port Arthur	1904. 5. 24
Jack London's Graphic Story of the Japs Driving Russians Across the Yalu River	1904. 6. 4
Few Killed Nowadays in "Fierce" Battles	1904. 6. 5
Japanese Swim Cold River Under Fire: Run Risk of Freezing to Death	1904. 6. 9
Russians Fight Japanese on the Yalu that Main Slavic Army May be Better Prepared	1904. 6. 11
Japanese in Invisible War	1904. 6. 12
Japanese Supplies Rushed to Front by Man and Beast	1904. 6. 19
Japanese Officers Consider Everything a Military Secret	1904. 6. 26
Back From the Orient_Japan Puts End to Usefulness of Correspondents	1904. 7. 1
Greatest Disaster of the War Befalls the Japanese (photo)	1904. 7. 13
Port Arthur Reported Fallen: Great Battle is in Progress	1904. 7. 14
Rumor that Port Arthur has Fallen is Not Believed in St. Petersburg	1904. 7. 30
The Yellow Peril	1904. 9. 25

『이그재미너』에 소개된 런던의 종군기사는 기본적으로 러일전쟁을 보도하고 있는 타 신문의 형식과는 분명히 차이가 있다. 다른 보도가 전쟁터에서 일어나는 시시각각의 상황, 전사자의 수, 전투 현장의 생생한 장면, 혹은 사실의 여부를 떠나 이를 전달하는 방식은 사실 보도의 문제 성격을 지닌 반면에, 런던의 글은 마치 여행기처럼, 그가 배를 타고 일본 그리고 조선, 이후에는 평양을 지나 압록강 너머 중국이라는 낯선 장소에 도착하여 겪게 되는 이방인으로서의 관찰기의 성격이 짙다. 물론 런던도 일본군의 근황을 전하거나, 전투가 종료된 이후의 부상병의 모습, 일본군의 군수물품 이동의 모습, 사격을 준비하고 있는 일본군, 일본군의 행군 모습 등 전쟁의 과정을 묘사하고 있다. 그럼에도 불구하고 런던의 글쓰기 방식은 종군의 과정에서 겪게 되는 에피소드의 성격이 크다. 아마도 잭 런던이 "우리는 허락받은 것만을 보아야 했으며, (일본)장교들의 주된 업무는 우리가 아무것도 못 보도록 막는 일이었다"고[20] 밝히고 있는 것처럼, 아마도 이러한 글쓰기는 부분적으로는 종군기자가 전선에서 3마일(약 4.8 ㎞) 이내로 접근하는 것을 엄격하게 일본이 통제하고 결코 허용하지 않았던 까닭에 어쩔 수 없었던 차선책이었다고도 할 수 있을 것이고, 또한 작가로서의 그의 타고난 글쓰기 방식 때문이었다고도 할 수 있을 것이다.

어찌됐건 잭 런던의 이러한 글쓰기 방식은 조선에 관한 이야기가 서술될 수 있는 많은 여지를 남겼다. 사실 런던이 종군 과정에서 보고자 했던 것은 명확했다. 바로 "묘사할 만한 전쟁"이었다. 아래 인용문에서 밝히는 바와 같이 그가 원했던 것은 "가장 격렬한 전투의 현장 속"에서 "위태롭지만 불멸의 순간들"을 기록하는 것이었다.

---

20 "Japanese Officers Consider Everything a Military Secret," *San Francisco Examiner*, 1904. 6. 26.

개인적으로 나는 종군기자가 어떤 일을 해야 된다는 나름의 확고한 생각을 갖고 이 전쟁에 참가하였다. 스티븐 크레인이 쿠바에서 포화 속의 장면들을 묘사한 것이 아직도 기억 속에 남아 있었다. 나는 모든 종류의 전쟁이나 전투에 참여한 종군기자들은 누구를 막론하고 가장 격렬한 전투의 현장에 있기 때문에 위태롭지만 불멸의 순간들을 살게 된다고 알고 있었다. 간단히 말해서 나는 많은 것을 체험하려고 이 전쟁에 참가하였다. 그러나 내가 체험한 것은 오직 분노와 불쾌감뿐이었다.

Personally, I entered upon this campaign with the most gorgeous conceptons of what a war correspondent's work in the world must be. I knew that the mortality of war correspondents was said to be greater, proportion to numbers, than the mortality of soldiers. I remembered, during the siege of Kartoum and the attempted relief by Wolseley the deaths in battle of a number of correspondents. I had read "The Light that Falled." I remembered Stephen Crane's descriptions of being under fire in Cuba. I had heard —God, was there aught I had not heard?— of all sorts and conditions of correspondents in all sorts of battles and skirmishes, right in the thick of it, where life was keen and immortal moments were being lived. In brief, I came to war expecting to get thrills. My only thrills have been those of indignation and irritation.[21]

그의 바람과는 다르게 그의 종군 경험이 "오직 분노와 불쾌감뿐"이었

---

21 ibid.

다는 기록은 그가 일관성 있게 서술하고 있는 조선과 조선인에 대한 평가와도 연결된 것으로 보인다. 그가 바라보는 조선인은 "비능률성의 전형적인 타입"이었다. 그는 조선인을 다른 인종과 비교하여 "매가리가 없고 여성스러우며" 예전에는 "용맹을 떨쳤지만 수세기에 걸친 집권층의 부패로 용맹성을 잃어버리게" 되었으며, "정말로 조선인은 지구상의 그 어떤 민족 중에서도 의지와 진취성이 절대적으로 부족한 가장 비능률적인 민족"이라고 서술하고 있다.

한국인은 섬세한 용모를 갖고 있다. 그러나 중요한 것이 빠져 있는데 그것은 힘이다. 더 씩씩한 인종과 비교해보면 한국인은 매가리가 없고 여성스럽다. 예전에는 용맹을 떨쳤지만 수세기에 걸친 집권층의 부패로 인하여 점차적으로 용맹성을 잃어버리게 된 것이다. 정말로 한국인은 지구상의 그 어떤 민족 중에서도 의지와 진취성이 절대적으로 부족한 가장 비능률적인 민족이다. 그 중에서도 딱 한 가지 뛰어난 점이 있다면 그것은 짐을 지는 것이다.

The Korean has finer features, but the vital lack in his face is strength. He is soft and effeminate when compared with the strong breeds, and whatever strength has been his in the past has been worked out of him by centuries of corrupt government. He is certainly the most inefficient of human creatures, lacking all initiative and achievement, and the only thing in which he shines is the carrying of burdens in his back.[22]

---

22 "Royal Road: a Sea of Mud," *San Francisco Examiner*, 1904. 4. 7.

한국인의 비능률적인 특성에 대해 서술하는 또 다른 부분에서는 다음과 같이 적고 있다.

나의 두 마부는 평균 수준보다 나아보이는 데도 조랑말에 짐을 싣는 데 한 시간이나 걸릴 뿐만 아니라 하루의 시간은 실은 짐들이 떨어지지 않도록 하느라 다 보내는 것이다…그 어떠한 사소한 일이라도 잡담을 30분 정도 나누고 나서야 시작하는데…이 잡담을 중지시키는 단 한 가지 방법이 있는데 "서둘러"라는 뜻의 "어서!"라고 목청을 다해 소리를 지르거나 상투를 잡아당기거나 머리를 후려치는 시늉을 해야만 한다.

My two mapus — and they struck me a little better than the average— required an hour to put the loads on the ponies, and then spent the rest of the day trying to keep the loads from falling off. The simpliest act requires half an hour of chin-chin and chatter before it can be performed… About the only way to break up this discussion is to vociferate "Os-saw" which means hurry up, and to threaten to put his topknot or break his head.[23]

또 다른 에피소드를 전하며, 런던이 한국인의 특성 가운데 "비능률적인 점" 다음으로 두드러진 특성으로 꼽는 것은 "호기심"이다.

한국인의 특성 가운데 비능률적인 점 다음으로 꼽을 수 있는 두드러진 특성은 호기심이다. 그들은 '기웃거리는 것'을 좋아한다. 한국말

---

23 ibid.

로는 '구경'이라고 한다. 한국 사람들에게 '구경거리는 우리 서양 사람들에게는 일종의 연극 관람이며 회의 참석이며 강론 경청이며 경마 구경이며 동물원 나들이이며 일종의 산책과도 같은, 그러니까 그 외에 모든 것이라고 할 수 있다. 그것의 아주 큰 이점은 값이 싸다는 것이다. 한국 사람들에게 '구경거리'는 최고의 즐거움이다. 아주 사소한 어떤 사건이라 할지라도 구경거리에 해당되므로 몇 시간이 걸려도 '기웃거리느라고' 서 있거나 구부리고 앉아 있는 것이었다.

The next salient characteristic of the Korean after inefficiency, is curiosity. He likes to "look see." Koo-kyung is his word for it, and a koo-kyung is to him what plays, lectures, sermons, horse shows, menageries, excursions, picnics, and what not, are to us. And in this he has one advantage over us — it comes cheaper. To the Korean a "look see" is the sum of all delight. The most trivial thing or event is sufficient to hold him for hours, and for hours he will stand or squat, just looking and seeing.[24]

런던은 조선을 실패한 국가로 단정했다. 조선인은 "외국 군대가 자기 나라를 통과해 가려고 하자 어려움을 이기지 못하고 모두 도망갔다"고 표현하며, 또 "약간의 위험만 느끼면 언제라도 서둘러 도망칠 준비를 하고" 있는 민족으로 바라보았다. 체격은 훌륭하지만, "우연히 자기 나라에 들어오는 외국인에게도 거부하지 않고 반항하지도 않은 채 두들겨 맞거

---

24 "Koreans Have Taken to the Hills: How the Hermit Kingdom Behaves in Time of War_Jack London Draws Some Vivid Pen Pictures of What He is Seeing at the Front," *San Francisco Examiner*, 1904. 4. 17.

나 가진 걸 전부 빼앗긴다"고 전한다. 그리고 그는 마침내 압록강을 지나 만주, 전투의 핵심지역에 도착한 것을 기뻐하며 "이처럼 맥없고 자포자기한 한국을 떠나는" 것을 다행스러워 할 정도로 조선을 혹독하고 비판적인 시선으로 바라보고 있다. 방인석은 이러한 잭 런던의 시선을 단순하게 오리엔탈리즘과 인종주의의 담론으로 읽어내는 것에는 무리가 있다고 서술한다.[25] 그도 그럴 것이, 단순한 황인종에 대한 인종차별의 문제라고 하기에는 그의 일본인과 중국인에 관한 서술은 분명히 조선을 향한 시선과는 차이가 있기 때문이다.

유독 조선에 비판적인 그의 시선은, 잭 런던이 모험과 탐험을 두려워하지 않는 미국의 개척정신을 숭고한 가치로 평가했으며 몸소 그 개척정신을 실현하며 살았던 작가였다는 것에서 그 이유를 찾아볼 수도 있을 것이다. 그가 러일전쟁의 종군기자로 떠나는 것은 금전적인 이유도 있었

그림 4-7 Koreans Watching the Japanese Troops March Through Ping Yang, 「샌프란시스코 이그재미너」 1904년 5월 9일

---

25 방인석, 「잭 런던의 조선: 결핍과 비효율의 시공간」, 『동서비교문학저널』 37(2016), 111~132쪽.

겠지만, 새로운 환경을 두려워하지 않는 그의 성향도 중요한 몫을 차지했다. 위의 기사 목록에 나온 1904년 1월부터 7월까지의 여정, 즉 미국을 떠나 일본 요코하마, 시모노세키, 부산, 목포, 군산, 제물포, 평양, 순안, 의주, 안동, 그리고 다시 제물포, 일본을 거쳐 미국으로 돌아오는 8개월의 여정은 미지를 탐험하고 "위태롭지만 불멸의 삶"을 살기를 원하는, 소위 백인종의 '개척자' 본능을 실현하며 살기를 원했던 그의 믿음에서 비롯된 것이었다. 당시 시베리아 대륙횡단열차를 타고 아시아 본토로 향하는 러시아군과 합류한 기자들도 있었지만, 대부분의 종군기자들은 일본 측으로 합류를 하였다.[26] 일본 측으로 합류한 기자들의 경우는 이미 제물포항이 닫혔다는 이유로, 또한 일본 측에서 전쟁의 보도를 엄격하게 제한하여 허가증을 내주지 않는다는 이유로 차일피일 한국으로 가는 여정이 지연되어 일본에 머무르고 있었다.[27] 그러나 1월에 다른 기자들과 일본에 도착했던 잭 런던의 경우는 혼자서 제물포로 가는 배를 찾기 위해 시모노세키에서 고베까지, 고베에서 나가사키까지, 나가사키에서 모지까지 돌아다니다 우여곡절 끝에 시모노세키에서 조선으로 향하는 배에 몸을 싣는다. 그렇게 제물포가 아닌 부산으로 도착한 그는, 부산에서 허

---

26 Roth, Mitchel P. "Russo-Japanese War," *Historical Dictionary of War Journalism*(Wesport, CT: Greenwood Press, 1997), pp. 267~268.

27 "Richard Harding Davis and Paris and London Journalists to Sail for Japan Today," *San Francisco Examiner*, 1904. 2. 27. 런던이 출발을 하고 한 달이 지난 2월 말경, 세계 각 지역에 있는 특파원들도 일본을 향해서 이동을 하게 된다. "War Correspondents Bound for Orient"라고 하는 기사에서는 런던 *Daily News*를 대표하는 A. G. Hale/ Le Matin과 Le Figaro를 대표하는 프랑스 종군기자 Y. C. Vsobetz, Billetand de Lagurire, L. Aubert. Richard Harding Davis, 그리고 프랑스와 런던의 기자들이 러일전쟁을 취재하기 위해 일본을 향해 떠난다는 기사를 전하고 있다. 하딩의 경우 남아프리카와 쿠바의 전쟁에서 종군기자로 활동했던 경험이 있으며, *Collier's Weekly*의 지원을 받아 이번에는 일본군에 합류하여 전선으로 이동하기 위하여 일본으로 이동할 예정이라고 기록하고 있다. 그리고 런던의 기록에 따르면, 런던이 제물포에서 돌아와 미국으로 귀국을 하는 때에도 이들이 일본에 있었다고 전하고 있다.

물어져가는 거룻배를 타고 목포, 군산을 거쳐 제물포항에 이르는 여정을 택하여 이동을 하게 된다.[28]

이러한 런던의 여정을 살펴보면, 런던은 분명 백인 중심의 개척정신으로 무장된 사람이었다. 그러나 역사적으로도 보여주듯이, 이러한 개척정신은 개척하고 정복해야 한다고 믿는 땅에 대한 이해의 부족을 드러냈으며, 그 안에 살고 있는 사람들을 무지하고 몽매한 열등한 존재로서 각인시킨다. 『이그재미너』에 공개된 30여 컷의 사진들 이외에도 런던의 사진첩에는 일본군과 동행하며 조선을 관통하여 만주로 향하는 여정을 기록한 다수의 사진이 있다. 사진을 보면 런던의 종군여정이 러시아와 일본 간의 전쟁을 기록하고 보도하기 위한 목적, 그것도 다른 매체보다 빠르게 자극적인 전투의 모습을 시시각각 생동감 있게 전달하고자 했던 그의 의지가 더 확실하게 느껴진다. 런던은 그와 함께 동행하고 있는 일본군의 시선으로 조선인을 바라보았던 제국의 시민이기도 했다. 이 8개월의 여정에서 그의 카메라에 담긴 조선의 사람, 모습, 풍경은, 그의 시선이 보고 있는 모습들, 즉 "거부하지 않고 저항하지 않고" 외국 군대를 힘없이 바라만 보고 있는 "무기력"한 조선인들로 표현된다. 이렇게 그의 카메라 프레임에 담겨진 조선은, 런던 자신이 스스로 표현했던 것처럼, "점령군의 보호를 받으며" 조선 땅을 지나가고 있던, 점령군과 동일한 시선으로, 동일한 제국의 시선으로 조선을 바라보고 있던 시선에 의해 기록되었다.

---

28 "Jack London the Victim of Jealous Correspondents : Examiner Writer Sent Back to Seoul," *San Francisco Examiner*, 1904. 4. 25. 런던을 포함한 몇몇의 기자들을 제외하고는 대부분의 종군기자들은 일본에 억류되어 있어야만 했다. 많은 종군기자들이 일본군과 함께 동행할 수 있다는 허가서가 발급될 때까지 한없이 일본에 남아 있었다. 그리고 3월 10일 기준, 런던이 이미 한국에서 글을 쓰고 있는 그때까지도 일본에 있었다고 이 기사는 전하고 있다.

그림 4-8 잭 런던, 1904. 헌팅턴도서관(Huntington Library, San Marino, California) 제공

『샌프란시스코 이그재미너』는 정치적으로는 충실하게 보수 공화당의 색채를 지녔던 신문으로, 주 독자층은 노동자 계급이었고, 샌프란시스코에서 수십 년간 지역을 대표하는 신문으로, 1864년에는 가장 많은 부수 판매를 자랑했고, 독자층이 점점 많아지면서 1884년에는 다른 어떤 일간신문보다도 두 배나 많은 부수가 판매되고 있던 신문이었다. 잭 런던의 보도가 『이그재미너』만이 아니라, 허스트 계열의 타 신문에도 보도되었던 것을 감안할 때, 잭 런던의 러일전쟁 보도는 캘리포니아 지역 이외에서도 주요 도시의 독자들의 한국 인식 형성에 일정 정도 분명한 역할을 했을 것으로 보인다. 당시 쿠바나 필리핀이라는 낯선 공간이 미국과의 전쟁 보도를 통해 미국 대중에게 전달되었던 것과 마찬가지로, 러일전쟁이라는 사건은 미국의 대중들에게 한국이라는 나라의 인식을 형성했던 주요한 사건이었다.

4. 나가며

　1894년 9월 2일『샌프란시스코 콜(San Francisco Call)』의 일요일 조간신문에 낯선 제목의 기사와 함께 신문 전면을 채운 흥미로운 기사가 실린다. 바로 프랭크 카펜터(Frank Carpenter)가「한국의 관료들이 민중을 억압하는 법」이란 제목으로 쓴 기사였다. 이 기사는 "한국의 민중들을 억압하는 것으로 유명한, 그리고 반란의 주요한 원인이 되었던 인물이 오늘 수천 명의 하인을 거느리고 서울로 갈 예정이다"로 시작하고 있다. 이어서 "그는 표범가죽이 얹어진 가마 의자를 타고 다니며, 수십 개의 방이 있는 집을 소유하고 있는데, 보통 굉장한 부호로 알려져 있다. 불과 몇 년 전에 그는 사실상 아무 가치도 없었지만, 평민들의 재산을 쥐어짜내고, 이 나라의 국모와의 혈연관계를 이용하여 엄청나게 재산을 불렸다. 그 사람은 바로 민영준이다"라고 적고 있다. 신문 1면의 전체를 차지하고 있는 이 기사는 지면 가운데에 민영준이 잔치에서 찍은 사진을 기반으로 그려진 듯한 삽화, 그를 묘사하고 있는 것으로 보이는 고위관료가 가마를 타고 가는 모습, 그리고 관리들이 백성을 고문하는 모습의 삽화가 그려져 있다. 이어서 카펜터는 "한국은, 중국처럼, 착취자의 나라"라고 설명하며, "국가에 $600를 바쳐야 하는 관료들은 약 $5,000를 민중들로부터 착취한다"고 적으면서 조선을 소개하고 있다.[29] 물론 1894년 동학혁명에 관한 자세한 언급을 기사에서 하고 있지 않지만, 카펜터가 '남쪽에서의 반란'으로 칭하고 있는 동학혁명의 원인을 조선의 부패한 관료에서 찾는 내용이 기사의 핵심을 이룬다.

　기사를 쓴 프랭크 카펜터는 19세기 말부터 미국에서 저널리스트이자

29　Frank G. Carpenter, "How Korean Officials Oppress the People," *The Morning Call*, 1894. 9. 2.

여행가, 사진기자로 활동하며 지리 교과서와 『카펜터의 세계 여행』이라는 시리즈 책을 펴내는 등 작가로도 활동하고 있었다. 그는 세계 여러 나라를 여행하며 그 나라의 삶을 묘사하는 편지 형식으로 된 글을 12개의 정기간행물에 매주 보내는 조건으로 신문사 연합으로부터 지원을 받아 세계 각지를 돌아다니게 된다. 앞서 소개한 기사도 이러한 여행기 중의 하나로 한국을 여행하며 보고 느낀 점을 보내 온 글로 보인다.

이 글이 실린 『모닝콜』은 일간신문이었던 『샌프란시스코 콜』에서 매주 일요일 별도로 발행하던 주말 신문이었다. 우연찮게 잭 런던도 러일전쟁의 종군기자로 1904년 한국을 방문하기 이전, 위의 카펜터가 기사를 썼던 것보다 1년 앞선 1893년에, 작가로서의 첫 단편 소설을 『샌프란시스코 콜』에 발표하게 된다.[30] 물론, 그가 위의 카펜터의 글을 읽었었는지 알 수는 없지만, 잭 런던이 이후 1904년에 『이그재미너』에 보내는 글들에도 이와 유사한 시각으로 조선을 묘사하는 부분이 등장한다.

> 한국인들, 즉 민중은 불평하기 시작했다. 그리고 그 불평은 이유가 있는 것이었지만 그렇다고 그것이 일본의 잘못은 아니었다. 한국인들은 병사들이 돈을 내지 않고 식량을 가져가는 것에 불평을 했다. 사실은 다음과 같다. 군 당국은 일정량의 식량과 마초를 거두어 모으고 적당한 가격을 매겨준다. 그러나 그 가격은 한국인 관리들에 의해 조정이 된다. 돈을 빼돌리는 수완에 있어서 그들은 서양인을 능가한다. 그것에 대한 특별한 용어가 있는데 '착취'한다는 것이다. 백여 년 동안 이것은 일종의 수완으로 자리 잡아 왔는데, 한국에는 착취하는 계급과 착취당하는 두 부류의 계급만이 존재하고 있다.

---

30 소피 서덜랜드라는 물개잡이 배의 선원으로 활동했던 경험을 바탕으로 『일본해안의 태풍(*Typhoon of the Coast of Japan*)』이라는 첫 단편소설을 쓰게 된다.

카펜터와 잭 런던이 조선을 인식하는 하나의 공통점은 바로 조선 사회의 민중들의 무기력함을 조선 관료의 착취에서 비롯한 것이라고 평가하고 있는 것이다. 이 논리는 제국의 시민 스스로를 '착취자'가 아닌 못된 관료의 착복으로부터 무기력한 민중들을 '해방'시켜주는 자로 인식하게 만든다. 19세기 말은 "백인의 짐(White Men's Burden)" 혹은 "자애로운 동화(Benevolent Assimilation)"와 같은 용어로 표현되었던 제국주의의 이데올로기, 문명화된 제국이 미개한 야만의 국가를 구원해야 한다는 믿음이 당연한 것으로 여겨지던 시대였다. 잭 런던이 "비능률적이며 무능력한" 조선인 마부를 보다 못해 자신이 직접 "뒷발질하고 물어뜯고 소리 내어 울고"있는 말을 진정시키기 위해 앞으로 나섰을 때를 그는 이렇게 말한다. "백인이 할 수 없이 나섰다. 그는 말에 대해 아는 것은 하나도 없었으나 단 한 가지 유리한 점이 있었다면 그것은 그가 한국인이 아니라는 점이었다. 그 당시 백인은 마부만큼이나 무서움에 떨었다. 그러나 그는 백인이었다." 제국의 시민으로서의 우월한 백인의식은 런던에게 조선을 향한 인종적 편견과 우월감을 노골적으로 드러내도록 했다. 잭 런던이 조선의 관료들은 "엄청나게 도둑질해왔고" 따라서 "일본인들이 떠나면 백성들이 봉기"할 것이라고 적고 있을 때, 잭 런던에게 조선 민중들의 '봉기'는 절대 '혁명'이 아니었다. 잭 런던은 스스로 자신을 혁명가로 표현하는데,[31] 그에게 있어 혁명은 "불만을 품은 백성이 대규모로 일으키는 자발적이고 막연한 봉기"가 절대 아니었다. 그에 따르면 혁명가는 "굶주림과 질병에 절어 사회적 구덩이의 밑바닥에서 신음하는 노예"가 아니라, 대체로 "기운이 넘치고 영양 상태가 좋은 노동자들"이다. 즉, "비참한 백성들은 무기력하기만 해서 스스로를 일으켜 세우지 못하기" 때문에 "혁

---

31 "I am a Revolutionist," *San Francisco Examiner*, 1905. 3. 13.

명가의 도움을 받아야"만 하는 것이다.[32]

　19세기 말, 20세기 초 미국은 역동적인 사회였다. 사람들은 적자생존, 사회진화론에 심취하였고, 대규모의 이민과 산업혁명, 미디어의 발달은 미국을 더욱 복잡한 사회로 이끌고 있었다. 인종주의의 시각이 만연하였고, 또한 노동자 계급의 목소리가 커지고 대중이 형성되면서, 이들의 동원과 정치적 개입이 즉각적인 반향을 불러일으킬 만큼 사회주의가 정치적 영향력을 형성하고 있던 시기이기도 했다. 잭 런던의 경우도, 러일전쟁을 보도하기 위해 아시아로 향하던 1904년 이전에 이미 계급혁명에 관한 글들을 다수 발표했을 정도로 사회주의에 심취해 있었다. 그는 1899년 11월 16일 「최대치의 문제」라는 주제로 사회노동당의 오클랜드 대표로 강연을 하기도 했는데, 이때의 강연은 이후 1905년 4월 『계급전쟁』이라는 제목의 책에 수록되기도 하였다.[33] 그러나 이런 사회주의 혁명, 계급의 시각을 가진 런던이 조선을 방문했을 때 그는 조선 사회에서의 계급혁명 혹은 변혁의 요구를 읽어내지 못한다. 즉, 그가 서술하는 조선은 사회주의 혁명가로서의 정체성보다 타 인종을 향하는 제국주의 백인의 시선이 더 크게 작용을 했기 때문이다.

32　잭 런던, 「혁명」, 『나는 어떻게 사회주의자가 되었나』, 김한영 역(은행나무, 2014), 185~217쪽.

33　Jay Williams, ed., *The Oxford Handbook of Jack London*(New York & London: Oxford University Press, 2017), p. 196. 1904년 러일전쟁 이전, 런던이 발표한 사회주의 관련 기사나 에세이는 다음과 같다: "What Socialism Is," *San Francisco Examiner*, 1895. 12. 25; "What Communities Lose by the Competitive System," *Cosmopolitan*, 1900. 11.; "How I Became a Socialist," *Comrade*, 1903. 3.; "The Class Struggle," *Independent*, 1903. 11. 5. 그리고 런던의 글을 모은 책이 각각 1905년과 1910년 발간되는데, 하나는 *War of the Classes*(New York: The Regent Press, 1905)이고 다른 하나는 *Revolution and Other Essay*(London: Mills and Boon, 1910)이다. 이 책들은 한국에서 잭 런던, 앞의 책(2014)으로 출판되었으며(185~217쪽 참조), 위의 신문들 중에서 「나는 어떻게 사회주의자가 되었나」, 「계급투쟁」, 「최대치의 문제」, 「혁명」, 「나에게 삶이란 무엇인가」 등의 12편이 번역되어 있다.

러일전쟁은 미국의 대중 매체에서 조선 인식이 본격적으로 형성되기 시작했던 중요한 사건이었다. 19세기 말 서구 열강의 이권 다툼 속에서 드러나기 시작했던 조선의 존재는 러일전쟁이라는 사건을 통해 구체화된다. 특히 러일전쟁 종군기자들에 의한 조선의 기록은 미국 대중 매체를 통해 전달되었으며, 미국에서의 조선이라는 타자의 상에 윤곽을 드러내었다. 다만 당시 만연했던 제국의 시선 안에서 서술되고 있는 조선의 모습은 조선을 철저히 대상화, 타자화시켰다. 즉 종군기자의 시선은 전쟁의 행위자의 시선과 동일하게 움직이며, 제국의 시선을 공유했던 까닭에, 조선 땅에서 벌어지고 있는 러시아와 일본의 전쟁을 비판적으로 바라보지 못했고, 마찬가지로 사회 혁명가로서의 잭 런던은 이러한 제국주의, 인종주의의 시선에 갇혀 조선 사회의 변혁의 바람을 읽어내지 못한 채 끝을 맺는다.

이 논문에서는 미국의 근대 매체에서 한국이란 시각적 상을 만들어내고 있는 중요한 사건으로 러일전쟁, 특히 잭 런던에 의해 보도되었던 러일전쟁의 기사를 살펴보았다. 미국의 역사학자 마사 샌드와이스(Martha Sandweiss)는 『전설을 인쇄하다: 사진과 미국의 서부(Print the Legend: Photography and the American West)』라는 책에서 우리가 이미지, 특히 사진이라는 장르에 너무 많은 권력을 주는 것에 주의해야 한다고 주장한다. 즉 언어가 가장 강력한 신화 창조의 수단이라고 한다면, 그림이나 사진과 같은 시각적인 이미지는 우리가 사물이나 대상을 인식할 때 떠올리게 되는 영속적인 시각의 틀을 만들어낸다는 것이다.[34] 즉 시각적인 이미지의 강력한 힘은 우리가 특정 사물이나 대상을 인식할 때 세대를 넘어 지속적으로 다시 귀환되곤 하는 영속성을 지닌다는 것이다. 그리고 이것은 20세기 초 러일전쟁을 통한 한국인식의 중요성을 다시 짚어봐야 하는 이유이기도 할 것이다.

---

34   Martha Sandweiss, *Print the Legend: Photography and the American West*(New Haven: Yale University Press, 2002).

1930년대 조선 마르크스주의 지식인의 민족이론 수용 양상과 민족형성에 대한 해석[*]

조형열

1. 들어가며

마르크스주의 역사에서 민족문제는 논쟁적인 주제이다. 1800년대부터 이미 제국주의국가에 의한 식민지 지배구조가 성립되면서, 노동자운동과 민족해방투쟁의 관계는 숙고의 대상이 되었다. 제1차 세계대전 당시에는 서구 제국주의국가의 노동자계급이 국제주의와 민족주의 가운데행동 지침의 선택을 요청받기도 했다. 제2차 세계대전 발발 이후 소련은혁명 수호를 이유로 '사회주의적 애국주의'를 내세웠다. 나아가 20세기후반기 중소분쟁으로 대표되는 사회주의 국가 사이의 대립과 베트남·북한 등 동아시아에서 '민족주의적 사회주의' 정권 수립은 마르크스주의

---

[*] 이 글은 『전북사학』 55집(2019. 3)에 게재한 원고를 수정 보완한 것이다.

가 지역과 시기를 막론하고 민족주의·민족문제와 대면해온 역사를 보여준다.[1]

　일제 식민지 시기 조선의 마르크스주의자도 제국주의 지배 아래 민족주의자와 경합하면서 민족해방을 향해 민족문제의 해결책을 모색해야 했다. 그렇기 때문에 마르크스주의자가 민족문제에 대해 사유하고 실천했던 전 과정은, 사회주의운동사와 사상사에서 중요한 연구과제가 될 수 있었다. 이를 반영하듯 그동안 한국에서도 마르크스주의자의 민족문제 인식과 실천을 다룬 연구가 많이 있다.[2]

　이상의 연구는 크게 두 가지 주제가 중심이었다. 첫째는 마르크스주의자 개인의 내면에 깔린 민족의식에 대한 조명이고, 둘째는 마르크스주의 세력의 민족주의 세력과 연대 태도를 보여주는 민족통일전선에 대한 분석이다. 전자는 대부분 '민족적 사회주의자', '국제적 사회주의자' 등으로 그들의 의식을 규명했다. 민족의식 유무를 마르크스주의자의 중요한 행동 기준으로 보았고, 특히 신간회와 같은 민족통일전선운동의 전개도 이 영향을 받는다고 서술했다.[3] 후자는 민족통일전선에 적극적인 세력과 소극적인 세력을 구분하며 민족통일전선론의 채택 여부를 살펴보는 방식으로 연구가 시작되었다. 이는 남북통일·좌우연합을 중시하는 관점을 반영한 것이다.[4] 그리고 1990년대 이후 통일전선의 개념에 대한 이견들

1　한형식, 『맑스주의 역사 강의』(그린비, 2010), 184~199쪽, 393~411쪽; 김우승·안드레이 란꼬프, 「러시아 민족주의의 기원과 전망」, 『사회비평』 10(1993), 314~320쪽.

2　많은 연구성과가 축적되었기 때문에 이에 대한 소개는 아래 책으로 갈음하고자 한다. 역사학연구소 편, 『한국공산주의운동사: 현황과 전망』(아세아문화사, 1997) 참조.

3　이는 일제하 마르크스주의자가 민족의식을 갖추기 전에 신사상을 수용하면서 계급주의적 편향이 나타났다는 설명과 이어진다. 서중석, 「일제하 사회주의자들의 민족관과 계급관」, 『한국민족주의론』 3(창작과비평사, 1985); 『한국현대민족운동 연구: 해방후 민족국가건설운동과 통일전선』(역사비평사, 1991), 31쪽.

과 함께 새로운 연구가 요청되기도 했고,[5] 최근에는 민족주의자와의 세력 구도, 정세적 조건 등을 함께 고려한 연구가 진척되었다.[6] 연구관점에서 여러 단계의 변화가 있었지만 통일전선은 여전히 중요한 주제이다.

그런데 마르크스주의자의 민족문제 인식·실천 등을 연구하는 데 아직까지 미진한 부분이 민족이론에 대한 검토이다.[7] 민족이론은 의식과 행동의 문제를 논리화하는 데 중요한 매개항이 될 수 있다. 그리고 정확한 판단을 위해 상당한 공력이 필요한 '내면' 연구와 정세에 따라 달라지는 '실천' 연구보다 민족·민족주의에 대한 원론적 입장이 분명히 표출되어 있다. 즉 의식·행동과 더불어 이론 연구가 진전되어야 하며, 이를 통해 이론이 의식에 미치는 영향과 행동 준거가 되는 과정 등을 분석할 필요가 있다.

마르크스주의자의 민족이론에 대해서는 일제 식민지 시기 사상사·사학사 차원에서 백남운을 연구한 방기중의 저서를 통해 일부 검토된 바 있다. 백남운이 스탈린의 민족이론을 수용하여 민족주의가 근대 자본주의의 계급적 관념이라는 것을 인정하면서도, 조선의 민족형성사 연구를 통해 독자적 이해에 다다랐다는 것이다.[8] 이후 민족이론은 주로 한국 근대의 민족담론 연구 차원에서 또는 관련 인물에 대한 검토를 통해 간략

분단체제 극복이라는 현재적 문제의식에서 민족운동 전반에 이러한 관점을 적용한 연구로 강만길, 「독립운동 과정의 민족국가건설론」, 『한국민족운동사론』(한길사, 1985) 참조.

5 최규진, 「국내 통일전선운동과 코민테른」, 역사학연구소 편, 앞의 책(1997), 171~177쪽.

6 윤효정, 「신간회 운동 연구」(고려대학교 박사학위논문, 2017); 김영진, 「일제하 사회주의운동과 정우회」(성균관대학교 박사학위논문, 2019).

7 일제시기에 대한 검토는 부진한 편이지만 북한의 민족이론에 대한 연구는 상당히 많다. 김태우, 「북한의 스탈린 민족이론 수용과 이탈과정」, 『역사와 현실』 44(2002); 정영철, 「북한의 민족·민족주의: 민족 개념의 정립과 민족주의의 재평가」, 『문학과 사회』 16-2(2003); 「북한 민족주의의 이중구조 연구: 발생론적 민족관과 발전론적 민족관」, 『통일문제연구』 53(2010); 「북한의 민족주의와 문화변용」, 『문화정책논총』 31-2(2017); 최선경·이우영, 「'조선민족' 개념의 형성과 변화」, 『북한연구학회보』 21-1(2017) 참조.

8 방기중, 『한국근현대사상사연구: 1930·40년대 백남운의 학문과 정치경제사상』(역사비평사, 1992), 121~124쪽.

히 조명되었다.[9] 그리고 최근 박노자는 민족주의자가 근대 이후 민족의 신비화 과정을 주도하던 상황에서, 마르크스주의 민족이론이 민족을 역사적 산물로 이해하는 데 미친 영향을 평가했다.[10] 이처럼 선행연구는 마르크스주의자의 민족이론이 스탈린의 '정식화'를 토대로 전파·수용되었고, 민족주의자의 민족관과 대립했으며, 개별 지식인에 따라 이해의 차이가 발생할 가능성을 제기했다.

이 글은 선행연구의 성과를 잇는 한편, 조선 마르크스주의 사상·이념의 지형을 조망하는 데 보탬이 되기 위해 민족이론의 수용과 해석에 대한 검토를 목표로 삼았다. 또한 이 글의 분석 대상이 되는 마르크스주의자가 대부분 역사유물론에 발을 딛고 조선사朝鮮史 연구를 진행했던 학자·연구자들이었기 때문에 민족이론 이해가 이들의 실천 활동인 조선사 연구방법과 방향 설정에 미친 영향 등을 함께 검토하고자 했다.[11]

이를 위해 본문에서 다루려고 하는 과제는 다음과 같다. 첫째, 민족이론이 어떠한 문헌들을 통해 전파되고, 민족이론을 소개하고 논평하는 마르크스주의 지식인의 목적이 어디에 있었는지 검토하겠다. 이는 이 시기 소련으로부터 발화한 마르크스주의가 동아시아 — 조선으로 전달되는 지식네트워크의 일단을 살펴보는 것이다. 둘째, 민족이론의 수용 이후 그에 대한 이견이 발생하는 부분인 민족형성에 대한 해석, 민족에 부여한 성격

---

9 박찬승, 『민족·민족주의』(소화, 2010); 이태훈, 「일제하 신남철의 보편주의적 역사인식과 지식인 사회 비판」, 『민족문화연구』68(2015), 312~313쪽.

10 Tikhonov Vladimir, "Demystifying the Nation: The Communist Concept of Ethno-Nation in 1920s~1930s Korea," *Cross-Currents: East Asian History and Culture Review*, 28(2018), pp. 69~92.

11 이 시기 마르크스주의자의 역사 연구방법론에 대해서는 다음을 참고할 수 있다. 방기중, 앞의 책(1992), 129~184쪽; 홍순권, 「1930~40년대 한국 역사학계의 '보편성과 특수성'에 관한 인식: 백남운의 일원론적 보편적 역사인식과 그에 대한 비판을 중심으로」, 『인문과학연구』3(1997); 조형열, 「1930년대 조선 역사과학의 연구방법론」, 『史林』64(2018).

등을 정리해보고자 한다. 차이에 대한 규명은 양자를 융화할 수 없는 적대적 관계로 보기 위한 것이 아니다. 오히려 마르크스주의도 수용자에 의해 소화되는 텍스트라는 점, 나아가 당대 지식인들이 이에 대해 숙고하면서 풍성한 논의지형을 만들기 위해 노력했던 점을 조명하기 위함이다.

2. 마르크스주의 민족이론의 전파와 수용 양상

1) 이론 체계 정립과 번역본을 통한 전파

마르크스주의 발전사 가운데 민족을 둘러싼 제반 이해는 오랜 시간에 걸쳐 정립되었다. 일반적으로 민족이론은 마르크스·엥겔스의 영역이라기보다 레닌·스탈린과 관계가 깊다. 즉 마르크스 단계에서 체계적 형태를 갖추지 못했던 것이 제국주의의 본격화를 경험한 뒤 두 사람에 의해서 이론화되었다는 의미이다. 이러한 정황은 일제 식민지 시기 민족이론을 검토한 마르크스주의 지식인의 글을 통해서도 지적되었다.

유진오는 "소박한 사고思考에 잇서서는 「민족」(Nation)은 흔히 「국민」(Staatsvolk)과 혼동이 된다. 여러 가지 형식 밋헤 여러 가지 「민족」이 합하야 한 개의 국가를 형성한 예가 만흔 이상 이러한 견해가 정당치 아니함은 길게 설명할 필요가 업다. 그러함에도 불구하고, 맑스도 초기에 잇서서는 이 양자를 혼동하엿다"고 하면서, 마르크스도 이 분야에 대한 독자적인 저작이 없다는 점을 지적했다. 그렇지만 그는 마르크스가 스스로 "민족으로써의 역사적의, 운명과 문화의 공동태共同態로 파악"한 의의에 대해서는 높게 평가했다.[12]

---

12 陳伍, 「民族的 文化와 社會的 文化」, 『新興』 2(1929. 12), 12쪽. 陳伍는 유진오의 필명이다.

한편 레닌과 스탈린의 관계에 대해서는 여러 가지 입장이 있다. 스탈린이 레닌을 왜곡했다든지, 소수민족문제에 대해서 레닌이 민족자결을 주장한 것에 반해 스탈린은 동화정책과 강제이주 등 억압정책을 폈다고 설명하기도 한다.[13] 그러나 민족이론에 한정하면, 레닌은 1913년 스탈린이 쓴 「마르크스주의와 민족문제」를 높게 평가했고 그를 볼셰비키의 민족문제 전문가로 인정했다.[14] 1920~30년대 전세계 마르크스주의자에게 전파된 민족이론은 스탈린에 의해서 체계화되었다고 봐도 무리가 없다.

스탈린이 위 글을 쓴 시점은 러시아의 반혁명 시기로 민족주의에 대한 지지가 높아지던 시점이었다. 유대인 조직인 분트가 안식일 준수와 유대어 승인을, 카프카스의 사회민주주의자 일부가 오스트리아 사회민주주의자들처럼 '문화적 민족자치'를 제기하던 상황이었다. 이 가운데 스탈린은 마르크스주의자가 가져야 할 민족문제에 대한 태도가 무엇인지, 민족 개념과 민족자결의 의미 및 민족운동의 방향 등을 제시했고, 기타 대부분은 분트와 카프카스 사회민주주의자들에 대한 비판과 러시아 민족문제의 해결책 등으로 지면을 채웠다.[15]

민족 개념에 대해서는 서두에서 짧은 분량으로 정리했는데, 이는 분트 등이 민족주의를 내세우던 배후에 오토 바우어의 민족이론이 있다는 판단 아래 추진한 이론적 반박 작업이었다. 여기서 스탈린은 민족이 "언어,

---

13 H. B. 데이비스, 『마르크스주의와 민족주의』, 전용헌 역(박영사, 1985), 102~107쪽.

14 H. B. 데이비스, 앞의 책(1985), 108쪽; 한형식, 앞의 책(2010), 282쪽.

15 가장 최근에 번역된 다음 글을 이용했다. 이오씨프 스탈린, 「맑스주의와 민족문제」(상), 신재길 역, 『정세와 노동』 130(2017); 「맑스주의와 민족문제」(중) 『정세와 노동』 131(2017); 「맑스주의와 민족문제」(하) 『정세와 노동』 130(2017). 이 글은 1913년에 잡지 『계몽』에 수록되었는데, 당국에 의해 전면 압수당했다. 그리고 1920년 소련 민족인민위원회에서 재출간되었다(이오씨프 스탈린, 「맑스주의와 민족문제」(상), 신재길 역, 84쪽). 그러므로 소련 내에서도 이 문헌을 통해 민족이론이 대중적으로 알려진 것은 1920년대라고 할 수 있다.

지역, 경제생활 그리고 문화로 표현되는 심리적 기질 등의 공통성에 기초하여 발생하여 역사적으로 형성된 사람들의 공고한 공동체"라고 현재까지도 잘 알려진 유명한 정의를 남겼다.[16]

레닌과 스탈린에 의해서 정리된 민족이론은 일본에서 매우 활발하게 번역·소개되었다. 일본 국회도서관 검색을 통해 출판연대를 확인해보면 1920년대 중반을 거치며『레닌저작집』,『레닌주의의 제문제』,『레닌총서』와 같은 책들이 출간되는가 하면, 스탈린의 위 글은 다른 민족문제에 관한 글들과 함께 1928년 무렵에 나왔다.[17] 이처럼 조선의 지식장과 가장 가까운 일본에서 민족이론의 번역은 1920년대 말 조선에 유통될 조건이 무르익었다는 의미였다.

그렇다면 마르크스주의 지식인들이 구체적으로 어떤 문헌들을 통해서 민족이론을 설명했는지 살펴봐야 할 것이다. 이는 지식인 각각이 구축한 지식네트워크를 검토하는 작업이 될 텐데, 그들이 제시한 참고문헌을 통해서 엿볼 수 있다. 단편적 언급 수준의 글을 제외하면, 대략 7편이 마르크스주의 민족이론을 다뤘다.[18] 이 가운데 비교적 연구 수준이 높은 유진오, 이여성, 신남철, 김태준이 쓴 4편의 글에 수록된 인용자료를 〈표

---

16 이오씨프 스딸린, 앞의 책(2017), 90쪽.

17 山川均 監修, 『レーニン著作集 第1巻』(東京: レーニン著作集刊行会, 1926); スターリン, 『レニン主義と民族問題(レニン主義の諸問題: 第2分冊)』, 松本篤一 譯(東京: 希望閣, 1927); レーニン, 『社會主義と民族問題(レーニズム叢書: 第8冊)』, 安田仁 譯(東京: 共生閣, 1927); 佐野学·西雅雄 共編, 『スターリン·ブハーリン著作集 第十四巻』(東京: スターリン·ブハーリン著作集刊行会, 1929).

18 陳伍, 앞의 글; 李如星, 「民族問題 槪觀」(1)~(6) 『朝鮮日報』 1929. 11. 26~12. 3; 朴日馨, 「民族과 民族運動」, 『批判』 2-4(1932. 4); 申南撤, 「民族理論의 三形態」, 『新興』 7(1932. 12); 蘇因, 「民族의 意義와 그 成長」, 『新階段』 1-6(1933. 6); 天台山人, 「朝鮮의 地理的 變遷」(4)~(6) 『朝鮮日報』 1935. 6. 5~8; 印貞植, 「戰爭과 民族槪念」, 『中央』 27(1936. 1). 天台山人은 김태준의 필명이다. 한편 일본 마르크스주의 지식인이자 京城帝大 法文學部 교수 모리타니 가쓰미(森谷克己)의 글도 발표되었다. 森谷克己, 「社會民主主義者의民族理論斷片」, 京城帝國大學 法文學會 編, 『朝鮮經濟의 研究』(東京: 刀江書院, 1929).

4-1〉과 같이 정리했다. 민족이론과 관계없는 문헌은 제외했으며, 원문을 그대로 옮겼다.

표 4-1 마르크스주의 민족이론에 대한 참고문헌 활용 현황

필자 (연도)	참고문헌
유진오 (1929)	① Kautsky, Nationalitat und Internationalitat, Neue Zeit, Jahre 26 1908 ② Bauer, Die Nationalitatenfrage und die Sozialdemokratie, 1907 ③ 스탈린, 「맑쓰주의와 民族問題」, 스탈린 뿌하린 著作集 제14권, 白揚社 ④ Lenine, Le communisme et la question nationale et coloniale ⑤ 레닌, 「民族自決權에 關한 討論의 結果」 其他, 레-닌 著作集 제2권, 白揚社 ⑥ 森谷克己, 「社會民主主義者의 民族理論 斷片」, 京城帝國大學 法文학회 제1부 논문집 제2책
이여성 (1929)	① 카우츠키, 社會主義와 植民政策; 民族性과 國際性 ② 빠우에르, 民族性問題와 社會民主主義 ③ 쿠노, 맑스의 民族社會 및 國家觀 ④ 레닌, 民族自決權에 對한 討論의 結果; 民族 及 植民地問題에 關한 報告; 社會主義와 民族問題 ⑤ 맑스, 猶太人問題를 論함; 엥겔스에게 준 書簡 及 其他 ⑥ 엥겔스, '新라인新聞' '뉴욕트리뷴' '倫敦컴몬웰스誌'에 寄稿한 諸論文 ⑦ 뿌하린, 支那革命에 關한 諸論文 ⑧ 쓰타링, 맑스主義와 民族問題 ; 유고스라비아의 民族問題; 民族問題 再 論;東洋人大學의 政治的 任務 其他 ⑨ 팔름·다트, 印度의 諸問題 ⑩ 로이, 印度의 政治的 將來; 國際共産黨大會에 民族問題에 關한 提案書 ⑪ 프로이드, 民族의 起源 及 그 發達 ⑫ 슈삐링게르, 民族의 諸問題 ⑬ 콤민탄大會, 民族 及 植民地問題에 關한 諸決議提案書指令 ⑭ 분트, 民族心理學
신남철 (1932)	① 뿌로이드 著, 高橋實 譯, 帝國主義와 民族問題 ② C. Hayes, A political and Social History of modern Europe ③ Gumplowicz, Allgemeine staatsrecht 1907 ④ Le Bon, Les Lois psychologiques de l'evolution de peoples 1922 ⑤ E. Renan, Quest-ce qu'-une nation? 1882 ⑥ Wilhelm Sauer, Lehrbuch der Rechts-und Sozialphilosophie 1929 ⑦ Rudolf Stammler, Lehrbuch der Rechtsphilosophie 1923 ⑧ W. B. Pillsbury, The Psychology of Nationality and Internationalism 1919

필자 (연도)	참고문헌
신남철 (1932	⑨ William McDougall, The Group Mind 1920 ⑩ 쿠노 著, 맑스 · 國家 社會 國家學說(河野密 譯) ⑪ 森谷克己 著, 社會民主主義 民族理論 斷片 ⑫ 레닌 著, 民族問題에 對하야, 希望閣 譯本 ⑬ 스탈린 著, 支那革命論 民族問題 ⑭ Stalin, Lenin und Leninismus
김태준 (1935)	① 부로이드 著, 高橋實 譯, 民族의 起源及發達 ② 하인리히 · 쿠노- 著, 歷史社會並國家理論 ③ 싯드니 · 헐벗트 著, 掘江 譯, 民族과 共同態

위 〈표 4-1〉을 통해 받는 첫인상은 생각보다 많은 자료가 활용되었다는 점이다. 지식인 · 연구자들은 마르크스주의 입장의 서적 뿐만 아니라 비판 대상인 '부르주아' 학자들의 연구까지 비교적 꼼꼼하게 검토했다. 신남철이 대표적인데, 그는 초기 민족주의 연구를 이끈 법철학, 사회심리학, 사회학 전공의 다양한 저서를 폭넓게 인용했다.[19] 이 가운데 그가 학문적 작업을 통해서 소화한 민족이론, 즉 부르주아, 사회민주주의, 마르크스주의적 입장을 소개하고 평가한 것은 해방 이후 민족문화론에도 거의 그대로 요약 · 반영되었다.[20]

다음으로 유진오 · 신남철과 이여성 · 김태준의 지식네트워크 범위가 눈에 띄게 달랐다는 점도 확인된다. 전자는 영어 · 독어 · 불어 문헌을 자유롭게 넘나들었다. 그에 비해 후자는 모두 일본어 번역본이었던 것으로 보인다. 이여성은 마르크스주의에 관한 글과 코민테른 문서 등을 당시

---

19 서술의 편의상 〈표 4-1〉의 필자의 글을 순서대로 연번으로 표시했으며 1-①은 유진오가 인용한 첫 번째 참고문헌을 가리킨다. 3-②부터 3-⑨까지 필자 이름은 칼톤 헤이즈, 루트비히 굼플로비치, 귀스타프 르 봉, 에른스트 르낭, 빌헬름 자우어, 루돌프 슈탐러, 월터 보어스 필스버리, 윌리엄 맥두걸 등이다.

20 신남철, 『전환기의 이론』(백양당, 1948); 신남철, 정종현 엮음, 『신남철 문장선집 II』(성균관대학교출판부, 2013), 182~183쪽.

일본에서 출간된 저작집·전집 등에 의존했고, 민족이론 관계 서지도 거의 마찬가지였다.[21] 그렇지만 역시 네 명이 쓴 4편의 글이 폭넓게 의지하고 있는 것은 일어 번역본이었다. 이는 이론 전파에서 일본이 중요한 역할을 했고, 무엇보다 대중적 창구였다는 점을 다시 한 번 확인해준다.

한편 위 〈표 4-1〉에서 어떤 책이 가장 많이 거론되었는지 정리해보면, 레닌(1-⑤, 2-④, 3-⑫), 스탈린(1-③, 2-⑧, 3-⑬), 브로이드(2-⑪, 3-①, 4-①), 쿠노(2-③, 3-⑩, 4-②), 모리타니 가쓰미(1-⑥, 3-⑪) 등이었다. 레닌과 스탈린의 글이 참고된 것은 앞서도 말했지만, 1920년대 중반 이후 각종 저작집이 번역 출간되었던 상황과 무관하지 않다. 한마디로 레닌·스탈린의 민족이론이 정리된 이후 조선에 직접적인 영향을 주었다는 것이 확인된다.

다음으로 독일사회민주당의 대표적 이론가였던 쿠노의 책은 비교적 널리 알려졌다.[22] 그렇지만 이 책은 사회민주주의자의 이론을 이해하고 비판하려는 목적에서 거론되었기 때문에 마르크스주의 민족이론과 직접적 관련성은 떨어졌다. 이는 모리타니의 논문도 마찬가지였다. 공교롭게도 이 논문은 경성제대 법문학부 출신으로 조선사회사정연구소(朝鮮社會

---

21 민족이론 단행본 관련 정보는 다음과 같다. 2-⑨ パルム·ダット, 『マルクス主義者の見た印度の諸問題』, 石沢新二 譯(東京: 叢文閣, 1927); 2-⑪ ブロイド, 『民族の起源及び其の発達並びに帝国主義時代に於ける民族問題』, 高橋實 譯(東京: 共生閣, 1928); 2-⑫ (未詳); 2-⑬ 桑田芳藏, 『ヴントの民族心理学』(東京: 文明書院, 1918). 필자는 순서대로 다트(Rajani Palme Dutt), 브로이드(Grigorii Isaakovich Broido), 쉬프링어(Rudolf Springer), 분트(Wilhelm Max Wundt)이다. 2-⑫는 스탈린이 오토 바우어와 함께 비판의 대상으로 삼았던 쉬프링어의 『민족문제』인데(이오씨프 스탈린, 「맑스주의와 민족문제」(상), 신재길 역, 91쪽) 번역본을 발견하지 못했다. 2-⑬은 일본의 심리학자 구와다 요시조우가 독일 심리학자 분트의 책에 서론을 붙여 펴낸 것이다.

22 이여성·김태준과 신남철이 인용한 번역본이 달랐다. 일본에서 아래와 같이 서로 다른 판본의 책이 출간되었다. ハインリッヒ クノー, 『マルクス歴史社会国家学説 上(社会科学大系 第10)』, 河野密 譯(東京: 而立社, 1924); ハインリッヒ クノー, 『マルクスの歴史, 社會並に國家理論』 第2巻 第1冊(東京: 同人社, 1926).

事情研究所, 1931년 설립)에 출입한 두 사람만 활용했다.[23]

레닌과 스탈린의 글을 제외하고 마르크스주의 민족이론을 대중화시키는 데 가장 큰 역할을 한 것은 그레고리 이사코비치 브로이드의 연구였다. 이 책의 번역자 다카하시 미노루高橋實는 중국혁명의 가능성이 높아지고 있는 시점에 일본뿐만 아니라 조선과 대만의 노농대중 앞에 이 책을 내놓는다면서 필자를 소개했다. 그는 브로이드에 대해 아직 일본에 많이 알려져 있지 않지만 민족인민위원장 스탈린 옆에서 부인민위원장을 역임한 뒤 동방노력자공산대학東方勞力者共産大學 교장으로 자리를 옮긴 '민족문제에 관한 소비에트연방의 권위자'라고 썼다.[24]

이 책은 무엇보다 매우 쉽게 민족문제의 여러 쟁점을 해설했다. 서설에서 민족 개념, 민족운동의 목표, 부르주아·사회민주주의 학자의 민족이론을 비판하는 등 스탈린의 글을 축약했다. 1장부터는 제국주의 이전, 제국주의 시기, 소비에트연방 및 프롤레타리아 혁명과정의 민족문제를 순서대로 소개했다. 한 마디로 소련 민족정책에 대한 팸플릿과 유사했다. 이는 1930년대 전반기 '사회주의 잡지'에서도 자주 인용되었다.[25] 이 책이 영향력을 행사할 수 있었던 것은 레닌·스탈린의 민족이론을 충실히 소개하면서 이른바 '정통성'을 가졌기 때문이기도 했다.

---

23 이들의 연구소 활동 등에 대해서는 조형열, 「1930년대 경성제대 출신 마르크스주의자의 학술문화운동」, 『서울과 역사』 98(2018) 참조.

24 高橋實, 「譯者 序」ブロイド, 앞의 책(1928) 참조. 브로이드에 대해서는 향후 조사를 통해서 자세히 파악하고자 한다. 현재는 위키피디아 등을 통해 위와 유사한 간략 정보만이 확인되었다.

25 다음의 인용을 참고할 수 있다. "민족은 결코 영원의 실재도 아니고 맑스주의자는 민족을 믿하는 사람도 아닌 것이다. 「민족의 단서는 자본주의의 최초의 단계(상업자본주의-원문)와 함께 시작된 것이니 … 이들 자본주의의 신형태는 사회에 더욱 현저한 지위를 점령한 자본가계급을 창설함에 이르럿고 이들의 활동권이 커짐을 따라 민족통일의 사업은 더욱 집요하게 진행되엇든 것이다.」(뿌로이드 著, 『民族의 起源及其發達』, 日譯[共生閣 版], 6쪽 이하 참조)." 박일형, 앞의 글(1932), 3쪽.

마르크스주의 민족이론이 조선에 전파될 수 있었던 토양은 레닌·스탈린 등에 의해 민족이론이 일정한 체계를 갖추게 된 점, 일본이 이를 직수입하고 조선에까지 영향을 미친 점 등을 꼽을 수 있다. 그러나 어떤 이론이 일본에서 번역·소개되었다고 조선에 전부 직수입되는 것은 아니듯이, 조선에서 마르크스 민족이론을 수용한 내적 동기도 해명될 필요가 있다. 왜 조선의 지식인들은 이 시기 민족이론에 대해 관심을 가졌을까 검토해봐야 할 것이다.

2) 민족문제의 과학적 이해를 위한 학문적·실천적 수용

조선 지식인들이 민족이론을 소개하기 시작한 것은 1929년이었다. 민족이론의 전파와 수용이 마르크스주의 운동과 사상, 양 측면에서 큰 변화가 일어난 1929년부터 포착된다는 것은 흥미로운 사실이다. 현재 일반적 견해는 1928년 코민테른 제6차 대회 이후 계급 대 계급 전술이 나타나게 되었고 이로부터 사회주의운동의 노선이 변화했다는 데서 이유를 찾고 있다. 1931년 신간회의 해소로 정점에 이르는 민족주의 세력과의 대결 국면이 1929년부터 시작되면서, 민족주의자들의 주장을 비판하기 위해서 민족 개념을 둘러싼 논쟁이 폭발했다는 것이다. 즉 이 시기 사회주의 세력은 '부르주아 이데올로기로서 민족주의' 비판에 초점을 맞추었다는 논지이다.[26] 민족이론의 수용 계기를 구체적으로 명시하지 않지만, 민족문제 해결은 계급운동을 통해서만 해결할 수 있다는 편향성에 기초해서 민족에 대한 정의도 모색되었다는 것이다.

1930년 전후 정치지형의 변화는 확실히 이와 같은 움직임을 내포했다. 조선에서 새로운 투쟁을 조직하려면 민족문제에 대한 이해는 당연히 필요

---

26 이와 같은 맥락에서 마르크스주의자의 민족 인식이 등장했다는 설명은 이지원, 『한국 근대 문화사상사 연구』(혜안, 2007), 290~294쪽 참조.

했다. 그렇지만 이론 수용의 주체가 대부분 지식인이고, 마르크스주의자의 정세인식이 모두 동일하지 않을 수 있다는 점도 고려할 필요가 있다.[27]

자신이 왜 민족이론을 정리·소개했는지 스스로 밝힌 내용이 많지 않기 때문에 분명한 한계가 있지만, 각 필자들의 목소리를 들어보는 게 일단 도움이 될 듯하다. 그리고 그 가운데 수용 목적에 대한 두 가지 경향을 확인할 수 있다.

첫째, 민족주의자의 민족론에 대한 담론투쟁과 새로운 문화운동 전망 모색의 목적이 결합되었다. 현 시기의 새로운 운동이 있기 위해서는 민족이란 무엇이고, 이를 비판적으로 인식하는 작업이 필요하다는 취지였다. 이는 결국 민족주의 세력이 각종 이벤트 등을 활용하여 민족문화 건설을 내세우던 상황에서, 노농계급에게 민족문화라는 게 어떠한 의미가 있는 것인지 철저한 분석이 선행되어야 한다는 입장이었다. 우선 인용문을 통해 그 내용을 살펴보자.

> 위기가 더욱 고도에 이르고 암운이 더욱 천공天空을 휩쓸고 잇슴에 따라 「민족」의 부르지즘이 처처에서 일층 소리 높게 들리며 「민족옹호」의 절규가 더욱 요란스럽게 웨처지고 잇슴을 우리는 날마다 보고 듯는 바이지만 그러나 이 문제의 「민족」이라는 것은 과연 개념상에 잇서서 무엇을 의미하는 것이며 또 그것은 무엇에 의하야 또 무엇을 유대로 하여 결합된 사회적 공동태인가.(밑줄은 인용자. 이하 인용문도 동일함) … 가두街頭에서 지상紙上에서 또는 강단에서 그들에게 상응되

---

27 마르크스주의가 조선에 수용되고 10년쯤 된 상황에서 지식인층 사이에는 조선운동에 학문 연구, 문화운동을 통해 기여하겠다는 의식이 형성되었다. 이는 지식인의 입장에서 실천운동의 방향을 모색한다고 하더라도 서로 다른 전망을 제출할 여지를 남기는 것이기도 했다. 조형열, 「1930년 전후 조선 마르크스주의 지식인의 '과학론'과 '인텔리론': 학술문화운동 형성 배경을 중심으로」, 『사총』91(2017), 146~149쪽.

는 저급한 소시민적 청중을 상대로 「민족」과 「조선얼」을 마치 「감단邯鄲의 벼개」처럼 유효히 이용하야 능히 명예도 엇고 지위도 획득하며 또 을지문덕乙支文德을 머리로만 참배하고 이순신李舜臣을 혀끗으로만 절찬하며 그리고 단군檀君을 입으로만 제례하야 이들 「조선의 위인」들을 사유私有의 보제寶財처럼 이용할 뿐으로 행동괴 실천에 잇서 추호도 그들을 본밧고 계승함이 없이 도리혀 이들의 역사적 광영光榮의 장래를 욕되게 하고 잇슬 뿐인 일은바 「조선우대파朝鮮優待派」의 「동키호-테」식 「당당한 명사」 제씨의 감개感慨와 애상哀傷에 가장假裝된 「민족론」에 잇어서도 오히려 「민족」의 개념이 악용될 뿐으로 성실한 과학적 태도의 일말도 기대할 바가 업는 바이니.[28]

위는 인정식이 1936년에 발표한 글의 일부이다. 민족이론이 처음 수용된 시점보다는 시일이 다소 지난 것이지만, 1930년대 전반기부터 『동아일보』 주도층과 안재홍 등이 추진했던 민족문화운동 등에 대한 비판으로 읽을 수 있다.[29] 그는 민족을 옹호하자는 외침이 결국 부르주아를 위한 것이고, 민족이라는 개념 자체가 악용되고 있는 상황에서 민족에 대한 과학적 이해가 선행되어야 한다는 점을 지적했다. 다시 말하면 일차적으로 민족의 신비화에 몰두하고 있던 민족주의 계열을 반박하기 위해 민족이론에 대한 체계적 수용이 필요하다고 본 것이다.

① 민족적 문화를 밝히랴면, 민족을 떠나 이를 능히 하지 못한다. 그러면 민족이란 무엇인가. 동시에 민족의 한 개의 역사적 범주인가,

28 인정식, 앞의 글(1936), 25~26쪽.
29 이지원, 앞의 책(2007), 305~349쪽.

아닌가. 역사적 범주이면, 엇더한 역사적 범주인가.[30]

　② 제19세기에 잇서서의 구주는 「민족주의의 대세기」이얏다. … 이 시기에 잇서서의 구주의 대세는 민족주의 급及 민족적 통일의 운동의 발흥으로써 충만하얏섯든 것이니 이태리의 통일, 독일제국의 완성 등의 예에서 볼 수 잇는 것과 가티 기其 조류는 실로 지배적 기조이얏다. 그러면 그러한 가운데에 잇서서 민족적 문화의 가능과 또 그것은 여하한 것인가의 사정을 아는 것은 필요불가결의 것이다. 이에 당當하야 제일 먼저 민족의 본질의 해명을 요청한다.[31]

인정식의 글이 여실한 대립 상황을 보여준다면, 유진오와 신남철은 새로운 모색을 위해 민족이론이 필요하다는 점에 초점이 맞춰졌다. 민족이론은 '비판'을 위한 것만이 아니라 자신들의 길을 찾는 과정에서도 요구되었다. 그리고 이들이 설정한 길은 이른바 '신문화건설'을 위한 학문 연구였고, 이를 위해서는 '민족적 문화'는 무엇인지 그리고 그것은 실현 가능한지 확인해야 했다.

①에서 유진오가 민족이 역사적 범주라고 거듭 강조하는 이유는, 민족이 초역사적으로 존재하는 공동체가 아니고 자본주의의 확립과 함께 나타났다가 언젠가는 사라진다는 이해가 깔려있었기 때문이다. 그리고 이에 따라 민족문화의 내용도 고정된 것이 아니라, 사회구성의 변화에 따라 새롭게 재구성되어야 한다는 판단이 담겼다. 유진오는 같은 글에서 민족적 문화와 경쟁하는 사회적 문화의 지위에 대해서도 강조했는데,[32] 기존 민족문화운동에 대한 해체와 노농계급 중심의 사회적 문화를 형성

30　陳伍, 앞의 글(1929), 11쪽.

31　신남철, 앞의 글(1932), 2~3쪽.

32　陳伍, 앞의 글(1929), 23쪽.

함으로써 새로운 민족문화운동을 전개하기 위함이었다. 즉 민족이론은 지식인으로서 활동 방향을 개척하는 데도 중요한 지침으로 고려되었다.

둘째, 민족에 대한 학문적 이해와 민족운동적 전망을 모색하기 위해서 민족 이해가 선행되어야 한다는 주장도 제기되었다. 이를 대표하는 것은 이여성이었다. 그는 다음과 같이 민족이론 연구의 필요성을 제기했다.

> 첫제로 민족문제에 대한 정당한 파악을 촉진코저 하는 것이오 둘제로 그 것을 위하야 일반의 주의를 환기코저 하는 것이며 셋제로 본 논문에 기記한 진격엄숙한 비판을 환기하야써 이상의 목적을 관철코저 하는 것이다.[33]
>
> 민족의 형성은 곳 민족운동의 출발을 의미하는 것이다. 민족형성의 결과 는 반드시 그 강약強弱의 차별을 나타내는 것임으로 민족형태로서 역사적으 로 진전하는 과정에 잇서서는 반드시 민족적 투쟁을 야기코 마는 것이다.[34]

이여성은 민족문제의 원인과 그에 대한 대응 방안을 파악하는 데 일차 적 연구 목적이 있다고 지적했다. 그리고 이를 바탕으로 과학적 민족 인 식을 확대·심화시키는 데 집중하겠다는 의지를 밝혔다. 그런데 바로 다 음 인용문은 그가 학문적 연구의 필요성을 제기한 것이 위 첫 번째 논자 들과 달리 민족운동의 필요성을 제창하는 것과 연결되고 있다. 즉 민족 적 투쟁이 반드시 일어날 수밖에 없는 현실 때문에 민족에 대한 과학적 이해도 필요하다는 주장이었다.

첫째 경향이 민족의 신성화에 맞서 민족문화의 계급적 재구축을 목표 로 했다면, 이여성은 다시 민족운동을 재개하려면 민족공동체의 성격과

---

33 이여성, 「민족문제 개관」(1), 『조선일보』 1929. 11. 26.
34 이여성, 「민족문제 개관」(4), 『조선일보』 1929. 11. 30.

제국주의 — 식민지 관계의 역사적 이해가 선행되어야 한다는 것이었다. 민족을 '제대로' 이해해야 한다는 마르크스주의자로서 욕구는 같았지만, 전자가 계급 주체의 입지를 강화하려는 목적을 띠었다면, 후자는 제국주의시대에 여전히 민족이 주체가 된다는 생각을 가졌던 점에서 차이가 있었다. 이를 반영하듯 이여성은 이 시기부터 줄곧 세계 여러 약소민족의 해방투쟁을 학문적으로 정리하는 작업을 진행했다.[35]

이처럼 조선의 마르크스주의 지식인들은 1930년 전후 민족이론을 수용했다. 이들이 민족이론을 수용한 이유는 과학적, 학문적 목적이 주요했다. 그러나 그것이 지향하는 바는 동일하지 않았다. 하나는 민족을 전면 부정하는 것은 아니지만 민족을 회의하기 위한 것이었고, 다른 하나는 민족을 전면 긍정하는 것은 아니지만 식민지배 아래 살던 조선인에게 민족이 여전히 의미가 있다는 것이었다.

민족이론을 알아야 한다고 말한 이유가 서로 다른 방향을 향하고 있던 것은, 마르크스주의자로서 일반적 민족 개념은 공유하더라도 민족의 미래, 민족의 현재 성격, 민족의 형성과정 등에 대해서는 서로 다른 가치를 부여하려는 의지가 담겨있었다는 의미이기도 하다.

3. 민족형성에 대한 해석의 두 방향

1) 근대 자본주의 성립의 산물로서 민족

마르크스주의자들의 민족 정의는 이른바 정설에 가까웠다. 원론적인 설명에서 이 범주를 벗어나는 경우는 좀처럼 확인하기 어렵다. 마르크스

---

35 신용균, 「1930년 전후 이여성의 약소민족운동 연구와 민족해방운동론」, 『사총』 76(2012) 참조.

주의 민족이론의 제1원칙은 민족은 역사적으로 형성된 공동체이고 생성 발전 사멸의 과정을 거친다는 점이다. 신남철은 민족이 부르주아 학자가 말하는 것처럼 민족정신·민족혼 등 공동감정으로 결속된 게 아니라고 비판하면서 이를 설파했다.[36] 그리고 스탈린이 카우츠키의 언어공동체, 오토 바우어의 운명공동체 등 사회민주주의자의 민족이론을 비판하면서 제기한 언어, 영토, 경제생활, 전통적 심리 등이 마르크스주의 민족 개념 의 주요한 구성 요소였는데, 여기서 가장 중요한 것은 경제적 범주라는 점이다. 이여성도 "봉건제도의 청산 및 자본주의 발달의 과정은 곧 민족 형성의 과정"이며, 민족의 형성 동력은 자본주의의 지배계급이고 민족은 본질적으로 자본주의와 같이 성장 발육한 범주라는 해석을 나열했다.[37]

이렇듯 역사적이고 경제적 범주라는 게 마르크스주의자들의 핵심 주 장이었는데, 서로 다른 의견도 바로 이 부분에서 발생했다. 즉 역사적· 경제적 범주라는 두 가지 기준이 모든 민족에게 적용 가능한 것인지 이 론이 생겼으며, 이는 민족형성에 대한 해석과 긴밀하게 연결되었다.

민족형성에 대한 첫 번째 입장은 민족이 부르주아에 의해 근대 자본주의 시 기에 성립된다는 것이다. 이는 각 지역, 각 씨족 사회가 민족형성에 있어서 일 반적 경로를 걷는다는 의미에서 전형성을 강조하는 것이고, 민족의 근대적 성격을 반영한다. 대체로 민족이론을 민족문화운동 비판, 신문화운동 전개의 목적 아래 수용한 연구자의 생각이었다. 몇 가지 예를 들어서 살펴보자.

유진오는 "민족의 형성은 동시에 민족국가의 이념을 발달식히나니, 서 양근대사에 보히는 영국, 불란서, 특히 독일과 이태리의 통일국가 수립 의 사실은 민족의 성립이 근대 자본주의의 발달에 연원"을 두고 있음을

---

36 신남철, 앞의 글(1932), 3~8쪽.

37 이여성, 「민족문제 개관」(1)~(3), 『조선일보』 1929. 11. 26. 27. 29.; 신용균, 「이여성 의 정치활동과 예술사론」(고려대학교 박사학위논문, 2013), 91쪽.

보여주는 증거라고 설명했다.[38] 이전까지 통일국가의 역사적 경험을 갖추지 못하고 왕국王國·공국公國의 형태를 취한 유럽 여러 나라 사례를 바탕으로 민족의 형성은 근대적인 현상이고, 자본주의라는 역사적 사회구성체에 토대를 둔다고 강조했다.

이는 인정식도 마찬가지였다. 그는 "봉건제가 해체를 당하며 자본주의가 발전하여 나감에 따라 이 새로운 사회의 운재자運載者인 자본가들의 지휘와 지배를 통하야 제다諸多의 봉건적 지방경제는 통일적 국민경제에로 전화되는 동시에 … 외국자본과 외국시장에 대한 이해의 대립은 자본가로 하여금 민족과 동포의 일홈 밑에 전민중을 예속적으로 통일식일 수 잇게 한 것"이 바로 민족 개념이 주목받은 이유라고 인식했다.[39] 인정식은 국민적 통합뿐만 아니라 외국자본과의 대립 관계 가운데 일국의 시장지배력을 확보하기 위한 목적에서 민족이 제기되었다고 보았다.

뿐만 아니라 이들은 민족을 형성하는 힘인 자본주의 경제조직이 민족의 특질과 대립을 점차 사라지게 한다고 사고했다. 나아가 현재 자본주의의 위기 상황은 이와 같은 민족의 존립 근거를 위협하고 있다고 예견했다. 대표적으로 '사회주의 잡지' 『신계단』에 기고한 한 마르크스주의자의 언급이 그러했다.

> 민족이라는 것은 과거 몇 억 년 전부터 잇든 것이 아니고 실상은 자본주의의 발생과 함께 발생하엿스며 그 발달과 함께 발달한 것임을 알 수 잇게 된 것입니다. … 경제조직의 발전에 딸아서 씨족에서 종족, 종족에서 민족으로 발전하여왓스나 지금에 일으러서는 이 민족이라는 것도 벌서 너무나 범위가 적게 되엿다는 사실을 우리들은 잘 알

---

38 陳伍, 앞의 글(1929), 16쪽.
39 인정식, 앞의 글(1936), 30쪽.

고 잇는 것입니다.[40]

　그는 인류가 씨족, 종족, 민족이라는 공동체를 형성해왔으나, 현재는 민족이라는 개념 자체도 너무 범위가 작게 되었다고 보았다. 즉 민족이라는 공동체가 세계 대공황기 혁명저 정세에서 곧 없어질 것이라는 인식이 반영되었다. 민족이 사멸 단계에 와있는 이상, 민족을 중심에 둔 사고는 부질없는 것이었다. 민족의식을 고취시키는 제반 행동에 대해서 철두철미 반대의 입장을 표하면서, "프롤레타리아를 위하여 일을 하고저 하는 사람은, '자국自國과 타국他國'의 뿌르즈와민족주의를 가차함이 업시 극복하여야 할 것"이라고 주장했다.[41]

　이처럼 이들은 민족형성에 대해 초지일관 근대 자본주의 성립과 함께 나타난 것으로 보았다. 스탈린이 지적한 역사적 · 경제적 범주라는 규정에서 역사적 조건은 말할 것도 없이, 자본주의의 출현과 함께 나타난다는 경제적 의미가 강조되었다. 그리고 이러한 민족형성에 대한 인식은 다음과 같은 두 가지 특징을 내장하고 있었다.

　첫째, 민족 이전 공동체에 대해서 일반적인 씨족 — 종족 사회라고 보고 이들 사회의 역사적 의의에 대해서는 특별히 주목하지 않았다. 1930년대 실천운동과 이론 영역을 넘나들며 활동한 이청원은 민족이론에 대한 적극적 해설을 시도하지는 못했다. 그렇지만 민족문제를 정리하면서 민족형성에 대해서도 다음과 같이 자신의 입장을 밝혔다.

　민족문제를 본래적으로 말하면 스탈린이 정당히 말했듯이, 초기 자

40　蘇因, 앞의 글(1933), 4~5쪽.
41　陣伍, 앞의 글(1929), 19~22쪽.

본주의 시대에는 프랑스, 독일, 혹은 영국도 하나의 민족적 구성이다. 그러나 제국주의 시대에 들어가는 동시에 민족문제로 발전해 식민지 문제가 되었다. 민족이란 인종적인 것도 혹은 인류학적인 구별을 기초로 하는 것도 아니다. … 민족의 발생은 씨족사회의 붕괴로부터 시작되는 것이다. 씨족별 정주양식定住樣式이 붕괴되어 각종 씨족원이 일정 지역에 혼재하여 하나의 생산체를 구성하는 경우 엥겔스는 이를 '소민족小民族'이라고 지적한 것이다. 민족 및 민족문제는 이 자연생적(자연생장적— 인용자)인 단위체와 다른 단위체의 관계이고, 하나의 외표적外表的이어서 결코 그 단위체에 내재하는 어떤 본질이 아닌 것이다.[42]

이청원도 역사상 민족과 유사한 형태가 오래 전에 구성될 수 있다는 사실 자체를 부인하지는 않았다. 이론적 측면에서 그는 민족 발생이 씨족사회 붕괴로부터 시작되고 씨족별 생활양식이 붕괴된 뒤 새로 만들어진 생산체를 '소민족'이라고 할 수 있지만, 이는 민족과 완전히 다른 것이라고 엄격하게 선을 그었다.

둘째, 근대 민족형성의 역사적 의의에 대해서도 특별한 강조점이 발견되지 않는다. 유진오는 조선의 민족형성사를 별도로 조망하는 것이 무의미하다는 점을 강조한다. 이는 이미 선행연구 검토를 통해 확인했듯이 백남운의 지적 작업과 정면으로 배치하는 것이었다.

우리는 이곳에서, 「그러나 조선은?」 하는 의문 내지 공격을 예상한다. 「그러나 조선」도, 이 예에서 빠지지 아니한다. 현재 조선민족을 형성하는 인류가, 민족과 유사한 형태를 가즌 것은 임의 오래 전의 일이

---

42 李清源, 『朝鮮讀本』(東京: 學藝社, 1936), 421쪽.

나, 그것이 이곳에서 말하는 것과 갓흔 엄밀한 의미의 「민족」을 형성
한 것은 역시 근세近世의 일이다.[43]

이처럼 민족형성의 전형성에 주목하는 논자들은 민족이 자본주의에
기초한 경제공동체로서 성립되고, 부르주아에 의해 제창된 관념이라는
'근대적 민족' 개념을 받아들였다.[44] 그에 따라 '전근대 민족'의 가능성은
봉쇄되고 이를 찾는 작업도 의미가 없다고 생각했다. 일차적으로 민족형
성이 근대 자본주의 단계에서야 이루어진다는 것은 식민지 조선에서도
민족의 존재를 회의하게끔 하는 해석이었다. 따라서 역사 발전의 주체는
당연히 민족이 될 수 없었다. 민족이 설정되지 않은 자리는 노농계급에
의해서 채워져야 하는 것이었다. 이는 동시대에 사회주의사회가 건설되
면 민족은 사라지게 될 것이라는 인식이 있었기 때문이기도 하다.
　또한 이를 역사인식 차원에서 검토해본다면, 이들은 민족체에 대한 의
미 부여도, 민족문화가 현재의 사회적 조건에 따라 재구성된다는 관점을
채택한 관계로 전통에 대한 계승의식도 그다지 뚜렷하게 드러내지 않았
다. 이는 조선사의 전근대로부터 근대로의 연결, 발전 계기 등에 있어서
연속성과 내면적 발전 중심의 사고와는 다른, 근대가 열어놓은 국제적
변동의 영향을 더욱 중요하게 받아들일 수 있는 조건으로 작용했다.

2) 개별 공동체의 역사적 경험이 반영된 민족

민족형성의 계기를 이해하는 두 번째 입장은 씨족공동체의 분해과정에

43　陳伍, 앞의 글(1929), 16쪽 각주 27 참조.
44　마르크스주의가 유럽 근대 민족형성이론의 계보에 있다는 지적은 신용하, 『민족이론』
　　　(문학과지성사, 1985), 16쪽.

따라 민족형성 시기와 성격이 달라질 수 있다는 입장이었다. 이는 민족형성의 과정이 모든 민족에게 동일할 수 없으므로 예외성에 주목한 견해라고 할 수 있다. 결론부터 말하면 이들은 민족을 당연히 역사적인 것으로 이해하지만, 반드시 자본주의 출현과 함께 나타나는지 의문을 표시했다.

먼저 이를 이론 분석 차원에서 제기한 인물은 이여성과 김태준이었다. 특히 이여성은 앞서도 살펴보았듯이 민족이론의 수용에서도 민족주의 비판보다 민족문제의 학문적 이해와 민족운동의 전망을 제시하고자 했다. 그는 "우리는 「스타―링」에 이르러 비로소 「빠우에르」評의 철저한 것을 발견하며 민족 개념에 대한 완벽한 파악을 발견하는 자이니 한 번 다시 그의 말을 옮겨 보자. 「민족이란 언어, 영토, 경제생활 급及 문화의 공통성으로서 현현顯現되는 전통적 심리의 공통성에 의하야 통일된 인간의 역사적으로 축조된 영속성 잇는 공통태이다」"라고 한 것처럼 일차적으로 스탈린의 민족 개념에 찬동했다.[45] 그런데 그는 다음과 같이 과연 민족이 근대적 현상인가에 대해서 의문을 던졌다.

> 민족은 엇더한 생산관계에서 그 맹아가 발생되엇스며 또 발달되어 왓슬가. 이는 요원한 문제이다. 그럼으로 '근대적 민족' 형성과정에 대하여서면 일별一瞥을 던질가 한다. … 봉건시대에 잇서서도 민족을 형성할 객관적 조건은 그 내부에서 성장 발육되고 잇섯스나 민족사상과 민족감정을 발양 고취할 기회는 극히 적엇고 또 그것을 포착할 만한 가능可能이 충분치 못하엿다. 그러나 18세기 말엽으로부터 봉건제도가 쇠미衰微하고 자본주의가 신흥하게 됨에 따라 상공업은 발흥되고 제민족은 경제적으로 고정되고 … 민족이란 역사적 공동태가 18세기

---

45 이여성, 「민족문제 개관」(3), 『조선일보』 1929. 11. 29.

말엽으로부터 돌연히 생성된 것이라 한다면 그는 민족이 유구한 역사적 공동태란 이해에 스사로 모순되고 말 것이나 이는 오로지 '근대 민족'으로서의 민족의 형성과정만을 의미치 안을 수 업을 것이다(만일 「쓰」씨(스탈린– 인용자)로서 이 점에 달으게 해석하는 바 잇다면 필자는 그의 의시기 나변那邊에 잇는 것을 짐작할 수 업다 원문).[46]

여기서 이여성이 제기하는 바는 유구한 역사적 공동체라고 하면서 민족형성과정을 시간적으로 불과 얼마 되지 않은 근대의 산물로 한정하는 것은 논리적 일관성이 없다는 점이었다. 그리고 이러한 민족형성은 '근대 민족의 형성'이라고 보아야 한다고 설명했다. 즉 이여성의 주장은 스탈린의 해석이 '근대 민족'의 민족형성을 이야기하고 있을 뿐이며, 이와는 다른 민족형성과정이 존재한다는 의미였다.

김태준에게도 이러한 인식이 확인된다. 그는 조선사를 본격적으로 연구하기 시작한 1935년에 「조선의 지리적 변천」을 발표했다. 많이 주목받지 못했지만 그의 학문적 고민과 연구 영역 확대 의지가 담겨 있는 글이라고 판단된다. 이 글에서 김태준은 세계 각 지역에 스탈린의 민족이론으로 포괄하기 어려운 역사적 사례가 존재한다며 이를 열거했다.

민족은 언어, 전통 박에도 국가공동체, 종교공동체, 계급공동체 등과 만히 결합 의존함을 간과해서는 안 된다. … 우에서 말한 바와 가티 현재의 인종은 모다 「역사적 인종」인지라. 순수인종은 업다 할지라도 장구한 시일동안 동일한 문화와 운명에 생활한 만큼 서로 남과는 다르다는 민족의식을 일우고 잇는 것도 사실이다. 특히 근대적 국가

46 ibid.

형성 이전의 민족은 기원의 공통, 체질의 상사相似, 도덕적 친화, 역사적 혹은 정치적 연락, 동일 지역의 점유 등을 예상하나니 이런 사실은 그 전부가 동시에 존재할 수도 잇고 그 일부분으로 족할 수도 잇다. 인종, 기후, 언어, 종교, 지역 등이 그러한 민족적 결합을 돕는 것은 사실이다. 단적으로 민족의 개념을 규정하려면 동일한 자연적 환경 하에서 동일한 인종, 기후, 지역, 기타 사회경제적 연계를 가진 사회 공동태다. 그러나 과학적으로 설명하기 어려운 예가 만타. 중국인과 가티 여러 인종, 언어, 종교를 행하는 민족도 잇고, 유태인과 가티 세계 각지에 산재散在한 민족도 잇다. 민족자결이라는 때의 민족의 개념은 상례上例에서와 가티 근대적 국가의 민족이다. 대전大戰 전前의 오흉국(墺凶國, 오스트리아 헝가리 제국– 인용자)은 일개一個의 국가적 주권 아래 언어관습을 달리한 제諸민족을 결합하여 잇고 파란(波蘭, 폴란드– 인용자) 민족은 일즉 세 국가에 분국分國한 때도 잇다. 특정한 민족을 가라처 이것은 전前국가적이요 저것은 국가적이라고 구별하기는 불가능한 일이다.[47]

앞부분에서는 근대적 국가형성 이전 전근대적 사회의 여러 특징이 민족형성에도 영향을 미치니 이 점에 유의할 것을 지적한다. 즉 각 지역마다 민족형성에 영향을 미치는 요소가 다를 수 있다는 점이었다. 김태준은 민족형성 과정에 대한 검토를 통해 민족 개념 자체도 새롭게 조명할 필요성을 지적한 것이다.

그리고 뒷부분에서는 구체적 내용으로 발전하지 못했지만, 민족형성의 여러 가지 지표가 부합되지 않는 나라를 꼽는 서사 전략을 취했다. 중

---

47 天台山人, 「조선의 지리적 변천」(6), 『朝鮮日報』1935. 6. 8.

국은 민족이라고 하지만 인종, 언어, 종교 등이 하나로 일치하지 않으며, 유태인은 민족의식은 있지만 공동의 생활을 하지 못했다. 또한 오스트리아 — 헝가리 제국은 한 나라 안에 세 개의 민족이 함께 존재했고, 폴란드는 한 민족이면서 세 나라로 갈렸던 경험이 있음을 설명했다.

이여성과 김태준이 말하고자 했던 바는 스탈린이 꼽은 민족을 구성하는 제요소, '근대 민족형성론'이 어디까지나 일반론이며 이는 구체적인 역사적 사실 분석 가운데 더욱 정교해져야 한다는 것이었다. 그리고 이는 마르크스주의 민족이론의 예외성에 대한 주장이고, 또한 실제로 구체적 연구로 돌입하게 되면서 민족의 기원을 근대 이전으로 점차 올려 잡는 경향이 나타나기도 했다.

백남운은 1934년 신남철과의 대담에서는 민족과 종족을 구분해야 한다고 역설했다. 그리고 조선 숙종 때 이후로 '우리'를 알고자 하는 움직임이 일어났으며 "민족심이라고 할 만한 것이 움직이게 된 것은 융희隆熙 전후"라며 이 시기를 근대적 의미의 민족이 형성된 때로 보았다.[48] 그렇지만 백남운은 조선에 근대 이전 민족의 원형질이 있었다는 점에 주목한 것이다.[49] 홍기문은 1934년에 "조선 민족은 삼국 이후 한 민족으로서 형성되어 온 것"이라고 하여 일찍부터 민족이 형성되었다고 보았다.[50] 만일 마르크스주의자로서 스탈린 민족이론, 특히 민족형성을 전형성에 입각해서

48 T기자, 「조선연구의 기운에 際하여」, 『東亞日報』 1934. 9. 11.; 백남운, 하일식 엮음, 『백남운전집 4』 (이론과실천사, 1991), 467쪽.

49 백남운은 1929년에 『朝鮮經濟の研究』 서평을 쓰면서, 모리타니의 민족이론에 대한 글을 접했다. 그리고 이 글에 대해서 구체적 내용은 이여성의 민족이론 소개를 참고하라고 덧붙였다. 이러한 점으로 볼 때, 그는 이여성의 논지에 더 찬동했던 것으로 생각된다. 백남운, 「『朝鮮經濟の研究』의 讀感」, 『朝鮮之光』 89(1930. 1); 백남운, 하일식 엮음, 앞의 책(1991), 173쪽.

50 홍기문, 「朝鮮文學의 兩義」(5) 『朝鮮日報』 1934. 11. 6.; 홍기문, 『홍기문조선문화론선집』, 김영복·정해렴 편역(현대실학사, 1997), 324쪽.

해석했다면 이러한 조선 민족형성 기점 논의는 나오기 힘들었을 것이다.

해방 이후에는 더욱 분명한 형태로 위의 문제의식이 제기되기도 하였다. 백남운은 「조선 민족의 진로(朝鮮 民族의 進路)」에서 민족의 원형질로서 민족은 원시적 부족국가 단계인 삼한三韓으로부터 시작되고, 근대적 의미의 민족의식이 형성된 것은 조선 말기라고 규정했다.[51] 그리고 뒤이어 "조선 민족은 문화적 전통과 언어와 역사적 혈연과 정치적 공동 운명 등등의 역사적 조건으로 보아서 세계사상에 희귀한 단일민족"이며,[52] "조선 민족은 역사상의 불사조로서 인류 서식棲息의 지구의 수명이 존속되는 한에는 조선 민족도 영속할 것"이라고 마르크스주의자로서는 보기 드문 강렬한 민족주의적 인식을 표출했다.[53]

홍기문은 민족이론에 대해 조금 진전된 설명을 덧붙였다. 그는 "민족이란 결국 별다른 것이 아니요 언어 · 풍속 · 문화 · 경제 · 지역 등에 있어서 동일한 권圈을 구성하는 한 개의 집단이다. 이러한 집단이 근대의 시민사회를 앞서서 약간의 맹아가 없던 것은 아니로되, 요컨대 시민사회의 요청에 의해서만 비로소 광범위의 등장을 보게 된 것"이라고 하였다. 1934년에 조선 민족의 형성을 삼국시대라고 단언한 것에 비하면 마르크스주의 민족이론을 더 직접적으로 인용하고 있는 듯한 인상을 받는다. 그런데 그는 여기서도 약간의 유예사항을 달았다. "종족의 관계가 비교적 단순한 민족에 이르러서는 흔히 과거의 종족의식 그대로를 민족에서 계승"하게 된다는 것이다.[54]

백남운과 홍기문의 논지는 민족이론 일반에 대한 검토로 이어지지는

---

51 방기중, 앞의 책(1992), 123~124쪽.

52 백남운, 「조선 민족의 진로」, 『서울신문』 1946. 4. 1~13.; 백남운, 하일식 엮음, 앞의 책(1991), 323쪽.

53 백남운, 「오인의 주장과 사명」, 『獨立新報』 1946. 5. 1~4.; 백남운, 하일식 엮음, 앞의 책(1991), 364쪽.

못했다. 그렇지만 조선은 '근대 민족'의 모체가 될 기초가 이미 삼한 · 삼국시대로부터 등장했다고 보았다. 이들은 이론적으로 '근대 민족형성론'의 일반적인 의미를 수용했지만, 조선은 예외적이라고 이해했고, 이러한 규정은 이여성이나 김태준도 공유했다고 볼 수 있다. 또한 해방직후에 이르면 긴장관계는 오히려 허물어지고, 오히려 민족이 불멸성을 강조하는 설명이 등장했다.

이상과 같이 '근대 민족형성론'과 다른 예외가 있을 수 있다는 해석은 민족은 역사적 산물이지만 반드시 자본주의적 범주는 아니라는 뜻이었다. 그러면서 이들은 첫째, 전근대적 민족의 가능성에 주목했다. 세계 각국의 사례를 거론하며 의문을 제기했고, 조선을 이 범주에 넣고자 했다. 둘째, 근대 민족형성의 역사적 의의도 높게 평가했다. 민족형성이 민족운동을 가능케 했고 그로 인해 부르주아가 지도하는 반제민족해방투쟁이 진행될 수 있다는 점이 판단 근거가 되었다.[55]

예외성을 발견하고자 한 주장은 마르크스주의 민족 개념 자체를 부인하지 않았으나, 개별 사례를 부각시키면서 민족을 역사적 공동체로서 조명하는 성격이 강했다. 민족이론 또는 조선의 민족형성과정에 대한 언급으로 이를 공식화한 것은 민족이 단지 부르주아가 내세우는 담론만이 아니라, 오랫동안 공유해온 역사적 경험에 기초한 것으로 인식했음을 의미한다. 이는 단지 사실 이해 차원의 문제일 수도 있었지만,[56] 동일 혈통을 가진 단일민족이라거나 종족의식이 민족의식이 될 수 있다고 한 것으로

---

54 홍기문, 「3 · 1운동의 민족사적 의의」(전6회) 『서울신문』 1946. 2. 28~3. 6. ; 홍기문 지음, 김영복 · 정해렴 편역, 앞의 책(1997), 193~194쪽.

55 이여성, 「민족문제 개관」(4), 『조선일보』 1929. 11. 30.

56 홉스봄은 중국, 한국, 베트남 등은 오랜 역사를 가진 정치체였다고 하면서 '역사적 민족들'(historic nations)이라는 개념으로 접근했다. 에릭 홉스봄, 『1780년 이후의 민족과 민족주의』, 강명세 역(창작과비평사, 1998), 179쪽.

보아서 '종족적 민족' 개념과도 연결될 여지가 있었다.[57]

그리고 이와 같은 민족 이해는 무엇보다 역사인식에서 전근대와 근대의 연속성을 고려하도록 이끌었다. 또한 역사 서술의 단위로서 민족과 민족주체성이 중요하게 간주되었으며 이는 조선사의 발전계기를 내적 계기 가운데에서 찾는 시각으로 이어졌다. 마르크스주의 민족이론에 대해 '비틀기'를 시도했던 지식인들이, 아시아적 생산양식론은 조선과 아시아에 대한 차별의식을 조장할 것이라면서 연구방법으로 세계사적 보편성론을 채택한 것도 이와 무관하지 않았다.[58]

4. 나가며

마르크스주의 민족이론은 레닌 · 스탈린 단계에서 제국주의 — 식민지 문제가 격화되고 피압박민족 해방투쟁의 과제를 모색하면서 점차 체계화되었다. 스탈린은 민족을 역사적 공동체이자 자본주의에 기초한 경제적 범주로 이해했다. 이러한 민족이론은 1920년대 중반 일본에 번역 · 소개되었고, 이 시기에 레닌 · 스탈린 저작뿐만 아니라 중국혁명 가능성이 고조되던 상황을 배경으로 마르크스주의 민족이론 확산에 큰 역할을 한 브로이드의 해설서도 출간되었다. 조선의 마르크스주의 지식인들은 각각의 지식네트워크를 통해 민족이론을 접했으나, 일본 번역서로부터 큰 영향을 받았다.

---

57 강진웅, 「대한민국 민족 서사시: 종족적 민족주의의 전개와 그 다양한 얼굴」, 『한국사회학』 47-1(2013), 189~192쪽.

58 조형열, 「조선 '역사과학' 계열의 보편특수성 인식과 아시아적 생산양식론 수용 양상」, 『전북사학』 49(2017) 참조.

조선에서는 지식인층을 중심으로 1929년부터 민족이론을 수용했다. 이는 1920년대 후반 계급 대 계급 전술의 채택, 사회운동 노선 변화의 영향을 받았지만, 지식인층은 실천적·학문적 목적을 함께 전제하면서 이 문제에 접근했다. 이 가운데 두 가지 수용 태도가 엿보이기도 했는데, 첫째는 민족문화운동에 대한 비판과 노농계급 주체화 지향의 새로운 문화운동을 목적으로 한 것이었고, 둘째는 민족문제의 정당한 이해와 민족운동 전망을 찾기 위한 것이었다.

대립적이라고 보긴 어렵지만 서로 다른 수용 목적은 민족이론 해석에서도 차이가 발생할 가능성을 내비쳤다. 그리고 이는 스탈린의 역사적·경제적 범주라는 규정을 중심으로 드러났으며, 민족형성을 전형적 입장에서 그리고 예외적 입장에서 보는 견해로 모아졌다.

전형성을 강조하는 입장은 민족을 근대 자본주의적 산물로 보는 일반적 견해를 이어갔고 예외를 찾기 어렵다고 보았다. 그리고 엥겔스가 지적한 소민족 즉 민족체가 있다 하더라도 큰 의미를 부여할 수 없다고 생각했다. 자본주의 시대에 성립된 민족도 부르주아의 지배를 위한 것일 뿐 특별한 역사적 의의가 제시되지 않았다. 이는 자본주의의 붕괴 이후 민족이 사멸할 것이라는 인식에 기초했다. 민족 개념에서 경제적 범주를 자본주의적 단계에 집중해서 이해하는 견해였다.

이와 달리 예외성에 주목하는 입장은 스탈린의 민족이론이 포괄하지 못하는, 특히 다민족국가 또는 일찍부터 민족을 형성한 점을 내세웠다. 이처럼 일반이론 차원에서, 또한 조선의 경우에서 전근대사회에 민족이 형성될 수 있다는 여러 사례를 포착했다. 이는 민족이 역사적 범주임을 인정하면서도 자본주의 이전 민족형성에 초점을 맞춘 것이었으며 '종족적 민족' 이해와 연결될 여지도 안고 있었다. 이들은 '전근대 민족'과 '근대 민족' 모두 의미가 있다고 보았고, 여기에는 민족이 반드시 부르주아에 의해서 제창된 것이 아니라는 생각이 개입되었다.

이처럼 민족형성의 시간과 방법에 따른 이해, 민족체의 역사적 의미에 대한 평가, 근대 민족의 형성 주체로서 부르주아 자본가에 대한 평가 등에서 마르크스주의 지식인들은 차이를 보였다. 그리고 이와 같은 차이 즉 서로 같은 길을 가면서도 다른 인식이 발생한 점은, 마르크스주의가 텍스트로서 지식인들에게 다양한 해석의 여지를 제공하였으며, 이들의 활동영역이었던 조선사 연구에서 전근대와 근대의 연속성과 역사 발전의 내적 · 국제적 계기 등을 고민하는 데 영향을 미쳤다는 사실을 보여준다.

민족형성을 중심으로 1930년대 제기된 논점은 해방 이후까지도 그대로 지속되었다. 그러나 본격적인 논쟁으로 발전하지는 않았다. 이들 마르크스주의 지식인이 남북분단 이후 북쪽으로 자리를 옮긴 뒤 이 주제는 1960년대부터 열린 조선의 자본주의 형성 시기와 조선민족 기원에 대한 논의의 장에서 전면 검토되었다.[59] 약 20여 년의 시차를 갖고 재연된 스탈린의 민족이론에 대한 평가와 민족형성에 대한 논의는 이에 대한 조선 마르크스주의자의 고민이 상당히 오랫동안 쌓여왔다는 점을 보여주며, 또한 마르크스주의자에게 민족 · 민족주의 · 민족문제가 항상 문제적이었다는 사실을 다시 한 번 상기시킨다.

---

59 조선민족 기원에 대한 북한 정부의 공식적 입장은 김태우, 앞의 글(2002), 262쪽. 특히 북한 역사학이 이와 같은 동향에 긴밀하게 연결되었는데, 김광운은 1962년 출간된 『조선통사』 상권 개정판이 처음으로 조선의 인종문제를 백남운의 혈통 중심 민족이론에 따라 서술한 것이라고 밝혔다(김광운, 「북한 민족주의 역사학의 궤적과 환경」, 『한국사연구』 152[2011], 286쪽). 그밖에 북한 역사학의 전개과정과 자본주의 형성 시기를 둘러싼 논쟁에 대해서는 도면회, 「북한의 한국사 시대 구분론」, 『북한의 역사 만들기』(푸른역사, 2003) 참조.

5부

동아시아 혁명의
연속과 현재

'혁명적 전통'을 둘러싸고[*]
『저항에의 초대』

우카이 사토시 · 번역 장현아

抵抗への招待
우카이사토시 지음, 박성관 번역
みすず書房, 1997

졸저『저항에의 초대』는 1988년부터 97년까지 10년 동안의 성과물을 정리한 저의 첫 평론집입니다. 이번에 한국어판이 출판되어 매우 감동스럽습니다. 500쪽이 넘는 저작의 번역은 매우 고생스러운 작업이었을 것입니다. 한국과 일본의 외교관계가 극도의 긴장관계에 있는 지금, 출판된 지 20년 이상 지난 책이 번역 · 출판된 나라는 한국 이외에 있을 수 없다는 사실이 의미하는 바가 크기에 기쁨을 깊이 새기며 되뇌이고 있습니다. 졸저를 번역해 주신 박성관 선생님께 진심으로 감사 드립니다.

이 책에 실린 논문, 에세이, 서평을 썼던 때는 동서 '냉전'의 종언, 보

---

[*] 이 책의 제목은 『抵抗への招待』(東京: みすず書房, 1997)이며, 『저항에의 초대』, 박성관 역(그린비, 2019)으로 번역 출간되었다.

다 정확히 말하자면 소련·동유럽사회주의권의 붕괴라는 사태가 잇따르던 시기였습니다. 1991년 10월자 서두의 짧은 문장에서 저는 1926년 겨울의 모스크바를 방황하던 발터 벤야민을 상상하였습니다. 러시아혁명으로 시작된 한 시대가 소련 정부 내부의 붕괴로 끝난 것은 당시 소련에 공감하고 있지 않던 제게도 큰 충격이었습니다.

당초 프롤레타리아 세계혁명을 지향하였던 소련은 얼마 지나지 않아 일국사회주의로 전환해 가면서도 빈곤·전쟁·타민족 억압 등 자본주의가 인류사회에 낳은 거대한 해악을 극복하는 다른 역사적 진로가 있을 수 있다는 이정표로서 70년 이상 존재해 왔습니다. 노동자·농민·병사로 구성된 평의회(소비에트)의 연합체에서 출발한 소련연방이 얼마 지나지 않아 공산당 일당독재로 변질된 과정은 부르주아 혁명인 프랑스혁명이 더듬어 온 경위와 많이 유사합니다. 하나의 체계적인 노선에 입각해 현실을 변혁해 가는 중앙집권적 권력구조의 형성은 부르주아적 자유의 확립 또는 경제적 평등의 실현이라는 목적의 차이를 넘어서 19세기와 20세기의 정치혁명에 공통적으로 존재하고 있습니다.

1919년 3월 1일의 독립선언으로 시작된 민중운동은 그 후 반일저항투쟁, 독립, 해방, 민주화, 사회개혁 그리고 분단체제의 극복을 지향하는 한국·조선의 역사 가운데 거듭 상기되어 왔고, 그 이해가 심화되면서 현대 한국의 시민적 에토스(Ethos)를 형성하였습니다. 이 운동이 대중적인 사상혁명이었다는 것, 지금도 계속 존재하고 있다는 것은 문자 그대로 역사에 의해 증명되어 왔습니다. 무엇보다 그 점을 백영서 선생님의 논고를 통해 생각할 수 있었습니다. 역사적 변화 가운데 숨쉬고 있는 보편적인 이념, 그것이 어떠한 구체적 날짜를 가진 대중적 행동에 의해 만들어져, 그 후의 역사 가운데 하나의 '혁명적 전통'을 형성해 왔다는 것, 그 구체적 사례가 현재의 한국이라고 생각합니다.

'혁명적 전통'이라는 말에는 숙고가 필요한 개념이 포함되어 있습니다. '혁명'이 시간적 연속성을 절단하는 듯한 사건을 의미하며, '전통'이 시간 속에서 계승되는 유산을 의미한다면, 단순한 이원적 사고에 사로 잡혀 있는 한 '혁명적 전통'은 모순 이외 아무것도 아닙니다. 그러나 우리들은 오히려 그렇게 부를 수 밖에 없는 역사적 현실이 존재함을 확인하는 깃에서부터 출발하여, 그 위에 어떠한 '전통'이 '혁명적'이라 형용될 수 있는가? 혹은 '전통'이 '혁명적'이기 위한 조건이란 무엇인가를 생각해야만 하는 것이 아닐까요? 이 사고는 항상 실천적 차원을 포함해야만 할 것입니다. 또한 수많은 아포리아와 역설과의 만남도 각오해야만 할 것입니다. 그러나 이러한 과제만큼이나 우리들의 존재를 깊이 동요시키는 것은 달리 없을 것입니다. 게다가 그것은 인문학적 영위에 관여하고 있는 누구나가 실은 매일 마주하고 있는 과제가 아닐까요?

소련·동유럽사회주의권의 붕괴는 같은 해 초 발생한 걸프전쟁과 연속되어 있습니다. 이 전쟁은 이라크의 쿠웨이트 점령이라는 사태에 대한 UN결의에 근거해 발동된 국제적인 제재행동이었습니다. 마찬가지로 UN결의에 근거해 발발하였던 한국전쟁이 세계적인 '냉전'의 개시를 알린 지역적인 '열전熱戰'이었던 것과는 대칭적으로 미국 주도의 다국적군이 사담 후세인 정권에 대해 일방적 '승리'를 거둔 이 전쟁에 의하여 '냉전'시대의 막이 내려졌습니다. 국제정치의 무대에서 이 전쟁을 저지하지 못한 탓에 중동에서의 지정학적 이익을 크게 잃은 고르바초프는 정권 내 구심력을 급속히 잃었으며, 소련은 쿠데타 미수에서 해체로 향하였습니다.

『저항에의 초대』에 수록된 「법의 사막: 칸트와 국제법의 〈토포스 (Topos)〉(원제: 法の砂漠－カントと国際法の＜トポス＞)는 일본도 거액의 자금 제공과 기뢰 제거를 위한 소해함 파견이라는 형태로 관여한 걸프전쟁이 불러 온 시대의 변화를 주시하면서, 포스트냉전기의 '평화'의 가능

성을 칸트의『영원한 평화를 위하여』[1]로 회귀하여 고찰한 논문입니다. 칸트의 체계에 따르면 국제법은 '제국민법諸國民法'이라고 불리며, 그것과는 다른 '세계시민법'이라는 레벨이 설정되어 있습니다. 그것은 '보편적 환대(Allgemeine Hospitalität)', 외국인이 타국에서 적대적인 취급을 받지 않는다는 조건의 정비만을 요구합니다. 개인으로서의 외국인에 대한 적정한 대우는 영원한 평화실현을 위해 불가결한 조건입니다. '세계시민법'의 이념은 국내법 및 국제법의 무한한 진보의 원리라고 불릴 만한 것이며, 모든 나라의 시민규범도 가리킵니다. 일상생활에서는 멀어 보이는 국제법과 저의 생활공간에서 이루어지는 외국인과 매일의 평온한 공생은 칸트 평화론 가운데 이와 같이 엄밀한 체계적 연관을 가지고 있는 것입니다. 바꿔 말하면 국민국가의 한계는 지리적인 국경만이 아니라, 외국인이 존재하는 도처에 눈에 보이지 않은 채로 설정되어 있습니다. 저는 이러한 생각을 바탕으로, 그 한계와 마주하는 존재, '한계 — 시민'으로서 제 자신도 그 한 사람인 국가의 성원이라는 것의 재정의를 시도하였습니다.

이러한 작업은 헌법 제9조에서 전쟁 방기를 강조하면서도 철저한 외국인 배척 정책을 계속해 오고 있는 일본의 전후체제를 비판적으로 검토하기 위해서도 필요하였습니다. 2002년 프랑스에서「아름다운 위험들(원제: 美しい危険たち)」(『응답하는 힘』[2] 수록)이라는 제목으로 강연을 한 이래로, 저는 일본의 헌법문제를 다루면서 그 '환대없는 평화주의'를 계속해서 문제 삼아 왔습니다. '한계 — 시민'이라는 개념은 또한 일본의 역사적 책임에 응답하기 위한 '국민'적 귀속과는 별도의 스탠스를 시사하는 것이기도

---

1 Immanuel Kant, *Zum ewigen Frieden: Ein philosophischer Entwurf*(Königsberg： bey Friedrich Nicolovius, 1795). 한국어판 임마누엘 칸트,『영원한 평화를 위하여』, 오진석 역(도서출판b, 2011) 등.

2 鵜飼哲,「応答する力: 来るべき言葉たちへ」(東京: 青土社, 2003).

하였습니다. 2006년 조선민주주의인민공화국이 핵실험을 실시한 직후, 도쿄에서 열린 '조선과 일본의 '다음 세대'를 창조하는 학생포럼'에서의 강연 '전쟁의 극복', 혹은 2012년 서울에서 개최된 한국 유네스코 위원회 주최의 '동아시아에서의 역사화해에 관한 국제청년포럼'에서의 보고 '국경을 넘는 역사이식을 추구하며'에서 특히 저는 '한계 — 시민'이라는 자기규정에 입각하여 공헌할 수 있도록 노력하였습니다.

  1995년은 제2차 세계대전의 종결, 일본제국주의의 붕괴로부터 50년이 되는 해였습니다. 이 해 다시 묻게 된 일본의 전쟁책임, 전쟁기억의 양상을 둘러 싼 논의에 개입하는 것은 우리 세대의 인문학계 연구자에게는 큰 과제였습니다. 이러한 시대적 배경 하의 발언과 논문이 『저항에의 초대』에 상당히 실려 있습니다.

  이 시기의 성과 중 하나가 「시효없는 수치 — 전쟁의 정신분석을 향하여(원제: 時效なき羞恥 — 戦争の精神分析に向けて)」입니다. '시효없는 수치'라는 말은 1985년 서독의 콜 수상이 전후 40년 성명에서 사용한 표현입니다. 같은 해 독일인의 발언으로는 바이츠제커 대통령의 '과거에 대해 눈을 감는 자는 결국 현재에 대해서도 눈을 감는 것과 같다'라는 발언을 포함한 강연 '황야의 40년'이 유명합니다만, 저는 이 강연보다 앞 선 콜씨의 발언에 주목하였습니다. 그것은 전쟁책임에 대하여 서양인 정치가의 언설에서 '수치[恥]'라는 단어가 사용된 최초의 사례 중 하나입니다. 저는 이 말이 일본의 정치가의 입에서는 나올 일이 없겠구나라고 직관하였습니다. '수치의 문화'와 '죄의 문화'의 구별은 루스 베네딕트의 『국화와 칼』[3] 이래 이른바 일본문화론의 고전적 패러다임이 되어 왔습니다만, 그 일

---

3 Ruth Benedict, *The Chrysanthemum And the Sword: Patterns of Japanese Culture*(Boston: Houghton Mifflin, 1946), 한국어판 루스 베네딕트, 『국화와 칼』, 김윤식 역(을유문화사, 2006) 등.

본은 전쟁과 식민지 지배 가운데 저질렀던 범죄에 대하여 전후 일관해서 '수치를 모른다'고 밖에 말할 수 없는 태도를 고수해 왔습니다. 저는 이 태도를 정신분석의 카테고리를 원용하여 분석하고자 하였던 것입니다.

'시효없는 수치'라는 표현은 전후 태어난 보수파 정치가의 입에서 나온 말로 두 가지 점에서 중요합니다. 하나는 독일인의 전쟁책임은 시간의 경과와 함께 소멸되지 않았으며, 독일이 세대를 넘어서 자력으로 짊어지고 가야 할 문제라고 그들 스스로가 말하고 있는 점. 여기에서 보수적인 내셔널리즘과 양립가능한 '자부自負의 전략', '우리들은 그것을 해야 하며, 그것을 할 수 있다'는 메세지를 읽어낼 수 있습니다. 또 하나는 이 '수치'가 전후 세대에 속하는 당대 사람들의 '수치'가 아닌, 죄를 지은 세대의 독일인과 그들의 동일화 대상이었던 파시스트 지도자의 '수치'이며, 그 동일화가 이미 단절되어 있기 때문에 비로소 고백이 가능하였다는 점. 독일과 일본의 전후에 대한 비교는 이전에도 다양한 형태로 이루어져 왔습니다만, 저는 이러한 각도에서 일본 보수파의 언설과 태도에 대한 분석을 시도하였습니다.

천황을 포함한 일본의 정치가가 전쟁책임, 식민지 지배책임에 대해서 언급할 때, 대부분의 경우 '양국 사이에는 과거의 불행한 시기' 등의 애매한 표현이 사용되었으며, 여기에는 피해국에 대한 암묵적인 시효의 요구가 포함되어 있습니다. 최근 이 요구는 더이상 암묵적이지 않으며, 2015년 12월 '위안부'문제에 관한 한국의 전前 정권과의 '합의'라는 언급이나 한국 대법원의 '징용공'배상문제 판결에 대한 아베 수상의 대응에서는 '불가역적', '해결완료'라는 공격적 언사로 공공연하게 표현되고 있습니다. 그 가장 단적인 예가 '평화의 소녀상' 철거요구입니다. 지금까지 어느 나라가 피해국에 설치된 동상이나 기념비에 대해서 이 정도로 감정적인 반응을 보인 적이 있었을까요. 정말 부끄러울 따름이지만 저는 일본 정부가 이러한 태도를 역사적인 '수치'의 부인이 폭력적인 형태를 취한 것이라고 생각합니다. 이것은 일본정치가들의 고압적인 태도와는 정반대로 독일의 보수파 정치가가 '할 수 있다'라고 가슴을 피는 것이 자신들에게는 '할 수 없다'라고 하는 무능의 고백으로 밖에 들리지 않습니다. 보수파가 '자부의 전략'을 채용할 수 없다는 것은 전쟁범죄의 책임자들과의 동일화가 단절되어 있지 않다는 증거입니다.

이 동일화에 '혁명적 단절'을 가져 온 작업이 일본에서는 여전히 큰 과제입니다. 그것은 천황제를 비롯한 이 나라의 두터운 '반혁명적 전통'을 끈질기게 해체해 가는 작업과 불가분합니다. 인근 아시아의 여러 나라 사람들과의 깊은 대화 없이는 일본인이 이 과제를 달성할 수는 없을 것입니다. 그 점에서 주목할 만한 사례로 중국문학자 다케우치 요시미竹內好가 루쉰魯迅 문학과 마주한 태도를 살펴 볼 수 있습니다.

『저항에의 초대』에는 「고슴도치 앞에서(원제: ハリネズミの前で)」라는 기묘한 제목을 가진, 저의 첫 번역론이 수록되어 있습니다. 이 논문은 초기 독일 낭만주의 비평가인 프리드리히 슐레겔의 단장斷章을 중심으로 "고슴도치의 자기 완결성과 같은" 유기체적인 작품관과 원문에 대한 번역의 존재론적 우위를 인정한 특이한 번역사상의 관계를 생각하고자 한 것입니다. 이러한 사상에는 서양의 후진국으로서 다른 나라의 문학과 사상을 정력적으로 번역함으로써, 모어母語 자체의 '형성(Bildung)'을 도모한 당시 독일의 문화적인 위치가 반영되어 있습니다.

다케우치는 중일전쟁이 한창일 때 쓴 루쉰론에서 러시아, 독일, 일본 그리고 발칸 여러 국가들의 문학 번역가이기도 했던 루쉰의 번역사상에 주의를 기울이고 있습니다. 다케우치는 루쉰 안에서 메이지明治 이후의 일본에서는 볼 수 없었던, 서양 근대에 대한 비타협적인 저항정신을 발견하였습니다. 그러므로 그 저항을 일본어로 번역한 그 자신의 작업

은 계몽 운동으로부터 절단된 번역이라는, 거의 불가능한 시도였습니다. 『루쉰론』 신판의 해설인 「그림자를 짊어지는 것, 혹은 저항의 번역(원제: 影を負うこと、あるいは抵抗の翻訳)」(『응답하는 힘』 수록)에서 저는 이 시대에서 다케우치의 도전의 의미를 생각하고자 다음과 같이 서술하였습니다. "타자의 저항을, '저항'이라는 단어조차 올바른 번역인지 아닌지 알 수 없는 그 모습을 어떻게 번역해야만 할까?" 독일낭만주의 번역사상과는 또 다른 방법으로서의 번역과 계몽을, 그것을 짊어진 이가 자기 욕망의 차원에서 절단해내는 하나의 '혁명적 전통'의 발명을 보고자 했던 것일지도 모르겠습니다.

19세기, 20세기의 혁명은 부르주아 혁명이든 프롤레타리아 혁명이든 18세기 계몽사상을 상속하였습니다. 이 계몽사상은 문화적인 지知의 서열을 전제로 하고 있습니다. '혁명적 전통'이란 것이 단순히 결별하는 것은 아니라고 할지라도, 지금까지와는 다른 관계를 맺을 필요가 있을 것입니다. 그런 노력 가운데 '번역의 경험'은 거부할 수 없는 '저항에의 초대'가 될 수 밖에 없다고 언제부터인가 저는 생각해 왔던 것 같습니다.

저는 요즘 내년에 개최될 예정인 도쿄올림픽을 반대하는 운동에 참여하고 있습니다. '올림픽'과 '패럴림픽'은 '전세계 청년의 평화의 제전'이라는 그 이념과는 정반대로 제국주의전쟁, 식민지 지배, 성차별, 인종차별, 환경파괴의 역사와 깊이 연관되어 왔습니다. 쿠베르탱 남작에 의해 창설된 이래, 국제올림픽위원회는 귀족과 왕족의 후예들이 지배하는, 매우 비민주적인 비밀주의 사설단체입니다. 그러면서 공적인 국제기관이나 주권국가의 제약을 받는 일 없이, 개최국 민중의 부담으로부터 방대한 이익을 착취해 왔습니다. 일본은 물론 황족이나 전前 황족이 이 신분제 클럽에 깊이 연관되어 있습니다. 이번 도쿄올림픽은 동일본대지진, 후쿠시마 원전사고로부터 겨우 2년 반 후, 100년 후에도 수습불가능한 사고의 참상으로부터 민중의 시선을 다른 곳으로 돌리며, 원전의 재가동, 수도의 재개발, 국위선양, 그리고 헌법개악改惡을 위한 사전공작을 주요한 목적으로 하여, 거짓과 뇌물 등 수단을 가리지 않고 유치를 실현한 것입니다.

그러던 중 저는 작가 전수찬 씨의 소설 『수치』[4]를 접하였습니다. 이 소설은 평창 동계올림픽 선수촌 공사현장에서 한국전쟁 중 미군에 의한 학살희생자의 유체가 발견된 사건 속으로 인근 마을에 정착해 살고 있던 탈북자가 휩쓸려가는 과정을 그린 작품입니다. 이 제목은 탈북 과정에서 아내를 버린 기억에 사로잡혀 벗어나지 못하고 있는 등장인물인 두 남성의 마음을 지배하고 있는 감정을 표현하고 있습니다. 그것은 두 사람 중 한 사람을 최종적으로 자살로 몰아 갈 정도의 강렬한 감정입니다. 이 작품은 동아시아 현대사에 남겨진 상흔과 신자유주의 세계경제 시대에 거대비지니스화한 올림픽 사업 사이에서 현기증이 날 정도의 낙차를 훌륭히 파악하고 있습니다. 저의 연구도 이 작품에서 '수치'라는 감정에 대한 새로운 시점을 얻었습니다.

이러한 작품이 시기적절하게 번역·출판된 것도 현재 한국과 일본의 역사적 관계가 새로운 단계에 있음을 보이는 또 하나의 지표일 것이라고 생각합니다. 이 작품의 등장인물과 같은 사람들의 경험에 열린 '혁명적 전통'이란 어떠한 것으로 존재할 수 있을까요? 마지막으로 이 질문과 함께 한국어에서 일본어로의 '저항의 번역'의 최신 사례 중 하나로 언급하였습니다.

---

4 전수찬, 『수치』(창비, 2014). 일본어판은 『羞恥』, 斎藤真理子 역(東京: みすず書房, 2018).

운동과 체제, 장기 20세기 동아시아 변혁[*]

『백년의 변혁』

백영서

백년의 변혁: 3 · 1에서 촛불까지
백영서 편저
창비, 2019

1

　"동아시아 혁명의 연속과 현재"라는 주제의 대담에 임하면서, 올해
로 100주년을 맞은 3 · 1운동과 5 · 4운동을 각각 혁명으로 보자는 저의
주장을 간략히 설명하는 것으로 시작하고자 합니다. 이것은 이미 발표한
두 편의 졸고抽稿¹의 요점인데 이 대담의 취지에 부합하지 않나 싶습니

---

*　제5회 〈연세한국학포럼〉이 개최될 당시에는 이 책이 미출간 상태였기 때문에 백영서
　　외, 『촛불의 눈으로 3 · 1운동을 보다』(창비, 2019)를 참고했음을 밝혀둔다.

1　백영서, 「연동하는 동아시아와 3 · 1운동: 계속 학습되는 혁명」, 『창작과비평』(2019.
　　봄); 「역동하는 동아시아의 1919: 혁명의 기점으로서의 3 · 1운동과 5 · 4운동」, 『개념과
　　소통』 23(2019. 6).

다. 그간 3·1운동이나 5·4운동이란 용어가 더 많이 쓰여왔습니다. 그런데 각각을 혁명으로 본다는 것은 어떤 의미를 전달하려는 것일까요.

양자를 어떻게 (재)기억하는가는 역사문제일 뿐만 아니라 현실문제입니다. 이 새로운 의미화 방식 역시 사회적·정치적 상황 변화에 반응한 것임은 두말할 필요도 없습니다. 제 경우 (뒤에 다시 말씀드릴) 한국의 '촛불혁명'에 촉발되어 3·1운동을 새롭게 조명하는 일련의 흐름에 동참한 것입니다. 말하자면 1919년과 2019년의 대화에 깊은 관심을 갖고 있습니다.

여기서 혁명 개념을 확장했음을 미리 말씀드려야겠군요. 우리는 기존의 교과서적(또는 사전 항목의) 혁명 개념에서 어느 정도 자유로울 필요가 있습니다. 물론 아무런 근거 없이 혁명이라는 개념을 확장하고 3·1이나 5·4를 과잉해석하는 역사의 남용은 피해야 할 것입니다. 그러나 이 개념을 세계사 차원에서 사례비교하며 재규정할 필요가 있으려니와 한반도 차원에서 혁명을 "구세계의 파괴라는 한층 더 보편적인" 의미로 인식한 당시 사람들의 실감과 더불어 3·1혁명의 현재성을 복합적으로 시야에 넣기 위해 적극 논의해볼 필요가 있습니다. 저는 정권의 전복에 그치지 않는 사회 전체의 대대적인 전환 즉 사상·문화의 발본적 변화와 민중적 주체역량의 증대가 혁명을 의미한다고 봅니다.(서구의 '68혁명'이란 용례가 하나의 예가 될 것입니다.)

이 혁명 개념을 3·1에 적용할 때, 비록 단기간 엄청난 희생을 치른 채 독립을 쟁취하는 성과를 거두진 못했지만, 1919년 3~4월 해방감을 체험한 '3·1운동세대'("하늘을 본 사람들")로 일컬어지는 새로운 주체의 형성, 그리고 군주제와의 급격한 단절과 공화정의 추구 및 새로운 문명전환 인식은 혁명적 차원의 큰 변혁이기에 혁명의 조건을 충족합니다. 그런데 그 결과가 '점증적·누적적 성취(incremental achievement)'로 드러난다는 뜻에서 '계속 학습되는 혁명' 또는 '현재 진행 중인 혁명'이라고 규정합니다. 3·1에서 시작된 근원적인 움직임이 오늘날까지 그 실질을 꾸준히 확보해온 사실이 확인되기 때문입니다. 동학운동에 내재한 새로운 세계를 향한 변혁의 노력은 3·1로 결실을 본 이래 4·19(1960)와 5·18(1980), 6월항쟁(1987) 그리고 촛불혁명(2016~2017)으로 이어졌습니다. 단 그것은 식민지 조건하에서 제도화의 길이 제약되어 운동과 사상에 더 치중할 수밖에 없어, 반전反轉이 거듭되는 굴곡을 감당하며 '점증적·누적적 성취'의 양상을 갖는 한국근현대사의 역동성을 지속시켰던 것입니다.

반半식민지였던 중국에서도 5·4기에 사상·문화의 발본적 변화 그리고 성취감을 맛본 '5·4세대'라는 주체역량의 증대가 이뤄졌으니 5·4혁명이라 불러도 무리없습니다. 그리고 (식민지였던 조선과 달리) 독자적 정부를 통해 제도적 차원의 성취를 단계별로 진전시켜왔습니다. 특히 국민국가의 해방과 억압의 양면성을 민중의 자치와 결집에 기반해 간파하면서 국가를 재구성해왔는데, 이러한 중국인의 이론적·실천적 노력의 시발이 (신해혁명의 연속체인) 5·4입니다. 5·4는 근대에 적응하면서 동시에 그것을 극복하려는 '이중과제'를 수행하려는 긴장이 유지된 단계였고, 그후 이 긴장을 유지하는 방식에서 반식민지 조건 아래 정파간 분화를 보였기 때문에 나선형 형태의 발전을 할 수밖에 없었습니다. 그래서 5·4의 의의는 "누적적으로 중첩되고 확대된 과정"에서 잘 드러난다는 견해가 최근 중국에서 제기된 바 있습니다. 바로 이런 역사적 특성 때문에 5·4는 말하자면 '가치고지價値高地'로서의 위치를 중국현대사에서 차지하고 지금도 되풀이 소환되는 계속혁명의 원천입니다. ('제2의 5·4'가 거론되는 이유가 바로 여기에 있습니다.) 이것이 바로 5·4를 '계속 학습되는 혁명'으로 호명하는 현재적 의미가 아니겠습니까.

3·1과 5·4는 두 개별 국가 각각의 역사지만, 동시에 동아시아 지역 사이자 지구사와 상호작용하는 그 일부였습니다. 역동하는 1919년의 동아시아에서 일어난 3·1과 5·4의 세계사적 '동시성(simultaneity)'은 주목되어야 합니다. 1차 세계대전을 통해 서구문명에 대한 콤플렉스를 어느 정도 극복하고, 희망적 관점에서 당시의 세계질서의 근본적 개편과 개조를 전망하며, 그러한 세계에 대한 동시대적 감각을 가지면서도 조선과 중국이 그것과 어긋날지도 모른다고 우려했습니다. 그래서 '지구적 순간 (global moment)'을 동아시아 지역에서 전유(專有; appropriation)하며 민치 (民治, 즉 민중자치)와 평화의 '새 세상'을 꿈꾸었던 것입니다.

이 중층적 세계공간에 대한 집단경험의 (일국사[一國史]를 넘는) 지역사적 의의는 일본과 연동하는 양상에서 잘 드러나지 싶습니다. 3·1과 5·4에 어떻게 대처할 것인가는 일본의 "운동과 체제 쌍방의 장래를 결정하는 시금석"이었습니다. 당시 중층적 일본제국권 안의 내부모순과 상호작용의 여지는 존재했기에 일본 하라原敬 내각이 권력층 내부의 분파를 이용해 제국의 식민지 경영전략을 개혁하는 데 3·1이 추진력을 얼마간 제공했습니다. 또한 요시노 사쿠조吉野作造(나 그가 이끈 여명회黎明會 같은 계몽단체)처럼 두 운동을 이해하려고 노력하고 제국개조의 필요성을 역설한 국제적 '타자감각'을 갖춘 운동 측의 의의도 인정해야 할 것입니다. 그런데 다이쇼데모크라시[大正民主主義] 시대(1905~1932) 운동 측도 체제 측도 적극 대응하지 못한 채, 일본의 대세는 "밖으로 제국주의, 안으로 입헌주의立憲主義"로 응결되고 말았습니다. 이에 비해 반식민지 중국은 3·1에 지지를 보내며 5·4를 일으켜 역사 변혁의 획을 그으며 '지구적 순간'에 동참했습니다. 그렇기에 식민지 한국의 『동아일보』에 실린 「중국의 새 희망」(1920. 8. 6.)은 "일본 국회의 추체醜體"와 대비하면서 중국에서 일어나고 있는 '정치개혁'의 움직임을 '사회개혁'의 일부로서 환영

했습니다. 중국 문화운동의 사회혁명적 지향은 동아시아의 역사발전 경로를 전도順倒시킬 수도 있는 새로운 희망으로 인식되었던 것입니다.

이렇듯 3·1과 5·4는 '연동하는 동아시아'의 지난 100년사를 다시 보게 하는 발본적 의미를 갖습니다. (여기서 연동은 동아시아가 구조적으로 연관되어 있다는 것과 이 지역의 행위주체 간의 상호참조를 의미하는데, 후자의 경우 운동에서뿐만 아니라 사상·제도 영역에 두루 걸쳐 나타납니다.) 이를 통해 한편으로 서구 중심의 보편주의를 비판하고, 다른 한편으로 일본과 한국, 중국 각각의 문맥에 있는 상호이해의 가능성을 부여하는 (예외주의가 아닌) 개별성을 소통과정에서 변용하여 보편적인 것을 창조하는 길이 열릴 것으로 기대합니다.

2

위에서 '점증적·누적적 성취'의 양상을 갖는 한국근현대사의 역동성을 강조했습니다. 달리 말하면, 1919년과 2019년 사이의 100년을 장기 20세기의 민주혁명의 과정으로 보자고 제안한 것입니다. 그 역사전개 과정 중 가장 최근에 일어난 사건이 바로 '촛불혁명'입니다. 2016년 가을부터 2017년 봄까지 공식적으로 '박근혜정권퇴진비상국민행동'이 개최한 23차에 걸친 집회, 연인원 1,700만 명이 참여한 집회의 결과로 박근혜대통령 탄핵이 이뤄졌습니다. 그리고 그에 이어 야당 후보인 문재인 씨가 대통령으로 당선되어 정권교체가 이뤄졌습니다. 이 23차에 걸친 집회를 '2016년 촛불집회'나 '촛불운동'으로 부르지 않고, '촛불혁명'이란 이름을 붙이는 것은, 단순히 시민의 힘에 의해 임기 중의 현직 대통령을 합법적 절차로 퇴진시키고 새로운 야당 후보를 당선시킨 가시적인 정치적 성과를 넘어선 의미가 있다고 보기 때문입니다.

먼저 세계사적 의의를 점검해보겠습니다. 미국 트럼프 대통령의 출현이나 유럽에서의 극우정당의 득세에서 보듯이 파시즘에 가까운 포퓰리즘에서 대중의 불만이 출구를 찾는 현재 국면에서 이 대세를 거스른 시민혁명이 한국에서 나타난 것입니다. 지구적 규모의 포퓰리즘 시대에 촛불혁명은 의도적 담론실천 없이 여론지형을 형성했고, 카리스마적 정치기니 포퓰리즘 세력의 매개 없이 시민이 대두했다는 점에서 포퓰리즘의 특징과 구별되나, 기존 대의민주주의 안팎을 넘나드는 정치행위를 했다는 점에서는 포퓰리즘과 공유하는 특성을 갖습니다. 특히 민주주의의 적에 맞서기 위해 다양한 시민이 모여 광장을 만들었고, 이 광장과 기존 민주주의 제도 사이의 역동적 상호작용이 이뤄진 것은 전 세계에 드문 일입니다. 말하자면 대의민주주의와 직접민주주의의 선순환을 이룩한 것입니다.

그 다음으로 '촛불시민'("하늘을 본 사람들")이라는 이름과 형체를 획득한 경험이 동력이 되어 한국 사회의 실질적 변화를 이끌어내기 위한 움직임도 여러 영역에서 나타났습니다. 이른바 '갑질'과 부당대우의 폭로, 정체성의 정치에 기반을 둔 여러 소수자운동(특히 여성운동)의 활기는 주목할 만합니다. 물론 이에 대한 과대평가는 자제해야 할 것입니다. 전 지구적으로 확산되는 혐오의 풍조 속에서 힘겹게 싸우고 있는 다양한 사회운동의 입장에서 살펴보면, 정권교체 이후 촛불광장이 기성 제도정치로 회수되고 있는 것이 아닌가 하는 우려도 나타나고, '민주주의'의 문제점이나 한계가 지적되기 십상입니다. 그리고 신자유주의의 위력 속에 양극화가 심해지는 현실에 직면해 민주주의를 가로막는 자본주의라는 장벽은 여전히 강고해 기득권 구조의 변화가 보이지 않는다고 비판되기도 합니다. 이렇게 보면 우리 사회가 점점 포퓰리즘 시대의 보편적 양상에 더욱 가까워질 것으로 전망될지도 모릅니다. 그런데 손쉽게 기존 민주주의 제도에 대한 환멸에 빠지기보다는 그것과 광장 사이의 역동적 상호작용을 통해 중장기적으로 체제를 변혁해나가는, 힘은 들지만 간과해선 안될 제도 개혁의 단기적 과제에 더 집중할 필요가 있습니다.

이에 덧붙여 우리 사회에서 남성우월의 성차별과 기득권의 갑질 및 배타주의가 이토록 기승을 부리는 것은 사실 오랜 분단체제의 효과이기도 하다는 사실을 간파해야 합니다. 그렇기 때문에 촛불혁명으로 바뀐 정치 구도에 힘입어 남북관계의 진전이 이뤄졌음을 중시하면서, 여전히 분단체제의 적대적 상호의존관계를 활용하는 데 사활을 걸고 있는 수구세력을 남북화해의 진전으로 결정적으로 약화시킴으로써 우리의 '생활 속 민주화'가 크게 진전될 것으로 전망할 수 있습니다. 지금 한반도의 평화프로세스는 자못 숨을 고르는 형국인데, 거시적 관점에서 보면 한반도 분단체제는 되돌릴 수 없는 길에 들어섰습니다.

여기서 한반도의 남쪽에서만이 아니라 한반도 전체 주민 개개인의 구성원 사이에 자유롭게 평등한 관계가 보장되는 공동체여야 한다는 '공유영역(commons)'론에 관심을 기울여볼 가치가 있습니다. 국가나 자본의 통제와 지배에 맞서는 새로운 패러다임으로 제기되고 있는 공유영역 패러다임은 단지 자연자원만이 아니라 사회의 다른 부문에까지 확장되고 있고 자율적인 공동체의 이념과 결합하여 그 가능성이 모색되고 있습니다. 아울러 일부에서는 공유영역이 자본주의의 사유화 모델을 대체할 수 있는 공유모델의 창출을 위한 인식과 실천 그리고 운동을 통칭하는 범주로 떠오르고 있기까지 합니다.

3

이제 지식을 생산하고 전파하는 일에 종사하는 우리들, 지식활동가는 무엇을 해야 할까에 대해 생각해볼 차례입니다. 저는 '제도로서의 학문'과 '운동으로서의 학문'을 가로지르는 활동이 필요하다고 주장해왔습니다. 양자를 대립적으로 보지 않고 통합적으로 수행해, 운동 속에서 제도를 보고 제도 속에서 운동을 보는 형태로 제도와 운동의 관계를 한층 더 역동적으로 파악하자는 것이 기본 취지입니다. 말하자면 제도의 안팎은 이중전략의 공간인 셈입니다. 이와 같이 제도로서의 학문과 운동으로서의 학문이 서로 충돌하면서 협력하는 역동적 영역은 '학문의 운동화, 운동의 학문화'라고도 요약될 수 있습니다.

이 길을 걷는 과정에서 연세대 국학연구원의 동료들과 '사회인문학(Social Humanities)'이란 과제를 함께 수행하며 보람을 느낀 적도 있습니다. 그 10년간의 성과에 대해 여기서 논하는 것은 아닌 것 같습니다. 그러나 신자유주의의 지구적 규모의 위세 속에 현재의 대학은 관료적인 기업체가 되었다고 해도 지나친 말이 아니므로 대학이란 제도의 안/밖을 구분하기 어려울 정도로 시스템화하는 한편, 반대로 안정적으로 지속적 연구와 활동을 할 수 있는 제도적 기반은 점점 무너져가고 있다는 비관적인 소리도 대학 구성원 내부에서 들립니다. 안타까운 마음으로 공감하나, 그럼에도 불구하고 대학이란 제도는 여전히 중요합니다. 대학에서 수행되는 수업과 모임은 최소한의 접촉점을 마련해주고 상대적으로 여전히 언어가 중요한 공간이기 때문입니다. 여기서 페미니즘 교육에 힘을 쏟는 한 지식활동가의 증언을 인용해보겠습니다. "내가 가진 불안과 나에게 가해지는 위협을 해소하기 위해 집단적으로 모이고 토론하고 움직이는 경험이 가능한 곳이 그나마 대학입니다. 이때 생기는 공동체의 경험이 민주주의를 논하는 토양이 되고, 또한 이런 논의가 가능한 경계가 어디까지인지를 계속 질문하게 하죠."(『창작과비평』, 2019. 여름, 303쪽) 이처럼 각자의 현장에서 현재 대학의 흐름을 거스르는 활동을 할 수 있는 틈새를 끊임없이 찾아내기 위해 고민하고 그 작은 성취를 동력으로 삼아 대학 밖의 자원과 연대해 더 큰 변혁을 예비하는 일은 매우 소중합니다. 이같은 활동은 전면전이라기보다 기회주의적 또는 게릴라식 활용에 가깝습니다. 또 다른 비유는, 기동전이라기보다 지루한 진지전에 해당되겠습니다. 그런데 이렇게 힘을 길러 전체적인 국면 전환의 계기가 주어질 때 협상을 통해 원하는 더 큰 결과를 받아내는 길도 열립니다.

이 길을 가는 과정에서 어떤 전망을 갖고 지식의 생산과 전파에 임하는 것인가가 무엇보다 중요할 텐데, 여기서 저는 지구지역학(Glocalogy)의 의미를 강조하고 싶습니다. 그 핵심은 지방적인(local) 것과 지역적인(regional) 것과 지구적인(global) 것을 하나의 차원에서 결합해 분석하는 학문입니다. 이는 하나의 시각이자 방법인 동시에 연구영역을 규정합니다. 이제까지 저는 세 차원을 동시에 파악하되 지방적인 것과 지역적인 것이 지구적인 것에 작용하는 측면을 우선적으로 중시해왔습니다. 동아시아 담론 또는 동아시아적 시각이 그것입니다. 그런데 이 자리에서는 지구적 차원 곧 지구적 시각의 중요성을 좀 더 강조하려고 합니다.

지구지역학의 관점에서 지구적 차원 내지 시각을 강조하는 것은 '이중적 주변'의 시각과 긴밀히 연결되어 있습니다. 바로 이 지점에서 지구적 시각에 변혁적 지향성을 부여하는 '운동으로서의 세계문학' 담론에 눈길이 갑니다. 한국 문단과 영문학계에서 논의 중인 이 개념은 주변에 의한 중심의 전복과 변혁의 해체 담론과 단단히 연결된 것이기 때문입니다.

여기서 말하는 세계문학은 "각 민족어/지역어로 이룩한 창조적 성과들을 국가의 경계를 넘어서 공유함으로써 공동으로 근대성의 폐해", 곧 "세계 자본주의의 위기에" 맞서 인류의 삶을 더욱 인간답게 만들어가기 위해 세계문학에 기대를 거는 '하나의 국제운동이자 실천'을 의미합니다. 유럽과 북미가 중심이 된 세계적 문학공간의 불평등구조, 일종의 '문학의 세계공화국'을 탈중심화하여 "다극화된 연방공화국 내지 '공화국들의 연합'이라는 한층 건전한 모습"의 문학공간을 확보하자는 것이 '운동으로서의 세계문학' 기획이고, 그 일환이 운동성 개념이 내포된 '동아시아 지역문학'의 건설입니다. 한국에서 동아시아담론의 계보사를 돌아보면, 1970년대의 제3세계론의 비판적 계승 형태로 제기된 것임을 알 수 있는데, 그 출생 내력을 새롭게 되새겨야 할 까닭이 여기에 있습니다.

이 지구지역학의 시각에 입각할 때, 동남아 및 제3세계 여러 나라의 변혁 경험과의 접점을 찾을 수 있습니다. 이것은 단순히 비교나 교류의 역사를 발굴하는 것이 아니라 각자의 삶의 터전이 '핵심현장'일 수 있는지 점검하는 이론적 · 실천적 과제입니다. '핵심현장'은 '이중적 주변의 시각'을 요구하는 곳이자 그것이 가장 잘 적용되는 적절한 대상입니다. 시공간의 모순이 응축된 곳, 그것이 핵심현장입니다. 제가 지금까지 주목한 핵심현장은 오키나와 이외에 분단체제 하의 한반도와 양안관계 속의 중국과 대만 등입니다. 중화제국 · 일본제국 · 미제국으로 이어지는 중심축의 이동에 의해 위계지어진 동아시아 질서의 역사적 모순이 응축되었고, 식민과 냉전의 중첩된 영향 아래 공간적으로 크게 분열되어 갈등이 응축된 장소입니다. 그처럼 시공간의 모순과 갈등이 서로 연동되어 악순환하고 있으므로 그것을 해결해갈수록 평화로운 동아시아를 위한 선순환의 촉매로서 파급력은 그만큼 더 커질 것입니다. 핵심현장은 특정 지역을 특권화하는 것이 아닙니다. 우리가 살고 있는 삶의 현장 어디나 핵심현장이 될 수 있습니다. 단, 그곳이 시공간의 모순과 갈등이 응축된 사실을 제대로 인식하고 그 극복의 실천자세를 견지할 때 비로소 핵심현장으로 발견되는 것입니다. (최근 소장연구자가 홍콩을 핵심현장으로 파악해야 한다고 주장한 것은 하나의 예가 되겠지요.) 그곳이 '세계체제의 약한 고리'라면 이에 발디딘 지구지역학의 수행은 한층 더 변혁적 의의를 가질 것입니다. 핵심현장의 하나인 분단된 한반도의 남쪽에서 경험한 촛불혁명에서 촉발되어 3·1을 재해석하고 그 연장에서 5·4를 비교한 제 작업은 지구지역학의 관점을 적용한 하나의 사례인 셈입니다.

4

마지막으로 '점증적·누적적 성취'의 양상을 갖는 한국근현대사의 역동성을 장기 20세기의 민주혁명의 100년으로 정리한 저 자신의 서사양식을 돌아보게 한 역사 다큐멘타리 〈김군〉(2019)에 대해 잠시 언급하는 것으로 발언을 마치고자 합니다.

이 영화를 연출한 감독 등은 모두 5·18 당시를 경험하지 않은 1980년대 이후 세대입니다. 광주 이야기를 할 때 흔히 죄의식, 엄숙함으로 일관하는데 그런 감정이 자기에게는 전달되지 않는다라고 말하는 그들은 '다시 쓰는' 광주의 서사를 더 흥미롭게 하는 요소를 갖추게 됩니다. 1980년 5월 광주민주화운동을 기록한, 당시 사진 속의 시민군, 트럭에 올라 군모를 쓰고 무기를 든 '김군'의 신원을 사진 한 장으로 찾아가는 과정의 긴장감, 서스펜스 구축이 다큐멘타리의 전반부를 이룹니다. 이 작업을 하게 된 동기는, 어떤 보수논객이자 군사평론가가 광주항쟁의 시민군들이 북한에서 내려온 특수공작원 600명이 일으킨 폭동이라는 황당한 주장을 일삼았기 때문입니다. 시민군 사진의 인물들이 북한의 여러 정치 행사에 등장하는 고위직 인물들과 일치함을 '과학적인 안면인식 프로그램'을 통해 알아냈다는 식이지요. 이 영화는 그간 광주민주화운동의 서사에서 잘 알려지지 않은 넝마주이 등 기층계급 출신 시민군들이 어떻게 광주를 경험했고 기억하고 현재를 살아내는지, 지금 그것을 회상하는 것이 그들의 마음에 어떤 일이 일어나게 하는지 보여줍니다. 이 과정 전체가 우리에게 광주의 진실을 새롭게 대면하게 해줍니다. 그간 광주항쟁에 대한 담론은 민주화담론, 민중론 등 여러 차례 변화를 거쳤지만, 이 다큐는 폭력에 맞서 '인간의 존엄성을 위해 싸운 존엄한 인간'의 이야기임을 그들의 육성으로 들려줍니다. 전두환이 누군지도 모를 정도로 정치에 관심 없던 그들이 시민들을 무차별 살해하는 군인들에 맞서 무기를 들었다는 목소리가 생생하게 전달되는 겁니다. 5·18에서 드러난 인류와 공동체를 지키는 정신은 한국 민주혁명 100년 속의 한 사건에 머물지 않고 세대간의 격차라는 시간의 벽을 가로지르고, 또 지역적으로 또 지구적으로 널리 유통, 확산될 수 있는 인간해방의 소중한 자산임을 새삼 깨닫게 합니다. 우카이 선생이 3·1독립선언서에서 "자유와 평화로운 생활을 요구하는" 것이 다른 지역의 움직임과 "매우 유사한 보편주의적인 희구"임을 읽어내듯이 말입니다. 역사의 새로운 서사방식이 얼마나 중요한지 지식활동가로서 절감하지 않을 수 없습니다. 안이한 상투적 서사는 역사의 망각을 유도할 뿐입니다. 지금의 위기적 국면이야말로 망각에의 저항방식에 대해 더 궁구窮究할 때가 아닌가요.

동아시아 혁명의 연속과 현재

일시: 2019년 8월 9일
대담자: 우카이 사토시×백영서
사회자: 신지영
녹취 정리 및 번역: 김보람, 전 아야카

사회자: 이렇게 모시게 되어 너무 기쁘고 영광입니다. 연구와 사회참여 양쪽에서 중요한 활동을 전개해 오신 분들이시기 때문에 설명이 필요 없을 정도인데요, 다른 전공 영역에 있는 두 분을 함께 모시고 '동아시아의 혁명' 그리고 '기록의 현재'라는 주제로 대담을 한다는 것을 조금 의아하게 생각하시는 분들도 계실지 모르겠다는 생각이 듭니다. 그렇지만 프로필을 말씀드리면 그 의문이 조금 해소되리라 생각합니다.

우카이 사토시 선생님을 먼저 소개해 드리면, 히토쓰바시—橋대학 명예교수로 계시고, 2008년에 『주권의 너머에서』가 한국어로 번역되었습니다. 그리고 2019년에 『저항에의 초대』가 번역되었습니다. 청중석에 앉아 계신 박성관 선생님께서 번역하셨습니다. 그 외 『반일과 동아시아』, 『내

셔널히스토리를 넘어서』에도 선생님의 논문이 게재되었습니다. 일본에서 출판된 다른 책은『데리다의 무덤ジャッキー・デリダの墓』,『응답하는 힘応答する力』 등이 있습니다.『응답하는 힘』은 오늘 대담에서도 조금 언급이 될 거라고 생각합니다.

우카이 선생님께서는 이런 학술적이 저서들이나 대학 및 학계에서의 연구 이외에도 다양한 사회 문제에 참여하시면서 실천적인 발언을 굉장히 많이 해 오셨습니다. 저도 우카이 선생님을 처음 만난 것은 거리에서였고, 제가 읽었던 책의 저자라는 사실은 나중에야 알게 되었습니다. 지금 선생님께서 관심을 가지고 진행하고 계신 활동으로는 도쿄 올림픽 반대 활동입니다. 이 활동은 천황제에 대한 문제제기와 통하는 부분이 있다고 생각합니다. 오랜 시간 활동해 오셨던 반야스쿠니 행동反靖国行動과도 관련이 되고요. 현재는 모임이 좀 뜸합니다만, 청중석에 계신 이정화 선생님과도 함께 'Teach-in 오키나와'라는 모임을 하시면서 어떻게 대학의 장을 활용하면서 오키나와의 문제들을 생각하고 공론의 장을 만들어 갈지 모색해 오셨습니다.

다음으로 백영서 선생님의 프로필을 말씀드리면, 오늘 두 분을 왜 같이 모셨는지를 알 수 있지 않을까 싶습니다. 연세대학교 사학과 명예교수이시고, 국학연구원 원장을 하시면서 여러 의미있는 일을 전개하셨습니다. '사회인문학'이나 '글로컬러지'와 같은 핵심 단어들을 만들어 여러 선생님과 함께 활동을 해오셨습니다. 선생님의 저서는 먼저 최근에 출간된『촛불의 눈으로 3·1운동을 보다』를 들 수 있습니다. 우카이 선생님의 책이『저항에의 초대』인 것처럼 이 책도 운동과 혁명과 저항을 다루었고, 그 사건들을 어떻게 현재적 의미로 이해할 수 있을지 생각하게 하는 책입니다. 이 책은 공저로 특히 책 서두의 〈좌담〉이 굉장히 흥미롭습니다. 그 외에도『핵심현장에서 동아시아를 묻다』,『동아시아의 귀환』,『사회인

문학의 길』이 있고, 이 중 많은 글이 일본이나 중국 등 세계 각국에 번역되었습니다. 백영서 선생님은 '창작과 비평'의 주간으로도 유명하시죠. 백영서 선생님께서도 제도권에서 연구하시면서 늘 밖에서 활동이나 다른 공간을 만들고 그러한 흐름과 접속하는 활동들을 함께 하셨습니다.

오늘은 중국사 전공이신 백영서 선생님과 프랑스 문학 및 사상 전공이신 우카이 선생님, 두 분이 동아시아의 혁명에 대해서 이야기하는, 어떤 의미에서는 독특한 장이 될 것 같습니다. 우리가 이틀 동안 이야기한 동아시아나 한국학 안에서의 혁명과 저항이라는 문제를 조금 다른 시각에서 볼 수 있는 기회라고 생각합니다. 또한 최근 번역, 출판된 두 선생님의 저작을 보다 깊이 이해할 수 있는 기회가 될 것입니다.

그런데 한국과 일본의 관계가 악화되어 가는 최근 상황을 볼 때, 이 질문을 드리는 것으로 시작할 수밖에 없을 것 같습니다. 우카이 선생님은 오랜만에 한국에 오시기도 했고, 백영서 선생님은 해외에 나가시는 일이 많은데요. 그러한 경험 속에서 보실 때 현재의 한일관계를 어떻게 생각해야 할지, 특히 이틀 동안 논의한 주제들과 관련해서 어떻게 생각할 수 있을지 먼저 여쭙겠습니다.

우카이 사토시: 조금 전에 소개해주신 것처럼 저는 1955년에 도쿄에서 태어났습니다. 백영서 선생님의 책이 『공생에의 길과 핵심현장: 실천 과제로서의 동아시아』라는 제목으로 일본에서 출판되었습니다. 책 마지막에는 도쿄대학 나카지마 다카히로中島隆博 선생님과의 대담이 수록되어 있습니다. 오늘 대담을 하게 되면서 특히 나카지마 선생님과의 대담을 찬찬히 읽었습니다. 백 선생님은 저보다 한 학년 선배이시더군요. 저도 학생 시절에 대단치 않은 운동 같은 것에 참여하고 있었는데, 당시에는 한국의 민주화운동과 어떻게 연대할지가 굉장히 큰 과제였습니다. 대

담에 나오는 '민청학련사건'은 우리가 매일 전단에 쓰는 이름이었습니다. 저는 비대칭적인 동시대성을 곧잘 이야기하는데, 백 선생님은 그 사건으로 탄압을 받는 입장이었습니다. 그런 위치에서 활동하신 경험으로부터 연구자로서의 길을 걷기 시작하셨음을 알고 큰 감동을 받았습니다.

앞에서 신 선생님이 소개해주신 『저항에의 초대』가 얼마 전에 한국에서 번역되어 기뻤습니다. 이 자리를 빌려 번역자이신 박성관 선생님께 진심으로 감사드립니다. 이 책이 일본에서 나왔을 즈음, 일본에서는 상당히 큰 불안을 느끼게 하는 사태가 시작되고 있었습니다. 80년대 프랑스에서 유학생활을 한 저는 잘 알고 있는 현상이었습니다. 유럽에서는 나치 독일에 의한 유대인 학살, 특히 가스실은 없었다는 식의 역사수정주의가 이미 큰 문제였습니다. 저는 그 현상에 굉장히 놀라서 책을 몇 권씩 읽으며 어떤 주장인지 그 주장에 대한 비판이 어떻게 이뤄지고 있는지 살펴보았습니다.

1995년을 기점으로 일본에서도 비슷한 조류가 나타났습니다. 과거 일본 제국주의의 여러 가지 범죄를, 제대로 공부하지 않은 사람이 한 번 읽으면 자기도 모르게 믿어버릴 만한 수법으로 부정하는 것입니다. 조선의 식민지 지배와 관련된 여러 가지 역사적 사실, 특히 이른바 '종군위안부' 문제. 그리고 중국의 난징대학살 문제, 오키나와의 이른바 '집단자결' 문제. 모두 비슷한 수법으로 일본 국가의 책임을 부인합니다. '공식 문서가 없기 때문에 군령은 없었다'와 같은 식으로 말이죠. 이것은 유럽에서 나치의 가스실은 없었다고 주장하는 사람들과 완전히 똑같은 논리입니다.

당연한 일이지만 유럽에서 나치는 없어졌고 범죄를 저지른 많은 사람은 처벌되었습니다. 그런데 일본에서는 범죄를 없었던 것으로 만들어서 이익을 얻으려는 사람들, 전전戰前부터의 보수 정치세력이나 메이지明治 시대부터의 제도적 연속성을 유지하는 국가 관료기구는 고스란히 살아남아 있습니다. 이렇게 독일과는 역사적 조건이 크게 다른 상황 속에서 같은 역사수정주의의 수법이 채용되었을 때, 일본사회에 얼마나 파괴적인 효과가 발생할지요. 90년대 중반에 문필활동을 시작한 저희 세대의 인문학자 중 일부는 그런 점에서 강한 위기감을 가지고 논쟁에 참여했습니다. 그런 시기의 작업 중 일부가 이 책에는 실려 있습니다.

그로부터 20년, 역사수정주의 또는 부정주의는 아베安倍 정권의 사상 그 자체이며 현재의 사태를 초래했습니다. 동아시아, 나아가 전 세계에 큰 구조 변동이 일어나고 있는데, 전전부터의 연속성을 냉전 속에서 유지해온 일본이라는 나라가 언제까지고 과거의 자화상으로부터 벗어나지 못하고 있다는 점이 가장 큰 문제라고 생각합니다. '혁명적 전통'과 '반혁명적 전통'이 있지요. 일본의 경우는 '반혁명적 전통'이 두터운데, 우리의 과제는 그 '전통'에 어떻게 '단절'을 가져올까 하는 것입니다. 일본에서 만약 대중적으로 '단절'이 일어난다면 이미 '혁명적'이라 형용할 만한 사태가 된다고 생각합니다.

저희 세대도, 일반적으로 일본 근대사에 대한 기본적인 지식은 교육기관 밖에서 자기 스스로 공부했습니다. 백 선생님께서는 나카지마 선생님과의 대담에서 독재정권 시절 한국 학생의 사상 형성에 대해 '대항적 공공권'이란 표현을 사용하셨는데, 일본에도 70년대에는 그에 상응하는 것이 다양한 형태로 존재했습니다. 거기에서 조선사·한일관계사를 배우며 서서히 일본이 놓여있는 역사적·지리적 위치에 대한 인식을 심화해 갔습니다. 현재 일본인의 대부분은 이런 역사의 기본을 모릅니다. 13년 동안의 교섭 끝에 타결된 1965년 한일조약에 이르는 과정에서 정부 간에 어떤 논의가 이뤄졌는지, 당시 정부에 대해 현재 한국인이 어떻게 생각하는지 아무것도 알지 못합니다.

'강제동원 문제'에 대한 아베 정권의 대응이 옳다고 생각하는지 아닌지에 대한 여론조사를 하면 60% 이상이 타당하다고 대답합니다. 그러나 그 시기 역사에 대해 아무것도 모르는 사람들의 의견을 묻는다고 한들 무슨 의미가 있을까요? 이런 나라가 앞으로 동아시아의 평화 구축에 어떻게 관계해 나갈지요. 역사적 사실에 대해서도, 지금 크게 변화하고 있는 동아시아의 새로운 역사적·지리적 조건에 대해서도 일본인이 자기 기만적인 태도를 버리고 현실을 직시하여 생각하지 않는다면, 일본 사회의 현재 상황이 근본적으로 바뀌기 어렵다고 생각합니다. 그 변화를 위해서 제가 할 수 있는 일을 해나가고 싶습니다.

사회자: 말씀 감사합니다. 두 선생님의 대담을 진행한다고 하자, 현재의 한일관계에 대한 선생님들의 의견을 여쭤봐 달라고 부탁하는 분들이 주변에 많았습니다. 백영서 선생님께서 말씀을 이어가 주셨으면 좋겠습니다.

백영서: 우카이 선생님과는 여러 번 만났는데 이렇게 깊게 이야기할 기회는 없었던 것 같아요. 그래서 기쁘게 생각합니다. 선생님의 인상을 말씀 드리는 것으로 시작해보려 합니다. 선생님을 만나보면 굉장히 부드러우신데요. 그런데 눈매를 보세요. (웃음) 눈매가 굉장히 날카로워요. 우카이 선생님의 삶을 드러내지 않나요? 이번에 선생님의 글을 열심히 따라 읽으면서 삶의 행적도 많이 알게 됐습니다. 아까 저의 학생운동 경력을 이야기하셨습니다만, 우카이 선생님 역시 비슷한 시기에 학생운동에 참여하셨고 그동안 활동하신 내용은 사회자가 번역하신 『주권의 너머에서』(그린비, 2010, 5쪽)라는 책 앞부분에 잘 설명되어 있습니다. 직접 읽어보겠습니다. "'이론'이 진실로 단련되는 현장은, 긴급하고 특이한 정치 상황과의 격투일 뿐입니다." 제가 보기에는 눈매에 드러나는 치열함, 진

지함이 바로 이 표현에 드러나 있습니다. 그렇게 살아오신 것 같아요. 그런 점에서 저는 제가 그렇게 치열한 삶을 살아왔는지 돌아보게 되었습니다. 이 대담에서 서로 많은 교감을 주고받고 나면 저의 일상적인 삶에도 약간의 흔들림을 가져와서 저를 변하게도 할 것 같다는 그런 기대를 하면서, 이 대담에 임했습니다.

다음으로는 사회자가 요구하신 주제에 대해 이야기하지 않을 수 없을 텐데요. 내일도 광화문에서 시위가 있고 8월 15일에도 한일 공동연대로 시위를 한다고 하죠. 최근의 사태에 대해 저는 직접적으로 발언하지는 않지만, 예의주시하며 일본과 한국에서의 관련된 논의를 따라가고 있습니다. 지금 사태를 저는 이런 식으로 정리해보려고 합니다. 한반도에서의 경험을 가진 제 입장에서 발언하자면, 기본적으로 지금 한일관계에서 65년 체제가 바뀔 때입니다. 1965년에 한일관계가 맺어지면서 말하자면 냉전체제의 하위체제로서 한일 간 사실상의 동맹 관계가 만들어졌습니다. 그런데 2018년부터 한반도에서 남북화해가 진전되자 한일관계를 규정하는 65년 체제에서 중요했던 남북분단이라는 중요한 기둥 하나가 흔들린 것입니다. 이미 동아시아의 냉전체제가 흔들리고 있는 것도 분명합니다.

이런 변화가 외부적으로는 굉장히 중요합니다. 거슬러 올라가면 전후에 일본을 포함한 동아시아 질서를 만드는 '전후처리'에서 GHQ(General Headquarters), 즉 미군정하에 있던 일본은 샌프란시스코 조약을 맺어서 독립적인 국가가 되었습니다. 이 샌프란시스코 체제가 동아시아 국제관계의 기틀을 만들었고, 65년체제의 배경이기도 합니다. 거기에 참여하지 못했던 한국, 중국과는 나중에 따로 조약을 맺게 됩니다. 이러한 체제가 변화하는 지금의 시점에서 일본은 일본대로 대응하고, 한국은 한국대로 대응하는 과정에서 새로운 질서를 만들지 못하고 있다는 생각이 듭니다. 일본의 어떤 학자가, 일본은 지금 샌프란시스코 체제를 퇴행적으로 재구축하기를 원한다고 이야기를 하더군요. 미국의 협력을 얻어서 중국을 견제해야 하기 때문이죠.

일본은 분명히 평창올림픽 이래로 남북 접촉이 빨라지는 것을 견제했습니다. 남북의 냉전을 전제로 일본은 중국을 견제하는 동아시아 질서, 이것을 언론에서는 '신냉전 질서'라고 표현하지만 저는 그 발상에 동의하지 않습니다. 어쨌든 미국과 일본과 한반도의 남쪽을 묶어내면서 새 질서를 구축하고자 하는데, 한반도에 새로운 정부가 들어서서 남북화해가 너무 빨리 진행되는 듯하니까 일본은 한국에 부담을 주는 것입니다. 일본한테는 한국을 어떻게 길들이느냐는 문제가 중요합니다. 한일 무역마찰은 표면적인 것이고 실제로는 안보마찰이 문제라고 저는 생각합니다. 이런 상황에서 한국의 현 정부는 '신한반도체제'를 만들겠다고 하면서 남북화해가 진행되는 것을 동력으로 동아시아의 새로운 질서를 만드는 것에도 영향을 미치려고 하고, 중국과 미국과 일본 사이에서도 균형을 잡고 싶어 합니다. 그런데 지금 그게 제대로 풀리지 않은 상황입니다만, 저는 그런 점을 우리가 주목하는 일이 우선 필요하다고 생각합니다.

내부적으로 보면 박정희 발전모델이 한계에 부딪혔으나 그것을 넘어설 수 있는 길을 아직 찾지 못해서 이런 일이 생기는 것이 아닐까 하는 생각이 듭니다. 제가 대학을 다닌 70년대 초, 이 문제를 예견하고 이런 식의 발전모델을 취해서는 안 된다는 이야기를 나누고는 했습니다. 한국의 경제발전모델은 일본의 차관을 얻고 일본과 협력하면 그것이 수직적 분업체제가 되어 외향적 발전, 외향적 경제성장을 한다는 것입니다. 그때 박정희식 모델을 반대한 사람들이 민족경제론을 내세웠고, 김대중은 선거 때 공약으로 대중 경제론을 제기했습니다. 그것은 내향적·내포적 경제발전을 하자는 뜻입니다. 내포적 성장이란, 일본이 제기하는 수직적 분업체제 또는 일본이 맨 앞에 서면 따라가는 기러기형 발전모델, 즉 대기업 수출 위주의 일본에 종속되는 하청구조가 아니라, 중소기업이나 농민의 생활을 배려하는 경제구조를 만들자는 것입니다. 이런 의미에서 그 당시에 mass(대중), 즉 많은 사람들이라는 의미의 대중경제론을 제기했는데 그 배후에 있던 것이 민족경제론의 이론가들이었습니다. 결과적으로 민족경제론이나 대중경제론은 억압되어 잠재적인 역사적 가능성으로 남았고, 현실은 박정희식 발전모델이 주도했지요. 지금 다시 일본과 문제가 터지니까 제기되는, 새로운 방향을 다시 찾는다는 것은 결국 그 때의 이야기입니다. 물론 박정희식 발전모델로 이만큼 경제가 성장한 것도 분명하지만 그 모델이 안고 있는 문제가 지금 다시 노출된 것입니다. 달리 말하자면, 65년 체제라고 말할 수 있는 60년대 국제적인 질서나 지정학적인 요인 그리고 그것에 힘입은 남쪽의 경제발전모델이 이제는 위기에 봉착했고, 대안을 찾아야 하는 단계가 와서 이 모든 것이 분출되었다는 정도로 현 상황을 정리할 수 있을 것 같습니다.

그렇다면 해야 할 일이 무엇인가. 우카이 선생님이나 저나 인문학자로서 그동안 해 온 경험에서 한일 시민의 연대에 대한 구체적인 방안과 같은 것에 대한 논의가 더 필요하겠지요. 한 가지 말씀드리고 싶은 것은 한국에서 요즘 일본상품 배척운동을 반일운동이라고 비난하는 분들도 있는데, 이 운동도 조금씩 변화하고 있다는 점입니다. 적어도 자체적으로 수정하려는 노력도 있습니다. 단적인 사례로서, 'NO-재팬'이라는 구호가 'NO-아베'로 바뀌는 변화도 보입니다. 이런 점도 생각해보면서 앞으로의 시민사회 연대의 방향도 더 논의해야 하지 않을까요. 우선 이 정도만 말씀드리고 싶습니다.

사회자: 두 선생님께서 지금까지 해 오셨던 실천적인 활동 안에서 현재의 상황에 대해 말씀해 주셨다고 생각합니다.

우카이 선생님께서 답변해 주시면서 '혁명적 전통'과 '반혁명적 전통'에 대해서 말씀하셨는데요, 대담 첫 번째 주제가 이것입니다. 이틀간에 걸친 〈연세한국학포럼〉을 통해 '혁명'에 대해 매우 다양한 측면에서 논의를 진행했습니다. 이러한 점에서 혁명의 재정의라고 할까요, 3·1운동을 혁명이라고 부를 것인가, 5·4운동을 혁명이라고 부를 것인가, 아니라면 어떤 명명이 가능한가, 그리고 이러한 혁명적 전통이 현재의 사건 또는 상황과 어떻게 연결될 수 있을 것인가 하는 문제입니다. 이 지점이 현재의 한일관계에 대해 드린 첫 질문과도 관련되어 있다고 생각하는데요, 어떠신가요?

우카이 사토시: 백 선생님께서 현재 상황에 대해 65년 체제의 유효기간이 끝나가고 있다, 더 이상 그것이 유지될 수 없는 상황이 되었다고 논평하셨습니다. 그 말씀이 맞다고 생각합니다. 그렇기 때문에 일본의 정권은 한층 감정적이 되어 "불가역적"이라든가 "해결되었다"고 되풀이할 수밖에 없다고 생각합니다. 또 백 선생님은 정치학자의 견해를 언급하시면서 샌프란시스코 체제의 역구축에 대해 말씀하셨지요. 샌프란시스코 조약 자체에서 일본은 말하자면 판결을 받는 입장이었기 때문에 적극적으로 그 결정에 참가하지는 않았습니다. 1990년대에 강상중 씨가 자주 사용했던 비유로 "전후 일본은 냉전이라는 부모에게 어리광부리는 아이"라는 표현이 있습니다. 샌프란시스코 조약 체결 당시에는 우파와 좌파 모두로부터 비판이 있었습니다만, 샌프란시스코 조약은 이후 일본에게 매우 유리한 조건으로 전화해갔습니다. 달리 말하면 한반도가 분단되었기 때문이죠. 한국전쟁이 50년 6월에 발발하지 않았다면.52년 4월에 일본이 독립하는 일도 없었을 것입니다. 모든 것이 연동되어 있죠. 그러니까 한반도의 분단체제가 움직이기 시작하면 일본의 존재 방식도 근본적

으로 다시 생각할 수밖에 없는 상황이 됩니다. 그러나 일본 측에서는 그럴 준비가 전혀 되어 있지 않고 현실을 보려 하지 않는 게 사태의 본질이 아닐까 생각합니다.

아시는 바와 같이 냉전체제는 1989년에 종언을 고했는데, 이는 우리에게 아직 그 의미가 다 밝혀지지 않은 매우 커다란 사건이었다고 생각합니다. 이번에 박성관 선생님이 번역해주신 책에 실린 글을 쓴 시기는 동서냉전의 종언, 보다 정확하게 말하자면 소련 및 동구 사회주의권의 붕괴라는 사태로부터 이어진 수 년 간이었습니다. 1991년 10월이란 날짜가 붙은 서두의 짧은 글에서 저는 1926년 겨울 모스크바를 방황하는 발터 벤야민을 생각했습니다. 역사적인 상황 속에서 개인의 표정이나 개인의 사고가 저는 너무나 소중하다고 생각합니다. 백 선생님이 역사학의 새로운 방향성으로서 인물의 문제를 좀 더 전면에 다시 두어야 한다는 지적을 하셨는데, 전적으로 찬성합니다.

저는 학창 시절 넓은 의미에서의 마오쩌둥주의적인 학생운동에 속해 있었는데, 소련에 대해 공감을 품었던 것은 아닙니다. 그렇지만 러시아 혁명에서 시작된 하나의 시대가 소련 정부의 내부 붕괴로 인해 끝났다는 사실은 상당한 충격이었습니다. 저는 프랑스 문학과 사상을 전공했는데, 사회주의 혁명의 이념이 무너진 것이 부르주아 혁명이라 여겨지는 프랑스 혁명의 이념에까지 영향을 미친다는 것을 종종 느껴왔습니다. 이러한 점에서 어쩌면 18세기 계몽주의와 19, 20세기 혁명의 관계를 포럼에서 지금까지 논의되어 온 것과 관련해서 생각해볼 수 있다고 생각합니다. 이 점은 아까 발표하신 이유정 선생님이 지적하신 사회주의 문제와 연결되지 않을까 하는 생각이 듭니다.

이번 포럼에서 1919년 3·1독립선언으로 시작한 민중운동에 관해 많이 배웠습니다. 3·1 이후 일본 제국주의의 탄압으로 괴멸된 운동이 그 뒤에 반일저항투쟁이나 독립, 해방, 민주화, 사회개혁 그리고 분단체제의 극복을 목표로 하는 한국·북한의 역사 속에서 되풀이되어 상기되고 그 이해가 깊어지면서, 현대 한국의 시민적 에토스를 부분적으로 형성해왔다는 것은 지금까지 다양한 측면에서 검토되었습니다. 적어도 이렇게는 이야기할 수 있습니다. 즉 정치혁명은 아니었어도 대중적인 사상혁명이었고 계속해서 존재하고 있다고 말입니다. 저는 자크 데리다 연구자여도 그가 제출한 개념은 오히려 잘 사용하지 않으려는 편이지만, 말하자면 '차연의 혁명'이지요. 지연시키면서 차이가 만들어지는 그러나 '혁명'이라 부를 수밖에 없는 과정이 서서히 역사적으로 증명되는 것과 같은 사건이 아닐까요? 그것이 백 선생님께서 논고에서 생각하신 바라고 생각합니다. 역사적 변화 속에서 숨 쉬고 있는 보편적 이념이 어떤 구체적 날짜에 일어난 대중행동에 의해 생겨나서 이후의 역사 속에서 하나의 '혁명적 전통'을 형성한다. 그 구체적인 사례가 현재의 한국이 아닐까요?

한편 최근 아랍 세계 혹은 프랑스에서 일어난 노란조끼 운동에서 알 수 있듯, 혁명적인 움직임이 있는 곳에는 반드시 반혁명이 생겨납니다. 역사를 움직이려는 사건이 일어나면 바로 그 순간에 반혁명의 기계가 돌기 시작합니다. 한 이집트인 친구는 "반혁명은 과학이다"라고 표현했습니다. 혁명적 격동을 어떻게 체제 안으로 다시 거두어들일까, 이를 목적으로 온갖 기계가 돌기 시작하는 것입니다. 학문의 세계도 그 일부라는 점에서 이것이 우리가 살고 있는 세계의 시스템이라고 생각합니다.

최근의 정치 상황으로 이야기를 돌리면, 아베 정권의 이번 결정에 대해 한국에서도 일본에서도 여러 가지 기사가 나왔지만 아베 신조安倍晋三는 분명 문재인 정권의 대응에 놀랐어요. 이런 식으로 대응해올 거라고는 전혀 생각하지 못했습니다. 아베는 한국 정권이 스스로 뭘 하고 있는지 알기는 하냐고 말하는 듯하지만 분명 이 반응에는 놀라움이 담겨 있습니다. 즉 한국에 대해 잘 안다고 생각하는 일본인이라도 제국주의 혹은 식민지주의적인 시선에 갇혀 있다면, 한국이 새로운 반응을 보일 때마다 놀랄 수밖에 없습니다.

사회자: 우카이 선생님이 말씀하신 혁명적 전통이란 어쩌면 백영서 선생님께서 말씀하셨던 '가치고지價値高地' 문제와 연결될지도 모르겠습니다. 또한 한국에서 3·1운동이 반복적으로 이야기되었다는 것은, 한편으로는 역사의 문제이지만 다른 한편으로는 현실의 문제이기도 하다고 말씀해 주신 것 같습니다.

특히 우카이 선생님은 혁명의 순간 반혁명의 기계가 돌기 시작한다면, 혁명의 전통이 어떻게 계속해서 혁명적일 수 있는지 문제를 제기해 주셨는데요, 백영서 선생님께서는 최근 논문에서 3·1운동과 촛불을 혁명이라는 말로 개념화하신 적이 있는 만큼 선생님의 말씀을 듣고 싶습니다. 특히 촛불혁명이라는 말에 따옴표를 찍어서, 한국에서 '촛불혁명'이 있었다고 한다면, 사실 '촛불혁명' 이후 여성에 대한 혐오발언이 확산된다든가, 지금까지 논의되지 못한 여러 마이너리티의 문제가 불거지는 시간을 마주했다고 할 수 있습니다. 오늘 다루는 백영서 선생님의 책은 3·1운동을 촛불의 눈으로 보는 책인데요, '촛불혁명' 이후의 이러한 문제들을 고려한다면, 3·1운동의 혁명적 전통과 어떻게 연결지을 수 있을지요?

백영서: '3·1혁명'인가, 또는 '촛불혁명'인가, 그리고 양자의 관계는 무엇인지 발언하라는 압박이군요. 한 가지 에피소드를 말씀드리면, 제가 3·1운동에 관해 쓴 글이 이미 『창비』(2019. 봄)에 발표되었고, 3·1운동과 5·4운동을 비교한 글을 『개념과 소통』(23, 2019)이라는 잡지에 발표했습니다. 3·1운동에 관한 글을 중국 저널에서 싣겠다고 해서 교정 중인

데요, 그쪽에서 한 익명의 심사위원이 이런 지적을 했습니다. 제 글에서 3·1운동을 '3·1혁명'으로 재해석하는 것이 '촛불혁명'에 의해 촉발되었다고 하는데, 학자가 그렇게 정치적인 사건에 자극 받아서 연구하는 것이 정당한지 묻는 지적이었습니다.

'촛불혁명'에 자극 받아서 썼을 때, 한국에서는 문제가 없는데 중국에서는 문제가 된다고 하면 그 문장을 빼면 간단합니다. 그런데 더 생각을 하게 되더군요. 그 중국학자가 생각한 것은 아까 우카이 선생님이 말씀하신 학문의 태도, 치열함과는 거리가 멀죠. 순수한 학문은 현실에 의해 촉발되거나 현실과 격투하면 안 되고, 거리를 두어야 한다는 것입니다. 그런데 저는 그동안 거리를 안 둬왔기 때문에 이런 지적도 받게 되었습니다. 오늘 질문도 바로 그것에 대한 설명을 해달라는 것이겠지요.

좀 전에 소개한 『촛불의 눈으로 3·1운동을 보다』에 실린 대담을 보면 알겠지만, 지난 연말이나 올해 초만 해도 저 역시 3·1을 혁명으로 보는 것이 부담스러웠습니다. 통상적인 혁명 개념과 3·1은 잘 안 맞아요. 그래서 통상적인 혁명 개념을 확장하게 되는데 그래도 좋을지 부담이 됐습니다. 게다가 그 관점이 문재인 정부의 입장하고도 통합니다. 대통령이 취임사에서부터 '촛불혁명'의 도움으로 세운 '촛불정부'라는 이야기를 했기 때문입니다. 즉 문재인 정부가 '촛불혁명'이라는 것을 정당화하고 싶어 하던 상황에서, 제가 그것을 의도하거나 원했던 것이 아니라고 한다면, 그 사이의 긴장이나 관계를 고민해야 했습니다.

그래서 좌담회를 할 당시만 해도 3·1운동과 '촛불혁명' 사이에서 어떤 태도를 취할지 동요했습니다. 그런데 나중에 창비에 발표할 때부터는 '3·1혁명'으로 보기로 확정했고, 그 때 혁명 개념을 조금 확장했습니다. 혁명이 꼭 고정된 것은 아니며, 누구나 급격한 사회 변화를 원할 때 그것이 정치적 격변이든 사회문화적 격변이든 큰 변화, 즉 단절을 의미하는 것이죠. 우카이 선생님께서 딱 짚어서, 한국에서의 '혁명적 전통'을 만들고 싶어 한다는 점을 알아차려 주셨는데요. 백 년의 역사를 민주혁명의 과정으로 보고 싶어서 그 기점을 3·1로 잡았습니다. 그래서 '3·1혁명'이라는 이름을 붙이고 개념을 조금 확장해서, 단순한 정치적 정변을 넘어서는 사회문화적 변화까지 포함하는 것이 혁명이라고 보려 했습니다.

그 한 예로 68혁명이라는 말을 쓰잖습니까? 그리고 신해혁명을 통해 왕조체제가 무너지고 중화민국이 들어서는 정권교체가 있었지만, 곧바로 중국 지식인들은 새로운 혁명을 원합니다. 즉 신해혁명은 정권교체에 불과했다는 것입니다. 전통적인 혁명의 한자 뜻은 왕조교체입니다. 그러나 자신들이 원하는 것은 왕조교체가 아니라 그 이상의 변화였는데 충분치 않다고 해서 '정신혁명'이라는 용어를 들고 나왔습니다. 1919년 이후부터는 '신문화운동'이란 말로 고정되었지만, 혁명이라는 말은 이렇게 다양하게 쓸 수 있고 그때그때 사람들의 실천적 지향, 의지의 표현으로서 나타났다고 생각합니다. 그런 의미에서 '3·1혁명'이란 말을 쓰면서 백 년의 역사를 그 각도에서 보자는 것입니다.

이렇게 말하면 어떤 분들은 목적론적인 사관이다, 이미 정해져 있는 '촛불혁명'을 정당화하기 위한 것이 아니냐고 비판을 하실 수 있습니다. 그러나 그렇지는 않습니다. 목적론적인 진화발전을 의미하는 것은 아니라는 뜻에서 3·1운동 이후의 역사 변화, 거슬러 올라가면 동학농민운동에서부터 시작되어야 하겠습니다만, 백 년의 역사를 점증적이고 누적적인 성취의 역사라고 볼 수 있습니다. 영어로 말하면 'incremental achievements'라고 할 수 있는 성취를 얻었다는 것입니다. 사실 3·1이 결과적으로 독립정부를 세우지 못했으므로 직접적인 정치적 성취는 얻지 못했습니다. 하지만 어제 오전에 발표하신 권보드래 선생님 식으로 이야기하자면 역사적 유토피아주의가 나타납니다. 3·1운동 세대들에게 나타나는 해방에 대한 감각, 집단행동을 취함으로써 정치변혁에 참여할 수 있다는 경험은 중요한 역할을 했다고 생각합니다.

5·4운동과 비교하자면, 5·4운동은 직접적인 성취를 얻지요. 세 명의 관료를 파면하고 베르사이유 조약을 일단 거부하게 만듭니다. 전에 없던 일입니다. 그것 때문에 많은 학생들이 1919년 하반기 이후 신문화운동의 노선을 따라서 사회운동을 적극적으로 벌이고, 나중에 혁명의 과정으로 이어집니다. 그래서 중국은 나선형적인 발전을 걷는데 한국은 그렇지 않습니다. 한국은 때로는 반전 또는 역전되는 과정을 자주 겪으면서도 누적되고 점증되는 변혁을 경험했습니다. 저는 이것이 긴 혁명과정의 연속이라고 보기 때문에 '3·1혁명'이라고 표현했습니다.

자 그럼, 이제 나머지 질문에 답해야 합니다. '촛불혁명'을 어떻게 보는가. 물론 '촛불혁명'에 동의할 수도 있고 혹은 촛불시위, 촛불운동 등 다양한 용어를 지지할 수도 있습니다. '촛불혁명'이라 부르는 것도 앞서 말한 혁명 개념을 따릅니다. 저는 촛불이 사회에 급진적인 변혁을 가져오는 중요한 계기였다고 봅니다. 정권도 교체되었지요. 다른 혁명과 달리 합법적인 절차에 따라서 탄핵을 하고 그 이후에 선거를 통해 정권을 교체했습니다. 의회를 바꿨어야 했는데 그러질 못해서 지금 개혁이 잘 진행되지 않는데, 어쨌든 합법적인 절차를 거쳐서 현직 대통령을 내쫓고 새로운 정권을 만들었다는 점은 분명한 변혁이고, 그 이후에 많은 사람들이 '일상생활의 민주화'라고 일컫는 갑질에 대한 공격, 미투운동 등 다양한 변화가 일어난 것도 촛불의 영향 또는 계승이라고 봅니다. 그런데 2년이 지난 지금 볼 때 후퇴하는 것이 아니냐는 문제제기가 있습니다. 이건 사실 미묘합니다. 저는 일방적으로 문재인 정권을 지지하겠다는 태도를 취해서 문제제기 하는 게 아닙니다. 폭넓은 변혁을 가져오는 데 어떻게 이 국면을 감당할 것인가, 즉 촛불로 이뤄진 성취를 누적적이며 점증적으로 큰 변화를 이룩하는 것에 활용할 수 있는가 하는 실천적인 관점에서 이 문제를 제기하는 것입니다. 그런 기준에서 볼 때, 우카이 선생님이 말씀하신 "반혁명의 기계작동"에 대한 대응을 포함해 충분치 않은 점이 분명히 있습니다.

논쟁적이지만 한번 이야기하고 싶습니다. 이 정부는 신자유주의의 포로이고 부르주아 민주 정부이기 때문에 더 이상 아무런 가능성이 없다고 간단히 설명해버리면, 급진적으로 보일지 모릅니다. 그런데 저는 단기적 관점과 중장기적인 관점을 나눠서 보자고 제안하고 싶습니다. 단기적인 과제라 하면 기존 체제 내에서, 의회제도라는 틀 안에서 틈새를 찾아서 몇 개의 제도를 바꿔볼 수 있을 것인가 하는 문제입니다. 이를테면 패스트트랙과 같은 선거법 제도를 바꾸는 일에 집중하는 구체적인 정책을 통해서, 물론 정치공학에 매몰되지 않으면서 어떻게 '촛불혁명'에 값하는 중장기적인 사회변화를 가져오는 비전과 연결시킬 것인지 긴장을 가지고 문제를 풀어야 합니다. 자본주의의 장벽은 강고합니다. 그렇지만 어떻게 이 장기적 과제를 견지하면서 정치적인 권력이 가진 속성을 활용할 것인지 단기적인 고민을 할 필요가 있습니다.

시간이 없지만, 이럴 때 우리는 분단체제의 효과가 어떻게 우리의 사고에 혹은 실천에 영향을 미치고 있는지 같이 생각해봐야 한다는 점을 꼭 말씀드리고 싶습니다.

사회자: 백영서 선생님께서 쓰신 글 마지막 부분에 이런 이야기가 나옵니다. "3·1의 경험은 학습이 계속되는 현재적 역사이고" 여기가 중요한데요, "촛불혁명으로 또다시 '하늘을 본' 일반시민과 역사연구자가 공동주체로서 문명전환과 함께 이룩해 나가야 할 세계적인 프로젝트이다." 저는 늘 백영서 선생님의 말씀을 들으면서 이 스케일과 그리고 그것들

을 기획으로 만들어가는 힘에 감동합니다. 그렇지만 그와 동시에 이 "하늘을 본"이라는 표현에 대해서 다시 생각하게 됩니다. 누가 하늘을 볼 수 있을까, 하늘을 본 사람만 있을까, 혁명의 순간에도 하늘을 보지 못한 사람은 어떻게 하지, 그런 의문이 남는 것입니다.

이 물음을 우카이 선생님 쪽으로 가져와서, "한계시민"이라는 말과 연결해 보고 싶습니다. 사실 두 선생님께서는 글의 표현 방법도 쓰는 언어도 매우 다릅니다. "한계시민"이라는 말은 '국민이나 시민'으로 하여금 스스로 서 있는 자리가 권력화되어 있지 않은가를 계속해서 성찰하도록 하는 개념이라고 생각합니다. 그런 점에서 '한계시민'이란 혁명의 역사에서도 기록되지 못하고, 혁명의 순간에조차 주체가 될 수 없었던 사람들의 문제와 관련된다고 생각을 합니다. 이러한 점에 대해서 우카이 선생님의 말씀을 듣고 싶습니다.

우카이 사토시: 지금 신 선생님이 『저항에의 초대』에 실려 있는 「법의 사막: 칸트와 국제법의 '토포스'法の砂漠: カントと国際法の＜トポス＞」(1994)라는 제 논문을 언급해주셨는데요. 그 이야기를 하기 전에 촛불혁명에 대해 한마디 하고 싶습니다.

제 직장인 히토쓰바시 대학에도 한국이나 중국에서 온 유학생이 많습니다. 신 선생님도 비교적 최근까지 그중 한 명이었습니다만, 신 선생님처럼 사상적으로도 정치적으로도 성숙한 후 유학하는 분과는 또 다른 한국인 학부생도 많습니다. 촛불 집회 직전의 단계, 그러니까 세월호 사건이 큰 문제가 되면서 박근혜 대통령이 급속하게 지지를 잃어가던 시기에 이따금 출강하던 아오야마 가쿠인青山学院대학에서 두 명의 남학생과 대화할 기회가 있었습니다. 두 학생은 '결국에는 군대가 움직이는 것은 아닐까' 혹은 '북한과 전쟁하게 되는 것은 아닐까' 하는 걱정까지 하고 있었습니다.

특히 인상적이었던 건 자신이 속한 나라의 이미지가 크게 바뀌어버렸다는 말이었습니다. 나라의 중심이 부패하고 공허하다, 다시 말하자면 그들은 국가의 중심에 구멍이 뻥 뚫려 있다는 것을 봐버렸다는 충격을 이야기 했습니다. "하늘을 본" 것이란 다른 의미로는 그런 경험이기도 하지 않을까요? 이상적인 것을 본다는 의미만이 아니라, 세월호 사건이나 최순실 게이트 사건을 통해 한국이라는 국가의 중심이 사실은 형편없는 것이었음을 눈앞에서 목격했다는 당혹 또는 동요의 경험 말입니다. 그 경험은 그 학생들에게 깊은 인상을 남겼던 것 같습니다. 만일 전쟁이 나면 자신들도 소집되지는 않을까 하는 불안을 포함해서, 그런 표정을 한 사람과 저는 만나 본 적이 없었습니다.

1919년 3월 1일에 "하늘을 본" 사람들, 그리고 논고에서 백 선생님은 '촛불혁명'에서 사람들이 다시 "하늘을 보았다"라고 표현하셨습니다. 일본에서 그와 유사한 표현을 찾아보자면, 1945년 8월 15일 직후의 몇 개월에 대해 어떤 문예 비평가가 썼던 "한순간의 푸른 하늘一瞬の青空"이란 말이 떠오릅니다. 이 말은 일본의 상황에서 매우 중요한 표현입니다. 국가가 위에서 민중을 짓누르던 중압이 한순간에 없어졌다는 말입니다. 그 당시 일본 국가의 존재 방식, 천황의 처우조차 확실하지 않은 한 시기에 느낀 독특한 해방감이 "한순간의 푸른 하늘"로 표현되었습니다. 유감스럽게도 일본의 경우 그 경험은 "한순간"이었을 뿐 '전통'이 되지 못했습니다. "하늘을 본"과 "한순간의 푸른 하늘"은 비슷하지만 큰 차이가 있는 표현입니다.

한 가지 더 이야기하자면, 당시 도쿄·서울·평양이 동시에 왕조적 정치가에게 지배되는 시대가 되었다는 이야기도 떠올랐습니다. 그리고 일본에서도 아베 신조 역시 박근혜처럼 부패했다는 사실이 드러났습니다.

이번 '강제동원 문제'를 보더라도 신닛폰新日本제철의 사장이 아베의 친족입니다. 일찍이 중국인 강제동원 피해자가 제소했을 때는 니시마쓰西松건설과의 화해교섭에 국가가 관여하지 않았는데, 왜 이번에는 관여했는가. 여기에는 꽤나 사적인 이유가 있죠. 이것은 한국 박근혜 정권의 부패와 마찬가지의 사건이며, 나라의 중심이 공허함을 드러내는 사건입니다. 그런데 일본에서는 이런 일이 밝혀져도 시민이 의식을 가지고 깊이있게 움직이지 않습니다. 정권 담당자의 부패가 국가의 부패라고 느끼지 못하게 하는 장치가 있습니다. 나중에 이야기하겠지만 그 장치는 천황제라고 생각합니다. 비슷한 사건이 일어나도, 젊은 사람이 '내 나라의 실태는 이런 것이었나, 그렇다면 내가 거리로 나가야지' 하고 반응하는 정동 · 사고 · 행동의 회로가 한국처럼 기능하지 않습니다.

다음으로 칸트의 『영원한 평화를 위하여』에 대한 이야기입니다. 지금 한일의 외교적 위기도 그 배후에서는 국제법의 어떤 상태가 잡아끌고 있습니다. 국제법은 본디 대국끼리 결정한 것에 지나지 않았던 게 서서히 개혁되어 현재에 이르렀는데요. 그러나 다시금 매우 큰 구속력을 가지고 운용되고 있습니다. 이 국제법의 문제가 냉전의 종언 이후에 점차 커졌습니다. 포스트 냉전기 평화의 가능성을 이른바 평화론의 고전인 칸트의 논문으로 거슬러 올라가 생각해봤을 때 무엇이 보일까요. 이 점에 대해서는 몇 명의 프랑스 사상가가 주목해왔는데, 현행 국제법에 해당하는 '제국민법諸國民法'과는 달리 칸트는 '세계시민법'이라는 차원을 설정했습니다. 그리고 제3확정 조항은 '보편적 환대(allgemeine Hospitalität)'라는 말에 집약되어 있습니다. 즉 외국인이 타국에서 적대적인 취급을 받지 않을 조건을 정비하라고 요청합니다. 개인으로서의 외국인이 적절하고 정당한 처우를 받는 것이 영원한 평화의 실현을 위한 불가결한 조건이라 보는 것입니다.

이러한 세계시민법의 이념은 국내법 및 국제법의 한계 없는 진보의 원리라고 할 만하다고 생각합니다. 이 원리에 비추어 보면, 앞에서 백 선생님께서 강조하신 그때그때의 상황을 정확하게 파악하면서 새로운 행동의 내용이나 양태를 발명해가는 것, 이것은 백영서 선생님의 책에 반복해서 나오는 "창의創意"라는 말과도 연결되고 『창작과 비평』에서 백낙청 선생님이 일찍이 "지혜"라고 표현한 정치적 지성의 상태와도 이어진다고 생각합니다. 이른바 진보사관에 근거해서 '앞서있다'든가 '뒤쳐졌다'는 것이 아니라 그때그때의 상황 속에서 새로운 행동의 방향성 혹은 도식을 발명해갈 필요가 있습니다. 현대는 이것을 국경을 넘어 질문/요청할 시기입니다. 참조할 이념으로서 칸트가 '세계시민법'에서 말하는 '보편적 환대'라는 이념이 부상했다는 것에는 깊은 필연성이 있다고 생각합니다.

'시민'이라고 할 때, 국가 구성원으로서 법률로 규정되는 존재 또는 이른바 코스모폴리탄이라는 국가와는 무관한 부유적 존재를 생각해버립니다. 저는 그 어느 쪽도 아닌 개념으로 '한계시민'이라는 가설을 세웠습니다. 어떤 구체적인 역사적 현실 속에 있다는 것은 자신이 누리고 있는 권리를 가지지 않는 타자가 있다는 뜻입니다. 그 타자와의 '한계'에 항상 직면하는 존재가 '세계시민법'이 규정하는 의미에서의 '시민'이라고 생각합니다.

이것은 일본인'으로서'의 역사적 책임이라는 사상을 심화하기 위해 '-로서'라는 규정[1]을 다시 생각하려는 시도이기도 합니다. 예를 들어 일본

---

1 대담내용이 많이 삭제되어서 이해를 돕기 위한 각주를 붙이자면, 우카이 사토시는 「어떤 감응의 미래」(『주권의 너머에서』[그린비, 2012])라는 글에서 이 문제를 깊이 다룬 바 있다. 즉 일본인'으로서' 역사적 책임을 지는 것과 일본인이라는 사실'의 역사적 책임을 지는 것을 구별한다. 즉 '으로서'가 책임을 지는 순간 일본인이라는 주체로 회귀하게 되는 데 반하여, '이라는'은 '일본인'이라는 규정 자체를 해체한다는 설명이다. 즉 이 부분에는 일본인'으로서' 역사적 책임을 지면서도 어떻게 일본인이라는 국민국가적 규정으로 회귀하거나 국민의 자리를 강화하지 않을 수 있을지에 대한 고민이 담겨 있다.(정리자)

의 헌법 문제에서도 헌법 9조는 절대 개정되면 안 된다고 생각하지만, 사실 헌법 10조에도 큰 문제가 감춰져 있습니다. "일본국민이 되는 요건은 법률로 이를 정한다"는 아주 단순한 한 문장인데, 대일본제국헌법에서 현재의 헌법으로 거의 변경 없이 이식된 유일한 조문입니다. 이 조문은 일본국 헌법이 보장하는 인권규정에서 조선인과 대만인을 배제하기 위해 유지되었습니다.

정리하자면 일본국 헌법의 평화주의는 '환대 없는 평화주의'입니다. "천황은 일본국민통합의 상징이다"라는 1조와 10조 사이에는 감춰진 대응관계가 있으며, 전후 일본국가의 기원이 되는 속뜻은 거기에서 읽어내야 합니다. 서슬 퍼런 헤이트 스피치의 형태로 표출되는 현대 일본의 배외주의운동은 1조와 10조의 감춰진 대응관계라는 '트로이의 목마'로부터 나옵니다. 일본의 헌법체제를 붕괴시키는 요인은 헌법 내부에도 있는 것이죠. 일본의 평화주의는 환대의 원리가 없기 때문에 일국 평화주의에 지나지 않으며, 발전 가능성을 스스로 닫아버리고 있습니다. 제 나름대로 이러한 문제를 돌파하기 위해 한계시민이라는 개념을 생각했습니다.

사회자: 그렇군요. "우카이 선생님께서 말씀하신 '한계시민'이란 개념은, 한국에서는 '타자'와 어떤 관계를 맺을 것인지에 대한 질문인 동시에, 한국의 역사를 어떻게 동아시아 주변국과의 관계 속에서 사고할 것인지의 문제이기도 하다고 생각합니다. 이와 관련해서 백영서 선생님께서는 3·1운동과 5·4를 함께 사유하면서 식민지와 반#식민지의 관계에서 혁명이 무엇이었는가 하는 문제를 제기하십니다. 이러한 문제제기에는 우카이 선생님과 백영서 선생님께서 혁명을 사고할 때 서 계신 다른 위치가 드러나는 것 같습니다. 한국과 아시아 주변국과의 관계를 포괄해서 생각하면 '타자'의 의미는 복잡해진다고 생각합니다만, 백영서 선생님께

서 타자의 문제를 동아시아론과 연결해서 설명해 주시면 어떨지요?

백영서: 문제가 점점 복잡해집니다만, 압축적으로 한두 가지 이야기했으면 합니다. 앞에서 우카이 선생님이 하신 말씀을 듣다 보면, 제 이야기와 관련해서 한국에 있는 "혁명적 전통"에 대해서 인정하시면서 일본과는 조금 다르다, 즉 일본은 "반反혁명적 전통"이 있다고 표현하셨습니다. 그렇게 차이를 이야기해 주시는 것을 한편으로는 잘 받아들이면서도, 그것이 제가 '3·1혁명'이나 '촛불혁명'을 미화하거나 신비화하는 것이라고는 생각하지 않으셨으면 좋겠습니다. 저 자신이 그렇게 되지 않도록 경계하고 있습니다. 그러기 위해선 3·1운동을 다른 나라와 비교하는 방법도 있고, 촛불을 세계사적인 포퓰리즘 운동과 비교하는 방법도 있습니다. 모두 우리의 사고를 열어주고 지적 긴장과 자기성찰에 도움이 될 것이라고 생각합니다.

저는 '연동하는 동아시아'라는 관점을 강조합니다. 세계체제 내에서 조선과 중국과 일본이 서로 구조적으로 연결되어 있지만, 일본은 중심부로서 제국주의, 중국은 (베이징 정부 또는 난징 정부와 같은) 독자적인 정부를 가진 반半식민지, 그리고 조선은 식민지였습니다. 이렇게 서로 다른 위치에 있었기 때문에 서로 다른 조건 아래에서 다른 움직임이 나옵니다. 1919년 당시 세계사 속의 동아시아를 보면 '글로벌 모멘트'라고 해서 전 지구적 순간을 공유하고 있었습니다. 러일전쟁 때에도 통신, 교통 발달에 의해서 순식간에 세계의 일을 다 알 수 있었습니다. 1919년에는 세계가 돌아가는 상황을 더 빠르게 알게 되었습니다. 그렇지만 그 대응은 조건에 따라서 다릅니다. 한국은 처음부터 3·1운동, 즉 아래로부터의 평화를 추구했습니다. 중국은 자신들의 정부를 파리강화회의에 보냈지만 그것이 실패하니까, 즉 위로부터의 평화가 실패하니까 5·4운동이라는 아래로부터의 평화를 추구했습니다. 일본은 일본 나름대로 새로운 평화를 이야기합니다. 영미가 주도하는 국제질서가 아닌 일본에 더 적합한 평화를 요구했습니다. 이렇게 서로 연결되어 있지만 반응이 다 다르게 나타났습니다. 그 시점에는 일본의 경우 3·1운동과 5·4운동에 대해 정부(체제) 측도 잘 대응하지 못했고, 민간운동 측에서도 일부는 그것을 지지하고 연대했지만 충분하지 않았습니다. 그것이 다이쇼 데모크라시의 한계였습니다. 그에 비해서 중국과 한국, 특히 한국에서는 5·4운동을 하나의 사회혁명으로 파악하고 지지하고 연대하려는 움직임이 일부에서 있었습니다.

'촛불혁명'도 아시다시피 전세계적으로 포퓰리즘이 기승을 부리는 상황에서 일어났습니다. 유럽에도 이미 그런 정부들이 다수 들어서기도 했는데, 촛불과 어떻게 같고 다른지 보아야 합니다. 발표문에도 썼습니다만, 어떤 학자가 이렇게 말했습니다. 포퓰리즘은 세 가지 요소를 갖춰야 합니다. 우선 담론 체계를 만들고 작동시켜 사람을 끌어야 하고, 두 번째는 정서적으로 동원할 수 있는 카리스마적인 리더가 있어야 하며, 세 번째는 기성 정치권이 엉망이라는 비판적 담론을 만들어내서 기성의 제도적 대의민주주의를 약화시킨 후 광장에서 의회를 공격하여 정권을 잡습니다. 이를 '촛불혁명'과 비교하면 첫 번째 요소는 없었다고 생각합니다. 두 번째 요소인 카리스마적 인물도 없었다고 생각합니다. 그러나 세 번째는 비슷합니다. 말하자면 광장이 의회를 컨트롤해서 탄핵을 승인하게 만드는 변화는 가져왔고 그 이후에 새로운 정권을 탄생시켰습니다.

그런데 광장과 의회의 상호작용이 계속 원활한가 하면 지금은 아닌 것 같다는 게 문제입니다. 그래서 자본주의의 장벽에 가로막혀서 진전되지 않고 새로운 민주주의의 대안을 찾지 못할 때 아마 포퓰리즘의 요구가 더 많아질 가능성이 있다는 위험에 생각이 미치지 않을 수 없습니다. 이렇듯 세계사적 조건 속에서 일어나는 것이기 때문에 '촛불혁명'을 미화할 일은 아니고, 분단체제 아래 한국인의 경험이 반영된 세계사적 작업임을 좀 더 천착하는 일이 필요합니다.

사회자: 말씀을 들으면서 '연동하는 동아시아'란 세계사적 조건에 제각각 다르게 반응하는 결들을 살피는 것이란 생각이 들었습니다. 동아시아의 주변부에 대한 논의로 심화시키고 싶습니다만, 시간상 마지막 질문을 드리고 이후 시간은 청중석 질문에 답하면서 진행해야 할 것 같아요. 여태까지 두 선생님께서 대화해 주신 내용을 조금 다른 방향으로 진전시켜 보면, 백영서 선생님께서는 '혁명적 전통'이란 역사쓰기의 문제이자 현실의 문제라고 말씀하고 계시고, 우카이 선생님의 논의로 연결시키면, 조금 급작스럽지만 번역의 문제가 대두하는 것 같습니다. 『저항에의 초대』 가장 마지막 부분에 '타자'와의 만남은 번역 행위 속에서 이뤄지므로 번역이란 혁명적인 순간이라는 말씀을 하시는데요, 혁명의 전통을 번역행위와 관련시킨다면 어떻게 될까요?

우카이 사토시: 지금 신 선생님이 말씀하신 점은 매우 중요하다고 생각합니다. 앞서 백 선생님이 '포퓰리즘' 개념과 '촛불혁명'의 관계에 대해 매우 훌륭하게 분석해주셔서 저도 상당히 정리가 되었습니다. 2017년 프랑스 대통령선거 당시 저는 '포퓰리즘'과 민주주의의 현재를 생각한다는 주제로 발표를 한 적이 있습니다. '포퓰리즘'이란 말은 사회과학적인 개념으로서는 따옴표를 붙여서만 사용할 수 있다고 생각합니다. 본디 상당히 언론과 관련된 개념이라고 생각하기 때문인데요. 프랑스 대통령선거의 경우 일반 미디어에서 '포퓰리즘'이라는 말은 '좌파 포퓰리즘'과 '우파 포퓰리즘'이라는 양극으로 분열된 형태로 사용되었습니다. 이 말에는 양

쪽 모두 틀렸다는, 따라서 중도(=마크롱)가 옳다는 답이 처음부터 포함되어 있었습니다.

몇 개월 전에 프랑스의 『르 몽드 디플로마티크(*Le Monde Diplomatique*)』라는 월간신문에 "양극단은 일치한다"는 표제의 기사가 게재되었습니다. 이 기사는 이러한 담론이 정치저인 역사를 더듬어 간다는 내용으로, 프랑스혁명은 물론 아리스토텔레스까지 거슬러 갈 수 있다고 말하는 듯합니다. 오늘날 포퓰리즘 담론의 특징은 '우'와 '좌'가 국가적 경계를 방위한다는 점에서 일치합니다. 특히 프랑스의 경우는 '좌'의 포퓰리즘도 인종주의와 무관하지 않다는 비난이 강조됩니다. 그리고 결과적으로 이성을 지닌 곳은 '중도'말고는 없다는 이야기로 이어집니다. 그런 식의 담론장치 속에 '포퓰리즘'이라는 말은 끼워 넣어졌습니다.

제 생각에는 '포퓰리즘'의 정치학적 개념의 역사를 그런 식으로 더듬어가다보면 '보나파르티즘'에 가닿는다고 생각합니다. 보나파르티즘은 말하자면 '중도 포퓰리즘'입니다. 널리 인기(popularity)를 모으기 위해 '우'와 '좌'를 가르는 것이 마크롱의 선거 전략이었는데, 마크롱이야말로 '포퓰리스트'라는 지적은 미디어에서 전혀 찾아볼 수 없습니다. 그렇게 말할 수 없도록 하는 담론장치가 확고하게 자리 잡고 있었기 때문입니다. 이런 점이 현대 세계의 '포퓰리즘'이란 말의 사용방식을 규정하고 있는 것은 아닐까요? 일본 자민당이 선거 때 연예인을 후보로 세우는 것 역시 매우 저급한 형태의 '포퓰리즘'이라고 할 수 있습니다. 이런 현상과 완전히 분리하여 이 말을 사용해서는 안 된다고 생각합니다.

제가 90년대에 『저항에의 초대』에서 '혁명'도 '반항'도 아닌 '저항'이라는 것에 매달린 이유 중 하나는, 일본에서는 3~40년대에 저항이 거의 해체되어버렸기 때문입니다. 프랑스에서는 독일에 점령된 뒤에 저항운동이 있었고, 해방 이후 사르트르나 까뮈 같은 지식인들 사이에서 '혁명'과 '반항' 사이의 방향성을 둘러싼 논쟁이 있었습니다. 그러나 어느 쪽이든 '저항'은 전제된 것이었는데요. 저는 학생 시절에 사르트르 쪽이 맞다고 생각해서 '혁명'을 사상의 축으로 삼아 자기 형성을 하면서도, 일본에는 없었던 '저항'의 경험을 일본이라는 독특한 정치 풍토 안에서 어떻게 실천해갈 수 있을지 역시 과제로 삼게 되었습니다.

그리고 또 하나, 번역의 문제가 있습니다. 번역은 출발언어에서 도착언어로 언제나 많든 적든 저항을 극복해서 의미를 전하는 작업인데, 동시에 의미로 환원될 수 없는 원문의 저항을 전하는 작업이기도 합니다. 이런 '저항'의 현상에는 '부정'과 '긍정'이 단순하게 결정되지 않는 부분이 있습니다. 저도 번역을 꽤 해왔지만, 번역은 무척 소중한 저항의 작업이라고 생각합니다. 앞에서 언급한 '한계시민'이라는 규정에는 그 존재방식의 구체적인 예로서, 당연히 '번역자'가 포함되어 있습니다.

백영서: 지금까지 이야기한 것과 연결되는 문제인데요. 번역의 중요성을 말씀하시는데, 그것이 단순히 A라는 문자에서 B라는 문자로 번역하는 문제만은 아니기 때문에 그것을 제 용어로 바꿔본다면, '소통적 보편성'을 찾는 과정이라고 생각합니다. 구체적인 것 속에 이미 소통할 수 있는 보편성을 가지고 있다는 의미에서 '소통적 보편성'이라는 이름을 붙여봤습니다. 저는 이번에 우카이 선생님의 글을 읽어보면서, 공통점을 많이 봤습니다. 그 중에, 이론과 실천 사이의 관계를 번역과 연결해서 이렇게 이야기하시더군요. "이론과 실천 사이의 관계는 적응과 적용의 문제가 아니라 텍스트와 텍스트 사이의 번역작업이어야 한다." 저는 이런 의미의 번역이라면 제가 말한 '소통적 보편성'과 통한다는 생각이 강하게 들었습니다.

다음으로 번역 작업은 매체와 매체, 즉 언어와 언어가 아닌 것 사이의 번역 작업도 필요하고 효과적일 수 있다고 생각합니다. 언어 간 번역만이 아닌 것이지요. 특정한 작품을 말씀드려서 오해가 있을지도 모르지만, 〈김군〉이라는 다큐멘터리를 소개하고 싶습니다. 5·18 광주에 대한 또 다른 해석입니다. 이 작품을 보면서 충격을 받았습니다. 간단히 이야기하면 밑으로부터의 광주를 보여줍니다. 어떤 우익 군사평론가가 거기에 참여한 사람들이 북한 공작원이라고 비난했기 때문에 그가 지목한 인물의 사진들을 단서로 그들의 실체를 찾아가는 내용입니다. 추리소설과 같은 그 과정을 보면 5·18에 참여한 사람들이 소위 넝마주이와 같은 하층 청년들인데, 그들은 당시에 전두환이 누구인지도 몰랐다는 사실이 드러납니다. 그들은 우리 이웃의 생명을 군인들이 무차별하게 죽이는 것을 목격했고 그래서 그들의 투쟁은 인간에 대한 존엄을 지키기 위한, 이웃의 삶을 지키기 위한 싸움의 과정이었다고 이야기합니다. 흔히 말하는 5·18에 대한 민주화 담론이나 민중 담론, 계급투쟁 담론과 같은 모든 담론과는 다른 측면을 화면을 통해서 아주 구체적으로 보면서 제 작업도 다시 봐야겠다는 생각도 들었습니다. 번역이라는 것은 '소통적 보편성'과 통하며, 그럴 경우 소통 수단과의 관계 속에서 번역에 대한 과정도 아울러 봐야 하지 않을까 하는 생각도 해봤습니다. 포럼의 주제가 어떻게 서사화할 것인가에 대한 문제 제기도 포괄하고 있기 때문에, 이 점을 말씀드리고 싶었습니다.

사회자: 질문의 의도를 정확하게 짚어 주셔서 감사합니다. 혁명적인 전통을 가지고 있는 곳에서, 혁명이 반혁명이 되지 않도록 하기 위해서 어떻게 역사를 다시 쓸 것인가를 계속 고민하는 것이 실천적인 인문학자의 역할일지도 모르겠습니다. 또한 한국에서 3·1운동을 포함한 혁명적 전통은 계속하여 '다시 쓰는 것, 역사의 다시 쓰기라는 문제'로 제기된다

면, 왜 일본에서는 혁명의 문제가 계속해서 '타자와의 관계성'으로서 제기될까를 생각하게 됩니다. 식민화되었던 지역과 제국이 되었던 지역의 차이일까, 아니면 다른 어떤 작용이 있는지 두 선생님의 말씀을 듣고 싶었고, 이러한 물음이 대담을 기획하게 된 또 하나의 계기이기도 했습니다.

지금부터 청중석 토론을 시작하겠습니다. 대담의 논의도 좋고 이틀 동안의 포럼내용에 대해서도 좋습니다. 흔치 않은 기회라고 생각하는데 조용하시네요.

질문1 (백영서): 질문이 없으면, 제가 해도 되겠습니까? 이 기회에 우카이 선생님께 이 질문을, 공개적으로 드리고 싶습니다. 중국을 어떻게 보시는지입니다. 그런데 제 예상이 맞았는데, 아까 마오이스트였다고 이야기하셨어요. 그럴 거라고 짐작했었습니다. (웃음) 한국에서도 중국전문가로서 가장 힘든 점이 오늘의 중국에 대한 입장을 묻는 질문입니다. 세 가지 유형 중에 어느 쪽인지를 묻는데요, 중국위협론자인지, 중국기회론자인지, 아니면 중국대안론자인가입니다. 마지막이 낯설지 모릅니다만 중국이 기존 국제질서나 민주주의에 대한 새로운 대안을 제시해줄 수 있는, 또는 새로운 문명을 제출할 수 있다고 보는 대안론자인가 묻는 것입니다.

저는 1972년도에 대학에 들어갔는데, 그때는 문화대혁명을 인류의 새로운 실험이라고 여겨 관심이 많아서 중국 혁명에 대한 공부를 전공으로도 삼게 되었습니다. 우카이 선생님의 글을 봤더니 68혁명의 세계사적인 의미를 굉장히 강조하시더라고요. 선생님이 오래전에 쓰신 글에 보면 중국의 민주주의를 이야기하시면서 민주 대 독재라는 이분법으로 보지 말고 "중국의 고유한 아포리아를 다른 입장에서 나누어 가지려는 노력을 통해서 공통의 미래를 모색하는 것이야말로 우리가 지향해야 할 바이다"

라고 이야기하십니다. 문화대혁명도 일방적으로 비난하지 않으십니다. 아마 10년 전에 쓰신 글일 가능성이 큰데, 중국은 이제 세계사적인 문제가 되었기 때문에 지금은 어떻게 생각하시는지 한 번 여쭙고 싶습니다.

사회자: 다시 우카이 선생님께 마이크를 드리면 대담이 지속될 수 있으니까요, 중국에 대한 견해에 대한 질문은 잠시 미뤄두겠습니다. 청중석에 젊은 분들이 많이 와 계신데요. 굉장히 폭넓은 스펙트럼을 지닌 선생님들이신만큼 어떤 질문이건 흡수해서 저희들에게 되돌려 주시리라 생각해요. 질문 부탁드립니다.

질문2 (김영진, 성균관대): 백영서 선생님께 드리고 싶은 질문이 두 가지가 있는데요. 첫 번째는 저 자신도 고민하고 있는 것이기도 한데, 혁명적 전통을 그려내는 방식에 있어서 이것이 왜 역사를 다시 쓰는 방식으로 드러나야 하는가 하는 의문이 일단 기본적으로 듭니다. 과거 혁명의 정당성이 어째서 현재의 사건에 정당성을 부여할 수 있을까 하는 것입니다. 또 하나는 비슷한 이야기인데, '촛불혁명'을 통해 본 3·1운동을 말씀하시는 것에서, 제가 느끼기엔 87년 체제의 인식에 머물러 계신 것이 아닌가 하는 의문이 든다는 것입니다. 선생님께서는 혁명적 전통과 같은 것들을 강조하시면서 혁명적 전통이 반복되는 혁명 속에서 차이가 생성되는 것에 있다고 이야기하시지만, 사실은 '촛불혁명'을 통해 '3·1혁명'을 다시 읽어내는 방식의 독법 자체가 87년이 혁명적이라는 의미에 대한 오마주 같은 것이고, 오히려 역사적 형식으로서의 혁명에 집중해서 말씀하시는 것은 차이의 생성이 아니라 동일성을 생성하는 것에 더 가까운 것이 아닐까 하는 의문이 듭니다.

촛불을 다른 방식, 이를테면 실천의 양태라는 측면에서 보면 촛불이

2008년쯤 처음 등장해서 가졌던 시위가 갖는 문화적 변화는 사실 굉장히 충격적이었잖아요. 그런데 이제는 시위한다고 하면 한국에서는 다 촛불시위를 하죠. 그런 시위가 의미가 없다는 것이 아니라, 이미 형식화되었고 촛불이 상징하던 혁명적인 당대의 의미들이 이제는 하나의 시위 문화로서 정착되었습니다. 그런 일종의 성과들 속에, 예를 들어 박근혜 정부에 대한 문제제기도 있었다고 봤을 때, 혁명이라는 것을 어떻게 평가할지를 떠나서, 그런 것의 의미를 드러내기 위해서 굳이 역사적인 어떤 과거 혁명들의 연속으로서 촛불을 보아야 하는지에 대한 물음입니다. 혹시 그러한 연속성을 찾는 것의 의미가 학자들의 욕망에 더 가까운 것이 아닐까. 개별 혁명이 가지는 차이가 아니라 혁명들 사이의 형식적 동일화를 찾아가는 것은 아닐까 하는 생각이 들어서 어떻게 생각하시는지 듣고 배움을 얻고 싶습니다.

질문3 (심아정, 독립연구활동가): 우카이 선생님께 여쭤보고 싶은 것이 있습니다. '한계시민'이라고 하는 개념이 "역사적 책임에 응답하기 위한 국민적인 귀속과는 별도의 스탠스를 시사하는 것이다"라는 지점이 굉장히 인상적이었습니다. 저에게는 더 밀어붙일 수 있는 개념이고, 한계 뒤에 붙일 수 있는 존재들이 달라지면 밀어붙일 수 있는 임계점이 달라진다는 생각까지 들었습니다. 그런데 이 '한계시민'이라는 개념의 고민이 시작되는 텍스트가 칸트였고, 그리고 세계시민법을 힌트로 삼아서 국민국가의 한계와 마주하는 존재로 설정을 하셨습니다. 그렇다면 국제법과 개인이라고 하는 굉장히 다른 두 덩어리를 가지고 이야기를 해보고 싶은데요. 사실 아침 세션에서 재일조선인 문제가 나왔습니다. 그런데 지금 한일 관계에서 들썩거리는 청구권협정 역시 사실은 재일조선인의 법적 지위를 둘러싸고 어떻게 처리를 할지 샌프란시스코 강화조약이라는 커다란 국제적 합의를 기반으로 궁리하기 시작한 것이라고 생각합니다. 그래서 아까 백영서 선생님께서 65년 체제를 다시 묻자고 말씀하셨지만, 저는 더 거슬러 올라가서 샌프란시스코 체제를 다시 물어야 한다고 생각합니다.

왜냐하면 어제부터 나왔던 물음인데요, '식민지 시대에 인종주의기 있었나' 하는 것이 문제가 되었습니다. 그리고 사실은 오늘도 인종주의라는 것이 우리들 사이에서 떠도는 문제의식이었다고 생각합니다. 정리해서 말해보면, 혁명이 지금까지와는 다른 관계를 맺는 것이라고 한다면 그것은 관계에 대한 해석이나 관점의 문제라고도 생각합니다. 강화조약에서 '강화'라는 해석의 틀에서 밀려난 식민지 책임을 다시 문제 삼으면서, 전쟁에 대한 해석의 틀을 공적인 것으로만 이해할 것인가와 같은 문제를 되물어야 하지 않을까요? 예를 들면 샌프란시스코 강화조약 이전에 이미 47년도에 이탈리아 강화조약이 있었습니다. 아까 우카이 선생님께서 말씀하신 일본국 헌법 10조는 조선인과 대만인을 배제하기 위해서 만들어진 조항이라고까지 언급하셨는데, 이탈리아 강화조항 부속서에 보면 제19항에 전쟁책임을 명기하고는 있지만 이것이 리비아, 알바니아, 에티오피아 등의 구 이탈리아의 식민지에는 적용되지 않는다고 되어있습니다.

'전쟁'책임과 '식민지'책임을 구분함에 있어서 그것을 가르는 선이 무엇인지 생각할 때, 인종주의를 말할 수 있을 것 같습니다. 사실 인종주의는 전쟁을 일으킨 국가 대 연합국이라는 구도가 아니라 다른 지점에서 논의할 수 있다고 생각합니다. 일본과 연합국 측은 '전쟁'책임과 '식민지'책임을 분리해서 '식민지'책임을 묻지 않는다는 인식과 대응을 공유했기 때문에, '전쟁'책임에서는 대립적이었던 쌍방이 사실은 '식민지'책임의 문제에서는 이해를 공유하는 공범 관계가 됩니다. 그래서 1950년대까지 제국의 논리가 확고하게 존재했다고 저는 생각합니다.

따라서 우리가 인종주의를 문제 삼을 때 선생님께서 말씀하신 '한계시민'과 국제법과의 관계를 우리가 어떻게 제대로 모색할 수 있을지, 그리고 이 '한계시민'이라는 것이 지금 한국에서 우리가 국민국가로 귀속되지 않는 여러 사람들과의 관계, 예를 들면 최근의 문제로는 제주 예멘 난민과 같은 사람들과의 관계를 모색할 때 어떤 시사점을 줄 수 있는지 여쭤보고 싶습니다.

질문4 (박민철, 건국대): 백영서 선생님께 드리는 질문입니다. 선생님으로 대표되는 창비 그룹이 계속해서 주창했던 동아시아론의 핵심적인 키워드를 들자면, 저는 굉장히 독창적이고 매혹적인 인식론이라고도 할 수 있을 '이중적 주변'을 들 수 있다고 생각합니다. 그 '이중적 주변'이라는 개념을 선생님께서 요즘 강조하고 계신 3·1에서도 똑같이 볼 수 있지 않을까요? 만일 가능하다면 어떤 방식으로 볼 수 있을까요? 대한민국의 거의 모든 학술단체가 2019년에 3·1운동을 주제로 학술대회를 하고 있는데요, 특권화되지 않은 3·1운동의 진정한 의미를 어디서 찾을 수 있을지 여쭙고 싶습니다.

질문5 (정예지, 토론토대): 저는 사실 솔직하게 말씀드려서, 촛불로 이뤄낸 정치권력의 변동이라든가 하는 것이 사실 저의 삶에 있어서 무엇을 바꿨는지 의문입니다. 그리고 저는 시민사회라는 것도 그렇게 믿지 않습니다. 왜냐하면 촛불집회 이후에 나의 삶을 둘러싸고 있는 정치적 문화가 그렇게 크게 변화했는지 별로 느끼지 못하기 때문입니다. 박근혜 정권을 끌어내린 촛불집회가 다른 집회들과 조금 달랐던 점은 기존에 비해서 광장에서 다양한 마이너리티의 목소리들이 들려왔다는 점인데요. 저는 사실 그게 촛불이 만들어낸 것이 아니라 기존의 마이너리티들이 이 사회 안에서 열심히 그동안 키워왔던 목소리가 이제 촛불이라는 광장에서 드러날 정도로 성장한 것이라고 생각합니다.

예를 들어 지난번 촛불집회에서 여성혐오 발화가 나왔을 때, 광장에서 권력을 가지고 있었던 이른바 진보적이라는 남성지식인들이 그것을 어떻게, 어떤 목소리로, 그리고 기존에 해왔던 것과 마찬가지로 '헤일이 밀려오는데 조개를 줍고 있는' 것과 같은 기존의 레토릭으로 억압하려 했는가 하는 점들을 돌이켜보면, 사실 저는 그것이 촛불의 성과라고 보지는 않습니다. 그래서 아까 백 선생님께서 미투운동과 같은 것들을 촛불의 성과로 간략하게 언급하셨는데, 저는 그것이 부당한 평가라고 생각합니다. 그런 평가는 여성운동이 지금까지 해온 일을 촛불이라는 시민사회, 광장이라는 기표로 모두 흡수하려고 하는 시도가 아닌가 합니다. 그래서 아까 예멘 난민도 이야기하셨지만 인종주의나 장애 문제, 여성 문제와 같은 것들이 촛불의 문화를 통해 변화하기 어렵다고 생각합니다. 오히려 시민들이 예멘 난민을 거부할 때 시민이라는 이름과 광장을 활용한 점을 비판적으로 성찰할 필요가 있다고 생각합니다.

사회자: 현재 한국사회가 얼마나 복잡하게 변해가고 있는가를 여러분의 질문이 보여준다고 생각합니다. 그야말로 섬세하고 많은 말이 오가야 하는 순간인데요, 그럼에도 불구하고 이쯤에서 질문시간을 끝내고 마지막 발언을 들어야 하는 상황이 되었습니다. 너무나 아쉽습니다만, 두 선생님의 답변을 듣고 끝내겠습니다.

우카이 사토시: 백 선생님과 심아정 선생님께서 하신 질문에 답을 드리고 싶습니다. 시대의 문제는 매우 중요한데, 오전에 심 선생님이 토론하신 오세종 선생님의 『오키나와와 조선의 틈새에서: 조선인의 '가시화/

불가시화'를 둘러싼 역사와 담론』(2019) 속에도, 원래 이 자리에서 다루고 싶었던 문제가 하나 있습니다. 1972년 8월에 재일본조선인총연합회(조선총련)와 일본인 합동조사단이 오키나와에 와서 오키나와의 조선인을 조사했는데요. 이는 매우 획기적인 사건이었지만, 그 후 비슷한 속도로는 오키나와의 조선인이 가시화되지 않았다는 사실이 쓰여 있습니다. 생각해보면 72년 8월은 7·4남북공동성명과 유신쿠데타 사이의 시기였지요. 그 조사의 성과를 당시 주일한국대사도 높이 평가했다고 오세종 선생님은 쓰셨는데, 이 역시 한국사에서 그 시대의 "한순간의 푸른 하늘" 속에서 일어난 일입니다. 오키나와에서도 노동조합부터 현청까지 전면적인 지원을 하면서 실현된 일이죠.

또한 1972년이라는 시기는, 백 선생님이나 제가 중국에 마음이 끌렸던 배경으로서 중국공산당이 최종적으로 중심이 된 십수 년의 중국 혁명운동이 최종국면에 있었다는 점을 들 수 있습니다. 아직 문화대혁명이 한창이었는데 이미 중미 국교가 회복된 후였습니다. 중미관계의 변화가 한국에게는 매우 큰 의미를 가집니다. 이러한 상황에서 백 선생님이 중국에 대한 관심이 깊어지게 된, 그런 국면이었다고 생각합니다.

일본에서 문화대혁명에 공명한 학생운동이 왕성했던 시기는 1968년, 69년의 교육학원투쟁 시대였습니다. 72년 이후 우리가 마오쩌둥 사상에서 최우선으로 배우고자 했던 바는 대중노선입니다. 일상적인 활동을 통해 대중 속에 들어가는 활동 방법을 갖추고자 했습니다. 마지막에 질문하신 차별의 문제도, 마오쩌둥파라고 해도 좋을지는 모르겠지만, 중국혁명의 다양한 국면에서 영감을 받은 학생운동 속에서 씨름하던 문제였습니다.

당시 일본의 학생운동은 학내 과제 이외에 세 가지의 중요과제가 있었는데, 바로 한일·사야마狹山·산리즈카三里塚입니다. 한일은 앞에서 언급했듯, 한국의 민주화운동에 어떻게 연대하느냐는 문제입니다. 사야마는 부락차별 문제로, 1963년 사야마사건은 피차별부락 출신 청년인 이시카와 가즈오石川一雄 씨가 누명을 쓰고 살인범으로 몰린 사건입니다. 무기징역이 확정되었는데, 현재는 출옥해서 아직도 억울함을 호소하며 싸우고 있습니다. ㄱ 차별재판에 반대하는 투쟁이죠. 그리고 세 번째는 나리타공항 건설반대투쟁입니다. 지금은 반원전·반개발·환경운동과 연결됩니다. 나아가 현재 제가 관심을 깊이 가지고 있는 동물의 문제까지도 산리즈카 투쟁의 시대와 연속성을 가집니다.

그렇다면 현재 중국을 어떻게 생각하고 있는지에 대한 것인데요. 저는 백 선생님의 책을 읽고 굉장히 훌륭한 중국 연구자이신 걸 알게 되었습니다. 어제 논의된 제국론에 대한 검토도 깊이 다루고 계십니다. '제국주의'와 '제국'의 차이와 같은 매우 섬세한 문제를 굉장히 넓은 시야에서 대응하고 있고, 비판할 경우에도 아주 부드럽게 다루면서 정리해 나가십니다. 그 역량에 정말 감동을 받았습니다.

저는 중국연구자가 아니어서 이 책을 통해 많은 것을 배웠는데요. 한 가지 생각한 점은, 1970년대에는 우든 좌든 간에, 냉전에서 서측이 승리하면 중국이 대두할 것이라 예측하는 사람은 제가 아는 한 단 한 명도 없었다는 것입니다. 이는 일본에게는 다른 나라 이상으로 매우 심각한 문제였고, 일본 보수파는 냉전에서 이기는 쪽에 들어가면 과거 일본의 범죄도 상쇄되리라 짐작하고 있었습니다. 자유주의도 파시즘도 결국 다 반공이었지 않은가, 일본이 했던 무엇이 나쁜가 하는 태도가 있었습니다. 그런데 냉전에서 일본은 승자 편이었음에도, 중국이 대두하면서 이젠 뒤에서 쫓아가야 하는 신세가 됐습니다. 이게 도저히 심리적으로 납득할 수 없는 부분인 것이죠. 중국에게는 직접 공격을 할 수 없으니 조선민주주의공화국에 대한 배격이 비합리적일 정도로 과열되었습니다. 점점 평양과도 교섭하지 않으면 안 된다는 사실이 명백해지자 서울과 충돌합니다. 이런 식으로 일본이 동아시아와 마주보는 방식 전체에 중국인식의 문제가 그림자를 늘어뜨리고 있습니다. 일본의 독특한 역사적 위치로 인해 중국의 대두를 객관적으로 볼 수 없는 부분이 있습니다.

재작년 저는 세네갈 다카르에서 열린 한 심포지엄에 참가했습니다. 심포지엄이 개최된 곳은 다카르 대학의 '공자학원'이라는 곳이었습니다. 세 명의 흑인 남성 사상가에 대해 논의하는 자리였는데, 그 중 한 명은 프란츠 파농이었습니다. 저의 친구이자 알제리 출신 여성 연구자인 셀루아 뤼스트 부르비나(Seloua Luste Boulbina)로부터 의뢰를 받아, 저는 그 자리에서 프란츠의 글을 일본어로 낭독했습니다. 프란츠 파농이 일본에 소개된 1969년 경, 재일조선인 문제와 관련해서 자주 인용되던 한 구절을 골랐습니다. 세네갈의 공자학원에서 프란츠를 일본어로 낭독한다…. 내가 뭘 하고 있는 건지 도무지 모르겠지만, 이런 일이 이제는 예사롭게 일어나는구나 생각했습니다. 이런 경험도 포함해서 제 나름의 새로운 중국관을 형성해가지 않으면 안 된다고 생각하고 있습니다.

마지막으로, 백 선생님과 어제 5·4운동에 대해 발표하신 천핑위안 선생님 사이에 한순간이었지만 인상적인 대화가 있었습니다. 천핑위안 선생께서 한국에서는 3·1의 부정적인 측면을 어떻게 생각하고 있는가 하는 질문을 하셨을 때, 한국과 중국의 지식인 간 대화로서 매우 실제적인, 긴장감 있는 순간에 함께 한다는 생각을 했습니다.

백영서: 이번 회의 주제와 관련해서 말씀드리면, 3·1이든 촛불이든, 그 당시 삶이든 지금의 삶이든, 그것을 규정하는 체제를 무엇이라고 보는가가 중요합니다. 각자가 생각하는 그 체제를 바꾸면 혁명입니다. 3·1운동 때는 일제 식민지배를 철폐하면 혁명이고, 지금은 또 무엇이라

고 보는가. 누구는 신자유주의적 자본주의체제로 보고, 저는 분단체제를 중시합니다. 우리 삶을 규정하는 가장 중요한 구조적 문제인 그것을 변혁하면 혁명이라고 저는 생각합니다. 그렇다면 3·1은, 촛불은 어떤 성과를 거뒀는가.

다양한 성과를 모두 나열하자는 것이 아닙니다. 제가 중시하는 것은 주체의 형성입니다. "하늘을 본" 사람과 같은 표현으로 말했던, 이른바 새로운 주체 형성, 그 공동의 집단 경험이 3·1에도 있었고, 촛불에도 일정 정도 있었다고 봅니다. 물론 한 시대의 체험들은 지금 말씀하셨던 것처럼 정말 다양한 사람들이 참여한 만큼 다양하지요. 그야말로 하나로 조직된 것도 아니었고 다양한 사람들이 참여했던 그 체험이 어떤 변화를 가져올지를 지켜보는 것이 중요하고, 그 과정에서 저는 백 년의 역사를 돌아보는 것을 제 작업으로 삼았습니다. 제가 생각하는 바는 현재를 정당화하자는 것이 아닙니다. 제가 생각하는 역사는 과거와 현재의 대화가 아닙니다. 과거와 미래와의 대화입니다. 역사를 다시 본다는 것은 미래 프로젝트라고 저는 생각하며, 지금 주어진 체제를 넘어서는 미래를 어떤 것으로 설정하고 그와 관련해서 이야기를 하고자 합니다. 그러나 단일한 주체가 아니기 때문에 그것이 고정되면 곤란할 것입니다. 3·1을 불러냄으로써 오늘을 보는 데 굉장한 긴장을 가져올 거라 생각하고 그런 작업을 하고자 합니다.

우리는 우리 나름의 극복해야 할 체제가 있지만 일본에도 일본 나름의 극복해야 할 체제가 있지요. 우카이 선생님의 경우, 그것을 천황제로 보시더군요. 저는 천황제에 대한 글을 읽고 감명을 받았는데, 이렇게 말하는 대목이 있습니다. 어떤 문제에 대해서는 굉장히 비슷한 의견을 표시하는 일본의 지식인인데, 천황제를 이야기하면 달라진다는 겁니다. 천황제를 일종의 사유의 리트머스 시험지로 생각하시는 것 같더라고요. 여기서 더 나아가 생각해보면, 각자가 감당해야 할 체제가 있는데, 그것을 샌 프란시스코 체제, 또는 냉전구조, 제국질서까지도 이야기할 수 있지만, 중요한 것은 자기 삶의 핵심현장에서 각자가 감당해야 할 체제가 다르다 는 점입니다. 일본의 천황제를 그 체제로 보고 극복해야 한다고 생각하 고 활동하시는 우카이 선생님을 보면서, 제가 하는 일을 돌아보게 되었 다는 점을, 다시 한번 말씀드리는 것으로 제 발언을 마치겠습니다.

우카이 사토시: 심아정 선생님의 질문에는 죄송합니다만 시간 관계상 간략하게 답을 드리겠습니다. 칸트는 인간중심주의라는 점에서는 매우 심각한 문제를 품고 있는 철학자이기도 해서, 저는 '한계시민'이라는 개 념을 칸트의 체계가 가지는 한계를 넘어서 발전시키고 싶다는 생각을 하 고 있습니다. 또한 샌프란시스코 조약에 대한 지적도 매우 정확히 짚어 주셔서 정말 감사합니다. 일본에서도 당시 전면강화를 요구하면서 편면 강화에 반대하는 투쟁이 있었습니다. 그 때 한국전쟁 발발이 겹치면서 현재의 동아시아 체제가 만들어졌으며, 당시 태어나지 않았던 우리들이 지금 그 역사에 응답해야 한다고 생각합니다.

백영서: 저도 짧게 보충하겠습니다. 6월항쟁이 수립한 87년 체제는 태 생적으로 타협에 의한 민주화라는 특성도 있지만, 누적적 성취가 적지 않 은데도 지금은 그 한계에 더 많이 관심을 갖는 것 같습니다. 촛불혁명은 87년 체제에 내장된 잠재력을 활용해 의미있는 성과를 거두며 그 한계를 넘어설 문턱에 들어섰다고 봅니다. 또한 촛불혁명은 단순히 집권세력의 교체에 그치지 않고 성차별을 포함한 불평등한 기득권 구조를 바꾸는 사 회문화적 변혁입니다. 이 혁명은 대통령 탄핵으로 '도래'했지만 그 '완성' 을 위한 여정은 이제 시작된 현재 진행 중인 우리의 실천과제입니다.

사회자: 이러한 긴장감을 오랜 시간 견뎌 주신 두 분 선생님과 청중석의 참여자 분들께 너무나 감사드립니다. 백영서 선생님과 우카이 선생님께서는 이번 대담을 준비하시면서 그 누구보다도 열심히 서로의 저작을 읽고 활동을 접하시면서 대담을 준비해 주셨습니다. 그렇게 변함없는 모습으로 현실에 대한 문제의식을 바탕으로 활동과 사유의 자리를 지켜 주시는 두 선생님께 마음 깊이 감사드립니다. 오늘 경험한 사유와 활동의 긴장감을 두 분 선생님들과 그리고 여기 청중석에 계신 모든 분들과 계속해서 함께 나눌 수 있다면 기쁘겠습니다.

맺는 글
제5회 〈연세한국학포럼〉 간담회

일　시: 2019년 8월 27일
참여자: 김보람, 김영민, 김영진, 박창균, 신지영(옵저버),
신형기, 윤영실, 이태훈
사회자: 이기훈(국학연구원)

사회자: 제5회 〈연세한국학포럼〉에 대한 간담회를 진행하도록 하겠습니다. 저는 사회를 맡은 국학연구원 부원장 이기훈입니다. 먼저 〈연세한국학포럼〉에 대해서 간략히 설명을 드리겠습니다. 〈연세한국학포럼〉은 올해로 다섯 번째이고, 신촌캠퍼스의 국학연구원, 미래캠퍼스의 근대한국학연구소, 그리고 송도캠퍼스의 언더우드국제학부(UIC), 이렇게 연세대학교 세 곳의 캠퍼스 내 한국학 기관들이 협력해서 한국학 연구를 성찰하는 기회로 삼고자 시작했습니다. 진행해 오는 과정에서 형식에 약간 변화가 있기는 했지만 본래 취지는 해외의 한국학 연구를 국내에 소개하고, 국내의 한국학 연구를 해외 학자에게 소개하는 것으로, 서평 중심으

로 진행해왔습니다. 올해 〈연세한국학포럼〉은 5회째를 맞이했는데요, 이번 포럼을 마무리하고 정리하는 의미에서 오늘 간담회 자리를 마련했습니다. 우신, 시간 관계상 포럼에서 마무리 인사를 충분히 못하셨는데요, 신형기 선생님부터 들어보도록 하겠습니다.

신형기: 참여하신 분들은 아시겠지만 이틀 동안 그야말로 땡볕 무더위에도 의자가 부족할 정도로 청중의 성원이 컸습니다. 이유는 우리가 다룬 저작들이 의미가 있고 또 그 저작들을 소개하는 우리 포럼의 구성방식이나 토론, 질문 등이 저작들의 핵심을 꿰뚫는 의미 있는 것이었기 때문이 아니었나 싶습니다. 소감들도 퍽 긍정적이었다고 생각합니다. 한편으로는 포럼의 제목이 〈혁명의 역사와 기록의 현재〉라고 되어 있는데, 역시 혁명의 역사라고 하는 부분이 현재 한국의 역사적 · 정치적인 상황과도 관련이 있기 때문이 아니었을까 생각합니다. 포럼에서 다루었던 주제의 대상이 3 · 1운동 5 · 4운동 그리고 제국과 식민지 관계에서 대만, 오키나와, 조선에 이르고, 심지어 미국과 동아시아의 인종차별문제, 재일조선인의 상황, 식민지 모국과 식민지의 언어관계, 그리고 사회주의와 제국주의의 연관 관계, 이념적으로는 사회주의를 표방하면서 마초적 제국주의의 한 면모를 보여준 잭 런던의 경우 등이 논의되었지요. 통상적으로 한마디로 말할 수 없는 여러 문제들을 다루면서도 일관되게 혁명이라고 하는 금세기, 20세기의 역사적인 대 주제를 되돌아볼 수 있었다는 점에서 이번 포럼의 의의가 있다고 생각합니다. 참여해주신 여러 청중도 적극적으로 관심을 갖고 깊이 있게 들어 주셨기 때문에 포럼이 진지하게 진행될 수 있었다고 생각하고, 그런 점에서 진지하고 수준 높은 청중이 이번 포럼에서 큰 역할을 해 주셨다고 생각합니다. 그런 점에서 준비하고 진행해주신 여러 분들께 다시 한 번 감사의 말씀을 드립니다.

사회자: 이태훈 선생님, 주최 측으로서 소감 한마디 부탁드립니다.

이태훈: 저는 〈연세한국학포럼〉이 처음 만들어질 때 회의에 참여했습니다. 처음에는 단순히 해외학자들과 소통할 수 있는 자리를 마련하는 것이 목적이었는데, 올해 〈연세한국학포럼〉은 굉장히 많은 이야기가 발신되었다고 생각합니다. 신형기 선생님께서 말씀하셨지만 깜짝 놀랄 정도로 많은 청중이 참석했고, 이렇게 사람이 많이 왔다는 것이 어떤 의미를 갖고 있는 것일까를 생각하게 되었습니다. 당연히 훌륭한 토론자와 발표자가 오셨기 때문이겠지만 이번에 다룬 주제가 폭발성이 있다고 생각했습니다. 그런데 이 폭발성이 있다는 것을 어떤 의미로 받아들여야 하는가를 생각해 보게 되기도 했습니다. 올해가 3·1운동 100년인 만큼 혁명의 분위기가 무르익었던 20세기 전반이란 시기를, 다시금 현재 시점에서 파악해 봐야 한다는 생각이 들었습니다. 혁명의 시대가 지나갔고, 그 시대도 매우 다면적이었지요. 그 시대의 유산이라는 것이 착잡하기도 하고 한발 더 나아간 것처럼 보이기도 하는데요, 사실 저희가 살고 있는 현재도 그 시대의 유산에서 많이 벗어났다고 하기 어렵기 때문에 우리 시대를 앞 시대와 관련해서 돌아봐야 하는 것이 아닐까 생각했습니다. 요즘 약하고 억압받는 것들에 대한 이야기를 많이 하고 있는데, 재일조선인도 그렇고, 오키나와도 그렇고 지금을 다시 돌아봐야 한다는 문제의식 때문에 포럼에 많은 분들이 오셨다고 생각합니다. 그런데 다른 한편으로는 지금 100년 전을 돌아보는 소재들이 과연 이 논의에 진입하는 첫 번째 입구일 수 있을까라는 생각이 들기도 했습니다. 어떤 부분에서는 전체적으로 우리 시대와 역사를 성찰하는 방법을 좀 더 모색하고 고민해야 한다고 봅니다. 굉장히 많이 오신 청중 분들을 보면서 여러 가지 생각을 하게 되었고, 기획의 의도를 좀 넘어선 부분이 있었다고도 생각합니다.

사회자: 김보람 선생님의 소감을 들어보겠습니다.

김보람: 저는 석사과정이고 국학연구원 연구보조원인 김보람입니다. 소감을 말씀드리자면요, 7월부터 국학연구원 연구보조원 일을 시작하면서 처음 맡게 된 것이 〈연세한국학포럼〉이었고, 별로 아는 것이 많지 않아서 시키는 일을 열심히 했을 뿐입니다. 포럼의 주제에 관심이 많았는데, 당일에는 일을 하느라고 많이 듣지 못해서 아쉬웠고, 발표문을 주셔서 그것을 읽어 보면서 많이 배울 수 있는 기회였습니다.

김영진: 저도 비슷하게 제목과 주제가 흥미로워서 참여했던 것이 컸습니다. 그리고 형식적으로 인상적이었던 것은 서평으로 진행되었다는 점입니다. 저자의 발표보다 서평에 시간을 더 많이 할애한 것 같았고, 그래서 논의를 더 잘 듣게 되면서 대상이 되는 주제나 연구에 대해서 이해할 수 있는 여지들이 많이 만들어졌던 것이 좋았습니다. 더불어 인상적인 것은 다양한 주제가 이틀에 걸쳐 다루어져서 이틀 모두 참석해야겠다는 생각을 하게 되었습니다.

윤영실: 오늘 저는 외부자로 소개가 되었는데 외부자의 입장에서 발언할 자격이 있는지 좀 모호합니다. 8월 말까지 근대한국학연구소 소속이고 9월부터 숭실대로 옮기게 되었습니다. 사실 작년(2018년─ 녹취자)〈연세한국학포럼〉의 실무를 맡아서 진행했는데 작년에는 급박하게 하느라고 판을 아담하게 꾸렸고 이번에는 실무를 맡지 않아 청중의 입장에서 이틀 동안 편안하게 지켜볼 수 있었습니다. 여러 선생님이 말씀하신 것처럼 대상 저작들이 굵직굵직하고 읽어 봤거나 읽어봐야지 했던 것들이었습니다. 내용이 매우 알찼다고 생각하고 애초에 〈연세한국학포럼〉

을 기획한 것이 여러 장소에서 이뤄지는 한국학 연구들을 한자리에 모아 소통하는 것이 취지였다고 생각했는데, 그 취지에 맞게 자리를 잡는다는 느낌을 받았습니다. 그리고 이러한 행사를 하게 되면, 일을 위해서 일을 하는 경우가 많은데 이번 포럼의 경우는 뜨거운 열기가 느껴져서, 청중의 한 사람으로서도 포럼을 준비하는 분들이 보람을 느꼈을 거라고 생각했습니다.

박창균: 연세대학교 미래캠퍼스 국어국문학과 박사과정입니다. 근대한국학연구소 HK+사업단의 연구보조원입니다. 전체적으로 포럼에 참여함으로써 여러 방면에서 시야를 넓힐 수 있는 자리였다고 생각합니다. 제 전공 분야와 상관없이 제국주의, 재일 조선인에 대해 관심이 있었는데, 단편적인 이야기만 보지 않고, 오키나와, 일본계 미국인, 대만의 식민지라는 다양한 주제를 담아 주셔서 식견을 넓히는 데 도움이 되었습니다. 가장 좋았던 것은 동시통역 서비스가 지원되었다는 점이었습니다. 일반적으로 국제학술대회는 순차통역을 통해 진행되기 때문에 외국인 화자분이 말씀하시고 통역을 하는데 시간이 많이 걸렸는데, 동시통역이 있어서 동시다발적으로 반응을 이끌어낼 수 있었던 부분이 귀중한 경험이었습니다.

김영민: 근대한국학연구소장을 맡은 김영민입니다. 사실 사업 기획안 결재를 하면서, 생각보다 예산 규모가 커서 잠시 망설였습니다. 이 정도 예산이면 근대한국학 총서를 여러 권 출간할 수 있을 것이라는 생각이 들었습니다. 한편으로는 포럼의 학술적 성과가 과연 기대에 상응할 수 있을까 하는 고민도 했습니다. 제가 개회사 때 농담처럼, 투자한 만큼 보상받겠다고 말씀드렸는데 포럼이 끝나면서는 충분히 보상받았다는 생각

이 들었습니다. 그리고 투자를 해야 역시 무언가 의미 있는 결과가 나오는구나 하는 생각도 하게 되었습니다.

저는 개인적으로 저작발표 자체보다는 서평과 토론이 좋았습니다. 서평자를 굉장히 잘 선정했다는 생각이 들었고 그것이 여타 행사와 차별된 결과를 가져왔다고 판단합니다. 이는 앞으로도 교훈이 될 것인데, 저작발표를 의뢰할 때 저자에게 알아서 발표해 달라고 할 것이 아니라 일정한 형식을 지정해 줄 필요가 있다고 생각했습니다. 어떤 분은 책의 전체 내용을 포괄해서 설명하기도 하고 어떤 분은 그 책을 쓴 이유를 주로 설명했습니다. 저작발표의 경우는 저자가 하고 싶은 말과 우리가 듣고 싶은 이야기가 다른 경우가 많았던 것 같습니다.

아울러, 저작자가 서평문을 미리 읽어오는 형식이 되니, 저작자가 책의 요지를 설명하기보다 서평자에 대한 방어에 더 초점을 맞춘 경우도 있었습니다. 간혹 질문에 대한 방어인지 본인 글의 소개인지 구별되지 않는 경우도 있어서 좀 아쉬웠습니다. 그런 문제들이 있었지만 전체적으로 보면 이번 저작 발표 및 서평은 단순히 책을 한 권 읽었을 때와는 전혀 다른 효과가 있었다는 생각이 듭니다. 주최자의 한 사람으로서 충분히 그 성과를 거둔 학술대회였다고 생각합니다.

사회자: 여태까지 전체적인 소감을 들었습니다. 이제부터 구체적인 주제에 대해서 이야기를 해보면 좋겠습니다. 저는 가장 흥미로웠던 것이, 주제가 혁명이라고 되어 있지만, 세션 2와 3은 좀 달랐다는 점이었습니다. 1과 4, 5세션은 예상 가능했지만 2와 3은 독특했습니다. 제국주의 시각을 혁명으로 보고, 복합적인 시각에서 바라본 것, 재일조선인을 혁명의 측면에서 보는 것이 흥미로웠습니다.

신지영: 저는 이유정 선생님과 실무를 담당했기 때문에 오늘은 옵저버로서 참여하는 것입니다만, 기획 취지에 대해서는 질문이 나온 만큼 조금 말씀드리겠습니다. 혁명이라고 할 때 그것은 민중들이 만들어내는 것이지만, 그러한 혁명이 일어날 수밖에 없는 제도적이고 사회적인 조건이 있지요. 그러한 기반을 보지 않고 혁명에 대해서 이야기하는 것은 일면적일 수 있겠다고 생각했습니다. 그래서 3·1운동과 5·4운동을 조명하는 첫 번째 세션과 함께 제국주의와 인종주의에 대해 재인식하는 두 번째 세션을 구성했습니다.

권력의 주체는 단일하지 않고 제국주의나 식민주의 안에도 여러 층위가 있지요. 즉 다양한 제국들이 각축하는 과정 속에서 식민지에 대한 통치가 이뤄집니다. 이 점에 대해서 영미권 연구는 '복수의 제국주의'라는 틀로 접근합니다. 그렇지만 이 논의를 식민지로 가져와서 이야기하게 되면 문제는 단순하지 않습니다. 복수의 제국주의에 대한 저항으로서 복수의 식민지가 있었다고는 할 수는 없지요. 복수의 제국주의 지배를 받은 식민지의 문제는 훨씬 더 복잡하고 독립적이고 고유한 주제들을 갖게 됩니다. 따라서 복수의 제국주의가 식민지에 끼친 중층적인 영향은 무엇이고, 이를 극복하기 위한 시도는 어떻게 이뤄졌는지를 논의해 보는 것이 혁명이 발생하는 조건을 살펴볼 때 중요하다고 생각했습니다.

그래서 영미권의 제국주의 연구자로 후지타니 다카시 선생님과, 아시아를 배경으로 제국사적 지평에서 식민지 대만을 연구하는 고마고메 다케시 선생님을 섭외했는데요, 이때 아시아의 식민지 연구자의 경우 일본 ─ 조선 사이의 문제에 초점을 맞춘 분보다는 '대만'을 연구하는 학자를 우선시했습니다. 대만을 통해서 조선의 식민지기를 볼 때, 조선과 일본 사이의 관계에서는 보이지 않는 지점들을 말할 수 있을 것이라고 생각했기 때문입니다. 다양한 인종이 공존해 온 대만의 경험은 조선 속의 식민주의와 인종주의의 문제를 함께 사유하게 해주는 힘이 될 것 같았습니다.

서평자를 어떤 분으로 모실지 고민이 많았는데요, 여러 선생님들의 의견을 받아 후지타니 선생님 책은 송병권 선생님께, 고마고메 선생님의 책은 문명기 선생님께 부탁드렸습니다. 특히 고마고메 선생님 책은 중국어와 일본어를 모두 읽으실 수 있는 분을 섭외해야 해서 어려움이 있었는데 박경석 선생님께서 추천해 주셔서 감사했습니다.

세 번째 세션인 재일조선인 부분은 두 번째 세션과는 좀 다른 의미인데요, 혁명과 마이너리티의 문제를 연결시키는 기획이었습니다. 재일조선인처럼 삶 자체가 혁명이 되어야 했던 존재들에게는 혁명이란 어떤 한 시기가 아니라 삶의 매 순간 마주해야 했던 일상의 투쟁일 수도 있다고 생각했습니다. 또한 혁명의 순간에조차 그 속에서 다시금 마이너리티가 발생할 수 있고 그러한 존재에게 혁명이란 무엇이고 또 그러한 혁명 속 마이너리티의 경험은 어떻게 기록될 수 있을까를 논의하기 위해서 세 번째 세션을 준비하게 되었습니다.

이때 재일조선인 연구 일반이 아니라, 일본에서의 재일조선인 연구, 한국에서의 재일조선인 연구, 미국에서의 재일조선인 연구를 한 자리에 모아서 논의할 수 있도록 했습니다. 재일조선인만 보는 것이 아니라 재일조선인 내부에서도 다시금 생기는 마이너리티의 문제 등을 논의할 수 있는 조건을 만들기 위해서 오키나와에서의 조선인을 다룬 오세종 선생님, 코리안 아메리칸으로서 영미권에서 재일조선인 문학을 연구하는 크리스티나 이 선생님, 그리고 재일조선인 안에서도 여성의 문제에 초점을 맞추고 있는 송혜원 선생님께 발표를 부탁했습니다. 이들의 책이 2018년을 전후한 시기에 모두 번역되거나 출판되었다는 것은 흥미로운 사건이기도 했습니다. 혁명을 기록과 연관시킨다면 마이너리티가 주체가 된 혁명에서도 기록될 수 없는 존재들이 다시 생긴다는 점을 조금 더 깊이 볼 수 있지 않을까 생각합니다.

신형기: 전적으로 동의합니다. 혁명의 역사라고 하면 억압과 폭력적 배제의 역사이고 강제동원의 역사이고 차별의 역사이죠. 그런데 역사 서술은 현재적인 작업이지요. 기록의 현재라는 다분히 시적인 표현은 어떤 서술과 기록을 통해서 현재성을 확보하고 있는가를 점검하겠다는 것입니다.

제가 매우 의미 있다고 생각한 것은 권보드래 선생님의 3·1운동에 대한 연구입니다. 문학 연구자로서 3·1운동이라고 하는 역사학 연구의 대상을 다룰 수 있는가라는 의문을 갖게 되었는데, 이처럼 문학연구자가 3·1운동이라는 역사적 사건을 다루는 것은 사실『1919년 3·1을 묻다』라는 10년 전의 저술에서도 나타나는데, 즉 3·1운동의 텍스트를 분석했다는 것입니다. 역사 연구자들도 텍스트를 분석하지 않는 것은 아니지만, 문학연구자들의 강점이라고 하면 텍스트의 깊이 있는 독해입니다. 그 안에 작동하는 감정적이고 정신적인 차원의 것을 읽어내는 연구를 보고 운동의 시학(Poetics of Movement)이라고 하는데, 바로 3·1운동이라는 역사적 사건이자 현상을 시학적인(Poetics) 분석을 통해서 접근했다는 것이지요. 시학적인 분석을 했다는 것은 시, 대화, 선언일 수도 있고, 텍스트의 구체성을 찾아내는 작업입니다. 그 안에 어떤 용기와 신념, 꿈, 분노와 기대가 있는지, 즉 그 안의 역사적 정신을 들여다보는 것이지요. 바로 이러한 텍스트 분석이라는 것이 '혁명의 역사'와 '기록의 현재'라는 것을 연결 시켜주고 의미 있게 만드는 것 같습니다.

포럼의 1세션 이후의 세션에서도 계속 문학연구든 역사연구든, 다뤄진 연구물이 기본적으로 이러한 입장을 견지했다는 것이 인상 깊었어요. 심도 있는 텍스트 해독과 해석을 통해서 각 주제가 다뤄졌다는 점을 흥미롭게 보았습니다. 그리고 이기훈 선생님의 선언문 분석도 — 선생님은 미디어라고 표현을 했습니다만 — 매우 계량적이고 데이터 분석 차원에서 살핀 것이었지만, 텍스트를 문자적인 텍스트에 한정하지 않는다면, 다시 말해, 여러 가지 기호적 관계와 구성물이 현실, 자기 자신, 정신, 감정, 대도, 행동, 사회현실 이런 것을 구성해낸다고 한다면, 굉장히 확장된 텍스트 분석이라고 읽혀졌습니다.

포럼 제목 〈혁명의 역사와 기록의 현재〉라는 것은 그런 의미를 갖는 것이 아닐까 생각합니다. 애당초 이 포럼을 기획한 취지가 그런 것이었다면 여기에 나온 발표자나 대상 연구들이 어느 정도 취지에 부응하지 않았나 평가해 봅니다.

사회자: 1부에 대해서 이야기를 좀 더 진행해보겠습니다. 권보드래 선생님 책에 나타난 문학적 접근에 대해서 말씀하셨는데요, 김영진 선생님은 역사학적 입장에서 어떻게 파악하시는지요?

김영진: 저는 굉장히 좋은 책이었다고 생각합니다. 개인의 서사가 전면에 주된 소재로 활용되고 있지만 시야는 개인에 갇히지 않고 세계사적 차원의 맥락을 교차시키고 직조하는 측면이 좋았습니다. 3·1운동이라는 어떻게 보면 복잡하고 많은 사람들의 삶과 나날들이 엮이고 발생하는 순간을 구조적으로 잘 그려냈기 때문에 그런 의미만으로도 대단히 좋은 성과라고 여겨집니다. 문학이나 사학 이런 학문적인 경계와 상관없이, 그 자체로 3·1운동의 상이나 역사상이라는 것을 한 차원 끌어올리는 데 기여한 연구라고 생각합니다.

신형기: 권보드래 선생님의 핵심은 사람들의 변설이든 기사든 이미 그

텍스트 안에서 세계성이 관철되고 있었다는 것이지요. 우리가 아는 것처럼 번역문이라는 것은 세계가 들어오는 통로가 아닙니까. 즉, 1919년의 세계성이라는 것이 변방의 식민지 조선에서 별로 교육받지 못한 사람들이 하는 말 속에서도 결국 관철되고 있었다는 것이지요. 그 사람들이 어떻게 그것을 받아들이고 반응하였는지를 보여주는 이 책의 텍스트 분석에 경탄했습니다. 역사학 연구자들은 어떻게 생각할까 궁금합니다.

사회자: 권보드래 선생님의 이 책을 읽어보면 얼마나 많은 자료를 읽었는지 역사학자인 우리들은 알 수가 있습니다. 그 방대한 사료를 읽고 당시 상황을 이 정도로 구성해낸다는 것은 놀라운 텍스트 분석의 수준을 보여준 것입니다. 제 개인적으로는 권보드래 선생님이 굉장히 오랜 동료이고, 이전의 저작을 두고 본다면, 3월 1일의 밤과 같은 구성을 선호하지 않는 연구자라고 생각해 왔습니다. 사실 역사학자처럼 글을 쓰셨죠. 다시 말하면, 자료에 입각해서 상상력을 동원하지 않았었는데, 이번 작품은 상상력을 덧입혀 놓았습니다. 저자 본인은 이러한 상상력을 입히는 작업에 확신을 갖지 못한 측면도 있었을 텐데, 역사학자로서는 이 책을 읽고 매우 좋았습니다. 역사학자가 읽을 때에도 거부감 없이 수용할 수 있는 잘 구성된 상상력이었죠. 어떤 면에서 보면 3·1운동 100주년을 맞이해서 훌륭한 책이 나왔다는 것이 다행이라는 생각이 듭니다. 역사학자들이 분발해야겠다는 생각이 들었습니다. 최근 역사학계에서 이루어지고 있는 3·1운동의 100주년 기념행사들은 아무래도 동원된 면이 있어서 좀 피로한 면면을 드러내고 있었습니다. 그러한 상황에서 권보드래 선생님의 책은 빛나는 성과이며, 10년 동안 저자가 쌓아 온 연구의 결과물이고, 그 내공이 힘을 발휘한 것이지요.

이태훈: 권보드래 선생님 저작에 대해서는 저도 동감합니다. 보통 공적인 자리에서는 칭찬하다가도 비공식적인 자리에서는 문제점을 지적하기도 하는데, 권 선생님의 저작에 대해서는 어떤 자리에서도 이견 없이 어마어마한 저작이라고 평가합니다. 가장 본질적인 것은 이 책이 3·1운동과 그 이외의 다양하게 접속된 세계를 새롭게 구현해냈다는 것입니다. 그 세계가 자연스럽게 머리 속에 그려지게 하는 것이지요. 그러한 능력은 이견 없이 탁월하고, 그 정도 쓰시려면 자료를 어마어마하게 읽으셨을 겁니다.

그런데 저는 다른 생각도 좀 해보았습니다. 저작에 관련된 것은 아니지만, 개인적으로 하고 있었던 생각입니다. 최근에 촛불혁명 시위 이후 세상이 많이 바뀌었다는 이야기도 하면서, 촛불혁명에 많은 의미를 부여하고 있지 않습니까. 요즘엔 조국 교수 법무부장관 임명 건으로 여러 이야기가 나오고 있기도 하고요. 생각해 보면 이번 한 번만이 아니었던 것 같아요. 87년 이후에도 그랬고, 그 후에도 여러 번 이런 '혁명'의 사건이 있었습니다. 시간이 지나고 나서 사람들은 촛불에 대해서 이야기하고 촛불을 역사화시킵니다만, 바로 그 때, 현재 촛불을 중심으로 이루어지는 이야기들, 예를 들면 조국 교수를 둘러싼 논란이라든지, 여전히 전개되는 비정규직 노동자의 문제라든지 한국의 불공정 사회구조를 떼고 한국을 이야기할 수 있을까요? 촛불이 일어난 시기로부터 이어지고 있는 현재의 시기와 여러 가지 모습을 다루지 않고 촛불에 대해 이야기하는 것이 과연 맞는 방식일까를 생각해 보곤 합니다. 촛불의 의미나 가치를 폄하하거나 부정하는 것이 아니라, 촛불혁명이 지닌 역사적 의미를 전체적인 사회구조에 대한 평가 없이 촛불혁명 그 사건 자체만 떼어내서 말하기는 어렵다고 생각합니다.

3·1운동도 마찬가지인 것 같습니다. 3·1운동 이후에도, 당시는 개조

의 시대라고 했습니다만, 그 1920년대 전반에도 혁명적 활동들이 활발하게 진행되었습니다. 3·1운동으로부터 이어지는 10년, 20년 이후의 시기를 지나면서, 그 '3·1운동'의 의미가 무엇인지를 물었을 때 당시 사람들은 어떻게 느꼈을까 하는 의문을 갖게 됩니다. 이러한 문제를 지금의 촛불과 떼어놓고 설명할 수 없을 것입니다.

다른 이야기일 수 있겠지만, 왜 그토록 1930년대 초반 지식인들 — 대부분 3·1운동에 참여했던 사람들 — 은 자신의 젊은 시절을 후회하고 3·1운동의 희망이 헛된 꿈이었다고 하고, 그렇게 많이 좌절하고 마는 것일까? 1930년대 중반 후에는 지식인들이 대거 전향하는 모습이 나타나기도 합니다. 그런 사람들이 느꼈던 3·1운동 이후의 10년간은 어떤 모습이었을까. 우리가 3·1운동을 이야기할 때, 그 이후 진행된 10년간의 모습이 많이 배제되고 있었던 것은 아닐까 하는 생각이 듭니다.

올해가 3·1운동 100주년이라 3·1운동을 조명하는 많은 행사와 연구가 나왔습니다. 이러한 흐름에 이견을 달 생각은 전혀 없지만, 어쩌면 우리가 이 3·1운동이라는 사건 자체를 따로 떼어서 보고 있는 것은 아닌가 하는 생각이 듭니다. 3·1운동 이후에 이어지고 있었던, 당대 사람들에게는 여러 가지 의미에서 착잡했을 1930년대를 배제하고 3·1운동을 회상하고 있는 것이 아닌가 생각이 듭니다. 그리고 이것은 오늘날 우리가 우리 삶을 대면하고 있는 태도와도 관련되는 것 같습니다. 촛불의 시기를 살면서도, 여전히 우리는 이 시대의 착잡함을 온전히 대면해야만 한다고 생각합니다.

사회자: 말씀하신 것처럼, 혁명의 연속성도 그렇고, 때로는 기억하기의 문제와도 연관되어 있을 것 같습니다.

신형기: 우리의 생각보다 역사는 훨씬 더 복잡한 것 아닌가요. 역사라는 것이 무엇이 설명되고, 무엇이 설명되지 못하고, 역사가 흐르는 것 같다가도 서로 상반되고 반동으로 돌아가는 것처럼 보이기도 하는 이 복잡성을 설명하려는 것이 역사학자들의 과제가 아닌가 하는 생각입니다.

사회자: 혁명의 연속성과도 관련될 텐데요, 역사학자들은 주로 길게 연속되는 것보다 달라지는 지점을 중요하게 바라봅니다. 즉 이들의 관심은 주로 단절되는 지점이지요. 최근의 여러 연구들이 기억과 연속성을 등치로 치환시키는 측면이 있습니다. 100년의 혁명이 있고, 과거의 혁명을 촛불까지 연결시키는 지점이 있는 것 같습니다.

신형기: 역사를 편집하는 것이지요.

사회자: 그렇게 하면 매우 편하죠. 문명도 개화와 친일을 연결시키면 그냥 인식의 차원에서는 편안합니다. 하지만 사실은 그렇지 않습니다. 이 울퉁불퉁하게 끊어지는 기억의 방식을 받아들여야 하는데, 그보다는 단일한 서사를 만드는 것을 더 편안해 한다는 것이지요. 즉 '기념'하기에 문제가 있는 것이 아닐까 생각합니다.

김영민: 제 생각에는 그동안 한국 근대문학 연구에서 3·1운동과의 관련성을 제대로 다루지 않았다고 생각합니다. 최근 3·1운동 100주년을 맞아서 1919년 전후의 잡지를 다시 읽게 되니, 새롭게 읽히는 것이 많았습니다. 전영택의 작품『생명의 봄』이야기를 잠깐 덧붙이면, 이 작품을 제가 과거에 읽었을 때는 그 주제를 그냥 휴머니즘과 문학의 역할, 종교의 역할 등으로 이해했습니다. 그런데 다시 읽어보니 이 작품의 핵심은

3 · 1운동이었습니다.

저는 이 작품의 서두에 왜 교회 목사의 장례식 장면이 서술되어 있을까 의아했습니다. 그런데 알고 보니 그분은 박석훈 목사라는 실존 인물이었습니다. 그래서 박석훈 목사에 대해서 찾아보았는데, 꽤 여러 군데에 기록이 나옵니다. 3 · 1 운동과 깊이 관련된 기독교 운동을 하셨더라고요. 그분은 제 대학 시절 은사였던 박영준 선생님의 아버님이기도 합니다. 사실 그래서 이 작품을 다시 읽으면서 착잡한 생각이 들었습니다. 작가 전영택의 아내는 3 · 1운동 관련 혐의 때문에 결혼한 바로 다음 날잡혀갑니다. 그의 작품 창작의 주요 동인 중 하나가 3 · 1운동일지도 모른다는 생각이 들었습니다. 전영택의 작품 중 거의 알려지지 않은 『피』라는 소설이 있습니다. 이 작품에서는 윌슨의 민족자결주의 이야기가 언급됩니다. 주인공이 꿈 속에서 신문을 창간하는데 윌슨이 편지를 보내옵니다. 그 소설은 전집에도 실리지 않았습니다. 이 작품은 철저하게 3 · 1운동 이후에 지식인이 무엇을 할 것인가를 다루고 있습니다. 전영택의 관심사를 우리가 일반적으로 휴머니즘이라고 이야기하는 것은 사실은 식민지 시기 당시에 3 · 1운동을 직접 거론할 수 없어서 그랬는지도 모릅니다. 근대문학에 3 · 1운동이 얼마나 깊이 관계되어 있는가를 좀 더 살펴보아야 합니다. 당시 문학 관련 자료들에서는 종종 '그때 그일'이라는 표현이 나오는데 '그때 그일'이란 바로 3 · 1운동입니다. 그러한 것들에 대해서 좀 더 의식하고 다시 읽으면 문학 쪽에서 3 · 1운동에 대해 더 많은 이야기를 할 수 있으리란 생각이 듭니다.

사회자: 박창균 선생님은 『3월 1일의 밤』 읽어보셨는지요?

박창균: 저는 읽어보지는 못했는데요, 포럼에서 저작발표나 서평을 듣

고 생각했던 것이 바로 저희 아버지였습니다. 혁명은 일상이 될 수 없다고 생각합니다. 철저히 비일상적인 사건이고 행위라고 생각합니다. 각계 각층의 사람들이 받아들이는 바도 다르고요. 저희 아버지는 4·19 당시에 중학생이었습니다. 수원에 계시다가 사람들이 트럭에 올라타니까 분위기에 힙쓸려서 트럭에 올라가셨는데, 이미 일은 다 끝났다고 말씀하신 적이 있습니다. 그 비일상적인 영역에서 일어난 사건과 그것을 맞이하는 사람들의 심리라든가, 그리고 그것이 어떤 메시지를 주는지에 대해서 살펴보는 저작이었다고 생각합니다.

사회자: 그럼 다음으로 두 번째 세션인 제국주의와 인종주의에 대해서 이야기 나눠보겠습니다. 후지타니 선생님의 접근법에 대해서 좀 논란이 있었습니다.

김영진: 혁명이나 제국주의는 매우 익숙하고 누구나 어느 정도는 알고 있다고 생각해 왔는데, 세션 2의 경우에는 우리의 이러한 익숙함에 대해 다시 한번 질문을 던지려고 했던 세션이 아니었나 생각합니다. 고마고메 선생님과 후지타니 선생님의 저작은 우리에게 익숙한 제국주의의 방식과는 좀 다른 접근을 시도했던 것 같습니다. 논란이 됐던 것의 핵심보다도 좀 아쉽다고 느꼈던 것은 논의를 확장하고 논점을 이야기할 수 있도록 좀 더 다듬어진 형태의 서평이었다면 오히려 생산적인 형태의 대화가 가능하지 않았을까 생각해 봅니다.

이기훈 선생님도 논란이라고 하셨지만 세션 2의 문제의식이나 고민 등이 다 구겨져 버린 느낌이 있어서 좀 아쉬웠습니다. 개인적으로 좀 궁금했던 점들이 얼마나 제출된 것일까라는 생각을 하게 되었습니다. 번역하신 이경훈 선생님도 계셨고 책 제목에 대한 이야기도 했지만, 중요한 개

넘어 번역을 왜 그렇게 했는지를 서평자가 좀 더 언급해 주어야 하지 않았나 하는 생각도 들었습니다. 그 단어들이 갖는 한국어 개념의 뉘앙스라든지, 그런 것이 좀 더 잘 다뤄졌으면 좋았겠다고 생각합니다.

사회자: 저희 기획의도는 신지영 선생님도 말씀하셨지만, 다른 지역에서 다루어지고 있는 한국학을 통해서 제국주의를 바라보는 여러 시각이 있다는 것을 보여주고 싶었던 것이지요. 논의가 그런 방식으로 더 진전이 되었었다면 더 좋았을 것이라고 생각합니다. 제국과 제국주의를 바라보는 여러 시각이나 시점들이 존재하기 때문에 하나만으로 고정된 것이 아니었지요. 세션 3에서는 그런 부분이 잘 드러났습니다. 다른 식으로 바라보는 혁명과 일상이 드러났지요. 그런 점에서 세션 2가 보다 풍부한 내용이 되었으면 좋았을 텐데 아쉬운 점이 있습니다.

신형기: 제국주의의 복수성이 차별성을 말하는 것인가요, 아니면 제국주의가 갖는 편재성이라고 할까, 확산시킬 수 있는 제국주의를 이야기하는 것인지가 궁금했습니다. 고마고메 선생님 책을 안 읽었기 때문에 물어보고 싶었습니다. 근대에서 제국주의는 중첩적이기도 하고 사실 이미 어디에서나 볼 수 있는 흔한 것이었지요.
　국가와 국가 관계가 아니라, 한 국가 안에서도 지역에 대한 식민지화, 내부 식민지 개념은 어떻게 보면 제국주의를 너무 확산시켜서 제국주의의 죄악성을 역사적 성격으로 무화시킨 지점이 있는 것이 아닌가하는 생각이 들기도 하지만, 제국주의가 한편으로는 어디서나 작동하고 있었다고 한다면, 객관적인 지적일 수도 있겠지요. 그런데 대만 이야기를 하면서 일본도 겪고 중국도 겪는 이런 대만 사람들의 경험을 이야기하려면, 즉 그 복수성의 이야기를 하자면 이야기가 굉장히 확대되어야 한다고 생

각했습니다. 신지영 선생님은 어떻게 생각하십니까.

신지영: 답을 갖고 섭외한 것은 아니었어요. 단지 영미권에서 제국이나 제국주의의 복수성에 대한 논의들이 점차 확장되고 있다고 느꼈고 그 흐름을 식민지를 필드로 하는 연구자들의 시각으로 사유하여 되돌려 줄 필요가 있다고 생각했습니다. 예를 들어 고마고메 선생님은 대만에 들어와 있던 여러 제국들이 서로 각투를 벌이는 틈새에서 오히려 '대만성'을 이야기할 수 있는 자치적인 공간이 열린다고 설명하셨다고 저는 이해하고 있습니다. 따라서 지금 말씀하신 것과 같은 편재하는 제국의 복수성이나 중층성 사이에는 협곡과 같은 틈새가 있고, 그 틈새를 만드는 것은 제국주의자의 힘이 아니라 피식민자들의 힘이라고 생각합니다. 또한 다시금 그 안에서 대만과 조선의 관계, 각 식민지 내부의 인종과 젠더의 차이를 어떻게 더 깊이 이야기할 수 있을까를 고민하게 됩니다.

이번 포럼을 통해서 복수의 제국주의라는 인식을, 식민지의 상황에 근거해서 재해석하여 되돌려줄 수 있다고 한다면, 이때 활용할 수 있는 것이 단지 '복수성'이라는 개념일까라는 점에는 의문이 있습니다. '복수의 제국주의'라는 인식틀로 제국주의에 대해서는 말할 수 있지만 식민지의 고통에 대해서는 얼마나 깊이 있는 이야기가 가능할지 의문입니다. 식민지 내부에서 고통스럽게 뒤엉키고 중층적으로 작용하는 폭력과 지배의 문제를 잘 설명하기 위해서는 어떠한 관점이나 개념이 필요할까를 좀 더 깊이 고민하게 되었습니다. 이러한 점에서 고마고메 선생님이 마지막에 하신 말씀이 가슴에 남습니다. "인종주의와 식민주의가 마구 겹쳐져 버린 폭력의 복잡성"이라고 하셨던가요, 제국주의를 설명하기 위해서가 아니라, 식민지 내부에서 모든 존재들을 고통스럽게 했던 내재적인 식민주의의 문제들을 보기 위해서 그 말씀을 어떻게 구체화할 수 있을지 생각하게 됩니다.

또한 영미권의 제국주의 연구와 아시아권의 제국주의 연구를 서로 겹쳐볼 때 단순한 비교가 아니라 어떠한 사유의 틀이 필요할지, 식민주의와 인종주의는 이러한 지점에서 어떻게 서로 관련되어 있는지, 대만의 자치와 조선의 독립이 갖는 차이와 그 차이의 효과는 무엇일지 등에 대해서도 논의할 수 있었으면 했습니다만, 그러한 지점에 대해서는 시간상 충분히 논의되지 못했던 것 같습니다.

이태훈: 고마고메 선생님이 제국사라는 방법론의 창시자인데, 본인이 이런 말씀하신 적이 있습니다. 제국사 방법론은 제국 전체의 네트워크 속에서 통치 구조를 총체적으로 보자는 것인데, 그것이 자꾸만 제국의 시점으로 가게 된다는 것이지요. 그래서 식민지로부터의 시점을 봐야겠다고 자기 비판적으로 언급하신 적이 있었는데요, 이번 연구에 그 문제점을 다룬 지점이 드러났다고 생각합니다. 대만이라는 식민지 내부로부터의 문제로 보면 그 상황에 제국의 복수성이 어떻게 나타나고 있는가 그 부분을 말씀하신 것 같습니다. 고마고메 선생님은 예전에도 보면 역설을 대단히 좋아하시는 것 같습니다. 제국의 의도와 다르게, 그 의도하지 않은 역설들이 드러나는 부분, 내부에서 어떻게 역설적인 모습들이 일어나는가라는 문제를 이야기 하고 싶었던 것 같습니다.

식민지 문화통합에 관한 책에서 말씀하실 때에도 제국주의 통치를 하다 보니, 제국주의가 결국 자신의 정체성을 찢어버리는 역설을 맞이하게 된다는 말씀을 하셨거든요. 지배와 협력을 넘어서 지배가 어떻게 또 다른 역설을 만들어냈는가 하는 측면에서는 재미있었습니다. 하지만 그것이 식민지 조선의 경우와 직결해서 말할 수 있는가는 다른 문제입니다. 조선의 조건은 대만과 달랐기 때문에 그 상황에서 어떤 식으로든 참조가 되겠지만, 그래도 식민지 조선에 대만의 문제를 바로 도입하게 되면 생기는 문제점들이 있는데도, 왕왕 우리는 그것을 바로 생경하게 대립시키는 논의들을 보게 되기도 합니다.

후지타니 선생님 책은 읽어보지는 못했고, 궁금하기만 했는데 토론을 통해 여러 가지 생각이 들었습니다. 그중에서 가장 컸던 것은 왜 송병권 같은 일본사 연구자들이 날카롭게 반응했을까 하는 것이었습니다. 사실 제가 토론을 했어도 반응이 날카로웠을 것 같습니다. 후지타니 선생님 말씀은 결국 제국주의가 아닌 것처럼 보이는 미국 안에서도 소수자들이나 인종들에게 대하는 것은 일본의 제국주의와 크게 다르지 않다는 것입니다. 그것을 제국주의라고 부를 수 있는지 없는지와 상관없이, 그 제국주의가 작동하고 있는 기제는 동시성을 갖고 있다고 말씀하시는 것 같습니다. 그리고 그 동시성을 이야기해야 하기 때문에, 당연히 일본 제국주의를 말씀하실 수밖에 없었고, 일본 제국주의를 이야기하게 되니까 일본 제국주의의 구조와 식민지배 대상의 이야기가 나왔던 것이지요.

후지타니 선생님의 입장에서는 실증적인 이야기를 하신 것이지요. 미국에 있는 일본계 미국인이 가진 문제를 세계사적인 시점에서 이야기하신 것이고, 또 많은 시사점을 얻기도 했고요. 인문학도나 사회과학자나 연구자들은 자신의 논리 틀을 위해서 굉장히 수많은 아픈 문제를 언급할 수밖에 없습니다. 그런데 그런 문제를 이야기할 때 그 이야기에 합당한 연구 윤리를 지키고 있는가하는 문제는 항상 다시 생각해 보아야 합니다. 그만큼 자신이 논거로 들고 있는 대상에 대해서, 그들이 살고 있는 사회의 구조와 공간에 대해서 충분히 고민하면서 언급하고 있는가 하는 것입니다.

마찬가지로 어떤 연구자가 다른 논의 속에서 미국계 일본인이 겪는 고통의 지점을 깊은 고민 없이 참조적으로 언급한다고 할 때 어떤 생각이

들까 의문이 듭니다. 제2차 세계대전 전후로 가장 많은 사람들이 희생되었습니다. 이 사건을 인문사회과학 연구자들이 접근할 때 어떤 윤리의식을 갖고 접근하고 있는가는 중요한 문제입니다. 그리고 그 아픔의 역사를 보다 자신의 문제로 껴안고 연구하는 사람들에게는 후지타니 선생님의 주장이 굉장히 날카롭게 다가올 수밖에 없는 부분이 있었던 것 같습니다. 그렇게 그러한 입장으로 식민지 조선의 문제가 소비가 되어도 되는 것인가 하는 생각이 들었고, 그래서 그 불편함이 송병권 선생님의 서평에 드러난 것이 아니었을까 생각합니다. 제가 보기에는 글로벌한 시야에서 인문학을 하고, 세계사의 구도라든지 세계사의 동시성, 공통성을 이야기하는 분들이 갖고 있는 문제의식과 별개로 그 문제의식 안에서 언급될 수밖에 없는 부분들에 대해, 이들이 어떤 윤리 의식을 갖고 있는지 항상 의문을 갖게 되는 부분이 있다고 생각합니다.

신형기: 미국의 인종차별 문제는 모든 제국과 제국주의의 항상 상시적인 요소이고 보편적인 현상이라고 할 수 있습니다. 미국이 계급적으로 인종차별을 하는 제국주의인가를 새삼스럽게 확인하는 것은 이 책의 핵심이 아닙니다. 서평자는 자의로 일본으로 간 일본계 이민자들, 일본계 미국인들이 된 사람들에 대한 미국에서의 차별과 일본 제국과 식민지 조선이라는 관계가 어떻게 비교대상이 될 수 있는가 하는 책의 근본적인 구도에 대한 의문을 제시한 것인데, 후지타니 선생님이 그에 대한 충분한 답변을 했다고 생각하지는 않습니다. 이 문제를 어떻게 생각해야 할까요.

김영진: 그런데 사실 일본계 미국인들도 자의로 간 것은 아니거든요. 예를 들면 만주로 간 조선인들을 자의로 갔다고 말할 수는 없는 것이지요.

신형기: 그렇다고 강제적으로 간 것도 아니지요.

김영진: 그 비교의 문제에서 강제성과 자의성이 이주자 연구에서 분명한 경계를 가진 것은 아니기 때문에, 예를 들어 인구조절과 식량생산 문제로 이민이 이루어지는데, 그것이 자발적인 것인지 강제적인 것이지의 질문은 너무 이분법적이고, 그렇게 이주자 연구를 하는 것은 있을 수 없습니다. 오히려 거꾸로 이주자 연구가 그렇게 깊이 전개되지 않았기 때문에, 강제적인지 자발적인지의 문제가 화두로 전개가 되는 측면이 있는 것 같습니다.

하지만 비교의 문제는 언제나 불안한 연결고리를 갖고 있게 마련인데, 논의를 진행시키기 위해서는, 어쨌든 이 불안한 연결고리를 갖고 있음에도 불구하고, 이것을 통해서 저자가 무엇을 말하려고 하는지를 언급하고 나서 구도에 대한 비판이 형성되었어야 한다고 생각합니다. 송병권 선생님의 서평에서는 그 비판이 문제가 아니라 그 전 작업이 없었고, 이것이 틀렸다라고 말하는 순간, 논의 전에 글 쓴 사람들의 의도를 부정해버리면 — 예를 들어 권보드래 선생님의 저작의 경우 개인을 통해서 세계를 보는 게 의미가 있는지라고 비판하면 — 책에 대한 논의가 전개될 수 없는 것이라고 생각합니다. 모든 책이 논점들이 있는데 그 점에서는 토론이 좀 생산적이지 않았다고 생각합니다.

신형기: 제가 말한 핵심은 식민, 피식민, 제국, 식민 사이에서 이주는 일어나는데 그런 문제를 다룬 연구논문은 많지만, 미국으로 이주한 이주민과, 한 국가로 존재하다가 식민지가 되어버린 일본제국, 식민지의 문제에 대한 비교역사학적 연구에 전례가 있는지, 아니면 이러한 비교가 정말 타당한가라는 물음입니다.

이태훈: 제가 생각하기에는 바로 그 구도에서부터 문제가 시작되었습니다. 후지타니 선생님은 이것을 비교할 수 있다고 생각했죠.

신형기: 책 제목이 『총력전 제국의 인종주의』이죠. 인종주의에만 초점을 맞추면 비교가 가능하다고 생각하신 것은 아닌지 모르겠습니다. 제국, 식민지의 관계가 아니라, 총력전 제국 안에서 작동하는 인종의 문제에만 초점을 맞춘다는 것으로는 사실 보기 어렵다고 생각합니다.

이태훈: 이 제목 안에 분명하게 포함되어 있는데 '총력전 제국'이라는 말 안에 동일성이 있는 것이지요. 미국이든지 일본이든지 간에. 그 총력전을 수행하는 제국 안에서 그 안의 타자화된 존재들, 그들을 억압하는 기제 안에 핵심적인 키워드가 바로 인종주의이지요. 그래서 이른바 일본 제국이 조선이라든지 대만을 지배한다고 할 때의 지배와 미국 안에서 일본계 미국인을 향한 지배의 양식이 표면적으로는 달라 보일지라도, 그 지배의 주체는 동일한 '총력전 제국'인 것이고, 억압의 성격은 인종주의라고 이야기하고 있는 것입니다.

신형기: 그런데 식민지 연구자들은 받아들이기 힘들 수 있겠네요.

이태훈: 그러니까 이 발상이 가능했다는 것 자체가 기본적으로 식민지 문제를 깊이 고민해 보지 않았다는 생각이 드는 것이지요. 송병권 선생님 같은 경우는 그 불편함을 다 쏟아내셨는데, 조금 전에 말씀드린 것처럼 그런 발상이 가능한가에 대해서, 자신이 다루고 있는 소재, 식민지 문제에 대해서 심각한 고민을 했어야 했는데 제가 생각하기에는 그 고려 없이 연구자 개인의 논리 안으로 끌어들이기 위해 식민지 조선을 언급한

측면들이 있었다고 볼 수도 있습니다. 그런 점에서 지난 시기를 연구하는 연구자는 논리 이전에 윤리적으로 고민해야 하는 것이 아닌가하는 생각이 들었습니다.

빅칭균: 후지타니 선생님의 지작에 대한 논란을 보면서, 한국 학자들의 장점이나 단점이라고도 할 수 있을 텐데, 이들의 입장이 바로 피식민지 민족의 연장선상에 있다고 생각했습니다. 식민지 담론에 대한 이해도가 높기 때문에 반박할 여지가 있는 것은 분명한 장점이지만, 단점은 인종주의와 제국주의의 연관성을 좀 떨어뜨리려고 하는 지점이 있지 않을까 생각합니다. 저작에서는 인종주의와 제국주의가 긴밀하게 연관되어 있는데, 서평은 그 긴밀함을 다소 벌어진 상태로 바라보고 제국주의와 인종주의를 좀 분리시키는 느낌이 들었거든요.
　제가 간단히 메모한 것을 보면, 아리아족의 제국 형성은 곧 나치의 제국 성립 논리였다는 것이었고, 일본의 경우에는 우수한 일본인이 대동아를 구성한다는 것이 일제의 제국주의 기반이었다고 논하고 있습니다. 후지타니 선생님의 글에서는 세계 경찰을 자부하는 미국의 제국주의도 그 이전 시기의 나치즘이나 일제의 논리와는 궤는 좀 다르지만 그 유사성을 살펴볼 수 있다고 주장합니다. 새로운 형태의 제국주의가 결합되는 형태에 대한 논의가 바로 이 책의 핵심이라는 맥락도 읽을 수 있었습니다. 그렇지만 그런 이해에도 불구하고 피식민지 국가의 국민이기 때문에 받아들이기 힘든 부분이 역시 있었던 것 같습니다. 근대 계몽기 시대의 계몽 담론은 독립의 의미는 강하지만, 더 나아가서 피지배를 당하지 않고 더 나아가서 이익을 취할 수 있는 방향으로 나갈 수 있는가라는 논리로 발전할 수 있었기 때문에, 그것도 따지고 보면 피식민지 국가에서도 인종주의와 제국주의의 담론은 떼어놓을 수 없는 문제이지 않을까 생각하게

되었습니다.

사회자: 그럼 세 번째 세션으로 넘어가 볼까요? 〈혁명과 재일조선인의 기록〉. 저는 이 세션이 개인적으로는 여러 가지로 인상적이었어요. '오키나와 조선인' 이것도 재미있었지만, 크리스티나 이의 정치적인 위치 자체, 존재론적 위치 자체가 굉장히 인상적이었던 것 같아요. 한국계 미국인이 하는 일본 문학인데 결국 선택한 텍스트는 재일조선인 문학이었지요. 이 정치학 자체가 굉장히 재미있었다는 거죠. 어떤 면에서 발표자가 분석의 대상이 되는, 화자가 화자 그 자체로 '문제적'인 사람들인 거지요. 오키나와에 있는 재일조선인 학자. 한국계 미국인으로 일본 문학을 하는데 결국 재일조선인 문학을 하는 사람. 재일조선인 문학을 따로 쓴 재일조선인인데, 그 책을 한국어로 번역했다는 사람. 이 화자들의 발언 자체가 흥미로웠습니다.

신지영: 취지를 잘 이해해 주셔서 너무 기쁩니다.

신형기: 오세종 선생님의 『오키나와와 조선의 틈새에서』 저작발표를 들으면서, 오키나와 출신 문제를 다룬 여러 가지 복잡한 고려사항이 있을 수 있다고 이해했습니다. 그런데 대리노동 개념이 부각이 되고, 또 마치 결론처럼 되었습니다. 그러나 대리노동 개념은 역시 인종주의처럼 제국 — 식민지 관계에서 굉장히 일반적이지 않습니까? 대리인(Surrogate) 개념은 사실 이진경 선생님이 *Service Economies* (University of Minnesota Press, 2010)에서 길게 이야기한 바 있어요. 사실 대리인 개념은 폴 비릴리오(Paul Virilio)가 *Speed and Politics* (The MIT Press, 1986)에서 이야기한 개념입니다. 영화로도 나왔지요. 사람이 병들면, 뒤에서 좀 더 발전된 세

상에서 자기랑 똑같은 대리인을 만듭니다. 바로 대리인이 나가서 활동도 하고, 물론 대리인이 죽을 수도 있지요. 그래도 상관없어요. 힘든 일은 대리인이 다 하니까. 대리체계죠. 힘든 일은 다 대리인이 하는 것이죠. 이진경 선생님은 월남전 파병된 한국 군인들을 대리인으로 봤어요. 일종의 제국 — 식민지, 혹은 제국 후진국 간의 관계에서 나타나는 노동인데, 미국군이 싸워야 할 자리에 한국군이 가서 대신 싸워서 죽어주는 거죠. 그걸 이제 '밀리터리 프롤레탈리아'라고 해서 대리노동을 하는 것으로 본 것이지요.

식민 — 피식민 관계가 한국 군인에게는 일본 식민지가 끝난 다음에도 이어집니다. 이제 세계적인 국제 분업 시스템, 즉 '서비스 이코노미' 안에서, 경제적으로 재편되는 전후 질서 속에서, 대리노동을 하게 되지요. 이런 식의 Surrogate가 있으면 주인이 있게 마련이죠. 진짜 주인을 뭐라고 해야 할지, Surrogate를 본인을 대신해서 내세우는 존재, 즉 제국주의 주체라고도 할 수도 있겠죠. 아마도 오세종 선생님이 오키나와를 통해서 사실상 하고자 했던 주장은, 대리노동하는 조선인 위안부를 통해서 오키나와의 사람들이 자신의 가해자성을 자각하는 것, 이 대리의 체계 중간에서 사실 그 수혜자가 자신 역시 피해자이지만 또 한편으로는 가해자임을 깨닫는 일종의 윤리적인 각성이랄까요? 오키나와인들의 성찰을 의미 있게 읽었습니다.

사회자: 사실 이 오키나와, 한국 조선인에서 좀 더 나아가면 만주국이 약간 비슷한 느낌이 들죠.

신형기: 만주국에서의 한국 사람들의 위치요.

사회자: 예. 위치나 위상들이요. 조금 다른 점은 조선인들은 더 조직적으로 범죄적인 행동을 일상적으로 했다는 것입니다. 실제로 보면 아편 밀매, 화북지역의 아편 밀매상들이 거의 조선인이나 한인이었거든요

이태훈: 이건 상당히 연원이 오래된 문제인 것 같아요. 제가 이런 경우를 처음 접했던 것은 '한말 일진회'의 경우였습니다. 일본이 만주나 중국 쪽으로 진출하려고 하는데 너무 위험했던 것이지요. 땅도 거칠고. 그래서 그곳에 대개 한국인들을 보냈어요. 간도에 파출소를 만들려고 할 때 조선인들을 보내서 개척하게끔 하자는 것이었죠. 그때 자의 반 타의 반, 타의라 해도 그건 자의에 가까운데요, 그때 손들고 앞장선 게 일진회거든요. 일진회가 아주 일찍부터 만주지역으로 가요. 그때 뽑혔던 사람 중 한 명이 이광수였어요. 맨 처음에 말이죠. 실제로 나갔는지는 모르겠는데, 회의에 보면 이광수 얘기가 나와요. 유학 가기 전에 거길 보낸다는 이야기가 말이죠. 그 때 이광수는 나이가 너무 어렸지요. 그래서 실제로 갔는지는 잘 모르지만 명단에는 이광수가 있지요.

실제로 가서 지구장이 된 사람이 있었는데, 일제 시기까지 활동했던 사람이었죠. 이 일진회는 어떤 면에서 자원한 측면이 있어요. 자원하게 되는 이유에는 돈 문제뿐만 아니라, 한국에서 자리를 잡기 힘들 수도 있다는 생각도 있었겠죠. 그래서 스스로 본인들이 할 일을 제안하고, 그래서 일제강점 직전까지도 계속해서 거래를 하려고 했습니다. 지원금을 받으면 만주에 가서 어떤 일을 하겠다고 하면서, 실제로 일찌감치 나가기도 했었고 나중에 일진회 잔당들이 남아서 만주 지역에서 일종의 친일단체를 만들어서 활동하기도 합니다.

대리의 문제로 돌아가서, 20년대 전반을 살펴보면, 물론 지금 드는 예는 좀 다른 차원의 문제이긴 하지만, 대리 노동도 여러 가지 경우가 있다

는 생각이 듭니다. 대리자 시스템의 조건은, 가장 밑바닥에 있는 모든 위험을 '외주'하는 거죠. 대리자에게 일거리를 외주하고 대신하게 하는 방식, 억압 속에서 대신할 수밖에 없었던 것들도 있고, 일진회의 경우처럼 그것을 교환을 하는 경우도 있는 것이죠. 일종의 대리를 통해 교환하는 방식도 있을 수 있고요.

대리인 제도에서 또 하나의 문제는, 지금 현실에서 보면 마이클 샌델이 쓴『정의란 무엇인가』에 여러 가지 사례가 나오는데, 그 중 하나인 모병제입니다. 직업군인에게 급료를 주고 고용한다는 것은 어떻게 보면 전문화된 인력을 활용하는 '직업'이라는 의미에서 합리적인 것처럼 보이는데요, 사실은 전쟁과 같은 특수한 경우에는 목숨을 내 놓아야 될 수도 있는 것이죠. 즉 가장 돈이 아쉬운 사람들이 결국 이 직업군을 선택하고, 목숨을 건 위험한 일을 대리 노동자가 하게 되지요. 다시 말하면, 전쟁터에 보내는 고용을 하고 있다는 뜻입니다. 그래서 이것이 합리적인 제도인지 의문을 제기하게 되는 것입니다.

징병제인지 모병제인지의 논란에서 보면 여러 문제가 제기됩니다. 용병의 문제, 군사 기업화의 문제가 있고, 또 가장 큰 문제는 미국의 모병제에서 부족한 군인 인력을 채우는 대다수가 주로 아시아계나 멕시칸계 미국인들이라는 사실입니다. 이들에게 장학금을 주는 조건, 혹은 시민권을 주는 조건으로 대리노동이 이루어지고 있는 것이지요. 사실 어떻게 보자면, 백인들이 돈을 주고 이들을 고용한다고 볼 수도 있지요. 그런데 당장 한국사회에서 모병제를 통해서 군인을 직업화한다고 했을 때, 이런 복잡한 사회 계급구조, 인종문제를 고려해서 논의하고 있는 것인지 의문이 듭니다.

신형기: 전례도 있었죠. 월남전. 그때도 사실 시골 청년들, 시골 출신

한국 군인들이 한몫 잡는다고 자원했었죠.

이태훈: 그래서 결국 그 합리성이라고 하는 문제는 사실 제도라든지 권력의 문제만은 아닌 것 같아요. 그 사회가 안고 있는 이른바 시민사회라고 하는, 시민이라 이름 붙여진 사람들이 갖고 있는 일종의 딜레마일 것 같아요. 물론, 그러한 딜레마 상황과 오키나와의 경우는 절대 다른 문제이지요. 전혀 다른 차원의 문제가 되긴 하지만 문제를 다른 식으로 전이시켜서 보자면, 마치 오키나와에 있었던 일본 사람들이 자신들의 가해자성이라는 것을 느끼는 문제가, 선량한 시민이라 불리는 우리 사회 대부분의 사람들이 자신이 안고 있는 딜레마에 대해서 생각하고 있느냐는 문제와 연관되는 것이지요.

사회자: 저는 세 번째 세션의 발표들을 제각각 개별적인 발표라기보다는 전체적으로 한국학의 확산이라고 볼 수 있다고 생각합니다. 즉 재일조선인, 자이니치에 대한 문제를, 한국학은, 우리는 어떻게 해석해야 되는가? 이것이 한국학의 범주에 들어가나? 한국학의 범주에 들어간다면, 어느 위치에 두어야 되느냐는 질문에 부딪친 것이죠. 그러니까 재일조선인이 일본어로 학문을 하는 것이 정체성과 관련해서 논란이 될 수도 있는 거죠. 어디에다 위치를 시켜야 할 것인지, 아니면 재일조선인 문학의 위치를 꼭 규정해야 하는지 등을 생각하게 됩니다.

한국학에서는 재일조선인 문학을 어떻게 받아들이고 수용해야 하는지 무척 고민스럽기도 하고요, 우리가 이것에 어떤 방식으로 접근해야 할까요? 그러니까 재일조선인 역사가 사실 하나의 역사를 이루고 있는데, 역사학의 체계에서는 다뤄지지 않거든요. 우리가 서술하는 역사의 체계에서는 어디에도 다루지 않는 것이 재일조선인의 역사에요. 사실은, 한국

사회에서도 일본 사회에서도 다루지 않는 역사이므로 따로 연구를 해야하는 것인데, 이러한 점을 우리가 어떻게 수용할 수 있을까요? 이미 재일조선인 문학 및 역사는 상당히 많은 학문적 성과와 분야를 형성하고 있어요. 이것을 어떻게 수용해야 할까요? 받아들여야 하는지, 뚜렷한 답은 없지만 고민스럽습니다.

윤영실: 두 번째와 세 번째 세션을 엮어서 보면, 연구의 경향, 흐름이 보입니다. 과거에 국민국가 체제 속에서 일국사적인 관점이 주류를 이루었던 시기를 넘어서서, 두 번째 세션에서 보는 것처럼 국민국가들의 차이를 연결하면서 계속 시선을 확장해 오는 흐름이 있었어요. 한국사에서 동아시아로, 동아시아에서 보편사적인 관점으로 계속 차이들을 연결하고 확장해 가는 과정에서 말이지요. 그 과정에서 분명히 얻게 된 중요한 통찰들, 더 밀고 나가야 하는 지점도 있지만, 후지타니 선생님의 책을 둘러싼 논쟁에서 볼 수 있듯이, 차이들을 연결했을 때, 각각의 차이들의 고유한 특이성이 간과되면서 빚어지는 충돌도 있고요. 저는 이 차이들의 고유성 문제가 보편사적인 시야로 넓혀간다는 연구 방향성 자체를 되돌릴 수는 없을 것이라 생각을 합니다. 다만 그 방향성에 공감하면서 어떻게 고유성을 사상하지 않은 채 소통할 수 있을지에 대한 고민이 서로에게 던져져야 하지 않을까 생각했습니다.

세 번째 세션 같은 경우에는 각각의 차이들 그 자체는 과연 자기동일적인 정체성인가라는 질문을 불러일으키는 것 같아요. 한국이든, 일본이든, 심지어 오키나와인이든 재만 조선인이든 각각의 단위로서 설정된 차이들이 또 다른 차이들에 의해서 중층화 된다고 해야 될까요? 차이들이 계속 미분화되면서 좀 더 미시적인 차이들도 증식해가는 그런 방향성이 또 하나 있는 것 같습니다. 그리고 세션2와 세션3의 두 가지 방향성이다 저희에게 중요한 흐름이며, 공통적으로는 기존의 일국사적인 관점을 넘어서는 두 개의 흐름이고 방향이지 않을까요. 거기에서 빚어지는 여러 가지 새로운 질문에 대해서 우리가 과거로 회귀하지 않는 방식으로 전진 하면서 고민해가야 하지 않을까 생각해봤습니다.

신형기: 문학 연구하는 사람들 사이에서 어떤 사람들은 한민족 문학사 라고 해서 세계의 한민족을 다 모으려고 합니다. 타쉬켄트 고려인, 중국 의 조선족 문학, 자이니치 문학 등 모두를 아우르는 한민족 문학사를 쓰 는 게 목표인 것이죠. 이런 식으로 한민족이라 해서 이루어지는 국가 정 체성의 확장적 기획 같은 게 아류 제국주의 발상 같은 것일 수도 있고, 아니면 민족주의적 치기일 수 있는데, 선생님께서 아까 말씀하신 그런 문제들이죠. 사실, 『재일조선인 문학사』를 위하여: 소리 없는 목소리의 폴리포니』라는 책이 일깨우는 바가 큽니다. 우리가 갖고 있는 기존의 일 국사를 넘자고 하면, 우리말로 쓰인, 혹은 일본말로 쓰였다고 해도 '에스 니컬한 한국인'이 쓴 자이니치의 경험을 기록한 문학을, 어떻게 분류하고 어떤 위치에 놓아야 하는가 답할 수 없는 당혹감이 있습니다.

사회자: 이 자극이 재만 조선인의 경우도 다시 생각해 보게 하는 것은 맞습니다. 이 연구는 우리가 연구사를 정리할 때 우리 학문체계에서는 수용이 잘 안 되어 왔던 연구이죠. 포함해야 하지만, 이것을 민족 단위로 수용할 수는 없다는 점도 부분적으로 공감합니다.

김영민: 어떤 것이 한국문학인가, 사용된 언어는 무엇이어야 하는가, 그런 것에 대해서 사실 정답은 없습니다. 송혜원 선생님 책만 놓고 보면, 이는 정말 문학사로서는 아주 독자적인 시도라는 생각이 들어요. 어떤

면에서 그런가 하면, 사람들은 흔히 역사나 문학사에서 이른바 비주류의 중요성을 강조합니다. 그동안 이루어진 남성 중심 문학사에 대해서도 비판을 합니다. 하지만, 별로 대안을 보여주지는 못했던 것 같습니다. 그런데, 송혜원 선생님 책이 그런 것에 대한 아주 실질적인 대안이라고 생각합니다. 이리한 방식으로도 문학사가 가능하다는 것이죠.

제가 송혜원 선생님 책을 주목하는 이유 중 하나는 거기에 들어간 노력이 얼마나 크고 소중한지 공감하기 때문입니다. 송혜원 선생님의 책이 일본어로 나왔을 때 워낙 반응이 좋았다고 합니다. 그리고 다행히, 저자가 소명출판에서 한국어판으로 내고 싶어 했다고 합니다. 근대한국학연구소를 통해 소명출판에서 내고자 하는 제안이 왔기 때문에, 연구소가 중간 역할을 했습니다. 처음 원고를 받았을 때 이 책에서 사용하는 일부 용어를 어떻게 반영할지 고민스러워서 이태훈 선생님 등 몇몇 분께 제가 상의를 드렸어요. 이게 역사학계에서 보편적으로 사용하는 용어냐고 물으니까 아니라고 답하시더라고요.

그런데 모든 선생님들 의견은 기본적으로는 필자를 존중하자는 것이었지요. 그 다음으로 또 하나 대두된 문제는, 책으로 만들어야 하니까 제작자의 의견을 물어야 하잖아요, 소명출판사의 의견 말입니다. 제작사 쪽에서는 별로 문제 되지 않는다는 답을 했습니다. 그래서 출판 진행할 때 큰 문제가 없이 잘 진행되었습니다. 저는 여러 선생님들, 특히 근대한국학연구소에 관계하는 선생님들 중 비교적 젊은 선생님들의 의견을 많이 들었습니다. 왜냐하면, 저만 해도 선입견이 있을 수 있었기 때문입니다. 선생님들 의견을 듣고 그것을 그대로 필자에게 전했어요. 이런저런 의견들이 있다고 하니까 송혜원 선생님이 몇몇 용어들에 따옴표를 쳐 줬어요. 저자 본인도 고민을 많이 했던 것 같아요. 그랬는데도 역시 학술대회 당일 역시 청중들로부터 약간의 문제 제기가 있었지요.

신형기: 다행히 그런 분들은 이런 행사에는 거의 안 오죠. 개인적으로 신(지영)선생님은 송혜원 선생님 아시나요?

신지영: 네. 예전부터 존경하는 학자이고 선배이기도 합니다.

김영민: 그게, 신지영 선생이 기획 회의에서 제안을 했는데, 처음엔 채택되지 않았던 모양입니다.

신지영: 나중에 김영민 선생님께 말씀 여쭙다가 송혜원 선생님 책이 근대한국학연구소의 총서로 나올 예정이라는 것을 알게 되었죠.

김영민: 주제에 대해 전달 받았는데 재일조선인 세션도 있더라구요. 그래서 이번에 근대한국학연구소에서 송혜원 선생님 책이 나올 예정이라는 이야기를 전했고, 추가로 발표자로 들어가게 되었지요?

신지영: 네. 선생님께서 애써 주신 덕분에 좋은 발표자를 초대할 수 있었어요. 너무 다행이고 또 감사합니다.

신형기: 그런데 재일조선인 문학 등은 어떻게 개념화하고 이야기하면 좋을까요? 경계의 문학사, 복수의 문학사 등으로 이야기할 수 있을 텐데요. 말하자면 재일조선인 문학사인데, 문학사라는 게 일종의 민족사적 개념이고, 국가주의에서 나온 개념이니까요. 그러니까 사실상 민족사적 개념을 한편으로 반박하면서 사실은 그것을 다 종합하는 개념으로 세계문학사 같은 개념이 있잖아요. 그런데 이제 우리가 갖고 있는 그러한 기계적인 개념에 대해서 모두 저항하는 문학사라면, 그런 문학사를 뭐라고

불러야 될까요?

신지영: 예전에는 재일조선인 문학을 디아스포라 문학이라고 지칭했
지만, 사실 이 점에 대해서는 비판이나 논란도 많았어요. 디아스포라라
는 말이 유대인의 역사를 기반으로 하기 때문에 재일조선인의 경우와는
많이 다르지요. 김석범 선생님이나 김시종 선생님이 이 지점에 대해서
많은 글을 남기셨지요. 김시종 선생님의 경우 "류민"이라는 말을 쓰기도
하시고요, '유민'이 아니라 '류민(流民)'이지요.

그런 점에서 재일조선인 문학은 어떤 국가의 문학사나 보편사 안에 편
입되는 것에 대해서 저항하는 방식으로서만 존재하는 문학사가 아닐까
라는 생각이 들어요. 문학사를 말하는 순간 문학사를 해체시키는 문학이
만약 가능하다면, 그 자체로 의미가 있지 않나 생각합니다. 오히려 재일
조선인 문학사를 국가중심의 문학사나 보편사의 일부로 편입시킬 때 정
형화되고 이야기되기 어려운 지점들이 생길 수 있다고 생각합니다만, 바
로 그 지점에서 문학사라는 틀에 저항할 수 있는 힘을 지니고 있는 것이
아닐지요. 바로 이 명명 불가능한 지점에서요.

이태훈: 명명이 상당히 어려울 수도 있고, 명명은 안 하더라도 이런 점
이 있어요. 가령, 문학은 잘 모르지만, 문학사라고 하는 어떤 시스템 체
계 안에 들어가느냐 안 들어가느냐 이건 두 번째 문제인 것 같고. 들어
가든 안 들어가든지 간에, 20세기 한국인의 지적 삶을 이야기한다고 했
을 때, (재일조선인을) 빼고 이야기하는 것도 이상하다고 생각합니다. 예
를 들면 지금 저희가 히토쓰바시대학과 교류하고 있는데, 히토쓰바시대
학의 선생님이 적극적으로 제안하고 계신 게 있습니다. 1950년대 이후에
등장하는 50년대 재일조선인 1세대 역사가들의 문제입니다. 바로 그분

들의 성과, 그 중에서도 역사학과, 사학사 쪽의 성과들을 정리해야 하지 않겠느냐, 그 작업을 같이 해보자 하는 이야기를 하셨습니다. 저는 당연히 해야 한다고 생각을 해요.

그런데 한국의 이른바 해방 후의 역사 체계 속에서 그런 작업들을 어디에 위치 짓느냐 하고 묻는다면 그건 좀 어려운 문제일 수 있어요. 그러나 해방 이후 한국 역사에 관련된 지형 속에 그분들의 작업을 전혀 위치시키지 않고 배제하고 간다면 그건 더 이상할 것 같다는 생각이 드는 거죠. 한국학을 예를 들자면, 한국학 자체가 예전에는 주체가 누구냐 하는 것이 문제였죠. 식민지 시기 안재홍 같은 사람이 이야기했던 것처럼, 한국학은 조선인에 의해서 조선의 언어로 고민을 담은 조선학 같은 것이죠. 물론 그런 조선학도 있지만, 한국학 자체가 관계로서 구성된다는 생각이 들어요. 여러 가지 관계로 구성이 되는 거죠.

어쩌면 한국학을 우리가 계속 이야기한다고 했을 때, 이름을 붙이자면, 관계로서의 한국학으로 넓혀서 이야기할 필요가 있지 않을까 생각합니다. 방금 말씀하셨듯이 한국 문학사다, 한국 역사학이다 이런 식의 명명은 도그마가 될 수도 있습니다만, 그렇다고 완전히 별개로 이야기하는 것 또한 이상하다고 생각합니다. 하나의 관계론 속에 여러 지적 네트워크로서 형성된 것으로 이야기하면 되지 않을까요. 지금의 시점에서는요. 나중에 또 다른 문제가 발견될지도 모르겠지만 적극적으로 접근할 필요가 있지 않은가 하는 생각이 듭니다.

사회자: 어떻게 수용해야 할 것인가. 제도화하는 것이 불가능한 것에 가깝다면, 그럼에도 불구하고 존재하는 발언과 신호를 우리는 어떻게 수용할 것인지 고민할 필요가 있다는 말씀을 해주셨습니다. 수용하고 나서 다시 다른 방식으로 이야기할 수 있겠죠. 네, 이제 시간 30분 남았습니

다. 이제 슬슬 마무리를 해야겠습니다.

신형기: 그렇다면 네 번째와 다섯 번째 세션은 같이 이야기해보겠습니다.

사회자: 네. 먼저 이유정 선생님의 주제는, 저에게는 일단 이게 아주 새로운 시각은 아니었는데요.

신형기: 대상 자체가 재미있었어요.

사회자: 잭 런던이란 사람은 정말 특이하고 재미있는 인물이었고 자료가 굉장히 흥미로웠습니다. 사진 자료 등이 재미있었고, 잭 런던의 글이 아주 흥미로웠기 때문에 잘 살리면 아주 좋은 논문이 될 수도 있겠다는 생각이 들었습니다.

신형기: 개인적인 경험을 이야기하면, 대학 1학년 때인데 『강철군화』(*The Iron Heel*, 1907)를 읽는 게 마치 교양처럼 되어 있었어요. 마치 필독서 비슷하게 읽혔지요.

이태훈: 저희도 1학년 때 많이 읽었어요. 선생님 때도 그랬어요?

신형기: 네, 저희 때에도 포럼도 하고 그랬어요.

사회자: 역사와 전통을 자랑하는 『강철군화』네요.

신형기: 너무 멋있는 거예요. 이름도 멋있잖아요. 잭 런던이 쓴 구절을

외우고, 그때 그걸 멋있다고 생각한 걸 보면 그 제국 남성의 마초적 문화가 매혹적이고 멋지게 보였던 것 같아요. 런던이 그런 입장이나 시각을 가졌다는 사실을 몰랐기 때문이었겠죠. 오랫동안 잊고 있었던 어릴 적 기대와 우상이 파괴되는 경험을 하게 됩니다.

사회자: 저는 어릴 때, 『야성의 절규』(*The Call of the Wild*, 1903)하고 『늑대 개』(*White Fang*, 1906)를 열심히 보았어요.

신형기: 한국에서 그런 것들이 얼마나 오래 전부터 있었냐 하면 박영희의 『산양개』가 27년, 26년이죠? 『산양개』라는 소설을 『조선지광』인가 『조선문단』에 쓰지요.

김영민: 1925년, 『개벽』인 것 같아요.

신형기: 그 『산양개』 내용이 바로 잭 런던 책 얘기에요. 고리대금업자가 돈을 갖고 있는데, 그냥 무서워하지요. 밤에 개가 짖고, 나중에 그 개가 주인을 물어 죽이는 이야기죠. 말하자면 집안에 갇혀 있던 개가 드디어 스스로 야성을 발견해서 주인을 물어 죽이고 다시 늑대가 되어서 와일드한 생태계로 돌아가는 거죠.

윤영실: 런던의 소설에서 모티브를 얻은 거예요?

신형기: 이걸 모티브로 한 거지요. 그렇지 않다면 박영희가 『산양개』를 쓸 리가 없어요. 『산양개』 얘기는 명백하게 보자면 이것에 대한 일종의 은유예요. 패러디라고 할 수는 없고요. 역사가 깊은 만큼 원류적으로 읽

어야 해요.

이태훈: 조금 다른 얘기이지만, 한국인이 참조하는 혁명 문학의 계보를 뽑아도 재미있을 것 같아요. 제가 대학 다닐 때도 『강철군화』라는 책을 엄청 읽었거든요. 제일 기억나는 것이 막심 고리키의 『어머니』, 그리고 『강철군화』인데요. 일제 식민지시기도 보면 『레미제라블』도 번역이 되잖아요. 그 때 고리키의 『어머니』도 읽었던 거 같고. 그 다음에 잭 런던의 책도 벌써 다른 방식으로도 어쨌든 소개가 됐었을 테고요. 아무튼, 한국인들이 참조하는 해외 문학, 혁명 문학의 계보를 쭈욱 정리해보면, 그게 뭔가 감성적으로 통하는 데가 있기 때문에 설득력이 있었을 것 같다는 생각이 듭니다.

사회자: 혁명문학의 정전인가요?

이태훈: 네. 그렇죠. 그런데 그 이유정 선생님 발표를 들으면서 저는 무척 놀랐어요. 제가 보기엔 발표를 하기 어려울 정도로 되게 바쁜 와중에 굉장히 성실한 방식으로 접근하고 자료를 다 찾았잖아요. 잭 런던 관련해서는 전에도 한두 개 논문이 나온 게 있죠? 아마 이 비슷한 문제를 다루었을 거예요. 그런데 다만 이유정 선생님은 훨씬 자료를 많이 찾았어요. 소설 이외의 1차 자료를 많이 찾았죠. 그런데 핵심적인 문제는 김항 선생님께서 정확하게 지적하셨어요. 여기서 이러한 문제들이 보이는데 그것이 어떻게 가능한가를 묻는 거죠. 당연히 가능할 수가 있었을 텐데, 그 두 개 꼭지점을 연결시키는 구조 등을 좀 더 섬세하게 넣어 볼 필요가 있다는 생각이 들거든요.

이와 비슷한 문제를, 다른 차원 문제이긴 하지만, 한말에 대한제국을 많이 도와줬다고 하는 헐버트라는 미국인에 대해서 안드레 슈미트 교수가 예전에 논문을 써서 발표했었죠. 그 논문의 핵심 내용을 설명하면서, 유색인종이 제국주의를 하려는 것에 대한 백인들의 어떤 불편함 같은 것이 짙게 배어져 있는 게 바로 헐버트의 일본 비판이라고 했는데, 그때 들으면서 약간 충격을 받았어요. 그럴 수 있겠다는 생각이 들었지만요.

신형기: 유색인종 제국주의에 대한 어떠한 불만이라는 것이지요.

이태훈: 이게 우리가 해야 될 일인지 잘 모르겠지만, 서구인들 내면에 그들 나름대로 복잡한 심리구조가 있을 것 같아요. 그런 거는 좀 더 섬세하게 보면 좋지 않을까라는 생각이 들고. 그런 면에서 보자면, 이 세션의 앞에 발표된 두 개의 글을 포함해서 4세션에서 읽었던 글들은 제 느낌에는 그걸 너무 거칠게 다룬 것 같아요. 박노자 선생님 글도 정대성 선생님 글도 그렇지요. 지식인들이 갖고 있는 복잡다단한 부분들을 너무 현재적인 잣대로 재단한 것은 느낌이 많이 들었거든요. 사실은 그런 식으로 이야기할 수밖에 없었던 이유와 맥락을 좀 살려주는 게 필요하지 않았을까 싶습니다.

사회자: 끝내야 할 시간 다가오고 있습니다. 마지막 세션이 백영서 선생님하고 우카이 사토시 선생님 대담이었죠? 백영서 선생님 지론은 좀 오래된 것이죠. 작년 말인가부터 말씀하시다가 올해 초에 드디어 하나의 가설로 확실히 제시하셨습니다. 장기지속 혁명, 장기 20세기 동아시아 등과 같은 개념을 통해 장기적인 역사 속에서 일종의 혁명사, 즉 한국의 혁명사를 보는 관점인데요,

신형기: 3·1운동으로부터 시작하는 거지요?

사회자: 네. 3·1혁명, 5·4 혁명. 저는 사실 개인적으로『촛불의 눈으로 3·1운동을 보다』의 좌담에서부터 반론을 제기한 부분이 있습니다.

신형기: 역사학계에서는 3·1운동을 혁명으로 보는 것에 대해 일반적으로 어떤 견해를 갖고 있습니까?

이태훈: 어떻게 말씀 드려야 될지 모르겠는데, 일반적으로는, 혁명이라고 적극적으로 의미부여 하자고 하시는 분들이 현재 꽤 있지요. 그러나 학계가 전반적으로 혁명으로 부르기로 동의했다고 하기엔 어려운 상황인 것 같아요.

사회자: 혁명론에서 보자면 이건 좀 다른 이야기이죠. 혁명을 지속적인 것이며 지금까지 계속되는 과정이라고 보는 것은 백 선생님만의 주장은 아닙니다. 물론 백영서 선생님의 경우는 조금 특이한 경우이긴 하지만, 3월 1일부터 4월까지의 일련의 과정을 혁명으로 봐야 한다는 것은 꽤 오래 전부터 나온 이야기입니다. 그리고 일부 논자나 학자들의 경우에는 3·1운동을 하나의 시기 구분으로 봐야 한다고 하기도 합니다. 즉 근대가 1876년에 시작됐다면, 1919년이 한국에서 현대의 시작이라는 것이지요. 현대는 민족, 즉 '네이션'의 확립이므로 1919년 3·1운동부터 현대로 봐야 하며 분단도 그 과정이 진행되어 온 일련의 과정으로 봐야 한다는 것이죠. 그래서 1919년을 현대의 기점으로 보는 분들이 있죠.

신형기: 마치 프랑스 혁명을 통해서 근대가 시작됐다는 주장과 같네요.

사회자: 예. 거기에 '네이션'이라는 민족관념이 강하게 작동하는 것이고, 시기 구분으로 봐야 한다는 분도 계십니다. 그리고 3·1혁명론을 본격적으로 언급하기 시작한 분은 독립기념관장이신 이준식 선생님이 강하게 제기하셨고요.

신형기: 그래서 촛불혁명으로 부르는 견해의 경우를 보자면요. 3·1혁명이라 부르는 입장에서 보면, 결국 역사란 현재적 관점에서 쓰여지는 것이라는 의미에서 촛불도 혁명이라고 부르는 데 대부분 동의하시나요?

이태훈: 확실히는 모르겠어요. 그런 경향이 있지만 꼭 그렇다고 할 수도 없으니까요.

사회자: 개인적으로 저는 3·1운동도 운동이라 생각하고 촛불도 미완의 혁명이라고 합니다만, 혁명이라고 볼 수는 없을 것 같습니다.

이태훈: 저도 마찬가지입니다. 혁명이란 말은 인색하게 써야 되는 게 아닌가 싶어요. 혁명이란 말을 붙이는 순간, 과잉 의미부여를 하게 되니까요. 다른 입장에서는 어떻게 보실지 모르겠는데, 개인적으로는 한국 사회가 자기 역사를 좀 더 차분하고 냉정하게 봐야 한다고 생각합니다.

박창균: 경험이 부족하지만 여쭤보고 싶은 내용이 있는데요, 세계사적인 관점은 차치하더라도, 한국사에서 완성된 혁명이라고 부를 수 있는 혁명이 있긴 있었던가요?

이태훈: 없지 않나요?

사회자: 제일 유사한 건 4 · 19혁명이죠. 실제로 정치권력을 완전히 붕괴시켰고, 일단 새로운 체제를 구성하긴 했으니까요. 4 · 19는 관대하게 본다면 혁명이라고 명명할 수 있을텐데, 혁명이라는 명명이 야기하는 부작용이 있지요, 스스로의 성과나 성취를 과대 평가하게 된다는 점이요. 우리가 기왕에 혁명을 성취한 깃처럼 생각하게 되니까요. 혁명이라고 할 정도로 모든 걸 바꿔놓은 사건이었던 것처럼 생각하는데, 전혀 그렇지 않거든요. 첫 단계였다고 한다면 그렇다고 할 수 있겠지만요. 그러나 소위 그 '혁명' 이후에 이어지는 변화가 없다면, 그건 자존자대의 환상에 가까워질 수 있죠. 따라서 혁명과 같은 용어들이 야기하는 증폭의 효과는 자제해야 한다고 생각합니다.

윤영실: 그렇다면 질문이 생기는데요, 이번 포럼의 전체 타이틀이 '혁명의 역사와 기록의 현재'였잖아요. 저는 사실 백영서 선생님과 비슷한 관점에서 이러한 타이틀이 붙여지고 기획됐다고 생각했는데요, 그렇다면, 기획 단계에서는 어떻게 '혁명'이란 타이틀을 붙이게 되었나요?

이태훈: 정확히 말하면 혁명을 꿈꿨던 역사겠죠.

신형기: 혁명이라는 말은 사실 얼마든지 쓸 수 있다고 생각합니다. 혁명의 세기, 혁명의 시대 이런 말들이죠. 혁명은 항상 논제가 되고 어떤 형태로든지 무의식적으로 남아 있거나 작동하고 있으니까요. 단지 어떤 사건을 혁명이라고 이야기하는 것은, 혁명이 완결될 리는 없다고 생각하지만요, 그렇다고는 해도 역사적으로 여러 가지가 검증되어야 하고 현재적인 이유가 필요하죠. 현재와 연관될 수밖에 없기 때문에 사건에 혁명이라는 말을 붙이는 것은 역사적으로 보다 객관적인 입장을 취해야 한다

고 생각합니다.

개인적인 의견이지만, 대담 전부를 재미있게 들었는데요. 백영서 선생님께서 3·1운동을 혁명으로 보자고 말씀하신 것은, 선생님의 역사적 견해이며 가능한 의견이라고 생각합니다. 하지만 패스트 트랙 등 현재의 정치적 현안과 관련시키는 부분은 조심스러워야 한다고 생각했습니다.

한편 우카이 사토시 선생님의 이야기는 생각해 보고 싶은 지점이 있었어요. 그야말로 저항하는 동시에 환대하는 것에 대한 이야기였거든요. 저항이라는 게 얼마나 오랜 인문학적 주제입니까. 말하자면 저항이라는 것은, 성찰이나 남에 대한 이해, 자신에 대한 반성, 또한 그야말로 따뜻한 마음이라고 할까요, 이러한 것들과 함께 이뤄지는 것이지요. 동시에 끊임없는 비판과 연결되는 것이 저항인 거죠. 이러한 점에서 우카이 선생님의 이야기는 저항이 혁명으로 가는 것이라는 인문학적 의미를 일깨워주었습니다.

사회자: 그럼 이제 얘기를 다 마무리할까요? 김보람 선생님. 연구보조원의 입장에서 현장에서 느낀 소감은 어떠셨나요.

김보람: 시간이 너무 부족했던 것 같습니다. 많은 분들을 모셨는데 일하는 사람이 부족했고요. 또한 사실 더 많이 듣고 싶은 이야기들이 있었는데 아쉬웠습니다.

사회자: 이런 것은 좀 바뀌었으면 좋겠다는 부분이 있나요.

김보람: 사실은 현장에서는 어쨌든 정해진 시간이 있고 한계가 있는데, 그 와중에서도 굉장히 성공적이었다고 나름 생각을 합니다. 그런데

아쉬운 점은, 외국 분들이 많이 왔는데 안내하는 인원은 너무 적었던 것 같아요. 좀 신경 써서 해 드려야 할 것들이 많은데 그에 비해서 지원 인력이 부족했고, 또한 한국이 처음이신 분들에게는 많이 불편했을 것 같다는 생각이 들었습니다.

이태훈: 저는 작게 하든 크게 하든 동시통역이 굉장히 중요하다는 생각이 들었습니다. 의사소통이 된다는 게 정말 중요하니까요.

신형기: 시간도 훨씬 절약되고요.

사회자: 제가 〈연세한국학포럼〉을 진행할 때마다 느끼는 것이지만 동시통역을 안 하면 너무 힘들어요. 순차통역은 뭔가 통역을 기다리지 말고 내가 알아들어야 될 것 같은 압박감도 있고요.

김영민: 내년에는 이 형식으로 계속하지는 못할 것이니, 이번 포럼에서 어떤 것이 효율적이었는지를 고려해서 차기 형식을 조정해야 할 필요가 있습니다.

사회자: 이번처럼 세션을 여섯 개씩은 못 할 것 같고요.

김영민: 사실 국학연구원의 인맥과 네트워크를 잘 활용했습니다.

사회자: 그런 면에서 신지영 선생님 고생 많이 했어요. 진짜 고생 많이 했어요.

신형기: 신지영 선생 하고 싶은 말씀 있으면 하세요. 다음번에는 뭘 하고 싶다. 이런 포부 있으시죠?

신지영: 여러 가지 부족한 점들이 많았음에도 두 연구소 선생님들께서 늘 많은 도움을 주시고 든든하게 지지해 주셔서 정말 감사했습니다. 부족한 점들은 용서해 주시구요, 잘 기록해 두고 다음에 좀 더 좋은 자리를 만들 수 있도록 노력하겠습니다. 무엇보다 오늘 연구원 일로 바쁘셔서 참여하지 못하셨지만 〈근대한국학연구소〉의 이유정 선생님과 함께 할 수 있어서 서로 큰 힘이 되었습니다. 또 국학연구원의 연구보조원 선생님들이 정말 든든하게 서포트 해주셨습니다. 이 자리를 빌어 고마운 마음을 전합니다.

신형기: 혹시 또 이제 한다고 그러면 어느 방향으로 가면 좋겠다 하는 게 있나요?

신지영: 올해가 〈연세한국학포럼〉 5회째였는데요, 〈연세한국학포럼〉 이 자리를 단단히 잡았으면 좋겠어요. 그러니까 1년에 한 번씩 연세대학교에서 한국학 포럼을 하는데, 적어도 1~3년 사이에 출간된 서적, 번역본, 논문 중에서 가장 이슈가 될 만한 책들을 선정하여 깊이 있게 다루면서, 한국학의 어떤 경향을 만들어 간다는 인식이 생길 수 있다면 좋겠습니다. 이러한 점이 외부에도 알려지고 각인된다면 여러 지역에서 활동하는 학자들 사이에 깊이 있고 지속적인 교류의 장이 될 것이라고 생각합니다.

특히 한국학포럼은 여름방학에 하고 학자들이 다른 지역으로 움직일 때잖아요, 따라서 여태까지도 여러 지역에서 한국학을 하는 사람들이 한 자리에 모이는 교류의 장으로서 역할을 해 왔다고 들었습니다. 앞으로도 그런 측면이 강화되면 좋겠습니다. 〈연세한국학포럼〉을 처음 기획한 선생님들께서 한국에서 활동하는 학자의 책은 외국에서 활동하는 학자가 서평하고, 외국의 학자의 책은 한국에서 활동하는 학자가 서평한다는 형식을 만들었던 그 의도와 방향도 이러한 깊이 있는 교류 방식을 모색한 것이었다고 들은 적이 있습니다.

또한 포럼이 해를 거듭하다 보면, 〈연세한국학포럼〉 셀렉션처럼 1년에 한 번씩 사람들이 주목해야 할 책 목록을 선정할 수 있지 않을까 합니다. 물론 이렇게 진행하려면 1년 동안 한국학이나 동아시아와 관련하여 어떤 의미있는 책들이 출간되고 번역되는지를 레이더를 세우고 찾아봐야 할 것 같습니다. 또한 번역이 안 된 책이나 논문 중에도 젊은 학자들의 현재적이고 논쟁적인 주제를 소개하고 토론하는 장이 되면 좋겠습니다.

마지막으로 포럼 형식에 대해서 생각해 보면, 선생님께서 말씀하신 것처럼 서평 — 논문이라는 형식이 한국에서는 일반화되어 있지는 않습니다만, 서평 — 논문이라는 방식도 하나의 학술적 형식으로 정착되면 좋겠습니다. 사실 논문 한 편을 읽고 한 연구자의 생각을 모두 파악하기란 쉽지 않고요, '토론'이나 '서평'이 너무 부차적으로 치부되는 경향도 있는 것 같습니다. 한 연구자의 책 한 권을 긴 호흡을 갖고 읽고 책과 격투하면서 논문 한 편의 무게감이 있는 서평을 쓰고 논의한다면 보다 생산적인 토론이 가능하지 않을까 싶습니다. 〈연세한국학포럼〉이 호흡이 길고 지속적인 한국학과 동아시아학의 논의와 교류의 장소가 되면 좋겠다고 생각합니다.

신형기: 일단은 시스템을 좀 만들 필요가 있다고 생각해요. 최근에 나온 한국학 관련 연구물을 전체적으로 일람하고 평가하는 과정도 있어야

할 것 같습니다. 그렇게 한다면 그 과정에서 자연스럽게 토픽이 나오지 않을까 싶습니다. 이번 〈연세한국학포럼〉은 총서로 기획되어 있으니, 나중에 이러한 총서의 성과를 기반으로 삼아 학교에 요구해 볼 수도 있을 것 같아요. 이러한 행사는 지원해 줘야 하지 않느냐, 1년에 한 번씩 3천만 원 정도의 지원을 요구할 수 있지 않을까요?

이태훈: 그렇죠.

신형기: 논의를 해 오고 있고 하니까 말이죠.

김영민: 언제든지 구체적 성과를 보여주면서, 그것을 계속해야 되는 이유를 강조할 필요가 있지요.

신지영: 사실 이번 〈연세한국학포럼〉은 관련된 기사도 많이 실렸어요.

김영민: 기사가 났기 때문에 그걸 보고 온 사람들이 적지 않았어요. 또 한 가지, 〈연세한국학포럼〉에는 고급 청중들이 오니까 청중석에 시간을 좀 많이 줬으면 하는 생각이 들어요. 그래서 청중의 코멘트가 저자한테 갈 수 있도록 말이죠. 서평자도 우리가 잘 선택을 했지만, 사실은 저자로서도 이렇게 수준 높은 좋은 청중 앞에서 발표할 수 있는 기회가 흔치 않거든요. 그러니까 발표자 수는 줄이면 좋겠고 토론에 할당된 시간을 늘려서, 청중들이 발언하고 토론할 수 있도록 하면 좋겠습니다.

사회자: 청중이 약간 불만이 있었습니다. 아침 아홉시부터 시작하는 게 어디 있냐고요.

김영민: 그러니까요. 따라서 토론시간을 늘리는 것도 좋은 포맷 중에 하나일 것 같아요. 사실은 서평자 못지 않은 좋은 청중이 왔잖아요.

이태훈: 다음에는 어차피 세션을 많이 넣을 수가 없기 때문에 세션을 줄이고, 초점을 두 개나 세 개로 잡는 거죠. 저서를 세 개나 네 개 이렇게 하고. 하나당 논의를 약간 적게 하는 대신에 많은 토론이 나올 수 있게 기획해야 할 것 같습니다. 사실 이번에는 모둠에 가까웠거든요. 세션 하나하나가 다 개별적으로도 꾸릴 수 있는 세션이었죠. 그러므로 내년에 할 때는 논점을 조금 좁혀서 집중할 수 있으면 좋겠습니다.

신형기: 토픽이 먼저 좀 나올 수 있다면, 이번에 마침 이기훈 선생님의 경우 논문을 발표하신 것처럼요. 기왕에 출간된 책의 서평뿐만 아니라 관련된 논문도 같이 발표되면 좋겠습니다.

김영민: 네, 섞는 것이 좋겠어요. 그리고, 저자에 따라 발표 초점을 다르게 맞추잖아요. 그러니까 저자에게 주문을 명확하게 해서, 즉 안 읽었다고 전제하고 전체를 소개해 달라든지, 아니면 모두 읽었다고 전제하고 이러이러한 방향으로 발표를 해달라는 식으로 주문을 명확히 해야 할 것 같아요.

신형기: 우리의 편집 의도를 알리고 토픽을 얘기해 주면 거기에 맞춰서 진행하는 것으로요.

사회자: 네, 더 하실 말씀 없으시면 마무리하겠습니다. 오랜 시간 논의해주셔서 감사합니다.

저역자 소개 및 도움 주신 분들

고마고메 다케시

교토대학 대학원 교육학과 교수. 저서로 『世界史のなかの台湾植民地支配』, 『生活の中の植民地主義』, 『歷史と責任: 「慰安婦」問題と一九九〇年代』(공저) 등이 있다. 주요 논문으로 「朝鮮における神社參拜問題と日米關係」, 「帝國のはざま」から考える」, 「1930年代臺灣におけるミッション・スクール排擊運動」 등이 있다.

권보드래

고려대학교 국어국문학과 교수. 주요 저서로 『한국 근대소설의 기원』, 『연애의 시대』, 『1910년대, 풍문의 시대를 읽다』, 『신소설, 언어와 정치』가 있고, 공저로 『한국 근대성 연구의 길을 묻다』, 『1960년대를 묻다』, 『아프레걸 사상계를 읽다』, 『미국과 아시아』, 『동아시아의 '근대' 체감』 등이 있다.

문명기

국민대학교 한국역사학과 교수. 저서로 『대만을 보는 눈』, 『중국관행연구의 이론과 재구성』, 『식민지라는 물음』 등이 있고, 논문으로 「연구 분야의 지속과 확장: 중국근대사 연구 (2016~17)와 대만사 연구(2013~17)」, 「식민지시대 대만인과 조선인의 야스쿠니신사 합사(日治時代臺灣人與朝鮮人之合祀靖國神社)」, 「일제하 대만·조선 공의제도(公醫制度)에 대한 비교사적 접근: 제도외적 측면을 중심으로」 등이 있다.

박경석

연세대학교 사학과 교수. 저서로 『일하는 사람들의 '조상신' 이야기: 중국 전통시기 동업자들의 세속화된 신성』이 있고, 공저로는 『도시로 읽는 현대중국1』, 『동아시아의 '근대' 체감』, 『연동하는 동아시아를 보는 눈』 등이 있다.

백영서

연세대학교 사학과 명예교수. 주요 저서로『동아시아의 귀환』,『핵심현장에서 동아시아를 다시 묻다: 공생사회를 위한 실천과제』,『사회인문학의 길: 제도로서의 학문, 운동으로서의 학문』이 있고, 공저로『동아시아의 오늘과 내일』,『촛불의 눈으로 3·1을 보다』,『내일을 읽는 한중 관계사』,『백년의 변혁』등이 있다.

박노자

본명은 Vladimir Tikhonov. 오슬로대학교 한국학과 교수. 주요 저서로『당신들의 대한민국』1, 2권,『나를 배반한 역사』,『좌우는 있어도 위아래는 없다』,『하얀 가면의 제국』,『우승열패의 신화』,『우리가 모르는 동아시아』,『비굴의 시대』,『거꾸로 보는 고대사』,『러시아 혁명사 강의』등이 있다.

송병권

상지대학교 아시아국제관계학과 교수. 저서로는『東アジア地域主義と韓日米関係』, 논문으로「미국의 식민지 조선 인식의 원형과 지역주의적 재해석」,『근대 천황제 국가와 역사학: 근대천황제의 양면성과 관련하여」등이 있다.

송혜원

오사카경제법과대학 연구원. 국내 번역된 저서는『'재일조선인 문학사'를 위하여: 소리 없는 목소리의 폴리포니』가 있다. 그 외 저서로는『在日朝鮮人文学史』のために』, 편저로『在日朝鮮女性作品集』,『在日朝鮮人文学資料集』,『在日朝鮮文学会関係資料』, 역서로는 Keith Pratt의『朝鮮文化史』이 있다.

신지영

연세대학교 문과대학 교수. 저서로『부/재의 시대』,『마이너리티 코뮌』이 있고, 공저로『모빌리티 시대기술과 인간의 공진화』,『東アジアの中の戦後日本』등이 있다. 논문으로「피해자성을 내포한 가해자성과 아시아 인민연대」,「트랜스내셔널 여성문학의 공백」,「재난 이후의 '피난약자'」,「『風聞的ルポルタージュ』と脱植民地化の模索」등이 있다.

심아정

독립연구활동가. 동물, 여성, 폭력을 키워드로 공부와 활동을 이어가고 있다. 난민X현장, 수요평화모임, ALiM:(Animal Lights Me:), 번역공동체 '잇다'를 통해 대학 바깥에서 새로운 앎과 삶을 시도하고, 다큐멘터리 영화〈동아시아반일무장전선〉의 상영과 토론의 과정을 기록 중이다. 가장 최근에 쓴 글은「어떤 '야생화' 돼지의 삶과 죽음－

퀴어의 관점에서 '침략종' 레토릭을 재전유하기」, 『문학3 (11호)』(2020년 5월)이 있다.

오세종

류큐대학 인문사회학부 교수. 국내 번역된 저서는 『오키나와와 조선의 틈새에서』이다. 그 외 저서와 논문으로 『リズムと抒情の詩学ー金時鐘と「短歌的抒情の否定」』, 「金嬉老と富村順一の日本語を通じた抵抗」 등이 있다.

우카이 사토시

히토쓰바시대학 언어사회연구과 명예교수. 국내 번역된 저서로 『반일과 동아시아』(공저), 『주권의 너머에서』, 『저항에의 초대』 등이 있고, 그 외 저서로 『償いアルケオロジー』, 『応答する力: 来るべき言葉たちへ』, 『ジャッキー・デリダの墓』 등이 있다. 역서로 『盲者の記憶: 自画像およびその他の廃墟』, 『友愛のポリティックス 1・2』(공역), 『動物を追う, ゆえに私は〈動物で〉ある』, 『恋する虜: パレスチナへの旅』(공역), 『アルベルト・ジャコメッティのアトリエ』 등이 있다.

이기훈

연세대학교 사학과 교수. 국학연구원 연세공공인문학센터장. 저서로 『청년아 청년아 우리 청년아』, 『쟁점 한국사(근대편)』(공저), 『촛불의 눈으로 3・1운동을 보다』(편저) 등이 있고, 논문으로 「3・1운동과 깃발」, 「집회와 깃발: 저항 주체 형성의 문화사를 위하여」, 「만세현장의 미디어와 상징체계, 3・1운동의 깃발과 선언서」 등이 있다.

이유정

연세대학교 근대한국학연구소 HK교수. 논문으로 "Creating a 'Home Away from Home': Korean Women's Performances of the Imaginary American Home at US Military Clubs in South Korea, 1955~64," 「태평양전쟁 전후 캠프 쇼의 계보와 미국의 동아시아인식」, "Theaters of War: Tracing the Strange Careers of Shina No Yoru in the Military Contact Zones of the Pacific, 1937~1954" 등이 있다.

정대성

연세대학교 근대한국학연구소 HK교수. 저서로 『세상을 바꾼 철학자들』(공저), 『교육독립선언』(공저) 등이 있으며, 논문으로 「반성문화에 대한 청년헤겔의 비판」, 「평등 자유주의적 정의이념의 철학적 함의와 그 한계에 대해」, 「자유주의와 공화주의를 넘어서」 등이 있다.

조형열

동아대학교 사학과 교수. 논문으로 「1930년대 마르크스주의 지식인의 학술문화기관 구상과 '과학적 조선학' 수립론」, 「1930년대 마르크스주의 지식인의 프롤레타리아문화 운동과 '실천적 조선연구'론」, 「1930년대 조선 '역사과학'의 보편특수성 인식과 아시아 적 생산양식론 수용 양상」 등이 있다.

전핑위안

베이징 대학교 중문과 교수. 문학평론가. 저서로 『在東西方文化碰撞中』, 『中國小說敍事 模式的轉變』, 『書裏書外』, 『大書小書』, 『閑情樂事』, 『神神鬼鬼』, 『小說史: 理論與實踐)』, 『書生意氣』 등이 있다.

크리스티나 이

브리티시컬럼비아대학교 아시아학과 교수. 저서로 *Colonizing Language: Cultural Production and Language Politics in Modern Japan and Korea*가 있고, 공저로 『『文藝首都』—公器として の同人誌』 등이 있다. 논문으로 "The Politics of Passing in Zainichi Cultural Production"(with Jonathan Glade), "Critical Introduction to 'Trash'", "La Literatura de Colonias Bajo el Imperio Japonés", "Japanese-Language Exchanges in the Japanese Empire: On Yang Kui's 'Shinbun Haitatsufu'" 등이 있다.

키아라 코마스트리

옥스포드대학교 역사학 연구과 박사과정. 논문으로 「原爆被害者と農村女性をつなぐ〈表現〉と〈運動〉: 山代巴と手記集『原爆に生きて』をめぐって」, 「山代巴「或るとむらい」について: 農村女性の連帯の問題を中心に」, 「被爆体験を〈書く〉: 山代巴と『原爆に生きて』, 『この世界の片隅で』を中心に」 등이 있다.

후지이 다케시

도쿄외국어대학 교수. 저서로 『무명의 말들』, 『파시즘과 제3세계주의 사이에서』, 공저로 『죽엄으로써 나라를 지키자: 1950년대, 반공·동원·감시의 시대』 등이 있다. 역서로 사카이 나오키의 『번역과 주체: '일본'과 문화적 국민주의』, 정영혜의 『다미가요 제창: 정체성, 국민국가 일본, 젠더』 등이 있다.

후지타니 다카시

토론토대학교 역사학과 교수. 국내 번역된 저서로는 『화려한 군주』, 『총력전 제국의 인종주의』 등이 있다. 그 외 저서로 *Splendid Monarchy: Power and Pageantry in Modern Japan* 등이 있다.

번역자

김채린
한문학 전공으로 연세대학교 국어국문학과 고전문학 석사과정.

배새롬
연세대학교 국어국문학과 박사과정.

송다금
연세대학교 국어국문학과 현대문학 박사과정. 논문으로 「'위안부' 재현과 담론을 통해 본 피해자성 고찰」 등이 있다.

장현아
일본사학 전공으로 교토대학 대학원 석사과정.

최리나
한중국제회의통역사. 역서로는 『지식재산을 경영하라』가 있다.

대담 녹취 정리 및 번역자

김보람
연세대학교 사학과 석사 과정. 번역한 논문으로 「식민지 대만의 「나단가(癩豆歌)」를 읽는다」와 「동아시아 논단으로의 초대」가 있다.

전 아야카
연세대학교 대학원 지역학협동과정 석사과정.

간담회 녹취

박창균
연세대학교 미래캠퍼스 국어국문학과 박사과정.

[제5회 〈연세한국학포럼〉에 도움 주신 분들]

발표자
우노다 쇼야(오사카대), 신형기(연세대), 이태훈(근대한국학연구소), 윤영실(숭실대), 김영진(성균관대)

토론자 및 사회자:
장신(한국교원대), 장원아(서울대), 박민철(건국대), 백민정(가톨릭대)
[국학연구원] 김항, 이새봄, 임유경
[근대한국학연구소] 홍정완, 김병문
* 국학연구원 연구보조원: 김보람, 박재익, 손첸, 지관순, 정진혁, 정혜윤
* 근대한국학연구소 연구보조원: 김윤희, 박창균, 이세진, 홍석호
* 통번역: 가게모토 쓰요시, 손첸, 장월